中国经济学名家文集（多卷本）系列

汪海波文集

第十卷

经济管理出版社
ECONOMY & MANAGEMENT PUBLISHING HOUSE

图书在版编目（CIP）数据

汪海波文集/汪海波著. —北京：经济管理出版社，2011.2
ISBN 978-7-5096-1291-0

Ⅰ.①汪… Ⅱ.①汪… Ⅲ.①经济—文集 Ⅳ.①F-53

中国版本图书馆 CIP 数据核字（2011）第 040496 号

出版发行：经济管理出版社
地　　址：北京市海淀区北蜂窝 8 号中雅大厦 11 层
邮　　编：100038
电　　话：（010）51915602
印　　刷：三河文阁印刷厂
经　　销：新华书店
责任编辑：苏全义
责任印制：黄　铄
责任校对：超　凡

720mm×1000mm/16　　　350.75 印张　5406 千字
2011 年 6 月第 1 版　　　2011 年 6 月第 1 次印刷
定　　价：980.00 元（全十卷）
书　　号：ISBN 978-7-5096-1291-0

作者像

目　录

试析价格指数及其与经济冷热的关系 [*]

如果从资本主义发展较早的英国算起，通货膨胀迄今已有 800 多年的历史，是一个很古老的问题。而且这方面的著作已是汗牛充栋。但就我国现状来说，在这方面还有许多问题需要研究。比如，反映通货膨胀价格指数究竟包括哪些指数？这些价格指数与经济冷热的关系究竟如何？美国著名学者萨缪尔森早在几十年以前针对当时美国情况就曾指出："令人惊奇的是通货膨胀无所不在而又被广泛误解。"① 当前我国学界在这方面也存在不少误解。从这些方面来说，通货膨胀问题又是一个具有重要理论、实践意义的一个新问题。本文拟就上述问题做点探讨。

一、通货膨胀包括哪些价格指数

这个问题似乎并不存在。其实不然。在这方面，当前我国学界存在多种不同的观点。这里仅就其中两种观点提出商榷意见。一种相当流行的观点认为，通货膨胀只包括消费价格指数。在他们论到通货膨胀时，往往只提消费价格指数的上升，而不提其他指数的变化。这是一种"窄"的观点。还有一种"宽"的观点认为，通货膨胀不仅包括消费品和投资品的价格指数，而且包括证券价格指数。②

---

* 本文主要内容原载《中国社会科学院研究生院学报》2008 年第 1 期。
① 详见保罗·A. 萨缪尔森等：《经济学》下册，中国发展出版社（下同），第 370~371 页。
② 参见《稳定物价是今明两年宏观调控的核心任务》，《中国社会科学院院报》2007 年 9 月 20 日第 1 版。

把通货膨胀仅仅归结为消费价格指数的上升，并不符合马克思经济学的原理。马克思曾经提出这样一个公式："商品价格总额/同名货币的流通次数=执行流通手段职能的货币量"。他还强调指出："这个规律是普遍使用的。"① 正是这个规律从根本上揭示了流通中货币量大小与商品价格升降的正比关系。但需着重指出的是：马克思在这里说的"商品"，显然既包括消费资料又包括生产资料的社会总产品。如果联系到马克思的社会资本再生产理论，还可以更清楚地看到这一点。把社会总产品区分为生产资料和消费资料，正是这个理论的一个最基本原理。可见，通货膨胀是社会总产品的价格指数的上升，而不只是消费品的价格指数的上升。

这种观点也不符合现代西方经济学。被誉为"新古典综合学派"主要代表人物的萨缪尔森在指出消费品价格指数（CPI）是"最重要的价格指数"，"是使用最广泛的价格指数"的同时，又着重说明"GNP矫正指数"是对 GNP 总体来说的价格指数。它被定义为名义 GNP 对实际 GNP 的比例。GNP 矫正指数有用是因为它包括 GDP 中所有商品和劳务的价格，因此比 CPI 更全面，CPI 仅仅衡量消费品价格。"② 这也说明不能把通货膨胀仅仅归结为消费价格指数的上升。

在这方面，上述马克思的观点和萨缪尔森的观点都反映了客观经济实际。所以，从根本上说来，上述那种"窄"的观点是不符合客观经济实际的。

需要进一步指出：把通货膨胀归结为国内生产总值矫正指数的上升，同时要充分估计消费价格指数和生产价格指数的上升在这方面的重要作用。这不单纯是一个理论问题，同时又是一个关乎宏观经济调控的实践问题。问题在于：国内生产总值矫正指数、消费价格指数和生产价格指数的变化，虽有一些共同因素的作用，它们之间的数量变化也有一定的联系，但三者数量变化又有各自特定因素的作用，因而必然呈现巨大的差异。在 1953~2006 年的 54 年中，国内生产总值矫正指数大于消费价格指数的有 22 年，前者小于后者有 30 年，二者相等的只有 2 年；大的幅度最少为 0.1 个百分点，最多为 3.4 个百分点；小的幅度最少为 0.1 个百分

---

① 《马克思恩格斯全集》第 33 卷，人民出版社 1972 年版，第 139 页。
② 保罗·A. 萨缪尔森等：《经济学》上册，第 367、369、389 页。

点，最多为 9.5 个百分点。在 1985~2006 年的 22 年间，原料、燃料、动力购进价格指数（是生产价格指数的重要组成部分）大于消费价格指数的有 14 年，前者小于后者的有 8 年；大的幅度最少为 1.4 个百分点，最多为 20.4 个百分点；小的幅度最少为 1.5 个百分点，最多为 4.4 个百分点（详见附表）。

附表　国内生产总值增长速度和价格指数

（上年=100）

年份	国内生产总值		国内生产总值矫正指数	居民消费价格指数	原料、燃料、动力购进价格指数
	名义增速	实际增速			
1953	121.4	115.6	105.0	105.1	
1954	104.3	104.2	100.1	101.4	
1955	106.0	106.8	99.3	100.3	
1956	113.0	115.0	98.9	99.9	
1957	103.9	105.1	98.9	102.6	
1958	122.3	121.3	100.8	98.9	
1959	110.1	108.8	101.2	100.3	
1960	101.2	99.7	101.5	102.5	
1961	83.8	72.7	115.3	116.1	
1962	94.3	94.4	99.9	103.8	
1963	107.4	110.2	97.5	94.1	
1964	117.7	118.3	99.5	96.3	
1965	118.0	117.0	100.9	98.8	
1966	109.1	110.7	98.6	98.8	
1967	95.0	94.3	100.7	99.4	
1968	97.2	95.9	101.4	100.1	
1969	112.5	116.9	96.2	101.0	
1970	116.2	119.4	97.3	100.0	
1971	107.7	107.0	100.7	99.9	
1972	103.9	103.8	100.9	100.2	
1973	108.0	107.9	100.1	100.1	
1974	102.6	102.3	100.3	100.7	
1975	107.5	108.7	98.9	100.4	
1976	98.3	98.4	99.9	102.3	
1977	108.8	107.6	101.1	102.7	
1978	113.2	111.7	101.3	100.7	
1979	111.5	107.6	103.6	101.9	
1980	111.9	107.8	103.8	107.5	

续表

年份	国内生产总值		国内生产总值矫正指数	居民消费价格指数	原料、燃料、动力购进价格指数
	名义增速	实际增速			
1981	107.6	105.2	102.3	102.5	
1982	108.8	109.1	99.7	102.0	
1983	112.0	110.9	101.0	102.0	
1984	120.9	115.2	104.9	102.7	
1985	125.1	113.5	110.2	109.3	118.0
1986	114.0	108.8	104.8	106.5	109.5
1987	117.4	111.6	105.2	107.3	111.0
1988	124.7	111.3	112.0	118.8	120.2
1989	113.0	104.1	108.5	118.0	126.4
1990	109.9	103.8	105.9	103.1	105.6
1991	116.7	109.2	106.9	103.4	109.1
1992	123.6	114.2	108.2	106.4	111.0
1993	131.2	114.0	115.1	114.7	135.1
1994	136.4	113.1	120.6	124.1	118.2
1995	126.1	110.9	113.9	117.1	115.3
1996	117.1	110.0	106.5	108.3	103.9
1997	111.0	109.3	101.6	102.8	101.3
1998	106.9	107.8	99.2	99.2	95.8
1999	106.2	107.6	98.7	98.6	96.7
2000	110.6	108.9	102.2	100.4	105.1
2001	110.5	108.3	102.0	104.7	99.8
2002	109.7	109.1	100.5	99.2	97.7
2003	112.9	110.0	102.6	101.2	104.8
2004	117.7	110.1	106.9	103.9	111.4
2005	115.0	110.4	104.2	101.8	108.3
2006	114.7	111.1	102.5	101.0	106.0

资料来源：《中国国内生产总值核算历史资料（1952~2004）》，《中国统计年鉴》（2007），中国统计出版社；《中国物价年鉴》（有关各年），中国物价出版社。

　　可见，如果只是看到消费价格指数的变化，而看不到国内生产总值矫正指数和生产价格指数的变化，就不可能从总体上把握通货膨胀的变化，也不可能看到消费价格指数和生产价格指数变化在总体通货膨胀中所起的作用，还不可能看到生产价格指数变化在推动消费价格指数变化中的作用，以及消费价格指数变化对生产价格指数的扩散作用。全面把握上述三种价格指数变化的意义还在于：它们是核算宏观经济的总量

（国内生产总值）和基本比例关系（第一、二、三产业的比例关系以及投资、消费和净出口的比例关系等）变化的重要依据。所有这些都是进行宏观经济调控的必要前提。

但这样说并不否定消费价格指数的重要意义。消费价格指数是最终产品的价格指数，在一定程度上可以反映生产价格指数的变化。这是其一。其二，更重要的原因还在于：这个指数是与人民生活水平直接相关的，从而是直接影响社会政治稳定的。因此，即使在经济发达国家，出于广大选民的需要和政治家的偏好（如争取选票），消费价格指数也被置于最重要的价格指数的地位，并是最广泛使用的价格指数。在我国当前深入贯彻以人为本的科学发展和和谐发展的两大发展理念的条件下，消费价格指数就显得尤为重要。在上述两种重要意义上，用消费价格指数的上升来表现通货膨胀，也是可以的。只是不能忽视消费价格指数并不是全部价格指数，其作用也不能代替国内生产总值矫正指数和生产价格指数的作用。

上述的那种关于通货膨胀的"宽"的观点也值得斟酌。这里的问题是：能否把证券（如股票）价格指数看做同产品和服务的价格指数一样，都列入通货膨胀的范畴。我看不能。一般说来，具有不同质的以及与之相联系的具有不同的量的变化规律的两种事物是不能归入同类项的。因为从根本上说来，二者缺乏可比性。就我们这里讨论的问题来说也是如此。产品和服务价格的本质是价值，支配其量的变化规律是社会必要劳动量；而作为资本一种载体的股票的价格，其本质是利息的资本化，支配其量的变化规律是平均利润率以及平均利润在职能资本和生息资本之间的分割。再说，由产品和服务构成的国内生产总值是属于实物经济的范畴，而股票是虚拟经济的范畴。所以，从根本上说来，二者缺乏可比性。因而不能把股票价格的上升，也看做产品和服务价格的上升一样，列入通货膨胀的范畴。

诚然，股票与产品和服务都具有商品的形式，都有以货币表现的价格，二者会受到供求关系和投机因素的影响。当然，投机因素在产品和服务价格变化的作用，是根本无法同股票相比拟的。但二者毕竟具有上述的一些共同点。但并不能依据这些共同点把二者都列入通货膨胀的范畴。问题的关键在于：区分事物的根本标准是其本质属性，而不是其非本质属性。比如，货币是特殊商品，它也有商品的一般属性，但他们的本质属性是一般等价物。货币资本也具有货币的一般属性，但它的本质属性是带来剩余价值的价值。所以，既不能因为货币具有商品的一般属性就把它归结为商品，也不能因为货币资本具有货币的一般属性就把它归结为货币。同样的道理，我们也不能以股票价格与产品和服务具有某些共同的非本质属性，就把二者价格的上升都归结为同一的通货膨胀的范畴。

诚然，流通中的货币量过大，确实会成为促进股票价格上升的一个因素。但也不能据此将股票价格的上升归结为通货膨胀的范畴。一般说来，许多复杂事物的发展都会受到多种因素的影响，如果不以事物的本质属性确定其归属的范畴，而是考虑其多种因素的影响，那就根本无法确定其归属的范畴。就股票价格的上升来说，除了受到货币流通量因素的影响以外，还会受到政治因素的影响。而且在一定条件和特定时间内，政治因素的影响远远超过货币流通量因素的影响。显然，我们并不能据此把股票价格的上升归结为政治范畴。同样的道理，我们也不能因为货币流通量对股票价格的影响，就把它归结为通货膨胀的范畴。在这里决定其归属因素仍然是上述的股票的本质属性。

还需要指出：假定①可以把股票价格指数列入通货膨胀指数，如果在前者飙升的情况下，就会形成对后者的高估；在前者狂跌的情况下，又会形成对后者的低估。从而会形成对通货膨胀指数的扭曲。②而且，对物价的调控与对股市的监管存在重大差别，二者也不能混淆。所有这些都说明：如果把股票价格指数也列入通货膨胀的范畴，对于正确实施宏观经济调控是不利的。退一步说，即使在物价上升和股价上升均属通货贬值这种特定意义上把二者均列入通货膨胀范畴，那也需说明前者是原本意义上的通胀，后者是在金融市场发达条件下拓宽了的通胀，而不能把二者不加区别的放在一起"一锅煮"。这在理论上、实践上都是不妥的。

---

① 这里需要说明：我们这样说，暗含一个前提：股票价格指数和物价指数一样都可以归入通货膨胀指数。但如前所述，这个前提是不存在的。

② 比如，据有关部门统计，2007年上半年，我国消费价格上升3.2%，但如果将股票价格变动也纳入这个范畴，涨幅会在100%以上（国家统计局网2007年9月24日）。

二、价格指数与经济冷热的关系

我国学界流行的观点，不仅把消费价格指数的升降等同于通货膨胀的升降，而且仅仅依据消费价格指数的升降来衡量经济的热冷。这也有值得斟酌之处。

为了分析这个问题，先对这个问题涉及的两个前提做些说明：

第一，经济冷热的概念和衡量经济冷热的总体指标。经济冷热是一个经济全局概念，而不是经济局部概念。因为经济冷热是指的社会总需求小于或大于社会总供给；其冷热程度就是前者小于或大于后者的程度。因此，从总体上反映经济冷热的指标，必须是反映经济全局的指标，而不能是反映经济局部的指标。

从比较完整、准确的意义上说，这方面唯一的总体指标，就是现实经济增长率与潜在经济增长率的差距。按照科学发展的理念，并从我国具体情况出发，潜在经济增长率可以定义为在保护和改善自然环境的条件下[①] 各种生产潜力得到充分发挥可能达到的生产率。这样，在社会总需求小于社会总供给的条件下，社会的生产潜力就没有得到充分的发挥，这表明现实经济增长率低于潜在经济增长率。反之，在社会总需求大于社会总供给的条件下，就表明现实经济增长率高于潜在经济增长率。从上述相互联系的意义上，也可以说经济冷热就是现实经济增长率小于或大于潜在经济增长率，经济冷热的程度就是现实经济增长率小于或大于潜在经济增长率的程度。正是这一点，使得经济增长率成为从总体上衡量经济冷热的唯一的、无可替代的反映经济全局的指标。

但是，潜在生产增长率的精确估算是很复杂的。然而也有一个简便而又较为可靠的方法。这就是按一个较长时期（包括几个经济周期甚至一个经济周期）年均经济增长率计算。但潜在经济增长率的高低主要决定于社会生产力发展的程度。因而它是动态的概念，而不是静态的概念。

---

①把环境保护和改善纳入潜在经济增长率的研究，涉及许多复杂的因素，而且缺乏这方面的数据，故在下面的分析将此舍象了。如果纳入环境保护和改善这个因素，那么本文后面估算的潜在经济增长率的数字，需做一定的调整。

我国 1953~1978 年社会劳动生产率年均提高 3.2%，1979~1999 年年均提高 6.6%；2000~2006 年年均提高 8.2%。[①] 据此分析，可以将新中国成立后各个时期年均经济增长率大致估算为潜在经济增长率。具体说来，1953~1978 年为 6.2%，1979~1999 年为 9.7%。以 1999 年低谷为起点的新一轮经济周期还没完，不便算出其潜在经济增长率。但依据上述的这期间社会劳动生产率的提高情况来看，可以将这个经济周期潜在经济增长率大致估算为 10%。

我国改革以来经济增长历史表明：年均经济增长率超过潜在经济增长率约两个百分点，就会造成经济过热。1978 年、1984 年、1987 年和 1992 年四年的经济增长率分别为 11.7%、15.2%、11.6% 和 14.2%；分别高于潜在增长率的 2.0 个、5.5 个、1.9 个和 4.5 个百分点。经济增长率超过潜在增长率一个百分点左右，就形成经济偏热。2003~2006 年经济增长率分别为 10%、10.1%、10.4% 和 11.1%（详见附表）。根据这些历史经验，可以认为 2003 年以来经济趋于偏热。

上述情况表明：现实经济增长率与潜在经济增长率的差距可以比较准确地从整体上衡量经济的冷热。

第二，就新中国成立后的历史经验和现状来看，可以设想按经济增速和消费价格指数的升降幅度，分别设立四个相对应的档次。经济增速方面的四个档次是：①经济过热：经济增速超过潜在经济增长率约两个百分点。②经济高位增长：经济增速在潜在经济增长率的上限区间运行。为了简化问题，并便于和消费价格指数有关档次相对应，大体上可以将经济偏热（即经济增速超过潜在经济增长率一个百分点左右）归入这个档次。③经济中位增长：经济增速在潜在经济增长率中位区间运行。④经济低位增长：经济增长在潜在经济增长率低位区间乃至更低的速度运行。与上述四个档次相对应，消费价格指数四个档次是：①高度通胀：消费价格指数上升幅度 10 个百分点以上。②中度通胀：消费价格指数上升幅度 10 个百分点以内。③低度通胀：消费价格指数上升幅度在 5 个百分点以内。④通货紧缩：消费价格指数为负数。

[①]《中国统计年鉴》（有关各年），中国统计出版社；国家统计局网 2007 年 2 月 28 日、7 月 11 日。

在对这些前提做了说明以后，再依据改革后 ① 经济发展的实际来说明能否孤立地只是以消费价格指数来衡量经济的冷热。

我国经济改革开始以后，经济增速过热的年份共有 8 年：1978 年为 11.7%，1984 年 15.2%，1985 年 13.5%，1987 年 11.6%，1988 年 11.3%，1992 年 14.2%，1993 年 14.0%，1994 年 13.1%。与上述八年对应的消费价格指数分别是：1978 年为 100.7，1984 年 102.7，1985 年 109.3，1987 年 107.3，1988 年 118.8，1992 年 106.4，1993 年 114.7，1994 年 124.1（详见附表）。在这 8 年中，1978 年和 1984 年这两年为低度通胀，1985 年、1987 年和 1992 年这 3 年均为中度通胀；以上 5 年消费价格指数均未反映出经济过热。只有 1988 年、1993 年和 1994 年这 3 年高度通胀，才反映了经济过热。但这并能否定这 8 年确实发生了经济过热。因为这 8 年现实经济增长率都超过潜在经济增长率约两个百分点。可见，孤立地只以消费价格指数来衡量经济过热是不妥的。还要指出：在衡量经济偏热和过冷方面也存在类似的情况。

改革后，经济偏热的年份共有 7 年。1983 年经济增速为 10.9%，1995 年 10.9%，1996 年 10.0%，2003 年 10.0%，2004 年 10.1%，2005 年 10.4% 和 2006 年 11.1%。与上述 7 年相对应的消费价格指数分别为：1983 年 102.0，1995 年 117.1，1996 年 108.3，2003 年 101.2，2004 年 103.9，2005 年 101.8，2006 年 101.5（详见附表）。在这 7 年中，只有 1995 年系高度通胀，1996 年系中度通胀，其余 5 年均系低度通胀，后 6 年均未反映经济偏热的情况。但这也不能否定这 6 年确实发生了经济偏热。因为这 6 年现实增长率都超过了潜在增长率一个百分点左右。

改革后，经济低增长的年份共 7 年：1979 年经济增速为 7.8%，1980 年 7.6%，1981 年 5.2%，1989 年 4.1%，1990 年 3.8%，1998 年 7.8%，1999 年 7.6%。与上述 7 年相对应的消费价格指数分别为：1979 年 101.9，1980 年 107.5，1981 年 102.5，1989 年 118.0，1990 年 103.1，1998 年 99.2，1999 年 98.6（详见附表）。在这 7 年中，只有 1979 年、1981 年、1991 年、1998 年和 1999 年这 5 年经济低增长与消费价格指数表明的低通

---

① 在我国，改革前后价格决定机制有根本区别，二者之间不可同日而语。为简单计，这里仅从改革以后说起。

胀或通缩是对应的。其余两年都是不对应的。1980年是经济低增长和中度通胀，1989年是经济低增长和高度通胀。

可见，在上述的改革后的22年中，消费价格指数与经济增速在反映经济冷热方面，只有6年是一致的，其余16年都是不一致的。但改革后1978~2006年共有29年，除了上述22年以外，其余7年二者增幅档次是否一致呢？在这7年中，1982年、1991年、1997年和2002年均为经济高位增长，而消费价格指数为低通胀或通缩。这4年二者位次都是不一致的。1986年、2000年和2001年经济为高增长或中增长、消费价格指数为中通胀或低通胀。这3年二者是一致的（详见附表）。

总之，如果脱离现实经济增长率与潜在经济增长率的差距，孤立地仅仅依据消费价格指数来衡量经济冷热是不妥的。诚然，在少数年份消费价格指数也能反映的冷热。但即使在这些场合，终极说来，衡量经济冷热的总体指标，仍然是现实经济增长率与潜在经济增长率的差距。

这里需要说明：我们在上面对经济增速和消费价格指数在反映经济冷热方面的关系所做的分析，大体上说来，对经济增速与国内生产总值矫正指数在反映经济冷热方面的关系也是适用的。因而尽管消费价格指数与国内生产总值矫正指数多数年份在增减幅度上是有差别的，只有少数年份是一致的（已见前述），但就二者所处的档次来说，多数年份是一致的，只有少数年份有差异。在1978~2006年29年中，二者同属通缩的有1999年和2002年，同属低度通胀的有1978年、1979年、1981年、1983年、1997年、2000年、2001年、2003年、2005年和2006年，同属或接近中度通胀的有1984年、1986年、1987年、1992年和1996年，同属或接近高度通胀的有1985年、1988年、1993年、1994年和1995年，合计23年。二者处于不同档次的只有6年：1980年国内生产总值矫正指数为低度通胀，消费价格指数为中度通胀；1982年前者为通缩，后者为低度通胀；1989年前者为中度通胀，后者为高度通胀；1990年、1991年和2004年前者为中度通胀，后者为低度通胀（详见附表）。正是基于这一点，为了省篇幅，就不需要对经济增速与国内生产总值矫正指数在反映经济冷热方面的关系，再做逐年的分析。

现在的问题是：为什么现实经济增长率与潜在经济增长率的差距总能大体上反映经济的冷热，而国内生产总值矫正指数在少数年份可以做到这一点，而在多数年份却不能呢？原因在于：现实经济增长率与潜在经济增长率的计算，其分子和分母都是按可比价格计算的，排除了名义价格变动的影响，从而能够在较为纯粹的形态上反映社会总供给和社会总需要的关系。如前所述，经济冷热的本质正是在于这一点。但在这方面，国内生产总值矫正指数则有不同。这个指数的分母是按可比价格计算的，其分子却是按名义价格计算的，而且这个指数是与名义价格成正比例变化的。这样，这个指数除了也要受到社会总需求和社会总供给这个基本因素的决定以外，还要受到影响名义价格其他各种因素的作用。

在这方面，最重要的因素有：

第一，在计划经济体制下，价格主要是由政府行政指令规定，再加上适应赶超战略要求的低成本政策，经常存在严重的抑制型通胀。1978年由现实经济增长率与潜在经济增长率的差距所显示的经济过热，与由国内生产总值矫正指数所显示的低度通胀这样的巨大反差，主要是由这一点决定的。诚然，1978年我国经济体制改革已经开始。但物价主要由政府行政指令决定到主要由市场调节的转变，还是经历了一个很长的过程。仅就产品价格体制改革来说，在社会消费品零售总额、农副产品收购总额和生产资料销售总额中，政府指令定价占的比重1978年为97.0%（余下的为政府指导价和市场调节价，下同），1985年为47.0%，1992年为5.9%，2004年为3%。① 至于服务价格的改革，总体上说来，还要滞后一些。可见，即使在1978年以后，政府指令定价仍在不同程度上抑制了物价的上升。

第二，按照科学含义来说，通货膨胀率与物价上涨率二者内容固然有联系，但又有区别。通胀率只是由产品（包括服务，下同）求过于供导致的物价上涨率。但物价上涨率除了决定于这一点以外，还受到其他多种因素的影响。举其要者有：①由社会劳动生产率上升而起的产品价值下降，从而价格下降。②由各种生产要素（包括劳动力、土地、矿产和环境等）的成本低（甚至根本不计成本）而导致的产品价格低。③竞争的不足和过度，垄断行业改革的进展，政府对价格监管的加强，以及"入世"后以国外高生产率为基础的、大量低价产品的输入等因素，都会

---

① 《中国物价年鉴》（有关各年），中国物价出版社。

在不同程度上导致产品价格下降。因此，全部的通胀率应该等于现实物价上涨率加上由上述各因素导致的物价下降率。诚然，从理论上说来，还有各种与产品求过于供无关的导致物价上升的因素（如农业因严重自然灾害而导致的劳动生产率下降引致农产品价值上升，从而价格上升）。所以，完整的通胀率公式=现实物价上涨率+由各种非求过于供而引致的物价下降率−由各种非求过于供因素而引致的物价上涨率。[①] 但就我国当前实际情况来看，相对说来，由各种非供过于求因素导致的物价下降是主要的，而由各种非供过于求因素而导致物价上升是次要的。当然，如何具体计算这种下降率和上升率，还是一个需要探讨的难题。但至少在理论分析上需要看到这一点。

第三，物价上升起点的差异。比如，1978 年国内生产总值矫正指数为 101.3，系低度通胀；1992 年国内生产总值矫正指数为 108.2，系中度通胀（接近中度通胀的上限）。但前者比上年提高了 1.2 个百分点，后者比上年也只提高了 1.3 个百分点。因此，这两年通胀之所以有低度和中度的差别，同它们赖以上升的起点有很大的关系。

第四，通胀的心理预期。比如，1988 年上半年已经出现了物价上涨的形势。但这年秋天还大力宣传要闯价格改革关，急剧地加强了通胀的心理预期，从而成为这年达到高度通胀的一个重要原因。当然，这年出现高通胀的基础，还是这年经济增长率在 1987 年高达 11.6%的基础上又上升了 11.3%。

第五，一般说来，在由经济高速增长带动投资品需求的高速增长，再进一步带动消费品需求的高速增长，这中间有一个传导过程。在我国经济改革远没到位的情况下，传导机制并不很灵，相对说来传导时间较长。这一点，也是由现实经济增长率与潜在经济增长率的差距所显示的经济过热，与由国内生产总值矫正指数显示的经济过热发生差距的一个重要原因，比如，1987 年的经济增长率比 1988 年要高 0.3 个百分点，但国内生产总值矫正指数 1988 年比 1987 年要高 6.8 个百分点。这一点，同物价上升在 1988 年得到充分的传导就有很大的关系。这一点在 1992~

---

① 作者曾将学界流行的"通货膨胀率=物价上涨率"的公式修正为"通货膨胀率=物价上涨率−由各种非需求过旺因素引起的物价上涨率"（详见拙文：《试析 2002 年通货紧缩的特征》，载《经济学动态》2004 年第 2 期）。这里再予以补充修正。

1994 年间还有更明显表现。这三年经济增长率分别为 14.2%、14.0% 和 13.1%，均超过潜在经济增长率 2 个百分点，明显属于经济过热。但这三年的经济增速是逐年小幅下降的。而这三年国内生产总值矫正指数却是逐年大幅上升的，分别为 8.2%、15.1% 和 20.6%。形成这种反差的原因有三：①连续三年的经济高增长，形成逐年增加的巨大社会需求。因为这三年经济增长率虽在小幅下降，但仍然都是高速增长，而且每一个百分点所包含的国内生产总值绝对量也都在逐年增长。②经过三年的积累，通货膨胀的心理预期在逐步攀升。尽管在这期间政府采取了一系列有力的抑制通胀的政策措施，但仍然难以改变这种攀升趋势。③在长达三年的过程中，投资品之间、投资品与消费品之间以及消费品之间的价格相互传导得到了比较充分的实现。正是上述三方面的原因，使得这期间由现实经济增长率与潜在经济增长率的差距所显示的经济过热与由国内生产总值矫正指数所显示的经济过热，不仅在方向上是一致的，而且在程度上都是很对应的，既是高增长，又是高通胀或接近高通胀。

第六，改革以来，我国对外贸易依存度和人民币汇率都有很大的变化。1978~2006 年，我国外贸依存度由 9.7% 提高到 66.6%。1985 年人民币对美元的汇率（中间价）由 2.9366 元=1 美元降低到 1994 年 8.6187 元=1 美元，再上升到 2006 年的 7.9718 元。[①] 这样，国际市场价格和汇率对我国市场价格的影响也在逐步加大。

正是由于上述多重因素的作用，使得由现实经济增长率与潜在经济增长率的差异所反映的经济冷热，与由国内生产总值矫正指数所反映的经济冷热，必然发生不同的程度的乃至根本性的差异。

这里也需说明：基于前面已经讲过的理由（即消费价格指数与国内生产总值矫正指数虽然有差别，但就二者所处的档次来说，多数年份是一致的），上述分析对于消费价格指数也是适用的。

上述经济事实和理论分析表明：①现实经济增长率与潜在经济增长率的差异，是反映经济冷热的唯一的无可替代的总体指标。如果只是孤立地依据消费价格指数来判定经济冷热，是不妥的。但这样说，并不否定消费价格指数是反映经济冷热的一个主要指标，也不否定它在一定条

---

①《中国统计年鉴》（2007），第 56、724 页。

件下和某些年份它能大体反映经济的冷热。②在所有年份，无论消费价格指数处于那个档次（是高通胀、中通胀、低通胀，还是通缩），都必须从当年具体情况出发，具体分析它处于各该档次的原因。在这方面主要有三种情况：一是主要由市场供求引起的，二是主要由其他相关因素引起的，三是由市场供求和其他有关因素共同引起的。如果是第一种情况，那就可以参照现实经济增长率与潜在经济增长率的差距，以确定它反映经济冷热的程度。如果第二种情况，那也需参照现实经济增长率与现实经济增长率的差距，以确定消费价格指数与经济冷热基本上是无关的，甚至呈现出相反的状态（如前述的 1978 年那样）。如果是第三种情况，那还要分析市场供求和其他相关因素在这方面各自的作用强度，并参照现实经济增长率与潜在经济增长率的差距，以确定其与经济冷热的相关程度。在第三种情况下，消费价格指数只是在不同程度上反映经济冷热的变化。

　　最后，需要着重指出：以上两点结论并不只是学术观点问题，而且直接涉及宏观经济调控的一个基本依据问题。显然，经济冷热及其程度，是宏观经济调控赖以进行的一个基本出发点。

科学发展观形成的条件及其意义 *
——学习党的十七大报告的一点体会

关于科学发展观的内涵，2005 年党的十六届五中全会首次明确提出，并作过阐述。2007 年党的十七大对此作了更精辟的概括和阐述。"科学发展观，第一要义是发展，核心是以人为本，基本要求是全面协调可持续，根本方法是统筹兼顾。"①

综观经济理论发展的历史，任何一个重大理论的提出，都有它赖以形成的经济思想来源，经济发展的历史经验以及现实经济发展环境的需要等方面的条件。科学发展观这一重大理论的提出亦复如此。

一、继承了马克思主义

把经济发展作为无产阶级夺取政权以后的首要任务，是马克思主义一贯的一个基本观点。马克思恩格斯早在 1948 年发表的《共产党宣言》中就已指出：在无产阶级夺取政权以后，要剥夺全部资本，"并且尽可能快地增加生产力的总量。"② 列宁在十月革命以后不久也曾指出：无产阶级在取得政权以后，应当解决双重的任务。一是领导被剥削劳动群众粉碎资产阶级的反抗；二是组织社会主义的大生产。列宁强调第二个任务比

* 原载《中国社会科学院院报》2008 年 5 月 15 日。
①《中国共产党第十七次全国代表大会文件汇编》，人民出版社 2007 年版，第 14 页。
②《马克思恩格斯选集》第 1 卷，人民出版社 1972 年版，第 272 页。

第一个任务"更困难",也"更重要"。因为归根结底,"只有用社会主义大生产代替资本主义生产和小资产阶级生产,才能是战胜资产阶级所必需的力量的最大泉源,才能是这种胜利牢不可破的唯一保证。"① 这是第一。第二,可以毫不夸张地说:马克思主义从它产生的第一天起,就把人的全面发展作为共产主义社会发展生产的根本目的。恩格斯在 1847 年撰写的、作为《共产党宣言》初稿的《共产主义原理》中写道:在共产主义社会,"把生产发展到能够满足全体成员需要的规模","使社会全体成员的才能得到全面的发展。"② 第三,马克思对共产主义社会的经济按比例发展规律作过这样的表述:"如果共同生产已成为前提,时间的规定当然仍有重要意义。社会为生产小麦、牲畜等所需要的时间越少,它所赢得的从事其他生产,物质的或精神的生产的时间就越多,正像单个人的情况一样,社会发展、社会享用和社会活动的全面性,都取决于时间的节省。一切节约归根到底都是时间的节约。正像单个人必须正确地分配自己的时间,才能以适当的比例获得知识或满足对他的活动所提出的各种要求,社会必须合理地分配自己的时间,才能实现符合社会全部需要的生产。因此,时间的节约,以及劳动时间在不同生产部门之间有计划的分配,在共同生产的基础上仍然是首要的经济规律。这甚至在更加高得多的程度上成为规律。"③ 可见,恩格斯在这里既论证了节约劳动时间规律,又论述了按比例发展规律。但是,如果现在据此来论证计划经济体制存在的必要性,那就十分不妥。这不仅违反了马克思主义的方法论,也根本脱离了中国社会主义初级阶段的实际。据此来说明按比例发展规律,从而说明要求社会生产各部门需要协调发展,则是完全可以的。这既符合愿意,也符合马克思主义方法论,更符合中国社会主义初级阶段的实际。以上三点说明:科学发展观具有多么深远的思想渊源。

科学发展观,不仅是继承了马克思主义的发展,还继承了中国化的马克思主义。

毛泽东在新民主主义革命即将在全国取得胜利的 1949 年 3 月曾经着重提出:"从接管城市的第一天起,就要把生产建设作为中心任务,城市

---

① 《列宁全选》第 4 卷,人民出版社 1972 年版,第 12~13 页。
② 《马克思恩格斯选集》第 1 卷,人民出版社 1972 年版,第 223~224 页。
③ 《马克思恩格斯选集》第 46 卷(上),人民出版社 1972 年版,第 120 页。

的其他工作都是为这个中心工作服务的。"① 在这个时期，他还强调："新民主主义国民经济的指导方针，必须紧紧地伴随着发展生产、繁荣经济、公私兼顾、劳资两利这个总目标。一切离开这个总目标的方针、政策、办法，都是错误的。"② 在这里，既指出了发展生产、繁荣经济的重要性，又指出了公私兼顾、劳资两利的重要性。在体现了毛泽东思想的《中国人民政治协商会议共同纲领》中，这些思想又得到了进一步的发展。《共同纲领》规定："中华人民共和国经济建设的根本方针，是以公私兼顾、劳资两利、城乡互助、内外交流的政策，达到发展生产、繁荣经济之目的。"③

到了社会主义革命时期，毛泽东在其名著《论十大关系》和《关于正确处理人民内部矛盾的问题》中全面地分析了"为把我国建设成为一个强大的社会主义国家"的经济、政治、社会以及国内和国外的关系，并明确提出了"统筹兼顾、适当安排"的方针，④ 在这些方面做了种种探索。

诚然，无论是在新民主主义革命时期，或者社会主义革命时期，毛泽东的上述思想都带有时代的特点，都有特定的内涵，并有某种局限性（比如没有摆脱计划经济体制的框框）。而且由于各种因素的作用，其中有些思想并没有得到完全实现。但从方法论的角度，这些思想对形成科学发展观无疑起了指导作用。

邓小平依据"大跃进"和"文化大革命"两次"左"的错误的教训，深刻地指出："社会主义的首要任务是发展生产力，逐步提高人民的物质和文化生活水平。从 1958 年到 1978 年这 20 年的经验告诉我们：贫穷不是社会主义，社会主义要消灭贫穷。不发展生产力，不提高人民的生活水平，不能说是符合社会主义要求的。"他强调："中国还有个台湾问题要解决。中国最终要统一。能否真正顺利地实现大陆和台湾的统一，一要看香港实行'一国两制'的结果，二要看我们经济能不能真正发展。中国解决所有问题的关键是要靠自己的发展。"他还发出过铿锵有力、震撼人心的名言："发展才是硬道理。"⑤

---

①《毛泽东选集》第 4 卷，人民出版社 1991 年版，第 1428 页。
②《毛泽东选集》第 3 卷，人民出版社 1991 年版，第 1256 页。
③《中国人民政治协商会议文件选辑》，中国人民大学出版社 1952 年版，第 44 页。
④ 详见《毛泽东选集》第 5 卷，人民出版社 1977 年版，第 267~288、363~402 页。
⑤《邓小平文选》第 3 卷，人民出版社 1993 年版，第 116、265、377 页。

　　还要指出，在发展问题上，邓小平还提出了许多极重要的思想。诸如，在速度和比例、效益的关系问题上，他提出："我国的经济发展，总要力争隔几年上一个台阶。当然，不是鼓励不切实际的高速度，还是要扎扎实实，讲求效益，稳步协调地发展。""现在，我们国内条件具备，国际环境有利，再加上发挥社会主义制度能够集中力量办大事的优势，在今后的现代化建设长过程中，出现若干个发展速度比较快、效益比较好的阶段，是必要的，也是能够办到的。"在经济发展与科学、教育的关系上，他提出："经济发展得快一点，必须依靠科技和教育。""科学技术是第一生产力。"① "教育是一个民族最根本的事业。"②

　　在发展问题上，从根本上和整体上来说，还在于：在党的十一届三中全会以后，以邓小平为核心的第二代中央领导集体制定了"一个中心、两个基本点"的党在社会主义初级阶段的基本路线，提出了社会主义现代化建设三步走的战略目标，开辟了中国特色的社会主义道路，为中国特色的社会主义理论体系奠定了最重要的基础。

　　可见，处于改革开放时代，并作为改革开放总设计师的邓小平的理论，对形成科学发展观起了极重要的指导作用。

　　继第一代和第二代党的中央领导集体之后，以江泽民为核心的第三代党的中央领导集体在形成科学发展观方面作出了更为直接的贡献。摘其要者有：进一步提出了把发展作为党抓政兴国的第一要务，要坚持用发展解决前进中的问题，要建立完善的社会主义市场体制，要实施科教兴国战略、可持续发展战略和西部大开发战略，要坚持依法治国和以德治国相结合，要坚持不断推进社会主义的物质文明、政治文明和精神文明建设，以促进社会的全面进步和人的全面发展等。总之，是坚持并发展了党在社会主义初级阶段的基本理论、基本路线、基本纲领和基本经验，进一步拓展了建设中国特色的社会主义道路和中国特色的社会主义理论体系。

---

① 《邓小平文选》第3卷，人民出版社1993年版，第274、375、377页。
② 中央财经领导小组办公室编：《邓小平经济理论》（摘编），中国经济出版社1997年版，第258页。

二、借鉴了国外的适合我国情况的有益经验

如果把第二次世界大战前后经济发达国家的经济发展情况做对比，就可以清楚看到这期间发生的重大变化。主要是：在经济周期方面，实现了由战前多次发生的强波周期到战后向轻波周期的转变；在提高剥削率方面，实现了由战前先后相继发生的以提高绝对剩余价值率为主和以提高相对剩余价值率为主，到战后的这两种剩余价值率的双双下降；在城乡关系方面，实现了由战前的城乡对立到战后的城乡差别的逐步消失，甚至在一定范围内发生了"逆城市化"；在社会保障方面，实现了由战前很薄弱的基础到战后的相当完善社会保障体系的建立；在环境方面，由战前的严重破坏到战后的逐步恢复；在科技教育方面，继续发展在这方面的优势，支撑了其在经济方面的优势。这些重大变化就导致了经济发达国家在战后实现了长达60多年的经济持续发展。

这些变化并不是偶然的，主要是由下列条件决定的。第一，战前长期进行的剧烈的阶级斗争，已经发生了极重要深远影响。这些影响除了战后在欧亚两洲出现了一大批社会主义国家以及帝国主义殖民体系瓦解以外，就是迫使经济发达国家在资本主义基本经济、政治制度的范围内，有限度地放松剥削和发展民主。第二，经济发达国家普遍实行了在维护资本主义基本经济制度的前提下的经济体制的变革，实现了由古典的自由放任的市场经济到现代的有国家干预的市场经济的转变。这是资本主义经济条件下经济周期发生重大变化和经济获得持续发展的主要原因。第三，战后多次发生的新的科技革命，极大地推动了社会生产力的发展。这样，在"蛋糕"做大的条件下，为经济发达国家在某种限度下放松剥削、发展社会保障和环境保护事业提供了极重要的物质基础，先进的信息技术也是推动资产阶级民主的一个重要手段。总之，上述重大变化是战后资本主义物质文明、政治文明和精神文明发展的结果。

因此，这些变化绝不意味着资本主义的基本经济、政治制度及其本质有什么根本变化，不过是这些制度和本质在新的历史条件下的一种特殊表现。

上面讲的只是战后国际经验的一个方面，与此同时存在的还有另一个方面。战后在帝国主义殖民体系瓦解的基础上，在亚洲、拉丁美洲和非洲产生了一大批新型工业化国家。其中，有的国家在经济高速增长过程中，注意了各项社会事业的发展，社会都比较稳定，经济持续发展。而有的国家在经济高速增长过程中，贫富差别急剧扩大，导致政治、经济危机的发生，引起经济的停滞和倒退。

毫无疑问，我国基本的经济、政治制度，不论是与经济发达国家，或者是与新型工业化国家都是有本质区别的。但在发展现代市场经济和推进工业化、现代化等方面，又程度不同地存在某些共同点。因而这两类国家的经验和教训对我国都是有警示和启示作用的。事实上，这些经验和教训对科学发展观的形成也起了有益的作用。

三、吸收了我国优秀历史文化传统中的精华

在我国历史优秀文化中，以人为本或类似以人为本的思想屡见不鲜。诸如"民惟邦本，本固邦宁"；"天地之间，莫贵于人"等，古已有之。

这里的问题是：按照唯物论的观点，任何思想都不是凭空产生的，都是有其根源的。那么，这种反映人民（主要是劳动人民）利益的思想为什么在古代社会（包括奴隶社会和封建社会）产生呢？按照作者的理解，最重要的原因有两个：一是物质资料的生产和再生产是人类社会存在和发展的基础；二是人的本身的生产和再生产，又是物质资料生产和再生产的主要要素。而这两点都是主要依靠人民（主要是劳动人民）。以人为本的思想正是这些客观情况在古代优秀思想家头脑中的反映。

但这些思想家是在脱离具体的社会经济条件的情况下提出以人为本的思想的，他们看不到（也不可能看到）与体现人类社会共同利益①的以人为本思想同时存在的还有阶级利益和体现阶级利益的思想。按照辩证法的观点，这种共同利益和阶级利益是一个矛盾统一体，既有矛盾的一面，又有统一的一面。而且在矛盾两方面中，阶级利益是矛盾的主要

---

① 从古至今，人类社会的共同利益主要表现为：物质资料的生产、人口的生产、抗御自然灾害和治理环境等。

方面，处于支配的地位。这样，在阶级社会中，以人为本的思想就不可能得到广泛的社会认同。不要说统治阶级不会认同这一点，就是在劳动人民中由于受到统治阶级思想的影响也很难被广泛认同。至于在阶级社会中以人为本思想的实施，从根本上和整体上说，是不可能的。当然，任何事情都不是绝对的。在特定情况下（比如在中国封建社会中，有贤明君主主政）也可能在一定的领域、时间和程度上实施。

这样，以人为本的思想不仅在古代社会的经济发展中也起过一定的积极作用，并且成为作为科学发展观核心的以人为本的思想的重要来源。

当然，科学发展观以人为本的思想与中国古代社会朴素的以人为本思想相比，发生了根本性的变化。第一，科学发展观以人为本的思想，是建立在历史唯物主义的基础上。历史唯物主义正确地阐述了人民群众是历史的主要创造者，是推动社会发展的决定性力量。第二，在社会主义初级阶段，不仅社会的共同利益，而且与社会主义基本经济、政治制度相联系的根本利益，都要求实现以人为本，从根本上和整体上说来，二者是统一的。第三，在这个阶段，以人为本的思想是作为科学发展观核心的，是作为执政党的中国共产党的基本发展理念，是能够比较完全和充分实施的。

四、从根本上说来，科学发展观的提出，全面地反映了新中国成立以后社会主义建设的经验、社会主义初级阶段的客观实际和现阶段经济社会发展的迫切需要

科学发展观是新中国成立以后社会主义建设经验的全面、整体、高度的概括。在这方面，我们只要把科学发展观涵盖的内容与新中国成立以后经济社会发展的实际作一下对比，就不难看出：什么时候我国经济社会发展状况比较符合科学发展观的要求，其发展就比较顺利，成就也比较大；反之，就会遭受严重挫折，成就也比较小。

关于科学发展观真切地反映了社会主义初级阶段的客观实际和现阶段经济发展的迫切需要，党的十七大作了很深刻的分析。"科学发展观，是立足社会主义初级阶段基本国情，总结我国发展实践，借鉴国外发展

经验，适应新的发展要求提出来的。进入新世纪新阶段，我国发展呈现一系列新的阶段性特征，主要是：经济实力显著增强，同时生产力水平总体上还不高，自主创新能力还不强，长期形成的结构性矛盾和粗放型增长方式尚未根本变化；社会主义市场经济体制初步建立，同时影响发展的体制机制障碍依然存在，改革攻坚面临深层次矛盾和问题；人民生活总体上达到小康水平，同时收入分配差距拉大趋势还未根本扭转，城乡贫困人口和低收入人口还有相当数量，统筹兼顾各方面利益难度加大；协调发展取得显著成绩，同时农业基础薄弱、农村发展滞后的局面尚未改变，缩小城乡、区域发展差距和促进经济社会协调发展任务艰巨；社会民主政治不断发展，依法治国方略扎实贯彻，同时社会主义民主法制建设与扩大人民民主和经济社会发展的要求还不完全适应，政治体制改革需要继续深化；社会主义文化更加繁荣，同时人民精神文化需求日趋旺盛，人们思想活动的独立性、选择性、多变性、差异性明显增强，对发展社会主义先进文化提出了更高要求；社会活力显著增强，同时社会结构、社会组织形式、社会利益格局发生深刻变化，社会建设和管理面临诸多新课题；对外开放日益扩大，同时面临的国际竞争日趋激烈，发达国家在经济科技上占优势的压力长期存在，可以预见和难以预见的风险增多，统筹国内发展和对外开放要求更高。""这些情况说明，经过新中国成立以来特别是改革开放以来的不懈努力，我国取得了举世瞩目的发展成就，从生产力到生产关系、从经济基础到上层建筑都发生了意义深远的重大变化，但我国仍处于并将长期处于社会主义初级阶段的基本国情没有变，人民日益增长的物质文化需要同落后的社会生产之间的矛盾这一社会主要矛盾没有变。当前我国发展的阶段性特征，是社会主义初级阶段基本国情在新世纪新阶段的具体表现。"[1] 这里所说的两个"没有变"，正是科学发展观赖以提出的客观基础，同时也说明了正是中国现阶段经济社会发展的迫切需要。

科学发展观的伟大意义，主要包括两个方面：一是在理论方面，概括地说，"是马克思主义关于发展的世界观和方法论的集中体现。"[2] 按照

①《中国共产党第十七次全国代表大会文件汇编》，人民出版社 2007 年版，第 13~14 页。
②《中国共产党第十七次全国代表大会文件汇编》，人民出版社 2007 年版，第 12 页。

作者的认识，这个命题包括三层意思：①说它是马克思主义关于发展的世界观的集中体现，就在于它集中体现了作为唯物论的基本要求的实事求是，具体说来，就是反映了中国社会主义初级阶段的这个基本国情。②说它是马克思主义关于发展的方法论的集中体现，在于它集中地反映了作为辩证法的主要内容之一的主要矛盾，具体说来，就是反映了中国社会主义初级阶段的主要矛盾，即人民物质文化需要同落后的社会生产之间的矛盾。③说它是马克思主义关于发展的集中体现，在于它概括地回答了为什么发展，为谁发展，怎样发展，如何分配发展成果这样一些有关发展的全局问题。二是在实践方面，科学发展观是我国社会主义初级阶段关于经济社会发展的根本指导思想，是各项经济社会发展战略的基础理论和总纲。所以，科学发展观是马克思主义（包括中国化马克思主义）关于发展理论一个历史性的重大发展。

2008 年经济运行的特征 *

一、 与 2007 年相比，2008 年宏观经济形势将要发生哪些重要变化

第一，我国从 2003 年开始的经济偏热状况，到 2007 年发展到了顶峰。预计 2008 年，经济偏热状况将趋于缓解，经济增速甚至可以下降潜在增长率的上限或有略有超过。

从可持续增长的观点来看，潜在经济增长率似乎可以定义为在保护环境、不引发通货膨胀的条件下，各种生产要素得到充分发挥能够达到经济增长率。但把环境成本要素纳入，是一个很复杂的问题，而且缺乏数据。这里的分析仍然舍弃了环境因素。这样，考察潜在经济增长率就有简便可行的方法，用一个较长时期年均经济增长率来表示。1979~2007年我国年均经济增长率为 9.8%。这样，我们可以依据这个经验数据大体上把它看做是现阶段潜在经济增长率。

我国改革以来的历史表明：年均增长率超过潜在经济增长率两个百分点，就会形成过热，超过一个百分点左右就会发生经济偏热。这样，我们就可以把 2003~2007 年的情况看做经济处于偏热状态，其中 2007 年已经逼近了经济过热边缘。这五年的经济增长率分别为 10.0%、10.1%、10.4%、111.6% 和 111.9%。[①]

---

* 本文主要内容原载《经济学动态》2008 年第 7 期。
[①]《中国统计年鉴》(2007)，中国统计出版社；国家统计局网 2008 年 4 月 10 日。

　　但 2008 年头五个月的经济增长情况已经表明：这五年来经济偏热加剧状态已经开始趋于缓解。据国家统计局的初步核算数据，2008 年第一季度国内生产总值比去年同期上升 10.6%，比上年同期回落 1.1 个百分点。今年第一季度，全国规模以上工业增加值同比增长 16.4%，比上期同期回落 1.9 个百分点。而 1~5 月只增长了 16.3%，比一季度下降了 0.1 个百分点。[①] 据此可以大致推算，2008 年 1~5 月国内生产总值增幅比一季度还有进一步地小幅回落。增速趋缓的原因是：①从 2008 年开始实行的从紧的货币政策和有关政策。②2008 年世界经济增速趋缓，特别美国、日本和欧盟三大经济体经济增速趋缓（这三大经济体是我国最重要的贸易伙伴），以及美国 2007 年三季度发生的次级住房抵押贷款危机对世界许多国家的影响。这些主要因素必然使得作为推动我国经济趋热主要因素的投资和出口的增速趋缓。下列数据可以说明这一点。2008 年 5 月末，金融机构人民币各项贷款余额为 28.29 万亿元，同比增长 14.86%，增幅比上年末低 1.24 个百分点。2008 年 1~5 月，占全社会固定资产投资总额 80% 以上的城镇固定资产投资，同比增长 25.6%，比 1~3 月回落 0.3 个百分点。2008 年前 5 个月，累计贸易顺差 780.2 亿美元，比 2007 年同期下降 8.6%，净减少 73.2 亿美元。[②] 以上两点就是从需求侧降低经济增速的主要因素，以下两点是从供给侧限制经济增速过快的主要因素。③就我国当前经济发展情况来看，存在的突出矛盾，除了主要是价格上涨的压力仍然存在以外，就是部分地区煤电油供应较紧。[③] 另外，依据商务部对 2008 年上半年 600 种主要消费品和 300 种主要生产资料市场供求状况调查，在 600 种主要消费品中，猪肉、牛肉、羊肉、大豆、豆油、菜籽油、花生油和鲜奶 8 个品种在一定区域、一定时段呈现出供应偏紧情况；在 300 种主要生产资料中，动力煤、炼焦煤、无烟煤、焦炭、柴油、汽油、煤油、燃料油、重油、铸造生铁、铁矿石、氯化钾和硫酸钾 13 个品种市场供应呈现偏紧。[④] 再有，就是伴随要素（劳动力、土地和资源等）价格的逐步上升，及人民币的不断升值，企业成本上升的压力增大，利润空

① 国家统计局网 2008 年 4 月 16 日、6 月 16 日。

② 国家统计局网 2008 年 4 月 16 日、17 日；《经济日报》2008 年 6 月 12 日第 2 版。

③ 参见《经济日报》2008 年 5 月 26 日第 2 版。

④《中国剪报》2008 年 3 月 26 日第 1 版。

间被压缩，从而抑制投资的增长。④2008 年我国一月南方发生了历史罕见的雨雪低温冰冻灾害，特别是五月四川发生的特大地震，以及 6 月以来南方发生的水灾，尽管不会从根本上改变我国经济持续快速增长的局面，但会在一定时限内给这些地区经济增速带来较大的负面影响，从而在一定程度上降低全年经济增速。

基于上述 1~5 月的经验数据和有关因素的分析，可以预计 2008 年国民经济增速可能从去年的 11.9%，下降到 10.5% 左右。

即使做到了这一步，经济增速仍然处于偏热状态。如果再把环境因素纳入进来，其偏热状况就更严重了。还需要指出：2008 年四川发生的地震，虽然给人民生命财产和社会经济发展造成了巨大损失，但也激发和锻炼了中华民族的伟大精神。这种精神必将成为推动包括灾后重建在内的经济发展的强大力量。而且，在灾后重建中，除了依靠灾区人民自力更生、艰苦奋斗以外，中央和各地都会加大对灾区的支援，以发挥社会主义制度特有的集中力量办大事和一方有难八方支援的优越性，并进一步拓展公共财政的职能。这些都是必须肯定的。但同时必须清醒看到：当前以地方政府为主导的投资膨胀机制并没有根本改变。在这种机制的推动下，今年第三、四季度的经济增速不仅可能不会继续下降，甚至可能回升。如果真的回升，那么 2008 年经济增速就有可能达到 11% 左右，并可能推动明年经济增速继续攀升。提出这一点，并不是要否定对灾区的支援，而是要加强对公共投资的政府监管，特别是要吸取这次抗灾的成功经验，发挥和加强社会监管的作用，同时要尽可能多地引入市场竞争机制。还要运用财政、信贷杠杆，推动灾后重建投资主体的多元化，尽可能多地吸引社会投资广泛参与灾区的重建。当然，同时还要把灾区重建投资与加强农村的生产和生活方面的基础设施、优化产业结构和地区布局结合起来。这里提一下 2003 年的经验是有必要的。这年一季度经济增速上升很快（同比增速达到 9.9%）。第二季度由于非典型肺炎的影响，经济增速下降到 6.7%。但三、四季度经济增速又快速反弹，第三季度上升到 9.1%，全年达到 10%。① 当然，今年情况与 2003 年有很大的不同。仅就经济周期运行阶段来说，2003 年是经济趋向偏热的开始阶段，

① 详见拙著：《中国现代产业经济史》，经济管理出版社 2006 年版，第 596~597 页。

今年是由经济临近经济过热边缘向下行的一年。但由投资膨胀机制的推动，今年三、四季度经济增速的回升，并不是没有可能的。实际上，这一点 5 月份的某些数据已经露出了端倪。2008 年 5 月末，广义货币供应量（M2）余额为 43.62 万亿元，同比增长 18.07%，增幅比上年末高 1.33 个百分点，比上月末高 1.13 个百分点；市场货币流通量（M0）余额为 3.02 万亿元，同比增长 12.88%。1~5 月净回笼现金 206 亿元，同比少回笼 139 亿元。贷款方面，5 月当月人民币贷款增加 3185 亿元，同比多增 712 亿元。[①] 所以，对今年三、四季度经济增速的反弹，并不能放松警惕。

第二，如果说，2008 年经济增速可以实现由 2007 年经济偏热加剧趋于缓解的转变，那么，在通胀方面将会出现由去年低度通胀上限区间到中度通胀下限区间[②] 的转变。

这一点在今年头五个月已经有了明显的表现。今年一季度，我国居民消费价格同比上升 8.0%，涨幅比上年同期高出 5.3 个百分点。今年 1~4 月居民消费价格同比上涨 8.3%，涨幅比一季度上升 0.2 个百分点，比去年同期上升 5.4 个百分点。今年 5 月份居民消费价格指数同比上升 7.7%，比 4 月份下降 0.4%，1~5 月累计居民消费价格指数同比上涨 8.1%。[③] 看来，今年 6 月份，居民消费价格指数涨幅仍将处于 7% 左右的高水平，只是到今年下半年才有望得到较大幅下降。这样，全年居民消费价格涨幅为 6.0% 左右。需要指出，这个物价增幅并未全面反映通胀程度。因为物价升幅与通货膨胀是既有联系又有区别的概念。[④] 就这里讨论的问题来说，它没有反映由当前劳动生产率的迅速提高对物价上升的对冲作用。

这样，我们就看到今年经济增速和物价涨幅发生了逆向变化的趋势：经济增速偏热趋于缓解，但物价涨幅继续攀升。乍一看来，这种态势似很奇怪。其实，这种逆向变化状态在改革以后已多次出现。比如，1978~1980 年这三年经济增速分别为 11.7%、7.6% 和 7.8%，经济增速趋于下降。但居民消费价格指数趋于上升。这三年居民消费价格指数分别为 100.7、

---

① 中国人民银行网 2008 年 6 月 16 日。

② 有些概念的界定是，详见拙文：《试析当前物价运行的特征》，《国家行政学院学报》2008 年第 1 期。

③ 国家统计局网 2008 年 4 月 16 日，《经济日报》2008 年 5 月 13 日，国家统计局网 2008 年 6 月 12 日。说明：完整的价格指数要包括国内生产总值平均指数，生产价格指数、消费价格指数和固定资产投资价格等，这里只拟涉及其中最重要的消费价格指数。

④ 详见拙文：《试析物价指数及其与经济冷热的关系》，《中国社会科学院研究生院学报》2008 年第 1 期。

101.9、107.5。1984~1985 年也是这个情况。这两年经济增长率分别为 15.2%和 13.5%，而居民消费价格指数分别为 102.7 和 109.3。1993~1995 年亦复如此，这三年经济增长率分别为 14.2%、14.0%、13.1%，而居民消费价格指数分别为 108.2、115.1、120.6。当前提起这些历史经验具有重要现实意义。它提醒人们千万不能因为当前经济增速趋于下降而忽视对通胀上升的注意。

当然，在上述各个时段，通胀上升的原因是有区别的。就今年物价上升的原因来说，主要是：

（1）长达五年多的社会总需求超大社会总供给的积累。如前所述，现阶段我国潜在经济增长率大致为 9.8%。而 2003~2007 年年均经济增速为 10.8 个百分点。每年年均现实经济增长率超过潜在经济增长率 1 个百分点。这意味着年均社会总需求大于社会总供给一个百分点。今年 1~5 月，经济增长率虽然下降了，但仍然超过了潜在经济增长率；货币流通量、贷款、投资和出口增速虽然趋缓了，但并未改变社会总需求大于总供给的格局。诚然，在这五年多的时间，由于价格指数的上升，已经消化了一部分社会总需求大于社会总供给的差额。但由于多种因素的作用(其中包括价格变化滞后于社会总供求的变化)，这个差额并没有完全消除。

（2）产品成本上升的推动。这有两方面的原因：一是国内工资、地价、资源价格和环保费用等的上升；二是国际市场上的原油、有色金属、粮食和海运等价格的上升。还要指出，当前成本上升对物价上涨的压力还在加大。今年 1 月份，工业品出厂同比上涨 6.1%，原材料、燃料、动力购进价格上涨 8.9%；5 月份，二者分别上涨 8.2%和 11.9%。[①]

在这里需要对当前我国学界相当流行的一种观点提出商榷意见。按照这种观点，当前物价上升是由（或主要由）成本上升推动的，并由此把它归结为成本推动型通胀。这种观点实际上暗含两个理论前提。一个理论前提，就是认为成本上升就一定导致物价上升。这个前提是否存在就值得斟酌。从理论上说来，由需求拉动价格上升和由成本推动价格上升是不同的。一般说来，需求超过供给，就会导致价格上升。但成本上升并不总是导致物价上升。在这方面存在多种复杂的情况。举其要者有：

---

① 国家统计局网 2008 年 2 月 18 日、6 月 11 日。

①在供求基本平衡、竞争充分展开和交易有序的条件下，如果现有价格还低于价值，而成本上升幅度还是处在产品价值的限内，那么成本上升，只会挤占企业的利润，而不会导致价格的上升。只是在成本上升幅度超过产品价值的界限，才会引起价格的上升。②由要素价格上升引起的成本上升，为劳动生产率提高等因素导致的成本下降所抵消，也不会引起价格的上升。如果前者的增幅大大小于后者的增幅，那不仅不会引起价格的上升，还会增加企业的利润。如果前者的增幅超过后者的增幅就会推动价格的上升。但这种情况的发生仍然是以供求基本平衡或求大于供为前提；如果供过于求，也不一定引起价格的上升，至少价格上升的幅度会受到限制。③在求过于供、竞争还未充分展开和交易秩序混乱的情况下，即使价格上升幅度还处于产品价值的界限内，即使劳动生产率的增长幅度很快，由于要素价格的上升，也会推动价格的上升。

就我国现状来看，大体上属于上述第三种情况。其根据是：①如前所述，我国社会总需求超过社会总供给的情况已有五年多的积累。改革以来，市场体系已有很大发展，但竞争并未充分展开。当前市场交易秩序仍然比较混乱。②改革以来，我国工资水平有了空前未有的提高，但工资仍然偏低，特别是农民工工资偏低。当前我国劳动力价格（工资）是低于价值的。在许多重要资源价格方面也存在类似的情况。在环境保护方面，就企业来说，是零成本，环境成本几乎全部外部化。在这方面，只是在近年来才开始有些改变。所以，总体说来，我国许多产品的价格是低于价值的，至少是那些重要资源产品价格是这样。[①] ③改革以来，我国社会劳动生产率有了迅速的提高。1953~1978 年，我国社会劳动率年均提高 3.4%；1979~2007 年年均提高 7.3%。[②] 在其他条件不变的条件下，社会劳动生产率提高就意味着价值的下降。从而对由要素价格提高带来的成本提高有对冲作用。基于这样的分析，可以认为，尽管成本上升在我国当前价格上升中起了重要作用，但不能估计过大。

这种观点暗含的另一个理论前提：就是认为我国通货膨胀已经进入

[①] 由此可以作出一个重要结论：我国经济总量是在一定程度上被低估了。这不仅可以从购买力平价计算上得到说明，而且可以从许多要素价格低于价值以及与之相联系的产品价格低于价值上得到说明。

[②]《新中国五十年统计资料汇编》和《中国统计年鉴》(2007)，中国统计出版社；国家统计局网 2008 年 2 月 28 日、4 月 10 日。

了以成本推动为主的阶段。但在实际上，无论是资本主义经济史，还是我国经济发展史都证明：由需要拉动的通货膨胀进入成本推动的通货膨胀，都要经过一个长短不一的过程。而我国当前并没进入成本推动为主的通货膨胀阶段。这一点，我们留待后面做分析。

这种观点与我国当前经济实情相比，也有诸多不合之处。这种观点只是片面地看到了成本上升在推动物价上升方面的作用，而忽视了社会总需要超过社会总供给在这方面所起的更重要作用，也忽视了我们在下面提到的（3）、（4）、（5）、（6）、（7）、（8）、（9）七个因素在价格上升方面的作用。

（3）伴随 5 年多的价格上升和成本上升压力的加大，由劳动生产率提高带来的利润空间被逐渐压缩，企业对价格上升的消化能力在降低。因而上下游之间的价格传导明显增强。拒调查，2007 年第 3 季度上下游行业间原材料扩散指数分别高达 40.8% 和 36.9%，比 2 季度分别提高 5.9 个和 6.3 个百分点，创下 2006 年以来的新高。

（4）今年上半年前后发生的两次特大的严重自然灾害，会在一定时限和一定程度上减少供给。当然也会减少需求。但总的说来，前者的减幅会大于后者的减幅，从而扩大供需缺口，在一定的时限内小幅推动物价的上扬。

（5）翘尾巴的因素对今年物价上扬的滞后影响。有关研究表明：今年消费价格累计翘尾巴因素为 3.4 个百分点，是 2007 年的两倍。[①] 这种说法是有道理的。但在这里也需要指出：我国学者流行的观点，往往孤立地提出翘尾巴因素的影响，而不提翘尾巴因素得以实现的前提。在实际上，这种说法暗含了一个前提，即今年社会总需求大于社会总供给的状况至少要保持去年的状况。但是，如果这个状态有很大改善，那这个翘尾巴因素就难以全部实现。

（6）跟涨风在物价上升中的推波助澜作用。在我国交易秩序混乱、信用缺失和价格监管不力的条件下，切不可忽视这种跟涨风的作用。这一点，在今年前两次灾害后的一段时间内表现得非常明显。尽管这期间政府加强了对价格的监管，但跟涨风仍然刮得很强，搭便车涨价的现象几

---

① 《经济学动态》2008 年第 4 期，第 6 页。

乎到处可见。

（7）通胀心理预期的增强。在 1998~2006 年期，居民消费价格指数年均增长 1.6%，工业品出厂价格指数年均增长 1.0%。[①] 二者均处于低位通胀的下限区间。在这种情况下，无论是企业，还是居民，通胀心理预期都是比较平稳的。到 2007 年二者分别增长了 4.8% 和 3.1%，二者分别处于低通胀的上限区间和中位区间。于是，无论是企业，还是居民，通胀的心理预期都急剧攀升。在今年上半年发生的两次严重灾害后的一段时间内，这种预期又得到了进一步上升。

在这方面，应该肯定通胀心理预期上升在推动物价上升中的相对独立的重要作用。如果把它夸大为问题的关键，也值得商榷。在这里，问题的本质在于：通胀的心理预期上升尽管有重要作用，但归根结底是不能脱离通胀上升这个客观实际而孤立存在的。

（8）多年来，由于我国经常项目和资本项目双顺差的迅速增长以及各种热钱的大量流入，外汇储备逐年大幅增长。在 2003~2007 年这五个时限内，我国外汇储备余额分别依次为 4032.51 亿美元、6099.32 亿美元、8188.72 亿美元、10663.40 亿美元、15282 亿美元。2008 年 3 月末，国家外汇储备余额又增加到 16822 亿元。由此形成一种倒逼机制，迫使央行发行巨额基础货币。在上述六个时限内，央行发行的基础货币余额分别依次为 5.23 万亿元、5.9 万亿元、6.4 万亿元、7.8 万亿元、10.2 万亿元、10.4 万亿元；货币乘数分别为 4.23、4.29、4.67、4.44、3.95 和 4.06。[②] 这是推动我国对外开放时代物价上升的一个特殊重要因素。

（9）2007 年以来的物价上涨，确实是由部分农产品的供给不足引发的。我们在前述的第一个原因中实际上已经包含了这一点。因为求大于供和供给不足，不过是对同一个问题的两种表述方法。这里之所以把它单独提出来，就是由于这个问题在当前我国学界存在很大的争论。有的学者认为，当前物价上涨的主要原因是部分农产品供给不足。[③] 在改革以来，由于农产品供给不足导致物价上涨，已经发生了多次。1988~1989 年

① 《中国国内生产总值核算历史资料（1952~2004）》，《中国统计年鉴》（2007），中国统计出版社；国家统计局网 2008 年 2 月 28 日。
② 《中国人民银行货币政策执行报告》（有关季度）。
③ 《经济学动态》2008 年第 4 期，第 8 页。

和 1993~1995 年两次高通胀（这五年居民消费价格指数分别依次为 118.8、118.0、114.7、124.1 和 117.1），都是由农产品的供给不足引发的。而且，在这两次高通胀中，农产品和农产品加工品在涨价的产品中占的比重都很大。历史已经证明：这两次高通胀的主要原因，是由经济过热导致社会总需求大大超过了社会总供给。即使对这两次高通胀来说，也不能把主要原因归结为农产品的供给不足。对 2007 年以来的通胀就更不能这样说了。从比较完整的意义上说，国内生产总值矫正指数是最能反映经济冷热程度的指标。2007 年国内生产总值矫正指数为 105.2。[①] 这是一个很大的量。而供给不足的部分农产品是一个很小的量，用后者去说明前者，这在逻辑上就很难说得通。在事实上也难站得住。按照这个说法，到今年下半年，我国通胀问题就可以基本解决了。因为我国粮食自给率本来就达到 95%，今年夏粮丰收已成定局；生猪的生产周期也已到了。事实上，今年要把居民消费价格指数下降到 2007 年的 4.8% 的水平，是很难做到的。至于要把这个指数恢复到 2003~2006 年低度通胀的下位区间，即使在经济正常发展的情况下，就是明年也做不到。这就进一步证明：把 2007 年以来通胀主要归结为部分农产品供给不足，是很难说服人的。

总之，当前我国通胀的形成和加剧，是由国内和国外以及需求和成本等多种因素造成的，如果把它仅仅为某种主要因素（如部分农产品供给不足，或成本上升）。并不完全符合实际情况，也不利于通胀的治理。

二、对两个不同观点的商榷意见

现在依据上述的分析，对与之相关的两个观点提出商榷意见。先讨论第一个观点。有的学者依据今年一季度我国经济增速下降、消费价格指数上升的事实，惊呼我国经济面临的主要问题是滞胀。[②]

为了分析这个问题，似乎需要从滞涨这个概念说起。这个概念在马克思主义经济中似乎未见。在现代西方经济学中似乎也不是一开始就有。这并不奇怪。按照唯物论的观点，经济范畴总是客观经济事实的反映。

---

① 国家统计局网 2008 年 4 月 10 日。
② 《中国经济时报》2008 年 5 月 9 日第 5 版。

在客观的经济发展过程还未见出现滞胀的时候，就难以甚至根本不可能有滞胀概念的形成。

这个概念在现代西方经济学中形成并广泛传播开来，是 1970 年代以后的事。这是由于 1973 年和 1979 年两次石油危机，不仅引发了西方经济发达国家的通货膨胀，而且引发了这些国家经济衰退和经济危机。以美国为例，在 1972~1975 年，美国经济增长率分别依次为 5.8%、5.1%、0.7%和–1%，而消费价格增长率分别依次为 3.8%、5.5%、11.4%和 9.4%。在 1978~1980 年，美国经济增长率分别依次为 4.8%、2.5%和–0.4%，消费价格增长率分别依次为 7.7%、11.3%和 13.4%。[①] 这是典型的滞胀。

正是依据这些历史经验的总结，现代西方经济学总是把经济滞涨定义为：经济衰退条件下的通货膨胀。按照美国著名学者保罗·A. 萨谬尔森的说法：停滞膨胀，"即在高失业时期存在高通货膨胀。"[②] 美国另一位著名学者斯蒂格列茨也就此表述了相同的观点："更高的通货膨胀，伴随着更高的失业，这种情况被称为滞胀。"[③] 可见，滞胀是指的由经济衰退或经济危机引致的高失业条件下的高通货膨胀，并不是指的经济高速增长过程中某些年份增速一定程度的下降。

诚然，依据新的历史经验赋予原有概念以新的内涵，是理论发展过程中的正常现象。但任何理论的发展，其正确与否，均需经实践的检验。违反实践的理论，就不能称做是正确的理论。那么，当前我国经济发展的实际如何呢？如前所述，尽管今年在物价涨幅方面正在由去年的低度通胀的上限区间向中度通胀的下限区间转变，在经济增速方面虽有下降，还是超过了潜在经济增长率的上限，处于偏热状态。世界上哪有这样的滞胀呢？

还需进一步指出：在一个可以预见的时期内，作为整体的滞胀概念似乎并不适用于中国。尽管当前中国还处于通货膨胀状态，而且以后还可能再发生通货膨胀，但作为经济衰退或经济危机的"滞"，在经济正常发展的情况下，是不大可能发生的。实际上，这一点已经为改革以后 30 年经济发展的历史所证明了。在这 30 年中，经济增速最低的一年是 1990

① 《国际经济和社会统计资料》(1950~1982)，中国财经出版社。
② [美] 保罗·A. 萨谬尔森等著：《经济学》上，中译本，中国发展出版社，第 402 页。
③ [美] 斯蒂格利茨著：《经济学》下，中译本，人民出版社，第 375 页。

年，为 3.8%，从严格科学意义上还算不上衰退，最多也只能说是接近衰退的边缘。而且，其发生的最重要原因又是由于宏观调控力度过大，造成了硬着陆。当前中国潜在经济增长率约为 10%，而且已经积累了适应社会主义市场经济条件下经济周期发展全过程的、多方面的、系统的宏观调控的经验（当然，这些经验还需要进一步发展和完善）。在这种条件下，一般是不可能发生作为经济衰退和经济危机意义上的停滞的。

当然，这是从中国经济正常发展意义上说的。而且并不否定当前我国存在着潜在的生产过剩经济风险和金融风险。其突出表现是：投资和消费比例关系和内外关系失衡，许多制造业生产能力过剩和许多工业品供过于求，股票市场和房地产市场程度不同地存在着泡沫，巨额外国热钱流入。这样，在宏观经济调控失当，以致上述各种经济矛盾继续发展，或者国内外发生严重冲击中国经济发展的事件，中国不仅可能发生经济停滞，而且可能发生经济危机和金融危机。对这一点，也切不可能丧失警惕。

现在讨论第二个观点。前些时我国学界在某种范围内流行过"防止经济大滑"的提法。这里所说的经济大滑的数量含意并不明确。但可以设想有两种情况：①经济增速下滑到"停滞"的地步。如前所述，一般说来，这是不大可能的。②经济增速下滑到当前潜在经济增长率的下限。如前所述，在不考虑环境因素的条件下，潜在经济增长率约为 10%，其下限约为 7%。这是其一。其二，据有的学者测算，如果考虑环境因素，那么，中国现阶段潜在经济增长率至少要从 10% 中掉两个百分点。如果这是妥当的，那么中国潜在经济增长率就是 8%。这是其二。其三，政府确定的 2008 年预期经济增长目标也就是 8%。所以，从上述三种意义上说，经济增速如果真的由 2007 年的 11.9% 下降到 2008 年 8%，都不能称是经济大滑。因为它不仅符合上述两种意义上的潜在经济增长率，而且也符合政府宏观调控的预期目标。更何况就是这个经济增速的下滑指标，也几乎是不可能达到的。这里也有必要回顾一下改革以后中国经济发展的历史。改革以后，紧跟波峰年份以后的一年，其经济增速下降约为 4 个百分点的，只有 1979 年这一年。这年经济增速为 7.6%，比 1978 年下降 4.1 个百分点；1985 年只比 1984 年下降 1.7 个百分点；1988 年只比 1987 年下降 0.3 个百分点；1993 年只比 1992 年下降 0.2 个百分点。2003~

2007 年我国经济增速趋于偏热，但增速提高也是缓慢平稳的。这五年中，第二年比第一年经济增速提高分别为 0.9、0.1、0.4、1.2 和 0.3 个百分点。与此相联系，其下降也是缓慢平稳的。在正常情况下，下降不可能达到 4 个百分点，这一点已为 2008 年前 5 个月经济发展的事实所证明了。可见，既要防止经济由偏热转向过热，又要防止经济大滑的提法，前半句完全有针对性，而后半句则确实没有什么针对性。

那么这种提法为什么在学界还有一定的影响呢？单从认识上说，其原因可能只有两个：

第一，传统的单独纯追求经济高速增长思想的深厚影响。有的人虽然反对经济过热，但在实际上并不反对经济增长率在潜在经济增长率在上限或在其上的某种限度内运行。

在这种思想影响下，他们就很容易会把客观上存在的经济增速的某种限度内的下降预期为经济增速大滑。并在实际上把这种下滑称做大滑。说明这一点最有力的实例，是有人把 2003~2006 年年均增长 10.5% 看做一个界限，认为下降到这以下，就是大滑。

第二，与前些时在我国学界某种范围内流行的另一种观点也有联系。这种观点认为，经济大起必然引起打落。并把这一点说成是一种经济规律。这里所说的经济增速大起大落，不外乎以下两种含义：一是经济高速增长的波峰年与继起的第二年经济增速的落差；二是波峰年与波谷年的经济增速的落差。

按照列宁的经典说法，规律具有"同一的"和"巩固的"的特征。[①]那么，上述两种意义上的大起大落，是否具有这些特征呢？第一种意义的大起大落不具有这样的特征。这一点，我们在前面已经做过分析。现在需要分析的是第二种意义的大起大落，是否具有这样的特征。为此，需要简要叙述新中国成立以后各个经济周期波峰年与波谷年的经济增速的落差。其具体情况如下：1953 年（波峰年）和 1954 年（波谷年）经济增速分别为 15.6% 和 4.2%；1956 年和 1957 年分别为 15.0% 和 5.1%；1958 年和 1961 年分别为 21.3% 和 −27.3%；1964 年和 1967 年分别为 18.3% 和 −5.7%；1970 年和 1976 年分别为 19.4% 和 −1.6%；1978 年和

①参见《列宁文集》第 38 卷，人民出版社 1963 年版，第 158~159 页。

1981 年分别为 11.7% 和 5.2%；1984 年和 1986 年分别为 15.2% 和 8.8%；1987 年和 1990 年分别为 11.6% 和 3.8%；1992 年和 1999 年分别为 14.2% 和 7.6%。

上述数据表明：1953~1954 年到 1978~1981 年，这六次经济周期波峰年和波谷年经济增速的落差均可称做大起大落。其原因不仅在与落差幅度大，更重要的是在于有些波谷年（1954 年、1957 年和 1981 年）的经济增速已经下降到潜在经济增长率以下，[①] 有些年份（1961 年、1967 年和 1976 年）还陷于经济危机。这种大起大落的根源是计划经济体制。在这种体制下，主要通过行政指令，并依靠大量增加投资推动经济高速增长。这就必然会遇到供给的强烈制约。于是又主要通过行政指令，大幅减少投资，经济增速随之急剧下降。可见，在计划经济制度下确实存在经济大起必然大落的规律现象。这里需要说明，在 1978 年底召开的党的十一届三中全会以后，我国就迈出了经济改革步伐。改革推进需要一个长期的过程，所以，1978 年和 1981 年经济增速的大起大落，也是计划经济体制造成的。

但总的说来，在由计划经济体制到社会主义市场经济体制的转轨时期，上述的带有规律性的现象已经发生了重大变化。1984 年经济过热以后，曾经试图推行经济软着陆，但未着陆，1987 年经济又起飞了。基于这一点，1984~1986 年实际上是一次未完成的经济周期，可以不列入这里考察的范围。但 1987 年和 1990 年的经济增速变化，确实是一次大起大落。这不仅是因为其经济落差达到了 7.8 个百分点，更重要的是 1990 年的经济增速大大低于潜在经济增长率的下限。[②] 形成这次经济大起大落，除了计划经济体制留下的投资膨胀机制以外，很重要的原因是宏观经济调控力度过大，形成了硬着陆。与此不同，1999 年经济增长率虽然比 1992 年经济增速也降了 6.8 个百分点，落差也不小，但有两点是不同的。①这个下降幅度是在 7 年的时间内实现的，每年下降的幅度并不大。②更重要的是 1999 年的增速仍处于潜在经济增长率下限以内。基于这两点，并不能把 1992 年和 1999 年经济增速落差称做大起大落。形成

① 1953~1978 年年均经济增速为 6.1%。可将这个经验数据大体上看做是潜在经济增长率。
② 如前所述，1979~2007 年年均经济增长率为 9.8%。大体上可以把这个经验数据看做潜在经济增长率。可以设想其上限为 10%，下限为 7%。

1992 年和 1999 年与 1987 年和 1990 年差异的一个十分重要的原因，就在与前者真正推行了软着陆的政策，并且取得了成功。

2003~2008 年经济发展的实践进一步证明在转轨时期并不存在经济增长大起大落的规律。2003~2007 年经济增速虽然趋于偏热，但每年增幅并不大；2008 年虽然经济增速下降，但幅度也不大。而且基于前面的分析，完全可以预期，2009 年以后即使真的做到增速逐年下降，也不会下降到潜在经济增长率的下限以下。在这里并不存在的经济增长的大起大落的规律。

可见，在经济转轨时期，由于社会主义市场经济体制（包括市场主体、市场体系和宏观经济调控）的初步建立和完善，经济运行形态已经和正在发生重大变化。看不到这种重大变化，并把它同计划经济体制下的经济运行形态混同起来，以致提出经济大起大落是规律，必然会形成与历史事实相悖的结果。

三、当前还要坚持从紧的货币政策，并完善相关政策，积极推进改革

依据本文第一部分对 2008 年经济运行特征的分析，就会作出结论：当前还必须坚持既定的宏观经济政策，特别是作为调控经济总量的最主要政策的从紧的货币政策。当然，调控的力度需要依据经济形势的发展不断做出适当调整。而且需要采取措施，以缓解由推行这项政策带来的问题。比如，这项政策的推行，加剧了民族的中小企业的融资困难。可以设想，在财税、信贷方面，进一步推行有保有压、区别对待政策，对那些符合产业政策要求的中小企业，在资金上给予支持。

但是，与中国经济面临滞胀局面观点相联系，随之而来的就是认为中国既定的宏观经济调控政策是到改弦更张的时候了。有的甚至认为原定的从紧的货币政策缺少逻辑依据，是江湖庸医的谬论和吃错药。[1] 本文前两部分的分析已经证明，这些意见和指摘是没有根据的。这里只是提

---

[1]《中国社会科学院院报》2008 年 5 月 29 日第 3 版。

及一点：如果央行不采取作为最重要紧缩手段的提高存款准备金率，[①]让大量的流动性过剩留在金融市场上，能够控制物价上涨吗？这里还要强调：牢记 1986~1987 年那次软着陆失败的教训。诚然，现在与那时相比，在许多方面已经发生了重大变化。但就宏观经济调控已经开始取得进展、但并没有到位这方面来说，是相似的。1984 年我国经济发生过热。在这年年底，党和政府就实行了旨在制止经济过热的紧缩的货币、财政政策。但由于 1984 年经济过热来得很猛，1985 年第一、二季度，经济增速继续攀升。于是，党和政府进一步加大了紧缩政策的力度，并与这年 9 月决定，在"七五"计划的头两年（1986~1987 年），要控制社会总需求，解决经济增长速度过快的问题。还明确提出：这样用两年多的时间解决当前存在的问题，比今年（指 1985 年）下半年集中解决效果好些，可以避免由于刹车过急而造成的损失和震动。这里虽然没有明确提出软着陆的概念，但实际上在新中国经济发展史上第一次提出了软着陆的方针。这样，1985 年经济调整就获得了初步成效，这年经济增速由 1984 年 15.2% 下降到 13.5%。但到 1986 年第一季度，作为推动经济高速增长第一引擎的工业产值比上年仅增长了 4.4%。于是，经济"滑坡"的呼声四起。其实，第一季度工业增速下降，是工业调整过程中的正常现象。而且，按当时情况来看，这年第二、三、四季工业增速是要回升的。这样，这年工业增速仍然可以达到政府年初规定的 8.8% 的目标。由于顶不住经济滑坡呼声的压力（这种呼声实际上是植根于当时还远没有得到改革的计划经济体制内含的投资膨胀机制以及传统的片面追求经济高速增长的战略），也由于对 1987 年经济形势做了错误估计（1987 年我国经济增速已由 1986 年的 8.8% 上升到 11.6%，趋于过热，但在 1988 年初却把这种形势错误地估计为经济生活中开始出现了增长与稳定相统一的情况），于是就放弃了稳定经济的方针和紧缩的财政、货币政策，而代之以经济高速增长的方针和扩张的财政、货币政策。这样，经济过热又延续到 1988 年，这年经济增速仍高达 11.3%。[②]

显然，当前我国经济发展也面临两种选择。一是继续坚持既定的宏

---

① 从 2003 年 9 月 21 日到 2008 年 6 月 15 日，央行先后 20 次提高银行存款准备金率，将准备金率由原来的 6% 提高 17.5%。

② 详见拙著：《中国现代产业经济史》，山西经济出版社 2006 年版，第 430~435 页。

观经济政策，特别是从紧的货币政策，使经济增速由 2007 年临近过热边缘的状态，逐步降低到潜在经济增长率的合理区间。二是改弦更张，放弃现行政策。其结果又必然使得经济偏热已经趋缓的状况重新回到经济偏热甚至过热。

当然，当前不仅要坚持从紧的货币政策，还要完善相关政策，并积极推进改革。在财政方面，当前除了要适度压缩财政总量及其增速（包括中央地方和预算内外的收入）以外，主要是要在进一步调整财政收入和支出的结构以及推进财政体制改革上下工夫。财政收支方面要继续并加强推行有利于抑制投资和出口需求、提高消费需求的政策。当然，同时要体现转变经济发展方式、优化经济结构以及建设资源节约型、环境友好型社会的要求。在财政体制改革方面，要坚决冲破部门利益的阻力，按照中央和地方的事权与财权的相互匹配和基本公共服务均化的原则，以及规范财政转移支付制度的要求，进一步推进财政体制改革。这是遏制社会总需求膨胀特别是地方政府投资冲动的一个重要途径。如前所述，当前地方政府投资冲动还是很强劲的。比如，今年 1~5 月，中央项目投资 3699 亿元，同比增长 18.5%，地方项目投资 36566 亿元，同比增长 26.4%。[①] 所以，即使仅从治理经济偏热这个角度来说，积极推进财政体制改革也是十分必要的。

在深化经济改革上，当前涉及诸多方面。这里只拟提及一点，就是适时结束某些临时的价格管制措施，并积极推进要素价格改革。

当前伴随某些临时价格管制的负面影响逐渐显露，学界要求结束临时价格管制的呼声也起来了。但我认为，这种呼声与要求改变紧缩的货币政策的呼声是不同的。后者是没有根据的。而前者则有一定的道理。诚然，在 2007 年我国经济增速已经逼近过热，通胀也逼近可承受程度的上限并有继续上升的形势下，采取某些临时价格管制措施是有必要的。它对于抑制物价的继续上涨，稳定通胀心理预期是有作用的。这一点已作为我国今年 1~5 月消费价格涨幅趋缓的事实所证明了。但同时要看到这种手段的缺陷。其最主要的缺陷是：使得我国已经严重扭曲的要素价格进一步扭曲，并不利某些重要资源的节约和技术进步（比如成品油价

[①] 国家统计局网 2008 年 6 月 17 日。

格低就有这样的结果），甚至还可能在一定程度上加剧通胀（如成品油国内市场价格与国际市场价格相差悬殊，会加剧热钱的流入）。因此，这种手段不仅不是治本的手段，而且也算不上完美的治标手段。在这方面，实行物价指数与工资指数挂钩以及存款保值，也是一个办法。这种办法的最大优点是：它虽然不能根治价格的扭曲，但不致进一步加剧价格扭曲。当然，这种办法也有重大缺陷，即易于引发物价与工资、利率的轮番上涨。但不是在任何条件下都会出现这种后果。比如，1993~1997 年，我国在经济软着陆期间就实行存款保值，从总体上看，不仅没有发生物价和利率轮番上升的结果，而且伴随经济软着陆的实现，存款利率也趋于下降。这里的关键在于实体经济的健康发展。因此，在物价稳定地下降到可承受的低度通胀区间和通胀心理预期趋于稳定的条件下，就要及时解除某些临时价格管制，并积极着手推进要素价格改革。

要素价格改革的必要性和迫切性在于：①我国在产品价格改革取得决定性成就的基础上，进一步推进要素价格改革，是发挥市场经济在资源配置方面基础作用的根本条件。像现在这样要素价格信号严重扭曲，从根本上来说做不到这一点的。可以毫不夸张地说，要素价格改革是我国今后建立完善的社会主义经济体制最重要的一关。②尽管改革开放 30 年来我国经济发展取得了举世无双的巨大成就，当前总的经济形势是好的，但也存在这各种经济失衡（包括经济总量、经济结构、城乡之间、地区之间、内外关系之间以及人与自然之间的失衡等）。其中，最重要失衡就是投资与消费的失衡。投资与消费失衡的一个最重要根子，就是要素价格改革滞后。所以，如不抓住适当时机积极推进要素价格，对于经济的持续稳定发展，全面建设小康社会以及建设资源节约型和环境友好型社会，都是极为不利的。③我国要素价格的必要性和迫切性还在于；在这方面已经失去了长达十年的最好时机。在 1997~2006 年期间，我国国内生产总值矫正指数、居民消费价格指数、工业品出厂价格指数、原材料燃料和动力购进价格指数和固定资产投资价格指数年均增幅分别只有 2.0%、1.2%、0.8%、2.6% 和 1.3%。[①] 可以说，这是推进要素价格的最

①《中国国内生产总值核算历史资料（1952~2004）》、《中国统计年鉴》(2007)，中国统计出版社；《中国物价年鉴》（有关年份），中国物价出版社；国家统计局网 2008 年 4 月 10 日。

好时机。今后再也不会有这样的好时机。当然，这期间要素价格改革也取得了一定的进展。但并没取得应有的决定性进展。

需要说明：笔者在前面批评了把当前物价上升的主要原因归结为成本推动的观点，但并没否定成本推动在这方面的作用。现在要进一步指出，伴随要素价格的推进，成本推动有可能成为推动我国物价上升的主要因素。在这方面借鉴经济发达国家的经验，同样是有益的。萨缪尔森依据经济发达国家经济发展的历史指出："在市场经济的早期阶段，似乎并没有出现过成本推动的通货膨胀。这种形式的通货膨胀好像是在 1930 年代及和 1940 年代期间出现的，使第二次世界大战以后的价格行为方式明显地发生了戏剧性的变化。""在现代经济中，甚至在产量远远低于潜在水平的时候也会经常发生通货膨胀。""当成本即使在资源就业不足的时期也推动价格上升的时候，我们把这叫做'成本推动的通货膨胀'。"[1]可见，萨缪尔森把资本主义市场经济条件下的通货膨胀区分为两个阶段。在早期的市场经济阶段，只有需求拉动的通货膨胀。只是到了现代市场经济条件下，才出现了成本推动的通货膨胀。当然，这只是一种抽象的理论分析。在现实复杂的社会经济生活中，需求拉动的通货膨胀与成本推动的通货膨胀常常是结合在一起的。但在很多情况下，二者又是有主次之分的。

那么，为什么地位趋于重要的成本推动的通货膨胀，是"二战"以后在有国家调控的现代市场经济条件下出现的新现象？历史已经表明：在现代市场经济条件下，已经实现了由超强波周期到强波周期、到中波周期、再到轻波周期的转变。[2]这同时意味着由需求拉动的通货膨胀地位下降了。这只是问题的一方面；另一方面，由于以下多种因素的作用，由成本推动的通货膨胀的作用上升了。这些因素主要包括：①"二战"以后，作为成本重要因素的工资大幅上涨。决定这一点的有两方面：一是由于战前长期进行的剧烈的阶级斗争，战后工人阶级力量壮大，他们或他们的代表（工会）在同资方的工资谈判中的话语权大大增强；选民的意愿在政府决策中的作用也显著加大；再加上政治家的偏好（如争取

① ［美］保罗·A. 萨缪尔森等著：《经济学》上，中国发展出版社，第 399~401 页。
② 详见拙著：《论中国经济社会的持续快速全面发展（2001~2020）》，经济管理出版社，2006 年版，第 74~79 页。

选票和争取连任），这一切都使得战前存在的劳动力价格大大低于劳动力价值的状况有了显著改变。二是伴随战后经济发达国家的经济发展，作为劳动力价值的构成要素的生存、发展和享受资料的数量和质量大大增长。这样，即使考虑到由社会劳动生产率提高而导致产品价值下降这个因素，劳动力价值也大大提高了。这样，战后工资就出现了稳步增长和高速增长的态势。②战后，作为成本的另一个重要要素的能源价格大幅增长。推动其上涨的有三方面：一是伴随战后帝国主义殖民体系的瓦解，帝国主义国家战前对殖民地半殖民地的能源实行廉价掠夺的时代趋于结束。从这方面来说，战后能源价格上升在很大程度上是由战前存在的能源价格大大低于价值的状况向价格接近价值状态的复归。①二是战后对能源需求的大幅上升。三是石油输出国的价格联盟，在某种程度上具有垄断价格的性质。③作为成本构成要素的环境费用从无到有，并继续攀升。经济发达国家在对待环境污染方面经历了先污染后治理的过程。这个转变过程大体上是从在战后经济恢复以后开始的。与这个过程相伴随的环境治理费用也经历了由外部化到内部化的过程。这也是推动成本上升的一个很重要因素。

　　上述分析就能从一个重要方面解释战后经济发达国家价格大幅上升的过程。以美国为例，在 1951~2007 年期间，美国消费价格指数上升了8.73 倍。②战后经济发达国家经济周期尽管有了很大变化，但仍是按照经济周期运行的。在经济周期的繁荣阶段，价格是上升的，但到衰退阶段或危机阶段价格是下降的。这样，前一阶段的价格上升就在很大程度上为后一阶段的价格下降所抵消了。更重要的是：战后随着新的科技革命的进展，社会劳动生产率大大增长，由此必然导致产品价值从而价格大大下降。那为什么战后经济发达国家物价反而大大上升了呢？其中很重要的原因，就是由上述三个重要因素构成的成本上升。

　　回顾经济发达国家这段历史，其目的在于说明：尽管当前我国通胀

　·① 顺便指出，国内外学界对 1970 年代两次石油价格大幅上涨称做石油危机。现在看来，使用"危机"这个词对经济发达国家是适用的，但对产油的发展中国家来说，就说不上是什么"危机"，而是价格向价值的合理回归。

　　② 资料来源：《国际经济和社会统计资料（1950~1982）》，中国财经出版社；《中国统计年鉴》（有关各年），中国统计出版社；转引自新华网 2008 年 2 月 12 日。

主要还不是由成本增长推动的，但日益逼近地面临成本推动的通货膨胀。其主要原因也是上述的三个因素。①我国劳动力价格低于其价值，是大家公认的。但在这方面有一点往往是被忽视的，即当前我国劳动力价值上升很快，而劳动力价格上升还赶不上劳动力价值的上升。这样，劳动力价格低于劳动力价值的差额不仅没有缩小，而且还可能在扩大。②在计划经济体制下，我国许多原材料价格都低于价值。改革以后，这种情况并没有多少变化。③环境治理费用，对企业来说，一向是零成本，全部外部化。而现在为适应经济社会全面协调发展的要求，环境成本必须逐步实现内部化。这样，要推进要素价格改革，必然由成本上升导致价格上升，使得成本推动型通胀的地位上升。

但是依据上述理由，并不能因推动要素价格改革面临成本推动型通胀而放弃这项改革。在这方面要汲取改革以来的两个教训。一是 1988 年的教训。当时通胀形势已很明显，通胀心理预期高企。但在这种形势下，还宣传要闯价格改革关。于是导致 1989 年消费价格指数由上年的 107.3 猛升到 118.8。二是如前所述，在 1997~2006 年 10 年间，我们失去了推进要素价格改革最好时机。所以，对待要素价格改革既要稳妥，又要积极。

推进要素价格改革，还要适时适度。所谓适时就是在消费价格上升幅度回到低度通胀区间、通胀心理预期趋于稳定的条件下，就要抓紧时机推进要素价格改革。所谓适度就是要把由要素改革引发的消费价格升幅控制在 5% 的可承受的限度内。提出这一点，是依据我国改革以来的三组历史经验数据。1978~2007 年，我国国内生产总值矫正指数、居民消费价格指数和工业品出厂价格指数的年均增幅分别为 5.2%、5.6% 和 4.7%；经济增长率年均达到 9.8%；城镇居民人均可支配收入年均增长 5.8%，农村居民人均纯收入年均增长 5.6%。[①] 可见，在这 29 年中，在价格指数年均增幅达到 5% 左右的条件下，仍然实现了经济的持续快速发展，从而推动了社会主义现代化建设三步走的战略目标的逐步实现：城乡居民收入仍然实现了持续显著提高，从而赢得了社会政治稳定的最重要、最牢固的物质基础。这个历史经验表明：只要把由要素价格改革推进引发的消

---

①《中国统计年鉴》(2007)，中国统计出版社；国家统计局网 2008 年 4 月 10 日；《中国物价年鉴》(有关各年)，中国物价出版社。

费价格增幅控制在 5%的限度内，那么，就可能避免由这项改革带来的大的经济政治风险。

为了控制这个风险，减轻由要素价格改革带来的物价上涨压力，需要采取一系列措施。①要坚持并完善既定的宏观调控政策，促使经济增速由原来的偏热状态继续回到潜在经济增长率的合理区间，并保持这个状态，以避免出现由需求拉动的物价上升和由成本推动的价格上升的叠加。当然，在宏观调控方面也要注意适度。当前要在这方面要留出两个空间：一是宏观调控政策效应的充分发挥，需要经过一个过程；二是有些不确定因素的发生，会对经济增长造成一定的负面影响。注意到这两方面，有利于宏观经济调控做到适度。②进一步发展平等竞争充分展开的、统一的和有序的市场体系，通过竞争压力迫使企业把由要素改革来的成本上升尽可能消化在企业内部。③积极推进经济发展方式转变、产业结构优化（特别是发展第三产业）以及资源节约型社会和环境友好型社会的建设，以降低生产成本，减轻由要素价格改革带来的成本上升的压力。④要通过强有力的经济、立法和行政手段，推行这项改革。比如，实行并继续推行资源税和环保税，并切实加强市场监管，把由此带来的成本上升在企业内部消化，坚决防止企业把这些属于价值范畴内的成本上升又通过价格上升再次实现外部化。

当前，我国要素价格改革涉及劳动力价格（工资）、资源价格、环境保护费用、资金价格（利率）和人民币价格（汇率）等诸多方面，[①] 是一个十分复杂、艰巨的任务。因此，对待这项改革必须慎之又慎，采取稳妥可靠的步骤和措施付诸实施。

---

① 详见拙文：《试析当前物价运行的特征》，《国家行政学院学报》2008 年第 1 期。

经济发展战略体系 *

第一节　提高自主创新能力

一、当代国际经济社会发展经验的科学总结

党的十七大把"提高自主创新能力，建设创新型国家"作为"国家战略的核心"、"提高综合国力的关键"提出来，是依据当代国际经验和国内经验的科学总结。

与"二战"以前相比较，"二战"以后经济发达国家在这方面普遍出现了以下新特点。

第一，一般说来，科技创新从来都是经济发达国家垄断组织旨在获取高额垄断利润的竞争的最重要手段。但在"二战"以后，科技创新在这方面的作用是无比地增大了。这并不是偶然发生的现象，而是与这个时代特点相联系的特征。这里有两点值得提出：一是在 20 世纪下半期以后人类社会发展进入了以科学技术为第一生产力的知识经济时代。这就使得科技创新在国内外竞争中的作用异常强化了。二是"二战"以前经济发达国家主要凭借对殖民地半殖民地的统治地位获取高额垄断利润。当然，这时科技创新也有很重要的作用。但"二战"以后，帝国主义殖

* 本文的部分内容分别载《经济管理》2008 年第 5 期和《中国流通经济》2008 年第 8 期等刊物，全文载《中国经济发展 30 年（1978~2008）》，中国社会科学出版社 2008 年版。

民体系趋于瓦解。而经济发达国家仍然能够通过产品市场、要素市场和金融市场等中介从经济不发达国家获取巨额利润。在这方面，他们运用的最重要手段就是科技创新。正是这一点使得他们牢固地占据了产业链和产品链的高端地位。而这些产业和产品又都具有科技含量大、附加值高、利润大、物耗低和污染少等特点。

第二，"二战"以后，经济发达国家的经济周期也普遍呈现出由"二战"以前多次发生的强波周期到轻波周期的转变。其原因，最根本的是由于实现了由古典的、自由放任的市场经济到现代的、有国家干预的市场经济的转变。这一点与科技创新能力也有直接的联系。经济发达国家经济危机产生和加剧的直接原因是其基本经济制度固有的生产与消费的矛盾尖锐化。而科技创新能力的增强使得社会劳动生产率大大提高，使得绝对剩余价值率和相对剩余价值率双双下降成为可能。这样，就在不根本触动其基本经济制度的前提下，使得生产与消费的矛盾得到很大的缓解。这一点，不仅使得资本主义经济在一定时期内能够获得相对稳定的发展，而且成为其社会政治相对稳定的一个重要因素。

第三，从18世纪下半期开始的工业化以来，在一个很长时期内，经济发达国家是靠拼能源、资源的消耗和以环境污染为代价实现其经济发展的。这样，到20世纪下半期，这种经济发展方式的严重后果就明显地暴露出来，能源、资源供应短缺和环境污染向经济社会的可持续发展提出了严峻的挑战。正是这种客观现实迫使人们从传统的化石能源体系转向可持续发展的能源体系。即在继续节约、清洁利用化石能源的同时，着力发展先进、高效、安全、清洁的可再生能源（包括核能和其他替代能源）；迫使人们着力发展资源的节约技术、再利用技术和循环技术，并开发各种生物资源；迫使人们着力发展维护生态的监测、预报和降低排放和修复的技术。而这一切都离不开现代科技创新能力的提高。从这方面来说，科技创新能力成为衡量经济社会可持续发展能力的一个重要标尺。

第四，近半个世纪以来，由于各种社会、自然因素的作用，人们健康不仅受到各种传统的传染病新变异的危害，而且受到各种新的感染性疾病的危害。由于社会矛盾的激化和老龄社会的发展导致精神性疾病和老年通行性疾病也大大增加了。可见，当代人民健康也面临着巨大的挑战。要应对这个挑战，也离不开科技创新能力的提高。

如果视野不局限于经济发达国家，而是放眼全世界，那么，人类的生命也面临严重的挑战。据有的学者预测，到 21 世纪中叶，全世界人口可能达到 80 亿。当然，如果由此作出悲观的结论，认为人类社会无法养活这么多人口，是根本错误的。但是，如果没有现代科学技术的创新，要解决这个问题，那将是很困难的。

上述情况表明：科技创新能力又成为维持作为社会主体的人的生活以及提高其健康水平的一个极重要因素。

第五，如果仅从军事技术这个角度来看，从 20 世纪下半期以来，世界正在进入以现代化（特别是信息化）为特征的军事变革的新时代。20 世纪初的几次局部战争的实践充分证明：信息、航空、航天、海洋以及机动能力和精确打击能力已经成为崭新的军事战略制高点和核心战斗力。这就意味着现代科技创新能力已经成为当代国家捍卫主权和安全的一极最重要支柱。

综上所述：现代科技创新能力已经成为经济发达国家提高国际竞争力，经济的相对稳定发展能力，经济社会可持续发展能力和军事实力以及保障居民健康的一个核心要素，是其提高综合国力的一个核心因素。

当代经济发达国家实行的是有国家干预的现代市场经济。上述情况必然会而且已经在其国家经济发展战略中得到反映。事实上，各个经济发达国家都已经把提高科技自主创新能力作为其提高综合国力，以保障其经济发展和国家安全的战略基点。而且，在这方面已经取得了显著成效。据测算，经济发达国家科技进步对经济增长率的贡献度已经达到 60%~80%；美日两国技术对外依存度不到 5%。[①] 这正是经济发达国家能执世界经济之牛耳的关键所在。

值得注意的是：当前经济发达国家还在进一步加强其科技创新战略。比如，2006 年 2 月，美国发布"美国竞争力计划"，大幅增加对研发、教育与创新的投入，促进科技进步，提供开发新技术所需的工具，以保障美国在各科技领域继续保持世界领先地位，保障美国的强大与安全。欧盟启动第七框架计划（2007~2013），投入规模比第六框架计划几乎翻番，通过集成优先研发领域，整合欧洲研发机构，强化研发基础设施，优先

---

① 转引自新华网 2006 年 12 月 8 日。

发展健康、生物、信息、纳米、能源、环境和气候、交通、社会经济科学、空间和安全等主题，应对全球竞争。日本自 2006 年 4 月起，组织实施"第三期科学技术五年计划"，突出"创造人类的智慧"、"创造国力的源泉、"保护健康和安全"等理念，重点投资基础研究、生命科学、信息通信、环境、纳米和材料、能源、制造技术、社会基础技术、尖端技术等 9 个领域。[①]

二、全面建设小康社会的客观需要

按照党的十七大提出的要求："在优化结构、提高效益、降低消耗、保护环境的基础上，实现人均国内生产总值到 2020 年比 2000 年翻两番。"[②]

要实现全面建设小康社会这一最重要的指标，有两个根本性的前提：一是社会主义市场经济体制更加完善，二是自主创新能力显著提高。前一方面的问题留待本书第七章去做分析，这里只分析后一方面的问题。

显然，在科学技术已经成为第一生产力的时代，经济发展主要依靠科学技术的进步。而在当代经济发达国家依托其科技优势，执世界经济牛耳的国际经济格局下，不显著提高自主创新能力，经济也难以有大的发展。

在这方面，应该看到，改革以后，我国自主创新能力依托经济改革激发出的强大活力和经济实力的巨大增长比改革以前已经有了很大的提高。从总体上说，我国已建成世界上少数国家具备的、完整的科学技术体系，已经具备较强的科技实力。据测算，我国科技综合创新指标已相当于人均国内生产总值 5000~6000 美元国家的水平。在航天生物等一些重要领域研发能力居世界先进水平。2003 年 10 月，神舟五号载人飞船升空，实现了国人千年飞天梦想。2005 年 10 月，神舟六号飞船使中国人再度叩启苍穹，实现了从单人一天到两人多天的飞跃。2007 年 10 月，中国第一颗探月卫星嫦娥一号成功升空，把奔月的神话变成了现实。从 2003 年到 2007 年，中国航天人用 4 年的时间完成了完美的"三级跳"，一次比一次高，一次比一次远。这是我国推进自主创新、建设创新型国家取得的一个标志性成果。2002 年底，我国科学家绘制出水稻（籼稻）基因组

①《十七大报告指导读本》，人民出版社 2007 年版，第 117 页。
②《中国共产党第十七次全国代表大会文件汇编》，人民出版社 2007 年版，第 117 页。

"精细图"，这是全世界第一章农作物的基因精细图谱，为阐明水稻基本生物性状的遗传基础，识别、筛选具有经济价值的遗传基因打下了坚实基础。2007 年 10 月，我国科学家宣布成功绘制完成第一个完整中国人基因图谱，也是第一个亚洲人全基因序列图谱—"炎黄一号"。这个成就在基因组科学领域具有里程碑意义，对于中国乃至亚洲人的 DNA、隐形疾病基因、流行病预测等领域的研究具有重要作用。[①]

　　但同时也应看到：当前我国自主创新能力还不高。这一点明显表现在下列两个方面：一是从总体上说，作为自主创新主体的企业在这方面的能力不强。依据国家统计局的数据，2005 年我国大中型工业企业的研究开发经费占工业增加值的比重仅为 2.6%，而美国为 8.3%（2000），德国为 7.4%（2000），日本为 8.6%（1998）。在我国 28567 家大中型企业中有科技机构的仅占 23.7%，有科技活动的仅占 38.7%。另据国家知识产权局的数据，当前我国企业拥有自主知识产权的企业只占千分之三，仅有 1.1% 的企业获得授权专利，其中仅 0.17% 的企业获得发明专利。[②]二是在引进国外先进技术方面消化吸收创新能力不强。有关研究表明：日本和韩国当年在引进国外先进技术时用于消化吸收创新的资金，相当于引进的 5 倍和 8 倍，而我国仅为 7%。致使创新能力得不到提高。在这方面，我国不少企业与日本、韩国的运行轨迹就很不相同，他们是引进消化吸收创新，我国是引进一再引进。

　　这些就使得我国在自主创新方面与经济发达国家还有很大的差距。有关研究表明，我国科技创新能力在全世界 49 个主要国家中位居第 28 位，不仅低于发达国家，也落在巴西、印度等发展中国家之后，处于中等偏下水平。目前，我国技术对外依存度在 50% 以上，而发达国家都低于 30%，美国和日本则在 5% 以下。[③]

　　显然，如果当前科技自主创新能力不高的状况不能及时有效的改变，就很难实现全面建设小康社会的目标。因此，为了提高我国产业的国际竞争力，在继续引进国外先进技术的同时，必须坚定不移地把立足点从

---

①《经济日报》2008 年 2 月 21 日第 1 版。
②《中国社会科学院院报》2008 年 2 月 5 日第 3 版。
③《中共中央关于制定国民经济和社会发展第十一个五年规划的建议》（辅导读本），人民出版社 2005 年版，第 136 页。

主要依靠国外技术逐步转移到开放型自主创新的轨道上来。具体说来，就是要在某些关系国家安全的高技术和我国已有优势的产业，推进原始技术创新；在已形成规模、市场需求大的产业进行集成自主创新；在与国外差距大而又可能引进的产业，实行引进、消化、吸收、再创新。

在我国当前提高自主创新能力，不仅是全面建设小康社会的客观需要，而且具有众多有利的条件。主要是：经济、科技体制改革的深化，科技兴国战略的实施，企业研发能力的增强，特别是党和政府的高度重视。近年来，政府已把加强自主创新提高到国家战略的高度来推进。政府计划到 2020 年，把研发投入占国内生产总值的比重从现在 1.35% 提高到 2.5%，对国内生产总值的贡献率从现在的 39% 提高到 60%。[①]

三、着力提高自主创新能力

（一）深化科技体制改革，构建体制基础

像经济体制改革是经济发展的根本动力一样，科技体制改革也是科技发展（包括自主创新能力提高）的根本动力。

深化这方面的改革，主要是建立健全以市场为基础、以政府为主导的以及以企业为主体的产学研相结合的体制。

我国经济体制改革的目标是建立社会主义市场体制。这种体制的根本特点在于：市场经济与社会主义初级阶段的基本经济制度相结合的。这种体制也是有国家干预的现代市场经济（详见本书第六章的分析）。与此相适应，我国的科技体制改革的目标也必然是这样：科技资源的配置要以市场为基础，同时需要有政府的宏观调控。即要实行以市场为基础、以政府为主导的体制。

从一定的意义说，这种体制对于促进科学技术的发展更为重要。现代科学技术具有以下这些特点：一方面，科学技术发展速度很快，从科技发明到实际运用的过程比以往大大缩短了。而且在经济发展的作用又大大提高了。与此相联系，带来的附加值和利润也比过去高得无比。这些特点表明：现代科学技术的发展更需要而且更有可能依靠企业的积极性。因为以市场作为配置科技资源的主要方式，是最适合于调动企业的积极性的。另一方面，现代科学技术又具有综合性和某些方面较强的公

---

① 《中国社会科学院院报》2008 年 2 月 5 日第 3 版。

益性等特点。因而需要体现社会整个利益并拥有雄厚货币资本和人力资本的政府来主导科技的发展。比如，其综合性的特点就要求政府组织多学科的联合攻关，实现高科技研究的突破性进展。其公益性的特点更是需要公共财政的大力支持。

就我国当前的具体情况来说，发挥政府在这方面的主导作用，意义更为重大。因为，一是当前我国拥有强大的国家科研机构。这是政府在这方面实现主导作用的一支最重要依靠力量。二是随着公共财政的建立，以及国家财政收入的大幅巨额增长，政府还拥有很雄厚的财力。这样，政府就可以通过公共财政支出、税收优惠和政府采购等手段，有效地实现其主导作用。三是我国政府在多次成功实现中长期科技发展规划的基础上，2006 年又颁布了《国家中长期科学技术发展规划纲要（2006~2020 年)》。该纲要突出了自主创新的重要地位，提出了明确目标，要求到 2020 年，力争科技进步贡献率达到 60%以上，对外技术依存度降低到 30%以下。该纲要还明确界定了国家创新体系的定义，即以政府为主导，充分发挥市场配置资源的基础性作用，各类科技创新主体紧密联系和有效互动的社会系统。还明确规定了现阶段国家创新体系的重点。即建设以企业为主体、产学研结合的技术创新体系；建设科学研究和高等学校有机结合的知识创新体系；建设军民结合、寓军于民的国防科技创新体系；建设各具特色和优秀的区域创新体系；建设社会化、网络化的科技中介服务体系。[①] 显然，这些富有中国特色的规定，必将有利促进我国自主创新的发展。

强调政府的主导作用，并不是要回到计划经济体制的老路，并不是否定市场取向改革的方向；恰恰相反，而是以这一点为前提的。为此，还必须在科技体制改革方面推行以企业为主体的产学研相结合的科技创新体系。显然，前面提到的以市场为基础，就是以企业作为最主要的市场主体为前提的。当然，要实行科技体制改革，仅有这一点是远远不够的。问题在于：在传统的计划经济下，不仅企业是国家行政机关附属物，而且企业、高等院校和科研院所并不是以市场为纽带结合在一起的，而是处于由行政隶属关系形成的分割状态。诚然，改革以来，这方面的情

① 参见《当代中国经济》，中国人民大学出版社 2007 年版，第 272~273 页。

况已经发生了很大的变化。但是，以企业为主体的产学研结合的创新体系并没有真正完全形成。因此，还需继续推行这方面的改革，使他们按市场经济的原则结合起来。就是说，要依据反映市场经济要求的贡献、责任、风险和收益相匹配的原则来处理企业和高等院校、科研院所之间的关系。但需说明，并不是要把高等院校和科研院所都改造成为企业。比如，就科研院所来说，要依据他们的不同情况，有的可以改造为企业或并入大的企业，有的可以实行企业化经营，有的则可以仍然是由公共财政支持的纯公益化单位。这些研究单位承担着研究有关国家安全、国民经济命脉和人民生命健康以及科技长远发展的项目，其地位仍然十分重要。当然，即使是这些单位也需要在保持公益性的前提下推行各项改革，并依据市场化原则与企业、高等院校、其他研究单位进行各种形式的合作。

在这方面还要提到：当前要加强国家工程中心建设和国家重点实验室的管理。从 20 世纪 90 年代初起，我国由公共财政支持建设了一批国家工程中心和国家重点实验室，开展了竞争前产业共性技术研发，成为技术创新链条中的一个重要环节，取得了重要成果，对技术创新起了重要作用。现在的问题是，要进一步加强国家工程中心建设和国家重点实验室的管理，健全由国家支持形成的工程中心和公共科技成果向社会开放的共享制度，吸收有关企业参与投资和研发，推动科研成果应用，发挥国家工程中心的效益。

在科技体制改革方面还要注意发挥中小企业的创新作用。经济发达国家发展高技术的经验表明：这些企业通常由技术精英带着创新技术的种子发起，他们的优势是创新精神和具有市场潜力的新技术，但缺资金和管理经验。因此，在政府支持下，可以在技术创新方面发挥重要作用。

当前我国也已经并正在涌现这样大批的企业。他们也需要政府在财税政策（包括创立创新基金、贷款贴息、税收优惠等）技术服务（包括技术咨询、技术转让等中介服务）；办好创业服务中心、大学科技园等各类企业孵化器，建立和完善适合中小型企业要求的知识产权信用担保制度等方面，为高新技术中小企业创造良好环境。在这方面，加快和加强创业板建设也很重要。创业板作为我国多层次资本市场体系的重要组成部分，将服务于创新型国家战略的实施，以成长型创业企业为主要服务对象，重点支持自主创新企业。国际经验表明：创业板市场的推出，有助于缓解中小企业，特别是中小高科技企业融资难的问题，有利于完善创业资本退出机制，促进创业投资的发展和企业创新机制的形成。

在科技体制改革方面，还要体现扩大开放的要求，充分利用国际技术创新资源。一是通过引进技术，经过消化吸收后创新。二是通过引进来和走出去，与国外企业联合开发新技术。三是借鉴国际上开发新技术的管理经验，以推动国内技术创新。

（二）推进科教兴国、教育优先战略，夯实理论基础和培养人才队伍

人类社会发展的历史表明：在19世纪中叶以前，技术进步主要是依靠生产经验的积累、传授、总结和提高，科学理论的发展又是主要依靠技术进步实践的总结。在这里，科学发展是处于技术进步之后的。如果仅从这方面来说，技术进步与科学发展是脱离的。

在这方面，现代科学技术的发展却发生了根本性变化。即现代技术发展对于现代科学发展存在高度的依存性。这种依存性的根本点在于：现代技术进步完全是建立在现代科学理论基础上的，是先有科学理论的发展，后有现代技术的进步。当然，现代科学理论的发展也有赖于现代技术设施。对于这种依存性，邓小平做过一个很好的说明：他说："现代科学为生产技术的进步开辟道路，决定它的发展方向。许多新的生产工具，新的工艺，首先在科学实验室被创造出来。一系列新型的工业，如高分子合成工业、原子能工业、电子计算机工业、半导体工业、宇航工业、激光工业等，都是建立在新型科学基础上的。"[1]

这种依存性贯穿于现代科学发展和现代技术发展的各个方面。一是现代科学发展的一个重要特点就是其发展的高速化。现代科学发展的速度是以往任何时代无法比拟的。也正是这种高速化，决定了技术进步的高速化。正如邓小平所说的，"当代的自然科学正以空前的规模和速度，应用于生产，使社会物质生产的各个领域面貌一新。"[2] 二是科学知识的密集程度决定了技术进步的程度。这一点，当前特别明显地表现在高技术的发展上。如果仅就科学和技术的关系这个视角看，所谓高技术就是包含高度密集科学知识的技术。三是现代科学的发展还出现了这样一个特

---

[1][2]《邓小平文选》第2卷，人民出版社1994年版，第87页。

点：各门学科相互交叉渗透的整体化趋势。也正是这一点决定了高技术都具有多个领域的技术相互融合的性质。四是作为整体来说，科学技术是第一生产力。上述关于依存性的各点表明：科学进步是源头，技术在发展生产的巨大作用归根结底是由科学进步决定的。

以上分析虽然仅仅是从现代技术发展对现代科学发展的依存关系来说的，但也足以说明要实现技术进步，提高自主创新能力，就必须依靠科学的发展。

但就科学和教育的关系来说，要发展科学就必须发展作为其基础的教育，实行教育优先，培养人才队伍。这里所说的教育，不仅包括高等教育，还包括职业教育，以及作为以上两类教育发展基础的中小学教育，还包括终身教育。在这方面要切实树立人才资源是第一生产资源的观念。

总之，要提高自主创新能力，就必须坚决切实推进科教兴国、教育为先的战略，以奠定坚实的科学理论基础和培育人才队伍；否则，是做不到的。诚然，如前所述，我国已经成为科技大国和教育大国。但同时必须看到：这方面的状况还远远不能适应全面建设小康社会和实现社会主义现代化建设的需要，还必须坚定地切实地推进科教兴国、教育优先的战略。

（三）营造自主创新的生态环境和构建自立创新的技术基础

像生物的苗壮成长需要良好的生态环境（包括阳光、空气、水和土壤等）一样，自主创新能力的健康成长，也需要良好的生态环境。就我国当前的实际需要和国际经验来看，这种生态环境除了上述的建立以市场为基础和以政府主导以及以企业为主体的产学研结合的体制，实施科教兴国、教育优先的战略以外，还要包括：要建立和完善公平诚信的市场体系，促使并迫使产学研各类创新主体都自觉地成为自主创新的主体；要建立和完善公共财政和包括直接融资和间接融资在内的融资体系，从财税和资金等方面支持自主创新；要建立和完善旨在鼓励和保护自主创新的法律体系（其中特别重要的是保护知识产权的法律），以法律规范自主创新主体的行为；要在奖励方面，建立和完善对自主创新的有效激励机制；要树立和弘扬创新为民、科学伦理和可持续发展的新理念，以道德规范引导创新主体的行为；要倡导创新文化，形成全社会都鼓励创新和尊重创新的氛围。实践已经证明：这些重要方面，都是不可或缺的。

　　按照《中共中央关于制定国民经济和社会发展第十一个五年规划的建议》的要求，要大力发展对经济社会发展具有重大带动作用的高新技术，支持开发重大产业技术，制定重要技术标准。构建自主创新的技术基础。[①]一是大力开发高新技术。高新技术处于当代技术发展的前沿，是提升国家竞争力的关键。诚然，改革以来，我国高新技术产业发展迅速，已经成为国民经济的重要支柱产业。2007年我国高新技术产业品增加值达到19120亿元，占国内生产总值的比重已经提高到7.8%，其产品出口达到了3478亿美元，占货物出口比重高达28.6%。[②]但从整体上看，关键核心技术主要还是依靠引进，处在产业链的下端。为了实现自主创新，当前必须选择一批对我国经济社会发展具有重大带动作用的高新技术，实现突破掌握关键核心技术。当前这些技术主要包括信息技术、生物与医药技术、航空航天技术、新材料技术和先进能源技术。二是支持开发重大产业技术。产业技术是决定产业竞争力的关键性因素。应该看到，我国产业技术也已经达到了一定水平。但最大薄弱环节就是技术难度高、研发投入大的重大成套装备的制造和系统集成技术。因而要以重大工程为依托，依据产业发展的重大装备需求，通过原始创新或在引进国外技术经消化吸收再创新，使我国高端装备制造业自主创新能力得到提升。当前要重点开发的重大关键装备，主要包括轿车生产设备、大型乙烯设备、集成电路生产设备、清洁高效发电设备、特高压输变电设备、高速轨道交通设备、大型船舶和海洋工程设备、先进控制系统和智能仪表以及大型科学仪器。三是制定重要技术标准。技术标准原本就是对重复性的技术事项在一定范围内的统一规定。但在现代化生产条件下，技术标准的作用已经发生了根本变化。在传统产业中，技术更新慢，技术标准主要是为了保证产品的互换性和通用性。在高技术迅速发展的当代，技术标准的制定者可以通过技术标准中技术要素和技术指标的确立，建立其市场准入和技术壁垒体系，从而获得最大的利益。可以毫不夸张地说，在当代，谁掌握了技术标准的制定权，谁就在一定程度上掌握了市场竞争的主动权。当然，我国当前已经建立起国家技术标准体系，近年来积极

---

　　①《中共中央关于制定国民经济和社会发展第十一个五年规划的建议》（辅助读本），人民出版社2005年版，第143页。
　　②国家统计局网2008年2月28日；《经济日报》2008年3月2日第2版。

采用国际标准，在这方面的水平已有显著提高。但在知识经济化和经济全球化迅猛发展的时代，为了提高我国产业技术的国际竞争力，必须高度重视技术标准工作，争取有更多的中国技术标准成为国际标准，以保障和提高我国产业的核心竞争力。

第二节　调整投资和消费的关系

一、当前这一轮经济周期波峰年份投资率和消费率的运行特征

当前这一轮经济周期是以 1999 年为起点的。1999~2002 年是这个周期的上升阶段。这四年经济增速分别为 7.6%、8.4%、8.3%和 9.1%。2003~2007 年为这个上升阶段的波峰年份。这五年经济增速分别为 10.0%、10.1%、10.4%、11.1%和 11.4%。这里我们依据现有数据，把这一轮经济周期的波峰年份算到 2007 年。依据当前有关情况来判断，这一轮经济周期波峰年份还会往后延伸一段时间。

这一轮经济周期的波峰年份在经济增速方面的特点就是趋于巅峰。与此相联系这个波峰年份投资率和消费率的运行特点，就是前者趋于巅峰，后者跌入低谷，为了说明这一点，我们拟做以下两种比较。

（一）20 世纪 50 年代以来世界各国投资率与消费率的运行轨迹及其与我国这一轮经济周期波峰年份之比较

如果仅就 20 世纪 50 年代以来的情况来看，世界各国投资率与消费率运行轨迹具有以下特征：

第一，投资率经历了先升后降的过程，而消费率则经历了先降后升的过程。依据钱纳里等人的研究，1950~1970 年期间，101 个国家平均投资率由 13.6%上升到 23.4%，消费率由 89.8%下降到 76.5%。依据世界银行发展指数数据库的资料（以下简称世界银行的资料）在 1970~2002 年期间，世界各国平均投资率由 25.6%下降到 19.9%；消费率由 74.2%上升到 79.6%。

决定这个特征的主要因素，是在上述期间世界各国都程度不同地经历了工业化和现代化的过程。就其与投资率与消费率的变化相联系的角度说，这个过程包括三重含意：一是在产业结构方面，先是第二产业比

重较第一产业比重上升，后是第三产业比重较第二产业比重上升。二是在需要结构方面，先是对工业品需求的比重上升，后是对服务业产品需求的比重上升。而就对投资的需求来说，发展工业比发展农业所需要的投资多，发展第三产业需要的投资比发展工业要少。三是在储蓄率方面，伴随人均收入的提高，储蓄率也是由低走高的。而这一点正是投资率由低走高在资金方面的基础。事实也正是这样。上述的101个国家在1950~1970年期间储蓄率由10.3%上升到23.3%。与此相联系，投资率也由13.6%上升到23.4%。在"二战"以后，与现代化相伴随的是有国家调控的现代市场经济的发展。这种体制在熨平经济周期波动方面的作用越来越明显，对投资的推动作用趋于平稳。同时，在这种体制下社会公平的原则得到较好实现。特别是伴随公共财政体制和社会保障制度的建立和健全，一方面从税收方面遏制了企业主投资需求的增长；另一方面，增加了低收入阶层的实际收入，提高了中等收入阶层的比重，从而消费倾向也随之提高。这些因素以及其他相关因素的作用，又使得储蓄率在上升到一定阶段后又趋于平缓下降。依据世界银行的资料，在1970~2002年期间，世界各国储蓄率由25.8%下降到20.4%，在22年间下降了5.4个百分点。上述三点就从产业结构、需求结构和储蓄率这三个极重要方面决定了投资率由升趋降、消费率由降趋升的过程。诚然，上述各点主要是就经济发达国家的情况来说的。正是这些国家在世界经济总量中占了大部分，从而主导了包括投资率和消费率变化在内的经济发展趋势。

　　第二，以上是就世界各国投资率和消费率总的趋势说的。但是，在实际上，低收入国家、中等收入国家和高收入国家（以上三类国家2002年的人均国民总收入分别为430美元、1850美元和26490美元）的投资率和消费率的运行轨迹是有很大差别的。据世界银行的资料，其中低收入国家的投资率由1970年的15.7%上升到1995年的25.2%，再下降到2002年的19.7%；中等收入国家由1970年的22.9%上升到1980年的27.2%，再下降到2002年的23.4%；高收入国家由1970年的26.5%下降到2002年19%。可见，在这32年中，低收入国家和中等收入国家的投资率都经历了先升后降的过程（前者上升时间经历了24年，下降时间经历了8年，后者分别为10年和22年），只有高收入国家是逐步下降的。与此相应的是这些国家消费率的变化过程。这是一。二是上述数字同时表明：直到 2002 年，上述三类国家的投资率也还有很大差别，依次分别为 19.7%、23.4%和 19%。三是投资率由升到降、消费率由降到升的拐点，世界各国也有很大的差异。就世界各国的平均投资率来看，这个拐点大约发生在人均收入 1000 美元，其中中等收入国家不到 1000 美元，低收入甚至不到 400 美元。

将上述世界各国投资率和消费率的运行轨迹与我国这一轮经济周期波峰年份的有关情况做一下比较，就可以清楚看到：一是我国投资率由 1952 年 22.2%经过曲折变化上升到 2002 年 37.9%以后，在这一轮经济周期波峰年份仍在继续上升。其中，2003~2006 年分别依次为 41.0%、43.1%、42.7%、42.5%。可见，这四年投资率均在 40%以上的高位运行。可见，我国投资率的上升时间，已经长达 54 年。这个数字比上述世界各国平均投资率的上升时间长了 34 年，比其中低收入国家长了 10 年，比中等收入国家长了 24 年。二是 2006 年的投资率比 2002 年世界各国平均投资率高 23.7 个百分点，比其中的低收入国家高 23.5 个百分点，比中等收入国家高 19.8 个百分点，比高收入国家高 24.2 个百分点。三是即使在 2007 年人均国民总收入已经超过 2500 美元[①]以后，投资率也没有出现由升到降的拐点，还在继续上升。总之，与世界各国平均投资率的运行轨迹相比较，我国投资率上升时间最长，当前投资率最高，出现拐点的时间最迟。当然，其中众多不可比因素。但这不会影响这个结论。

（二）我国前八个经济周期波峰年份投资率和消费率运行轨迹与这一轮经济周期波峰年份之比较

我国前八次经济周期的波峰年份分别依次为 1953 年、1956 年、1958 年、1970 年、1978 年、1984 年、1987 年和 1992 年。这八年的投资率和消费率分别为 23.8%和 77.2%、24.9%和 74.7%、33.5%和 66.0%、33.8%和 66.1%、38.2%和 62.1%、34.2%和 65.8%、36.3%和 63.6%、36.6%和 62.4%。2003~2006 年平均为 42.4%和 53.2%。可见，与以往八个经济周期波峰年份相比较，2003~2006 年年均投资率是最高的，消费率是最低的；投资率最多要高 18.6 个百分点，最少也要高 4.2 个百分点；消费率最多要低 24 个百分点，最少也要低 8.9 个百分点。

---

① 转引自新华网 2008 年 2 月 14 日。说明：这里没有剔除不同年份美元价格的差异，但不致影响结论。

资本形成总额包括固定资本形成总额和存货增加，消费包括居民消费和政府消费。现在我们分析这二者的内部构成的变化，进一步说明这一轮经济周期波峰年份投资率过高、消费率过低的严重程度。

如果考虑到2003~2006年年均固定资本形成比重上升，存货增加比重下降的情况，那么，这期间实际形成的投资率比重比上述情况还要高一些。这期间年均固定资本形成总额比重和存货增加比重分别为95.4%和4.6%。前者比1953年要高37.3个百分点，比1956年要高10.2个百分点，比1958年要高18.3个百分点，比1970年要高22.1个百分点，比1978年要高17.5个百分点，比1984年要高10个百分点，比1987年要高10.3个百分点，比1992年要高11个百分点。可见，2003~2006年，同以往八个波峰年相比，固定资本形成比重是最高的，最多高出37.3个百分点，最低也要高出10个百分点。这些数字进一步说明了投资率过高的严重程度。

如果再考虑到2003~2006年年均政府消费比重上升和居民消费比重下降的情况，那就可以进一步看到居民消费率下降的严重程度。这期间年均居民消费比重为73%，政府消费比重为27%。居民消费比重比1953年下降了9.1个百分点，比1956年下降了10.7个百分点，比1958年下降了11.9个百分点，比1970年下降了9.7个百分点，比1978年下降了5.6个百分点，比1984年下降了4.2个百分点，比1987年下降了5.5个百分点，比1992年下降了2.6个百分点。可见，与以往八个波峰年相比，2003~2006年年均居民消费率是最低的，最多低11.9个百分点，最少也低2.6个百分点。

总之，与以往八个波峰年相比较，2003~2006年年均的投资率是趋于巅峰，特别是固定资本形成率更是如此；而消费率则跌入低谷，居民消费率尤其这样。

二、当前这一轮经济周期波峰年份高投资率低消费率的形成原因

这一轮经济周期波峰年份高投资率主要是由下列一些重要因素决定的。

第一，就形成投资率走高的经济机制来说，经济改革以前，国有经济（包括中央政府和地方政府以及国有企业）内涵有投资膨胀机制。改革以来，随着政府职能的逐步转变和国有企业改革的逐步推行，在中央政府和改制已经到位的国有企业，投资膨胀机制已有很大的削弱。但由于这些改革均未到位，国有经济原来内涵的投资膨胀机制并未根本消除，在改制尚未到位的国有企业是这样，在地方政府方面则表现得尤为明显。由政企分开、财税改革和干部制度改革不到位等因素而导致的地方政府投资膨胀机制还是明显存在的。

非国有企业在改革以后资金积累已有了很大增长。在法律和政策环境逐步改善，市场准入和要素运用等方面限制逐步放宽的情况下，他们的拓展空间越来越大，经济增长提速。这些就使得他们的投资迅速增长，占全社会固定资产投资的比重迅速上升。2003~2006 年，非国有经济投资占全社会固定资产投资比重由 56.6%上升到 70.0%。这种增长必然带有盲目性。

21 世纪初，经济发达国家为了发挥他们在众多高科技领域居领先地位的优势，维护其在国际分工的产业链条中的高端地位，继续将中低端产品的生产向发展中国家转移。而我国拥有市场容量大、劳动力数量多、要素价格便宜和社会稳定等方面的优势，从而成为跨国公司的投资热点，这种情况在 21 世纪初达到一个新的高点。外商直接投资由 2002 年的535.05 亿元增长到 2006 年的 694.68 亿元，增长了 29.8%。

上述三方面投资机制都会促使这期间投资迅速增长。

第二，当前我国正处于工业化的中期阶段。就其与提高投资率的关系来说，有三点值得重视。一是在这个阶段，重工业发展较快，占的比重也较大。而这类工业是资金密集型工业，它的发展需要追加的投资较多。而就近几年的情况看，它的发展速度又过快了。致使重工业产值占工业总产值比重由 2002 年的 60.9%迅速上升到 2006 年的 70.1%。这是促使投资率上升的重要因素。二是人均收入已经超过 1000 美元，这个阶段在经济上的重要特点之一就是消费结构变化很快，由此带动的生产结构变化也快，于是经济增长提速。而且，我国当前消费结构升级正处于由千元级向万元级、十万级过渡的阶段。其突出表现就是对住宅和汽车等的需求快速增长。尽管过去计划经济体制下形成的平均主义还远没有消除，但由于经济转轨时期各种特殊矛盾的作用，居民收入差别迅速扩大。在居民中已有部分人群的收入水平很高。这些人在全国人口中的比重很少，但由于我国人口多，这些人的绝对量也不小。他们对住宅和汽车等的需求量就很大。而这些产业的利润率又高，其本身发展的动力就很强。

而且其产业关联度又大，由此也会带动经济增长提速，投资率上升。三是我国虽然处于工业化中期阶段，由于处于知识经济已经开始到来的时代，因而在一定程度又是与现代化相结合的。而许多现代产业都是资金技术密集型产业。

第三，中国新一轮经济周期的特点，也是推动投资率上升的重要因素。其特点之一，就是波峰年份时间长，经济增速高。2003~2007年五年年均经济增速达到10.6%。显然，这个特点不仅是促使这期间投资率上升的重要因素，而且会使投资率在高位上稳定下来。

第四，当前我国经济发展方式的主要特点是粗放型的，经济发展主要依靠包括资金在内的要素投入。这样，经济增长提速必然带来的投资率的上升。

第五，区域发展战略的全面实施，也是投资率上升的重要因素。我国在2000年前后相继提出并实施了东部率先实现现代化，西部大开发，振兴东北等老工业基地，中部崛起等项区域经济发展战略。这就必然会带来投资率的上升。

第六，城乡居民储蓄的迅速攀升，是支撑投资率上升的资金基础。这种储蓄率的攀升是由居民收入提高和储蓄倾向上升两个因素决定的。但这期间储蓄倾向的上升，并不只是一般地由于居民收入的提高，还特殊地由于收入差别扩大导致储蓄倾向高得多的高收入人群的增加。

第七，金融体制改革滞后和金融机构功能不健全，对投资率的提高也有重要的影响。其突出表现有二：一是利率市场化改革还没有到位，大大限制了它在抑制投资需求上升方面的功能。二是金融机构单纯为生产服务的面貌改变并不大。2002~2006年，城乡居民储蓄占金融机构资金来源的比重由37.4%升至44.2%。但在资金运用方面，用于城乡居民的消费信贷则很少。至于在证券市场筹集资金和运用方面的情况则更是如此。

总体说来，与投资率相对应的是消费率，因而投资率提高就意味着消费率的下降。分别说来，正像上述一系列推动投资率上升的因素一样，也有一系列因素促使消费率下降。但在这里只是分析作为消费率主要组成部分的居民消费率下降的因素。

就这期间的情况来看，居民消费率下降，在一定程度上是同政府消费率上升相联系的。2002~2006年政府消费率在整个消费率中占的比重由

26.7%上升到 27.4%，居民消费率由 73.3%下降到 72.6%。这一点是同政企、政事分开和行政体制改革不到位，以及由此必然造成的行政管理费大量增长相联系的。2002~2006 年，行政管理费由 4101.32 亿元增长到7571.05 亿元，占财政支出总额的比重由 18.59%上升到 18.72%。[①]

但就居民消费率的下降来说，也还有与它本身直接相关一系列因素的作用。

第一，居民收入水平低。从总体上说，新中国成立以来，特别是改革以来，居民收入有了空前未有的大提高。但直到 2006 年，农村居民家庭人均纯收入仅有 3578 元，城镇居民家庭人均可支配收入也只有 11759.5元。收入水平低是同收入水平的增速低于经济增速和社会劳动生产率的增速直接相联系的。如果以 1978 年为 100，则 2006 年人均国内生产总值指数为 972.9，社会劳动生产率指数为 714.4，农村居民家庭人均纯收入指数为 670.7，城镇居民家庭人均可支配收入指数为 670.7。[②] 这些数字不仅表明了居民收入水平低的原因，而且揭示了消费率低的关键所在。

农村居民的收入水平更低。其原因主要是由于城镇化进程太慢，城乡二元体制改革滞后，农村税费改革前农民的税费负担重，以及农业资金和科技投入少等因素的作用而导致的农业劳动生产率太低。直到 2006年，第一、二、三次产业的劳动生产率分别为 7597.1 元/人、55660.3 元/人和 31412.1 元/人。可见，这年农业劳动生产率只有第二产业的 13.6%，第三产业的 24.1%。[③] 一般说来，在保持适当投资率的条件下，收入水平的提高主要依靠劳动生产率的提高。对占全国人口总数大部分的农村居民来说，尤其是这样。在农业劳动生产率还低于第二、三次产业的条件下，农村居民收入水平也一定较低。这是一条规律。当然，当前我国农村居民的收入低，同上述的诸如城镇化进程慢和城乡二元体制改革滞后等等因素的作用，也有很大关系。即使没有这些因素的作用，在农业劳动生产率较低的情况下，农村居民收入水平也会较低，只不过低的程度有很大差别。

城镇居民收入水平比农村居民水平要高得多，但也是低的。在城镇

---

①②③《中国统计年鉴》(有关各年)，中国统计出版社。

居民的低收入和中低收入群众中尤其如此。就整体说，2006 年，城镇居民家庭人均可支配收入比农村居民家庭人均纯收入高出 2.27 倍。就城镇居民的低收入户和中低收入户来说，分别只高出 32.8% 和 1.2 倍。[①]

城镇居民收入低的主要原因：一是就业面没有获得应有的扩大。对城镇居民来说，扩大就业是提高他们的收入的基础性工程。诚然，当前我国存在数以亿计的富余的劳动力，每年新增加的劳动数量也很多，伴随国有和集体企业改革深化又要释放出大量劳动力。因此，在我国，扩大就业是一个十分重要而又极为艰巨的任务。但是，过去多年来，由于没有把扩大就业放在政府调控中的突出位置，就业容量大的劳动密集型产业、第三产业（尤其是其中的社区服务业）、手工业、中小企业和非公有经济没有得到应有的发展，在财税、信贷和法制等方面缺乏更有力的措施。当然，在这些方面近几年来有很大改进，但也没有完全到位。当然，做到这一点，也是付出了很大的努力，来之不易。我国当前扩大就业仍有很大的拓展空间。这是增加城镇居民收入的一个重要因素。二是劳动力价格过低。应该肯定，改革以来城镇职工工资比改革以前有了前所未有的显著提高。1978~2006 年，城镇职工平均货币工资由 615 元提高到 20856 元，平均实际工资提高了 5.04 倍。但是，劳动力价格仍然过低。这期间工业职工工资总额占工业增加值的比重也由 16.7% 下降到 8.9%。[②]这些数字表明：尽管绝对工资是大大提高了，但相对工资（即工资指数相对工业增加值的指数）却大大下降了。如果再考虑到进城务工的农民工的工资状况，那工资更低。2006 年进城务工农民 1.3 亿人。2007 年前三季度城镇职工月均工资为 1839 元，而农民工仅为 1015 元。[③]而且就是这样的低工资，又在许多情况下还不能按时拿到手。当然，这些方面的情况在近几年也有很大改进。但并没有根本改观。

劳动力价格过低，有历史原因，在计划经济时期，工资就很低。改革以后，由于长期存在劳动力市场供大于求的机制，在客观上会抑制劳动力价格的上升。再加以政府在逆市场供求机制作用而进行的调节方面还缺乏力度。这样，劳动力价格过低的状况就难以改变。

_____

①②《中国统计年鉴》（有关各年），中国统计出版社。
③《经济日报》2008 年 2 月 22 日第 8 版；新华网 2008 年 2 月 22 日。

第二，消费倾向低。显然，居民消费率低，不仅取决于居民收入低，而且取决居民消费占居民收入中的比重（即消费倾向）。依据边际收入的边际消费倾向的递减规律，消费倾向又不仅决定于居民总体收入水平的高低，而且决定各类居民群体的收入差别的大小。

在这方面起作用的不只是城镇居民之间收入差别的扩大，也不只是农村居民之间收入差别的扩大，还有城乡之间、地区之间和行业之间的收入差别的扩大。比如，有调查数据显示，1978 年，国家统计局划分的 16 个大行业中，工资收入最高的"电力、煤气及水的生产和供应业"与最低的"社会服务业"人均工资之比仅为 2.17 倍；2006 年，工资收入最高的"信息传输、计算机服务和软件业"与最低的"农业"人均工资之比高达 4.69 倍，全国这一比值最大的省份已经接近 6 倍。

但消费倾向的下降，又不只是由于各类居民之间收入差别扩大，还有其他多种因素的作用。一是由于养老、失业和医疗保险制度和财税制度改革滞后，社会保障制度和公共财政制度还没有完全建立，各类保险面窄，水平低，甚至义务教育所需经费也未完全落实，再加上医疗和教育等方面的高收费甚至乱收费，不仅大大降低了居民的即期消费，而且恶化了消费预期。二是在买方市场形成和需要巨额支出的众多现代消费品盛行的条件下，消费信贷需要相应地发展。而我国由于金融机构功能不健全、信用制度缺失和消费观念转变滞后等方面的原因，消费信贷并没有得到应有发展。这种情况限制了即期消费的提高。三是当前我国消费品市场大部分商品是供求平衡的，甚至是供过于求，但也有相当一部分商品是供不应求的。这表明部分商品结构不适合消费者的需要，以致居民这部分消费需求不能实现。四是与以往不同，众多的现代消费品的使用，都需要相应的基础设施。但人们常常只在考虑扩大生产投资时，考虑相应的基础设施投资，而对消费方面的基础设施则没有及时给予应有的注意。当然这种状况，现在已有很大改变，但这方面的问题并没有根本解决。这一点在农村的许多地区表现得仍很明显，以致许多现代消费品不能使用。五是市场交易秩序混乱。诸如假冒伪劣商品、虚假广告、过度包装和价格欺诈等等都很盛行。这些都降低了居民的消费欲望。六是传统文化中的节约，是一种美德，是建设节约型社会的宝贵资源。当前仍然应该大力发扬这种美德。但像任何观念形态一样，都需要随着时代的发展而不断提高扬弃不适时宜的方面，增加适合时宜的新内涵。当前仍有一部分居民坚守改革以前那种低生活水平条件下的节约习惯。特别是在一部分离退休人员中，他们收入水平不低，住房、养老、医疗等方面都有保障，又无养老和育小的负担，本来可以有较高的消费倾向。由于旧的节约习惯，致使消费倾向很低。当然，发生这种情况，也不只是由于旧的节约习惯，同银发产业的开发不足也有很大关系。诚然，这部分人在居民中占的比重很小，但绝对量也不会少。当然，这也只是一部分离退休人的情况。在大部分退休人员中，由于没有完全享受到社会经济发展的成果，收入水平很低，也是构成低消费率的因素。

三、降低投资率和提高消费率的重要性和紧迫性

在这方面，值得着重提出的有以下三点：

第一，我国投资率长期趋高（当前是畸高）、消费率长期趋低（当前是畸低）的格局，不仅同我国社会主义初期级阶段的社会经济性质很不适应，而且从一般意义上说，也落后于资本主义社会发展的某些现状。为了说明这一点，有必要对资本主义社会剩余价值生产发展的三个阶段做些很简要的说明。马克思在《资本论》中分析了资本主义社会生产发展的三个阶段，即简单协作、工场手工业和机器大工业。大体说来，在前面两个阶段，资本家提高剩余价值率的主要手段是提高绝对剩余价值，即在必要劳动时间不变的条件下，通过延长劳动日和加强劳动强度提高绝对剩余价值。在第三阶段，则主要依靠提高相对剩余价值，即在劳动日长度不变条件下，主要通过提高劳动生产率，缩短必要劳动时间，相对延长剩余劳动时间，以提高相对剩余价值。在马克思生前，由于时代的局限，他不可能看到剩余价值生产的发展的第三个阶段。这就是在20世纪50年代以后，在资本主义经济发达国家明显呈现出来的绝对剩余价值率和相对剩余价值率下降的阶段。前者主要是通过劳动日的进一步缩短和劳动强度的进一步下降实现的。后者主要是通过劳动生产率的大幅增长实现的。在劳动生产率大幅增长的条件下，劳动力再生产费用需要上升，创造劳动力价值的必要劳动会延长，剩余劳动会相对缩短。但在这种条件下，作为剩余劳动的凝结物的剩余产品仍然会大大增长。

上述绝对剩余价值率和相对剩余价值率双双下降局面的出现，并不是偶然的现象，而是在以往年代无产者反对资产者的阶级斗争已经取得巨大成果的条件下，资本主义社会物质文明、政治文明和精神文明高度发展的必然产物。就物质文明的高度发展来说，在劳动生产率巨大增长的条件下，蛋糕可以做得很大。这样，相对过去来说，劳动者得到的多些，但资本家得到的蛋糕仍然会增加。而且在上述条件下，提高劳动力再生产费用又是做大蛋糕的必要条件。从这方面来说，让劳动者相对多得一些，还是资产者的营业需要。就政治文明的高度发展来说，在政治民主化的条件下，作为选民的无产者意愿（如要求缩短工作时间和增加工资）对政府决策的影响会大大增加。与此相联系，政治家的编好（如追求政绩和争取连任）也会促使他向劳动者的意愿倾斜。就精神文明的发展来说，资产者与劳动者也会由以往年代的对抗逐步走向一定的和谐。当然，只要资本主义制度存在，剩余价值总会存在，资本家和劳动者之间总还存在对立。

我国处于社会主义初级阶段，社会主义公有制占主要地位。这个基本经济制度是根本区别于资本主义的。因此，反映阶级剥削的剩余价值范畴从主要方面来说已经不存在了。但作为市场经济一般范畴的剩余价值（或剩余价值产品的价值，下同）还是存在的。如前所述，1978~2006年，农村居民家庭人均纯收入和城市居民家庭人均可支配收入的指数均低于国内生产总值和社会劳动生产率的指数。这在某种程度上间接表明了当前我国还处于相对剩余价值生产的阶段。而上述的 1978~2006 年工业职工工资总额占工业增加值比重的下降，则更直接地尖锐地反映了这一点。而上述两组数字正是造成当前我国高投资率、低消费率的基本原因。从这种相互联系的意义上说，这一点正是相对剩余价值生产的反映。这样，我国这种高投资率、低消费率的状况，同社会主义初级阶段的性质就很不适应，甚至不及资本主义经济发达国家在"二战"以后呈现出的绝对剩余价值和相对剩余价值双双下降的局面。当然，我国占主要地位的社会主义公有制是根本区别于资本主义制度的。正因为如此，就更加显得不及。

第二，我国高投资率、低消费率的格局，与以人为本的科学发展观也大相径庭。发展生产以提高人民生活为根本目的，是这种发展观的最重要内容。在新中国成立以后，在计划经济时代，高投资率都成为每次经济过热的带头羊。1953 年、1956 年、1958 年和 1970 年的经济过热都是这样。改革以后，1978 年、1984 年、1987 年和 1993 年的经济过热和 2003 年下半年以来发生的经济偏热也是如此。从这种历史联系的角度考察，我们仍然可以从这次经济偏热中可以看到计划经济体制下那种重投资、轻消费的经济战略的历史影子。这当然不是说改革前后在这方面没有原则区别。在改革以前的一个长期内，由于执行重投资、轻消费的战略，既阻碍了社会生产的发展，又妨害了人民生活的改善。改革以来，虽然还没有改变重投资、轻消费的格局，但在这方面已经发生了原则性变化，取得了重大的历史性进步。1952~1978 年，国内生产总值年均增长 6.1%，居民平均消费水平年均提高 2.3%，前者为后者的 2.8 倍；而在 1979~2006 年，二者分别提高了 9.7% 和 7.4%，前者仅为后者的 1.3 倍。这些数据表明：前后两个时期在这方面存在原则区别。即前一个时期几乎是为生产而生产；而后一个时期在发展生产的基础上兼顾了消费，使人民生活得到了空前未有的大提高。只是兼顾得很不够。而正是这个很不够，显示出历史影子。而且这个影子并不是孤立的现象，它同计划经济体制改革没到位有着最重要的直接联系。

第三，高投资率、低消费率的长期格局孕育着严重后果。这种格局不仅已经导致了多次经济过热，而且成为 2003 年下半年以来发生的经济偏热迟迟难以退去的基本原因。长此以往，它还会导致由供给和需求两方面的"瓶颈"制约而导致的更严重的经济危机。显然，一方面投资率过高，必然遇到因资源稀缺而发生的供给"瓶颈"制约。事实上，当前就存在这种制约，而且在有些投资品方面这种制约还很严重。另一方面消费率过低，消费品生产又必然会遇到需求的"瓶颈"制约。事实上，我国多年以来就存在部分消费品的产能过剩和产品供给过剩。当然，这种过剩同消费品生产结构与需求结构不相适应是有关的，但也不能说同消费率过低没有联系。而且这种过剩最终又会导致投资品过剩。因为投资需求最终是要受到作为最终需求的消费需求制约的。这样，如果投资率过高和消费率过低的局面长期得不到改变，那么，严重的经济危机就必然会发生。在这种情况下，如果主要采用行政手段，实现"硬着陆"，那就会把中国推向灾难的深渊，像 1961 年那样。如果主要用经济和法律手段，实现"软着陆"，那也根本无法阻止危机的发生，只是减轻危机的损失。还要提到：长期存在的高投资率、低消费还会在经济改革和社会稳定方面造成严重的消极后果。因而这是一个事关发展、改革和稳定全局的大问题，是全面建设小康社会的一项根本战略。所以，我们决不能因为当前我国总的经济形势很好，就忽视这种可能发生的严重后果。

四、降低投资率和提高消费率的对策

第一，要提高投资率和消费率预期指标在宏观调控中的战略地位。马克思在《资本论》中提出了扩大再生产公式。这个公式揭示了对资本主义社会和社会主义社会都适用的两条基本规律：一是生产资料生产和消费资料生产的对比关系，二是积累和消费的对比关系。当然，这一抽象理论在实际生活中的运用需要具体化。当前，前者可以具体化第一、二、三次产业的对比关系，后者可以具体化投资和消费的对比关系。当然，在对外开放的条件下，还要考虑进出口的因素。这是从理论上说的。就实践上来说，如前所述，改革前后我国多次发生投资膨胀，都成为每一次经济过热的带头羊。因此，很有必要将投资率与消费率一起列入国家宏观调控的最重要的预期目标。实际上，党的十七大也强调："促进经济增长由主要依靠投资、出口拉动向依靠消费、投资、出口协调拉动转变，由主要依靠第二产业带动向依靠第一、第二、第三产业协同带动转变，由主要依靠增加物质资源消耗向主要依靠科技进步、劳动者素质提高、管理创新转变。"[①]可见，在这三个转变中，调整投资与消费是放在第一位。当然，第一个转变中还包括内需和外需的失衡问题。这一点留待本章第三节做分析。至于第二、三个转变也将在本章第三、四节做分析。

第二，要提高确定投资率和消费率预期指标的科学性。我国"六五"计划规定：到1985年，消费率达到71%左右，积累率为29%左右。但在实际执行结果，到1985年积累率达到了35%，消费率为65%。"七五"计划规定：五年内平均每年消费率为70%，平均每年积累率为30%。实际执行结果，前者只有66.1%，后者达到33.9%。"八五"计划规定：五年内，全社会固定资产投资每年增长5.7%，全国居民平均消费水平每年增长3%。实际执行结果，前者高达18.9%，后者也达到8.2%。"九五"计划纲要规定：五年内，城镇居民人均生活费收入年均增长5%，农民人均纯收入年均增长4%；全社会固定资产投资年均增长10%。而实际执行

①《中国共产党第十七次全国代表大会文件汇编》，人民出版社2007年版，第22页。

结果，五年内，城镇居民人均生活费收入年均增长 5.8%，农民人均纯收入年均增长 4.8%，全社会固定资产投资年均增长 9.1%。按照"十五"计划纲要提出的预计目标，"十五"期间要使居民消费率提高到 50% 左右，全社会固定资产投资率调控在 35% 左右。但在实际上，到 2005 年，居民消费率只有 35.3%；而投资率高达 62.3%。[①]

上述情况表明：在改革以来制定的五个五年计划（或五年计划纲要）中，有关投资和消费指标的规定，只有"九五"计划比较切合实际。与计划规定预期目标相比较，其实际结果，城镇居民年均消费收入和农村居民人均可支配纯收入的年均增速只高 0.8 个百分点，而全社会固定资产投资率年均增速只低 0.9 个百分点。其余四个五年计划规定的指标（或预期目标）与实际执行结果都相去甚远。

诚然，由于各种不确定因素难以在制定计划时完全估计到，计划规定指标与实行执行结果发生差异是常有的事。而且，在我国现行体制下，为了削弱地方政府层层加码的消极作用，国家计划指标定得低一些，也有积极意义。为了有效发挥计划（即使是指导性计划）的指导作用，总需力求提高计划指标的科学性。特别是像投资和消费这样的基本指标，它对国民经济其他指标有重要的制约作用。它的科学性如何，就会在很大程度上影响其他指标科学性。

而且，在经济预测科学、经济信息和现代计算技术都很发达的条件下，把计划指标定得尽可能准确些，并不是什么苛求，而是大体上可以做到的事。上述的我国"九五"计划纲要的有关规定已经开始在某种程度上证明了这一点。在这方面，日本也提供了有益的经验。日本虽然是资本主义的经济发达国家，但也实行指导性计划，而且有些年份计划预测指标定得很准。比如，日本企划厅对日本 1978 年、1979 年这两年的国内生产总值的计划预测数字为 5.7%、5.5%，实际完成数字为 4.9% 和 5.6%，[②] 相差甚微。当然，这是对经济增长率的预测。但其理对投资和消费的预测，是相通的。

第三，要建立实现投资率和消费率预期指标的保证体系。一是要建

① 《中国经济年鉴》（有关各年），中国经济年鉴社；《中国统计年鉴》（有关各年），中国统计出版社。
② 《国际统计年鉴》（1995），中国统计出版社，第 100 页。

立长效实现机制。可以通过深化经济改革，转变经济增长方式，调整产业结构，建设节约型经济以及政策（包括财政、金融和收入分配等）、法律制定和实施等途径来形成这种机制。比如，通过进一步实现政企分开和深化财税体制改革，遏制地方政府的投资冲动。又如，通过法律规定不断调整工资指导线。二是要建立预警机制。为此，要制定预警指标体系。如全社会固定资产投资率、城镇居民人均可支配收入和农村居民人均纯收入，以及三者的增速与国内生产总值和社会劳动生产率的增速之间的对比关系；城乡之间、地区之间和行业之间的收入差别；储蓄率及投资信贷和消费信贷。要分别确定投资率和消费率的最高警戒线。还要依法授予国家有关单位（如国家统计局）定期发布预警信息。三是要强化监督机制。全国人大、常委会特别是财政委员会要着力加强全国人大讨论通过的有关投资率和消费率规定执行状况的监督。还要通过定期发布有关经济信息，加强舆论监督和群众监督。

第三节　调整第一、第二、第三产业的关系

第一、第二、第三产业之间的关系是国民经济中另一个基本比例关系。而长期以来，我国经济中这方面的失衡也是很严重的。这样，调整第一、第二、第三产业的关系，解决这方面的失衡，就成为全面建设小康社会的一项重要战略。

当前这方面失衡的突出表现有二：一是作为第一产业的农业基础薄弱；二是第三产业发展严重滞后。因此，要实现党的十七大提出的促进经济增长"由主要依靠第二产业带动向主要依靠第一、第二、第三产业协同带动转变。"[①]就是要着力解决这两方面的问题。前一方面的问题留待本章第六节去做分析，这里只分析后一方面的问题。

一、我国第三产业变化发展轨迹及其现状的特征

为了说明这一点，首先需要简要地概括一下世界各国第三产业发展的共同特点。伴随工业化和现代化的发展，第三产业增加值在国内生产

---

① 《中国共产党第十七次全国代表大会文件汇编》，人民出版社 2007 年版，第 22 页。

总值的比重逐步上升，先是超过农业，后是超过工业；其内部的传统服务业比重下降，现代服务的比重上升；其劳动生产率趋于上升；其在经济社会发展中的地位和作用逐步增大，以致服务业成为占主导地位的产业。这些特点可以看做是反映经济规律的第三产业发展的一般趋势。

各国经济发展的历史证明了这一点。依据世界银行的资料，在 1980 年、1990 年、2003 年这三个时点，低收入国家第三产业增加值占国内生产总值的比重分别为 32%，41%，49%；下中等收入国家分别为 42%，43%，52%；上中等收入国家分别为 44%，52%，59%；高收入国家分别为 61%，65%，71%。[①] 上述数字表明：无论是纵向看（依四类国家经济发展的时序看），或者横向看（把四类国家放在同一个时点看），随着人均收入的提高，第三产业增加值在国内生产总值中的比重都是上升的。而且四类国家第三产业的比重，不仅都超过了农业，而且都超过了工业。

问题的本质在于：一般说来，在经济社会正常发展的情况下，随着社会生产力的发展，人均收入必然增加。由此必然导致消费的水平提高和结构升级。而消费升级是循着人的生存需要和人的全面发展需要依次梯度推进的。正是这种需求的变化发展从本质上决定了第三产业比重的提高。比如，在人均收入水平达到一定高度的情况下，人们对科学、教育、文化和卫生需求就会显著增长。这是其一。其二，随着社会生产力发展，社会分工也会进一步细化。其中的一个重要方面，就是原来作为企业生产过程中的服务环节会独立成为一个服务的生产部门（如信息服务和流通服务，会独立发展为信息产业和第三方物流业）；原来作为家庭消费的服务也是可以发展成为独立的产业（如家政服务业）。其三，随着社会生产力发展，政府不仅提供的公共产品会大大增长，而且提供的公共服务也会大大增长。这里需要提到：有一种观点认为只是在现代市场经济条件下，政府才有提供公共产品和公共服务的职能。实际上，在国家和产生以后，政府就都有提供公共产品和公共服务的职能。只不过是在现代市场经济条件下，政府提供的公共产品和公共服务达到了空前未有的规模。如促进充分就业，熨平经济周期，防止通胀和通缩，平衡国际收支，维护市场秩序，反对垄断，保护消费者权益，促进社会公平，

---

① 《2005 年世界发展指标》（有关各年），中国财政经济出版社。其中，低收入国家不含中国和印度。

提供义务教育和社会保障，维护生态环境平衡，以及保障国家的经济安全、政治安全和军事安全等。正因为这样，随着古典市场经济向现代市场经济的转变，政府的财政支出在国内生产总值的比重大大上升。依据美国财政学家马斯格雷夫的计算，财政支出占国内生产总值中的比重，英国从 1890 年的 8.9%上升到 1955 年的 36.6%。美国从 1880 年的 7.1%上升到 1962 年的 44.1%。① 在当代经济发达国家，财政支出占国内生产总值的比重都达到了 50%以上，有的还达到了 70%。其四，在人类社会发展的各个阶段，起决定作用的生产要素是有变化的。在农业经济时代，土地就是这种生产要素。到了工业经济时代，机器就是这种生产要素。在知识经济时代，知识就成为这种生产要素。当然，在知识经济时代，知识经济也是以第一、二、三产业为载体的，其作用也是渗透到整个产业经济。但相对说来，知识经济更多地集中在第三产业。而知识经济的科技含量更高，创造的增加值更多。这样，第三产业增速更快。正是上述各种重要因素的综合作用，使得第三比重上升成为工业化和现代化中的一条客观规律。

也正因为这样，从总的长期发展来看，这个趋势在任何社会制度下都会表现出来。就新中国建立以来长达半个多世纪的情况来说，也在一定程度上反映了这个趋势。1952~2007 年，我国第三产业增加值在国内生产总值中的比重由 28.6%上升到了 39.1%。在这期间，第三产业内部结构优化和劳动生产率提高也都取得了一定的进展。国家统计局曾将我国第三产业划分为四个层次:第一层次是流通部门，包括交通运输、仓储业、

---

① 引自斯蒂格利茨:《美国为什么干预经济》，中国物资出版社 1998 年版，第 11~12 页。这里需要指出:在我国改革过程中学界曾经有过小政府大社会的说法。这种观点如果是针对计划经济体制下政府直接经营管理企业，管了许多不该管也管不了的事，以致政府机构庞大，需要改革，是可以的，也有积极意义。但是，如果以为在社会主义市场经济条件下，政府职能少了，机构也可小，那就是一种误解。实际上，在社会主义市场经济条件下，减少的只是原来计划经济体制下政府直接经营管理企业的职能，而由市场经济带来的政府职能不仅减少，而是大大增加。正是这种片面观点，给 1979 年以来多次政府机构改革带来了某些失误。改革以来这方面的改革有时就出现这样的怪圈:政府机构改革一次，虽然一时机构和人员减少了，但不久又膨胀了。其中的一个重要原因就是:一方面忽视了企业和其他相关改革没有真正到位，原来计划经济体制下政府职能事实上还不可能减下来;另一方面也忽视了市场经济体制下新增加的职能。这两方面在客观上都迫使政府机构和人员的回归。这当然并不否定由于旧体制没根本改革、新体制不完善所产生的各种消极因素在这种回归中的作用;而是说要全面分析这种回归的原因。从而推进与计划经济体制相联系的政府职能的转变，并发展与社会主义市场经济体制相联系的政府职能，以便更切实有效地推进机构改革。更不否认当前行政机构庞大和重叠、职能交叉、行政人员过多、行政效率低下以及行政成本很高等弊病，因而不否定迫切需要进一步加快行政机构改革的必要。

邮电通讯业、商贸业及餐饮业等；第二层次是为生产和生活服务的部门，包括金融业、保险业、房地产管理业、居民服务业、公用事业、旅游业、咨询信息服务业、综合技术服务业等；第三层次是为提高居民素质和科学文化水平服务的部门，包括科研、教育、广播、电视、文化、卫生、体育、社会福利业等；第四层次是为社会公共需要服务的部门，包括国家机关、社会团体、警察、军队。依据国家统计局的资料计算，在1991~2002年间，第一层次增加值在第三产业的比重由48.4%下降到41.3%，下降了7.1个百分点；第二层次比重由32.2%上升到38.4%，上升了6.2个百分点；第三层次比重由9.3%上升到11.5%，上升了2.2个百分点；第四层次比重由10.1%下降到8.7%，下降了1.4个百分点。由于这四个层次划分的依据，主要是各种服务业的用途，而不是产业层次的高低，因而难以从整体看出第三产业内部结构的优化。但是，第二层次比重的大幅上升表明了第三产业内部生产服务和生活服务分工的发展，第三层次比重上升表明了由居民消费需求结构的上升而带来的第三产业内部结构优化。还要提到：按可比价格计算，1978~2005年，第三产业的劳动生产率提高了2.16倍。[1]

　　但是，必须着重指出：我国第三产业的正常发展过程被严重地扭曲了。就新中国成立后各个经济发展时期来看，如果不说1949年10月~1952年的新民主主义社会时期，[2]那就还有以下三个时期：一是1953~1957年。这个时期是由新民主主义社会向社会主义社会过渡的时期。这个时期既是由占主导地位的国有经济和多种所有制并存向基本上单一的社会主义公有制过渡的时期，也是由计划调节与市场调节相结合向占主体地位的计划经济体制过渡的时期。在这个时期，第三产业的发展，虽不是很理想，但大体上正常。1952年，第三产业增加值占国内生产总值的比重为28.6%；1953~1957年，其比重是在29.3%~30.8%之间波动的，略有上升，基本体现了第三产业发展的一般趋势。二是1958~1978年。这个时期在社会主义基本经济制度和计划经济体制两方面都是进一步强化的时期。在这期间，第三产业增加值占国内生产总值由1957年的

①《中国统计年鉴》（有关各年），中国统计出版社。
②由于缺乏这方面的统计资料，我把这个时期第三产业的变化状况舍象了。

30.1%下降到 1978 年的 24.2%。其中 1976 年还下降到 21.7%，是新中国成立以来第三产业比重的最低点。这样，在这期间第三产业的正常发展过程就被大大扭曲了。三是 1979~2007 年。这个时期是单一的社会主义公有制向占主导地位的国有经济与多种所有制同时并存和共同发展、计划经济体制向社会主义市场经济体制转变的时期。在这期间，第三产业增加值占国内生产总值的比重由 1978 年的 24.2%上升到 2007 年的 39.1%。需要指出：这在很大程度上只是一种恢复性上升。而且其间不正常的波动幅度也很大。如 1979 年第三产业增加值比重下降到 21.9%，比 1978 年下降了 2.3 个百分点，比 1976 年也仅高出 0.2 个百分点。所以，这个时期只是在一定程度上修复了此前第三产业发展被扭曲的状况，但这种状况并没有得到根本改变。

这种扭曲的直接后果，就是当前我国第三产业发展严重滞后。其主要表现是：第三产业增加值在国内生产总值的比重低，第三产业内部结构层次低，劳动生产率低。下列数据可以说明这些情况。如前所述，2007 年我国第三产值增加值在国内生产总值的比重为 39.1%；2003 年低收入国家为 49%，下中等收入国家为 52%，上中等收入国家为 59%，高收入国家为 71%。按当年汇价计算，2007 年我国人均国内生产总值约为 2500 美元，高于低收入国家，与下中等收入国家大体相当，低于上中等收入国家，更远远低于高收入国家。2007 年我国第三产业比重比 2003 年低收入国家还低 9.9 个百分点，比下中等收入国家低 12.9 个百分点，比上中等收入国家低 19.9 个百分点，比高收入国家低 31.9 个百分点。在这方面居于世界的后列。依据 2004 年第一次全国经济普查的资料，这年在第三产业 15 个子行业中，批发和零售业、交通运输业、仓储和邮政业、房地产业、公共组织和社会组织、金融和教育等 7 个传统服务业，就占了第三产业增加值的 70%。按当年价格计算，1952 年，第二产业每个就业人员创造的增加值为 926 元，而第三产业为 1033 元。这样，如果以前者劳动生产率为 1，则二者劳动生产率之比为 1：1.12。到 2005 年，前者每个就业人员创造的增加值上升到 48135 元，后者为 30696 元，二者劳动生产率之比为 1：0.64。按可比价格计算，1952~1978 年，第二、三产业的劳动生产率分别增长了 2.94 倍和 0.97 倍，二者增速之比（以第三产业为 1）为 3.03：1；1978~2005 年，第二、三产业的劳动生产率分别增长了

5.93 倍和 2.16 倍，二者增速之比（以第三产业为 1）为 2.7∶1。[①] 可见，尽管在上述期间第三产业自身的绝对劳动生产率也大幅上升了，但相对劳动生产率却大幅下降了。这种趋势与发达的市场经济国家也是大相径庭的。在他们那里，第三产业劳动生产率的增长速度和水平都是高于第二产业的。

二、我国第三产业发展严重滞后的原因

决定我国第三产业发展长期滞后的重要因素有：

第一，我国是一个发展中的人口大国。历史经验和理论分析均证明：第三产业增加值在国内生产总值中的比重与人均收入呈现很强的相关的关系。我国人口多，生产力发展水平低，人均收入少，制约了第三产业的发展。据有关单位按照改革后 20 多年的数据计算，人均国内生产总值的增长与服务业发展的相关系数为 65%。当然，仅用这个因素无法解释我国第三产业的严重滞后，尤其是不能说明我国第三产业比重为什么还低于低收入国家。但它毕竟是我国第三产业发展滞后的一个重要因素，相对于上中等收入国家和高收入国家来说，尤其是这样。

第二，长期推行强速战略，盲目追求经济的高增长。这主要是由于在计划经济体制下，从中央政府到地方政府（包括他们的各部门），到国有企业都存在投资膨胀机制。在"一五"时期这种体制还在建立的过程中，投资膨胀机制的作用还有某种限制。因而"一五"时期这种倾向相对后续时期来说还不很明显。但从"二五"计划时期到"六五"计划时期（其中 1961~1965 年的经济调整时期除外）这种倾向就很明显了。1981 年，党中央、国务院提出了以提高经济效益为中心的发展国民经济的方针，要求走出一条速度比较实在、经济效益比较好、人民可以得到更多实惠的新路子。[②] 以后，从中央政府制定的"六五"计划到"十一五"规划这个层面来看，由推行强速战略而导致的盲目追求经济增长速度的倾向已经基本上不存在了。总的说来，这六个五年计划（或规划）规定的经济增速指标都是低于甚至远远低于潜在增长率。以致实际的经济增长率都超过甚至大大超过了计划（或规划）指标。但由于强速战略的慢性

---

① 《中国统计年鉴》（有关各年），中国统计出版社。
② 详见《中国经济年鉴》（1982），第Ⅱ-9 页，经济管理杂志社。

作用，特别是由于中央政府各部门、地方政府及其各部门和企业都还程度不同地内含着投资膨胀机制，追求经济高速增长的势头仍然很强，以致改革以来多次发生过热（或偏热）。乍一看来，这种强速战略似乎同第三产业发展严重滞后是无关的。但在实际上，正是这种强速战略是第三产业发展严重滞后的一个最重要根源。问题在于：这种强速战略是片面地以工业（特别是重工业）为重点的强速战略，甚至可以说，就是工业（特别是重工业）的强速战略。其长推行必然导致包括第三产业在内的其他产业发展的滞后。历史事实也正是这样的。1953~1957 年，国内生产总值和第一、二、三产业的年均增长速度分别为 9.2%、3.8%、19.7%和 9.6%；这期间第一、二、三产业占国内生产总值的比重，分别由 1952 年的 50.1%下降到 1957 年的 40.6%，由 20.8%上升到 29.6%，由 28.2%上升到 29.8%。1958~1978 年，国内生产总值和第一、二、三产业增加值的年均增速分别为 5.4%、1.6%、9.1%和 4.5%；这期间第一、二、三产业的比重分别由 1957 年 40.6%下降到 1978 年的 28.2%，由 29.6%上升到 47.9%，由 29.8%下降到 23.9%。1979~2007 年，国内生产总值和第一、二、三产业增加值的年均增速分别为 9.8%、4.6%、11.4%和 10.7%；这期间第一、二、三产业的比重分别由 1978 年 28.2%下降到 11.7%，由 47.9%上升到 49.2%，由 23.9%上升到 39.1%。上述数据表明：如果仅就上述三个时期第三产业本身增速的绝对水平来说都不算低，但问题在于第二产业增速过高，从而使第三产业相对增速偏低。这样，第三产业比重在第一时期的变化尽管还比较正常，但并没有得到应有的提高。特别是在第二时期比重甚至下降了，在第三时期也没有得到应有的提升，最终使得第三产业比重过低。可见，工业（特别是重工业）增速长期过高，是造成第三产业发展滞后的一个根本原因。

第三，计划经济体制的弊病，市场取向改革不到位以及经济社会体制改革和开放的非均衡的发展。计划经济体制内含的投资膨胀机制为推行强速战略提供了巨大需求，而由这种体制集中的资源又为推行这种战略提供了可靠供给。因此，这种体制是强速战略赖以建立和实施的基础。如前所述，正是这种强速战略从根本上导致了第三产业发展滞后。从这种相互联系的意义上说，计划经济体制是造成改革以前第三产业发展滞后的更为深层次的根本原因。

　　诚然，这种情况在经济改革后已经发生了重大变化。这主要就是经济改革在促进第三产业比重上升方面起了重要的积极作用。伴随经济改革的进展，市场在第一、二、三产业之间合理配置资源方面的积极作用逐步得到了一定程度的发挥。而且，这种改革又成为 1979 年以来经济高速增长和人均收入大幅攀升的根本动力。这样，就推动了第三产业比重的迅速恢复，并上升到了新中国成立以来从未达到的高水平。

　　同时需要看到：由于经济改革不到位，以及经济社会体制改革和开放的非均衡性发展，仍是第三产业发展滞后的根本性因素。就经济改革不到位来说，原来在计划经济体制内含的投资膨胀机制只是在中央政府层面和基本完成改革的国有企业基本上消除了。但在改革没到位的国有企业、政府部门特别地方政府并没有根本改变。这就是改革以后多次发生经济过热以及 2003~2007 年连续 5 年经济发生偏热的根本原因。其中，主要又是重化工业增长过快。当然，当前我国正处于重化工业发展阶段，重化工业的发展可以而且必须快一些。问题是重化工业发展过快了。由此造成了第三产业发展的滞后。在经济改革不平衡方面，无论是存量改革还是增量改革，工业都是领先的，第三产业都是滞后的。到 2006 年为止，全国有 80% 左右的国有中小企业已经完成了改制，由原来的国有企业改为股份制企业和民营企业等。在国有大企业中，当前国资委管理的约 150 家，各省市自治区平均各有 30 家左右。其中，相当大部分已经完成了股权多元化和公司治理结构的改造。当然，国有企业改革任务还很重，要真正完成国有企业改革的任务，还需要十年左右的时间。但相对说来，国有第三产业的改革则还要滞后得多。这一点当前突出表现在垄断行业、文化和社会保障事业的改革方面。这是就存量改革来说的。在增量改革方面，就对民营经济的开放来说，工业比第三产业要早得多，快得多。这当然是从总体上说的。在第三产业的某些方面（如商业）对民营经济的开放并不晚。但在一些具有决定意义的领域（如垄断行业和文化事业方面）则要晚得多。直到目前为止，这些领域对民营经济的开放仍然严重滞后，某些方面的开放程度甚至还不及对外资企业。当然，在第三产业的某些领域（如涉及国家安全和关键经济领域）是需要国有资本控股经营甚至独资经营的。即使考虑到这些因素，仍然可以说，第三产业对民营的开放还是滞后的。当前这方面仍然存在很大的开放空间。

在对外开放方面也存在某种类似的状况。无论是在外贸方面，或是吸引外资方面，也都是首先集中在工业方面。在对外贸易方面，1980~2005年，工业制成品的出口由 90.05 亿美元增长到 7129.16 亿美元，增长了78.2 倍，占货物出口的比重由 49.7%上升到 93.6%；工业制成品进口由130.58 亿美元增长到 5122.39 亿美元，增长了 38.2 倍，占进口货物的比重由 65.2%上升到 77.6%。但在这期间服务业的进出口则不多。据报道，1982~2005 年，我国对外服务贸易由 43.4 亿美元增长到 1582 亿美元，增长了 35 倍。其增速也很高，但占外贸的比重很低，2005 年服务贸易仅为外贸总额的 11.1%。在吸引外资方面，以 2005 年为例。这年外商直接投资实际使用金额已经达到 6032469 万美元，其中第一、二、三产业分别为71826 万美元，4469243 万美元（其中工业为 4420223 万美元）和1491400 万美元，分别占总额的 1.2%、74.1%（其中工业为 73.3%）和24.7%。这些数字表明：改革以来，通过发展对外经贸关系，从货物出口需求与投资品和资金的供给等方面大大促进了工业的增长。而对第三产业的发展来说，这方面作用则不大。当然，决定这一点的并不只是由于对外开放不平衡性，还同体现国际资本利益的产业转移的特点相联系的。国际资本为了获得超额利润和垄断利润，利用我国廉价的生产要素（包括劳动力和土地等），只是把那些附加价值小、利润低的制造业的加工环节转移到我国，至于那些附加价值大、利润高的高端产业（其中包括第三产业）以及制造业中的研发和流通环节（即生产性服务业），仍然掌握在他们自己手中。这一点，在加工贸易占我国外贸中的比重明显地反映出来。1981 年，加工贸易的出口和进口分别为 11.31 亿美元和 15.04 亿美元；二者占出口总额和进口总额比重分别为 5.1%和 6.8%。到 2005 年，上述两组数字分别为 4164.67 亿美元和 2740.12 亿美元；54.3%和 41.5%。[①]
就经济体制和社会体制的改革来说，第三产业也是滞后的。这突出表现在城乡二元体制、文化体制和社会保障体制的改革滞后上。比如，在 20世纪末，我国已经初步建成了社会主义市场经济体制的基本框架，作为城乡二元体制最基本组成部分户籍制度（城乡就业、工资和社会保障制度等都是附着在户籍制度上）当前还只是在某些省市破题。显然，经济

———————

①《中国统计年鉴》（有关各年），中国统计出版社。

体制和社会体制改革进展不平衡状况，又导致了工业和第三产业的不平衡发展，工业发展更快，第三产业较慢，使得第三产业发展滞后。

我们在前面分别分析了经济强速战略和传统经济体制在造成第三产业发展滞后方面的作用。但二者在这方面的作用并不只是限于这些方面，还通过由它们造成的经济结构失衡、经济增长方式转变缓慢和城镇化率低等方面，导致第三产业发展的滞后。我们在下面分别就这些方面做进一步分析。

第四，经济结构失衡。这包括以下四个重要方面：

1. 消费和投资之间的失衡。这方面的失衡情况已见本章第二节的分析。为了说明这里的问题只需指出：由强速战略推动的工业的快速增长，也会带动生产性服务业的发展。但我国原来生产技术水平低，特别是在企业组织方面长期实行"大而全"，"小而全"，因而生产性服务业并不发展。而且，在主要实行粗放增长方式的条件下，技术升级和分工发展都比较慢。这样，工业的快速发展对生产性服务业发展的带动作用并不大。这是一方面。另一方面，消费率虽然逐年下降，但毕竟始终占了国内生产总值的大部分。而且相对生产性服务业来说，我国消费性服务业比较发展，占了服务业大部分。这样，消费率下降对消费型服务业的阻碍作用就要大于由投资率带动生产性服务业的作用，从而成为第三产业发展滞后的一个重要因素。根据国家统计局按照 2002 年全国投入产出表计算，消费率提高一个百分点，第三产业增加值可以提高 0.51 个百分点。这样，扩大消费对增加第三产业比重的作用，比增加投资要大得多。

2. 城乡之间的失衡。这方面失衡的具体情况留待本章第六节分析。这里也只需要指出：在全国人口中占有很大比重的农村居民收入低，对第三产业的发展有极严重的不利影响。显然，乡村居民对服务业的需求比城镇居民要小得多。比如，2005 年，城镇居民人均消费性支出为7942.88 元，而农村居民则只有 2555.4 元，前者为后者的 3.1 倍；市、县在社会消费品零售总额中占的比重达到 78.3%，县以下只占 21.7%。而县以下还包括镇，考虑到这一点，农村居民在这方面占的比重还要小。[1]

3. 地区之间的失衡。这方面的失衡状况留待本章第八节分析。这里

---

[1]《中国统计年鉴》(2006)，中国统计出版社，第 345、678 页。

需要强调的是：地区之间的失衡也是导致我国第三产业发展滞后的一个重要因素。据有的学者按照 2000 年可比价计算，1978 年，东部、中部和西部第三产业增加值占全国第三产业的比重分别为 54.75%、29.82% 和 15.43%，人均服务占有量分别为 381.46 元、209.38 元和 265.76 元。到 2000 年，这两组数据分别为 62.05%、24.89% 和 13.06%；4431.44 元、2052.9 元和 1660 元。[1] 按当年价格计算，2004 年，东部、中部和西部地区生产总值占国内生产总值的比重分别为 59.4%、23.6% 和 17.0%；占全国第三产业增加值比重分别为 60.7%、22.1% 和 17.2%。2005 年，按当年价格计算，东部、中部、西部和东北地区生产总值占国内生产总值的比重分别为 55.6%、18.8%、16.9% 和 8.7%，这四个地区的人均地区生产总值分别为 23768 元、10608 元、9338 元和 15982 元。与此相联系，这四个地区占全国第三产业增加值比重分别为 57.2%、17.5%、17.0% 和 8.3%。[2] 这些数据表明：地区经济发展水平越高，对第三产业的需求就越大，其比重也越大；反之亦然。据有关单位分析，地区生产总值占国内生产总值的比重与该地区第三产业增加值占全国第三产业增加值比重的相关系数为 0.98。

4. 内需和外需之间的失衡。2003~2007 年这四年，我国货物进出口顺差分别为 254.7 亿美元、320.9 亿美元、1020 亿美元和 1775 亿美元和 2622 亿美元。这五年净出口对经济增长的贡献率分别为 1.0%、6.0%、24.1%、19.5% 和 21.5%。当然，就我国具体情况来说，净出口比重多少才算是适度的，还是需要研究的问题。但就 2003 年以来与出口顺差激增相联系的经济偏热，通胀压力加大，外贸风险增加，经济结构失衡加剧以及资源和环境压力加大等方面的情况来看，可以肯定内需和外需是失衡的。诚然，从本质上说，内需与外需失衡，是由于战略和体制相关的国内经济结构失衡的反映。但如前所述，这一点同国际资本的产业转移特点也是直接相关的。并且同美元作为主要的世界货币地位以及美国的外贸和军事战略紧密相联。美国依靠美元的世界货币地位，多发钞票，用

---

① 李江帆主编：《中国第三产业研究》，人民出版社 2005 年版，第 311 页。
②《中国区域经济年鉴》(2005) 和《中国统计年鉴》(2006)，中国统计出版社。

以大量购入我国的产价货物，^①又依靠其在众多高技术的领先优势和垄断地位，在高技术的产品和服务的出口方面对我国严加限制。但需着重指出：内需和外需之间的失衡，也是加剧我国国内经济失衡的一个重要因素。其中，包括加剧了我国第三产业发展的滞后。如前所述，我国无论是出口还是进口，大部分都是工业品，服务业占的比重很小。这样，外贸在拉动工业增长方面的作用比服务业要大得多。

第五，经济发展方式转变缓慢。经济发展方式转变的最重要支撑点，就是技术进步的人力资本的增长。而技术进步和人力资本增长的来源是科技和教育事业的发展。所以，由经济发展方式转变缓慢必然导致作为第三产业重要组成部分的科技事业进展缓慢。还要指出：由此又进一步影响整个服务性发展，特别是生产性服务业的发展。

第六，与强速战略相联系的城乡二元体制造成了城镇化率低，也导致了第三产业发展滞后。在 1952 年、1978 年和 2007 年这三个时点上，城镇人口占全国人口的比重分别为 12.5%、17.9% 和 44.9%。^②可见，尽管改革以来城镇化率有了很大提升，但并不高。当前我国城镇化率不仅大大低于经济发达国家平均 75% 的水平，也低于世界各国平均水平 50% 的水平，甚至还低于欠发达国家平均 45% 的水平。我们在前面列举的数据表明：作为载体的城市在发展第三产业方面的作用比农村要大得多。

第七，众多与之相左的理论、思想和观念，也是导致第三产业发展滞后的一个重要因素。按照传统经济理论，只有投资品和消费品的生产才是生产部门，而服务业并不是生产部门。这就使得服务业在国家经济发展战略中，居于很次要的地位。受自然经济思想的影响，不仅企业搞"大而全"，"小而全"，而且办社会；也不仅是企业办社会，事业单位、党政机关和人民团体都办社会。这不仅不利于生产性服务业的发展，更不利消费性服务业的发展。某些"左"的思想也在这方面发生了消极作用。比如，新中国成立初期，还有少数高等院校设有家政服务专业。但在后来家政服务被当做"资产阶级生活方式"，这些专业随之也给取消了。节约原本是中华民族的传统美德，但并没有与时俱进，赋予它具有时代特

---

① 据有的学者计算，当前 60% 的美元是在国外流通的，50% 的美国国债是由国外人购买的（新华网，2007 年 2 月 18 日）。

②《中国统计年鉴》（有关各年），中国统计出版社；国家统计局网 2008 年 2 月 28 日。

点的新内含，以致成为当前储蓄率过高的原因之一。我国消费观念转变滞后，也是当前消费信贷发展慢的原因之一。当然，这些因素都不是第三产业发展滞后的最重要原因。但它们确实又在一定程度上阻碍了服务业的发展。

三、优先发展第三产业是当前有关发展、改革和稳定的一个全局性问题

这样说的主要根据是：第一，治理当前经济偏热，并防止向过热转变，是当前经济中一个最尖锐、最突出问题。为了解决这个问题，优先发展第三产业就是一个重要方面。这一点已为以 1999 年（波谷年）为起点的新一轮经济周期上升阶段经济增长经验所证明了。2000~2002 年，主要由工业构成的第二产业增加值年均增速为 9.2%，第三产业为 10.1%，国内生产总值为 8.6%。到 2003~2007 年，这三个数据分别为 12.4%，11.0% 和 10.6%。可见，前三年第三产业增加值年均增速高于第二产业，经济增长处于现阶段潜在增长率的限内，经济并不热。但在 2003~2007 年，第二产业增加值年均增速高于第三产业，连续 5 年发生经济偏热。如果仅就这三种增速变化的相互联系的而言，形成上述两种不同结果的原因是：在正常情况下，在工业化和现代化过程中，本来第三产业增速就可以而且必须高一些。更何况在 2000 年以前，我国第三产业的发展是滞后的，其增速就更应高一些。这样，如果第三产业本身增速恰当，并适度高于第二产业，经济增速就是正常的。2000~2002 年经济运行的情况就是这样。但是，如果第二产业本身的增速就很高，并且超过第三产业的增速，经济就会走向过热。如果宏观经济调控及时而又得力，那也只是可以避免经济过热，经济偏热仍不可免。2003~2007 年经济运行的情况就是这样。这个近期历史经验表明：在现阶段，在整个经济增速恰当的情况下，适度加快第三产业的发展，并相应地抑制第二产业的增长，有利于经济增长在经济潜在增长率的限内正常运行，或者至少可以把经济增长限定在经济偏热的限内，而不致发生经济过热；而在发生偏热以后，也有利于经济偏热的治理，从而拉长经济周期的上升阶段。

需要进一步指出：适度优先发展第三产业不仅有利于治理当前经济偏热，还有利于熨平今后的经济周期波动。问题在于：一般说来，并相对发展工业而言，发展第三产业所需要的投资少，因而在经济周期的上升阶段，有利于阻滞经济走向过热；而在经济下降阶段，由于需要的投资少，特别是由于在对第三产业需求构成中消费需求的比重大，这种需求具有某种刚性，并不会因为经济增速下降而有过多的下降，从而有利于防止经济增速的过度下滑。如果再考虑到我国第三产业发展滞后的情况，那就更是这样。

第二，经济结构失衡，是当前我国经济中一个深层次矛盾。优先发展第三产业有利于这个矛盾的逐步解决。因为当前在由第一二三产业结构之间失衡、投资与消费之间失衡、城乡之间失衡、区域之间失衡以及内需和外需之间失衡这五个方面构成的经济结构失衡中，产业结构失衡是最基本方面。而产业结构失衡当前突出表现为第三产业发展滞后。因此，优先发展第三产业不仅是解决产业结构失衡的一个最重要方面，而且有助于解决整个经济结构的失衡。

第三，经济发展方式转变缓慢，是当前我国经济中另一个深层次矛盾。优先发展第三产业在这方面具有不容忽视的重要作用。转变经济发展方式的决定性手段，是技术的进步和人力资本的增长。而在这些方面直接有赖于作为第三产业最重要组成部分的科技和教育的发展。

第四，市场趋向改革不到位，计划经济体制没有完全改革，社会主义市场经济体制没完全建立，是当前我国经济中的最深层次的矛盾。而优先发展第三产业可以在众多方面，特别是在扩大就业方面为深化改革创造重要条件。就国有经济改革来说，当前已经进入一个新的发展阶段。其重要特点有二：一是国有中小企业改革大体已经基本完成，重点是在继续推进大企业的改革。而且这方面的改革也发生了一个重大变化：由过去剥离优质企业上市转变整体上市。而整体上市的先决条件是剥离企业办社会和精简冗员。这方面的工作显得比过去更为重要。二是由国有企业改革重点推向国有事业改革。而国有事业单位改革，也普遍地大量存在剥离办社会和精简冗员的问题。就发展非公有民营经济来说，当前已经取得巨大成就。改革以来，民营经济创造的增加值年均增速达到20%以上，超出同期国内生产总值增速一倍以上，当前占总量的1/3左右。[①] 而民营经济仍有很大的发展空间，而且我国经济社会的发展还确实

---

① 《经济日报》2007年2月12日第6版。

需要民营经济进一步发展。无论是深化国有企事业的改革，还是民营经济的进一步发展，在很大程度上都要以第三产业为依托的。因为第三产业吸纳就业的能力远远超过了第二产业。1979~2005年，第二产业增加值增长了17.02倍，就业人员增长了1.6倍，二者之比（以就业人员增速为1）为1：10.63；第三产业增加值增加了15.4倍，就业人员增加了3.86倍，二者之比为1：3.99。[①]

第五，物耗过大和环境污染严重已经成为当前我国经济可持续发展的两个最大"瓶颈"。优先发展第三产业在缓解这种"瓶颈"制约方面也具有重要作用。需要着重指出：这高物耗、重污染的情况主要是工业（特别是重化工业）发展过快造成的。与工业相比较，第三产业发展所需的物耗要少得多，对环境污染也要轻得多。据有关单位测算，第三产业占国内生产总值比重上升一个百分点，工业相应下降一个百分点，单位国内生产总值能耗大约也可降一个百分点。

第六，扩大就业和建立适应我国社会生产力发展水平的、覆盖全国的社会保障体系，是实现社会稳定的主要措施，也是改革、发展得以顺利进行的根本前提。在这方面也有赖于优先发展第三产业。其在扩大就业方面的作用已如前所述。就当前的情况来说，所谓优先发展第三产业，其中的一项重要内容，就是要加强社会保障制度的建设。

第七，从某种共同意义上说，我国当前无论在对外贸易方面，或者引进外资方面，都面临着由数量扩张向质量提高方面的转变。在质量提高方面的一个共同内容又都是调整结构。而调整结构的一个相同点，就是无论在外贸方面或者在引进外资方面，都要提高服务业的比重。从这方面来说，优先发展第三产业，对于扩大开放，特别是在提高开放的质量方面，具有很重要的意义。

第八，改革以来，我国已经实现了由人口大国到经济大国的转变。这样，当前中国面临历史性的重大任务，就是要实现由经济大国到经济强国的转变。在这方面优先发展第三产业具有至关重要的作用。其主要原因有三：一是如前所述，当代经济发达国家都是以服务业经济为主体的，而我国还是以第二产业为主体的。二是在经济发达国家，现代服务

---

①《中国统计年鉴》（2006），中国统计出版社，第60、136页。

业是服务业的主体，而我国服务业的主体还是传统服务业。三是更重要的是，当代经济发达服务业内部构成中，其最重要最核心的内容就是自主创新的先进科学技术。而我国自主创新技术的比重远远落后于经济发达国家。

四、抓住有利的战略机遇期，积极推进第三产业的优先发展

在 21 世纪初期一个相当长的时期内，我国经济发展面临着一个良好的战略机遇期。这里需要进一步指出：对发展第三产业来说，这是更好的战略机遇期。其根据主要有三：一是当前第三产业发展严重滞后。这种滞后同时意味着第三产业发展潜力很大。二是就当前的国内外环境来看，加快发展第三产业有着更多更好的有利条件，有可能把这种潜力比较充分地发挥出来。三是由第三产业发展滞后引发和激发的各种经济社会矛盾，给加快发展第三产业带来了更强的动力和压力。因此，我国当前发展经济的一个很重要任务，就是要积极推进第三产业的优先发展。

这里首先要解决一个问题：今后有无可能做到第三产业的增速适度超过国内生产总值的增速，并由此逐步提高其在国内生产总值中的比重。为了说明这一点，需要回顾历史经验。新中国成立初期实施优先发展重工业方针，对建立社会主义工业化的初步基础起了决定性作用。而在 1958 年以后，长期推行优先发展重工业方针，却造成了严重后果。其中，首先是轻重工业的比例关系的严重失调。1952~1978 年，轻重工业在工业总产值的比重分别由 64.5% 下降到 43.1%，由 35.5% 上升到 56.9%。针对这种严重失衡情况，1980 年国务院决定对轻工业实行六个优先的原则，即原材料、燃料、电力供应优先；挖潜、革新、改造的措施优先；基本建设优先；银行贷款优先；外汇和引进先进技术优先；交通运输优先。这实际上就是实行优先发展轻工业的方针。这样，到 1981 年轻工业在工业总产值比重就上升到 51.5%，重工业下降到 48.5%。其后，一直到 1998 年，轻工业产值比重虽有波动，但都是在 46.3%~50.2% 的区间内运行的，轻重工业比例关系大体是正常的。[①] 只是在这以后，特别是在 2003~2007 年经济发生偏热以后，由于重工业发展过快，二者又发生了失衡。这是一种相比拟的、间接的、可借鉴的经验，还有一种直接的可借鉴的经验。

---

① 详见拙著：《中国现代产业经济史》，山西人民出版社 2006 年版，第 626 页。

在 1953~2007 年的 55 年中，第三产业增加值增速低于国内生产总值增速
的有 29 年，前者高于后者的有 26 年。上述两种经验均证明：在一定条件
下，第三产业增加值增速超过国内生产总值增速，从而导致第三产业增
加值比重上升，是完全可能做到的。更何况当前优先发展第三产业正面
临着空前未有的良好机遇。

但要把这种转变成现实，还需要采取一系列措施。重要的有：

第一，要为第三产业的优先发展创造有利的宏观经济环境：经济的
稳定发展。当前有的文章在论到加快第三产业的发展时，只是局限在第
三产业本身的范围内，而不涉及宏观经济环境。其实，如果缺乏这种经
济环境，要使第三产业持续优先发展，并在国民经济中的比重稳步上升，
是不可能的。在这方面，仅改革以来，就已经有过两次教训。1992 年，
中共中央、国务院发布了《关于加快发展第三产业的决定》。本来有望在
这个决定的指导下，提高第三产业的增长速度及其在国内生产总值中的
比重。但 1992 年开始的经济过热，使得 1992~1994 年经济增速大大超过
经济潜在增长率，从而导致第三产业绝对增速下降，其在经济中的比重
不升反降，由 1991 年的 33.9%经过曲折变化，下降到 1994 年的 33.8%。
2001 年颁布的"十五"计划也提出要加快发展服务业。2006 年颁布的
"十一五"规划又提出要促进服务业的加快发展。人们有理由指望：在这
些文件指导下，提高服务业的增长速度及其在经济中的比重。但在 2003~
2007 年发生了经济偏热，使得第三产业绝对增长或相对增速（即与第二
产业相比较的增速）下降。其结果也是第三产业比重由 2002 年的 41.7%
下降到 2007 年的 39.1%。这里的关键问题在于：我国当前经济过热主要
是由第二产业（特别是工业）推动的。这样，第二产业增速必然迅速上
升，而第三产业增速必然绝对下降或相对下降。但是，为了给第三产业
的加快发展创造良好的经济环境，就必须重点治理以地方政府为主的投
资膨胀机制，并进一步清除强速战略在实际经济工作中的影响，还要治
理各种基本经济比例关系的失衡。这里还要说明：我们在前面强调了经
济稳定发展的重要性，并不否定经济高速增长（要在潜在增长率的限内）
的必要。因为只有在经济高速增长的条件下，第三产业的优先增长及在
经济中的比重上升才有较大的空间；否则也是不可能的。

第二，要增加对第三产业的要素投入和提高其劳动生产率。这样，

在坚持既定的计划生育政策的条件下，就可以较快地提高人均收入水平，从而为加速第三产业的发展和提高其比重奠定坚实的基础。有关单位依据改革后 20 多年来的数据研究，收入水平提高与第三产业发展的相关系数为 65%。

在投入劳动力方面，新中国成立以来，第三产业增加的绝对量最多的，增速是最高的。1952~2005 年，第三产业就业人数由 1881 万人增长到 23771 万人，增长了 21890 万人，增长了 11.6 倍。但是，考虑到第三产业要加快发展，特别是劳动密集型占的比重较大，因而还必须大大增加劳动力投入。就解决当前十分尖锐的就业问题来说，也必须拓展第三产业这个容量最大的就业空间。来自劳动和社会保障部的资料显示，"十一五"期间，我国的就业工作仍然面临着十分严峻的形势，就业压力越来越大，主要表现为劳动力供求总量矛盾突出。到 2010 年，全国劳动力总量将达到 8.3 亿人，城镇新增劳动力供给 5000 万人，而劳动力就业需求岗位只能新增 4000 万个，劳动力供求缺口在 1000 万个左右。[①]

改革以来，第三产业增加的投资也是最多的。按当年价格计算，1981~2003 年，在国有经济投资中，第三产业投资占的比重由 38.4%上升到 71.9%。1992~2004 年在全社会固定资产投资中，按当年价格计算，第三产业投资年均增长 21.9%，比第一、二产业的分别高出 4.9 个百分点和 3.4 个百分点。2004~2006 年，在城镇投资中，第三产业分别占了 60.2%、56.8%和 56.3%。但投资远没有满足以行业众多为重要特点的第三产业发展对于资金的需要，其中一个重要原因就是投资大部分集中在少数行业。据有关单位计算，2004 年，仅是金融、租赁和商业服务业、房地产业、交通运输、仓储和邮政业这几个行业资产就占服务业总资产的 88%。当然，投资与资产还是有区别的。但这里列举资产集中的情况在很大程度上反映了投资的集中。这是其一。其二，要加快发展第三产业，即使资本有机构成不变，也需要在追加劳动力的同时增加投资。更何况在工业化和现代化的过程中，包括第三产业在内，技术都是不断进步的，资本有机构成是不断提高的。因而，相对说来，对资金的需求量更大。其三，相对说来，第三产业在行业结构方面的一个重要特点是：一方面有众多

①《经济日报》2007 年 2 月 27 日第 1 版。

的技术落后的行业，另一方面又有许多技术先进并且技术进步很快的行业。但对实现社会主义现代化来说，无论是前者，或者是后者，都要提高资本的有机构成。因此，要加快第三产业的发展，增加投资也是十分必要的。

劳动生产率从来都是发展生产的最重要因素。如前所述，新中国成立以来，第三产业劳动生产率发展较慢是其生产发展滞后的最重要的原因。因此，要加快第三产业的发展，最重要的也就是要提高第三产业的劳动生产率。在这方面，由于第三产业具有上述的行业特点，潜力也是很大的。

第三，要优化第三产业的内部结构和布局。像优化经济结构和局部可以推进经济发展一样，优化第三产业内部结构和局部也可以推进第三产业的发展。就我国经济现阶段的具体情况来看，优化第三产业内部结构主要是要处理好以下六方面关系。一是适应提高消费率和扩大就业的紧迫需求，要加快发展消费型服务业。更要适应工业化和现代化发展的要求，首先要加快发展生产性服务业。二是与第一点相联系，要加快发展传统服务业，首先要加快发展现代服务性。三是与第一点相联系，要加快发展劳动密集型的服务业，首先要加快发展资金密集型和技术密集型的服务业发展。四是要依据我国经济发展以内需为主的特点，首先要以主要力量加快发展内需型的服务业。同时要依据当前服务贸易在外贸中的比重很低，今后要进一步扩大开放，以及世界服务贸易增速大于货物贸易增速等方面的情况，加快外需型服务业的发展。五是从总体上说，要加快服务业的发展，无论是消费性服务业，还是生产性服务业，都要着力发展那些生产发展潜力大，经济增长亮点多的行业。六是在所有的服务业中，都要在加快发展的同时，注意提高技术水平，实现技术升级。特别是对传统服务业，要用现代化的技术、经营方式和理念以及新型业态式逐步进行改造。这些既是优化第三产业内结构的一项重要内容，也是加快发展第三产业的一个十分重要的因素。

在我国现阶段，要优化第三产业的地区布局，需要注意几点：一是要逐步改变各地区第三产业发展水平过于悬殊的状况。诚然，这种状况是由各地生产力发展水平决定的。但这种状况反过来也会加剧各地经济发展水平的差异，从而引发各种经济和社会矛盾。因此，逐步改变这种状况成为优化第三产业布局的重要内容。二是各地区要依据本地的经济发展水平，合理确定本地第三产业的发展目标。比如，在东部的一些沿海城市，第三产业增加值比重已经超过了地区生产总值的一半以上，就可以提出建立和完善现代服务经济的目标。而在经济欠发达的许多地区，当前在发展第三产业方面，主要还只能限定在交通运输和邮电通信等基础设施、科技教育以及具有地方特色的第三产业上。必须清醒看到：人均收入水平决定第三产业水平，是一条客观规律。之所以强调这一点，是因为当前许多地方盛行着不顾当前经济发展水平，在发展包括第三产业的城市建设方面盲目攀比。这种做法是不符合这种客观规律要求的。三是要在资源禀赋和区位等方面发挥比较优势，使之成为竞争优势。按照市场经济的要求，只有这样，才能生存和发展；否则，就不可能有持久的生命力。比如，随着经济发展、居民收入提高和闲暇时间增多，旅游正在成为新的消费热点。而旅游业是依托地区旅游资源的服务业。中西部地区正好旅游资源丰富，可以依托此项优势，发展各地特色旅游。如陕、甘、宁和新疆等西部地区的干旱景观和丝绸之路旅游区，云、黔、桂的西南岩溶风光和民族习俗旅游区，青藏雪山高原和民族宗教旅游区，内蒙古北疆塞外草原景观旅游区，以及中原文化遗址和湖南、湖北和四川的名山峡谷旅游区。中西部地区可在这些自然资源基础上，加大旅游基础设施投资力度，改善旅游消费环境，大力加强旅游促销，提高区域旅游业的竞争力。要强调的是：在发展第三产业方面，当前也要特别注意防止各地千篇一律的做法，盲目地搞过多的重复生产和建设。四是要优化第三产业的布局，最根本的就是要形成以市场调控为主、地区合作和政府支持三者相结合的机制。显然，这是社会主义初级阶段基本经济制度和现代的有国家调控的市场经济的本质要求。在政府支持欠发达地区发展第三产业方面，依据改革以来的经验和当前情况，值得提及以下几点：①发展是欠发达地区的第一要务。因此，要扶持欠发达地区整个经济发展，以促进其第三产业发展。②直接扶持这些地区发展第三产业，只能是以下行业：属于基础设施的交通运输业和邮电通信业；关系国民经济命脉的金融业；提供公共产品的教育、卫生和社会保障事业。③以经济杠杆优惠这些地区。主要有：对这些地区服务业适当降税和免税；适当调低银行贷款利率；财政补贴，仅限于公共服务业。④行政方式的扶持主要是继续实施扶贫战略，其内容要包括发展第三产业。

第四，要提高城镇化率。作为服务业载体的城市在发展第三产业方面的作用，比农村要大得多。有数据显示，当前第三产业增加值有 70%来自城市。而且，当前，提高城镇化的有利条件很多，发展步伐会加快。据有的学者预测，到 2020 年，城镇化率将由 2005 年的 47%上升到 60%以上。依据历史经验和当前情况，要使城镇化走上健康发展的道路，首先要在观念上实行一系列转变。主要是：要从片面追求数量扩张逐步向注重质量转变；要从单纯满足人的物质需求逐步向满足人的全面发展需求转变；要从单纯追求经济发展逐步向注重经济和社会的全面发展转变；要从高消费、高污染的粗放增长方式向节约型、环保型的集约增长方式转变。

第五，要加快推进第三产业的改革开放步伐。这是由当前第三产业发展、改革、开放三滞后的局面决定的。为了加快第三产业的改革开放，以下两点值得着重注意：一是要从思想上清醒认识到：当前我国改革开放已经进入了以加快第三产业步伐为重要特征的新阶段。就工业领域的改革来说，国有中小企业改制已基本实现；在大型企业中也有相当一部分实行了股份制的改造；现在剩下来较多的是垄断行业，其中很大的一部分是属于第三产业。就国有企业和国有事业的改革来说，后者要滞后得多，迫切需要加快改革步伐。而这些事业单位一般都属于第三产业。就开放来说，第三产业开放是滞后的。到 2006 年 12 月，我国"入世"过渡期已经结束，面临着扩大开放服务业的形势。而且在 20 世纪 90 年代中期以来，在服务业方面的跨国投资，大约占到全世界跨国投资总量的 60%，并正在全球渴求投资机遇。这样，扩大服务业开放必将成为新一轮扩大开放的重点。二是相对工业来说，第三产业包括的行业极为复杂，情况各异。因此，在这个领域扩大改革开放，必须特别要注意各行业的特点。比如，对垄断行业的改革来说，要区分是行政垄断、经济垄断和自然垄断。一般说来，对行政垄断要坚决破除，对经济垄断也要制止。对自然垄断则需注意：①随着科技进步，有些原来属于自然垄断的行业，也可以引入或部分引入市场竞争机制。②在多数自然垄断行业中，既有自然垄断业务，也存在非垄断业务。对后者也可以引入市场竞争机制。③对我国当前名为自然垄断实为行政垄断的行业，也需坚决破除，引入市场竞争。再如，对科教文卫等事业的改革，则需区分是提供公共产品、准公共产品或半公共产品，还是非公共产品（私人产品）。对提供公共产品的事业单位，是可以由公共财政负担的，同时需要加强监管；对提供非公共产品的，则完全可以市场化；对提供准公共产品或半公共产品的，则可以在不同程度上引入市场竞争机制。

第四节　转变经济发展方式

就我国经济现阶段的情况来看，转变经济发展方式，包括多方面的内容。其中，最重要最根本的一点，就是优化生产要素的投入结构。即经济发展要由当前主要依靠物质资源和简单劳动的投入逐步转变为主要依靠科技进步、提高劳动者素质和管理创新。

一、生产要素投入结构不断优化，是人类社会经济发展的普遍规律

人类社会经济发展的历史表明：社会生产力的不断发展及其某些阶段上的飞跃发展，是一个客观的发展过程。在这方面，社会生产要素投入结构的不断优化，是一个决定因素。

在原始的采集经济和狩猎经济时代，生产要素主要是由单纯的体力劳动力，原始的生产工具和自然资源（包括土地和水等）构成的。这时只有劳动经验的积累在生产中发生作用。而作为揭示客观规律的科学还缺乏形成的社会条件，在生产中并不起作用。

到了古代社会（包括奴隶社会和封建社会），社会生产要素的投入结构已经开始有了明显的优化。劳动者拥有的生产经验和生产工具已有巨大进步。土地和水等自然资源参与社会生产的广度和深度也是过去无法比拟的。此外，像煤铁矿石等自然资源也在某些局部领域开始参与生产过程。与农业在社会生产中占主要地位及其发展相适应，天文学和水利学以及医学等自然科学也开始产生和发展，并在某种范围内得到了运用。这一点，在中国封建社会表现得尤为明显。但这时的社会生产都是以家庭为单位，凭经验管理生产已经足够了。因而作为社会科学的管理学也就没有产生和运用的条件。这个时期社会生产要素投入结构的优化，毕竟是当时社会生产力发展的极重要因素。

到了以机器大工业作为社会主要物质生产基础的工业时代。社会生产要素投入结构就发生了质的飞跃。随之社会生产力也有飞速的发展。在这个时代，具有一定文化程度的劳动者替代了原来的文盲，机器代替了手工工具，土地和水等自然资源在社会生产中的作用已经由原来仅主要局限于农业，扩展到工业和整个社会生产。而像煤、铁等原有的和新开发利用的自然资源在社会生产中的作用更是大得无比了，成为在社会生产中占主要地位的工业不可或缺的主要资源。大工业的发展呼唤近代科学的发展，并为以严格试验为基础的近代实证科学提供了有效的实验手段。这样，近代科学（包括数学、物理学和化学等）就应运而生了，并整个生产中发挥了前所未有的巨大作用。在这个时期，劳动者文化水平的提高，自然资源的开发和利用，特别是在生产工具方面所发生的变革，都是同自然科学的运用紧密联系的，科学也就成为生产力。这里还要提到：社会化大生产也呼唤着管理科学的产生及其在企业管理的开始运用，并推动了社会生产的发展。

到了 20 世纪中叶以后，人类社会的发展又由工业化时代开始进入现代化的时代。随之，社会生产要素的投入结构又发生了一次质的飞跃。社会生产力的发展也超过了以往的所有时代。在这个时代，单纯的体力劳动者几乎在所有的经济领域都已绝迹了，代之而起的是体力劳动和脑力劳动在不同的层次上相结合的劳动者。自动化的生产体系代替了原来的机械化生产。原有的自然资源的利用程度大大提高，新开发利用的自然资源更是多得无比。这一切变化主要都是现代科学（如信息、材料和生命科学等）发展及其在生产中广泛运用的结果，科学也就成了第一生产力。当然，现代化生产也极大地推动了管理科学的发展及其运用。这也是社会生产要素投入结构的优化，是推动社会生产力不断发展的一个重要因素。

上述历史情况表明：生产要素投入结构优化，是推动生产力发展的一个极重要因素，是人类物质文明发展的一个显著标志。这是一条普遍规律。

二、我国当前优化投入要素结构势在必行

在我国社会主义初级阶段，经济发展也必须遵循上述的生产要素投入结构优化的规律。具体说来，就是要由当前主要依靠物质资源和劳动[①]的投入逐步转变为主要依靠科技进步、提高劳动者素质和管理创新。就我国当前情况来看，这一点，势在必行。

第一，我国的一个基本国情是：尽管众多资源总量很大，但人均占有量都很低。中国拥有 960 万平方公里陆地（包括内路水域）和 473 万平方公里海域，国土面积排在俄罗斯和加拿大之后，位列世界第三位；耕地面积 13004 万公顷，排在俄罗斯、美国和印度之后，位列世界第四位；水资源总量为 28124 亿立方米，排在巴西、俄罗斯、加拿大、美国和印度尼西亚之后，位列世界第六位。[②] 由于人口多，大多数资源的人均占有量都低于世界平均水平。人均耕地面积 1.50 亩，为世界人均的 1/3；人均森林 1.85 亩，为世界人均的 1/5；人均木材蓄积量 8.73 立方米，为世界人均的 13.7%；人均淡水量为世界人均量的 25.8%。中国有 45 种矿产资源人均量低于世界人均量的 50%，其中已探明的煤储存量仅为世界人均平均值的 1/2；原油储存量仅为世界人均平均值的 1/10；天然气储存量仅为世界人均平均值的 1/25；铁矿石为世界人均量的 42%；铜矿为世界人均量的 18%；铝矿为世界人均量的 7.3%。[③]

第二，尽管资源综合利用规模不断扩大，但综合利用效率较低。据统计，2005 年，中国矿产资源总回收率和共伴生矿产资源综合利用率分别达到 30% 和 35% 左右；黑色金属共伴生的 30 多种矿产中，有 20 多种得到了综合利用；有色金属共伴生矿产 70% 以上的成分得到了综合利用；煤矿矿井瓦斯抽放利用率为 33%。这年资源综合利用量为 7.7 亿吨，利用率达到 56.1%。其中，粉煤灰、煤矸石综合利用率达到别达到 65%、60%。利用固体废气资源生产的新型墙体材料产量占我国墙体材料总量的 40%。这年，我国回收利用废钢铁 6909 万吨，废纸 3500 多万吨，废塑料 1096 万吨，钢、有色金属、纸浆等产品近 1/3 左右的原料来自再生资源；50% 以上的钒、22% 以上的黄金、50% 以上的钯、镓、铟、锗等稀有金属

---

① 我国当前改变主要依靠物质资源和简单劳动这两方面的情况都有必要，都很重要。但相对说来，前者显得比后者更为突出和紧迫。故这里主要分析前一方面。

② 《中国统计年鉴》（有关各年），中国统计出版社。

③ 中国循环经济发展论坛组委会秘书处组：《循环经济在实践——中国循环经济高端论坛》，中国统计出版社 2006 年版，147~148 页。

来自于综合利用。但是，资源综合利用效率不高。当前，我国矿产资源
总回收率和共伴生矿产资源综合利用率分别为 30% 和 35% 左右，比国外
先进水平低 20 个百分点。我国木材综合利用率约 60%，而发达国家一般
在 80% 以上。我国能源利用率也不高。每百万美元国内生产总值能耗，
中国为 1274 吨标准煤，比世界平均水平高 2.4 倍，比美国高 2.5 倍，比欧
盟高 4.9 倍，比日本高 8.7 倍，比印度高 0.43 倍。[①] 2005 年，我国国内生
产总值按当年平均汇率计算为 2.26 万亿美元，占世界生产总值的 5% 左
右，但我国消费石油 3 亿吨、原煤 21.4 亿吨、粗钢 3.5 亿吨、水泥 10.5
亿吨和氧化铝 1561 万吨，分别约为世界消费量的 7.8%、39.6%、31.8%、
47.7% 和 24.4%。即使考虑汇率因素，我国利用率不高，也是不争的事实。[②]

　　第三，改革开放 30 年来，尽管实现了经济的持续快速增长。但粗放
的经济发展方式并没有根本改变，在生产要素投入结构方面，主要还是
依靠物质资源的投入。在进入 21 世纪以来，在某些方面甚至进一步强
化。2006 年与 1978 年相比，国内生产总值增长了 12.34 倍，原煤产量、
发电量和钢材产量分别增长了 2.84 倍、10.17 倍和 20.23 倍。如果以国内
生产总值的增长速度为 1，则其与后三者增长速度之比分别为 1∶
0.23，1∶0.82，1∶1.64。但 2006 年与 2000 年相比，国内生产总值增长
了 0.75 倍，原煤产量、发电量和钢材产量分别增长了 0.83 倍、1.11 倍和
2.57 倍。国内生产总值与后三者增速之比分别为 1∶1.11、1∶1.48 和 1∶
3.43。[③] 当然，在这两个时限之间有某些不可比因素。但总的说来这方面的
情况在趋于强化。

　　第四，在上述各种因素（特别是要素投入结构方面存在的问题）的
作用下，已经产生了一系列严重后果。一是许多主要物资的供求矛盾加
剧，使得经济的持续快速增长难以为继。二是对自然资源的掠夺性开采，
使得这些资源遭到严重破坏。三是生态环境恶化，环境污染严重。四是
当代人的生活质量受到严重影响，并贻害子孙后代。五是许多主要物资

　　① 中国循环经济发展论坛组委会秘书处组:《循环经济在实践——中国循环经济高端论坛》，中国统计出版
社 2006 年版，148~149 页。
　　②《中共中央关于制定国民经济和社会发展第十一个五年规划的建议》（辅导读本），人民出版社 2005 年
版，第 133 页。
　　③ 资料来源:《中国统计年鉴》(2007)，中国统计出版社，第 60、552、555 页。

（包括作为战略资源的石油）对外依存度大幅提升，使得国家经济安全遭到严重挑战。2006 年我国原油产量为 18476 万吨，净进口 13884 万吨，后者为前者的 75%。[①]

在我国当前，优化投入要素结构不仅势在必得，而且具有诸多有利条件。主要是：一是党和国家已经把节约资源确定为基本国策，并提出了科教兴国战略。这是优化投入要素结构的最重要保证。二是我国已经初步建立并正在完善社会主义市场经济体制，可以从市场机制和宏观调控两方面推动要素投入结构的转变。三是我国已经成为工业大国和科教大国，拥有技术手段和人力资本，实现要素投入结构的转变。

上述情况表明：优化生产要素投入结构，实现经济发展方式的转变，必然而且可能极大地推动全面建设小康社会的实现。正因为这样，党的十七大强调：要"由主要依靠增加物质资源消耗向主要依靠科技进步、劳动者素质提高、管理创新转变。"[②] 这是切合我国当前具体情况的、推进全面建设小康社会的一项极重要的战略。

三、优化生产要素投入结构的重要环节

为了改变我国当前在生产要素投入结构方面主要依靠物质资源的情况，从总体上说来，就是要切实全面贯彻党和国家已经确定的建设资源节约型社会这一基本国策。

为此，最重要的是在明确界定自然资源所有权和使用权的基础上，着力建立自然资源市场和推行资源价格改革，切实做到自然资源有偿的开发和使用。如果说，改革以来，我国在建立产品市场和推行产品价格改革方面已经取得了决定性进度，那么，在建立自然资源市场和推行自然资源价格改革方面则显得严重滞后。要清醒看到：我国在资源利用方面与经济发达国家的巨大差距，固然涉及诸多复杂因素。但关键问题还在于：他们拥有先进的自然资源市场和合理的资源价格，真正发挥了市场机制在这方面的配置作用；而我国正是缺乏这些根本因素。因此，解决我国资源利用率过低的问题必须从这个根本点着手。所以，建立自然资源市场和推行自然资源价格，是政府实行其建立社会主义市场经济的职能的一

[①]《中国统计年鉴》(2007)，中国统计出版社，第 552、735、757 页。
[②]《中国共产党第十七次全国代表大会文件汇编》，人民出版社 2007 年版，第 22 页。

个十分重要的方面。只有从这个根本点着手，才能切实有效地引导各类经济类型的市场主体有序的合理的开发利用自然资源；否则就很难奏效。

在自然资源价格的改革方面，可以设想：运用影子价格、机会成本、替代价格和补偿价格等方法给自然确定价格。影子价格法，是从资源利用的变化引起的产值或效益的变化推算出来的资源边际贡献，比较准确地反映一个单位资源生产率的价格。影子价格不仅包含了正常的经济效益和损失评价，更重要的是把一些不能用价格准确表示的社会效益和损失也纳入其中，既能反映该资源在整个经济运行中所起的作用，又能反映所耗费资源对生态系统的影响。机会成本是在成本效益分析中，通过引入机会成本概念来确定某一自然资源的最优用途，从而达到综合评价该资源使用状况的目的。替代价格法，是针对不可再生性自然资源的有限性，参照开发和获得替代资源的费用，以确定某种自然资源价格。补偿价格法，是对于可再生性资源，以人为手段促使其恢复更新，由此就产生一笔"补偿费用"，将补偿费用计入自然资源的价格之中。资源有了价格以后，就会促使资源使用者节约使用稀缺资源，并用丰裕资源来代替稀缺资源，使得自然资源得到合理和有效的利用。

我们在上面强调了市场机制在提高自然资源利用中的作用，丝毫都不否定政府在这方面的重要作用；相反，在我国转轨时期，政府在这方面是大有可为的。政府可以综合运用规划（包括其中体现的产业政策）、财政政策和货币政策三大政策，以及经济、立法和行政三大手段，促进资源节约使用。就我国当前情况来看，以下几点值得重视。

第一，要在规划和产业政策方面大力倡导发展循环经济。这是当前建设资源节约型社会的最重要途径。循环经济是对传统经济发展方式的创新。它的要义是要求以最少的资源消耗和环境代价实现最大的发展效益。其主要要求是：①减量化，即在生产、生活活动中尽量减少资源消耗和废弃物产生。②再利用，即产品多次循化使用和修复、翻新后继续使用，以延长产品生命周期。③再循环，即将废弃物最大限度地重新变为资源。总之，是要把传统的线性物流模式（即资源—产品—废物排放），改造为物质循环模式（资源—产品—废弃物再生资源），以提高资源使用效率，拉长资源利用链条，减少废物排放，全面实现经济、环境和社会的效益。

要建设资源节约型社会，还要大力倡导全面推行节约型的发展方式，在节能、节材、节水、节地等各个领域全面展开；积极开发和推广节约资源的新技术和新工艺。

以上各点，是就政府规划及其体现的各项产业政策的导向来说的。

第二，要在财税、信贷和外贸等方面积极推行有利于节约资源（包括节能、节材、节地和节水等）的政策。还要加大公共财政对节约资源的支持力度，扩大节约资源产品的政府采购范围，建立健全资源开发与生态补偿机制。

第三，要建立健全促进资源节约的法律体系，要制定完善标准，对高消耗、高污染项目，依法实施严格的产业准入标准与整改要求。

第四，在政府行政管理方面要建立资源节约监督管理制度，并要完善相关的资源节约的经济评价体系和统计制度。在这方面，还须指出：为了加大节约资源的力度，还可以在必要的范围内规定一些具有行政指令性的指标。比如"十一五"规划就把单位国内生产总值能源消耗的比"十五"期末降低20%左右作为约束性指标规定下来，①并同行政干部业绩的考核结合起来。实践已经证明，这是行之有效的。

第五，要加强宣传教育工作。让全社会充分认识到自然资源的重要性、有限性，自觉树立起节约自然资源的意识，不仅在生产方面建立起资源节约型的发展模式，而且要在生活方面形成资源节约型的消费模式。

优化社会生产要素投入结构包括逐步改变当前主要依靠物质资源和简单劳动的投入，转变为主要依靠科技进步、提高劳动者素质和管理创新这样紧密结合的两方面。这两方面都离不开科教兴国战略的实施。在本章第一节已对这个战略做过分析。

第五节　产业结构优化升级

近代工业发展史表明：产业结构的优化和升级，既是工业化的结果，反过来又是推动工业化的两个重要轮子，并成为工业化程度的两个重要标志。

---

① 《中共中央关于制定国民经济和社会发展第十一个五年规划的建议》（辅导读本），人民出版社2005年版，第7页。

当前我国工业化正处在中期阶段。就整个工业化过程看，这个阶段产业结构优先和升级都是比较快的。经济全球化时代、知识经济时代和我国改革开放也是推进产业结构优化和升级的三个重要因素。这样，优化产业结构，在全面建设小康社会方面，就有极重要作用。

但在工业化不同阶段和各种具体条件下，产业结构优化升级的具体内容是有差别的。因此，必须依据当前中国工业化所处的阶段特点及国内外有关条件的科学分析来确定其具体内容。在这方面党的十六大作出了如下战略部署，即"形成以高新技术产业为先导、基础产业和制造业为支撑、服务业全面发展的产业格局。"[1]党的十七大发展了这一重要战略部署，提出"发展现代产业体系，大力推进信息化与工业化融合"，"振兴装备制造业"，"提升高新科技产业"，"发展现在代服务业"，"加强基础产业基础设施建设"。[2]据此，可以认为，现阶段优化产业结构的内容主要包括以下五个方面。

第一，大力推进信息化与工业化的融合。首先发展信息产业十分重要。当今世界，信息化是一个在农业、工业、服务业和科学技术等社会生产和社会生活各个方面应用现代信息技术，加速现代化的过程。信息技术在国民经济各个领域的普遍应用，极大地提高了劳动生产率，降低了资源消耗，减少了环境污染，已经成为社会生产力和人类文明进步的新的强大动力。信息技术及其产业正在成为国际经济竞争的制高点。而且信息化又为加速推进工业化提供了极有利条件。因此，大力推进信息化，以信息化带动工业化，是中国发挥后发优势，实现生产力跨越式发展、加速工业化和现代化的十分重要的契机。信息化是工业化发展到一定阶段的产物。信息基础设施的建设，信息技术的研究和开发，信息产业的发展，都是以工业化为基础的。工业化为信息化提供物质基础，对信息化发展提出了应用需求。因此，离开了信息化的工业化，不是当代工业化，先工业化后信息化的道路，在当代并不可取。但是，离开了工业化的信息化，将缺乏必要的物质基础，片面发展信息化的道路也行不通。只有坚持以信息化带动工业化，以工业化促进信息化，使信息化与

---

①《中国共产党第十六次全国代表大会文件汇编》，人民出版社 2002 年版，第 21 页。
②《中国共产党第十六次全国代表大会文件汇编》，人民出版社 2007 年版，第 22 页。

工业化逐步融为一体，才能真正有效加快工业化、现代化的进程。

为此，要加速发展微电子和软件产业，提高计算机及网络的普及应用程度，加强信息资源的开发和利用。政府行政管理、社会公共服务、企业生产经营，都要运用数字化、网络化技术，加快信息化步伐；积极促进金融和财税领域信息化，发展电子商务；加强现代信息基础设施建设；重点推进超大规模集成电路、高性能计算机、大型系统软件、超高速网络系统等核心技术的产业化。要坚持面向国内市场需求，推进体制创新，努力实现信息产业的跨越式发展。

第二，装备制造业。首先继续发展和提升作为国民经济支柱产业的整个制造业，是一个不容忽视的重要方面。中国目前仍处在工业化中期阶段，在一个相当长的时期内，传统产业中的制造业，仍然在国民经济中占有重要地位，并有广阔的发展前景。直到前几年，制造业直接创造国内生产总值的1/3，占整个工业的4/5，为国家财政提供1/3以上的财政收入，占出口总额的90%，就业人员达8000多万。[①] 因此，运用高新技术和先进适用技术改造作为传统产业的制造业，增加科技含量，促进产品更新换代，提高产品质量和经济效益，是加快工业化和现代化的一项重要内容。诚然，多年来，中国运用高新技术和先进适用技术，改造和提升传统产业的工作力度加大，取得了显著进展。一批重点企业的技术创新能力大大提高，市场竞争力明显增强。但从总体上看，中国制造业摊子过大，产业集中度不高，工艺技术装备落后，资源利用率低，低水平生产能力过剩与高附加值产品短缺并存等问题仍很严重，改造和提升制造业的任务仍然十分艰巨。

现在需要进一步强调：振兴在制造业中居于骨干地位的装备制造业，在实现我国工业化、现代化中具有极重要的作用。马克思曾经高度评价了机械性的劳动资料在社会经济发展中的作用。他说："各种经济时代的区别，不在于生产什么，而在于怎样生产，用什么劳动资料生产。劳动资料不仅是人类劳动力发展的测量器，而且是劳动者借以进行的社会关系的指示器。""在劳动资料中，机械性的劳动资料……比只是充当劳动对象的容器的劳动资料……更能显示一个社会生产时代的具有决定意义

---

① 《经济日报》2002年2月20日第9、11版。

的特征。"①

就我国现阶段的情况来看，振兴装备制造业，是推进工业化、现代化建设的基础。显然，国民经济各行业生产技术水平和能力的高低，在很大程度上取决于制造业提供的技术装备的性能和水平；不用先进的技术设备武装、改造各个产业，提升它们的生产技术水平，要实现国家的工业化和现代化，是不可能的。诚然，改革开放以来，通过技术引进、技术改造和自主创新，中国技术装备的设计和制造能力有了明显增强。但与发达国家比，中国装备制造业总体水平较低，质量及可靠性较差，在许多领域还缺乏提供先进成套技术装备的能力。据统计，直到前几年中国全社会固定资产投资中，设备投资的2/3依赖进口，其中光纤制造设备的100%，集成电路芯片制造设备的85%，石油化工装备的80%，轿车工业设备、数控机床、纺织机械、胶印设备的70%，被进口产品挤占。②因此，振兴中国装备制造业，要以数控机床、重要基础件为重点，增强重大装备的开发能力，推进机电一体化，提高装备工业智能化水平；要依托重点技术改造和重大工程项目，为各行各业提供先进的成套的技术装备；要加快老工业基地的调整和改造。

第三，除了加快发展信息产业以外，还要发展和提升整个高新技术产业（包括信息、生物、新材料、新能源、航空、航天和海洋等产业）。20世纪80年代以来，人类社会开始进入以知识为基础的经济时代，就是由高科技的应用而产生高新技术产业为先导的。一般说来，高新技术产业的主要特征是：知识和技术的密集度高、能源和资源消耗低、环境污染小、增值力高、渗透力强、应用力广，但对脑力劳动者的高科技知识和创新能力以及高研发投入依赖性强。

在当代，高新技术产业已经成为经济发达国家的主要支柱产业，经济发展的主要因素以及国际竞争的核心力量。在我国当前发展和提升高新技术产业，对于保持经济的持续快速发展，实现经济发展方式的转变和产业结构优化升级，建设资源节约型社会和环境保护型社会，提高国际竞争力，总之，对于建设小康社会，都是最重要手段。

诚然，如前所述，在改革开放的推动下，我国高新技术产业已经发

---

① 《马克思恩格斯全集》第23卷，人民出版社1972年版，第204页。
② 《经济日报》2002年2月20日第9、11版。

展成为一个重要的支柱产业。但是，与经济发达国家相比，中国高新技术产业发展差距还很大，主要表现为产值比重低，产品质量不高，特别是技术创新能力不足，核心技术不多。今后必须奋起直追，迎头赶上，努力实现高新技术产业的跨越式发展，尽快使它成为国民经济的先导产业。有关这方面的发展途径，在本文第一节已做分析。

第四，加快发展现代服务业。这对于促进国民经济协调发展，提高经济效益，扩大劳动就业和内需，加快城镇化进程，改善人民生活，都有着重大的作用。

第五，加强基础产业基础设施建设。进入 20 世纪 90 年代以来，中国明显加大了基础产业和基础设施建设的投资，多年来一直是经济发展"瓶颈"的基础产业，实现了历史性突破。能源、原材料基本上可以满足经济发展的需要，水利设施、交通运输状况大为改善。但今后中国工业化、现代化建设对基础产业基础设施的需求还十分巨大，随着经济总体规模的不断扩大和城乡建设水平的不断提高，基础产业基础设施建设也还必须继续加强。这里还要提到：2008 年 1~2 月在我国南方部分地区发生历史罕见的严重的低温雨雪冰冻灾害，给这些地区生产和人民生活造成了巨大损失。这就充分暴露了我国基础产业基础设施在抗击严重自然灾害方面的能力还很脆弱。当然，也暴露了我国在应对严重自然灾害的管理体制方面存在薄弱环节。对于这一点应当有足够的估计。为此，要进一步加强水利、能源、原材料、交通、通信、环保等基础产业基础设施建设，使基础产业基础设施建设与国民经济持续发展相适应，增强发展后劲。

这里还要提到：作为国民经济基础的农业现代化，也是发展现代产业体系的一个重要方面。

为了实现上述的产业结构优化升级，并仅从产业结构这个视角考察，当前中国必须从国情出发，扬长避短，趋利避害，正确处理以下三个关系。

第一，正确处理发展高新技术产业和发展传统产业的关系。如前所述，中国当前处于工业化的中期阶段，但又在一定程度上并在越来越大的程度上实现现代化的结合。因此，一方面要优先发展具有先导性的高新技术产业；另一方面又要积极发展作为支柱的传统产业。同时，还要切实做好二者的结合。一方面，传统产业的改造一定要充分运用高新技术，提高发展的起点；另一方面，高新技术产业要为传统产业改造提供有力的技术支持，在促进传统产业的提升和发展中，开辟自身发展的广阔空间。

　　第二，正确处理发展资金技术密集型产业和发展劳动密集型产业的关系。一般说来，重工业的资金技术密集程度较高；农业、轻工业、建筑业和第三产业中的商业、生活服务业等属于劳动密集型产业。工业化和现代化必须加快发展资金技术密集型产业。由于中国尚处在工业化中期阶段，经济发展很不平衡，经济结构呈现多层次性，劳动密集型产业还有很大需求、发展潜力和前景。人力资源丰富，既形成了巨大的就业压力，也是中国的一个突出优势。中国拥有素质较高、数量巨大的人力资源，劳动力成本较低，是在国际经济竞争中的独特优势，应充分发挥人力资源的作用。从这一国情出发，在工业化进程中必须把发展资金技术密集型产业和劳动密集型产业恰当地结合起来。既要大力发展资金技术密集型产业，又要继续发展劳动密集型产业，在促进产业结构不断优化升级的同时，充分发挥我国劳动力资源丰富的优势，缓解就业压力。同时，各产业都要根据比较成本原则，在保证产品技术质量水平的前提下，如果用劳动代替技术和资本，成本更低，就不要盲目追求技术和资金密集，而是可以多使用劳动力。当然，在生产关键部位和工序要采用先进设备和技术，在一般工序则可以采取人工操作。

　　第三，正确处理发展虚拟经济和发展实体经济的关系。虚拟经济是与实体经济相对应的概念，是虚拟资本的经济活动，是市场经济中信用制度发展的产物，包括股票、债券和金融衍生产品等。实体经济是指提供物质产品和服务的经济活动，包括农业、工业、建筑业、交通运输、商贸物流、服务业等。实体经济是虚拟经济的基础。因而虚拟经济虽然相对独立于实体经济之外，但又不能完全脱离实体经济。虚拟经济的发展，总体上对国民经济发展有积极作用。但发展不当，也会产生消极影响。虚拟经济过度膨胀，就会形成泡沫经济，甚至会出现金融危机和经济危机。日本 20 世纪 80 年代末，由于虚拟经济过度膨胀而导致房地产和股市泡沫破裂，致使经济在长达十年的时间陷入困境。1997 年亚洲一些国家发生金融危机在很大程度上也是虚拟经济泡沫破裂所致。这些经验表明：虚拟经济发展应以实体经济发展为基础，并为实体经济发展服务；虚拟经济必须稳步适度发展，不可过度膨胀。因此，中国在加快工业化、现代化进程中，必须妥善处理发展虚拟经济与发展实体经济的关系，既要重视发展虚拟经济，又必须扎实发展实体经济；既要充分发挥虚拟经济对国民经济的积极促进作用，又要防止和化解其风险，趋利避害，保障国家经济安全和经济持续快速发展。这一点在我国当前虚拟经济已经达到相当大的规模，金融体系防患风险能力又比较脆弱，国内外还存在众多不确定因素的情况下，很值得注意。

第六节　统筹城乡发展

一、我国城乡关系发展的现状：成就和问题

新中国成立以来，特别是改革以来，我国农业生产有了很大的发展，农民生活也有很大的提高（详细数据见表 1、表 3、表 7）。由于历史和现实等因素的作用，直到 21 世纪初，我国城乡关系还处于很不协调的状态。正是在这种历史背景下，2002 年召开的党的十六大提出："统筹城乡经济社会发展，建设现代农业，发展农村经济，增加农民收入，是全面建设小康社会的重大任务。"[①] 2003 年召开的党的十六大三中全会的决议，又把统筹城乡发展排在作为完善社会主义市场经济目标的"五统筹"的首位，[②] 足见城乡发展不协调状态的严重性。为了说明这一点，有必要做些横向比较（国际比较）和纵向比较（本国各个时期的比较）。为了便于进行这种比较，先列四表于下。

表 1　各国城乡人口的比重 [③] 　　　　　　　　单位：%

国　家	年份	城市人口占总人口的比重	乡村人口占总人口的比重
低收入国家	1965	17	83
下中等收入国家	1965	40	60
上中等收入国家	1965	44	56
高收入国家	1965	71	29
全世界	1965	36	64
中国	2002	39.09	60.91

---

①《中国共产党第十六次全国代表大会文件汇编》，人民出版社 2002 年版，第 22 页。
②《中共中央关于完善社会主义市场经济体制若干问题的决定》，人民出版社 2003 年版，第 12~13 页。
③ 资料来源：世界银行：《1991 年世界发展报告》，中国财政经济出版社 1991 年版，第 264~265 页；《中国统计年鉴》（2003），中国统计出版社，第 97 页。

表2　各国农业劳动力和产值在国民经济中的比重 ①　　　　　单位：%

国　家	年份	劳动力比重	产值比重
美　国	1971	4	3
日　本	1971	6	6
英　国	1971	2	3
法　国	1971	13	6
德国	1971	8	—
意大利	1971	—	8
中　国	2002	50	15.4

　　就这里讨论的问题来说，我们列出表1和表2的目的，主要不在于说明中国工业化水平的落后（直到2002年，中国农业产值仍占国内生产总值的15.4%，大大高于1971年经济发达国家所达到的3%~8%的水平），而是要突出说明中国城镇化远远滞后于工业化。就农业劳动力比重和农村人口比重来说，中国直到2002年，仍然分别高达50%和60.91%，农村人口比重比高收入国家1965年达到的29%的比重，要高出31.91个百分点，农村劳动力比重比经济发达国家1971年达到的2%~13%的比重，要高出48~37个百分点。这明显地反映了中国城乡关系的严重不协调。

　　但是，如果说横向比较还受到许多不可比因素的限制，还难以充分说明当前中国城乡关系不协调的状况，那么，纵向比较就可以更清楚地说明这种不协调的严重程度。表3的数字说明：1952年第二产业劳动生产率等于第一产业的4.68倍。这大体上也就是解放前的情况，差距已经够大了。而在此后的整整半个世纪这个差距仍然趋于扩大。到1978年扩大到6.98倍。改革以后，到2002年又扩大到9.46倍。这里的问题并不在于第二产业劳动生产率提高过快，而在于第一产业劳动生产率提高过慢。诚然，在工业化过程中，这种差距在某种限度内的扩大是不可避免的，是正常的。但在中国具体条件下，这种差距扩大时间之长，扩大幅度之大，是很值得重视的。这正是城乡关系不协调的根本标志。由此引起的一个最重要后果，就是农村居民消费水平与城镇居民的收入水平和消费水平的扩大。表4的资料可以说明这一点。

①　资料来源：《国外城乡经济关系比较研究》，经济管理出版社1993年版，第32~33页；《中国统计年鉴》(2003)，中国统计出版社，第56、124页。

表3　中国第一产业和第二产业劳动生产率的比较[①]　　单位：元／人·年

年份	第一产业	第二产业	第二产业为第一产业的倍数
1952	198	926	4.68
1957	223	1480	6.64
1978	360	2513	6.98
2002	1760	16658	9.46

表4　中国城乡居民消费水平的比较[②]　　单位：元／人·年

年份	农村居民	城镇居民	城镇居民为农村居民的倍数
1952	62	149	2.4
1957	79	205	2.6
1978	138	405	2.9
2002	2062	7387	3.6

　　表4反映的农村居民和城镇居民的消费水平的变化状况与表3所反映第一产业和第二产业的劳动生产率的变化状况完全吻合。1952年城镇居民的消费水平为农村居民的2.4倍，差距也已经不小。在这以后长达50年的时间，这种差距的变化趋势也是扩大的。到1978年扩大到2.9倍，到2002年又扩大到3.6倍。如果再考虑城镇居民能够享受到农村居民所没有的许多福利待遇，那么，当前这种差距为5~6倍。农村居民与城镇居民的消费水平差距扩大，正是当前城乡关系不协调的集中表现。

　　可见，无论是国际的横向比较，国内的纵向比较，都表明新世纪初我国城乡关系不协调状况已经达到了很严重的程度。

　　但在党的十六大确定的方针指导下，近五年来这方面的情况已经发生了显著变化。正如2008年中央一号文件（即《中共中央国务院关于切实加强农业基础建设、进一步促进农业发展农民增收的若干意见》）所总结的，"党的十六大以来，党中央国务院顺应时代要求，遵循发展规律，与时俱进加强'三农'工作，作出了一系列意义重大，影响深远的战略部署。坚持把解决好'三农'问题作为全党工作的重中之重，不断强化对农业和农村工作的领导；坚持统筹城乡发展，不断加大工业反哺农业、

---

　　① 资料来源：《中国统计年鉴》（有关各年），中国统计出版社。按照中国的统计口径，第一产业包括农业，第二产业包括工业（是主要部分）和建筑业。

　　② 资料来源：《中国统计年鉴》（有关各年），中国统计出版社。

城市支持农村的力度；坚持多予少取放活，不断完善农业支持保护体系；坚持市场取向改革，不断解放和发展农村生产力；坚持改善民生，不断解决农民生产生活最迫切的实际问题。经过全党全国人民的共同努力，农业和农村发展呈现出难得的好局面。粮食连续4年增产，农业生产全面发展。农民收入持续较快增长，生活水平明显提高。农村基础设施加快改善，社会事业发展和扶贫开发迈出重大步伐。农村改革取得历史性突破，发展活力不断增强。农村党群干群关系明显改善，农村社会稳定和谐。农业和农村形势好，为改革发展稳定全局做出了重大贡献。实践证明，中央关于'三农'工作的方针政策是完全正确的。"①

　　来自财政部的资料显示，2003年，中央财政用于"三农"的投入首次超过2000亿元，达到2144亿元。2007年达到4318亿元，比2003年增加了2174亿元，增长了101.4%。2003~2007年，中央财政用于"三农"的资金投入累计达到1.6亿元。五年来，中央财政陆续出台了粮食直补、良种补贴、农机具购置补贴、农资综合直补等惠农补贴政策，使农民直接受益的程度大幅提高。2003~2007年，仅中央财政安排的上述四项补贴资金就达到1144.2亿元。2003~2007年，中央财政预算安排农村税费改革和农村综合改革的转移支付资金3000多亿元，主要用于支持地方做好农村税费改革试点、取消农（牧）业税和农业特产税、国有农场税费改革、减轻大湖区农民负担及化解农村义务教育"普九"债务等。过去五年，中央财政的投入领域由注重农业生产环节为主转向农业生产、农村社会事业发展并重，不断扩大公共财政覆盖农村的范围。随着2006年彻底取消农业税，中央对"三农"的方针由"多予、少取、放活"转变为"基本不取、多予与放活"并重；不断出台和强化强农惠农政策，逐步建立了"以工补农、以城带乡"的稳定的反哺农业投入机制，推动城乡协调发展。2003~2007年，中央财政用于农村义务教育、科学和文化的投入超过1300亿元，年均增长72.5%。此外，五年来，中央财政还安排新型农村合作医疗制度补助资金169亿元，推进新型农村合作医疗制度建设。同时，在2007年安排30亿元资金对财政困难地区给予补助，推动农村建立最低生活保障制度。财政支农力度的不断加大，促进"三农"发展出现

---

①《经济日报》2008年1月31日第1版。

了可喜的变化。2004 年以来，我国连续 4 年粮食增产，2007 年粮食产量超过一万亿斤；农民人均纯收入连续 4 年增幅超过 6%，首次突破 4000元，跃上一个新的台阶；社会主义新农村建设稳步推进，农村面貌大大改善。[①]

在短短的五年中，没有也不可能根本改变城乡关系的很不协调状态。2006 年，第三产业的劳动生产率为 7597（元/人·年），第二产业为 53660（元/人·年），后者为前者的 7.06 倍；农村居民消费水平为 2848 元，城镇居民为 10359 元，后者为前者的 3.7 倍。这些数据表明：尽管这五年我国在协调城乡关系方面已经取得显著成就，但这方面的形势仍很严峻。因此，2007 年召开的党的十七大继续提出："统筹城乡发展，推进社会主义新农村建设。"并再次强调："解决农业、农村、农民问题，事关全面建设小康社会全局，必须始终作为全党工作的重中之重。"[②]

二、促进城乡协调发展是事关改革、发展和稳定的全局性问题

如前所述，当前我国城乡经济的关系不协调突出表现为劳动生产率过于落后第二产业，农村居民消费水平过于低于城镇居民。形成这些问题的重要原因之一，是由计划经济留下的城乡分割体制还未进行根本改革，这包括户籍、就业、居住、医疗和社会保障制度等方面；农村经济各项改革也有待继续推进，这包括在稳定家庭承包经营制的前提下实行土地使用权的流转，农业的产业化经营，农村的流通体制，农村金融制度以及农村税制等项改革。因此，从这种本质联系来说，所谓要促进城乡经济关系的协调发展，就是要大力推进这些改革。

全面建设小康社会，是 21 世纪头 20 年我国的主要发展目标。而促进城乡关系的协调发展，既是实现这个发展目标的一个主要内容，又是实现这个目标的根本条件。显然，中国全面建设小康社会的重点和准点都在农村。如果再考虑到农村贫困人口之巨，这个问题显得尤为突出。1978 年改革开始时，农村贫困人口高达 2.5 亿人。到 2007 年，按农村绝对贫困人口标准低于 785 元测算，年末农村贫困人口为 1479 万人，比上年末减少 669 万人；按低收入人口标准 786~1067 元测算，年末农村低收

---

① 《经济日报》2008 年 2 月 28 日第 5 版。
② 《中国共产党第十七次全国代表大会文件汇编》，人民出版社 2007 年版，第 22 页。

入人口为2841万人，减少709万人。① 这是一个伟大的历史性成就！但同时必须看到：不大大提高农民的生活，特别是其中贫困人口的生活，是不可能全面建设小康社会的。而且，纵观世界经济史，当代所有大国都是以内需为主的，我国更是如此。1997年以来，我国成功地执行了扩大内需的方针，促进了经济的持续快速发展。但也遇到了农民收入低和农村市场容量有限的制约。国际经验还表明：在人均国内生产总值达到3000美元时才出现买方市场，而我国在1997年以后，在人均国内生产总值不到1000美元时就出现了买方市场。其中，一个重要原因就是占全国人口多数的农民收入低，农村市场不大。可见，促进城乡关系协调发展，大幅度提高农民收入，对于进一步贯彻扩大内需方针，全面建设小康社会，具有极重要的意义。

按照唯物史观，就我国现状来说，要实现社会的长久稳定，最根本的就是要使改革和发展给全国多数人（特别是农民）带来物质利益。从这方面说，促进城乡关系协调发展，大大提高农民收入，是实现社会稳定的根本保证。在这方面，当代也是有国际教训的。"二战"后，在帝国主义殖民体系瓦解的基础上产生了许多新兴工业化国家。其中有的国家在推行市场经济的过程中，由于诸多失误，致使收入差别国大（其中包括农民收入过低），在20世纪90年代下半期爆发了政治危机，并引发经济危机。

三、经济发达国家为促进城乡协调发展提供了可资借鉴的经验

在这里回顾以下经济发达国家在促进城乡协调发展方面的经验是有益的。

城乡差别扩大是与城乡经济关系协调发展相对应的概念。所以，在叙述这方面的经验时，首先要明确当前我国学术界似乎尚未解决的一个重要理论问题，即在资本主义制度下有无可能缩小乃至消除城乡差别。这一点，是论述这方面经验的一个前提。所以，我们拟就这个问题先做一些简要的分析。

如果把城乡差别的扩大看做是城乡经济关系不协调的发展。那么，早在资本主义生产方式（包括生产关系和生产力两方面，下同）的确立

---

① 国家统计局网2008年2月28日。

时期，这种不协调状态就已经发生了，并且一度达到很严重的地步。当时城市劳动者由于资本主义的残酷剥削致使生活陷于绝对贫困化的境地。在农村，由于资本主义生产方式发展的滞后，劳动者的生活境地更为悲惨。

正是在这种历史背景下，空想社会主义者在尖锐揭露资本主义制度弊病的同时，也猛烈抨击了城乡差别和对立带来的严重后果。因此，在他们所提倡的社会主义理想中是要消灭城乡差别和对立的。这一点以及连同他们整个社会主义理想都是空想的。

后来，在这方面发展形成了两派：一派是民粹主义。他们认为，在资本主义制度下，由城乡差别和对立带来的各种严重社会问题，都是由资本主义制度下机械化大生产造成的。因此，他们认为解决这个问题的办法，不仅农村，而且城市也都要回到以小私有制和手工劳动为基础的小生产。这显然是逆历史潮流而动的空想。

另一派是马克思主义。马克思主义创始人依据他们建立的科学的唯物史观，始终把城乡差别和对立的产生和发展这一重大的社会经济问题从根本上归结为社会生产力发展的结果。他们科学地揭示了资本主义制度下形成和发展的城乡对立。并认为资本主义大工业的发展，又为城乡对立的消灭创造了条件。"城市和乡村的对立的消灭不仅是可能的。它已经成为工业生产本身的直接需要。"他们还认为，在消灭资本主义制度以后，要在社会生产力发展的基础上，才能消灭城乡差别，并把这一点作为建设共产主义社会的一个根本条件和共产主义社会的一个根本标志。[①]所以，从最主要方面说，可以认为他们关于城乡差别和对立的理论，是科学社会主义的一个重要组成部分。

但在这方面，主要由于时代的局限性，也有不足之处。主要是：一是他们忽略了市场经济体制（特别是与古典的自由放任的市场经济相区别的、现代的有国家干预的市场经济）在合理配置社会生产资源（包括社会生产资源在城市和乡村的分配）的巨大社会功能。[②]二是他们对作为

---

① 参见《马克思恩格斯选集》第3卷，人民出版社1972年版，第12~13、329~337页。

② 为了说明这一点，需要引证恩格斯的论述。他说："只有按照统一的总计划协调安排自己的生产力的那种社会，才能允许工业按照最适合于它自己的发展和其他生产要素的保持或发展的原则分布全国"（《马克思恩格斯选集》第3卷，人民出版社1972年版，第334页）。但实际上，在实行现代市场经济体制的经济发达国家，也可以逐步做到这一点。

与经济、政治、文化共同作用结果的城乡对立，会随着资本主义制度下物质文明和精神文明的重大发展而逐步发生巨大变化估计不足。三是他们对近代（特别是现代）科学技术在农业中的运用在实现赶上甚至部分超过工业的重大作用也估计不充分。因此，他们所预计的城乡差别和对立的消灭只有消灭资本主义制度以后，在共产主义建设过程才能实现的事，并不符合后来经济发达国家的实践。

纵观世界经济发展史，经济发达国家城乡差别经历了卜述变化过程：第一阶段，从18世纪下半期英国产业革命开始到19世纪上半期几个主要资本主义国家实现产业革命。这期间由于农业中的资本主义发展和技术革命滞后，城乡对立曾经发展到很严重的地步。第二阶段，从19世纪上半期到20世纪上半期，由于各主要资本主义国家实现了工业化和城镇化，农业中的资本主义和技术革命也有迅速发展，原有的城乡对立状况大大趋于缓解，城乡差别也开始趋于缩小。第三阶段，从20世纪下半期到现在，城乡差别显著缩小，城乡之间的界限越来越模糊。决定这一点的重要因素有：①"二战"以后，现代市场经济在经济发达国家的普遍发展，使得社会生产资源得到了优化配置（其中包括生产资源在城乡之间的优化配置）。而且，在现代市场经济条件下，政府在财政、金融、技术、信息和出口等方面都给了农业以前所未有的巨大支持。②"二战"后，经济发达国家在完成工业化的基础上进入了后工业化时代。即以现代科学技术的广泛运用作为主要特征的现代化时代。这一点极大地促进了农业生产的工业化。在这个过程中，农业的物资供应、生产和加工日益一体化，成为一条"生产线"。在现代化生产条件下，现代学技术在农业中得到普遍运用，农业生产进一步集中，兼业农和农业综合企业有了很大发展。美国1950~1969年间，土地面积在500英亩以下的小农场由508.5万个下降到236.3万个，减少了54%；大农场由30.3万个增加到36.7万个，增加了21%。大农场虽然只占农场总数的13.4%，但他们占有的耕地和产量分别占到68.3%和65%。[①]兼业农和农业综合企业在不同程度上具有以下特征:它们的经营范围包括农用物资的加工和销售，以及农产品的生产、加工和销售。这样，就美国来说，农业不仅是占人口4%的

---

① ［法］皮埃尔·莱昂主编：《世界经济与社会史》，上海译文出版社1985年版，第242~243页。

农民的工作，而且也包括站人口到 20%~30%的其他行业的工作。[①] ③在上述各种因素的作用下，农业劳动生产率和农民收入水平得到了巨大的提高。据日本学者计算，在日本工业化早期阶段（1885~1919 年）和中期阶段（1919~1964 年），日本农业人口收入和城市人口收入之比分别依次为 1∶1.3 和 1∶1.5。到了现代农业阶段（1964 年至今），这个比例变为大于 1。[②] ④在现代，经济发达国家甚至部分地发生了"逆城市化"的新趋势。其主要特征是部分城市人口向郊区和小城镇迁移。这并不是偶然发生的现象，而是由下列因素造成的。一是在现代化生产条件下，技术密集型的小型企业大大发展，于是就发生了这些小企业由城市向农村分散的趋势。二是城乡居民收入差距缩小，甚至部分发生了农村居民收入水平高于城市居民收入水平的状况。三是在现代消费观念指导下，人们要求不断提高生活质量。其中一个重要方面，就是向往居住空气新鲜、环境安静、交通不拥挤的农村。四是高速公路网和现代信息技术的普通发展，不仅使得城市工厂和居民向农村的转移成为很方便的事，而且也不妨碍他们的生产经营和生活水平的提高。

还须指出：经济发达国家城乡差别逐步消失的趋势并没有停止。完全可以预期：伴随现代市场经济体制的完善和现代科学技术的发展，这种趋势会以更强劲的势头向前发展。

总结经济发达国家的实践经验，我们可以得出以下结论：城乡差别消灭的社会条件，并不依赖于无产阶级革命，以及革命胜利以后的共产主义社会的建设，而是现代市场经济体制以及城镇化和现代科学技术的发展。现代市场经济体制可以使得社会生产资源在城乡之间得到合理的配置，是消灭城乡差别的体制条件。城镇化和现代科学技术可以大大提高农业劳动生产率，使得农民收入可以赶上甚至部分超过城市居民的收入，是消灭城乡差别的社会条件和技术条件。

经济发达国家的实践还启示我们：要消灭城市差别，一是要在城乡统一实行市场经济体制；二是要大力推进城镇化；三是着力推进现代科学技术在农业中的运用；四是要实行农业规模经营；五是要推动兼业农

① ［美］埃弗里特·M. 罗吉斯等：《乡村社会变迁》，浙江人民出版社 1988 年版，第 29 页。
② ［日］山田佑武郎：《农业和非农业的不平等》，载《农业经济译丛》1968 年第 2 期，农业出版社 1988 年版，第 223~234 页。

和农业综合企业;[①] 六是政府要在财政、金融、外贸、技术指导和人员培训等方面给予农业支持，要实行工业反哺农业的政策。这些也就是经济发达国家在促进城乡经济协调发展方面提供的可资借鉴的经验。

四、大力推进城乡协调发展

推进城乡经济协调发展是一个涉及诸多方面的复杂问题，这里只拟提及其中的几个重要方面。

（一）大力贯彻统筹城乡经济社会发展的战略

在这方面，新中国成立以后，既有成功的经验，也有失败的教训。1949 年 10 月至 1952 年国民经济时期，在经济遭到严重破坏和十分困难的条件下，以短短的三年多时期就恢复了国民经济。仅就其中的工业来说，1952 年比 1936 年（这是解放前经济发展水平最高的年份）还增长了22.5%。取得这种巨大成就的原因，就经济政策来说，除了党中央和毛泽东提出的新民主主义社会的三大经济纲领以外，就是"四面八方"政策。[②]这样，就使得国民经济的各个方面（包括城乡关系）得到了比较协调的发展。在国民经济恢复时期，城市职工平均消费水平提高了 35%以上，农民平均收入提高了 30%以上。[③] 这是这期间城乡关系协调发展的集中表现。但在 1953~1978 年期间，除了其中的 1961~1965 年的经济调整时期以外，由于长期推行片面工业化战略，致使城乡关系发展到极不协调的地步。改革以来，在调整城乡关系方面取得了一些重要进展，其间 1978~1985 年在这方面的成就更为明显。但总的说来，并未发生根本性转折，以致当前城乡关系还处于很不协调的状态。如前所述，党的十六大提出："统筹城乡经济社会发展，建设现代农业，发展农村经济，增加农民收入，是全面建设小康社会的重大任务。"[④] 党的十七大又进一步提出城乡协调要"形成城乡经济社会发展一体化新格局"。[⑤] 这可以看做是由过去长期实行的片面的工业化战略向城乡协调发展战略转变并趋于完善的根本标

---

① 用当前我国学术界和经济界的流行术语说，大体上也就是实行农业产业化经营。

② 毛泽东说过："没收封建阶级的土地归农民所有，没收蒋介石、宋子文、孔祥熙、陈立夫为首的垄断资本归新民主主义国家所有，保护民族工商业。这就是新民主主义革命的三大经济纲领。"（《毛泽东选集》第 4 卷，人民出版社 1991 年版）四面八方政策见本书第三章第一节，第 1253 页。

③《伟大的十年》，人民出版社 1959 年版，第 188 页。

④《中国共产党第十六大全国代表大会文件汇编》，人民出版社 2002 年版，第 22 页。

⑤《中国共产党第十七大全国代表大会文件汇编》，人民出版社 2007 年版，第 23 页。

志。这既是借鉴了国际上城乡关系由对立走向协调的经验，也是我国城乡关系方面经验教训的总结，特别是新中国成立初期"四面八方"政策在新的历史条件下的创造性地运用和发展。完全可以确信，推行这样一条城乡协调战略，是使我国城乡关系走向协调的根本保证。

（二）积极推进城镇化

理论分析和国内外经验表明：这是城乡关系协调发展的一个根本途径。但就中国当前具体情况而言，以下两点值得重视：

第一，实行大中小城市和小城镇并举。由于中国人口基数太大，地域辽阔，民族众多，不同地区的经济发展水平差异很大，各地区城市化水平不可能一样，中国城镇化只能而且必须实行大中小城市和小城镇并举的方针，形成分工合理、各具特色的城市体系，走出一条符合中国国情、大中小城市和小城镇协调发展的城镇化道路。在这方面，在大力发展乡镇企业的同时，积极推进小城镇建设，对于推进中国城镇化具有重要作用，因而是一项重要战略。为此，一是消除不利于城镇化发展的体制和政策障碍。推进户籍制度改革，加快城镇住房、就业、医疗、教育和社会保障制度改革，为进城农民提供必要的就业和生活环境。二是发展小城镇要以现有的县城和有条件的建制镇为基础，科学规划。在城镇数量布局、规模把握、功能定位上，需要规划，不能遍地开花，盲目铺摊子，搞低水平重复建设。要把小城镇建设的重点放到县城和部分基础条件好、发展潜力大的建镇制，使之尽快完善功能，集聚人口，并发挥农村地域性经济、文化中心的作用。三是发展小城镇的基础在于繁荣小城镇经济。为此，要以农产品加工业和农村服务业为重点，在小城镇形成符合当地特点的支柱产业。并把引导乡镇企业合理集聚、完善农村市场体系和社会化服务等与小城镇建设结合起来。四是要形成促进小城镇健康发展的机制。为此，要在政府引导下主要通过发挥市场机制作用，引导社会资金投入小城镇开发。要在保护耕地和保障农民合法权益的前提下，妥善解决城镇建设用地。还要改革小城镇管理体制，形成符合小城镇经济社会特点的行政管理体制。

第二，充分认识农民工在推进城镇化方面的重要性。当前跨地区打工的农民有 1.3 亿多人。农民工进城务工经商是转移农村富余劳动力、推进城镇化的必经过程；是扩大农民就业和增加农民收入的重要渠道；是

"入世"后发挥劳动力成本低的优势，增强工农业产品国际竞争力的重要因素；是发展城市第三产业、提高城市居民生活质量的重要条件；是现阶段城市文明辐射农村的一个现实途径。因此，要从国民经济和社会发展全局的高度看待农民工的重要性。为此，要按照"政策引导、有序流动、加强管理、改善服务"的方针，做好农民工的各方面工作。主要是：给农民工"减负"，减少各种收费，降低农民工进城打工的成本；搞好"服务"，包括建立劳务市场，提供就业信息，加强就业指导与培训，提供法律援助、劳动安全、子女教育等方面，为农民进城打工创造好的环境；给农民工"留退路"，不要急于收回承包地，农民工失去了工作还可以回乡种田，无后顾之忧。这既有利于降低农民进城务工的成本，也有利于社会稳定。

切实做到以上两点，就可以大大加快中国城镇化进程。但这方面的作用似乎还未给予足够的估计。比如，当前国内外有些预测机构在预测20纪头20年中国城镇化速度时，大都认为每年可以提高一个百分点。这样，中国城镇化率就可以由2000年的36.2%提高到2020年的56%。我认为这种预测的速度可能低了一些。似乎并不完全符合某些国际经验，更不完全符合中国的具体情况。日本1947~1975年城镇化水平从28%提高到75%，28年提高了47个百分点，平均每年提高1.67个百分点。韩国1960~1981年城镇化水平从28%提高到56%，21年提高了28个百分点，平均每年提高1.33个百分点。中国在这方面的特点是：由于能够做到以上两点，因而城镇化速度有可能高一些，年均1.5~2个百分点左右。仅就农民工来说，数量很大，目前已有1.3亿人左右，还有增加的趋势。而且，他们具有由农民向城市工人过渡的特点。与城市工人相比较，由于城乡分割体制还未根本改变，他们享受不到城市工人享有的全部权益，文化素质也差些。但与农民相比，文化素质高些，也熟悉城市某些工种的业务。所以，农民工转变为城市工人比农民要容易得多。此外，还要考虑以下两种情况：一是在城市建设中已包进建成区的城中村；二是在市域范围内的乡村。这两点都是城市化最贴近转化的部分。在全国660多个城市中，城中村占城市人口的10%左右，在市域内的农民3亿左右。①

① 《中国建设报》2003年12月25日第1版。

相对农村中的农民来说,这两部人转变为城市人口也要容易一些。还要指出:当前中国城镇化水平较低,可以提高的空间较大。而且,当前我国粮食综合生产能力已超过 5 亿吨,还有增长的空间;大部分工业消费品均处于供求平衡和供过于求的状态,许多工业部门生产能力利用率不到 60%。这为提高城镇化水平提供了物质基础。总之,只要抓紧推进有关改革和建设,中国在 20 世纪头 20 年城镇化的速度有可能高一些。

(三)在发展现代农业繁荣农村经济和提高劳动生产率的基础上,提高农民收入水平

就当前中国情况而言,这也是城乡协调发展的另一个根本途径。为此,需要抓好以下三件工作:

第一,全面深化农村经济改革,进一步塑造农村市场主体。在这方面多年以来存在一种误解,以为在 20 世纪 80 年代上半期实现了家庭承包经营制以后,似乎农村市场主体问题就已经解决了。后来的实践证明:由家庭承包经营制的实行所确立的农村市场主体虽然是最重要的方面,但远不是完整意义上的市场主体。正像生产资料所有制是生产关系的总和一样,市场主体也是市场经济关系的总和。从这方面来说,当前农村市场主体是存在多方面缺陷的。在已经确立的家庭承包经营制的条件下,农民拥有土地经营权的,而这种经营权常常受到破坏。这里且不说这一点。要着重提到的是:农民并不拥有土地经营权的流转权,在作为主要农产品的粮食销售、出卖劳动力、资金融通、税费负担乃至在教育、医疗和社会保障等方面均不拥有与城市居民相等的权利。因此,要塑造比较完整意义上的农村市场主体,就必须按照市场经济的要求以及给农村居民与城市居民同等的国民待遇的原则,逐步推行这些方面的改革。而这些改革正是推动当前农村经济发展的根本动力。

为此,必须推进农村综合改革。这些改革主要包括:

1. 在长期稳定土地家庭承包经营制度的基础上,推进农村经营体制创新。应该肯定,长期稳定土地家庭承包经营既是农业生产的特殊规律决定的,也是现阶段生产关系一定要适应生产力发展要求的规律决定的,而且以家庭经营为基础,是当代市场经济发达国家普遍实行的农业经营体制。这对于坚持农村市场取向改革,发展农业生产力,保持农村社会稳定,具有特别重大的意义。

但同时必须进行经营体制创新，主要包括以下两点：一是在稳定家庭承包经营的基础上，有条件的地方可以按照市场经济要求和依法、自愿、有偿、适度的原则，进行土地承包经营权流转，逐步发展规模经营。这是社会主义现代化建设必然趋势。由于当前承包地承担着双重功能，既是农民的生产资料，也是农民的社会保障，因而土地流转，不能急于求成，并要特别尊重农民意愿，维护农民利益，因势利导。二是把家庭承包经营和农业产业化经营结合起来。发展农业产业化经营，通过公司+农户（包括龙头企业+农户，专业合作组织+农户，行业协会+农户等形式），实现千家万户与大市场的对接。龙头企业一头接连市场，一头接连农户，通过订单组织生产。公司主要发展加工、销售，提供种苗、技术、饲料等服务，带动农民搞区域化种植和规模化养殖。由此形成小农户、大基地的生产经营格局，实现区域化布局，规模化生产，标准化管理，社会化服务，产生新的规模经济，提高农业的现代化水平。

2. 继续粮食流通体制改革。到 20 世纪 90 年代，中国农产品流通的改革取得了重大进展，大部分农产品已经放开市场、放开价格。后又在深化粮食流通体制改革方面，取得了决定性进展。即在粮食主销区实行粮食购销市场化改革的基础上，粮食主产区也要在国家宏观调控下，实现粮食流通市场化。这是建立农产品市场体系的关键环节。现在要继续对粮食主产区农民实行重点保护，调整粮食补贴的范围和方式，把过去补在流通环节的费用，补在生产环节，补给粮食生产者。还要继续加强政府宏观调控，建立有效的吞吐调节机制，灵活运用进出口和国家储备等手段，稳定市场和价格；继续打破地方封锁，用市场经济的办法搞好粮食产销区的衔接。

3. 改革农村金融体制。当前农民、乡镇企业、农业产业化龙头企业贷款难和农村资金外流比较突出。解决问题的根本出路在于加快农村金融改革。改革要着眼于两个目标：加强和改善金融服务；防范和化解金融风险。据此，今后要在三方面推进农村金融改革：一是构造符合社会主义市场经济体制要求、能够支持农村经济发展的农村金融体系，即商业金融、政策金融和合作金融共同发挥作用的农村金融体系。二是加快农村信用社改革，重点是明确产权关系，完善法人治理结构，强化自我约束机制。农村信用社要坚持为"三农"服务的方向，发挥支持农业和农村经济发展的金融主力军作用。同时，国家要给农村信用社以必要的政策支持。三是改善农村金融服务政策。通过贴息、减税等形式，鼓励金融机构向农村贷款。

4. 在巩固已经实现的农村税费改革的基础上，继续推进各方面配套改革。在 2000~2006 年进行的农村税费改革，是新中国成立 50 年来农村继实行土地改革、家庭承包经营制度之后的又一项重大改革。这项改革按照减轻农民负担和转变政府职能、建立公共财政的要求，对现行农业和农村领域的税费制度进行改革。这项改革从分配上理顺和规范国家、集体、农民三者利益关系，将农村的分配制度进一步纳入法制轨道，是减轻农民负担的治本之策，也带动了农村机构改革，对农村上层建筑产生了深远影响。这项改革大大调动了农民的积极性，促进了农村的发展和稳定。这项改革结束了延续 2600 年农民交皇粮的历史。与这项改革进行的同时，还开始进行并继续进行各项配套改革。主要有：一是改革农村义务教育管理体制，国家保障农村义务教育经费投入。二是推进乡镇机构改革，转变职能，精简机构，压缩财政供养人员。三是健全公共财政，调整财政支出结构，合理确定县乡政府事权和财权。四是建立健全村级组织运转经费保障机制。

这里还要着重提到：当前还要大力发展农民专业合作组织，全面推行集体林权制度改革。

第二，在加强现代农业科学技术运用的同时，大力推进农业和农村经济结构的战略性调整。当前农民收入增长缓慢的一个根本原因是农业和农村经济结构不能适应全面建设小康社会的要求。必须适应新的形势，对农业和农村经济结构进行战略性调整，由满足温饱需求向满足建设小康社会的要求转变，注重农产品优质和多样；由主要追求产量转到在保持总量平衡的基础上，更加突出质量和效益；由自求平衡转向适应国内外市场，更加注重提高竞争能力。通过调整，逐步建立适应全面建设小康社会要求的农业和农村经济结构，为农民收入增长开辟新的来源。而且，适应"入世"以后的新形势，也必须对农业和农村经济结构进行全面升级。为此，要通过区域布局调整，发挥各地的比较优势，加快形成优势产区和产业带；通过产品结构调整，全面提高农产品质量安全水平，加快实现农产品由产量型向质量型、专用型和高附加值型发展；通过农村产业结构调整，加快发展农产品加工业，大幅度提高农产品附加值；通过调整农村就业结构，加快农村劳动力转移。

改革以来，特别是 20 世纪 90 年代下半期以来，中国在推进农业和农村经济推进结构调整中取得了明显成效。但是，农业结构调整成效还是初步的。农业结构不合理的状况还没有根本改变，需要进行长期努力。主要措施有：一是调整农产品结构，提高农产品质量安全水平。大力发展适销对路的优质专用农产品生产，加快农作物和畜禽良种更新换代，提高农产品的分级、包装、储藏、保鲜和加工水平，控制农业生产的外源污染和农业自身污染。二是调整种养业结构，加快发展畜牧业和渔业，特别是要发展优质安全的畜禽产品和奶类生产，把畜牧业发展成为一个大的支柱产业。三是调整农业布局结构，促进优势农产品区域化布局。选择在国际市场有竞争能力或国内市场前景广阔、生产基础好的农产品，在优势区域相对集中布局，加快发展。四是调整农村就业结构，大力发展农产品加工业，推动劳动力向第二、三产业转移。

为了迅速有效地推进农业结构调整，要推进农业产业化经营，面向市场，依靠科技，尊重农民的生产经营自主权，特别要高度重视提高粮食综合生产能力，确保主要农产品供求基本平衡，这是进行农业结构调整的前提。中国是人口大国，随着人口增加和生活水平提高，农产品包括粮食的需求还会逐步增加。而农业基础设施还较薄弱，还未摆脱靠天吃饭的局面，对此要有清醒认识。

第三，加大政府对农业的保护和支持力度。这一点，在当前既有特殊重要性，也有众多有利条件。一般说来，农业是国民经济的基础。同时，农业又是一个弱质产业。农业是自然再生产和经济再生产过程的统一，面临着自然和市场双重风险。当前，中国人多地少，人多水少，农业人均资源占有水平低；农户经营规模小，社会化程度低；农业的物质技术基础还较薄弱，抗御自然灾害的能力低。再加上自然环境相对恶劣，还有恶化的趋势。因此，必须加强对农业的保护和支持，保证农业持续稳定发展。而且，中国正处在加快工业化和城镇化的历史时期，农业在国民经济中占的份额逐步下降。但是，农业的基础地位并没有改变。为了协调工农业的发展，也必须加强对农业的保护和支持。还有，中国正处在深化市场取向的改革时期，市场在资源配置中日益起着基础性作用。

但市场在配置资源时本身是有局限性的，农业处在比较效益低的情况下，市场不能自动调节社会资源加强农业，必须由政府进行必要的干预。尤其是加入世界贸易组织以后，面对日趋激烈的国际竞争和发达国家实力雄厚的农业补贴，为了增强农业竞争力，更需要加强农业的保护和支持。还要看到：中国已经建立了完备的国民经济体系，2007 年第二、三产业已经占到国内生产总值的 88.3%以上，农业降到了 11.7%，经济总量超过 24 万亿元，财政收入超过 5 万亿元。过去靠农业支持国家的工业化，现在到了加快实现工业反哺农业的阶段了。随着国家财力增加、政府职能转变和公共财政体制的建立，政府更有条件增加对农业、农村和农民的投入。

　　加大对农业的保护支持，要依据建立公共服务型政府和公共财政体制的要求以及世界贸易组织规则，"用好绿箱政策，用足黄箱政策"。[1] 主要有：一是增加农村基础设施投入。包括农田水利基础设施建设、生态环境建设和农村公共设施建设。二是加大农业公共服务投入。包括建立和完善科技推广服务体系、信息服务体系、植物病虫害防止和动物检疫防疫体系。三是增加对农民的直接补贴。包括生产环节和运输环节的补贴等。四是加大扶贫开发力度。为此，要多渠道增加扶贫资金和扩大以工代赈的规模，动员全社会力量参与扶贫。坚持开发式扶贫的方针，改善贫困地区的生产生活条件和生态环境。五是要依据条件逐步加快建立农村养老、医疗保险和最低生活保障制度。六是加大对农村教育投入，切实做到义务教育由财政负担。这对减轻农民负担，培养农村人才，发展农村经济，实现农村小康具有重大意义。在这方面，还要着力培养有

　　[1] 世界贸易组织规则允许政府对农业的补贴主要有两类：一是"绿箱政策"，二是"黄箱政策"。"绿箱政策"是指基本不会对农产品的价格产生影响，从而不会扭曲农产品贸易的政府补贴。如政府对农业基础设施建设的投资，对农业科研和技术推广的投资，由政府负责的农产品市场信息的搜集、分析和发布的服务，对农作物和动物重大疫病的防治，由政府提供的对农民的技术培训服务等。总之，"绿箱政策"对农业的补贴，主要表现为政府对农业和农民所提供的公共服务。世界贸易组织的有关规则不限制"绿箱政策"对农业的补贴数额，因此，世界贸易组织的成员完全可以根据自己的实际情况，不断增加符合"绿箱政策"要求的对农业的支持和补贴。"黄箱政策"是指可能对农产品价格产生微小影响，从而可能对农产品贸易产生一定扭曲的政府补贴。因此，世界贸易组织规则对"黄箱政策"的补贴，规定有数量上的限制。总的原则是：发达国家用于"黄箱政策"的补贴，最高不得超过其农业增加值的 5%，发展中国家的这一补贴，最高不得超过其农业增加值的 10%。我国在加入世界贸易组织的谈判中，确定的"黄箱政策"的补贴率，为不超过农业增加值的 8.5%。因此，加入世界贸易组织后，并不是不允许政府对农业进行补贴，而是应当在世界贸易组织规则允许范围内进行补贴。

文化、懂技术、会经营的新型农民，以进一步发挥亿万农民在建设社会主义新农村中的主体作用。

第七节　统筹人与自然的和谐发展

统筹人与自然的和谐发展，要求实现经济社会与资源和环境的协调发展。在本节拟分析环境保护问题。

一、当前我国环境保护形势仍然十分严峻

党的十六大在论及全面建设小康社会的目标时，明确提出："可持续发展能力不断增强，生态环境得到改善，资源利用效率显著提高，促进人与自然的和谐，推动整个社会走上生产发展、生活富裕、生态良好的文明发展道路。"[①] 在这个指导思想的指引下，我国大大加强了环境保护工作力量，并取得了积极进展。在 2002~2006 年间，环境污染治理投资总额由 1367.2 亿元增加到 2566 亿元，占国内生产总值的比重由 1.14%增长到 1.22%。2007 年，仅中央财政安排的环境保护支出就达到 1057.21 亿元，比上年增长了 31.4%。[②] 这样，就在经济快速增长、人民消费水平显著提高的情况下，实现了全国环境质量基本稳定，部分地区环境质量有所改善，多数主要污染物排放总量得到控制，工业产品的污染排放强度下降，重点流域、区域环境治理不断推进，生态保护和治理得到加强。

但是，我国当前环境保护形势仍然十分严峻。其突出表现是：主要污染排放量超过环境承载能力，流经城市的河段普遍受到污染，许多城市空气污染严重，酸雨污染加重，持久性有机污染物的危害开始显现，土壤污染面积扩大，近岸海域污染加剧，核与辐射环境安全存在隐患。生态破坏严重，水土流失量大面广，石漠化、草原退化加剧，生物多样性减少，生态系统功能退化。下面两项反映人民赖以生存和发展的环境数据能够尖锐地说明当前我国环境问题的严重性。来自权威机构部门的资料显示，当前我国空气质量达不到国际标准的城市占了 1/3 左右，地表

① 《中国共产党第十六大全国代表大会文件汇编》，人民出版社 2002 年版，第 19~20 页。
② 《中国统计年鉴》(2007)，中国统计出版社，第 411 页；《经济日报》2008 年 3 月 7 日第 2 版。

水能够满足饮用水供应的也不到一半。① 这样，逐年因环境污染造成的直接经济损失就大幅增长。2002~2006 年，由环境污染造成的经济损失由 4640.9 万元增长到 13471.1 万元。②

我国环境污染的严重情况在当今世界也是很突出的。2008 年 1 月，美国耶鲁大学环境法律和政策研究中心首次正式发布了《环境表现指标》。该指标涵盖碳和硫磺的排放量以及水的纯度等。该中心指标对世界 149 个国家和地区的环保状况进行了排名。其中瑞士居第一位，为 95.3 分，中国名列第 120 位，为 60.3 分，居于世界后列。③

二、我国环境问题的成因

流行的观点把我国当前环境严重性的原因仅仅简单地一般地归结为粗放的经济发展方式。从最重要最直接的方面来看，这种说法是有道理的。但似乎并不全面，也不具体，而且并不利于问题有效解决。实际上当前我国环境问题的严重性是由多种复杂原因造成的。

（一）长期以来，人们并未树立经济社会的可持续发展的观念

因而就谈不上提出要正确处理经济社会发展与人口、资源与环境关系的对策。这一点同人们长期忽略了马克思主义的有关原理是有联系的。马克思在其具有划时代意义的名著《资本论》中就曾明确指出："人在生产中只能像自然本身那样发挥作用，就是说，只能改变物质的形态。不仅如此，他在改变形态的劳动中，还要经常依靠自然力的帮助。因此，劳动并不是它所生产的使用价值即物质财富的唯一源泉。正像威廉·配第所说，劳动是财富之父，土地是财富之母。"④ 由此作出的结论是：既然人类社会生产与自然环境存在密切的依存关系，因而不能以破坏自然环境为代价，而应该是在保护自然环境的状态中进行。恩格斯依据当时已有的历史经验（即由人类社会生产导致自然环境破坏而造成的严重后果）的总结，曾经发出过严重警告，他在其天才著作（尽管还是一部未完成的著作）《自然辩证法》中曾经尖锐地提出："我们不要过分陶醉于我们对自然界的胜利。对于每一次这样的胜利，自然界都报复了我们。""因此我

---

① 转引自新华网 2005 年 1 月 7 日。
②《中国统计年鉴》(2007)，中国统计出版社，第 411 页。
③ 转引自新华网 2005 年 2 月 1 日。
④《马克思恩格斯全集》第 23 卷，人民出版社 1972 年版，第 56~57 页。

们必须时时记住：我们统治自然界，决不像征服者统治异民族一样，决不像站在自然界以外的人一样，相反地，我们连同我们的肉、血和头脑都是属于自然界，存在于自然界的；我们对自然界的整个统治，是在于我们比其他一切动物强，能够认识和正确运用自然规律。"① 这里虽然没有明确提出经济社会的可持续发展的概念，但却包括了可持续发展的内容。非常可惜，人们却长期忽略了这一重要战略思想。当然，并不能据此把当前环境问题的严峻形势仅仅归结为认识问题。实际上，它有多种复杂深刻的社会根源。

　　（二）当前我国环境问题的严重性是同现阶段的某些国情有一定的联系

　　这主要表现是：第一，我国人口多，人均占有的自然资源少。这样，相对人口少、人均占有资源大的国家来说，由生产和消费而消耗的自然资源很容易超过自然环境的承载能力。

　　第二，我国当前经济发展很不平衡，既有很富裕的地区，也有很贫困的地区。甚至直到 2007 年农村还有绝对贫困人口 1479 万人。② 在这方面且不可低估经济贫困对自然环境的严重破坏作用。改革以后，我国西部某些地方多次发生的滥伐林木和滥垦草地的现象，就是这方面的突出例证。而且其中许多地方又地处长江、黄河的源头，其对生态环境的破坏作用真是达到了难以估计的程度。当然，这种情况的发生也有多方面的原因。比如，有与市场经济发展相联系的暴利驱动（这里仅就市场经济的消极作用而言，并不否定它的主要的积极作用）。但也绝不能忽视与贫困生活相联系的强烈的获取生存资料的需要，以及由此导致的生态环境的严重破坏。当然，这种情况并不只是中国所独有的。如果环顾一下世界就可以看得更清楚。我们从发达国家与发展中国家的环境比较中可以看出，贫困是造成环境退化的重要原因。在这方面，贫困人口的分布及其环境退化程度之间存在高度的相关性。即人均收入水平低的国家和地区的环境退化通常比人均收入水平高的严重，农村比城市严重。因为穷人比富人更依赖于自然资源，越是贫困地区，其对自然资源环境的依

　　①《马克思恩格斯全集》第 20 卷，人民出版社 1972 年版，第 519 页。
　　② 国家统计局网 2008 年 2 月 28 日。

赖程度越高；由于贫穷，就希望通过多生育来增加劳动力，提高家庭收入。人口增长又只能通过强化使用有限资源来补充生活所需。特别是在一些生态脆弱地区，如热带森林、干旱和半干旱地区、高山地区，滥砍森林和过度放牧，都加速了环境退化。

第三，改革以后，尽管我国经济已经有了很大的发展，但大体上还处于工业化的中期阶段。当前我国环境污染的严峻形势，同这个发展阶段特点也有重要的联系。经济发达国家的经验，已经充分证明了这一点。在这方面已经呈现出一种规律性的现象。即在工业化前期，经济发展水平不高，生产和生活耗费的资源并不多，对环境的损害也不重。所以，在这个阶段尽管比以往农业为主的社会相比，环境污染已经趋于明显了，但与后续的阶段相比，环境污染问题并不严重。但随着工业化的发展，到了工业化的中后期，生产和生活耗费的自然资源大幅急剧增长，对环境损害趋于严重。这样，环境污染就成为制约经济社会发展的严重问题。但到了现代化时期，伴随有国家干预的现代市场经济和公共财政体制建立，科学技术的进步、资金积累能力的增强和人们环保意识的提高，节能技术进步，产业结构优化升级，环保产业发展，环境又趋于改善。当然，也应看到：在这方面经济发达国家将污染严重的产业向发展中国家转移，也起了一定作用。

诚然，我国社会主义制度与经济发达国家是有根本区别的。但从一般的意义上，上述道理对我国社会主义初级阶段大体也是适用的。

这里有必要对一种与此相反的观点提出商榷意见。我国曾经流行过一种观点认为，社会主义的中国，可以不走资本主义国家"先污染、后治理"的道路。实际上，这种观点暗含着四个错误。

1. 把"先污染、后治理"仅仅归结为资本主义社会特有现象。在实际上，从中国社会主义初级阶段已有的情况来看，尽管政府在治理环境上下了很大的工夫，并且取得了显著的成效，但环境污染也达到了很严重的程度。

2. 把"污染、治理"看做一次性过程。实际上，无论在资本主义社会，或在社会主义初级阶段，在工业化和现代化的过程中，都要经历多次"污染、治理"、"再污染、再治理"的过程。因为，在工业化和现代化过程中，不断地有新污染源出现，而对每一种污染源的认识以及它的解决办法的提出和消除污染条件的创造（如需要一定的资金和技术等），都需要经历一个过程。

3. 把"先污染、后治理"过程发生的原因，仅仅归结为一定的社会制度，这是不全面的。实际上这个过程发生除了一定的社会制度这个重要因素以外，还有认识过程、技术发展水平和资金供应能力等客观条件的限制。此外，政府政策选择在这方面也能发生重大的正面影响或负面影响。比如，1958 年开始实施的"大跃进"这种"左"的路线就曾严重破坏了中国的生态环境。

4. 再进一步说，即使就制度根源而言，把"先污染、后治理"过程发生的原因，仅仅归结为资本主义制度，也是片面的。就中国社会主义初级阶段的具体情况而言，无论是国有企业和集体企业，或者是非公有制企业，都可以成为污染环境的制度根源。特别是在建立社会主义市场经济的过程中，由于各种特有矛盾的作用，尤其是地方保护主义在破坏环境方面的作用是很大的。农村某些集体企业和非公有制企业在满足生存需要的沉重压力下造成的环境污染也决不可低估。

以上的分析并不是否定社会主义制度在治理环境方面可以有更大的作为。实际上，社会主义制度可以凭借其本身的优越性，借鉴经济发达国家的经验，并发挥后发效应，可以在这方面发挥更大的作用。

以上的分析也不否定社会主义国家在治理环境方面具有更大的责任。实际上，"二战"后，现代的市场经济（即有国家干预的市场经济）在全世界上普遍发展，其原因是多方面的，其中一个因素就是治理环境污染的需要。现在，经济发达国家在这方面发挥的作用越来越大。社会主义国家更需要这样做，而且在同等条件（包括资金和技术等）下应该做得更好。

以上的分析，更不否定社会主义初级阶段各种所有制企业，在治理环境方面应该承担的社会责任和法律责任。企业固然是经济人，同时又是社会人，应该而且必须承担社会责任。市场经济的重要特征就是法制经济，政府固然需要依法行政，企业也要依法（包括环境保护法）经营。

以上的分析是就环境污染的产生和发展总体过程而言的，它不仅不否定在我国现阶段政府必须严格依法禁止现有企业的超标排放，更不允许新建企业造成新的污染；恰恰相反，正是由于作为经济人的各种所有制（包括公有和私有）企业都有破坏环境的自发倾向，因而在这方面必须坚持长期严格执法。

但是，提出这个问题来讨论，有利于全面认识环境污染的原因，有利于认识治理环境任务的艰巨性和长期性。也正因为这样，更是亟须依法加强环境治理，以实现经济和社会的可持续发展。

第四，当前我国环境问题的严重性，确乎同粗放的经济发展方式有紧密的联系。但仅仅这样一般地提又显得不够，还必须对其特点做具体的分析。总的说来，在新中国成立以后长达半个多世纪的时期，主要依靠劳动和物资投入的粗放经济发展方式，虽然有某种程度的进步，但并没有发生根本性的变化。这里值得着重提出的是：在这个过程中，还多次发生过这种情况。即在实施的强度和范围上把粗放经济发展推到极端的地步，从而造成了对环境的严重破坏。在改革以前，主要由于传统的体制和战略的作用，曾经发生了从1958年开始的三年"大跃进"，由20世纪60年代中期开始的近十年的"三线建设"。在这个时期，在建立完整的工业体系和国民经济体系的思想的指导下，简单的、过多的重复生产和重复建设也达到很严重的地步。这样，改革开始时我国环境破坏就已经达到了很严重程度。

改革以后这方面的情况虽有很大进步，但由于改革一时还难以到位，传统的体制和战略的影响还很大，新体制还很不完善。这样，环境恶化的趋势就仍在继续。在这个时期值得提及的有以下四件事：一是20世纪80年代乡镇企业遍地开花式的大发展。二是90年代以来基础设施和重化工业的过快发展。三是改革以来加工贸易和21世纪初高能耗、高污染的产品出口增长过快。四是简单的过多的重复建设和重复建设更是有增无减。诚然，从主要方面说，前三件事对加快我国社会主义现代化建设，无疑起了积极作用。但仅就对环境的恶化而言，这四件事又都起了火上浇油的作用。这样，就粗放的经济发展方式对环境恶化这个视角来看，就具有以下特点：一是在成因方面是由体制和战略这些根本性因素造成的。二是粗放经济增长方式对环境破坏的长期性，环境问题被长期地积累下来。三是多次发生环境的高强度和宽范围的破坏。四是从这期间的总体情况来，不仅谈不上环境的有效保护，而且连自然环境本身具有的自我修复功能也被极大地抑制了。五是对环境的破坏程度被大大强化了，具有叠加性和倍增性的特点。

三、积极推进环境治理

第一，要提高环境保护在国家的经济社会发展中的战略地位。发展是执政的第一要务，发展又是可持续发展。而当前我国环境污染的形势十分严峻。因此，为了加强环境治理，首先就必须要把它摆在更加重要的战略地位。关于这一点，2005 年 12 月 3 日发布的《国务院关于落实科学发展观加强环境保护的决定》做了很好的说明。该决定指出："加强环境保护是落实科学发展观的重要举措，是全面建设小康社会的内在要求，是坚持执政为民、提高执政能力的实际行动，是构建社会主义和谐社会的有力保障。加强环境保护，有利于促进经济结构调整和增长方式转变，实现更快更好地发展；有利于带动环保和相关产业发展，培育新的经济增长点和增加就业；有利于提高全社会的环境意识和道德素质，促进社会主义精神文明建设；有利于保障人民群众身体健康，提高生活质量和延长人均寿命；有利于维护中华民族的长远利益，为子孙后代留下良好的生存和发展空间。"①

第二，要在全社会倡导和树立生态文明的观念。党的十七大明确提出：建设生态文明，就要做到"生态文明观念在全社会牢固树立。"② 如果不是从社会经济形态的更替着眼，而仅从物质生产形态变化的视角看，那么，人类社会物质生产的发展已经经历了原始生产、农业生产、工业生产和现代化生产这样四个阶段。与此相适应，人类社会文明也经历了原始文明、农业文明、工业文明和生态文明这样四个阶段。而生态文明又不只是现代物质文明的产物，同时又是现代精神文明，特别是可持续发展观念的产物，是作为不可持续发展的生产模式和消费模式的对立物而产生的。

生态文明的最重要的特点是：以人与自然的和谐共生、相互适应、相互促进、良性循环、持续发展为根本宗旨，要求建立可持续发展的生产模式和消费模式。显然，在全社会倡导和树立生态文明观念，是从根本上改变当前我国环境污染的一项基础性工程。

---

① 《人民日报》2006 年 2 月 15 日第 8 版。
② 《中国共产党第十七大全国代表大会文件汇编》，人民出版社 2007 年版，第 20 页。

第三，要按照社会主义市场经济的要求，充分发挥政府在治理环境污染中的主导作用。这是在治理环境污染方面最重要、最适宜的制度安排。如果按照市场机制的自发要求，不仅不能治理环境的污染，而且会加重环境污染。这正是市场经济局限性的一个重要方面。在这方面，又恰恰是政府干预的优越性的所在。

但政府干预又必须适应市场经济的要求，主要运用经济手段。在这方面，首先又是要通过建立健全的市场机制，发挥其杠杆作用，以有效地治理环境污染。国内外经验充分表明：在环境资源的使用方面，必须建立资源市场，明晰资源产权，让所有资源环境都得到合理定价，以价格来规范环境资源的使用。事实上，当代大多数的环境恶化都是由于市场机制的不健全、市场机制扭曲或市场不存在的情况造成的。因为在这种情况下，环境资源的使用者或破坏者没有支付应有代价，因而其行为也就没有得到应有的约束。但利用有效的价格机制来控制污染行为，就可以使环境资源的外部效应内在化。当前发达国家，已经探索出多种方法来解决环境问题。就其内容来看，主要是收费和补贴两类。

我国当前也必须依据社会主义市场经济的要求，按照"谁开发谁保护、谁破坏谁恢复、谁受益谁补偿"的原则，强化资源有偿使用和污染付费政策，改变资源低价和环境无价的不合理现状，形成科学的资源环境的补偿机制、投入机制、产权和使用权交易等项机制，以便从根本上解决环境保护问题。为此，要建立合理的资源定价制度，使资源价格正确反映其市场供求关系和环境损害成本。还要扩大资源税征收范围，提高征收标准，改进计税方法，并适时开征生态环境保护税种，提高排污费征收标准。从长远看，还要积极探索推行资源环境资产化管理和环境产权、使用权交易制度，建立公开、公平、竞争的资源初始产权配置机制和二级市场交易体系。

在经济手段方面，还要在建立健全公共财政的基础上，加大对环境治理的投入。

在融资方面，除了要在资金上大力支持环保以外，还要改革环境保护的投融资体制，重点在城市污水垃圾处理、集中供热供气等领域推行政府特许经营制度，引导并鼓励社会资本进入，促使企业成为环境保护的实施主体和投入主体，形成市场化运作的多方合力的投入格局。

在产业政策方面，在着力推行经济发展方式转变、发展循环经济的同时，大力发展环保产业，使之逐步发展成为国民经济的支柱产业。

在科技政策方面，要按照党的十七大报告的要求："开发和推广节约、替代、循环利用和治理污染的先进适用技术，发展清洁能源和可再生能源，保护土地和水资源，建设科学合理的能源资源利用体系，提高能源资源利用效率。"[①]

在收入分配政策方面，要进一步加大扶贫的力度，保障和提高绝对贫困人口的生活水平。当前绝对贫困的人口几乎都居住在边远地带的山区，保证和提高他们的生活水平，是切断污染源和加强环保治好的一个重要方面。

在对外经济关系的政策方面，要继续严格限制原材料和粗加工产品，特别是高能耗、高物耗、高污染产品的出口；在进口和引进外资方面也要着重力防止这类产品和投资的进入。当然，在治理环境污染方面，同样也需要加强国际间的合作。在这方面，经济发达国家首先应该尽到自己的责任和义务。这除了限制向发展中国家输出废弃污染物以及将污染行业转移到发展中国家以外，还要帮助发展中国家发展经济，并提供有利于环境保护的生产技术和改进环境的环保技术。这样做不仅有利于发展中国家，也有利于发达国家自身，是"双赢"的效果。

在着力运用经济手段的同时，还要加强法律手段和行政手段的运用。当前既要健全环境法律法规，又要严格执行环境法律法规，重点解决"违法成本低，守法成本高"的问题。按照《国务院关于落实科学发展观加强环境保护的决定》，要落实环境保护领导责任制。"地方各级人民政府要把思想统一到科学发展观上来，充分认识保护环境就是保护生产力，改善环境就是发展生产力，增强环境忧患意识和做好环保工作的责任意识，抓住制约环境保护的难点问题和影响群众健康的重点问题，一抓到底，抓出成效。地方人民政府主要领导和有关部门主要负责人是本行政区和本系统环境保护的第一责任人，政府和部门都要有一位领导分管环保工作，确保认识到位、责任到位、措施到位、投入到位。地方人民政府要定期听取汇报，研究部署环保工作，制定并组织实施环保规划，检

---

① 《中国共产党第十七大全国代表大会文件汇编》，人民出版社 2007 年版，第 23~24 页。

查落实情况，及时解决问题，确保实现环境目标。各级人民政府要向同级人大、政协报告或通报环保工作，并接受监督。"[①]

第八节 统筹区域发展

就我国当前情况来看，区域发展总体战略就是统筹区域发展的总体战略。

一、我国区域发展格局的演变与区域发展总体战略的形成

1949 年新中国成立，在经济恢复以后，"一五"计划期间开始进行社会主义工业化建设。为了改变旧中国留下的工业布局不合理状况，同时也考虑到经济安全和国防安全，党和政府把在工业地区布局战略重点放在内地。"二五"期间，也是考虑到经济安全和国防安全的需要，同时也由于受到自然经济思想的影响，先后提出了建立各大区（甚至各省）建立独立的工业体系（甚至国民经济体系）的战略。这样，投资的重点进一步向内地转移。在"三五"、"四五"计划期间，出于备战的需要（这部分地由于国际形势的紧张，部分地由于对国际形势做了过于严重的估计），在工业布局战略重点上进一步发生了重大变化，大大加强了"三线"地区的建设。据统计，1952~1978 年国有单位投资总额为 5663.1 亿元，其中，沿海地区占 40.3%，内地占 54.3%，"三线"占 39.8%。这样，工业地区布局也发生了重大变化。1952 年，东中西三个地区占全国工业总产值的比重分别为 69.08%、21.31% 和 9.61%；到 1978 年，三者分别变为 59.72%、27.04%、13.24%。

从上述各个时期情况我们可以看到：一是尽管各个时期投资重点和范围有某些差别，但总的说来，投资重点都不是经济效率较高的东部地区，而是经济效率较低的内地，特别是西部地区。二是它在改变不合理地区布局方面，各个时期有不同程度的积极作用，也有不同程度的消极作用。而且总的说来都抑制了经济效率较高的东部地区的经济发展，最终也影响全国经济的发展，从而不能有效地缓解经济地区布局不合理的状况。

[①]《人民日报》2006 年 2 月 15 日第 8 版。

正是总结了这一历史经验，邓小平在 1978 年底在实际上成为党的十一届三中全会主体报告的《解放思想，实事求是，团结一致向前看》中，郑重提出先富、先富带后富、实现共同富裕的战略思想。他说："在经济政策上，我认为要允许一部分地区、一部分企业、一部分工人农民，由于辛勤努力成绩大而收入先多一些，生活先好起来。一部分人生活先好起来，就必然产生极大的示范力量，影响左邻右舍，带动其他地区、其他单位的人们向他们学习。这样，就会使整个国民经济不断地波浪式地向前发展，使全国各族人民都能比较快地富裕起来。当然，在西北、西南和其他一些地区，那里的生产和群众生活还很困难，国家应当从各方面给予帮助，特别要从物质上给予有力的支持。这是一个大政策，一个能够影响和带动整个国民经济的政策。"①

这里值得注意几点：一是邓小平这里提出的战略思想，是依据对计划经济体制下的平均主义实践所造成的不良后果所做的总结。而这里的平均主义实践，不仅包括个人之间的，也不仅包括企业之间的，而且包括地区之间的。必须明确：计划经济体制下的平均主义的"大锅饭"体制，是存在于个人之间、企业之间和地区之间的，而不只是存在于前两方面。二是这个战略思想也包括这三方面。三是这是一个大政策。

在上述战略思想指导下，政府在开放和其他有关政策方面对东部实行了倾斜。这样，拥有多种优越条件的东部地区的经济，就比中西部得到了较快发展，实现了率先发展。有关单位的研究资料表明：1980~1998年，东部地区生产总值年均增长速度为 12.1%，而西部地区仅为 9.6%。在这期间，东部地区生产总值占全国国民生产总值的比重由 52.1%上升到58.3%，西部地区由 16.5%下降到 14.0%。

这样，到了 20 世纪 80 年代末和 90 年代初，邓小平提出了"两个大局"的思想。1988 年他提出："沿海地区要加快对外开放，使这个拥有两亿人口的广大地带较快地发展起来，从而带动内地更好地发展，这是一个事关大局的问题。内地要顾全这个大局。反过来，发展到一定的时候，又要求沿海拿出更多力量来帮助内地发展，这也是个大局。那时沿海也要服从这个大局。"1992 年初，他又提出："共同富裕的构想是这样提出

---

① 《邓小平文选》第 2 卷，人民出版社 1994 年版，第 152 页。

的：一部分地区有条件先发展起来，一部分地区发展慢点，先发展起来的地区带动后发展的地区，最终达到共同富裕。如果富的越来越富，穷的越来越穷，两极分化就会产生，而社会主义制度就应该而且能够避免两极分化。解决的办法之一，就是先富起来的地区多交点利税，支持贫困地区的发展。当然，太早这样办也不行，现在不能削弱发达地区的活力，也不能鼓励吃"大锅饭"。什么时候突出地提出和解决这个问题，在什么基础上提出和解决这个问题，要研究。可以设想，在本世纪末达到小康水平的时候，就要突出地提出和解决这个问题。到那个时候，发达地区要继续发展，并通过多交利税和技术转让等方式大力支持不发达地区。不发达地区又大都是拥有丰富资源的地区，发展潜力是很大的。总之，就全国范围来说，我们一定能够逐步顺利解决沿海同内地贫富差距的问题。"① 依据上述邓小平理论和 20 世纪末中国经济（包括地区经济）发展的实际状况，1999 年 9 月召开党的十五届四中全会正式提出："国家要实施西部大开发战略。"②

在西部大开发战略的推动下，西部地区经济得到了较快的发展。2000~2005 年，西部地区经济呈现不断加快的态势。这 6 年经济增速分别为 8.5%、8.7%、10.0%、11.3%、12.7% 和 12.7%；6 年平均达到 10.6%，超过了全国的经济增速。③

在东部经济率先发展和西部经济加快发展的形势下，东北地区经济发展滞后的问题就更加突出出来。有资料显示，东北三省工业总产值占全国工业总产值的比重已从 1978 年的 16.5% 下降到 2002 年的 8.6%。显然，这种情况对全国的改革发展和稳定都是不利的。

于是，2003 年党的十六届三中全会提出了"振兴东北地区等老工业基地"的任务。④ 这年，中共中央、国务院发布了《关于实施东北地区等老工业基地振兴战略的若干意见》。在振兴东北地区等老工业基地战略的指导下，东北地区经济增速升温。来自振兴东北办公室的资料显示，2007

①《邓小平文选》第 3 卷，人民出版社 1994 年版，第 277~278、373~374 页。
②《中共中央十五届四中全会文件学习辅导》，中共党史出版社 1999 年版，第 285 页。
③《今日中国论坛》2007 年第 1 期，第 18 页。
④《中共中央关于完善社会主义市场经济体制若干问题的决定》，人民出版社 2003 年版，第 22 页。

年东北三省地区生产比 2002 年翻了一番。① 这就意味着这五年该地区年均经济增速达到了 14.9%，大大超过了全国的经济增速。

在东部率先发展，西部和东北地区加速发展的态势下，中部"塌陷"现象就更明显暴露出来。1978 年以来，我国地区经济增长的态势一直是东快西慢、中部居中。从 2001 年起，西部经济增速首次超过了中部，在 2001~2005 年这 5 年中，除了 2004 年西部经济增速略低于中部以外，其余 4 年都延续了西部超过中部的态势。据一项研究资料，2000~2005 年，中部经济增速依次分别为 8.80%、8.82%、9.63%、10.80%、12.80% 和 12.37%，西部分别为 8.7%、9.38%、10.23%、11.38%、12.46% 和 12.54%。② 显然，这种情况也是不利于地区经济协调发展的。正是在这种情况下，2005 年中共十六届五中全会提出了"促进中部地区崛起"的任务。③ 接着在 2006 年中共中央、国务院出台了《关于促进中部地区崛起的若干意见》。这样，就把促进中部崛起上升到国家地区经济发展战略的高度。

至此，可以认为，我国区域发展总体战略已经完全形成。2007 年召开的党的十七大进一步提出："要继续实施区域发展总体战略，深入推进西部大开发、全面振兴东北地区等老工业基地，大力促进中部崛起，积极支持东部地区率先发展。"④

可见，我国区域经济发展总体战略的形成，是区域经济矛盾发展的结果，是客观经济规律的反映。

二、实现区域发展总体战略是一个长期艰巨任务

应该说，从 1999 年开始逐步形成的区域发展总体战略及其实施，已经取得了重大成就，成为这期间我国经济持续快速发展的一个重要因素。

但是，实现区域发展总体战略还是一个艰巨的长期任务。这一点突出表现在实施西部大开发的战略上。问题在于：在当前西部和东部的经济差距还是很大的。为此，需要做一点国内比较和国际比较。⑤

---

① 《经济日报》2008 年 3 月 12 日第 1 版。
② 《湖北经济学院学报》2007 年第 1 期，第 83 页。
③ 《中共中央关于制定国民经济和社会发展第十一个五年规划的决议》（辅导读本），人民出版社 2005 年版，第 15 页。
④ 《中国共产党第十七大全国代表大会文件汇编》，人民出版社 2007 年版，第 24 页。
⑤ 表 1~表 10 的资料来源：有关单位的研究报告、《经济研究》2004 年第 1 期和《中国工业发展报告》(2003)。

表 1 的数字表明：由人均国内生产总值和非农业产值比重等 8 项指标进行加权以后的平均数，如果以西部为 1，东部则为 2.46，差距很大。

表 1　东中西部经济发展差距比较

指　标	年份	东部	中部	西部
人均国内生产总值	2002	2.63	1.27	1
城镇居民人均可支配收入	2002	1.40	0.98	1
农村居民人均纯收入	2002	1.94	1.23	1
非农产业比重	2002	1.12	1.03	1
城乡居民人均文教娱乐支出	2001	1.79	1.15	1
城乡居民人均医疗保健支出	2001	1.72	1.08	1
科技人员人均经费支出	2001	1.63	0.81	1
外贸依存度	2002	7.37	0.89	1
加权平均	2002	2.46	1.06	1

表 2 的资料表明：中国 2002 年的加权变异系数为 0.55（这是国际上使用的一种显示地区之间经济差距的指标），为经济发达国家历史上地区差距最严重时期的 1.34~4.58 倍，足见中国当前地区经济差距的严重程度。

表 2　中国与发达国家历史上的地区差距比较

国别	年份	加权变异系数
中国	2002	0.55
经济发达国家历史上地区差距最严重年份		
英国	1937	0.12
德国	1907	0.24
美国	1932	0.41

现在进一步分析形成这种巨大差距的因素：

第一，各地区国内生产总值增长率的差异。表 3 可以清楚反映这一点。

表 3　东中西部地区生产总值增长率比较（可比价、百分点）

地区	1981~1990 年	与东部差距	1991~2001 年	与东部差距
东部	9.98		12.94	
中部	8.75	−1.23	10.70	−2.24
西部	9.12	−0.86	9.63	−3.31

第二，各地区固定资产投资的差异。表 4 能够明白表现这一点。

表 4　东中西部固定资产投资的比较（当年价格，亿元）

年　份	1980	1990	2000	2002
固定资产投资总额	911	4517	32918	43500
投资相对比例（东部=100%）				
中部	61%	45%	38%	38.6%
西部	48%	34%	33%	35.2%

第三，各地区人力资本的差异。主要表现在以下三个方面：

1. 从业人员受教育程度的差异，详见表 5。

表 5　从业人员平均受教育年限（年）

年　份	1996	1997	1998	1999
东　部	7.64	7.89	7.92	8.10
中　部	7.49	7.73	7.70	7.72
西　部	6.64	6.77	6.81	6.90
西部与东部之差	1.00	1.12	1.11	1.20

2. 专业技术人员和研究开发经费的差异。按专业技术人员在人口中的比例，东中西部地区间的分配还是相对平衡的。2001 年西部相当于东部的 91%。但是按研发经费支出占国内生产总值的比例看，差距较大。在东部，2001 年研发经费占国内生产总值的 1.1%，而中西部分别只有 0.6% 和 0.8%。

3. 科技成果市场化的差异。表 6 的资料显示：这方面的差异很大，而且呈现扩大的态势。

表 6　专业技术人员数平均的技术市场成交额（元/人）

年份	1995	2000
东部	2212	5883
中部	931	1827
西部	805	1696
西部与东部之比（%）	36.4%	28.8%

第四，各地区工业化和城镇化的差异。表现在以下两个方面：

1. 区域工业化率。一个地区的工业化水平可以用区域工业化率表示。地区工业化率等于地区工业增加值与地区生产总值的比值。西部地区工业化率在我国三大经济地带中一直处于最低水平。2001 年，东部地区的工业化率为 42.9%，中部为 39.5%，而西部仅为 31.9%，与东部和中部分别相差 11 个和 7.6 个百分点。

在农村工业化方面，西部的发展程度远低于东部。以乡镇企业从业人数占农村从业人数的比例衡量，2000 年东部平均为 36.8%，中部 24.2%，西部只有 18.9%，东西部几乎相差 1 倍。

与西部工业化程度低相联系，农业现代化程度也低。2001 年，东部地区农业现代化程度达到 45.2%，中部为 30.2%，西部仅为 25%。

2. 城镇化率的差异。表 7 的资料表明：相对东部来说，西部不仅城镇率低，而且提高的速度也慢。

表 7　各地区城镇化率（城镇人口/总人口，%）

年份	1982	2000	变动
东部	24.1	46.1	22.0
中部	19.9	33.0	13.1
西部	16.6	28.7	12.1

第五，各地区结构因素的差异。2002 年，第一、二、三产业增加值构成，东部分别为 10.2%、48.9% 和 40.9%；中部分别为 17.7%、46.7% 和 35.7%；西部分别为 20%、41.5% 和 38.5%。

第六，工业布局与区位因素的差异。长期以来，我国的工业区域布局具有"南轻北重、东轻西重"的特征。东部地区以轻型或轻重混合型产业为主，中、西部地区则主要以重型产业为主。产业结构性差异往往会导致地区间经济产出水平的巨大差距。改革开放以来，我国经济发展水平较高的省份大多为轻型或混合型的工业结构类型。在渐进式的市场化改革中，国家先放开了消费品市场，消费品价格由市场决定，而对能源、原材料的价格实行严格控制。由于东部地区是我国主要的消费品生产基地、中西部地区是我国重要的能源和原材料输出基地，于是东部向中、西部高价输出制成品，而中、西部则向东部提供廉价的能源和原材料。这种产业布局和区位分工造成了中、西部与东部存在着不平等交换。由于东部企业的技术和资本优势，中、西部很难在制造业上与东部竞争。中、西部地区这种高投入低产出的被动地位，严重制约其经济的发展也是中、西部地区与东部地区经济发展差距拉大的重要原因之一。

第七，各地区市场化的差异。表 8 从政府市场的关系和非国有经济的发展等五个方面揭示了西部与东部在这方面的差距。

表 8　各地区市场化指数的平均得分（分）

	政府与市场的关系	非国有经济的发展	产品市场的发育程度	要素市场的发育程度	市场中介组织和法律制度环境
平均	6.05	5.34	7.44	3.60	5.26
东部	7.52	7.73	8.80	5.64	6.44
中部	5.77	4.41	7.25	2.75	4.94
西部	4.78	3.63	6.21	2.19	4.31
东西差距	2.74	4.10	2.59	3.45	2.13

第八，各地区开放程度的差异。表 9~表 10 分别从出口的依存度和引进外商直接投资方面，说明了西部与东部的差距。

表 9　各地区进出口依存度

地区	2002 年进口依存度（%）	地区	2002 年出口依存度（%）
全国	50.2	全国	26.3
东部地区	69.9	东部地区	36.4
中部地区	7.3	中部地区	4.2
西部地区	8.6	西部地区	4.9

表 10　外商直接投资

地区	2002 年外商直接投资（万美元）	地区	2002 年人均外商直接投资（美元）
全国	5274286	全国	41.2
东部地区	4545734	东部地区	94.6
中部地区	500865	中部地区	11.8
西部地区	200527	西部地区	5.5

第九，政策因素。从 20 世纪 70 年代末到 90 年代末，我国各项改革开放政策的出台基本上都采取了由沿海向内地逐步展开的梯度推进方式。这种推进方式给东部沿海地区带来了明显的先发优势。东部地区利用一系列倾斜的优惠政策，在短短 20 多年的时间内，就建起了一些具有国际水平的经济特区，开放了十多个沿海城市和一大批沿江、沿边中心城市。这些都大大地促进了东部地区的快速发展，同时也拉大了与发展相对滞后的内陆地区的差距。

第十，自然地理因素。东部地区地处沿海，气候宜人，土壤肥沃，与国外联系较为便利，地区发展的潜在经济机会较多。相比之下，中、西部地区大多为内陆地区和不发达地区，土地贫瘠，生态环境恶劣，对外交往较少，经济发展的"先天"条件较差。

第十一，思想因素。思想观念引导着人们的行为方式，虽然它不是经济发展的直接原因，但它从深层次影响着经济发展。相对东部说来，西部地区思想观念保守落后。其突出表现：一是求平、求稳，安于现状的心态重，风险意识差。二是"等、靠、要"思想严重，创新意识差。三是对国家政策反应的灵敏度差，常常错过了发挥政策效益的好时机。

可见，实现西部大开发之所以是一个长期的艰巨的任务，不仅是因为西部与东部的经济差距大，而且因为形成这种差距的原因涉及多方面深层次的问题。显然，要解决这些问题，时间短了是做不到的。当然，这不是说要实现西部与东部绝对平衡的发展，而是要实现相对平衡的发展。而且，就当前情况来看，在最近一个时期首先还是要扭转这种差距继续扩大的趋势，然后才能谈得上逐步实际相对平衡的发展。还要说明，实现振兴东北地区等老工业基地和中部崛起的任务也是很艰巨的，没有较长时间也难实现。但相对实现西部大开发，还是容易一些。总之，实现区域发展的总体战略是一个长期的艰巨的任务。

三、大力推进区域发展总体战略的实施

尽管实施区域发展总体战略是一项长期的艰巨任务，但它们的实施，是拓展发展空间，优化资源配置，发挥各地比较优势，以实现经济持续快速发展的一个很重要因素，也是实现国家长治久安的一个重要条件。因此，必须积极推进区域发展总体战略的实施。

第一，完善社会主义市场经济体制。要高度重视和充分估计完善社会主义市场体制在实施区域发展总体战略中的重要作用。当代世界经济史证明：现代市场经济是实现社会生产资源优化配置（包括地区资源配置）的最有效方式，是推动经济发展（包括地区经济发展）的最重要动力。

在这方面当前值得注意的是：①要发展统一开放的、平等竞争的、有序的市场体系，打破地区封锁。同时，要积极推进生产要素（特别是资源）价格改革，改变当前生产要素（特别是资源）价格过低的状况。这不仅是实现地区经济协调发展的一般条件，而且是加快发展经济欠发达地区的特殊条件。因为生产要素（特别是资源）价格低，正是这些地

区经济发展滞后的一个重要因素。当然，这是就其发展趋势而言的。具体操作起来，还需依据物价升降情况选择合适时机，并需适当掌握价格改革的力度。②要改变当前各个地区发展非公有制经济和实行对外开放的不平衡状态。因为这两方面的不平衡状态正是构成地区经济发展不平衡的两个因素。为此，从根本上说来，就是通过各项措施，在这些地区逐步形成相对良好的投资环境，使得各种经济类型的资本（包括国内资本和国外资本）在这些地区投资也能获得在发达地区投资大体相当的利润，或者有良好的长远回报预期；否则，就很难做到加快欠发达地区的经济发展。在这方面还要大力加快个体经济和小型企业的发展。

以上各点是就发挥市场在资源配置方面的基础作用说的。但政府干预同市场体制是社会主义市场经济体制不可分割的两个方面。政府干预在实现区域经济发展方面也有重要的作用。而且相对其他领域来说，其作用还更大些。因为在这个领域的许多方面都必须没有公共财政的投入。就中国当前情况来说，更是如此。这里有三种特殊情况值得提出：一是如前所述，当前中国地区经济之间的失衡情况很突出，欠发达地区很需要政府的支持。二是无论改革前或者改革后的一个长时间内，政府在公共投入方面，是欠了经济欠发达地区的"债"的，现在需要逐步"偿还"。三是无论改革前后以至于当前，资源价格都偏低。这样，同资源生产相关的利润就有相当一部分过多地转移到政府和经济发达地区，这也是要补偿的。当前，政府加大对经济欠发达地区的公共投入，最重要的有四个方面：一是按照基本公共服务均等化的原则，加大公共服务的投入，包括教育、医疗和社会保障事业等方面。二是加大对生产和生活两方面的基础设施的投入。三是加大对生态产业和环保产业的投入。四是加大对富有地区特色的、有发展良好前景的产业的支持。

就社会主义市场经济体制而言，还有一个重要方面需要提及。这就是加强地区之间的经济合作。显然，这既是社会主义制度的本质要求，也是发展市场经济的重要条件。

第二，要构建并实施完整的四大区域的战略布局。关于这一点，《中共中央关于制定国民经济和社会发展第十一个五年规划的建议》做了明确规定。该建议提出："西部地区要加快改革开放步伐，加强基础设施建设和生态环境保护，加快科技教育发展和人才开发，充分发挥资源优势，大力发展特色产业，增强自我发展能力。东北地区要加快产业结构调整和国有企业改革改组改造，发展现代农业，着力振兴装备制造业，促进资源枯竭型城市经济转型，在改革开放中实现振兴。中部地区要抓好粮食主产区建设，发展有比较优势的能源和制造业，加强基础设施建设，加快建立现代市场体系，在发挥承东启西和产业发展优势中崛起。东部地区要努力提高自主创新能力，加快实现结构优化升级和增长方式转变，提高外向型经济水平，增强国际竞争力和可持续发展能力。"[①] 可见，这个建议不仅指明了西部、东北、中部和东部地区的总体战略布局，而且指明了各地区的发展重点及其实现的关键。这些规定是依据新中国成立后区域经济发展的经验教训以及当前各区域发展现状和特点提出的，明显体现了优化资源配置、发挥比较优势、加快发展的要求，更体现了加快经济欠发达地区经济发展，实现区域协调发展的要求。

第三，要按照功能区构建区域发展格局。在这方面，《中共中央关于制定国民经济和社会发展第十一个五年规划的建议》还作出了具有全新意义的规定。该建议指出："各地区要根据资源环境承载能力和发展潜力，按照优化开发、重点开发、适度开发和限制开发的不同要求，明确不同区域的功能定位，并制定相应的政策和评价指标，逐步形成各具特色的区域发展格局。"[②] 这是该建议在明确提出四大区域战略布局的基础上，进一步提出各地区要按照优化开发区域、重点开发区域、限制开发区域和禁止开发区域四类功能区的要求，构建的具体发展格局。这里所说的优化开发区域，是指国土开发密度已经较高、资源环境承载能力开始减弱的区域。在这一区域，要着力提高产业的技术水平，化解资源环境"瓶颈"制约，提升参与国际经济竞争的层次，使之成为带动全国经济社会发展的龙头和我国参与国际竞争的主体。重点开发区域，是指资源环境仍有一定的承载能力、经济和人口集聚条件较好的区域。在这一区域，要大力加强基础设施建设，增强吸纳资金、技术、产业和人口集聚的能力，加快工业化和城市化步伐，提升辐射功能，使之逐步成为制成经济

①《中共中央关于制定国民经济和社会发展第十一个五年规划的建议》（辅导读本），人民出版社2005年版，第15~16页。

②《中共中央关于制定国民经济和社会发展第十一个五年规划的建议》（辅导读本），人民出版社2005年版，第16页。

发展和人口集聚新的重要载体。限制开发区域，是指生态环境脆弱、经济和人口集聚条件不够好的区域，如退耕还草地区、天然林保护地区、草原"三化"地区、重要水源保护地区、重要湿地、水资源严重短缺地区、自然灾害频发地区等。在这一区域，要实行保护优先、适度开发的方针，既要加强生态环境整治，因地制宜地发展本地生态环境可承载的特色产业，更要引导人口资源有序地向重点开发区域和优化开发区域转移，缓解人与自然关系紧张的状况。禁止开发区域，是指依法设立的各类自然保护区域。要依据法律法规规定实行强制性保护，严禁不符合功能定位的开发活动。①可见，按功能区构建区域发展格局，就意味着开始打破按行政区配置社会生产资源为主的格局，逐步转向按经济区域配置资源为主。这对于优化配置资源，无疑具有很重要、很深远的意义。这是其一。其二，它还意味着要实现经济布局、人口分布和资源环境三位一体的协调发展。这对于实现可持续发展也有很重要的意义。我们在下面还将对这一点做具体分析。

第四，要把发展功能区与生态功能区的实施紧密结合起来，以促进地区经济与环境协调发展。《国务院关于落实科学发展观加强环境保护的决定》对这一点做了具体规定。该决定指出："各地区要根据资源禀赋、环境容量、生态状况、人口数量以及国家发展规划和产业政策，明确不同区域的功能定位和发展方向，将区域经济规划和环境保护目标有机结合起来。在环境容量有限、自然资源供给不足而经济相对发达的地区实行优化开发，坚持环境优先，大力发展高新技术，优化产业结构，加快产业和产品的升级换代，同时率先完成排污总量削减任务，再到增产减污。在环境仍有一定容量、资源较为丰富、发展潜力较大的地区实行重点开发，加快基础设施建设，科学合理利用环境承载能力，推进工业化和城镇化，同时严格控制污染物排放总量，做到增产不增污。在生态环境脆弱的地区和重要生态功能保护区实行限制开发，在坚持保护优先的前提下，合理选择发展方向，发展特色优势产业，确保生态功能的恢复与保育，逐步恢复生态平衡。在自然保护区和具有特殊保护价值的地区

①《中共中央关于制定国民经济和社会发展第十一个五年规划的建议》（辅导读本，人民出版社 2005 年版），第 209~230 页。

实行禁止开发，依法实施保护，严禁不符合规定的任何开发活动。要认真做好生态功能区划工作，确定不同地区的主导功能，形成各具特色的发展格局。必须依照国家规定对各类开发建设规划进行环境影响评价。对环境有重大影响的决策，应当进行环境论证。"① 显然，实施这些规定对于实现可持续发展，具有重要的现实意义。

第五，要实现区域发展总体战略，还需要完善区域经济发展的法律法规，要强化区域经济发展的管理机构，要健全体现区域经济协调发展的干部业绩的考核指标，要在全社会形成有利于区域经济协调发展的文化氛围。显然，这些也都是实现区域总体战略的必要条件。

① 《人民日报》2006 年 2 月 15 日第 8 版。

中国 30 年改革开放的辉煌成就和伟大意义 *

一、辉煌成就

实践证明：我国社会主义市场经济大厦的基本构架主要包括：一个基础，即社会主义初级阶段的基本经济制度；六个支柱，即现代企业制度、现代市场体系、宏观经济调控体系、现代分配制度、社会保障体系和开放性经济。我们在下面就分这七个方面，依次分析 30 年改革开放的巨大成就。

1. 社会主义初级阶段基本经济制度已经基本建立。1978 年，公有经济占国内生产总值的 99%（其中国有经济和集体经济分别占 56% 和 43%），非公有制经济（主要是个体经济）仅占 1%。到 21 世纪初，公有经济比重下降到约为 30%，非公有经济上升到约为 70%。[①] 再以在国民经济占主导地位的工业的总产值来说，1980 年，公有经济占 99.5%（其中国有经济和集体经济分别为 76.0% 和 23.5%），非公有经济（包括个体私营和外资经济等）占 0.5%。2006 年，公有经济比重下降到 42.4%（其中国有和国有控股企业与集体企业分别占 39.3% 和 3.1%），非公有经济占 57.4%（包括个体、私营和外资经济等）。[②] 可见，以公有制、多种所有制

---

* 本文主要内容原载《国家行政学院学报》2008 年第 6 期。

① 《经济日报》2005 年 8 月 4 日第 5 版。

② 《新中国五十年统计资料汇编》和《中国统计年鉴》（有关各年），中国统计出版社。

经济共同发展、平等竞争、相互促进的格局已经大体形成。

2. 建设现代企业制度，已经取得决定性进展。主要是：

第一，作为建立现代企业制度的基础工作的国有经济和国有企业的战略调整取得重要进展。一是国有企业向有关国民经济命脉和国家经济安全等领域集中。目前，中央企业 82.8% 的资产集中在石油石化、电力、国防、通信、运输、矿业、冶金、机械行业。二是国有企业重组迈出重大步伐。国有企业数量明显下降，实力进一步向大型企业集中。2006 年，国有大型企业户数只占规模以上国有企业的 2.31%，但资产总额、主营业务收入和实现利润所占比重分别达到 35.91%、61.54% 和 63.25%。[①]

第二，推进了国有企业股份制的改造。到 2006 年底，有 2464 家企业集团集体的母公司改成公司制企业，改制面达到 84.9%。在股份改造取得重大成就的基础上，又进一步处理了过去股份制改造中遗留下的股份分置问题。截至 2006 年底，全国除金融机构控股的上市公司外，801 家国有控股上市公司已有 785 家完成或启动了股改程序，占 98%。

第三，法人治理结构趋于完善。截至 2006 年底，在已经改制的企业集团母公司中，依照《中华人民共和国公司法》有关规定成立股东会的母公司共 1640 家，占应成立股东会母公司的 93.7%；有 2362 家集团母公司已成立董事会，占 97.4%；有 2010 家母公司已成立监事会，占 82.9%。

第四，企业内部的激励、约束机制和决策、监督等项制度趋于完善。截至 2006 年底，在全部企业集团中，有 96.7% 的企业集团全面实行劳动合同制度，95.7% 的企业集团实行按时足额缴纳社会保险费制度，93.7% 的企业集团实行以岗位工资为主的工资制，88.4% 的企业集团内部管理人员实行公开竞聘制度，87% 的企业集团实行全员竞争上岗、职工能进能出制度，68.2% 的企业集团实行经营者年薪制，32.6% 的企业集团实行经营者持有股权、股票期权制；94.5% 的企业集团有重大事项决策程序制度，77% 的企业集团有财务总监委派制，60.5% 的企业集团有产权代表管理制度。[②]

第五，2003 年建立了国资委，初步建立了国有资产的管理制度，促进了国有企业现代企业制度的发展。

---

①《经济参考报》2008 年 8 月 26 日第 1 版。
②《中国经济年鉴》(2007)，中国经济年鉴社，第 825 页。

伴随国有经济和国有企业改革的发展，增强了国有资本的保值增值。截至 2006 年底，全国国有企业资产总额为 29 万亿元，比 2003 年底增长 45.7%，年均增长 13.4%。此外，2006 年国有资产直接支配或控制的社会资本 1.2 万亿元，比 2003 年增长 1.1 倍。[1]

伴随国有经济和国有企业改革的发展，国有经济在国民经济中的控制力得到进一步增强。当前，中央企业 80% 以上的国有资产集中在军工、能源、交通、重大装备制造、重要矿产资源开发领域，承担着我国几乎全部的原油、天然气和乙烯生产，提供了全部的基础电信服务和大部分增值服务，发电量约占全国的 55%，民航运输总周转量占全国的 82%，水运货物周转量占全国的 89%，汽车产量占全国的 48%，生产的高附加值钢材约占全国的 60%，生产的水电设备占全国的 70%，火电设备占全国的 75%。[2]

3. 现代市场体系已初步形成并在发展。

第一，商品市场的发展。比如，2007 年，社会消费品零售总额达到 89210 亿元，相当于国内生产总值的 36.2%。[3] 商品价格已基本市场化。2006 年，市场调节价的比重，在社会商品零售总额中占 95.3%，在生产资料销售总额中占 92.1%，在农副产品收购总额中占 97.1%。[4]

第二，要素市场的发展。比如，在金融市场方面，2007 年末，金融机构人民币各项存款余额和贷款余额分别达到 38.94 万亿元和 26.17 万亿元，分别相当于国内生产总值的 157.9% 和 106.1%；股票市价总值和流通市值分别达到 32.71 万亿元和 9.31 万亿元，分别相当于国内总值的 132.6% 和 37.8%。[5] 货币市场价格已经部分地实现了市场化（如同行业拆借市场价格），作为资本市场的最主要组成部分的股票价格也已市场化。依据上述情况，特别是其中的市场发展规模和市场价格机制形成这两个基本方面，可以认为，中国商品市场已经发展到相当成熟的程度，要素市场也有很大的发展，现代市场体系的框架已经初步建成并正在进一步

---

[1]《中国经济年鉴》(2007)，中国经济年鉴社，第 842 页。
[2]《经济参考报》2008 年 8 月 26 日第 1 版。
[3] 国家统计局网 2008 年 1 月 24 日。
[4]《中国物价年鉴》，中国物价出版社。
[5] 中国人民银行网 2008 年 1 月 27 日。

发展。

4. 宏观经济调控体系基本形成。在计划经济体制下，主要通过行政指令配置社会生产资源，计划是国家宏观调控手段的综合。经过改革，指导性计划逐步成为计划的主要形式，市场逐步成为社会生产资源配置的主要方式。

第一，1979 年以前，国家计划对 25 种主要农产品产量实行指令性计划管理，目前已全部取消。1980 年，工业产品有 120 种由国家计委下达指令性计划，到 21 世纪初已减少到 5 种（即只有木材、黄金、卷烟、食盐和天然气，其中木材、天然气和黄金还是部分地实行指令性计划），减少了 96%，占全国工业总产值的比重由 70% 下降到不足 4%。

第二，国家计委负责平衡、分配的统配物资，1979 年为 256 种，到 20 世纪末，国家计委只对原油、成品油、天然气和不到 40% 的煤炭、不到 3% 的汽车实行计划配置。1979 年，国家计划收购和调度的农产品、工业消费品和农业生产资料为 65 种，21 世纪初下降不到 10 种。

第三，1978 年，绝大多数商品价格由政府决定。在社会商品零售总额、生产资料销售总额和农副产品收购总额中，政府定价的比重分别占到 97%、100% 和 92.2%。到 2006 年底，三者比重分别下降 2.8%、5.6% 和 1.2%。绝大多数商品价格已由市场调节。当前，以指导性计划为主的计划，仍然是宏观经济调控体制的重要内容，适应社会主义市场经济发展的要求，依法实行的财政政策和货币政策已经成为宏观调控体系的主要组成部分。这标志着宏观调控体系已经基本形成。

5. 现代分配制度正在形成。

第一，按劳分配为主体、多种分配方式并存的制度，以及劳动、资本、技术、管理等生产要素，按贡献参与分配制度，已经确定并正付诸实施。

第二，市场机制决定、企业自主分配、政府监督调控的劳动报酬形成机制也正在形成过程中。

6. 伴随公共财政体制的建设，社会保障体系有了巨大发展。以社会保险、社会救助、社会福利为基础，以基本养老、基本医疗、最低生活保障制度为重点，以慈善事业、商业保险为补充的社会保障体系开始建立。2007 年末，全国参加城镇基本养老保险人数为 20137 万人，参加基本养老保险的农民工人数为 1846 万人；全国参加城镇基本医疗保险人数为 22311 万人，参加医疗保险的农民工人数为 3131 万人；全国参加失业保险人数为 11645 万人，其中农民工为 1150 万人；全国参加工伤保险人数为 12173 万人，其中农民工为 3980 万人；全国参加生育保险人数为 7775 万人。[①]

7.开放型经济已经基本形成。

第一，1978~2007 年，我国进出口总额由 206.4 亿美元增加到 21738 亿美元，居世界排名由第 28 位上升到第 3 位。

第二，实际利用外商直接投资由 1979~1984 年的 41.04 亿美元增加到 2007 年的 748 亿美元，多年居世界前列。

第三，非金融类对外直接投资由 1990 年的 9.1 亿美元增加到 2007 年的 187.2 亿美元，居发展中国家第一位。[②]

综上所述，经过 30 年的改革开放，我国社会主义市场经济体制已经初步建立，并正处于不断完善的过程中。但同时需要指出：今后我国经济改革的任务仍很艰巨，完善社会主义市场体制，还有很长的路要走。这一点尤为突出地表现在垄断行业改革、要素价格改革、城乡二元经济社会体制改革、财政体制改革和政企分开等方面。这是其一。其二，由于缺乏实践经验和理论准备不足，特别是由于"左"的计划经济思维和相关利益主体（包括一些部门、地区、单位和群体）多次顽强干扰，我国经济改革也存在诸多不足，甚至失误。比如，由于没有抓紧社会保障制度的建设，致使作为经济改革中心环节的国有企业的改革在一个很长的时间内难以迈出实质性的步伐，大大延缓了国有企业改革的进程。又如，在 1979~2006 年间，我国国内生产总值矫正指数、居民消费价格指数、工业品出厂价格指数、原材料燃料和动力购进价格指数和固定资产投资价格指数年均增幅分别只有 2.0%、1.2%、0.8%、2.6%和 1.3%。[③] 这是推进作为市场机制改革核心的最重要内容的要素价格的最好时机。尽管这期间要素价格改革也取得了一定进展，但并没有取得应有的决定性

---

① 国家统计局网 2008 年 5 月 21 日。

② 《中国统计年鉴》（有关各年），中国统计出版社；国家统计局网 2008 年 2 月 28 日。

③ 《中国生产总值指标历史资料》（1952~2004），《中国统计年鉴》（2007），中国统计出版社；《中国物价年鉴》（有关各年），中国物价出版社；国家统计局网 2008 年 4 月 8 日。

进展。以致失去这个今后再也不会有的良好时机。还需指出：要加快政治体制改革步伐，以改变这方面的滞后状况。

但是，如前所述，30 年改革开放使得我国在建立社会主义市场经济体制方面取得了极其辉煌的成就。从根本上说来，是在中国特色社会主义理论指导下取得的。从直接的意义上说，是在作为中国改革开放总设计师邓小平的改革理论指导下取得的。当然，在邓小平以后，从党的十四大到十七大，这个理论还有很大的发展。有关这个问题的分析，详见另一拙文。①

二、伟大意义

1. 使我国社会经济面貌发生了历史性的重大变化。

第一，改革以来，破天荒地实现了长期、持续、快速、平稳增长。1979~2007 年，我国国内生产总值年均增长 9.8%；在基数大大提高的情况下，比 1953~1978 年年均增速 6.1%要高出 3.7 个百分点，年均增速提高了 60%。2008 年上半年经济增速为 10.4%。②据国外有的学者计算，1950 年代以来，有 11 个国家和地区在长达 25 年的时间内，年均经济增速达到 7%以上。而我国改革开放以来，已有 29 年实现了年均增速 9.8%。看来，在正常情况下，中国经济增速达到 9%左右，还要延续一段较长时间。所以，我国经济长期持续增长，在中外经济发展历史上都是绝无仅有的。实际上，邓小平早在 1985 年就曾经预言："改革的意义，是为下一个十年和下世纪的前五十年奠定良好的持续发展的基础。"③改革以来，我国经济不仅实现了长期、持续、快速增长，而且实现了平稳增长。这里所说的经济平稳增长，主要就是指的经济周期实现了由新中国成立以来多次发生的超强波周期（波谷年与波峰年经济增速落差在 20 个百分点以上）、强波周期（落差在 10 个百分点以上）、中波周期（落差在 5 个百分

---

①《对改革开放指导思想的探索——三论中国改革开放 30 周年》，《中国经济时报》2008 年 7 月 25 日第 5 版。

②《中国统计年鉴》(2007)，中国统计出版社版，第 60 页；国家统计局网 2008 年 4 月 10 日，7 月 17 日。

③《邓小平文选》第 3 卷，人民出版社 1993 年版，第 131 页。

点以上）到轻波周期（落差在 5 个百分点以下）的转变。现举例如下：作为波峰年的 1953 年和作为波谷年的 1954 年的经济增速分别为 15.6% 和 4.2%，后者增速与前者增速相比，落差为 11.4 个百分点，是一次强波周期。1958 年和 1961 年的经济增速分别为 21.3% 和 -27.3%，落差为 48.6 个百分点，是一次超强波周期。1978 年和 1981 年经济增速分别为 11.7% 和 5.2%，落差为 6.5 个百分点，是一次中波周期。如果以 1999 年这个波谷年（这年经济增速为 7.6%）为起点，并把 2007 年看做是波峰年（这年经济增速为 11.9%），那么在这新一轮经济周期其落差为 4.3 个百分点，是一次轻波周期。[①]

第二，大大加速了工业化的进程，并在一定的和越来越大的程度上实现了同现代化的结合，实现了由农业大国到工业大国的过渡。①1978 年我国工业化水平综合指数只有 6.6，处于工业化初期的前半阶段；到 2005 年，工业化水平综合指数迅速上升到 50，已进入工业化中期的后半阶段。[②] 1978 年农业增加值和工业增加值占国内生产总值的比重分别为 28.2% 和 47.9%；到 2007 年二者分别为 11.3% 和 48.8%。[③] 1980 年，机电产品占出口的比重仅为 6.7%，2007 年上升到 57.6%。②1995~2006 年，我国高技术产业占制造业比重由 6.2% 上升到 16%，其出口比重也由 6.8% 上升到 29.1%。③1978 年，作为基础工业的煤、原油和发电量分别居世界的第 3 位、第 8 位和第 7 位。其中，煤在 1990 年以后一直居世界第 1 位，原油在 1980 年以后上升到第 6 位或第 5 位，发电量 2000 年以后一直居世界第 2 位。作为基本原材料工业的钢和水泥 1978 年分别居世界第 5 位和第 4 位，2000 年以后一直居第 1 位。当前制造业规模居世界第 2 位，其中高技术工业规模也居世界第 2 位。

第三，大大加快了城市化的进程。1952~1978 年，城镇人口年均增速为 3.5%，占全国人口的比重由 12.5% 上升到 17.9%。1979~2006 年，城镇人口年均增速提高到 4.4%，占人口的比重也上升到 43.9%。[④]

①《中国统计年鉴》(2007)，中国统计出版社，第 60 页；国家统计局网 2008 年 4 月 10 日。

②《中国工业发展报告》(2008)，经济管理出版社 2008 年版，第 22 页。

③《中国国内生产总值核算历史资料（1952~2004)》和《中国统计年鉴》(2007)，中国统计出版社；国家统计局网 2008 年 4 月 10 日。

④《中国统计年鉴》（有关各年），中国统计出版社。

第四，大大促进了初步买方市场的形成和发展。1997 年，全国 613 种主要商品中，供不应求的占 1.6%，供求基本平衡的占 66.6%，供大于求的占 31.8%。此后，这种市场一直处于稳定的发展状态。这里说的买方市场是指供求基本平衡、供略大于求的市场。说它是初步的，因为这种市场是在市场供应居于重要地位的农业还不稳定，其他基础产业和基础设施还不发达，存在过多的重复建设和重复生产，以及人民生活虽有显著改善但水平并不高、消费者权益还远未得到保障的条件下出现的，还不是成熟的买方市场。但这种市场却是长期生活在与计划经济体制相联系的卖方市场条件下人们梦寐以求的。因为它的出现不仅是我国社会生产长期高速增长的重要成果，也不仅是促进市场竞争的重要因素，而且是提高人民消费水平和质量的重要内容（包括消费品数量增加、品种增多、质量提高和增加闲暇时间等方面），是我国社会经济生活中的一个历史性变化，是改革的重要成果。

第五，大大提高了社会经济效益。其综合性指标就是改革后社会劳动生产率的增速比改革前大大提高了。1952~1978 年，我国社会劳动生产率年均增速为 3.4%，而 1979~2007 年提高到了 7.3%。[1]

第六，大大促进了人民生活水平的全面提升，在实现由温饱到总体小康的基础上，继续向全面小康迈进。①1978 年，全体居民消费水平由 1952 年的 91 元增长到 184 元，其中，农村居民由 65 元增长到 138 元，城镇居民由 154 元增长到 405 元。按可比价格计算，这期间三者年均增速分别为 2.3%、1.8% 和 3.0%。2006 年居民消费水平由 1978 年的 184 元迅速增长到 6111 元，其中农村居民由 138 元增长到 2848 元，城镇居民由 405 元增长到 10359 元。这期间，三者年均增速分别为 7.5%、5.9% 和 6.3%；三者比前一个时期分别高出 2.26 倍、2.28 倍和 1.1 倍。[2]还要提到：1978~2007 年，我国农村贫困人口已由 2.5 亿人下降到 1479 万人。②1978 年，农村居民家庭恩格尔系数为 61.8%，城镇居民家庭为 56.9%；2000 年二者分别下降到 49.1% 和 39.8%；2007 年二者又分别下降到 43.1% 和

---

① 资料来源：《新中国五十年资料汇编》和《中国统计年鉴》（有关各年），中国统计出版社；国家统计局网 2008 年 2 月 28 日。

② 《中国统计年鉴》（有关各年），中国统计出版社。

36.3%。[①]

第七，大大促进了综合国力的提升，从总体上实现了由人口大国到经济大国的转变。①我国国内生产总值居世界位次由1978年的第10位上升到2005年、2006年和2007年的世界第4位，居美国、日本、德国之后。②改革以来，我国已经实现了由农业大国到工业大国的转变。③我国已经成为高等教育大国、科技大国和人力资源大国。2007年我国普通高校在校生达到1855万，受过高等教育的人口超过7000万人。[②]依据2007年9月科技部发布的"中国科技实例研究"项目成果，当前，我国科技人力资源总量约为3500万人，居世界第一位；2006年我国研究开发人员总量为142万人，居世界第二位。[③]④当前我国进出口贸易额，实际利用外商直接投资额均居世界前列，非金融资类对外直接投资额居发展中国家第一位。我国的外汇储备由1978年的1.67亿美元增长到2007年的15282亿美元，居世界第一位。[④]⑤据国外有的单位测算，2006年我国消费额占世界消费额的5.4%，居世界第五位。[⑤]⑥中国经济增长对世界经济增长的贡献率，在2003~2005年达到13.8%，居世界第二位；2007年达到16%，居世界第一位。

当然，我国经济发展也面临着诸多困难和问题。正如2007年召开的党的十七大所总结的，突出的是：经济增长的资源环境代价过大；城乡、区域、经济社会发展仍然不平衡；农业稳定发展和农民持续增收难度加大；劳动就业、社会保障、收入分配、教育卫生、居民住房、安全生产、司法和社会治安等方面关系群众切身利益的问题仍然较多，部分低收入群众生活比较困难；思想道德建设有待加强；党的执政能力同新形势新任务不完全适应，对改革发展稳定一些重大实际问题的调查研究不够深入；一些基层党组织软弱涣散；少数党员干部作风不正，形式主义、官僚主义问题比较突出，奢侈浪费、消极腐败现象仍然比较严重。我们要

---

① 按照联合国粮食组织提出的标准，恩格尔系数60%以上为贫困，50%~59%为温饱，40%~50%为小康，20%~40%为富裕，20%以下为最富裕。

②《经济日报》2007年12月24日第3版；国家统计局网2008年2月28日。

③《人民日报·海外版》2007年9月26日；《经济日报》2008年1月8日第4版。

④《中国统计年鉴》（2007），中国统计出版社，第774页；国家统计局网2008年2月28日。

⑤《十七大报告（辅导读本）》，人民出版社2007年版，第93页。

高度重视这些问题，继续认真加以解决。① 还要指出：2008 年经济增速虽有下降，但仍处于偏热状态；特别是通胀还由去年的低通胀的上限区间演变为中度通胀下限区间，而且压力还在增大。

改革开放 30 年来取得的上述辉煌成就，是由多重因素作用的结果。其中，改革开放是经济发展的根本动力。详见另一拙文。②

2. 把中国化的马克思主义推进到一个新的历史阶段。

毛泽东从旧中国是半殖民地半封建社会这个基本国情出发，创立了新民主主义理论（包括新民主主义革命论和新民主主义社会论），通过新民主主义社会实现向社会主义社会的转变。在这个理论指导下，中国实现了新民主主义革命，建立了新民主主义社会，并实现了向社会主义社会的过渡。历史已经证明，毛泽东首创了中国化马克思主义的新的历史阶段。

邓小平从中国是社会主义社会初级阶段这个基本国情出发，提出了中国特色的社会主义理论，提出了一个中心（社会主义经济建设）、两个基本点（四项基本原则和改革开放）的党在社会主义初级阶段的基本路线。党的十七大明确指出："改革开放伟大事业，是以邓小平同志为核心的党的第二代中央领导集体带领全党全国各族人民开创的"。③ 在邓小平理论指导下，在改革以来的 30 年中，中国社会经济面貌才发生了历史性的重大变化，社会主义事业才得到了巩固和发展。可以设想，如果不进行改革，或者按照在西方新自由主义理论指导下苏联东欧国家模式进行"改革"，那么，中国社会主义事业就不可避免地走向失败。历史也已经证明：邓小平开创了中国化马克思主义又一个新的历史阶段。当然，无论是毛泽东思想，或者邓小平理论，都是党的集体智慧的结晶。

关于邓小平的改革开放理论的内容，我在另一文中已做过分析。④ 这里再对国内外长期广泛流行的一种观点做些分析。这种观点把我国在邓小平理论指导下的经济改革与苏联东欧国家经济"改革"的区别，简单地归结为渐进法与休克疗法。这种观点虽然反映了部分事实，但忽视了

---

① 《中国共产党第十七次全国代表大会文件汇编》，人民出版社 2007 年版，第 5~6 页。

② 《改革开放是 30 年的经济发展的根本动力——二论中国改革开放 30 周年》，《中国经济时报》2008 年 7 月 24 日第 5 版。

③ 《中国共产党第十七次全国代表大会文件汇编》，人民出版社 1977 年版，第 7 页。

④ 《对改革开放指导思想的探索——三论中国改革开放 30 周年》，《中国经济时报》2008 年 7 月 25 日第 5 版。

问题的根本方面，忽略了邓小平经济改革理论与休克疗法的本质区别。

第一，邓小平基于对中国社会主义初级阶段基本矛盾的分析，把中国经济改革性质确定为社会主义的自我完善。而休克疗法的基本内容被有的学者概括为自由化、私有化和稳定化。其经济理论基础是新自由主义。其实质是要根本改变社会主义制度。

第二，邓小平的改革理论浸透了唯物论认识论的精神，他说："我们最大的试验是经济体制改革。改革先从农村开始，农村见了成效，我们才有勇气进行城市的改革。"又说："每年领导层都要总结经验，对的就坚持，不对的赶快改，新问题出来抓紧解决。"[1]而休克疗法则纯粹是主观主义。显然，经济改革是极其复杂的事情，其各组成的改革有难易之分，其赖以进行的条件形成也有先后之别。如此等等均说明：休克疗法是不可能行得通的。正是上述这些本质区别决定了中国经济改革已经和正在取得巨大成功。而实行休克疗法的那些国家则无一不是归于失败。这些国家不仅葬送了社会主义事业，而且在经济发展和人民生活等方面也都付出了难以承受的、惊人的沉重代价。

最后，还需要说明：在邓小平改革理论指导下，中国经济改革取得了成功。这是邓小平改革理论的伟大意义。这是一方面。另一方面，邓小平改革理论又是适应中国经济改革的客观需要而产生的，在不断总结中国经济改革的伟大实践的基础上形成和发展的，并且是由改革实践证明了其正确性。我们正是在后一方面的含义上说，中国改革开放伟大意义的一重要方面，就是把中国化马克思主义推进到一个新的阶段，即邓小平理论阶段。

3. 是 1970 年代末以来最伟大的国际事件。

第一，中国经济改革是在世界上人口最多的社会主义国家取得成功的这件事本身，就是 1970 年代末以来的这个时限内无与伦比的最伟大的国际事件。

第二，和平、发展与合作是当代的世界潮流。而由改革开放推动的中国经济大国地位的确立，是推动这个潮流的一个重要因素。①中国的和平崛起，为中国推行独立自主的和平外交政策提供了强大的物质支撑，使得中国成为维护世界和平的一支最重要力量。②中国经济大国地位的

---

① 《邓小平文选》第 3 卷，人民出版社 1993 年版，第 130，372 页。

确立，还使得中国越来越成为稳定和推动世界经济发展的重要力量。1997 年亚洲金融危机爆发后，中国以一个负责任经济大国的姿态，坚持人民币不贬值，大大缓解了这场危机。新世纪以来，中国经济增长率对世界经济增长的贡献率多年居世界第一位。近年来，由于美国住房次级抵押贷款危机、石油价格飙升和美元贬值等因素的作用，美国、欧盟和日本三个经济体的经济趋于低迷，正是依靠中国、印度和俄罗斯等国经济的高速增长，才在很大程度上支撑了世界经济的发展。中国经济改革和发展的经验，受到越来越多的国家（特别是俄罗斯和印度等这样一些新兴市场经济国家）的关注，成为推动其经济发展的一个重要因素。③改革以来，中国开放型经济有了很大的发展。在这方面，中国始终不渝奉行互利共赢的对外开放战略。中国在国际经济合作方面推行的这个战略，为相关国家和人民带来了福祉，赢得了广泛赞同，从而推动了国际经济合作的发展。据世界银行估算，中国加入世贸组织后使全球福利每年增加 740 亿美元。2001 年 12 月~2005 年 1 月，中国平均每年进口 5000 亿美元的商品，为相关国家创造了约 1000 万个就业机会；中国低成本产品出口又为相关国家人民节约了巨额的消费支出。比如，1995~2004 年，中国产品对美国出口为美国消费者节省了 6000 多亿美元。①④伴随中国经济大国地位的确立，中国代表参与国际组织领导工作以及国际会议（特别是由中国承办国际会议）的机会越来越多。这就大大增强了中国在国际事务中的话语权。这种情况十分有利于逐步改变"二战"以后确立的、由经济发达国家主导的、体现他们利益的国际经济旧秩序，逐步建立体现世界各国人民（特别是发展中国家人民）利益的国际经济新秩序。这一点，正是推动和平、发展和合作的世界潮流的最重要因素。

第三，从 1980 年到 1990 年初东欧国家和苏联相继解体以后，世界社会主义事业遭到了严重的挫折。在这种历史背景下，中国的改革开放，焕发了社会主义制度的生机和活力，巩固和发展了中国的社会主义事业。这就成为照亮世界社会主义事业继续前进的灯塔。这一点，对世界社会主义事业的发展，具有极其深远、极其重要的影响，必将作为最光辉的一页载入世界社会主义的史册。

---

①《中国工业发展报告》(2008)，经济管理出版社 2008 年版，第 173 页。

关于改革以来宏观经济调控经验的若干思考 [*]

就我国社会主义初级阶段的具体情况来看，宏观经济调控的重要任务，就是实现经济的长期持续稳定快速发展，以促进社会主义现代化建设三步走的战略目标的实现。总体上说，改革以来宏观经济调控在实现这个任务方面做得很好。其整体表现是：1979~2007 年，我国国内生产年均增速为 9.8%；在基数大大提高的情况下，比 1952~1978 年年均增速6.1%高出 3.7 个百分点。据国外有的学者计算，在 1950 年代以后，有几个国家和地区在长达 25 年的时间内实现了年均经济增速 7%以上。可见，改革以来，我国经济长期持续稳定快速增长在当代世界上是绝无仅有的。

这种情况是多种因素作用的结果。其中，宏观经济调控做得好，是一个重要方面。这突出表现在对经济周期运行的调控上。如果以作为低谷年的 1999 年（这年经济增速为 7.6%）为起点考察新一轮经济周期运行，可以清楚观察到以下特点：①就经济周期的总体构成看，不仅不会出现由经济、政治等因素造成的 1960~1962 年那种经济危机阶段（这 3 年经济增速分别为-0.3%、-27.3%和-5.6%），也不会出现由政治因素造成的 1967 年、1968 年和 1976 年那种经济危机阶段（这 3 年经济增速分别为-5.7%、-4.1%和-1.6%），而且也不会出现 1990 年那种近乎衰退的阶段（这年经济增速仅为 3.8%）。这次经济周期更不会出现新中国成立后历次经济周期出现的经济过热阶段。依据我国历史经验数字，年经济增长率

---

* 本文主要内容原载《经济学动态》2008 年第 12 期。

超过潜在经济增长率两个百分点以上就会形成经济过热。比如，1953 年、1956 年、1958 年、1978 年、1984 年、1987 年和 1992 年都是这个情况。①诚然，2004~2007 年的经济增长率都不同程度地超过了潜在经济增长率的上限，都还在两个百分点以内，可以看做经济偏热（如 2004~2006 年）和逼近经济过热边缘（如 2007 年）。总体上看，这次经济周期将由经济增长的上升阶段和下降阶段两个构成。其中上升阶段包括波峰阶段。波峰阶段的经济增速在潜在经济增长率的上限区间（9%~10%）运行，或者略有超过，但不致形成经济过热。下降阶段包括波谷阶段。波谷阶段的经济增速预计将在潜在经济增长率的下限区间（7%~8%）运行，也不致形成经济衰退，更不会形成经济危机。②就经济周期的运动形态来看，这次经济周期实现了由新中国成立以来多次发生的超强波周期（波谷年与波峰年经济增速落差在 20 个百分点以上）、强波周期（落差在 10 个百分点以上）、中波周期（落差在 5 个百分点以上）到轻波周期（落差在 5 个百分点以下）的转变。现举例如下：作为波峰年的 1953 年和作为波谷年的 1954 年的经济增速分别为 15.6% 和 4.2%，后者增速与前者增速相比，落差为 11.4 个百分点，是一次强波周期。1958 年和 1961 年的经济增速分别为 21.3% 和 -27.3%，落差为 48.6 个百分点，是一次超强波周期。1978 年和 1981 年经济增速分别为 11.7% 和 5.2%，落差为 6.5 个百分点，是一次中波周期。如果以 1999 年这个波谷年（这年经济增速为 7.6%）为起点，并把 2007 年看做是波峰年（这年经济增速为 11.9%），那么在这新一轮经济周期其落差为 4.3 个百分点，是一次轻波周期。②上述经济周期发生的积极变化，是与宏观经济调控直接相联系的。

改革以来，宏观经济调控最重要的经验③有：

第一，在宏观经济调控指导思想方面实现了根本转变。早在 1981 年党中央、国务院依据对改革前片面强调经济增速、忽视经济效益提高和

---

① 按照当前我国实际情况，潜在经济增长率可以定义为在保护环境和不引发通货膨胀的条件下，各种生产要素得到充分发挥所能达到的生产率。但引入环境因素很复杂，也缺数据，故将这个因素抽象了。还要说明：第一，潜在经济增长率是个动态概念，它随着各种相关因素（特别是社会劳动生产率）的变化而变化。1953~1978 年，我国社会生产率年均增长率为 3.4%，1979~2007 年为 7.3%。第二，计算潜在经济增长率的简便方法，就是按照较长时期的年均经济增长率计算。这样，可以把 1953~1978 年的潜在经济增长率大致定为 6%，把 1979~2007 年的潜在经济增长率大致定为 10%。

② 《中国统计年鉴》（相关各年），中国统计出版社。

③ 本文所说的经验，既包括正面的经验，也包括反面教训。

人民生活改善的教训的总结，明确提出："要切实改变长期以来在'左'的思想指导下的一套老的做法，真正从我国实际情况出发，走出一条速度比较实在、经济效益比较好、人民可以得到更多实惠的新路子。"① 1981年是"六五"计划的第一年，自此以后，直到"十一五"规划，在中央层面提出的计划（规划）里再也没有出现过改革前长期存在的脱离实际的经济增长高指标。当然，由于片面追求经济增速传统战略的惯性作用，特别是投资膨胀机制（主要是地方政府的投资膨胀机制）的存在，在实际经济工作中真正实现这种指导思想的转变，还是经历了一个长期的艰难的过程，以致直到现在还不能说这种传统战略的影响就不存在了。但从中央层面实现这种指导思想的转变，就从整体上保证了我国经济的长期持续稳定快速的增长。

这里还要着重提到：2003 年党中央提出了"坚持以人为本，树立全面、协调、可持续的发展观。"② 这就把包括宏观经济调控在内的整个经济发展进一步建立在科学发展观的基础上，在这方面实现了一个新的质的飞跃。从而为我国经济的持续稳定快速发展提供了全面的根本的保证（详见后述）。这样，尽管 2004 年和 2007 年我国发生了经济偏热，但并没有出现此前多次发生的经济过热。这一点是同科学发展观的提出和贯彻分不开的。

第二，在准确把握经济周期各个阶段特点的前提下，确定宏观经济调控政策的方向。改革以后，这方面的经验是主要的，但也有教训。历史表明：把 1978 年的经济形势认定为由"洋跃进"造成的经济严重失衡，并据此提出了以调整为重点的"八字"（即调整、改革、整顿和提高）方针，是正确的。其后，把 1985 年的经济形势认定为经济过热，并据此采取了稳定经济的方针和相应的紧缩的宏观经济政策是妥当的。问题发生在对 1987 年的经济形势做了过于乐观的估计。1984 年开始的经济调整，到 1987 年并没有到位。但却误认为已经到位。这就在实际上导致放弃了稳定经济的方针和紧缩的宏观经济政策，并代之以宽松的宏观经济政策。于是导致了 1988 年的经济过热。据此，1988 年提出的治理经济环境，整

①《中国经济年鉴》(1982)，经济管理杂志社，第Ⅱ-8 页。
②《中共中央关于完善社会主义市场救济金体制若干问题的决定》，人民出版社 2003 年版，第 13 页。

顿经济秩序，全面深化改革的方针，采取了紧缩的宏观经济政策，也是必要的。基于1992年以来经济再次发生过热的形势，又实行了加强宏观经济调控的重大决策，采取了紧缩的宏观经济政策，特别是紧缩的货币政策，是正确的。2004~2005年又发生了经济偏热加剧的状况，于是将1998年开始实施的积极的（扩张的）财政政策和稳健的（中性的）货币政策，于2005年和2007年分别转变为稳健的财政政策和从紧的货币政策，是必要的。实践证明：正确地把握经济周期各个阶段的特征，据此确定宏观经济调控政策的方向，对于实现经济的长期持续稳定快速发展至关重要。

不仅如此，还要把握经济周期的阶段变化，及时调整宏观经济调控的方向。这一点也很重要。比如，1993年开始实行的经济调整，将经济增速由1992年的14.2%逐步下降到1997年的9.3%。这时经济增速仍然处于我国现阶段潜在经济增长率的上限区间。但由于1997年7月亚洲爆发了金融危机，1988年上半年长江流域的部分地区又发生了特大水灾。这两个重要因素把我国经济增速迅速推向下滑。于是在1998年又提出了以扩大内需为主的方针和积极的财政政策，从而抑制了经济迅速、过度下滑的趋势，使得1998年和1999年经济增速分别达到了7.8%和7.6%，仍然处于我国现阶段潜在经济增长率的下限区间。但如果从回过头来总结经验这个视角来看，在这方面也还存在值得斟酌的地方。如果充分考虑1993年以来实行的紧缩的宏观经济政策的滞后效应，并在1997年7月亚洲金融危机爆发时就能及早地预计到这场危机对我国经济增长的负面效应，从而更早一些调整宏观经济政策的调控方向，那么，1998年和1999年的经济增速可能不会下降那么快和那么多。再如，2000~2003年处于这一轮经济周期的上升阶段，其中2003年经济增速已经达到了我国潜在经济增长率的上限。这4年经济增速分别依次为8.4%、8.3%、9.1%和10.0%。于是2005年以后在宏观经济政策的调控方向就作出了重大调整（已见前述）。这对于在2004~2007年期间把经济增速限制在偏热范围，而没有发生经济过热，起了重要作用。当然，从事后总结经验来看，这方面也有值得斟酌之处。可以设想，如果充分考虑到原来实行的宏观经济政策的滞后效应，以及调整后宏观经济政策作用的实现需要经历一段时间，从而对积极的财政政策不是到2005年才进行调整，稳健的货币政策也不是到2007年才进行调整，而是更早一些，那么，这期间发生的经济偏热状况可能会轻一些，缓解的时间可能会早一些。在这方面，2008年针对国内外复杂多变的经济形势，在宏观经济调控方向所做的调整，做得很及时、很有力、很出色。2007年底，在经济增速由偏热逼近过热、通胀已由低度通胀上限区间向中度通胀逼近的形势下，提出了"双防"方针（防经济过热、防通胀）。到2008年7月，在经济增速出现下降过快，而且通胀仍处于中位通胀的形势下，①又提出了"保增长、控通胀"的方针。到2008年10月，由美国"次贷"危机引发的世界金融危机已经显现的形势下，又进一步提出把保持经济稳定增长放在首要地位。②为了实现保增长，2008年11月，依据世界金融危机对我国实体经济的负面影响显著加剧的形势，又将原来实行的稳健的财政政策调整为积极的财政政策，将从紧的货币政策调整为适度宽松的货币政策。③显然，这些依据情况变化而不断推进的、灵活审慎的宏观经济政策，对于保持我国经济增长态势，已经和将要发生十分重要的作用。这些又都说明准确把握经济周期的阶段变化，从而调整宏观经济调控的方向，对于实现经济的长期持续稳定快速发展，也是不容忽视的一个重要方面。

做到以上各点的一个重要条件，就是要准确把握现实经济增长率与潜在经济增长率的差距。这是从总体上衡量经济冷热唯一的、无可替代的、反映经济全局的指标。当前流行的观点，习惯于用投资率和通胀率来反映经济的冷热。这固然有道理，但都不全面。关于这些问题，我在有关论文中已经做过详细分析，这里不再重复。④

第三，把调控社会总需求与社会总供给紧密地结合起来。当前相当流行的一种观点认为，我国社会主义市场经济条件下的宏观经济调控只是调控社会总需求，不调控社会总供给。这种观点源于现代西方经济学中的凯恩斯主义。它不符合马克思主义，也不完全符合当代经济发达国家的实践，更不符合我国的国情。

马克思在《资本论》中提出了三个社会扩大再生产公式，即 $I(c+v+$

①　有关这些概念的数量界定，详见拙文：《试析价格指数及其与经济冷热的关系》，《中国社会科学院研究生院学报》2008年第1期。

②　参见《经济参考报》2008年10月29日第11版。

③　参见新华网2008年11月9日。

④　详见拙文：《试论2003年以来宏观调控的基本经验——兼论确定经济冷热的总体指标》，《经济学动态》2007年第10期。

m$)>$Ⅰc$+$Ⅱc，Ⅱ$(c+v+m)>$Ⅰ$(v+m)+$Ⅱ$(v+m)$和Ⅰ$(v+m)>$Ⅱc。这3个公式既反映了第Ⅰ部类在物质形态和价值形态上对第Ⅱ部类的需求，也反映了前者对后者的供给；既反映了第Ⅱ部类在物质形态和价值形态上对第Ⅰ部类的需求，也反映了前者对后者的供给。只有第Ⅰ部类和第Ⅱ部类双方相互在需求和供给两方面满足了对方的需要，社会扩大再生产才能顺利进行。这3个公式揭示了社会大生产的一般规律。因此，无论是资本主义条件下扩大再生产，或者是社会主义条件下扩大再生产，都必须遵循客观规律的要求；否则，社会扩大再生产就不可能顺利进行。也正因此，无论是资本主义现代市场经济条件下宏观经济调控，抑或是社会主义计划经济条件下和社会主义市场经济条件下的宏观经济调控，都必须反映这个客观规律的要求，必须对需求和供给两方面进行调控，而且需要把二者结合起来；否则，经济就不可能持续发展。

诚然，在当代经济发达国家，以凯恩斯宏观经济理论为基础，主要实行对需求的调控。这有某种合理性。这不仅是因为在资本主义现代市场经济条件下，社会生产资源配置主要是依靠市场进行的，而且总的说来是生产相对过剩的。因而可以把调控的着重点放在对需求的调控上。但这并不意味着凯恩斯的宏观经济理论是完全正确的，也不意味着经济发达国家的宏观经济调控的实践是完美无缺的。实际上，在有的经济发达国家的某些时期也已经注意到了这一点。比如，美国总统里根执政时期和英国首相撒切尔夫人的执政时期，就强调了对供给的管理；日本多年实行的产业政策也反映了这一点。

在社会主义计划经济条件下，社会生产资源的配置主要依靠政府的行政指令，而且总的是短缺经济。因而宏观经济调控的重点放在对供给的调控上，但也总是同时与对需求的调控结合在一起的。这一点，从陈云（他是我国计划经济时期国民经济管理方面的最卓越领导人）提出的宏观经济管理的原则上可以清楚完整地看得出来。他曾经提出国民经济计划要贯彻五大平衡原则，即基本建设规模和财力物力之间的平衡、财政收支平衡、银行信贷平衡、物资供需平衡以及人民购买力和能够供应的消费品的平衡。[①]显然，这些原则具体地但又是深刻地反映了马克思提

---

① 《陈云文选》第3卷，人民出版社1995年版，第52~55页。

出的社会扩大再生产一般规律的要求，既体现了对供给的调控，也体现了对需求的调控。这当然不是说，在计划经济体制下，经常能够实现社会总供给和社会总需求之间的平衡；恰恰相反，由于计划经济内含着投资膨胀机制，再加上片面追求经济增速战略的作用，二者是经常失衡的，甚至是严重失衡的。但这并不能否定在计划经济条件下兼顾了对供给和需求的调控。

到了计划经济向社会主义市场经济的转变时期，需求调控在宏观经济调控中的地位显著上升了，但并没有忽视供应调控的重要性。这不仅是适应了社会扩大再生产一般规律的要求，而且反映了我国转轨时期的国情。诚然，伴随改革以来经济的快速发展，我国在 1997 年以后就形成了初步的买方市场，改革前短缺经济有了显著的改变。但必须清醒地看到，我国还将长期处于社会主义初级阶段。这个阶段在社会生产力方面的一个重要特征，就是众多基础产业还不发展，不能适应经济发展的需要。而且我国已经实现了由人口大国到经济大国的转变，对资源的需求量很大，在这方面的供给缺口还很大。因为需求量大，即使当前有充足的外汇，也难以完全依靠国际市场来解决。所以，从调节供应方面的重要性来说，其意义在我国比经济发达国家要大得多。就调节作为需求最重要方面的最终消费来说，在有的方面，其意义又要小得多。经济发达国的最终消费率一般达到 60%~70%。我国 2007 年只有 48.8%。[①] 所以，在这方面，既不能照搬现代西方经济学某些流派的理论，也不能照搬西方某些经济发达国家的实践，而必须从我国社会主义初级阶段的具体情况出发，在宏观经济调控方面兼顾对需求和供应的调控。只有这样，才能保证经济的持续快速发展。比如，2003 年以来，伴随经济增速的上升，就出现了煤电油运和农产品的供应紧张情况。试想，在这种情况下，如果不在供应方面加强对这些短线产品的调控，社会扩大再生产能持续进行吗？实际上，在我国转轨时期，宏观经济调控既包括对需求的调控，也包括对供应的调控，只要看一看作为我国宏观经济调控体系的重要内容的"六五"计划到"十一五"规划提出的任务，就是很清楚的。因为

---

① 《中国统计年鉴》（2008），中国统计出版社，第 54 页。

这些任务都明显反映了这两方面的调控。[①] 即使就作为宏观经济调控体系的主要组成部分的财政政策和货币政策来说，二者无疑主要是调控社会总需求的。但就二者执行中有保有压的区别对待原则来说，也体现了对社会总供给的调节。当然，问题不仅在于从"六五"计划到"十一五"规划包括这两方面，也不仅在于财政、货币政策执行中的有保有压原则。根本问题是在于这些规定和原则是符合我国国情的，而且对我国经济发展起了重要的积极作用。这个实践方面的标准，是判断这个问题的根本标准。所以，把对社会总需求的调控与对社会总供给的调控结合，是我国宏观经济调控的一个重要经验。

第四，在调控社会总需求方面，主要是处理好消费和投资以及内需和外需的关系。投资与消费的关系，从来都是社会大生产条件下需要处理好的最基本的比例关系。在我国社会主义条件下，它在宏观经济调控中处于更重要的地位。但在这方面，我国既有成功经验，也有严重不足。

就消费和投资关系的演变过程来说，世界各国在工业化和现代化的过程中，消费率都经历了先降后升的过程。与此相对应，投资率经历了是先升后降的过程。尽管低收入国家、中等收入国家和高收入国家在这方面存在重大区别，但总的趋势都是这样的。[②]

新中国成立以后在工业化的一个长期内，大体上也呈现出这个趋势。1952~1978 年，我国消费率由 78.9%下降到 62.1%，投资率由 22.2%上升到 38.2%。当然，这里不只是反映了工业化的一般趋势，更重要的还有这期间片面追求经济增速、忽视人民生活改善的"左"的政策的作用。改革以后的一段时期内（1979~1993 年），为了纠正上述"左"的错误，在客观上也是适应工业化一般趋势的要求，特别是社会主义生产目的的要求，消费率呈现出稳中趋升的态势，而投资率则是稳中趋降的态势。1978~1992 年，消费率由 62.1%上升到 62.4%。投资率由 38.2%下降到 36.6%。其中，消费率最高年份 1981 年达到 67.1%，投资率最低年份 1982 年降为 31.9%。[③] 在以上时限内，尽管有特殊因素的作用，但从总的

---

① 参见拙著：《论中国经济社会的持续快速全面发展（2001~2020）》，经济管理出版社 2006 年版，第153~154 页。

② 详见拙著：《论中国经济社会的持续快速全面发展（2001~2020）》，经济管理出版社 2006 年版，第94~96页。

③《中国国内生产总值核算历史资料（1952~2004）》，中国统计出版社，第 19 页。

发展趋势看,可以认为适应了工业化的一般趋势。这当然是多种因素作用的结果。但同宏观经济调控是有直接关系的,可以看做是它的一个重要成就。

但在 1993 年以后,情况发生了逆转,消费率不升反降;而投资率不降反升。到 2007 年,消费率由 1992 年的 62.4%逐步下降到 48.8%,而投资率由 36.6%逐步上升到 42.3%。当然,这期间消费率和投资率的这种变化,也是由多种因素作用的结果。[①] 但同宏观经济调控不力,显然是有直接联系的。这也可以看做它的一个教训。

我国消费率长期过低,投资率长期过高,不仅不符合工业化和现代化的一般发展趋势,而且同社会主义生产目的和科学发展观的要求是大相径庭的。如果长期得不到改变,必将酿成严重的经济危机。必须清楚地认识到:尽管社会主义制度根本区别于资本主义制度,但从一般意义上说,马克思所揭示的由资本主义条件下生产与消费的矛盾发展导致生产过剩经济危机的原理,对于社会主义社会也是适用的。这一点,实际上早已为 1958 年开始的“大跃进”导致的投资与消费关系的严重失调,从而由此引发的经济危机所证实了。1957~1960 年,我国的消费率分别依次为 74.1%、66.0%、56.6%和 61.8%;投资率分别依次为 25.4%、33.5%、42.8%和 38.1%。由此造成了经济增速的大幅下降。1958~1962 年国内生产总值的增长速度分别依次为 21.3%、8.8%、-0.3%、-21.3%和-5.6%。[②] 因此,当前我国宏观经济调控的一个极重要的迫切任务,就是调整消费和投资的关系。其调整方向就是按照科学发展观的要求,积极稳定地逐步降低投资率和提高消费率。[③] 这是就宏观经济调控的趋势来说的。它并不否定当前增加投资的特殊重要性。显然,在当前世界金融危机导致外需锐减的情况下,亟须扩大内需,而提高消费有一个过程。这就需要在更大程度上依赖扩大投资。但同时需要指出:在扩大国有投资的同时,要同深化投资体制改革紧密结合起来,谨防旧体制的复归,以及由此必

---

① 详见拙著:《论中国经济社会的持续快速全面发展 (2001~2020)》,经济管理出版社 2006 年版,第 97~102 页。

②《中国国内生产总值核算历史资料 (1952~2004)》,中国统计出版社,第 5、19 页。

③ 详见拙著:《论中国经济社会的持续快速全面发展 (2001~2020)》,经济管理出版社 2006 年版,第 102~108 页。

然带来的投资低效益；还要同加强中央对投资的监控结合起来，防止可能引发的新一轮以地方政府为主的投资膨胀、新一轮政府形象工程的泛滥、新一轮侵吞国有投资的贪污腐败蔓延；特别是要同提高消费结合起来，切实贯彻以民生为重点的原则。比如，在住宅投资方面，要大大增加低收入群体当前迫切需要的保障房和经济适用房的建设。这种投资实际上就是在不同程度上提高居民的即期消费，并可以提高他们的消费倾向和消费预期，还可以从增加住房供给方面抑制房价上涨，进一步挤出房市的泡沫。必须清楚地看到：如果说，当前我国股市泡沫已经挤得差不多了，但房市泡沫则没有达到这一步。在这方面，当前要谨防有人利用扩大投资、增加需求的机会，继续维持甚至推高房价，继续保持甚至增加房市泡沫。这不仅同扩大内需和提高居民消费的精神是相左的，对房市的健康发展也是不利的。

在改革开放条件下，内需（包括消费和投资）和外需关系已经上升为经济中的基本关系之一，在宏观经济调控中的战略地位显著提高。这一点，与改革前存在的封闭和半封闭的情况相比，已有了巨大变化。在1952~1978 年间，货物和服务净出口占国内生产总值的比重长期稳定在-1.1%~1.1%的水平上。[①] 当然，净出口在经济发展中的地位，并不只是决定它在经济中的比重，还决定于其物质构成以及这种构成重要性。而且，外贸在经济发展中的作用，也不只是决定于净出口，同进出口总量及其物质构成都是有联系的。上述数据确实表明：改革前净出口的重要性并不明显。但在 1979~2007 年间，净出口比重的浮动区间却上升到-4.1%~8.9%。特别是 2004 年以来，其比重迅速大幅攀升。2004~2007 年，其比重依次分别为 2.5%、5.4%、7.5%和 8.9%。[②] 应该肯定，改革以来净出口以及整个进出口的增长在促进我国经济发展中起了重要的作用。这体现在利用两种市场和两种资源扩大就业和增加税收等方面。这也是改革以来宏观经济调控方面的一个重要成就。

像任何事物的发展一样，都有一个作为质和量的统一的度。问题就在于：2004 年以来，净出口比重上升太快太大。这显然是经济内外失衡

---

① 《中国国内生产总值核算历史资料（1952~2004）》，中国统计出版社，第 19 页。
② 《中国统计年鉴》（2008），中国统计出版社，第 54 页。

的表现。当然，这种失衡又是同国内投资与消费失衡相联系的。无论从哪方面说，都是宏观经济调控的失当。

需要着重指出：净出口比重过大，同我国已经确立的社会主义经济大国的地位和经济发展以扩大内需为主的战略方针很不协调。不仅如此，还包含着巨大的经济风险。这一点，在当前世界金融危机已经爆发并正在向实体经济蔓延形势下，显得尤为突出。当前全球性金融危机还处在发展过程中，其对我国经济影响究竟有多大，还需要观察。但就已有的情况可以看到：①这场世界金融危机对我国金融方面的负面影响相对较小，对实体经济（首先是进出口贸易）影响相对较大。②这场危机对我国经济的影响要大于1997年发生的亚洲金融危机。因为已经卷入危机的大多数经济发达国家都是我国最主要的贸易合作伙伴。③这场危机对我国经济的影响还要持续一段时间才能充分暴露出来。对此，需要有充分的估计。这一点，亚洲金融危机给我们提供了有益经验。这次危机是1997年7月爆发的，但对我国出口的影响在1998年以后才逐步暴露出来。1997~1999年，我国净出口占国内生产总值的比重分别为4.3%、4.2%和2.6%。[①] 诚然，这期间，净出口比重的下降主要是以扩大内需为主方针贯彻的结果。但同亚洲金融危机的负面影响也有重要联系。

当然，也不宜把这次世界金融危机对我国经济的负面影响估计过大。它不会改变我国经济持续稳定快速发展这个基本面。问题在于：支撑这个基本面的主要因素（包括改革开放效应，科技进步效应、工业化中后期的阶段效应和经济大国效应等[②]）并没有因这次危机而又改变。这是其一。其二，就出口来说，尽管会受到影响，但也不会太大。因为：①低成本的消费品在我国出口中的比重较大，其消费需求弹性较小。而且，伴随经济发达国家金融危机的发展，许多人的收入水平会下降。这样，原来收入较高的群体是不购买这些消费品的，而现在则加入到这种消费的行列。②1997年以后，我国推行出口多元化战略已经取得了巨大成功。而且当前这方面的拓展空间还很大。我国推行平等互利的对外开放政策和企业竞争力的提高，又为拓展这种空间提供了两个最有效的手段。其

---

① 《中国统计年鉴》（2008），中国统计出版社，第19页。

② 详见拙著：《论中国经济社会的持续快速全面发展（2001~2020）》，经济管理出版社2006年版，第82~83页。

三，仅就金融危机来说，尽管这次世界金融危机会加大我国的金融风险，但也不致酿成金融危机。我国实体经济发展健康；金融体系总体健全；金融监管大大加强；资本市场还未开放；外汇储备很多；特别是政府及时采取了抵御世界金融危机的一系列有力措施。这些都是一道道防止我国金融爆发的重要的防火墙。其四，毫无疑问，这次世界金融危机是"二战"以后发生的一次最严重的金融危机。但相对 1929~1933 年那次经济危机来说，还是要轻得多。问题的关键在于：前者是在古典的自由放任的市场条件下发生的。这种体制不仅引发了这次危机（当然，其根本原因是资本主义制度固有的基本矛盾），而且延缓了对这次危机的治理，大大加重了这场危机。只是在罗斯福总统推行新政以后，才逐步缓解和挽救了这次危机。而后者是在现代的有国家干预的市场经济已经建立并有很大发展的条件下发生的。这种体制虽然不能根本解决这次国际金融危机，但却能缓解这场危机。其突出表现就是：在这次危机发源地的美国出台了前所未有的大规模的救治措施，接着欧洲和澳洲等经济发达国家都采取了类似的救治措施。这可以看做是现代的有国家干预的市场经济体制发展的新阶段。还要提到：这次世界金融危机是在和平发展和合作成为世界潮流的主流的时代发生的。这样，经济发达国家和新兴市场经济国家必将联合起来采取治理危机的行动。这些都会大大缓解这次世界金融危机并加速其治理。

　　还要看到：这次世界金融危机尽管对我国经济发展产生重大消极影响，但也有积极作用。主要是：①它会形成一种倒逼机制，促使我国扩大内需方针的贯彻，经济结构的调整以及经济发展方式和贸易发展方式的转变。②它会启示人们在发展金融业（特别是金融衍生品）方面既要积极，又要十分稳妥，必须做到金融业发展与金融业监管加强同步进行；对资本市场开放更须采取十分谨慎的态度。③它会为我国利用世界技术、人才资源和资本走出去拓展更广阔的空间。④这次世界金融危机发生的浅层次的原因，是金融衍生品的过度膨胀，以及金融监管缺失。其深层次的原因是资本主义制度固有的追求利润最大化、盲目的信贷扩张和即期消费严重不足。在这方面，"二战"以后确立和演变的、由经济发达国家主导的并体现他们利益的国际经济旧秩序（特别是其中不合理的国际金融体系），也起了重要作用。这样，在这次金融危机必将推动国际经济旧秩序（特别是不合理的金融体系）到国际经济新秩序的转变。这一点是符合包括我国在内全世界人民利益的。

但不论怎么说，这次危机提醒人们，对我国这样一个社会主义大国，外需比重过大，不仅是不适宜的，而且是很危险的。因此，当前我国宏观经济调控一个十分重要的任务，就是要积极贯彻以扩大内需为主的方针，调整内需和外需的关系。

第五，在调控社会总需求方面，还有一个很重要的问题，即需要把握经济增长率和通胀率的平衡点。这是 2008 年我国经济发展提出的一个重要实践问题。如果将其意义仅仅归结为这一点，那就会将其意义大大缩小。

实际上，从一般意义上说，经济增长率和通胀率尽管有一致的一面，但二者在含义、决定因素、发展变化和社会经济作用等方面都有差别。即使仅就二者在反映经济冷热程度这方面来说，尽管有某种程度上的一致，但又是有差别的。[①] 因而就经济发展的需要来说，要找出二者的平衡点，把二者各自调控在适应这个平衡点要求的增幅内。从这个意义上说，把握二者的平衡点，是任何现代市场经济（包括资本主义的和社会主义的现代市场经济）条件下宏观经济调控需要着力解决的一个重大问题。当然，由于社会经济制度和社会生产力发展水平等方面的差异，这个平衡点是不同的。

就我国社会主义初级阶段来说，这一点是宏观经济调控方面始终需要注意的一个重要问题。原因在于：发展是执政兴国的第一要务，也是政府实行宏观经济调控的第一要务。而所谓发展，集中起来说，就是要在 21 世纪中叶实现社会主义现代化建设三步走的战略目标。为此，就必须在提高经济效益的前提下，实现经济的平稳持续快速发展，并把通胀率控制在经济、政治、社会发展能够承受的限度内。这就意味着实现上述发展的一个必要基本条件就是正确把握经济增长率与通胀率的平衡点。就改革以来实践经验来看，似乎可以依据以下的三组历史经验数据来确定这个平衡点。1978~2007 年，我国国内生产总值矫正指数、居民消费价格指数和工业品出厂价格指数的年均增幅分别为 5.2%、5.6% 和 4.7%；经

---

① 参见拙文：《试析价格指数及其经济冷热的关系》，《中国社会科学院研究生院学报》2008 年第 1 期。

济增长率年均达到 9.8%；城镇居民人均可支配收入年均增长 5.8%，农村居民人均纯收入年均增长 5.6%。① 可见，在这 29 年中，在价格指数年均增幅达到 5% 左右的条件下，仍然实现了经济的持续快速发展，从而推动了社会主义现代化建设三步走的战略目标的逐步实现；城乡居民收入仍然实现了持续显著提高，从而赢得了社会政治稳定的最重要、最牢固的物质基础。这个历史经验表明：把经济增速和居民消费价格增幅分别控制在 10% 和 5% 的限度内，可能是一个较好的平衡点。

当然，在经济周期的不同发展阶段，调控这个平衡点的要求及其指标是不同的。就经济周期的上升阶段来说，要有利于延长经济周期的上升阶段的时限；在上升阶段的波峰年份，要有利于抑制经济偏热、防止其向经济过热的转变；并有利于把通胀率控制在低通胀的上限区间，防止其向中度通胀的转变。就我国现阶段情况和历史经验数据来看，可以设想在经济周期的上升阶段（包括波峰阶段）把经济增长率控制在 9%~10%，或略有超过，把通胀率控制在 4%~5%，或略有超过。在经济周期的下降阶段（包括波谷阶段）可以设想把经济增长率控制在 8%~7%，把通胀率控制在 2%~1%。

第六，在调控社会总供给方面，不仅要着眼于协调好社会总供给与社会总需求的关系，以及社会总供给内部的各方面的关系，而且要着眼于协调好长期的社会总供给与社会总需求的关系，以及社会总供给内部的各方面的关系。就我国以往的实际情况来看，在协调前一方面的关系的方面做得较好。也正是这一点，才保证了经济的持续快速发展，并在这方面取得了丰富的成功经验。但在协调后一方面的关系方面，却存在严重的不足，以致经济结构严重失衡的情况长期得不到显著改变。这一点特别突出表现在第三产业发展的严重滞后上。按照经济发展的一般规律，伴随工业化和现代化的发展，第三产业增加值在国内生产总值的比重逐步上升，先是超过农业，后是超过工业，以致服务业成为占主导地位的产业。就新中国成立后近 60 年的经济发展来看，总的说来，也是遵循了这个一般规律的要求。1952~2007 年，我国第三产业占国内生产总值

① 资料来源：《中国统计年鉴》（2007），中国统计出版社；国家统计局网 2008 年 4 月 10 日；《中国物价年鉴》（有关各年），中国物价出版社。

的比重由 28.2% 上升到 40.1%。但同时需要指出，我国第三产业发展的正常进程被严重扭曲了。这一点在改革前的 1952~1978 年表现得尤为突出。这期间第三产值占国内生产总值中的比重不升反降，由 1952 年的 28.2% 下降到 1978 年的 23.9%。这种情况在改革以后的一段时间内有了很大改变。1978~2002 年，第三产业增加值在国内生产总值的比重由 23.9% 上升到 41.5%。但在 2003 年以后，情况又发生了逆转，其比重由 2002 年的 41.5% 下降到 2007 年的 40.1%，2008 年前三季度还只有 39.0%。[①]显然，无论改革以前或以后，第三产业发展进程都不同程度地受到了扭曲，主要是由传统的体制和战略造成的，但同宏观经济调控失当也有重要的联系。因此，当前我国经济调控的一个重要任务，就是要在这方面改进对社会总供给的调控。

第七，不断推进宏观经济调控体系的变革和创新。在计划经济体制下，行政指令计划是宏观经济调控的主要内容。财政和信贷在这方面虽然也有重要作用，但从根本上和主要方面来说，二者不过是实行行政指令计划的工具。改革以来，行政指令计划逐步转变为以指导性为主的规划。这对虽然还保留了部分的具有约束本性的计划指标，并不占主要地位。这时计划对包括财政和金融在内的整个国民经济虽然仍有指导作用，但财政政策和货币政策不仅具有独立地位，而且成为宏观经济调控的主要载体。这是改革以来宏观经济调控体系变革和创新的主要方面。这是其一。其二，提高了土地政策在宏观调控中的地位。一般说来，土地是一个基本的生产要素。我国国情是人口多，土地面积少，土地资源显得尤为重要。而且在当前我国工业化和城镇化加速发展过程中，土地资源在经济发展过程中的重要作用更趋凸显。再有，在土地产权不明晰的情况下，地方政府实际上拥有土地的处置权。这一点不仅使得土地收入成为地方政府财政收入的重要来源，而且成为地方政府招商引资的重要杠杆。这样，土地就成为以地方政府为主的投资膨胀机制形成和加剧的一个十分重要的因素。在这种情况下，对土地的调控就会从土地和资金两方面控制投资膨胀。因而，土地政策也就成为宏观经济调控的一个重要

---

①《中国国内生产总值核算历史资料（1952~2004）》，《中国统计年鉴》（2008），中国统计出版社；国家统计局网 2008 年 10 月 20 日。

方面。正是基于这一点，2004 年以来提出不仅要严把信贷这个闸门，而且要严把土地这个闸门。为此，要实行最严格的土地政策，坚守 18 亿亩耕地的底线。这项政策对抑制经济偏热及其向过热的转变，起了重要的作用。其三，改革以来的实践证明：对市场主体心理预期的调控，是宏观经济调控一个不容忽视的重要方面。1988 年我国通胀形势已很明显。但当时还宣传价格闯关。这就进一步调高了市场主体的通胀预期，对当年的通胀起了火上浇油的作用。这是一次教训。2008 年伴随世界金融危机的发展，人们对我国经济能否持续快速发展产生了怀疑。针对这一点，政府在国际和国内的有关场合，反复说明当前世界危机不会改变我国经济发展的基本面。实践已经开始证明：这种对心理预期的调控，对我国经济发展已经和正在发生有益的作用，是一次成功的经验。

第八，把宏观经济调控的改革与市场主体和市场体系的改革结合起来。问题在于：现代市场经济是有国家干预的市场经济体制，它主要是由市场主体、市场体系和宏观经济调控三部分构成的。前二者与后者是相互依存和相互促进的。显然，没有市场主体和市场体系的发展，宏观经济调控就缺乏赖以发生作用的微观基础；没有宏观经济调控的改革，市场主体和市场体系的发展，就缺乏必要的宏观条件。因此，只有把这两方面的改革紧密地结合起来，才能发挥这种相互促进的作用，从而才能比较充分地发挥现代市场经济体制在促进经济发展方面的作用；否则，就是难以做到的。我国 1990 年以来的实践经验已经充分地证明了这一点。相对 1980 年来说，1990 年不仅经济增速更高一些，而且更平稳一些。其中的一个秘诀在于：一方面，这期间宏观经济调控较多地使用了经济手段和立法手段，较少地使用了行政手段；另一方面，市场主体和市场体系有了更大的发展。这两方面相互适应的推进，比较充分地发挥了现代市场经济体制在促进经济发展中的作用。这是从总的方面说的。

但同时也应看到：在这方面也存在诸多不足。大体上说，改革以来，行政手段还是使用得多了一些。这就束缚了市场主体和市场体系的发展。这是一方面。另一方面，由于市场主体和市场体系的改革推进不够有力，又妨碍了宏观调控作用的发挥。在这方面的最突出的例证，就是要素价格滞后。1997~2006 年的 10 年间，我国国内生产总值矫正指数、居民消费价格指数、工业品出厂价格指数、原材料燃料和动力购进价格和固定资产投资价格指数年均增速只有 2.0%、1.2%、0.8%、2.6% 和 1.3%。这是推进要素价格改革的极好时机。今后再也不会有这样好的时机。当然，这期间要素价格改革也取得了一定的进展，但并没有取得应有的决定性的进展，致使宏观经济调控在优化产业结构、推进经济增长方式和节能、环保等方面的作用，由于缺乏必要的价格机制条件，难以充分发挥。

第九，重视对宏观经济调控经验的总结和升华。新中国成立以后，我国在宏观经济调控方面积累了丰富的经验。早在 1950 年代，陈云依据当时生产和建设经验的总结，就在宏观经济调控方面系统提出了完整的"五大平衡"的原则。这不仅对当时的经济发展起了重要的指导作用，而且具有深远的影响。诚然，这些原则是适应计划经济发展的要求而提出的。但他不仅反映了马克思关于社会扩大再生产一般规律的要求，而且反映了整个社会主义初级阶段 [1] 的一些基本特点（如社会生产力比较落后）的要求。他曾明确指出："我国因为经济落后……计划中的平衡是一种紧张的平衡。……但紧张决不能搞到平衡破裂的程度。" [2] 从一般意义上说，这些原则对改革以后的宏观经济调控仍有指导意义。这当然不是说，要把当前的宏观调控回到计划经济时代，而是要借鉴其中有益成分。这是其一。其二，改革以来，我国宏观经济调控又进一步积累了丰富的经验。举其要者有：1978 年我们积累了经济过热的教训，1984 年以后积累了软着陆不成功的教训，1988 年以后积累了硬着陆的教训；1992 年以后积累了经济软着陆的经验，1998~1999 年积累了防止经济过度下滑的经验，2000~2003 年积累了实现经济回暖的经验，2004~2008 年积累了防止经济由偏热向过热转变的经验。此外，还要提到：改革以来，我国还吸收了经济发达国家在宏观经济调控方面适合我国转轨时期情况的有益经验。这一点明显表现在改革以来在财政政策和货币政策的运用上。

当然，问题不仅在于积累或吸收了国内外的丰富经验，更重要的是重视了对这些经验的总结和升华。其集中表现就是 2005 年党的十六届五中全会提出的作为我国发展的基本指导思想的科学发展观。科学发展观，不仅是继承了马克思主义（包括中国化的马克思主义），借鉴了国外适合

---

[1] 需要说明：社会主义初级阶段的理论是在改革以后提出的。但笔者认为，1956 年中国在生产资料和私有制的社会主义改造基本完成以后，实际上就已经进入了社会主义初级阶段。

[2]《陈云文选》第 3 卷，人民出版社 1995 年版，第 242 页。

我国情况的有益经验，吸收了我国优秀历史文化传统中的精华；从根本上说来，还是全面地反映了新中国成立以后社会主义建设的经验、社会主义初级阶段的客观实际和经济社会发展的迫切需要。科学发展观的伟大意义，主要包括两个方面：一是在理论方面，概括地说，"是马克思主义关于发展的世界观和方法论的集中体现。"① 按照作者的认识，这个命题包括三层意思：①说它是马克思主义关于发展的世界观的集中体现，就在于它集中体现了作为唯物论的基本要求的实事求是，具体说来，就是反映了中国社会主义初级阶段的这个基本国情。②说它是马克思主义关于发展的方法论的集中体现，在于它集中地反映了作为辩证法的主要内容之一的主要矛盾，具体说来，就是反映了中国社会主义初级阶段的主要矛盾，即人民物质文化需要同落后的社会生产之间的矛盾。③说它是马克思主义关于发展的集中体现，在于它概括地回答了为什么发展，为谁发展，怎样发展，如何分配发展成果这样一些有关发展的全局问题。二是在实践方面，科学发展观是我国社会主义初级阶段关于经济社会发展的根本指导思想，是各项经济社会发展战略和宏观经济调控的基础理论和总纲。所以，科学发展观是马克思主义（包括中国化马克思主义）关于发展理论一个历史性的重大发展。②

在重视宏观经济调控经验的总结和升华方面，当前在政策方面还有一个突出的例证。如前所述，2008 年先后相继提出和实施了"双防"、保增长控通胀、把保增长放在首位地位等一系列宏观经济调控政策，最后还及时地果断地调整了财政、货币政策的调控方向。这种针对 2008 年国内外复杂多变的经济形势而采取的灵活审慎的宏观经济政策，已经和将要保持我国经济发展的基本面，以致在这个限度内可以说我国宏观经济调控几乎达到了炉火纯青的地步！

---

①《中国共产党第十七次全国代表大会文件汇编》，人民出版社 2007 年版，第 12 页。
② 详见拙著：《中国经济发展 30 年（1978~2008）》，中国社会科学出版社 2008 年 10 月版，第 121~129 页。

改革开放 30 年经济发展的成就
及其根本动力 *
——兼及中国化马克思主义的改革观

一、改革开放 30 年经济发展的辉煌成就

（一）宏观经济指标全线飘红

第一，在经济增长方面，破天荒地实现了长期、持续、快速、平稳增长。1979~2007 年，我国国内生产总值年均增长 9.8%；在基数大大提高的情况下，比 1953~1978 年年均增速 6.1%要高出 3.7 个百分点，年均增速提高了 60%。2008 年上半年经济增速为 10.4%。[①] 据国外有的学者计算，1950 年以来，有 11 个国家和地区在长达 25 年的时间内，年均经济增速达到 7%以上。而我国改革开放以来，已有 29 年实现了年均增速 9.8%。看来，中国经济增速达到 9%左右，还要延续一段时间。所以，我国经济长期持续增长，在中外经济发展历史上都是绝无仅有的。

改革以来，我国经济不仅实现了长期、持续、快速增长，而且实现了平稳增长。这里所说的经济平稳增长，主要就是指的经济周期实现了由新中国成立以来多次发生的超强波周期（波谷年与波峰年经济增速落差在 20 个百分点以上）、强波周期（落差在 10 个百分点以上）、中波周期

---

* 原载《中国经济年鉴》（2008），中国经济年鉴社。

[①]《中国统计年鉴》（2007），中国统计出版社，第 60 页；国家统计局网 2008 年 4 月 10 日、7 月 17 日。

（落差在 5 个百分点以上）到轻波周期（落差在 5 个百分点以下）的转变。现举例如下：作为波峰年的 1953 年和作为波谷年的 1954 年的经济增速分为 15.6%和 4.2%，后者增速与前者增速相比，落差为 11.4 个百分点，是一次强波周期。1958 年和 1961 年的经济增速分别为 21.3%和-27.3%，落差为 48.6 个百分点，是一次超强波周期。1978 年和 1981 年经济增速分别为 11.7%和 5.2%，落差为 6.5 个百分点，是一次中波周期。但如果以 1999 年这个波谷年（这年经济增速为 7.6%）为起点，并把 2007 年看做是波峰年（这年经济增速为 11.9%），那么在这新一轮经济周期其落差为 4.3 个百分点，是一次轻波周期。[①]

　　第二，在物价[②]方面，实现了经济高增长条件下的低度通胀（多数年份）或中度通胀（少数年份）。为了说明这一点，先对这个问题涉及的两个前提做些说明：

　　1. 经济冷热的概念和衡量经济冷热的总体指标。首先要明确经济冷热是一个经济全局概念，而不是经济局部概念。因为经济冷热是指的社会总需求小于或大于社会总供给；其冷热程度就是前者小于或大于后者的程度。因此，从总体上反映经济冷热的指标，必须是反映经济全局的指标，而不能是反映经济局部的指标。在社会总需求小于社会总供给的条件下，社会的生产潜力就没有得到充分发挥，这表明现实经济增长率低于潜在经济增长率。反之，在社会总需求大于社会总供给的条件下，就表明现实经济增长率高于潜在经济增长率。从上述相互联系的意义上，也可以说经济冷热就是现实经济增长率小于或大于潜在经济增长率，经济冷热的程度就是现实经济增长率小于或大于潜在经济增长率的程度。正是这一点，使得经济增长率成为从总体上衡量经济冷热的唯一的、无可替代的反映经济全局的指标。

　　对潜在的经济增长率简单的估算方法，就是按一个较长时期的年均经济增长率计算。但潜在的经济增长率的高低主要决定于社会生产力发展的程度。因而它是动态的概念，而不是静态的概念。这样，潜在经济增长率不仅在改革以来的一个长时期内比改革以前大大提高了。而且在

　　[①]《中国统计年鉴》（2007），中国统计出版社，第 60 页；国家统计局网 2008 年 4 月 10 日。

　　[②] 从比较完整的意义上说，价格（含产品和服务价格）指数包括国内生产总值矫正指数、生产价格指数和消费价格指数。但为简略计，本文不拟涉及前两种价格指数，只涉及后一种价格指数。

我国社会生产力快速发展的年代，改革不同阶段的潜在增长率也会有很大的提高。1953~1978 年社会劳动生产率年均提高 3.4%，1979~1990 年年均提高 4.8%；1991~2007 年年均提高 9.2%。据此分析，可以设想分三个时段来确定各个时期的潜在经济增长率。在 1953~1978 年，1979~1999 年和 1991~2007 年这三个时段的年均经济增长率分别为 6.1%、9.0% 和 10.3%。[①] 大体上说来，这三个数字也就是这三个时段的潜在经济增长率。[②]

如果以上估算是适当的，那么，这一轮经济周期上升阶段的波峰年份，只能看做经济偏热。我国改革以来经济增长历史表明：年经济增长率超过潜在增长率两个百分点以上，就造成经济过热。1978 年、1984 年、1987 年和 1992 年四个波峰年的经济增长率分别为 11.7%、15.2%、11.6% 和 14.2%；分别高于潜在增长率的 5.6 个、6.2 个、2.6 个和 3.9 个百分点。2003~2007 年经济增长率分别为 10%、10.1%、10.4%、11.6% 和 11.9%，[③]均是处于潜在经济增长率的顶峰或在一个百分点左右的范围内超过潜在经济增长率，可以认为只是经济偏热。当然，如果宏观经济调控失当，也很可能转变为经济过热。

2. 就新中国成立后的历史经验和现状来看，可以设想按经济增速和消费价格指数的升降幅度，分别设立四个相对应的档次。经济增速方面的 4 个档次是：①经济过热：经济增速超过潜在经济增长率约两个百分点以上。②经济高位增长：经济增速在潜在经济增长率的上限区间运行。为了简化问题，并便于和消费价格指数有关档次相对应，大体上可以将经济偏热（即经济增速超过潜在经济增长率一个百分点左右）归入这个档次。③经济中位增长：经济增速在潜在经济增长率中位区间运行。④经济低位增长：经济增长在潜在经济增长率低位区间乃至更低的速度运行。与上述 4 个档次相对应，消费价格指数 4 个档次是：①高度通胀：消费价格指数上升幅度 10 个百分点以上。②中度通胀：消费价格指数上升幅度 10 个百分点以内。③低度通胀：消费价格指数上升幅度在 5 个百分点以

① 资料来源：《中国统计年鉴》(2007)，中国统计出版社；国家统计局网 2008 年 2 月 28 日、4 月 10 日。
② 这里需要说明：当前我国资源和环境对于经济发展的承受能力已经达到了极限，甚至超过了极限。在这种情况下，需要将资源和环境方面的指标列入确定经济过热的考察范围，是一个值得研究的、具有重大意义的问题。但这个问题很复杂，也缺乏数据。我们在上面的分析，将这一点舍象了。如果将资源、环境因素列入考察的范围，本文设计的潜在经济增长率需适当的下调。
③《中国统计年鉴》(2007)，中国统计出版社；国家统计局网 2008 年 4 月 10 日。

内。④通货紧缩：消费价格指数为负数。

在对这些前提做了说明以后，再依据新中国成立后经济发展的实际来说明新一轮经济周期波峰年份物价运行的特征。为此，需要将新中国成立后历次经济周期波峰年份的物价运行状况做一简要比较。如果只从1956 年这个波峰年份算起，那么新中国成立以后，波峰年份共有 8 次，其经济增速以及与之相对应的物价价格指数如下：1956 年二者分别为115.0 和 99.9；1958 年为 121.3 和 98.9，1970 年为 119.4 和 100.0；1978 年为 111.7 和 100.7；1984 年和 1985 年这两年分别为 115.2 和 102.7，113.5和 109.3；1987 年和 1988 年这两年分别为 111.6 和 107.3，111.3 和 118.8；1992 年、1993 年和 1994 年这三年分别为 114.2 和 106.4，114.0 和114.7，113.1 和 124.1；2003~2008 年这 6 年分别为 110.0 和 101.2，110.1和 103.9，110.4 和 101.8，111.6 和 101.0，111.9 和 104.8，110.5 左右和106.5 左右。① 这些数据表明：①前四次波峰年份物价指数运行的特点是：经济过热条件下的通缩（1956 年和 1958 年）或临近通缩（1970 年和1978 年）。显然，这主要是适应赶超战略和优先发展重工业战略要求的政府行政指令计划价格体制形成的抑制型通胀。诚然，1978 年我国经济体制改革已经开始。但物价主要由政府行政指令决定到主要由市场调节的转变，还是经历了一个很长的过程。仅就产品价格体制改革来说，在社会消费品零售总额、农副产品收购总额和生产资料销售总额中，政府指令定价占的比重 1978 年分别为 97.0%、92.2% 和 100%（余下的为政府指导价和市场调节价，下同），1985 年分别为 47.0%、37% 和 60%，1992 年分别为 5.9%、12.5% 和 18.7%，2006 年分别为 2.8%、1.2% 和 5.6%。② 至于服务价格的改革，总体上说来，还要滞后一些。可见，即使在 1978 年以后，政府指令定价仍在不同程度上抑制了物价的上升。②第 5、6、7 这三次波峰年份物价运行的特点是：经济过热条件下低度通胀（1984 年）、中度通胀（1985 年、1987 年和 1992 年）或高度通胀（1988 年、1993 年和1994 年）。这主要是同物价逐步调整和放开（这是经济改革的重要进展）、

①《中国统计年鉴》(2007)，中国统计出版社；《中国物价年鉴》（有关各年），物价出版社。2008 年上半年经济增长指数和物价指数分别为 110.4 和 107.9（国家统计局网 2008 年 7 月 17 日）。2008 年全年是作者的预计数。

②《中国物价年鉴》（有关各年），中国物价出版社。

经济逐年过热以及通胀预期积累和攀升相联系的。③第 8 次波峰年份（2003~2007 年）物价运行的特点是：经济偏热条件下的低通胀，即经济高增长条件下的低通胀；只有 2008 年是经济偏热条件下的中度通胀。

第三，在就业方面，实现了历史性的突破。在改革以前的计划经济体制和城乡二元社会体制下，曾经形成了数以亿计的潜在失业大军。而且，我国每年新的劳动力也是数以千万计。还有，伴随改革的进展，国有企业和集体企业不仅不能新增加就业人员，还要释放出数以千万计的冗员。这样，在改革以后，就业势必成为一个极为尖锐的社会问题。

但改革以来，我国在这个问题上取得了历史性的突破。

1. 就业总量几乎成倍增长。1953~1978 年的 26 年，全国从业人员由 21364 万人增长到 40152 万人，增长了 87.9%，年均增长 2.4%；而在 1979~2007 年的 29 年间，由 41024 万增长到 76990 万人，增长了 87.7%，年均增长是 2.3%。但作为后 29 年起点的 1979 年从业人数为前 26 年起点的 1953 年人口数的 1.9 倍。后 29 年的社会劳动生产率年均增速为 7.3%，是前 26 年年均增速 3.4% 的 2.1 倍。这又意味着改革以来的 29 年资本有机构成大大提高了，从而就业弹性系数大大降低了。可见，改革以来 29 年就业总量年均增速基本保持了改革以前 26 年的年均增速，是在就业人数总量和技术水平大大提高以及就业弹性系数大幅下降这些不利条件下实现的，是来之不易的一个重要成就！

2. 在农村大量潜在失业人口实现就业，公有企业大量释放冗员，城乡新增劳动力大量增加和就业弹性系数大幅下降等极为不利的条件下，从总的趋势看，不仅控制了城镇登记失业率的上升，而且在 2003~2007 年连续 5 年实现了失业率的下降。1978 年城镇登记失业率为 5.3%，2003 年下降到 4.3%，2007 年下降到 4.0%。①

3. 更为重要的是：长期以来，人们最为忧心的一个重要问题，就是在中国社会主义现代化过程中如何实现数以亿计的农村富余劳动力向非农产业的转移。并且原来设想实现这种转移需要经历一个很长的时间。但改革以来，实践已经为这种转移打下了牢固的基础，并缩短了比人们

---

①《中国统计年鉴》（有关各年），中国统计出版社；国家统计局网 2008 年 2 月 28 日、4 月 10 日、7 月 17 日。

原来预想的时间，使人们清楚地看到了完成转移的前景。这就意味着我国非农产业的劳动力供给，在较短的时间内就可以实现由过去长期存在的大量供过于求的状态转变到供求基本平衡。这是一个历史性的转折。据有关学者估算，改革以来农村需要转移到非农产业的劳动力约有 3 亿人左右。到目前为止，有 1.2 亿人已转移到乡镇企业，有 1.1 亿人已进城务工，还要转移的约 7000 万人左右。依据这个情况，再考虑到城乡新增劳动力的增加，以及由城乡劳动生产率的上升引致的就业弹性系数的下降等因素的影响，基本实现这种转移，大约还要 10 年的时间，即到 2015 年前后。上述三方面的情况表明：就我国具体情况而言，在解决就业这个极重要而又极困难的问题上，改革以来，已经实现了历史性突破。当然，今后这方面的任务还是很艰巨、很繁重的。

第四，在国际收支方面，实现了飞跃式的增长。在经济改革以前，在计划经济体制下，部分地由于实行封闭、半封闭政策的影响，部分地由于当时国际形势的限制，我国国际收支不仅规模很小，增长速度也很慢。1952 年末，国际收支顺差只有 2.94 亿美元，到 1978 年也只有 8.68 亿美元；按美元当年价格计算，26 年间只增长了 1.95 倍，年均增长 4.2%。改革以来，在经济迅速增长的条件下，由于开放型经济的发展，国际收支顺差呈现出飞跃式的增长。由 1982 年的 62.91 亿美元增长到 2006 年的 2470.25 亿美元；按当年美元价格计算，24 年增长了 38.3 倍，年均增长 16.5%。[①]

（二）人民物质文化生活水平全面提升

第一，居民收入水平的迅速提高。这是居民消费水平提高的来源。1978~2007 年，城镇居民家庭人均可支配收入由 343.4 元增长到 13786 元，农村居民家庭人均纯收入由 133.6 元增长到 4140 元；按可比价格计算，二者分别增长了 6.4 和 6.2 倍。2008 年上半年，城镇居民人均可支配收入 8065 元，增长 6.3%；农村居民人均现金收入 2528 元，增长 10.3%。[②]但需说明：这些收入并不是居民的全部收入。它只是包括了工薪收入、经营净收入、财产性收入和转移性收入，并没有包括各单位对居民的补贴和

---

① 《中国统计年鉴》（有关各年），中国统计出版社。
② 《中国统计年鉴》（2007），中国统计出版社，第 345 页；国家统计局网 2008 年 2 月 28 日、7 月 17 日。

居民的其他法定收入，更没有包括数量相当大的灰色收入和黑色收入。所以我国居民收入水平在一定程度上是被低估了。还要提到：个人所得税起征点的提高，实际上也提高了居民收入。1989 年我国开始征收个人所得税，起征点为 800 元，2006 年调高为 1600 元，2008 年再调高为 2000 元。[①]

第二，居民消费水平迅速提高。1978 年，全休居民消费水平由 1952 年的 91 元增长到 184 元；其中，农村居民由 65 元增长到 138 元，城镇居民由 154 元增长到 405 元。按可比价格计算，这期间三者年均增速分别为 2.3%、1.8% 和 3.0%。2006 年居民消费水平由 1978 年的 184 元迅速增长到 6111 元，其中农村居民由 138 元增长到 2848 元，城镇居民由 405 元增长到 10359 元。这期间，三者年均增速分别为 7.5%、5.9% 和 6.3%；三者比前一个时期分别高出 2.26 倍、2.28 倍和 1.1 倍。[②] 还要着重提到：1978~2007 年，我国农村贫困人口已由 2.5 亿下降到 1479 万人。

第三，恩格尔系数（即食品消费指出占家庭消费指出的比重）的降低，是居民物质生活提高的重要指标。1978~2007 年，农村居民家庭恩格尔系数由 67.7% 下降到 43.1%，城镇居民家庭由 57.5% 下降到 36.3%；二者分别下降了 24.6 个百分点和 21.2 个百分点。

第四，住宅水平的提高，是人民物质生活提高的极重要标志。1978~2006 年，城镇人均住宅建筑面积由 6.7 平方米增长到 27.0 平方米，农村人均居住面积由 8.1 平方米增长到 30.7 平方米；二者分别增长到了 3.0 倍和 2.8 倍。

第五，现代交通通讯的广泛运用以及交通通讯支出在消费支出中比重的提高，是居民生活走向现代化的重要方面。比如，到 2006 年，城镇居民家庭平均每百户拥有移动电话达到了 152.88 部；农村也达到了 62.05 部。到 2007 年，我国宽带用户数已达 1.22 亿户，居世界首位。[③] 与此相联系，2006 年城镇居民家庭交通通讯支出在人均消费支出中的比重由 1990 年的 1.20% 提高到 13.19%，农村由 2.24% 提高到 11.95%。

第六，高等学校毕业生人数的增长，是人民文化生活提高的最重要

---

① 《经济日报》2007 年 12 月 24 日第 8 版。
② 《中国统计年鉴》（有关各年），中国统计出版社。
③ 《科技日报》2007 年 12 月 24 日。

标志之一。1978~2007 年，普通高等学校毕业生由 16.5 万人增加到 448 万人；研究生毕业人数由 9 人增长到 31 万人；二者分别增长了 26.1 倍和 34443.4 倍。人民文化水平的提高在城乡居民家庭消费支出构成中也明显地反映出来。1990~2006 年，城镇居民家庭教育文化娱乐支出占人均消费支出的比重由 11.12% 上升到 13.83%，农村由 8.36% 提高到 12.63%。[①]

上述第一点至第五点是人民物质生活水平提高的重要标志。第六点是文化水平提高的重要标志。旅游是物质文化生活和健身的复合载体，闲暇时间是物质文化生活和人的全面发展的重要条件；而且二者都是改革以来人民物质文化达到相当高的基础上出现的新事物。所以，在论到改革以来人民物质文化生活提高时，还必须提到这两点。

第七，国内旅游的蓬勃发展。1994~2006 年，仅国内旅游就由 524 万人次增加到 1394 万人次，其中城镇居民由 205 万人次增加到 576 万人次，农村居民由 319 万人次增加到 818 万人次；三者分别增长了 1.66 倍、1.81 倍和 1.56 倍。在这期间，人均旅游花费由 195.3 元增长到 446.9 元，其中城镇居民由 414.7 元增长到 766.4 元，农村居民由 54.9 元增长到 221.9 元；三者分别增长了 1.29 倍、0.85 倍和 3.04 倍。[②]

第八，闲暇时间大幅增加。改革以来，我国开始实行由改革前的每周单休日改为双休日。后来又实行"五一"节、国庆节和春节三个长假（每节放假三天）。从 2008 年 1 月 1 日起，又调整和增加了假日。即取消了前两个长假，增加了富有历史文化内涵的清明节、端午节和中秋节（每节一天假日）。这样，我国法定节假日和周末休息日再加上职工带薪年休假，一年中平均休假时间就超过了一年的 1/3 的时间。[③]

第九，人口预期寿命的增长，是人民物质文化生活提高的一个综合指标。1978~2006 年，我国人口预期寿命由 68 岁提高到 72.4 岁。[④]

总之，改革以来，我国人民物质文化水平得到了前所未有的、迅速的、全面的提升。当然，在一个长时期内我国还处于社会主义初级阶段，还是发展中国家，与当代经济发达国家相比较，总体上说来，我国人民

---

① 《中国统计年鉴》(2007)，中国统计出版社；国家统计局网 2008 年 2 月 28 日，第 347、371、390 页。
② 《中国统计年鉴》(2007)，中国统计出版社，第 765 页。
③ 详见《经济日报》2007 年 12 月 17 日第 2 版。
④ 《光明日报》2008 年 1 月 8 日第 5 版。

的生活水平还是比较低的。

（三）经济大国地位总体确立

第一，2006 年，我国国内生产总值达到 26452 亿美元；居世界位次由 1978 年的第 10 位上升到 2005 年、2006 年和 2007 年的世界第 4 位，居美国、日本、德国之后。与此相联系，中国经济总量的增长对世界经济增长的贡献率也在增长。2003~2005 年，中国经济增长对世界经济增长的贡献率达到 13.8%，居世界第 2 位；估计 2007 年将达到 16%，居世界第 1 位。

第二，作为主要农产品的谷物、肉类和籽棉 1978 年分别居世界的第 2、第 3 和第 2 位，1990 年以后三者均居世界第 1 位。作为主要原材料的钢和水泥 1978 年分别居世界第 5 位和第 4 位，2000 年以后一直居世界第 1 位。作为主要能源的煤、原油和发电量 1978 年分别居世界第 3 位、第 8 位和第 7 位。其中，煤在 1990 年以后一直居世界第 1 位，原油在 1990 年以后上升到第 5 位或第 6 位，发电量在 2000 年以后一直居世界的第 2 位。[1] 当前制造业规模已居世界的第 4 位。其中，高技术制造业规模已居世界第 2 位。

第三，2007 年，我国普通高校在校生达到 1855 万，受过高等教育的人口超过 7000 万人。[2] 我国已成为高等教育大国和人力资源大国。依据 2007 年 9 月科技部发布的 "中国科技实例研究" 项目成果，当前，我国科技人力资源总量约为 3500 万人，居世界第 1 位；2006 年，我国研究开发人员总量为 142 万人，居世界第 2 位，此其一。其二，2006 年，全社会科技支出经费总额 4500 亿元，全社会研究开发支出总额 3003.1 亿元，居世界第 5 位；研究开发投入强度达到 1.42%。其三，目前专利申请受理总量突破 400 万件，国内发明专利申请量连续 3 年超过国外申请量，2006 年达到 53.4%，我国发明专利申请量居世界第 4 位。[3]

第四，我国进出口贸易额，2007 年由 1978 年的 206.4 亿美元增长到 21738.0 亿元，按当年美元价格计算，增长了 104.3 倍。我国进出口贸易

---

[1]《中国统计年鉴》(2007)，中国统计出版社，第 1024 页；新华网 2008 年 1 月 5 日。
[2]《经济日报》2007 年 12 月 24 日第 3 版；国家统计局网 2008 年 2 月 28 日。
[3]《人民日报·海外版》2007 年 9 月 26 日；《经济日报》2008 年 1 月 8 日第 4 版。

总额的世界位次 1978 年为 27 位，2004 年以后一直居世界第 3 位。[1] 另据 2007 年 8 月韩国贸易协会国际贸易院最新发布的报告称，中国有 958 种产品在世界市场上的占有率排名第 1，是拥有占有率位居第 1 的商品种类最多的国家。[2] 我国实际利用外资总额由 1979~1980 年的 181.87 亿美元增长到 2007 年的 748 亿美元，多年来均居世界前列。2007 年，对外直接投资达到 187 亿美元，居发展中国家第 1 位。我国的外汇储备由 1978 年的 1.67 亿美元增长到 2007 年的 15282 亿美元，按当年美元价格计算，增长了 9149.9 倍，居世界第 1 位。2008 年 6 月末，又增加到 18088 亿美元，同比增长 35.7%。[3]

第五，据国外有的单位测算，2006 年我国消费额占世界消费额的 5.4%，居世界第 5 位。[4]

但在这里也需说明：①上述的中国经济大国地位的确立，是从总体上说的。这就意味着：一方面中国在有些领域（比如第三产业的某些领域）还没有成为经济大国；另一方面中国在某些领域已经不只是经济大国，还是经济强国。其突出表现，就是继人造卫星上天、航天飞船发射成功之后，2007 年又实现了"嫦娥一号"探月工程，这是中国航天事业发展的第三个里程碑。它表明中国在这个领域已经处于强国地位。②如果对衡量经济大国地位的指标做更全面的比较，中国经济居世界的位次就没有那么高。比如，按国内生产总值计算，中国在 2005 年列世界第 4。如果按国民总收入（等于国内生产总值加来自国外的要素净收入）计算，2005 年中国经济总量是 22867 亿美元；当年美国、日本、德国、英国、法国的经济总量分别为 145039 亿美元、49418 亿美元、36309 亿美元、35796 亿美元、27910 亿美元，中国经济总量在世界排位不是第 4，而是第 6。又如，2005 年中国对外贸易总额达 14221 亿美元，居世界第 3 位。但综合考虑外资对外贸的贡献等因素，2005 年中国实际外贸总额为 8741 亿美元。而当年德、日、法、英的外贸总额分别为 17448 亿美元、11119

---

[1]《中国统计年鉴》(2007)，中国统计出版社，第 1024 页。

[2]《法制晚报》2007 年 8 月 21 日。

[3]《中国统计年鉴》(2007)，中国统计出版社，第 774 页；国家统计局网 2008 年 2 月 28 日、7 月 17 日。

[4]《十七大报告（辅导读本）》，人民出版社 2007 年版，第 93 页。

亿美元、9550 亿美元、8781 亿美元，都比中国多。[1] 即使考虑上述各项因素，中国经济大国地位的总体确立，仍然是肯定无疑的。

概括以上所述，宏观经济指标全线飘红，人民生活水平全面提升和经济大国地位总体确立，是改革开放 30 年在经济发展方面取得的辉煌成就。

当然，像任何事物都具有二重性一样，我国经济发展也面临着诸多困难和问题。正如 2007 年召开的党的十七大所总结的，突出的是：经济增长的资源环境代价过大；城乡、区域、经济社会发展仍然不平衡；农业稳定发展和农民持续增收难度加大；劳动就业、社会保障、收入分配、教育卫生、居民住房、安全生产、司法和社会治安等方面关系群众切身利益的问题仍然较多，部分低收入群众生活比较困难；思想道德建设有待加强；党的执政能力同新形势新任务不完全适应，对改革发展稳定一些重大实际问题的调查研究不够深入；一些基层党组织软弱涣散；少数党员干部作风不正，形式主义、官僚主义问题比较突出，奢侈浪费、消极腐败现象仍然比较严重。我们要高度重视这些问题，继续认真加以解决。[2] 还要指出：2008 年经济增速虽有下降，仍处于偏热状态；特别是通胀还由去年的低通胀的上限区间演变为中通胀下限区间，而且压力还在增大。

二、改革开放是 30 年经济发展的根本动力

改革开放 30 年来取得上述辉煌成就，是由多重因素作用的结果。其中，改革开放是经济发展的根本动力。

在这方面，首先要提到两个历史因素。

第一，中国在历史上是经济大国，在当代面临着特有的巨大发展空间。依据麦迪森教授按 1990 年国际元计算的资料，1820 年，中国、美国和日本的国内生产总值分别为 2286 亿元、126 亿元、209 亿元；占世界国内生产总值的比重分别为 32.4%、1.8%、3%；分别居世界第 1 位、第 6

①《中国经济时报》2007 年 6 月 15 日。
②《中国共产党第十七次全国代表大会文件汇编》，人民出版社 2007 年版，第 5~6 页。

位和第 5 位。当然，同历史的中国相比，当代中国发生了巨大变化，有众多不可比因素。像任何事物的发展一样，中国经济的现实发展和历史也有某种联系，有某种共同点（如人口大国和优秀科学文化传统等）。这样，中国在历史上曾经做到的事情，在各种有利条件的配合下，再经过长期艰苦努力，当代中国也是可能在某种程度上做到的。

第二，改革以前，由于计划经济体制的束缚，中国存在着巨大经济发展潜力。其突出的表现就是城乡存在数以亿计的富余的劳动力。当然，无论是把上述经济增长潜力发挥出来，或者是把巨大发展空间变成现实，都需要一系列的条件。其中，最根本的就是改革开放。改革开放 30 多年来，我国已经初步建成了社会主义市场经济体制的基本框架，形成了全方位、宽领域、多层次的对外开放的总体格局，并成为这期间经济持续快速发展的最根本动力。

这里首先遇到的理论问题：为什么经济体制改革在发展社会生产力方面具有如此巨大的作用？按照历史唯物主义的理论，生产力与生产关系以及经济基础与上层建筑的矛盾是人类社会的基本矛盾，是社会发展的基本动力。历史已经充分证明：这是完全正确的。但历史也已充分证明：作为生产关系（经济基础）的具体表现形式的经济体制，在发展社会生产力方面也有不容忽视的重要作用。

在这方面，经济体制的产生、发展和消失，也都决定于社会生产力的发展，又反作用于生产力，既可以成为生产力的巨大动力，又可以是生产力的桎梏。经济体制既是基本经济制度（生产关系或经济基础）的表现形式，也反作用于基本经济制度，既可以维护它，又可以导致它的灭亡。经济体制既可以受到作为上层建筑的政府的维护，但也反作用政府。在适应生产力发展要求而进行改革的情况下，经济体制改革需要依靠政府来推动，反过来也巩固政府。在违反生产力的要求而不进行改革的情况下，也能导致政府的灭亡。这里还要指出基本经济制度与经济体制的一些重要差别。一是前者能够容纳社会生产力的高度比后者要高得多。二是前者的延续时间比后者也要长得多。三是前者的根本变革，在阶级社会里一般都要经过一个阶级推翻另一个阶级的革命；而后者的根本变革是在政府维护基本阶级制度的前提下实现自我完善。

需要着重指出：运用经济体制范畴有助于进一步具体揭示古代社会、

资本主义社会和社会主义社会的发展规律。先以中国封建社会的发展而论。中国封建领主制度到封建地主制度的转变，就可以从一个方面说明下列两种历史现象。

第一，依据历史资料，中国领主经济从产生到消灭，大约只经历了不到 600 年的时间；而地主经济从建立到灭亡，却经历了近 2400 年的时间。后者经历的时间约为前者的四倍。还要看到：尽管整个说来，封建社会生产力发展的重要特征是生产技术停滞，但地主经济时代社会生产力的发展比领主时代还是快得多。所以，这个历史现象证明：地主经济能够容纳的社会生产力的高度比领主经济要高得多。

第二，欧洲的封建庄园制度（类似中国的领主经济制度）只绵延了1000 年，而中国的封建经济制度却延续了 3000 年。决定这个差异的，当然有多方面的因素，但地主经济比庄园经济能够容纳更高的社会生产力，也是一个重要因素。再以资本主义社会的发展而论。现在看来，无论是马克思，还是列宁，他们揭示的资本主义制度和帝国主义制度灭亡规律都是正确的。但他们对资本主义社会存在的时间都估计短了，对它的灭亡时间估计早了。形成这一点的原因是多方面的。从理论上说，一个重要方面就是他们没有看到（也不可能看到）现代的市场经济体制所能容纳的生产力的高度远远超过了古典的市场经济体制。从根本上说来，这主要是由于马克思和列宁所处的时代的限制。在他们所处的那个时代，不可能看到现代市场经济体制在发展社会生产力方面的巨大作用。这种解释既符合马克思主义认识论，也符合历史唯物论。1859 年马克思对他创立的历史唯物论作经典表述时明确说过："无论哪一个社会形态，在它们所能容纳的全部生产力发挥出来以前，是决不会灭亡的。"[1] 所以，如果因为马克思和列宁对资本主义存在时间和灭亡时间估计上有误差，就怀疑马克思列宁主义的正确性，是完全没有根据的。

第三，以社会主义社会的发展而论。苏联在 1991 年解体，而中国在1978 年以后经济得到了飞速的发展，社会主义制度得到了进一步巩固。形成这种反差的原因，涉及诸多方面。但苏联长期停留在计划经济体制，致使社会生产力发展很慢；而中国在 1978 年以后逐步走上了市场取向改

---

①《马克思恩格斯选集》第 2 卷，人民出版社 1972 年版，第 83 页。

革的道路，从而极大地推动了社会生产力的发展。从历史唯物主义的观点看，这无疑是一个根本的原因。可见，如果脱离了政府改革经济体制在发展社会生产力方面的作用，中国封建社会的发展，现代资本主义的发展，以及社会主义社会的曲折发展，都难以得到充分说明。

以上是从一般意义上论述了经济体制在发展社会生产力方面的重要作用。具体到我国社会主义市场经济体制而言，它在发展社会生产力方面还有更重要的独特作用。社会主义市场经济体制的基本特点，虽然也是有国家干预的市场经济，但它是与社会主义基本经济制度相结合的。因此，从长远的发展趋势来看，在正常发展的情况下，这种体制所能容纳的社会生产力的高度比经济发达国家的现代市场体制要高得多，在促进社会生产力方面的作用也要大得多。

就当前来看，我国社会主义经济体制在促进社会生产力方面也有众多独特作用。这里值得提出一点，即与发展社会主义市场经济相联系的竞争。竞争是市场经济共有本质。但在中国由计划经济向社会主义市场经济转变的时期，存在着一种特有的激烈竞争。决定这一点的主要因素有：

第一，当代经济发达国家经过一二百年至二三百年的发展，资本早已越过了原始资本积累阶段，人民生活早已解决了温饱问题，已经步入经济发达和生活富裕的阶段。这时当然还存在竞争，而且在有些领域仍很激烈。但总的说来，与资本主义初期那种资本为原始积累，人民为生存而展开的竞争比较起来要缓和得多。而中国在改革初期，非公有经济在国内生产总值中的比重还不到百分之一，全国还有 2.5 亿贫困人口。这样，对非公有经济的发展来说，势必重新为积累原始资本而开展竞争；对广大贫困人口来说，势必存在为生存而开展的竞争。事实表明：这个阶段上竞争比经济发达阶段上的竞争要激烈得多。这是就竞争的发展阶段来说。

第二，就竞争的主体来说，在经济发达国家，除了存在少量的国有企业不说以外，主要是私人企业之间的竞争。而在中国现阶段，不仅存在国有企业与集体企业之间的竞争，也不仅存在居于主导地位的公有企业与私有企业之间的竞争，还存在处于城乡二元体制下企业之间的竞争，以及拥有众多优惠条件的外资企业与中资企业之间的竞争，特别是还存在拥有或实际上拥有大量生产资源的地方政府之间的竞争。这种数量极多的、优势劣势同在的、复杂的市场主体,使得竞争变得激烈起来。

第三,就竞争的目的看,在经济发达国家,伴随健全的市场体系、社会信用制度和法律制度的建立和完善,以及与之相联系的平等竞争的有序进行和充分展开,利润趋于平均化。当然,同时存在争取超额利润的竞争,对垄断企业来说还有争取垄断利润的竞争。但在中国现阶段,市场交易混乱,社会信用缺失,法制不健全,平等竞争并未充分展开。许多可以获得巨额利润的行业还有待发展。由于计划体制和市场经济体制的长期并存,存在巨大的寻租空间。在这些条件下,许多企业不仅不满足于获取中等水平的利润,也不满足于获得超额利润和垄断利润,而是热衷于追逐水平高得多的暴利。正是这种行为,促使竞争的激烈化。也正是这种行为在较短时期内促使社会财富迅速向少数人手中集中,甚至催生了一大批暴发户。这种财富集中"示范"效应,又反过来进一步促进竞争的激烈化。

第四,从生产要素市场的情况看,中国本来劳动力就多,潜在失业(特别是农村潜在失业)数以亿计。伴随改革进展,从公有企业中还要释放出数以千万计的多余劳动力。伴随技术进步和产业结构优化,就业弹性系数显著下降。这一切都会激化劳动力市场上的竞争。中国人均土地面积也少,伴随城镇化和作为支柱产业的房地产业的发展,土地市场的供求矛盾更加尖锐起来。在资金方面尽管国有或国家控股的银行存贷差在扩大,但中小企业、农村和边远地区需要的资金又远远得不到满足,以致利率高得多的民间借贷迅速发展。所有这些都使得包括劳动力、土地和资金等要素市场上的竞争变得激烈起来。

第五,在中国计划经济体制下,地区之间重复建设和重复生产的问题就很严重。改革以来,由于全国统一的开放的市场并未真正形成,这种低水平的重复建设和重复生产甚至有所发展。这也是加剧竞争的一个重要因素。

第六,总的说来,中国在国际分工中,处于产业链条的低端地位,高科技产品的比重不大,具有自主知识产权的产品也不多,出口产品也多是集中在以劳动成本低为特征的相关产品上。这种低水平的、雷同的出口产品结构也使得相关企业面临着激烈竞争。从积极的主导方面说,正是上述的由市场取向改革激发的激烈竞争,使得现阶段经济充满活力,把各种生产潜力越来越充分地发挥出来，从而在一个很长的时期内推动中国经济的快速发展。从消极方面说，这种激烈的竞争，对经济发展也有不利作用，甚至破坏作用。这是问题的次要方面。

现在具体论述改革开放在促进经济发展方面的重要作用。

第一，社会生产资源的优化配置。一是资源在各种所有制之间的优化配置。改革以前，几乎是公有制（特别是国有制）一统天下。改革以来，已经基本形成了以国有经济为主导的、公有制经济多主体的、多种所有制经济共同发展的格局。以在国民经济占主导地位的工业为例。1978~2006 年，工业总产值由 4237 亿元增加到 316588.9 亿元，其中公有制工业（包括国有和集体工业）由 4237 亿元增加到 134220.97 亿元，非公有制工业由 0 增加到 182368 亿元；二者占工业总产值的比重分别由 100%下降 42.4%，由 0%上升到 57.6%。[①] 但在这期间，不仅非公有制经济以其特有的活力获得了飞速发展，而且在公有工业占主要地位的国有工业，伴随改革的进展，特别是 20 世纪 90 年代下半期以来进行的国有经济战略调整和国有企业股份制改造的进展以及国有资产监管机构的加强，经济活力大为增强，效益显著提高。1998~2006 年，国有及国有控股工业企业的全员劳动生产率由 98709 元增长到 548284 元。即使扣除价格上升因素，劳动生产率也大幅上升了。[②] 二是资源在各个产业部门的优化配置。1978~2006 年，第一、二、三产业就业人员占全国就业总数的比重，分别由 70.5%下降到 42.6%，由 17.3%上升到 25.2%，由 12.2%上升到 32.2%。而在这期间，第一、二、三产业的劳动生产率年均增长分别为 4.1%、7.4%和 4.5%。列举这些数据的目的，是在于说明改革以来作为社会资源最重要因素劳动力资源的优化配置。它并不否定当前我国产业结构的严重失衡。

第二，生产要素运营效益的提高。比如，改革后 1979~2007 年社会劳动生产率年均增长是改革前 1953~1978 年的 2.1 倍。

第三，对外开放是国内经济改革的对外延伸，而对外开放是利用两种资源（国内资源和国外资源）和两种市场（国内市场和国外市场）的

---

① 《中国统计年鉴》（有关各年），中国统计出版社。
② 《中国统计年鉴》（2007），中国统计出版社，第 518~520 页。

必经渠道。从一定以上说，对外开放是在一定的世界范围内合理配置社会生产资源的方式。因而成为促进改革后我国经济发展的重要因素。事实上改革以来，对外开放从扩大就业、增加税收、调节市场供需矛盾，缓解资源环境压力，调整产业结构，提升国际竞争力和促进经济体制改革等方面，推动了我国经济的发展。比如，1978~2007 年，我国国内生产总值年均增长 9.8%，而对外贸易和吸收外资年均增速分别高达 17.4%和17.1%。当然，当前在对外贸易和吸收外资方面，都面临着调整规模和提高质量的问题。

我们在前面强调了改革开放是我国经济发展的根本动力，并不否定它在这方面存在的问题，更不否定其他因素在促进改革后经济发展的重要作用。在这方面值得着重提出的重要因素有：一是知识经济时代的科技进步效应。二是我国当前处于工业化的中后期的阶段效应。三是人口大国和经济大国的积极效应。四是积累了适应现代市场经济发展要求的、全过程的、多方面的宏观调控经验。五是赢得了一个长期的稳定政治局面。六是我国赢得了一个长期的国际和平环境。但是，这些因素积极作用的充分发挥在很大程度上又是有赖于改革开放。从这方面来说，改革开放也不失为推动我国经济发展的根本动力。

三、对作为改革开放指导思想的中国化马克思主义改革观的探索

改革开放是我国 30 年经济发展的根本动力。改革开放的成就从根本上来说，是在中国特色社会主义理论指导下取得的。从直接意义上说，是与改革指导思想（即中国化马克思主义改革观）相联系的。这里论述的改革指导思想主要限于作为改革开放总设计师的邓小平的理论的有关部分。诚然，在邓小平以后，从党的十四大到党的十七大，还有很大的发展。这需要专文论述。但即使只是限制在这一方面，其内容也是极丰富的，这里只拟提及其中三个重要方面。

（一）改革的原因

新中国成立初期建立计划经济体制，有其历史必然性，并起过重要的积极作用。但它越来越不适应社会生产力的要求，必须进行根本改革。

这种作为社会主义经济制度在一定历史阶段存在的具体表现形式的计划经济体制与社会生产力之间的矛盾，在一个很长的历史时期内，在马克思主义经典作家中，是无人提及的。诚然，马克思恩格斯创立的历史唯物论提出，生产关系和生产力以及经济基础和上层建筑之间的矛盾是社会的基本矛盾，是社会发展的根本动力。但由于时代局限，他们没有也不可能具体提及社会主义社会的基本矛盾。列宁由于逝世过早，也没来得及具体提出这方面的问题。斯大林有可能具体提及这方面的问题。但由于他过分夸大了社会主义制度的优越性，以致从总体上否定了社会主义社会的基本矛盾。他多次说过，在苏联的社会主义社会中，"生产关系同生产力状况完全适合。"① 诚然，斯大林在他的晚年著作《苏联社会主义经济问题》中，在论及把集体农庄所有制提高到全民所有制问题时，实际上涉及到了社会主义社会中生产关系和生产力的矛盾。但仍然没有明确提出这一点。他还宣称："苏联社会在道义上和政治上的一致。"② 这就否定了社会主义社会上层建筑领域内存在矛盾，从而从根本上否定了社会主义社会上层建筑和经济基础之间的矛盾。

毛泽东在这方面做出的伟大的历史性贡献在于：他把马克思主义创始人关于人类社会基本矛盾的基本原理创造性地运用社会主义社会。他依据 1956 年我国社会主义改造已经基本完成并进入社会主义社会的实践明确提出："在社会主义社会中，基本的矛盾仍然是生产关系和生产力之间的矛盾，上层建筑和经济基础之间的矛盾。不过社会主义社会的这些矛盾，同旧社会的生产关系和生产力的矛盾，上层建筑和经济基础的矛盾，具有根本不同的性质和情况罢了。"他还明确指出：社会主义社会的基本矛盾"不是对抗性的矛盾，它可以经过社会主义制度本身，不断地得到解决。"③ 这些不仅是马克思主义历史唯物论的重大发展，而且还是 1978 年党的十一届三中以后经济改革的基本指导思想。但他并没有在他提出的社会主义社会基本矛盾的基础上进一步提出计划经济体制与社会主义社会生产力之间的矛盾问题。诚然，他在提出上述理论的同时，也分析基本矛盾在 1956 年生产资料私有制的社会主义改造基本完成以后的

---

① 《斯大林文选（1934~1952）》，人民出版社 1962 年版，第 202 页。
② 《斯大林文选（1934~1952）》，人民出版社 1962 年版，第 237 页。
③ 《毛泽东选集》第 5 卷，人民出版社 1977 年版，第 373 页。

多种表现。在论到计划经济体制的内部矛盾时，他还分析了中央政府和地方政府以及政府和企业在管理权限划分方面的问题。但所有这些都是以维护计划经济体制作为根本前提的。这种情况的形成，部分的也是由于时代的局限性。因为尽管计划经济体制与社会主义社会生产力和经济基础的矛盾在当时已有明显的表现，但还不充分，远不及在中国"大跃进"和"文化大革命"失败以及东欧剧变和苏联解体以后，人们对这个问题的认识看得那么清楚。但对毛泽东来说，主要原因还在于他的"左"的阶级斗争理论。现在回过头来看，1956 年党的八大提出的我国国内的主要矛盾，"已经是人民对于经济文化迅速发展的需要同当前经济文化不能满足人民需要的状况之间的矛盾"，是一个正确的规定。这里虽然还没有提出社会主义初级阶段的概念，但实际上是社会主义初级阶段的主要矛盾，是这个阶段基本矛盾的反映。可以设想，如果毛泽东依据他提出的社会主义社会基本矛盾理论以及党的八大提出的主要矛盾理论，并遵循他在《实践论》中提出的认识路线去进一步总结实践的经验，他完全可能揭示计划经济体制与社会主义社会的生产力和经济基础的矛盾。但非常可惜，他不仅没有这样做，反而在 1957 年党的八届三中全会上，用他提出的"无产阶级和资产阶级的矛盾，社会主义道路和资本主义道路的矛盾……是当前我国社会的主要矛盾"这个根本错误的提法取代了党的八大的正确提法。这就在政治层面从根本上堵死了揭示计划经济体制与社会主义社会生产力和经济基础的矛盾的路子。

上述历史过程表明：就马克思主义发展史来看，直到中国化的马克思主义的第一阶段——毛泽东思想阶段，关于计划经济体制与社会主义初级阶段的社会生产力和经济基础的矛盾问题，并没有解决。这个问题是到中国化的马克思主义的第二阶段——邓小平理论阶段才得到了解决，并在尔后得到了进一步发展。

在这方面首先应该提到：邓小平是继承了毛泽东关于社会主义社会基本矛盾理论和党的八大关于社会主义社会主要矛盾理论的。1979 年初，邓小平针对当时出现的某些否定四项基本原则的错误思潮和政治思想领域的各种混乱状况，在《坚持四项基本原则》的讲话中明确指出："关于基本矛盾，我想现在还是按照毛泽东同志在《关于正确处理人民内部矛盾的问题》一文中的提法比较好。"关于主要矛盾，他也肯定了党的八大的提

法："我们的生产力发展水平很低,远远不能满足人民和国家的需要,这
就是我们目前时期的主要任务。"① 但同时需要着重指出:邓小平在这方面
做出了划时代的发展。

第一,他提出了社会主义初级阶段的理论。1981 年他就明确提出:
"我们的社会主义制度还是处于初级的阶段。"后来他又多次论述这个基
本理论,并强调"一切都要从这个实际出发"。② 这一理论的提出具有极重
要的意义。一是为社会主义社会基本矛盾在社会主义初级阶段的具体表
现形式的分析提供了科学的理论基础;否则就是不可能的。毛泽东的实
践证明了这一点。他提出了社会主义社会的基本矛盾理论,并对其表现
形式作了种种分析。但他不仅没有坚持党的八大提出的主要矛盾的理论,
反而否定了它。与此相联系,他不仅没有揭示计划经济体制与社会生产
力之间的矛盾,反而维护这个体制。其原因涉及众多方面,但从理论上
来说,他对中国社会主义初级阶段这个基本国情缺乏认识,是一个最重
要方面。按照作者的认识,这也就是为什么邓小平在肯定毛泽东的基本
矛盾理论的同时,还要指出:"当然,指出这些基本矛盾,并不就完全解
决了问题,还需要就此作深入的具体的研究。"③ 这里所说的"作深入的具
体的研究",其中一个最基本方面就是中国社会主义初级阶段的这个基本
国情。二是为社会主义社会主要矛盾理论奠定了科学的理论基础。从社
会主义社会的基本矛盾理论发展到作为其具体表现形式的主要矛盾理论,
中间有一个必经的中间环节,即社会主义初级阶段理论。如果缺少这个
中间环节,主要矛盾理论就缺少坚实的理论基础,易于被否定,党的八
大以后的历史也证明了这一点。正是由于党的八大提出了主要矛盾理论,
并没有提出初级阶段的理论。因而很容易被毛泽东思想所否定了。当然,
这仅仅是认识上的一个原因,在这方面还有其他众多的原因。

第二,邓小平正是根据社会主义初级阶段主要矛盾的分析,明确提
出"解决这个主要矛盾就是我们的中心任务。"④ 这就是实现社会主义现代
化建设成为党在社会主义初级阶段基本路线的一个中心的理论由来。

第三,邓小平依据历史经验的总结,尖锐地指出:"多年的经验表

①《邓小平文选》第 2 卷,人民出版社 1994 年版,第 181~182 页。
② 转引自中央财经领导小组办公室编:《邓小平经济理论学习纲要》,人民出版社 1997 年版,第 14 页。
③④《邓小平文选》第 2 卷,人民出版社 1994 年版,第 182 页。

明，要发展生产力，靠过去的经济体制不能解决问题。""计划经济会束缚生产力的发展。"① "要发展生产力，经济体制改革是必由之路。""如果现在再不进行改革，我们的现代化事业和社会主义事业就会被葬送。""坚持改革开放是决定中国命运的一招。"② 这样，邓小平就深刻揭示了计划经济体制与社会主义初级阶段社会生产力和经济基础的矛盾，科学论证了经济体制改革的必然性和必要性，并把这种分析建立在由他大大发展了的马克思主义的历史唯物论的基础上。

（二）改革的性质

按照邓小平理论，要认识改革的性质，需要把握两方面：一方面，改革是社会主义制度的自我完善，因为：

第一，中国的改革开放是在坚持四项基本原则的前提下进行的。邓小平曾经明确而又坚定地指出："我们要在中国实现四个现代化，必须在思想政治上坚持四项基本原则。这是实现现代化的根本前提。这四项是：第一，必须坚持社会主义道路；第二，必须坚持无产阶级专政；第三，必须坚持共产党的领导；第四，必须坚持马克思主义、毛泽东思想。"③ 显然，中国的改革开放也必须坚持这个根本前提，要改的并不是社会主义的基本的经济、政治和意识形态制度。

第二，中国的经济体制改革，是要把计划经济体制从根本上改革成为社会主义市场体制。但在改革以前，计划经济一向被认为是社会主义制度的基本特征。因此，要推行这项改革，首先必须进行理论创新，排除维护计划经济体制的"左"的思想干扰。邓小平以无产阶级政治家的巨大勇气和智慧，进行了坚持不懈的和卓有成效的工作。在这方面，他进行的重大理论创新主要有：一是针对曾经长期存在的把市场经济与社会主义制度根本对立起来的观点，旗帜鲜明地提出："社会主义和市场经济之间不存在根本矛盾。"这就意味着市场经济和社会主义制度是可以相容的。这个基本观点是以下列三个理论支点为依托的。二是他强调"我们必须的理论上搞懂，资本主义与社会主义的区别不在于计划还是市场的问题。"这就把计划和市场从过去长期存在的把二者看做是基本经济制

---

① 转引自中央财经领导小组办公室编：《邓小平经济理论学习纲要》，人民出版社 1997 年版，第 47、49 页。
② 《邓小平文选》第 2 卷，人民出版社 1994 年版，第 138、368 页。
③ 《邓小平文选》第 2 卷，人民出版社 1994 年版，第 164 页。

度的范畴中解脱出来。三是他进一步提出："计划和市场都是经济手段。"
四是他还强调："改革是中国发展生产力的必由之路。"社会主义的根本
任务"就是发展生产力。"①

邓小平认为，中国改革不仅限于经济方面。他还明确提出："改革是
全面的改革，包括经济体制改革，政治体制改革和相应的其他各个领域
的改革。"②他从两个基本方面深刻地论证了政治体制改革的必要性。他认
为，"党和国家现行的一些具体制度中，还存在不少的弊端，妨碍甚至严
重妨碍社会主义优越性的发挥。如不认真改革，很难适应现代化建设的
需要，我们就要严重地脱离广大群众。"在这些具体制度中包括权力过分
集中。在他看来，"权力过分集中越来越不适应社会主义事业的发展。"
他还尖锐地指出，"对这个问题长期缺乏足够的认识，成为发生'文化大
革命'的一个重要原因，使我们付出了沉重的代价。"他还发出警告：
"如果不坚决改革现行制度中的弊端，过去出现过的一些严重问题今后就
有可能重新出现。"③这是其一。其二，在经济体制改革展开以后，他又进
一步指出："现在经济体制改革，每前进一步，都深深感到政治体制改革
的必要性。不改革政治体制，就不能保障经济体制改革的成果，不能使
经济体制改革前进，阻碍四个现代化的实现。"他强调说："从这个角度
来讲，我们所有的改革最终能不能成功，还是取决于政治体制的改革。"④
邓小平讲这个话的时间已经过去了 20 多年，但现在读起来仍然倍感亲切。

第三，将上述两个方面概括起来，就可以做出这样的结论：改革的
性质"是社会主义制度的自我完善。"⑤因为改革是在坚持社会主义制度的
前提下，改革不适应生产力发展的经济和政治等方面的体制。而且，这
种改革是在党和政府的领导下有计划、有步骤、有秩序地进行的。这里
所说的"自我完善和发展"，是摆脱了改革以前长期存在的，认为经济制
度可以超越生产力发展的"左"的观念的，是立足于经济制度要适应社
会生产力发展的这个历史唯物论的基本理论的。因为按照前一种观点，

---

①《邓小平文选》第 3 卷，人民出版社 1994 年版，第 137、138、148、364、373 页。
②《邓小平文选》第 3 卷，人民出版社 1994 年版，第 237 页。
③《邓小平文选》第 2 卷，人民出版社 1994 年版，第 327、329、333 页。
④《邓小平文选》第 3 卷，人民出版社 1994 年版，第 164、176 页。
⑤《邓小平文选》第 3 卷，人民出版社 1994 年版，第 142 页。

必然认为改革是社会主义制度的倒退。只有按后一种观点，才可能认为改革是社会主义制度的自我完善。这只是邓小平关于改革性质的一方面的表述。

另一方面，邓小平又在下述两种意义上把改革性质称做是"革命性的变革。"按照邓小平的说法，"改革的性质和过去的革命一样，也是为了扫除发展社会生产力的障碍，使中国摆脱贫穷落后的状态。从这个意义上说，改革也可以看成革命性变革。"这是其一。其二，邓小平还指出：改革"在一定的范围内也发生了某种程度的革命性变革。"① 这意味着改革虽然是在坚持社会主义制度的前提下进行的，但在体制方面都发生了根本性的改革。

显然，从内容上说，上述两种提法又是完全一致的。上述两种提法不仅具有重要理论意义，而且具有重大实践意义。前一种提法可以保证改革的社会主义性质，防止改革滑向右的资本主义道路。后一种提法可以保证经济体制的根本改革，防止"左"的错误的干扰。

（三）改革的原则

这里需要着重提出以下一些重要方面：

第一，按照邓小平的说法，"我们最大的试验是经济体制改革。"② 但这种试验不是像有的观点所认为的那样，是一种缺乏理论指导的经验主义做法。实际上，这种试验是在马克思主义基本理论指导下的科学工作方法。邓小平认为，"实事求是是马克思主义的精髓。我们改革开放的成功，不是靠本本，而是靠实践、靠实事求是。"③ 这样，像做其他一切工作一样，改革也必须先经过试验。还需指出，邓小平针对人们受"左"的观念特别是姓资姓社观念严重束缚，还多次提出："改革开放胆子要大一些，敢于试验。"他同时认为，"看准了的，就大胆地试，大胆地闯。"这是其一。其二，他同时提出"要总结经验，对的就坚持，不对的赶快改，新问题出来抓紧解决。"其三，试验成功了的再推广。正如邓小平说过的，"改革先从农村开始，农村见了成效，我们才有勇气进行城市的改

---

① 《邓小平文选》第 3 卷，人民出版社 1994 年版，第 135、142 页。
② 《邓小平文选》第 3 卷，人民出版社 1994 年版，第 130 页。
③ 《邓小平文选》第 3 卷，人民出版社 1994 年版，第 382 页。

革。"① 所有这些都浸透了唯物论的实事求是精神。

第二，尊重群众的首创精神。在这方面，他常举的突出例证是：改革开始的时候，有两个省带头，一个是四川省，另一个是安徽省。"我们就是根据这两个省的经验，制定了关于改革的政策。""农村改革中，我们完全没有预料到的最大收获，就是乡镇企业发展起来，……异军突起。""如果说在这个问题上中央有点功绩的话，就是中央制定的搞活政策是对的。"② 需要指出，尊重群众的首创精神，是历史唯物论关于群众创造历史的基本原理的充分体现。而且，这方面的群众观点，与辩证唯物论的实践观点完全一致。当然，不能像改革前"左"的错误盛行的时期那样，把群众的实践仅仅归结为体力劳动者的实践，而应该像改革后那样，把群众的实践完整地归结为脑力工作者和体力工作者的共同实践。

第三，正确处理改革与发展和稳定的关系。在这方面，邓小平曾发出铿锵有力、掷地有声的语言。"改革是中国发展生产力的必由之路。""发展是硬道理。""没有安定的政治环境什么事都干不成。"③ 在邓小平看来，坚持党在社会主义初级阶段的基本路线，改善人民生活和实现共同富裕，加强社会主义民主和法制，以及坚持物质文明和精神文明建设，是巩固安定团结政治局面的几个最重要环节。④

第四，实行"三个有利于"的标准。按照邓小平的理论，判断经济改革是非的标准，"应该主要看是否有利于发展社会主义社会的生产力，是否有利于增强社会主义国家的综合国力，是否有利于提高人民的生活水平。"与此相联系，他还提出衡量政治体制改革是非的三项标准。即"第一是看国家的政局是否稳定；第二是看能否增强人民的团结，改善人民的生活；第三是看生产力能否得到持续发展。"⑤ 这些观点是深深植根于历史唯物主义关于生产关系和生产力、上层建筑和经济基础的相互关系的基本理论，以及我国社会主义初级阶段的基本实际，是牢不可破的真理。这些观点是针对改革进行中由"左"的思想多次反复引起的"姓资

①《邓小平文选》第 3 卷，人民出版社 1994 年版，第 130、372 页。

②《邓小平文选》第 3 卷，人民出版社 1994 年版，第 238 页。

③《邓小平文选》第 1 卷，第 244 页；第 3 卷，第 136、265、377 页。

④ 参见《邓小平文选》第 2 卷，第 205 页；第 3 卷，第 156、370~371、373~374页。

⑤《邓小平文选》第 3 卷，人民出版社 1994 年版，第 213、372 页。

姓社"的争论，是冲破"左"的思想束缚最有力的思想武器。

第五，从总体上和根本上说就是要解放思想。按照邓小平的观点，"解放思想，就是使思想和实际相结合，使主观和客观相符合，就是实事求是。"①从这个一般意义上说，无论过去、现在和将来，做一切工作都要解放思想，即实事求是。但改革以来，邓小平反复强调解放思想，是有特定的历史背景的。从1848年马克思主义诞生起，从1917年俄国十月社会主义革命起，从理论到实践，都把商品经济看做是资本主义经济制度的基本特点，并把计划经济看做是社会主义经济制度的基本特征。在这种历史背景下，要进行旨在根本改革计划经济体制和建立社会主义市场经济体制的改革，其思想阻力之大，工作之艰难，可想而知。正因为这样，改革伊始，邓小平就旗帜鲜明地指出："只有思想解放了，我们才能正确地以马列主义、毛泽东思想为指导，……正确地改革同生产力迅速发展不相适应的生产关系和上层建筑。"他还强调说：这"的确是个思想路线问题，是个政治问题，是个关系到党和国家的前途和命运问题。"②还要提到:改革虽然是社会主义制度的自我完善，但根本改革计划经济体制、建立社会主义市场经济制度，涉及到社会生产、流通、分配和消费的方方面面，是一个长时间的经济利益关系的大调整。诚然，从根本方面说，改革有利于增进人民福祉。但对不同的人群来说，在这方面是有差别的，有的得多些，有的少些，有的在一定时期内甚至受到一定程度的损害。这样，改革还会遇到经济利益方面的阻力。正因为存在上述历史背景，邓小平从1978年改革开始直到1992年南方谈话，多次强调解放思想；并把解放思想的主要锋芒指向"左"的思想。他强调说，"右可以葬送社会主义，'左'也可以葬送社会主义。中国要警惕右，但主要是防止'左'。"③

改革以来的历史经验已经充分证明：上述重要原则是我国改革顺利进行、持续发展、取得巨大成功的最重要的指导思想，并对今后的改革仍有重要的指导意义。这个分析同时说明：把中国改革的指导思想说成是新自由主义，是何等的荒诞无稽！

---

① 《邓小平文选》第2卷，人民出版社1994年版，第364页。
② 《邓小平文选》第2卷，人民出版社1994年版，第141、143页。
③ 《邓小平文选》第3卷，人民出版社1994年版，第375页。

对当前宏观经济运行特征的分析 *

与 2008 年复杂多变的国内外经济形势相联系，这年经济运行具有以下特点：

第一，就其经济运行态势看。尽管 2004~2007 年现实经济增长率已经连续 4 年超过了潜在的经济增长率，但由于以地方政府为主的投资膨胀机制等因素的作用，2008 年初仍然面临着发生经济过热的危险。但到了 2008 年下半年，这种情况又发生了急剧的转折性变化。2007 年 7 月美国爆发了住房次级抵押贷款危机，到 2008 年下半年已演变成世界性的金融危机和经济衰退。① 在 2007 年净出口对我国经济增长率占有很大比重的情况下，这一点急剧加大了我国经济增速面临着大幅下滑的危险。

第二，就其运行的过程和结果看。2008 年一季度经济增速为 10.6%，比上年四季度下降 0.7 个百分点；一、二季度为 10.4%，比一季度下降 0.2 个百分点；前三季度为 9.9%，比一、二季度下降 0.5 个百分点；② 预计全年为 9.0% 左右，比上年下降 2.9 个百分点左右。可见，这年经济增速虽然下降，但仍处于潜在经济增长率的上限区间 （8.6%~10.0%）。尽管 2009 年乃至更长时间，经济增速会有所变化，但大体上还会处于潜在经济增长率的上限区间。即是说，我国经济持续快速增长态势在一段时间还会保持下去。

第三，就其所处的经济周期阶段来看。如果以 1999 年这个波谷年

---

* 本文原载《国家行政学院学报》2009 年第 1 期。
① 这是就主要经济发达国家而言的。对当前新兴国家来说，还只能说是金融风险加剧和经济增长减速。
② 国家统计局网 （相关各季）。

（这年经济增速为 7.6%）为起点考察新一轮经济周期，那么可以看到：

1.其上升阶段已经历了 8 年（2000~2007 年）。这个上升阶段可以分为以下三个小的阶段：①2000~2001 年的经济增速分别为 8.4%和 8.3%，处于现阶段潜在经济增长率的下限区间（7.0%~8.5%）。②2002~2003 年的经济增速分别为 9.1%和 10.0%，处在潜在经济增长率的上限区间（8.6%~10.0%）。③2004~2007 年的经济增速分别为 10.1%、10.4%、11.6%和 11.9%，[1] 在越来越大的程度上越过了潜在经济增长率的上限，形成经济偏热，其中 2007 年已经逼近了经济过热[2] 的边缘。

2. 其下降阶段，从理论上说，也可以分为以下三个小的阶段：①经济增速由偏热回归到潜在经济增长率的上限区间。②经济增速在潜在经济增长率的上限区间内运行。③经济增速再下降到潜在经济增长率的下限区间（甚至更低）运行。可见，2008 年已经实现了由经济偏热向潜在经济增长率上限区间的回归。

这里需要着重探讨的问题有两个：一是为什么 2008 年的经济增速比上年下降。二是为什么这年乃至以后一段时间内经济增速仍然能够保持在潜在经济增长率的上限区间。或者说仍能实现经济持续快速发展。这些问题似乎已很清楚，其实也不尽然。

就第一个问题来说，当前有一种相当流行的观点，有意无意地把 2008 年经济增速下降原因片面地归结为世界金融危机和经济衰退的影响。这种说法当然有一定的道理，但有以偏概全之嫌。实际上，2008 年经济增速下降，尽管受到了世界金融危机的重大影响，但主要还是我国内在的经济周期运行规律作用的结果。现实经济增长率和潜在经济增长率的差距是从总体上反映经济冷热关系唯一的、无可替代的指标。我国现阶段潜在经济增长率约为 10%。但 2004~2007 年连续 4 年现实经济增长率在越来越大的程度上超过了潜在经济增长率。这种情况显然是不可持续的。其突出表现有三：一是物价上涨的制约。现实经济增长率连续 4 年超过潜在经济增长率意味着社会总需求连续 4 年超过总供给。这就必然导致物价上涨。消费价格指数（这是最重要的价格指数）在 2007 年上半

---

① 《中国统计年鉴》（2008），中国统计出版社，第 40 页。

② 这里所说的潜在经济增长率、经济过热以及后面还要提到的低度通胀等概念的数量界定，详见拙著：《中国经济发展 30 年（1978~2008）》，中国社会科学出版社 2008 年版，第 81~82、93~94 页。

年还是在低度通胀的区间内变化（这年 1~6 月消费价格指数由 2.2%上升到了 4.4%），而下半年则上升到中度通胀下限区间（这年 7~12 月消费价格指数由 5.6%上升到 6.5%），到 2008 年 2~4 月则进一步上升到中度通胀的上限区间（这 3 个月消费价格指数分别为 8.7%、8.3%和 8.5%）。[①] 而物价上涨又会在扭曲价格信号、引发社会生产资源配置劣化，降低人民生活、影响社会稳定等方面造成种种严重后果。二是产品供给不足的制约。这一点也是与多年经济增速过快直接相联系的。就 2008 年初经济发展情况来看，存在的突出矛盾，除了主要是价格上涨的压力以外，就是部分地区煤电油供应较紧。[②] 另据商务部对 2008 年上半年 600 种主要消费品和 300 种主要生产资料市场供求状况调查，在 600 种主要消费品中，猪肉、牛肉、羊肉、大豆、豆油、菜籽油、花生油和鲜奶 8 个品种在一定区域、一定时段呈现出供应偏紧情况；在 300 种主要生产资料中，动力煤、炼焦煤、无烟煤、焦炭、柴油、汽油、煤油、燃料油、重油、铸造生铁、铁矿石、氯化钾和硫酸钾 13 个品种市场供应呈现偏紧。[③] 这期间供给制约还受到以下三个因素的影响。①伴随要素（劳动力、土地和资源等）价格和环保费用的逐步上升，以及人民币的不断升值，企业成本上升的压力增大，利润空间被压缩，从而抑制投资的增长。②2008 年 1 月我国南方发生了历史罕见的雨雪低温冰冻灾害，特别是五月四川发生的特大地震，会给经济增速带来一定的负面影响。③股市暴跌。上证指数由 2007 年下半年的 6000 多点下降到 2008 年下半年的 2000 点左右。从股市健康发展来看，这是理性回归。但也大大降低其筹资功能。三是资源和环境压力进一步加大的制约。依据我国当前的具体情况，潜在经济增长率似乎可以定义为：在不引发和加剧通胀以及保护资源环境的条件下，各种生产要素潜力能够得到充分发挥所能达到的经济增长率。由于引入资源环境因素很复杂，也缺数据。故在前面将潜在经济增长率设定为 10%时，舍象了这个因素。而据有的学者估算，引入这个因素，潜在经济增长率只能设定为 8%。但在 2004~2007 年却连续 4 年超过了 10%。在这种情况下，资源环境承受的压力也进一步加大了。上述情况表明：即使撇开国

---

① 国家统计局网（相关各季）。
② 参见《经济日报》2008 年 5 月 26 日第 1 版。
③ 《中国剪报》2008 年 3 月 26 日第 1 版。

际因素，仅从国内因素考察，2008 年经济增速由波峰年 2007 年下降，也是一个不可逆转的客观趋势。这是第一。

第二，当前世界金融危机和经济衰退对我国 2008 年经济减速也发生了重大影响。显然，在经济全球化已经高度发展的时代，而我国对外开放度又已达到很高的程度，经济发展必然会受到国际经济形势的重大影响。这一点在 2008 年前三季度经济增长中已经明显地反映出来。据统计，这年前三季度累计实现贸易顺差 1810 亿美元，同比减少 47 亿美元。初步计算，2008 年前三季度货物和服务净出口对经济增长的贡献率为 12.5%，同比下降 8.9 个百分点。[①] 还要指出：随着世界金融危机和经济衰退的发展，净出口下降在我国经济减速中的作用，还会在某种限度内进一步加大。

第三，宏观经济政策的调整在这方面也起了很重要的积极作用。2007 年下半年，我国经济面临由经济偏热向经济过热转变，由低度通胀向中度通胀转变的双重危险。据此，在 2007 年底召开的中央经济工作会议上提出了"双防"方针，并在 2005 年将 1998 年开始实行的积极的财政政策转变为稳健的财政政策的基础上，又将多年实行的稳健的货币政策调整为适度从紧的货币政策。还需说明：尽管此前实行的是稳健的货币政策，但伴随 2004 年以来经济逐年趋于偏热，执行中是向适度从紧的方向调整的。这一点，对于防止经济偏热向经济过热转变，并使经济增速下降到潜在经济增长率的上限区间，也起了重要的促进作用。比如，在 2004 年 10 月~2007 年 12 月间，央行就 9 次提高了金融机构人民币贷款基准利率，其中 6 个月至一年的利率由 5.58% 提高到 7.47%。在这期间，央行还 14 次提高了金融机构的存款准备金率，使其由 7.5% 提高到 14.5%。在 2008 年 1~6 月，央行又 5 次提高了存款准备金率，使其进一步提高到 17.5%。[②] 诚然，这期间高频率大幅度提高存款准备金率，主要是为了对冲外汇占款。但从总体上说，这些货币政策工具的运用，对降低经济增速起了重要的积极作用。比如，2008 年前三季度货币增速就显著回落。这年 9 月末，广义货币（M2）余额 45.3 万亿元，同比增长 15.3%，比上年同期回落 3.2 个百分点；狭义货币（M1）15.6 万亿元，增长 9.4%，回落

---

① 国家统计局网 2008 年 10 月 20 日；《中国经济报告》2008 年 11 月，第 96 页。
② 中国人民银行网（有关各月）。

12.6 个百分点；流通中现金（M0）31725 亿元，增长 9.3%，回落 3.7 个百分点。[①] 这些数据表明：适度从紧的货币政策在避免经济过热，并使经济增速回到潜在经济增长率的上限区间方面起了不容忽视的重要作用。

现在我们分析第二个问题：2008 年乃至以后一段时间内经济增速为什么还能保持潜在经济增长率的上限区间，即能实现持续快速发展。过去对这个问题的看法，虽也存在争论，但多数人的看法是一致的。然而，在当前世界金融危机和经济衰退发生以后，在这个问题上的疑问又多起来了，以致信心不足，甚至动摇。笔者认为正确看待这个问题似乎需要明确以下几点：

第一，正确看待我国国内的经济增长能力。在这方面我国具有能够支撑经济长期持续快速的潜力，以及能够比较充分发挥这些潜力的条件。这些潜力主要包括：人力和人才资源丰富，高储蓄率和资金充裕，以及制造业生产能力很强，粮食能够基本自给等。这些条件主要包括：完善社会主义市场经济体制的效应，科技进步效应，工业化中后期的阶段效应，城镇化加快发展的效应，人口大国和经济大国的正面效应，以及社会政治稳定的效应等。[②] 当然，当前我国在自主创新能力不强、经济结构失衡、城乡和地区差别较大、资源缺乏、环境污染严重和社会矛盾突出等方面，也存在着不利于经济发展的因素。但上述有利因素是主要的。需要着重指出：上述潜力和有利条件都是植根于国内的，从根本上和总体上来说，它不会受到国际因素的太大影响。

第二，正确看待我国宏观经济调控的能力。在这方面，我国宏观调控已经具备了驾驭各种风险（包括国际风险）的能力。这一点是同改革以来积累了丰富的宏观调控的经验直接相关的。这些经验主要有：实现了宏观经济调控根本指导思想向科学发展观的转变；准确把握经济周期各个阶段的特点及其变化，以确定和调整宏观经济调控的方向；把对社会总需求的调控和总供给的调控结合起来；注重宏观经济调控体系的变革和创新，并将其与市场主体和市场体系的改革结合起来等。[③] 实践也已证明了这一点。1998~1999 年，我国已经成功地抵御了 1997 年 7 月亚洲

[①] 国家统计局网 2008 年 10 月 20 日。
[②] 详见拙著：《中国经济发展 30 年（1978~2008）》，中国社会科学出版社 2008 年版，第 82~93 页。
[③] 详见拙文：《关于改革以来宏观调控经验的若干思考》，《经济学动态》2008 年第 12 期。

金融危机对我国经济的冲击。这两年经济增速虽然分别下降到了 7.8% 和 7.6%，但仍然处于我国现阶段潜在经济增长率的下限区间，既没有发生经济衰退，更没有发生经济危机。2008 年以来，我国已经开始并正在有效地抵御由 2007 年 7 月美国次贷危机引发的世界金融危机和经济衰退。在这方面，2008 年针对国内外复杂多变的经济形势，在宏观经济调控方向方面的调整，就做得更及时、更有力、更出色。2007 年底，在经济增速由偏热逼近过热、通胀已由低度通胀上限区间向中度通胀逼近的形势下，提出了"双防"（防经济过热和通胀）方针。到 2008 年 7 月，在经济增速出现下降过快、通胀仍处于中位通胀的形势下，又提出了"保增长、控通胀"的方针。到这年 10 月，在世界金融危机对我国经济增长影响已经显现的形势下，又进一步提出把保持经济稳定增长放在首位。为此，在 2008 年 11 月，依据世界金融危机对我国经济增长影响加剧的形势，果断地将原来实行的稳健的财政政策调整为积极的财政政策，将从紧的货币政策调整为适度宽松的货币政策。并就此采取了一系列的重大措施。比如，为了发挥积极财政政策在保增长方面的独特优势，2008 年 11 月初国务院提出在两年内安排 4 万亿投资，用于加快保障性安居工程，农村民生工程和农村基础设施，铁路公路和机场等重大基础设施建设，医疗卫生文化教育事业，生态环境工程以及自主创新和结构调整等方面；并于这年第四季度在原计划的基础上，先增加安排中央财政资金 1000 亿元。在货币政策方面，2008 年 9 月 16 日~11 月 27 日央行 4 次下调金融机构人民币贷款利率。其中前三次一年期贷款利率分别下调 0.27 个百分点，第 4 次猛调 1.08 个百分点。这年 9 月 25 日~12 月 5 日，央行还 3 次下调了金融机构存款准备金率。其中，9 月 25 日除工商银行、农业银行、建设银行、交通银行和邮政储蓄银行外，其他存款类金融机构人民币存款准备金率下调一个百分点；10 月 25 日下调存款类金融机构存款准备金率 0.5 个百分点；12 月 5 日下调工农中建交和邮政储蓄银行存款准备金率 1 个百分点，下调中小型存款类金融机构存款准备金率 2 个百分点。[①] 这期间执行财政、货币政策出手之快，力度之大都是前所未有的。需要着重指出，2008 年 12 月 8~10 日举行的中央经济工作会议又提出：必须把保

---

① 转引自新华网（有关各月）。

持经济平稳较快增长作为明年经济工作的首要任务。要着力在保增长上下工夫，把扩大内需作为保增长的根本途径，把加快发展方式转变和结构调整作为保增长的主攻方向，把深化重要领域和关键环节改革，提高对外开放水平作为保增长的根本动力，把改善民生作为保增长的出发点和落脚点。[①] 这可以看做是指导和实现 2009 年经济持续快速发展的总纲。当然，这些政策实施及其效果显现都要经历一段时间，但它发出了一个极重要的积极信号，必将大大提高各类市场主体的信心，因而即使对 2008 年四季度的经济增长也会起重要的推动作用，对今后经济持续快速就更是这样了。比如，据权威经济部门预测，4 亿元的投资可在这两年拉动经济一个百分点。这样，就可以使得 2009 年乃至今后一段时间的经济增速能够保持在现阶段潜在经济增长率的上限区间（8.6%~10.0%）。

第三，正确估计由美国次贷危机引发的世界金融危机和经济衰退对我国经济增长的负面影响。为此，需要说明以下点：

1. 一般说来，对我国这样一个社会主义经济大国来说，在内部经济协调发展的情况下，经济发展态势主要由国内因素决定。国际因素对此虽有重大影响，但不可能从根本上左右这一点。近几年来，我国经济发展过多地依靠外需因素，从根本上说来，是由国内经济失衡造成的。当然，在这方面也有其他因素所起的重要作用。比如，战后形成的不合理的国际经济和政治秩序，特别是不合理的国际货币体系，就是一个重要方面。但即使就当前外需依存度较高来说，仍然不能说外需已经成了我国社会总需求的主要因素。就净出口增长对我国经济增长贡献率较高的 2007 年的情况看，也只是占到 19.7%，其余 80.3%是国内投资和消费的贡献。[②] 诚然，对外经济关系的发展对我国经济发展的作用不只是表现在净出口的贡献这一个方面，还表现在其他许多方面。但就需求拉动经济增长这个视角来说，这是一个最重要指标。还要提到：尽管美欧日是我国当前的主要贸易伙伴，但近几年来我国在实施对外贸易多元化的战略方面已经取得了重要进展。而且，我国实行的平等互利原则和企业国际竞争力的提高，还会进一步扩大这方面的空间。可见，我国在外贸方面

---

① 新华网 2008 年 12 月 10 日。
②《中国统计年鉴》(2007)，中国统计出版社，第 67 页。

将在越来越大的程度上依赖新兴国家和发展中国家。

2. 对近年来东南沿海中小企业经营困难甚至倒闭的现象，一是不能夸大。比如，针对"温州20%企业停工和半停工"的传闻，温州市经贸委中小企业处在2008年7月初对全市31个工业强镇和开发区的15521家中小企业进行调查。调查发现，仅有1009家停工和半停工，另外，倒闭企业250家，合计1259家，仅占调查企业数的8.1%。[①] 再如，针对外界一直盛传的珠三角中小企业"倒闭潮"的说法，广东省政府部门给出统计数据回应说，珠三角中小企业未出现"倒闭潮"。据统计，2008年1~9月，该省各类市场主体共注吊销企业62361家，新注册企业数100634家，全省新注册企业总数与注吊销企业总数比较，净增加38273家。[②] 二是不能把上述现象一股脑的都归结为世界经济金融危机的影响，要做具体分析。其中，有些是世界金融危机的影响，有些则是2007年底以来实行的紧缩的宏观经济政策的影响，而且这是推行这项正确政策和转变经济发展方式和贸易方式必须付出的代价。再说，企业有生有死，是市场竞争中必然发生的正常现象。

3. 如果从总体上把2008年经济减速都归结为世界金融危机的影响，在事实上也说不通。这一论经济周期经济减速在2007年三季度开始发生的，但世界金融危机对我国经济增长产生明显不利影响是在2008年下半年。

4. 对美国这次发生的金融危机和经济衰退的严重性，也需有恰当的估计。当前，在这方面有些观点值得斟酌。比如，有一种观点认为，这次金融危机是百年未遇的金融危机。这意味着这次金融危机已经超过美国1929~1933年发生的经济危机和金融危机。尽管这次美国危机还在发展的过程中，还未见底，其严重性还有待观察。但要说这次危机超过1929~1933年的危机，就与事实不符。在理论上也很难站得住。就理论上说，仅就时代特点来说，这种观点就忽视了这两次危机三个重大区别。①前一次危机是在古典的自由放任的市场经济条件下发生的。这种体制形成加重和延缓了对危机的治理。而这次危机是在现代的有国家干预的

---

① 转引自新华网2008年8月8日。
②《经济参考报》2008年11月25日第6版。

市场经济条件下发生的。这种体制虽然不能从根本上防止和解决危机，但却有利于治理和缓解危机。相对美国自己历史而言，美国治理这次危机，其出手之快，力度之大，都是前次危机所无法比拟的。②相对前次危机而言，这次危机是在经济全球化高度发展以及和平发展合作成为世界主要潮流的时代发生的。这种情况也会大大有利于治理和缓解这次危机。在由美国次贷危机演变成世界金融危机和经济衰退以后，各主要经济发达国家，几乎同时联手出台治理危机的措施，其出手之快，力度之大，也是前所未有的。③这次危机是在信息化时代发生的。这就为美国及时治理危机以及各主要经济发达国家及时联手治理危机提供了必要的、强有力的技术手段。需要说明：之所以做上面的分析，是因为对这些问题的看法，也直接关系对我国当前经济形势的判断。

　　但要实现经济持续快速发展，当前必须贯彻扩大内需为主的方针以及积极的财政政策和适度宽松的货币政策（以下分析不拟涉及货币政策）。作为一个社会主义经济大国，经济发展原本就是应以内需为主的。但在当前外需比重过大，又面临外需增速锐减的情况下，要实现经济持续快速发展，就更要以扩大内需为主。而在国内投资比重过大，且也面临增速趋缓（主要是企业投资增速趋缓），推行积极的财政政策，大幅度地增加政府巨额投资，就成为一定时期内实现经济持续快速发展的必然选择。在这方面一定要汲取1998年以来的教训。其中一个重要方面就是加剧了国内投资与消费的严重失衡，从而导致内需和外需的严重失衡。1997~2007年，投资率由36.7%上升到42.3%，消费率由59.0%下降到48.8%。与此相联系，货物和服务出口对经济增长的贡献率总的趋势显著上升。特别是2005~2007年，这个贡献率达到了20%左右。①因此，必须实现投资和消费的协调发展。为此，一是必须在中央政府增加的巨额投资中，尽可能提高与民生直接相关的建设投资比重，谨防经济工作中长期存在的重生产性投资、轻消费性投资的惯性作用（这种惯性在新中国成立以后不久就形成了。改革后有所改变，但并没根除）。特别是要在数倍于中央政府投资的地方政府增加的投资方面，谨防地方政府的重政绩工程、轻民生工程的偏好，切实做到与民生直接相关的建设投资占到较

①《中国统计年鉴》（2008），中国统计出版社，第57页。

大的比重，防止新一轮政绩工程的泛滥。二是要在发展社会（特别是农村）生产和提高劳动生产率的同时，积极推进城乡二元社会经济体制、就业、收入分配、住宅、财政税收、社会保障以及教育和卫生等社会事业的改革，提高居民（特别是农村居民）的收入水平、消费倾向、消费预期和即期消费。逐步做到扩大内需主要依靠提高消费，以改变投资与消费的失衡状况，使得二者趋于协调发展。在这方面，必须牢记马克思在《资本论》中提出的扩大再生产公式。这个公式揭示了社会扩大再生产的一般规律。其中，最重要最基本的一条就是积累和消费比例关系的协调发展。这是社会主义市场经济体制下必须遵循的客观规律；否则，社会扩大再生产就不可能顺利进行。在推行积极的财政政策，扩大政府投资方面，还必须同深化投资体制改革结合起来，防止旧体制的复归；同转变经济发展方式，建设资源节约型和环境友好型社会结合起来，防止新一轮的以浪费资源和牺牲环境为代价的粗放经济增长方式的泛滥；同加强监管结合起来，防止新一轮的侵吞国有资产的贪污腐败现象的再现。

对物价运行的回顾和展望 *

一、对 2008 年物价运行的回顾

2008 年国内外整体经济形势的一个重要特征，就是复杂多变。这年物价运行也呈现出类似情况。本文以作为最重要价格指数的居民消费价格指数的变化为例来说明这一点。2007 年 1~6 月，居民消费价格指数由 2.2% 逐月上升到 4.4%。其中，1 月居民消费价格指数处于低度通胀增长的下限区间，2~6 月处于低度通胀的上限区间。而这年 7~12 月，居民消费价格指数由 5.6% 逐月上升到 6.9%，处于中度通胀的下限区间，这样这年全年居民消费价格指数为 4.8%，仍处于低度通胀的上限区间。而 2008 年这方面的情况则发生了重大变化。这年 1~5 月，居民消费价格指数由中度通胀的下限区间上升到上限区间。其中，1 月为 7.1%，2~5 月分别依次为 8.7%、8.3%、8.5% 和 7.7%。但 6~7 月，居民消费价格指数分别下降到 7.1% 和 6.3%，回落到中度通胀的下限区间。8~10 月，居民消费价格指数分别为 4.9%、4.6% 和 4.0%。进一步回落到低度通胀的上限区间。11 月，居民消费价格指数大幅下降到 2.4%，[①] 处于低度通胀的下限区间。这样预计全年消费价格指数仍将达到 5.5% 以上，处于中度通胀的下限区间。概括说来，就月份来说，2007 年消费价格指数经历了由低度通胀下限区

＊ 本文第二部分原载《中国经济时报》2009 年 2 月 24 日。
① 国家统计局网（有关各月）。

间到上限区间，再到中度通胀区间下限区间的变化，而2008年消费价格指数则经历了由中度通胀下限区间到上限区间和下限区间再到低度通胀上限区间和下限区间的变化；[①] 就年份来说，2007年消费价格指数实现了由上年低度通胀的下限区间（1%）到低度通胀的上限区间的变化，而2008年实现了由上年低度通胀的上限区间到中度通胀的下限区间的变化。

那么，为什么2008年居民消费价格指数会发生由大幅度上升到大幅度下降的变化呢？就其上升的原因来说，主要是：

第一，长达五年多的社会总需求超过社会总供给的积累。在这方面，现实经济增长率超过潜在经济增长率是从总体上衡量这一点的、唯一的、无可替代的指标。[②] 现阶段我国潜在经济增长率大致为10%。而2003~2007年年均经济增速为10.8个百分点。每年年均现实经济增长率超过潜在经济增长率0.8个百分点。这意味着年均社会总需求大于社会总供给约一个百分点。2008年1~6月，经济增长率虽然下降了，但仍然高达10.4%，[③] 超过了潜在经济增长率。诚然，在这五年多的时间，由于价格指数的上升，已经消化了一部分社会总需求大于社会总供给的差额。但由于多种因素的作用（其中包括价格变化滞后于社会总供求的变化），这个差额并没有完全消除。

第二，产品成本上升的推动。这有两方面的原因：一是国内工资、地价、资源价格和环保费用等的上升；二是国际市场上的原油、有色金属、粮食和海运等价格的上升。比如，2004~2007年，原料、燃料、动力购进价格指数分别达到了11.4%、8.3%、6.0%和4.4%。2008年1~6月又上升11.1%。[④] 成本上升压力的加大，企业利润空间（包括由劳动生产率提高带来的利润空间）被逐渐压缩，企业对价格上升的消化能力在降低。因而上下游之间的价格传导明显增强。据有的学者测算，2003~2006年，下游的加工产业物价上涨率平均为生产价格指数总水平1/4，2007年上升

① 本文依据我国历史经验，把低度通胀设定为居民消费价格指数上升0%~5.0%，其下限区间为0%~2.5%，上限区间为2.6%~5.0%；中度通胀为5.1%~10.0%，其下限区间为5.1%~7.5%，上限区间为7.6%~10.0%。10%以上为高度通胀，负增长为通缩。详见拙著《中国经济发展30年（1978~2008）》，中国社会科学院出版社2008年版，第94~95页。

② 详见拙文：《试析物价指数及其经济冷热的关系》，《中国社会科学院研究生学报》2008年第1期。

③ 国家统计局网（2008年有关各月）。

④ 国家统计局网2008年9月1日。

到 64.5%，到 2008 年 4 月 2 日上升到 74%。[①] 这说明生产价格指数已经越来越快地向居民消费价格指数传导。

第三，2008 年上半年前后发生的两次特大的严重自然灾害，会在一定时限和一定程度上减少供给。当然也会减少需求。但总的说来，前者的减幅会大于后者的减幅，从而扩大供需缺口，在一定的时限内小幅推动物价的上扬。

第四，翘尾巴的因素对今年物价上扬的滞后影响。有关研究表明：2008 年消费价格累计翘尾巴因素为 3.4 个百分点，是 2007 年的两倍。[②] 这种说法是有道理的。也需指出：当前流行的观点，往往孤立地提出翘尾巴因素的影响，而不提翘尾巴因素得以实现的前提。在实际上，这种说法暗含了一个前提，即 2008 年社会总需求大于社会总供给的状况至少要保持去年的状况。但是，如果这个状态有很大改善，那么这个翘尾巴因素就难以全部实现。但需说明：由于 2007 年上半年居民消费价格指数涨幅显著低于下半年，因而翘尾巴因素的作用集中表现在上半年。

第五，跟涨风在物价上升中的推波助澜作用。在我国交易秩序混乱、信用缺失和价格监管不力的条件下，切不可忽视这种跟涨风的作用。这一点，在 2008 年两次灾后的一段时间内表现得非常明显。尽管这期间政府加强了对价格的监管，但跟涨风仍然刮得很强，搭便车涨价的现象几乎到处可见。

第六，通胀心理预期的增强。在 1998~2006 年间，居民消费价格指数年均增长 1.6%，工业品出厂价格指数年均增长 1.0%。二者均处于低位通胀的下限区间。在这种情况下，无论是企业，还是居民，通胀心理预期都是比较平稳的。但到 2007 年二者分别增长了 4.8% 和 3.1%，[③] 二者分别处于低通胀的上限区间。于是，无论是企业，还是居民，通胀的心理预期都急剧攀升。在 2008 年上半年发生的两次严重灾害后的一段时间内，这种预期又得到了进一步上升。但需指出：应该肯定通胀心理预期上升在推动物价上升中的相对独立的重要作用。如果把它夸大为问题的

---

① 转引自新华网 2008 年 7 月 8 日。

②《经济学动态》2008 年第 4 期，第 6 页。

③《中国国内生产总值核算历史资料（1952~2004）》，《中国统计年鉴》(2007)，中国统计出版社；国家统计局网 2008 年 2 月 28 日。

关键，也值得商榷。在这里，问题的本质在于：通胀的心理预期上升尽管有重要作用，但归根结底是不能脱离通胀上升这个客观实际而孤立存在的。

第七，多年来，由于我国经常项目和资本项目双顺差的迅速增长以及各种热钱的大量流入，外汇储备逐年大幅增长。在 2003 年末~2007 年末这五个时限内，我国外汇储备余额分别依次为 4032.51 亿美元、6099.32 亿美元、8188.72 亿美元、10663.40 亿美元、15282 亿美元。2008 年 3 月末，国家外汇储备余额又增加到 16822 亿元。由此形成一种倒逼机制，迫使央行发行巨额基础货币。在上述六个时限内，央行发行的基础货币余额分别依次为 5.23 万亿元、5.9 万亿元、6.4 万亿元、7.8 万亿元、10.2 万亿元、10.4 万亿元；货币乘数分别为 4.23、4.29、4.67、4.44、3.95 和 4.06。[1] 这是我国对外开放时代推动物价上升的一个特殊重要因素。总之，这期间我国通胀的形成和加剧，是由国内和国外以及需求和成本等多种因素造成的，如果把它主要归结为某种因素（如部分农产品供给不足，或成本上升，或国际收支顺差），并不完全符合实际情况，也不利于通胀的治理。

就其下降的原因来说，主要是：

第一，社会总需求与社会总供给趋于基本平衡。这主要表现为现实经济增长率由原来多年超过潜在经济增长率向潜在经济增长率上限区间的回归。2008 年，第一季度经济增长率为 10.6%，比上年第四季度下降了 0.7 个百分点，第二季度为 10.1%，比上季度下降了 0.5 个百分点，第三季度为 9.0%，比上季度下降了 1.1 个百分点；第一、二季度为 10.4%，第一、二、三季度为 9.9%，[2] 预计全年为 9%左右。显然，社会总需求与社会总供给趋于基本平衡，是居民消费价格指数下降的最主要原因。

现在需要进一步指出：2008 年，经济增速向潜在经济增长率上限区间的回归，主要是同我国经济周期规律作用相联系的。当前有一种相当流行的观点，有意无意地把 2008 年经济增速下降原因片面地归结为世界金融危机和经济衰退的影响。这种说法当然有一定的道理，但有以偏概

---

① 《中国人民银行货币政策执行报告》（2008 年有关季度）。

② 国家统计局网（2008 年相关各季）。

全之嫌。实际上，2008 年经济增速下降，尽管受到了世界金融危机的重大影响，但主要还是我国内在的经济周期运行规律作用的结果。如前所述，现实经济增长率和潜在经济增长率的差距是从总体上反映经济冷热关系唯一的、无可替代的指标。我国现阶段潜在经济增长率约为 10%。但 2004~2007 年连续 4 年现实经济增长率在越来越大的程度上超过了潜在经济增长率。这种情况显然是不可持续的。其突出表现有三：

1. 物价上涨的制约。现实经济增长率连续 4 年超过潜在经济增长率意味着社会总需求连续 4 年超过总供给。这就必然导致物价上涨。前已指出，消费价格指数在 2007 年上半年还是在低度通胀的区间内变化（这年 1~6 月消费价格指数由 2.2%上升到了 4.4%），而下半年则上升到中度通胀下限区间（这年 7~12 月消费价格指数由 5.6%上升到 6.5%），到 2008 年 2~4 月则进一步上升到中度通胀的上限区间（这 3 个月消费价格指数分别为 8.7%、8.3%和 8.5%）。而物价上涨又会在扭曲价格信号、引发社会生产资源配置劣化，降低人民生活、影响社会稳定等方面造成种种严重后果。

2. 产品供给不足的制约。这一点也是与多年经济增速过快直接相联系的。就 2008 年初经济发展情况来看，存在的突出矛盾，除了主要是价格上涨的压力以外，就是部分地区煤电油供应较紧。① 另据商务部对 2008 年上半年 600 种主要消费品和 300 种主要生产资料市场供求状况调查，在 600 种主要消费品中，猪肉、牛肉、羊肉、大豆、豆油、菜籽油、花生油和鲜奶 8 个品种在一定区域、一定时段呈现出供应偏紧情况；在 300 种主要生产资料中，动力煤、炼焦煤、无烟煤、焦炭、柴油、汽油、煤油、燃料油、重油、铸造生铁、铁矿石、氯化钾和硫酸钾 13 个品种市场供应呈现偏紧。② 这期间供给制约还受到以下三个因素的影响。①伴随要素（劳动力、土地和资源等）价格和环保费用的逐步上升，以及人民币的不断升值，企业成本上升的压力增大，利润空间被压缩。再加上国内外各种因素的作用，企业利润大幅下滑。2008 年 1~11 月，我国规模以上工业企业利润为 24066 亿元，同比仅增长 4.9%，回落了 31.8 个百分点。

① 参见《经济日报》2008 年 5 月 26 日第 1 版。
② 《中国剪报》2008 年 3 月 26 日第 1 版。

这就大大抑制了投资的增长。②2008 年 1 月我国南方发生了历史罕见的雨雪低温冰冻灾害，特别是五月四川发生的特大地震，会给经济增速带来一定的负面影响。③股市暴跌。上证指数由 2007 年 10 月 16 日的 6124 点下降到 2008 年 10 月 29 日的 1664.93 点。在这期间，沪深两市市值蒸发了近 24 万亿元。从股市健康发展来看，这是理性回归。但也大大降低其筹资功能。

3. 资源和环境压力进一步加大的制约。依据我国当前的具体情况，潜在经济增长率似乎可以定义为：在不引发和加剧通胀以及保护资源环境的条件下，各种生产要素潜力能够得到充分发挥所能达到的经济增长率。然而，引入资源环境因素很复杂，也缺数据。故在前面将潜在经济增长率设定为 10%时，舍象了这个因素。而据有的学者估算，引入这个因素，潜在经济增长率只能设定为 8%。但在 2004~2007 年却连续 4 年超过了 10%。在这种情况下，资源环境承受的压力也进一步加大了。上述情况表明：即使撇开国际因素，仅从国内因素考察，2008 年经济增速由波峰年 2007 年下降，也是一个不可逆转的客观趋势。所以，总起来说，并就终极根源而言，2008 年 5 月以后居民消费价格指数趋于下降，是我国经济周期规律发生作用的结果。

第二，当前世界金融危机和经济衰退在这方面也发生了重大影响。显然，在经济全球化已经高度发展的时代，而我国对外开放度又已达到很高的程度，经济发展必然会受到国际经济形势的重大影响。这一点在 2008 年前三季度经济增长中已经明显地反映出来。据统计，这年前三季度累计实现贸易顺差 1810 亿美元，同比减少 47 亿美元。据初步计算，2008 年前三季度货物和服务净出口对经济增长的贡献率为 12.5%，同比下降 8.9 个百分点。[①] 还要指出：随着世界金融危机和经济衰退的发展，净出口下降在我国经济减速中的作用，还会在某种限度内进一步加大。显然，外需的大幅下降，是物价下降的重要原因。

第三，宏观经济政策的调整在这方面也起了很重要的积极作用。2007 年下半年，我国经济面临由经济偏热向经济过热转变，由低度通胀向中度通胀转变的双重危险。据此，在 2007 年底召开的中央经济工作会

---

① 国家统计局网 2008 年 10 月 20 日；《中国经济报告》2008 年 11 月，第 96 页。

议上提出了"双防"方针，并在 2005 年将 1998 年开始实行的积极的财政政策转变为稳健的财政政策的基础上，又将多年实行的稳健的货币政策调整为适度从紧的货币政策。还需说明：尽管此前实行的是稳健的货币政策，但伴随 2004 年以来经济逐年趋于偏热，执行中是向适度从紧的方向调整的。这一点，对于防止经济偏热向经济过热转变，并使经济增速下降到潜在经济增长率的上限区间，也起了重要的促进作用。比如，在 2004 年 10 月~2007 年 12 月间，央行就 9 次提高了金融机构人民币贷款基准利率，其中 6 个月至一年的利率由 5.58%提高到 7.47%。在这期间，央行还 14 次提高了金融机构的存款准备金率，使其由 7.5%提高到 14.5%。在 2008 年 1~6 月，央行又 5 次提高了存款准备金率，使其进一步提高到 17.5%。[1] 诚然，这期间高频率大幅度提高存款准备金率，主要是为了对冲外汇占款。但从总体上说，这些货币政策工具的运用，对降低经济增速起了重要的积极作用。比如，2008 年前三季度货币增速就显著回落。这年 9 月末，广义货币（M2）余额 45.3 万亿元，同比增长 15.3%，比上年同期回落 3.2 个百分点；狭义货币（M1）15.6 万亿元，增长 9.4%，回落 12.6 个百分点；流通中现金（M0）31725 亿元，增长 9.3%，回落 3.7 个百分点。[2] 这些数据表明：适度从紧的货币政策在避免经济过热，并使经济增速回到潜在经济增长率的上限区间方面起了不容忽视的重要作用。这同时意味着这项政策通过抑制社会总需求促进了物价的下降。但宏观经济调控的作用，并不是限于这一点。它还通过调控供给，以促进社会总供给的增长和社会劳动生产率的提高，推动物价的下降。在促进供给增长方面，突出在猪肉价格的变化上。由于供不应求，2008 年 1 月猪肉价格同比上涨了 58.5%。但在政策引导下，猪肉供求关系发生了转折性变化。到 11 月猪肉价格同比下降了 9.3%。在提高社会劳动生产率方面，突出表现在通信工具价格的变化上。总体说来，这类产品的技术进步和劳动生产率提高快；产品价值下降也快；市场竞争比较充分。这样，由价值下降拉动价格下降的作用也就较明显。2008 年这类产品价格是逐月下降的，1~11 月同比下降了 19.0%。[3] 这一点，是同政府积极推进的经济发

---

① 中国人民银行网（2008 年有关各月）。

② 国家统计局网 2008 年 10 月 20 日。

③ 国家统计局网（2008 年有关各月）。

展方式转变和自立创新的战略相联系的。

　　还要提到：这期间物价下降，也受到下列因素的作用。①国际市场上石油和粮食等大宗产品由上半年大幅上升转为下半年大幅下降。比如，国际市场上石油期货价格在 2008 年 7 月 11 日大幅飙升到每桶 147.27 美元，但到 12 月 24 日又猛跌到每桶 35.35 美元。① 这也促进了国内物价的下降。②翘尾巴因素作用的趋弱。这有两方面的原因：一是 2007 年上半年物价涨幅低，下半年涨幅高。所以，翘尾巴因素的作用是集中在 2008 年上半年释放了。二是翘尾巴因素赖以发生作用的实现条件是社会总需求大于社会总供给。伴随 2008 年社会总需求和社会总供给逐步趋于基本平衡，翘尾巴因素作用赖以实现的条件也就逐渐丧失。③市场主体心理预期发生了转折性变化。如果说，2008 年前期市场主体对市场价格预期是看涨的，到了这年后期，伴随我国经济增速的下降，特别是世界金融危机的蔓延，则急剧地转变为看跌的。这一点特别明显地表现在居住类价格的变化上。2008 年 1 月居住类价格同比上涨 6.1%；4 月达到最高峰，同比增长到 8.2%；10 月下降到 4.6%；11 月大幅下降到 1.1%。从一定意义上说，这种价格涨幅的大降，是房市价格泡沫在某种程度上的破裂。而这种破灭又是同市场主体心理预期的变化有着重要的联系。

　　可见，那种把 2008 年 5 月以来物价下降的主要原因归结为世界金融危机的影响是很不全面的。

二、对 2009 年物价运行的展望

　　依据当前的现实情况，笔者设想 2009 年居民消费价格指数将从 2008 年 5.5%以上（居中度通胀的下限区间）回落到低度通胀的上限区间（2.6%以上）。提出这一点的基本依据是：预计 2009 年的经济增长率仍可达到潜在经济增长率的上限区间（8.5%以上）。如前所述，现实经济增长率与潜在经济增长率的差距，是衡量社会总需求与社会总供给的差距唯一的，无可替代的指标。2009 年经济增长率仍然处于潜在经济增长率的

_____

① 《经济参考报》2008 年 12 月 30 日第 8 版。

上限区间，就意味着社会总需求与社会总供给是基本平衡的。这一基本状况就决定了2009年居民消费价格指数虽比上年有较大幅度的下落，但也不至于下落得太多，仍可处于低度通胀的上限区间。

但在这里需要深入分析的问题是：为什么2009年经济增速仍能保持潜在经济增长率的上限区间，即仍能实现持续快速发展。过去对这个问题的看法，虽也存在争论，但多数人的看法是一致的。然而，在当前世界金融危机和经济衰退发生以后，在这个问题上的疑问又多起来了，以致信心不足，甚至动摇。笔者认为正确看待这个问题似乎需要明确以下几点：

第一，正确看待我国国内的经济增长能力。在这方面我国具有能够支撑经济长期持续快速的潜力，以及能够比较充分发挥这些潜力的条件。这些潜力主要包括：人力和人才资源丰富，高储蓄率和资金充裕，以及制造业生产能力很强，粮食能够基本自给等。这些条件主要包括：完善社会主义市场经济体制的效应，科技进步效应，工业化中后期的阶段效应，城镇化加快发展的效应，人口大国和经济大国的正面效应，以及社会政治稳定的效应等。[①] 当然，当前我国在自主创新能力不强、经济结构失衡、城乡和地区差别较大、资源缺乏、环境污染严重和社会矛盾突出等方面，也存在着不利于经济发展的因素。但上述有利因素是主要的。需要着重指出：上述潜力和有利条件都是植根于国内的，从根本上和总体上来说，它不会受到国际因素的太大影响。

第二，正确看待我国宏观经济调控的能力。在这方面，我国宏观调控已经具备了驾驭各种风险（包括国际风险）的能力。这一点是同改革以来积累了丰富的宏观调控的经验直接相关的。这些经验主要有：实现了宏观经济调控根本指导思想向科学发展观的转变；准确把握经济周期各个阶段的特点及其变化，以确定和调整宏观经济调控的方向；把对社会总需求的调控和总供给的调控结合起来；注重宏观经济调控体系的变革和创新，并将其与市场主体和市场体系的改革结合起来等。[②] 实践也已证明了这一点。1998~1999年，我国已经成功地抵御了1997年7月亚洲

① 详见拙著：《中国经济发展30年（1978~2008）》，中国社会科学出版社2008年版，第82~93页。
② 详见拙文：《关于改革以来宏观调控经验的若干思考》，《经济学动态》2008年第12期。

金融危机对我国经济的冲击。这两年经济增速虽然分别下降到了 7.8% 和 7.6%，但仍然处于我国现阶段潜在经济增长率的下限区间，既没有发生经济衰退，更没有发生经济危机。2008 年以来，我国已经开始并正在有效地抵御由 2007 年 7 月美国次贷危机引发的世界金融危机和经济衰退。在这方面，2008 年针对国内外复杂多变的经济形势，在宏观经济调控方向方面的调整，就做得更及时、更有力、更出色。2007 年底，在经济增速由偏热逼近过热，通胀由低度通胀上限区间向中度通胀逼近的形势下，提出了"双防"（防经济过热和通胀）方针。到 2008 年 7 月，在经济增速出现下降过快、通胀仍处于中位通胀的形势下，又提出了"保增长、控通胀"的方针。到这年 10 月，在世界金融危机对我国经济增长影响已经显现的形势下，又进一步提出把保持经济稳定增长放在首位。为此，在 2008 年 11 月，依据世界金融危机对我国经济增长影响加剧的形势，果断地将原来实行的稳健的财政政策调整为积极的财政政策，将从紧的货币政策调整为适度宽松的货币政策。并就此采取了一系列的重大措施。比如，为了发挥积极财政政策在保增长方面的独特优势，2008 年 11 月初国务院提出在两年内安排 4 万亿投资，用于加快保障性安居工程，农村民生工程和农村基础设施，铁路公路和机场等重大基础设施建设，医疗卫生文化教育事业，生态环境工程以及自主创新和结构调整等方面；并于这年第四季度在原计划的基础上，先增加安排中央财政资金 1000 亿元。在货币政策方面，2008 年 9 月 16 日~12 月 23 日央行 5 次下调金融机构人民币贷款利率。其中，前三次一年期贷款利率分别下调 0.27 个百分点，第 4 次猛调 1.08 个百分点，第五次下调 0.27 个百分点。这年 9 月 25 日~12 月 25 日，央行还 4 次下调了金融机构存款准备金率。其中，9 月 25 日除工商银行、农业银行、建设银行、交通银行和邮政储蓄银行外，其他存款类金融机构人民币存款准备金率下调 1 个百分点；10 月 25 日下调存款类金融机构存款准备金率 0.5 个百分点；12 月 5 日下调工农中建交和邮政储蓄银行存款准备金率 1 个百分点，下调中小型存款类金融机构存款准备金率 2 个百分点；第四次下调 0.5 个百分点。[①] 这期间执行财政、货币政策出手之快，力度之大都是前所未有的。需要着重指出，2008 年 12

---

① 转引自新华网（2008 年有关各月）。

月 8~10 日举行的中央经济工作会议又提出：必须把保持经济平稳较快增长作为明年经济工作的首要任务。要着力在保增长上下工夫，把扩大内需作为保增长的根本途径，把加快发展方式转变和结构调整作为保增长的主攻方向，把深化重要领域和关键环节改革，提高对外开放水平作为保增长的根本动力，把改善民生作为保增长的出发点和落脚点。[1] 这可以看做是指导和实现 2009 年经济持续快速发展的总纲。当然，这些政策实施及其效果显现都要经历一段时间，但它发出了一个极重要的积极信号，必将大大提高各类市场主体的信心，因而即使对 2008 年四季度的经济增长也会起重要的推动作用，[2] 对今后经济持续快速就更是这样了。比如，据权威经济部门预测，4 亿元的投资可在这两年拉动经济增长 1 个百分点。这样，就可以使得 2009 年乃至今后一段时间的经济增速能够保持在现阶段潜在经济增长率的上限区间（8.6%~10.0%）。

第三，正确估计由美国次贷危机引发的世界金融危机和经济衰退对我国经济增长的负面影响。为此，需要说明以下两点：

1. 一般说来，对我国这样一个社会主义经济大国来说，在内部经济协调发展的情况下，经济发展态势主要由国内因素决定。国际因素对此虽有重大影响，但不可能从根本上左右这一点。近几年来，我国经济发展过多地依靠外需因素，从根本上说来，是由国内经济失衡造成的。当然，在这方面也有其他因素所起的重要作用。比如，战后形成的不合理的国际经济和政治秩序，特别是不合理的国际货币体系，就是一个重要方面。即使就当前外需依存度较高来说，仍然不能说外需已经成了我国社会总需求的主要因素。就净出口增长对我国经济增长贡献率较高的 2007 年的情况来看，也只是占到 19.7%，其余 80.3% 是国内投资和消费的贡献。[3] 诚然，对外经济关系的发展对我国经济发展的作用不只是表现在净出口的贡献这一个方面，还表现在其他许多方面。就需求拉动经济增长这个视角来说，这是一个最重要指标。还要提到：尽管美欧日是我国

---

① 新华网 2008 年 12 月 10 日。

② 比如，据中国物流与采购联合会发布的资料，2008 年 12 月，作为先行指数的中国制造业采购经理指数为 41.2%，比上月上升 2.4 个百分点。这是该指数近 3 个月以来的首次反弹（《经济参考报》2009 年 1 月 6 日第 2 版）。

③《中国统计年鉴》（2007），中国统计出版社，第 67 页。

当前的主要贸易伙伴，但近几年来我国在实施对外贸易多元化的战略方面已经取得了重要进展。而且，我国实行的平等互利原则和企业国际竞争力的提高，还会进一步拓展这方面的空间。可见，我国在外贸方面将在越来越大的程度上依赖新兴国家和发展中国家。

2. 对美国这次发生的金融危机和经济衰退的严重性，也需有恰当的估计。当前，有一种流行观点认为，这次金融危机是百年未遇的金融危机。这意味着这次金融危机已经超过美国1929~1933年发生的经济危机和金融危机。毫无疑问，这次金融危机是"二战"后最严重的金融危机。而且，这次危机还在发展的过程中，还未见底，其严重性还有待观察。但要说这次危机超过1929~1933年的危机，就很难站得住。从理论上说，仅就时代特点而言，这种观点就忽视了这两次危机三个重大区别。①前一次危机是在古典的自由放任的市场经济条件下发生的。这种体制形成加重和延缓了对危机的治理。而这次危机是在现代的有国家干预的市场经济条件下发生的。这种体制虽然不能从根本上防止和解决危机，但却有利于治理和缓解危机。相对美国自己历史而言，美国治理这次危机，其出手之快，力度之大，都是前次危机所无法比拟的。②相对前次危机而言，这次危机是在经济全球化高度发展以及和平发展合作成为世界主要潮流的时代发生的。这种情况也会大大有利于治理和缓解这次危机。在由美国次贷危机演变成世界金融危机和经济衰退以后，各主要经济发达国家，几乎同时联手出台治理危机的措施，其出手之快，力度之大，也是前所未有的。在这方面，很值得注意的一个新的国际现象，就是许多新兴国家也参加了联手治理危机的行动。③这次危机是在信息化时代发生的。这就为美国及时治理危机以及其他各主要经济发达国家和许多新兴国家及时联手治理危机提供了强有力的技术手段。需要说明：之所以做上面的分析，是因为对这些问题的看法，直接关系对2009年物价走势的看法。

以上的分析，是就2009年的全年来说的，分析阶段来看，这年物价可能要经历一个先降后升的过程。大体上说来，上半年还会继续有一定幅度的下降，下半年会有一定的上升。这样，总起来说，全年物价涨幅仍会处于低度通胀区间。就其下降的原因来说，2008年外需锐减和国内投资显著下降，不可能在短期内由消费提高来补偿。据海关统计，2008

年实现对外贸易顺差 2954.59 亿美元，同比增加 12.8%，大大低于 2007 年的 47.5%。① 这样，全年外贸顺差增长率对经济增长的贡献率就大大下降。2008 年前三季度全社会固定资产投资同比增长 27.0%，扣除价格因素，实际增长 16.7%。此后，其增速继续下降。比如，在全社会固定资产投资中占大部分的城镇固定资产投资前三季度同比增速为 27.6%，1~11 月同比增速下降为 26.8%（未扣除价格因素）。② 这样，2008 年全社会固定资产投资实际增速就显著低于 2007 年的 20.9%。而在 2007 年，投资和净出口的经济增长贡献率分别高达 40.9% 和 19.7%，消费仅为 39.4%。③ 在这种情况下，不可能在短期内依靠提高消费来弥补投资和净出口下降的缺口。这是从需求侧来说的。就供给侧来说，在国内生产总值中占有很大比重的工业增加值（2007 年为 43.0%），其规模以上的工业企业增加值 2008 年 1~9 月份同比增长 15.2%，比上年同期回落 3 个百分点；10 月增长 8.2%，回落 9.7 个百分点；11 月增长 5.4%，回落 11.9 个百分点。尤为值得注意的是：1~11 月全国规模以上工业企业实现利润 24066 亿元，同比增长 4.9%，比上年同期回落 31.8 个百分点。这意味着工业企业投资能力大幅度下降了。在作为支柱产业的房地产业和汽车业方面也可以看到类似的情况。2008 年 1~10 月，全国完成房地产投资 23918 亿元，同比上涨 24.6%，增幅比 1~9 月回落 1.3 个百分点；1~11 月为 26546 亿元，同比增长 22.7%，比 1~10 月又回落 1.9 个百分点。2008 年 11 月汽车产量为 71.4 万辆，同比下降 15.9%。④ 上述需求因素和供给因素的变化趋势说明：2009 年上半年经济增速还会有一定幅度的下降。这同时意味着这期间居民消费价格指数也会有一定幅度的下降。如果再考虑到经济增速和物价下降的惯性作用，那情况就更是这样了。

但这种情况在 2009 年下半年会发生由降到升的转折性变化。其根据是：

第一，2008 年 11 月中央政府提出的在两年内安排 4 万亿元投资以及数倍于此的地方政府投资，预计在 2009 年第一、二季度可以逐步落实。这些投资对民间投资虽有一定的挤出效应，总的说来带动效应会大一些。

---

① 新华网 2009 年 1 月 13 日。

②④ 国家统计局网（2008 年有关各月）。

③《中国统计年鉴》(2008)，中国统计出版社，第 57、169、281 页。

这样，就会大大提高投资需求。

第二，在上述政府投资中，生产型投资的比重略大一些，消费型投资略小一些。这两部分投资都会在不同程度上拉动就业的增加。如果再考虑到这些投资拉动关联产业的增长，其拉动就业的效应就更大。就业的加快增长就意味着居民收入的加快增长。上述投资还会改善居民（特别是农村居民）的消费环境。而且，政府在增加投资的同时，还出台了一系列直接增加居民收入（特别是农村居民收入和城市低收入群体收入）的措施。随着各项社会保障事业（包括失业、医疗、养老保险和保障性住房等）的发展，有利于逐步解除居民消费的后顾之忧。更重要的是2009年在生产发展和劳动生产率提高的基础上，伴随收入分配改革的推进，居民的劳动收入也会较快的提高。所有这些都会提高居民的收入水平、消费倾向、消费预期和即期消费。所以，可以预期，2009年居民消费及其对经济增长率的贡献率都会有一个较大的提高。

第三，预计到2009年下半年，经济发达国家的金融危机和经济衰退有望开始趋于缓解。其吸纳进口的能力有望开始得到一定程度的恢复。同时，我国出口多元化战略有望得到进一步贯彻，开拓国际市场的能力也有望得到进一步提高。这样，2009年下半年净出口对经济增长的贡献率有望得到一定程度的恢复。这样，在投资、消费和出口需求的拉动下，2009年下半年经济增长率就有望得到提高。

第四，2008~2009年上半年经济减速的环境，会强化市场竞争机制，促使企业转变经济发展方式和推进自主创新，从而有利于增加社会生产和提高社会劳动生产率。总之，在国内外经济环境不发生特大不利于经济发展的条件下，在投资、消费和净出口需求拉动和供给改善的情况下，2009年下半年经济增长率有望改变此前存在的下降态势，呈现出一定程度的上升。与此相联系，2009年下半年居民消费价格也将呈现类似的态势。

但这期间居民消费价格的这种上升态势，还会受到以下两个因素的推动。一是成本上升的推动。这也源于两方面：①2008年1~11月，原材料、燃料、动力购进价格上升了11.6%，工业品出场价格上升了7.6%，而居民消费价格也只上升了 6.3%。① 这表明：由于 2008 年经济增长率下降，成本上升的压力并没有在居民消费价格中完全释放出来。但伴随着 2009 年下半年经济增速的上升，成本上升的压力会在居民消费价格上升中较充分释放出来。② 伴随资源价格改革的进展，产品成本上升的压力也会进一步增大。二是 2008 年上半年物价涨幅较高，下半年较低。这也有利于 2009 年下半年物价涨幅的上升。

如果以上设想和分析是正确的，那么表明：2009 年我国在面临"二战"后最严重的世界金融危机和国内经济周期发生快速回调的双重压力下，仍能实现经济高增长、低通胀（居民消费价格指数为 2.5% 以下）的良好局面。这无论是在我国经济发展史上，或者世界经济发展史上都是一个突出成就。就我国改革以来的 30 年（1979~2008 年）历史来看，真正做到了高增长（只包括年经济增长 8.5%~10.0% 年份，不包括年经济增长 10.0% 以上的经济过热或偏热年份）条件下低通胀的，只有 1982 年、1991 年、1997 年和 2003 年。这四年的经济增长率和居民消费价格指数依次分别为：9.1% 和 2.0%、9.2% 和 3.4%、9.3% 和 2.8%、10.0% 和 1.0%。但这 4 年均未面临上述双重压力。其余 26 年都未真正做到这一点。② 至于它是世界经济史上是一个突出成就，显而易见，毋庸赘言。如果真正做到了这一步，那将是对新中国 60 华诞的最好献礼！

以上分析是就我国经济发展的主要趋势说的。它并不否定以下两种可能性：一是如果国内外经济环境持续恶化，就会带来经济增速的过度下滑，以及由此形成通缩；二是如果地方投资的急剧增长，就会带来投资膨胀，以及由此形成高通胀。更不否定当前我国在就业和贪污腐败等方面面临的严峻形势。但 2008 年底中央经济工作会议提出的任务和方针，为实现 2009 年经济高增长条件下的低通胀提供了有力保证。在这方面，既要有危机感，也要有坚定信心。

---

① 国家统计局网（2008 年有关各月）。

② 详见拙著《中国经济发展 30 年（1978~2008）》，中国社会科学出版社 2008 年版，第 93~95 页。

对当前我国经济形势的几点看法 *

一、对 2008 年经济增速下降的看法

新中国成立后的历史经验表明：经济周期波峰年份经济增长率超过潜在经济增长率两个百分点，即为经济过热。2007 年我国经济增长率高达 13%，超过现阶段潜在经济增长率 10%的 3 个百分点，是为经济过热。2008 年第一、二、三、四季度的经济增长率分别为 10.6%、10.2%、9.0%和 6.8%。全年为 9.0%，回到了潜在经济增长率的上限区间（为 9.0%~10.0%）。决定这年经济增速的下降的主要原因，是我国经济周期客观规律的作用。2004~2007 年连续 4 年经济增长率在越来越大的程度上超过了潜在经济增长率，这在客观上难以为继。这是其一。其二，2007 年底召开的中央经济工作会议，依据经济周期规律的客观要求，提出了"双防"方针，并在财政、货币政策方面做了相应调整，在促进增长下降方面也起了重要作用。其三，国际金融危机爆发导致的外需锐减，在这方面也起了不容忽视的重要作用。

---

* 原载《中国经济时报》2009 年 3 月 5 日。

二、对 2009 年经济增速的预测

基于对我国经济增长潜力、宏观经济调控能力和国际金融危机对我国经济增长影响力的估计，我认为 2009 年经济增速虽然比 2008 年还要下降，但仍可达到 8.5%左右。当然，由于 2008 年经济增速下降的惯性作用，特别由于扩大内需政策作用发挥以及市场主体信心恢复，均需一个过程，因而 2009 年经济增速还要经历一个先低（上半年）后高（下半年）的过程。但总起来说，仍可达到潜在经济增长率的中限区间（8.5%左右）。

三、两点结论

1. 2008~2009 年的经济形势是由经济过热合乎规律地向潜在经济增长的上限和中限区间的合理回归。在这方面，既不存在有人提出的 2008 年的经济危机，也不存在 2009 年的经济复苏。

2. 2008~2009 年我国经济增速的下降，主要是经济周期客观规律作用以及宏观经济政策调整的结果。那种把这种下降主要归结为国际金融危机的观点，以及主要依据国际金融危机情况来预测 2009 年经济增速的观点，都值得斟酌。

宏观调控成效初显，任务艰巨 *
——写在 2009 年一季度经济统计数据公布之后

今年 4 月 16 日国家统计局公布的数据显示，我国在宏观经济调控方面已经取得初步成效，但任务仍很艰巨。衡量这一点的基本依据，是 2008 年 12 月上旬中央经济工作会议确定的 2009 年经济工作的总体要求。必须把保持经济平稳较快发展作为明年经济工作的首要任务。要着力在保增长上下工夫，把扩大内需作为保增长的根本途径，把加快发展方式转变和结构调整作为保增长的主攻方向，把深化重点领域和关键环节改革、提高对外开放水平作为保增长的强大动力，把改善民生作为保增长的出发点和落脚点。① 这个总体要求是依据国内外现实情况提出的，是当前贯彻科学发展观的集中体现。

据统计，2008 年国内生产总值增速由 2007 年的 13.0%（最终核实数字）下降到 9.0%（初步核算数字），② 下降了 4 个百分点。其中，投资与消费对经济增长的贡献度由 10.4 个百分点下降到 7.6 个百分点，下降了 2.8 个百分点，占下降总数的 70%；净出口由 2.6 个百分点下降到 1.4 个百分点，下降了 1.2 个百分点，占下降总数的 30%。需要说明：尽管净出口指标和投资、消费指标都没有也不可能反映其"乘数"效应，但在这方面前者与后者是有区别的。投资和消费都是全额的，而净出口只是总出口的一部分，它不可能全面反映总出口在促进经济增长方面的作用。

* 原载《中国经济时报》2009 年 4 月 28 日。

① 新华网 2008 年 12 月 10 日。

② 国家统计局网 2009 年 1 月 14 日、2 月 26 日。

据计算，2007 年净出口对经济增长的贡献率为 19.7%，但总出口对经济增长的贡献率则为 32.5%。[①]

上述数据表明：在当前，扩大内需是极为紧迫和十分必要的。大家对这一点的认识是一致的。但在扩大内需原因的认识上似乎并不完全一致。有一种流行观点仅仅从（或着重从）国际因素导致的外需锐减这个视角提出这个问题。这个观点似乎暗含一个前提：我国原来并不存在（或不严重存在）内需和外需的失衡，只是因为在这次国际金融危机和经济危机导致外需锐减，才需要扩大内需。毫无疑问，由这次危机导致的外需锐减，是实行扩大内需的一个重要原因。但如果只是考虑这一点，那就是以偏概全了。我国之所以要扩大内需，从根本上和主要方面来说，是由于我国多年来发生了内需和外需的严重失衡。对一个社会主义的经济大国来说，这是很危险的，经济的稳定快速发展是绝对不可能持续的。诚然，外需对我国也是很重要的，但主要应植根于内需。我国之所以发生这种内需和外需的失衡，有国内和国际多种因素的作用，但决定因素还是国内投资和消费的失衡。从这方面来说，把扩大内需必要性仅仅归结为外部因素也很难站得住。

现在需要进一步指出，在扩内需、保增长方面，今年第一季度已经初见成效。据统计，今年一季度经济增长率为 6.1%。尽管经济增速比 2008 年第一季度增速（为 6.8%）下降了，但内需因素（包括投资和消费）在经济增长中的作用大大提升了。在经济增长的 6.1 个百分点中，投资、消费和净出口对经济增长的贡献度分别为 4.3 个百分点、2.0 个百分点、−0.2 个百分点；三者对经济增长的贡献率分别为 70.5%、32.8% 和 −3.2%。[②]完全可以设想，如果不进行扩大内需，假定外需因素以外的其他因素不变，并按 2007~2008 年净出口对经济增长的贡献率计算（这两年分别为 19.7% 和 16.0%），那么，今年第一季度经济增长率就不可能达到 6.1%，而很可能只有 4% 左右，甚至更低。这样，今年第一季度就明显遏制了从 2007 年第三季度到 2008 年第四季度经济增速连续 6 个季度大幅下滑的态势（2007 年第二季度经济增速为 13.8%，到 2008 年第四季度仅为 6.8%），

① 《经济学动态》2009 年第 3 期，第 10~11 页。
② 国家统计局网 2009 年 4 月 16、17 日。

并为今年实现经济平稳较快发展（具体说来就是经济增长率达到8.0%左右）打下了初步基础。今年一季度经济增长6.1%，是在扩大内需政策开始贯彻、市场主体信心开始恢复等条件下实现的。可以预期，在正常情况下，伴随扩大内需政策的进一步贯彻，市场主体信心进一步恢复，今年第二、三、四季度的经济增速是可能逐步回升的。如果我们分析一下2008年以来第一、二、三产业增速下降的特点，还可以更有助于树立这种信心。2008年经济增速由2007年的13.0%下降到9.0%。其中，第一、二、三产业增速分别由3.7%上升到5.5%，由14.7%下降到9.3%，由13.5%下降到9.5%。可见，2008年经济增速下降只是由于第二、三产业增速下降引起的。2009年第一季度经济增速由2008年第四季度的6.8%下降到6.1%。其中，第一、二、三产业增速分别由2008年第四季度的7.2%下降到3.5%，由6.1%下降到5.3%、7.4%未变。可见，如果不说第一产业由季节性因素而导致的增速下降，那么，这个季度经济增速下降，完全是由第二产业增速下降引起的。但在这方面有两点值得注意：一是与农业相比较，第二、三产业均具有可能迅速上升的特点。二是今明两年扩大投资的重点又恰恰在基础工业和基础设施方面。这表明今年第二、三、四季度和明年经济增速继续回升的可能性是很大的。如果再从全局上和根本上看到，我国在21世纪初叶面临的以经济持续快速发展为重要特征的战略机遇期，并没有因为这次国际金融危机和经济危机而有根本的改变，那就更有利于树立这种信心。这个战略机遇期之所以没有根本改变，是由于决定它的主要因素并没有根本改变。这些因素包括：经济全球化条件下的改革开放；知识经济时代的科技进步；正处于工业化的中后期阶段；实现了由人口大国到经济大国的转变；积累了适应经济周期变化全过程的系统的宏观经济调控经验等。这些因素虽然会受到国际环境的重大影响，但主要是根植于国内的。

同时需要着重指出，当前在扩内需、保增长方面固然存在许多有利因素，但也存在不少不利因素，还有在一些不确定因素。因此，经济有望回升的基础并不牢固。在这方面的成效只是初步的，其任务仍然很艰巨。

当前不仅在扩内需、保增长方面如此，在转变经济发展方式、调整经济结构、深化经济改革和改善民生等方面，也程度不同地存在类似情况。而且，就实现其任务来说，甚至更为艰巨。这里仅以作为经济结构调整最基本方面的投资与消费关系为例做些说明。因为这个问题在当前显得很突出。

在外需锐减,消费大幅上升短期难以做到的情况下,要通过扩内需、保增长,唯一可行的办法,就是大幅提高投资。从这方面来说,投资率的继续上升和消费率的继续下降,在一定时期内和一定程度上是不可避免的。据测算,2008 年全国各地区加总的全社会固定资产投资相当于国内生产总值的 57%,2009 年还将上升到 63%。①但同时需要清醒看到:投资和消费的关系是经济中的基本比例关系,它的长期严重失衡必然造成严重的经济危机。这是已经为中外经济史反复证明了一条不以人们意志为转移的客观规律,一条不容置疑的客观真理。诚然,在我国工业化中期、城市化加速发展和消费结构升级的阶段,投资率和消费率在一定程度上的上升是必然的。现在的问题是:我国的投资和消费关系原来就长期严重失衡,其后果之一就是产能的严重过剩。现在又进一步趋于加重。这种雪上加霜的叠加效应,表明潜伏着严重的经济危机,令人担忧!

为此,需要切实做到(而不只是在很大程度上仅仅停留在文件上)把增加投资与改善民生、调整结构、转变经济发展方式、深化改革更紧密地结合起来,使投资真正做到有效益。这样,不仅当前可以有效改善民生,而且可以为尔后不断改善民生打下坚实的物质基础。这样做,还有一个很大的好处:可以避免当前大规模投资在尔后引发新一轮通胀。当然,同时还要进一步扩大就业,加快农村建设和社会保障制度建设,以尽可能快地提高居民的消费水平、消费倾向、消费预期和即期消费。这样,就有利于缓解当前投资与消费的严重失衡状况,并逐步把投资和消费关系推向协调发展的轨道,从根本上防止可能发生的经济危机。

---

① 详见《中国经济报告》2009 年第 3 期,第 5 页。

略论我国现阶段经济增长目标[*]
——"保八"与"稳八"

一、"保八"是 2009 年目标可以实现

如果从作为波谷年 1999 年（这年经济增速为 7.6%）算起，那么在 2000~2007 年连续实现了 8 年的经济高增长。其增速分别为 8.4%、8.3%、9.1%、10.0%、10.1%、10.4%、11.6% 和 13.0%。^① 在这 8 年中，只有两年经济增速处于现阶段潜在经济增长率的中限区间（8.0%~9.0%），有两年处于上限区间（9.0%~10.0%），还有 4 年连续并在越来越大的程度上超过了潜在经济增长率。而潜在经济增长率与现实经济增长率的差距是从总体上反映社会总需求超过社会总供给唯一的无可代替的指标。这种社会总需求连续多年大幅超过社会总供给的状况，在客观存在的经济周期规律的支配下必然导致经济增速的大幅下降。再加上由多年投资与消费的严重失衡导致的内需与外需的严重失衡（当然，在这方面也还有复杂的多种国际因素），在 2007 年 7 月由美国爆发的次贷危机引发的世界金融

---

* 本文原载《经济学动态》2009 年第 9 期。
① 《中国统计摘要》（2009），中国统计出版社，第 22 页。

危机和经济危机的巨大冲击下，导致外需锐减。[①] 这样，经济增速的大幅下挫就更加成为不可避免的了。于是，2008 年经济下降到 9.0%（初步核实数字）。预计 2009 年经济增速将继续下降到 8.0%（详见后述）。如果是这样，2009 年是这一轮经济周期的低谷年。

2009 年这一轮经济周期的低谷年，其在经济增速方面的含义，就是这年增速争取达到 8%，是可能的。因为这个增速是处在我国现阶段潜在增长率的下限以内。正是这一点是 2008 年经济增速实现 8% 的根本前提。可以设想，如果现阶段我国潜在经济增长率远远低于 8%，那么这就是根本不可能的。这里涉及到正确看待我国国内的经济增长能力。在这方面我国具有能够支撑经济长期持续快速的潜力，以及能够比较充分发挥这些潜力的条件。这些潜力主要包括：人力和人才资源丰富，高储蓄率和资金充裕，以及制造业生产能力很强，粮食能够基本自给等。这些条件主要包括：完善社会主义市场经济体制的效应，科技进步效应，工业化中后期的阶段效应，城镇化加快发展的效应，人口大国和经济大国的正面效应，以及社会政治稳定的效应等。[②] 当然，当前我国在自主创新能力不强、经济结构失衡、城乡和地区差别较大、资源缺乏、环境污染严重和社会矛盾突出等方面，也存在着不利于经济发展的因素。但上述有利因素是主要的。需要着重指出：上述潜力和有利条件都是植根于国内的，从根本上和总体上来说，它不会受到国际因素的太大影响。

但需着重指出，人们在论到 2009 年经济增长可能实现 8% 的经济增

---

① 这里需要说明：人们在论到 2008 年经济增速下降时，往往只是归结为外需锐减。这的确是一个重要因素。但如果仅仅归结为这一点，那就不仅是以偏概全，而且是主次颠倒了。一般说来，对一个社会主义大国来说，把经济周期阶段性的变化，仅仅（或主要）归结为外需因素，这在逻辑上就很难说得通。这是第一。第二，如前所述，我国连续 4 年现实经济增长率在越来越大的程度上超过潜在经济增长率。这种社会总需求超过社会总供给的多年严重失衡状况，即使没有世界金融危机和经济危机的巨大冲击，经济增速由波峰阶段转向下行，也是不可避免的。第三，外需因素的变化，对我国经济周期阶段性变化会起延缓或加速的作用。2003~2007 年，货物和净出口占国内生产总值中的比重由 2.2% 上升到 8.9%。这对拉长经济波峰阶段和延缓经济下行阶段的到来，无疑起了重要的作用。而这个比重由 2007 年的 8.9% 下降到 2008 年的 7.9%，又无疑对经济增速下降起了重要的加速作用。但这只是促进作用，而不是主要的决定作用。这在概念上是有严格区别的。第四，更何况是：我国外需比重过多过快地上升，这本身就是内需和外需严重失衡的表现，而这种失衡又是国内各种经济关系严重失衡（特别是投资和消费严重失衡）引起的。第五，还要提到：这一轮经济周期经济增速的下降，从 2007 年第三季度就开始了。而由美国次贷危机引发的世界金融危机和经济危机对我国经济增长的负面影响，是在 2008 年下半年才开始显现的。所以，无论从理论上或事实上说，或者从终极根源上或现实含义上说，都不能把我国经济增速的下降，仅仅（或主要）归结为外需因素的变化。

② 详见拙著《中国经济发展 30 年（1978~2008）》，中国社会科学出版社 2008 年版，第 82~93 页。

长时，却往往忽视了这个根本前提。这不能说是一个重大缺陷。事实上，如果缺乏这个根本前提，其他任何因素的作用，都不能保证实现 8% 的经济增长。

当然，仅仅从潜在经济增长率这个视角来说明 2009 年经济增长实现保八，又是远远不够的，还必须着重从作为我国社会主义市场经济重要组成部分的宏观经济调控的作用分析这一点。在这方面，我国宏观调控已经具备了驾驭各种风险（包括国际风险）的能力。这一点是同改革以来积累了丰富的宏观调控的经验直接相关的。这些经验主要有：实现了宏观经济调控根本指导思想向科学发展观的转变；准确把握经济周期各个阶段的特点及其变化，以确定和调整宏观经济调控的方向；把对社会总需求的调控和总供给的调控结合起来；注重宏观经济调控体系的变革和创新，并将其与市场主体和市场体系的改革结合起来等。① 实践也已证明了这一点。1998~1999 年，我国已经成功地抵御了 1997 年 7 月亚洲金融危机对我国经济的冲击。这两年经济增速虽然分别下降到了 7.8% 和 7.6%，但仍然处于我国现阶段潜在经济增长率的下限区间，既没有发生经济衰退，更没有发生经济危机。2008 年以来，我国已经开始并正在有效地抵御由 2007 年 7 月美国次贷危机引发的世界金融危机和经济危机。在这方面，2008 年针对国内外复杂多变的经济形势，在宏观经济调控方向方面的调整，就做得更及时、更有力、更出色。2007 年底，在经济增速由偏热逼近过热，通胀由低度通胀上限区间向中度通胀逼近的形势下，提出了"双防"（防经济过热和通胀）方针。到 2008 年 7 月，在经济增速出现下降过快、通胀仍处于中位通胀的形势下，又提出了"保增长、控通胀"的方针。到这年 10 月，在世界金融危机对我国经济增长影响已经显现的形势下，又进一步提出把保持经济稳定增长放在首位。为此，在 2008 年 11 月，依据世界金融危机对我国经济增长影响加剧的形势，果断地将原来实行的稳健的财政政策调整为积极的财政政策，将从紧的货币政策调整为适度宽松的货币政策。2008 年 12 月 8~10 日举行的中央经济工作会议又提出：必须把保持经济平稳较快增长作为明年经济工作的首要任务。要着力在保增长上下工夫，把扩大内需作为保增长的根本途径，

———————

① 详见拙文：《关于改革以来宏观调控经验的若干思考》，《经济学动态》2008 年第 12 期。

把加快发展方式转变和结构调整作为保增长的主攻方向，把深化重要领域和关键环节改革，提高对外开放水平作为保增长的根本动力，把改善民生作为保增长的出发点和落脚点。① 这可以看做是指导和实现 2009 年经济持续快速发展的总纲。这些政策实施不仅保证了 2008 年实现 9% 的经济增长，而且可以保证 2009 年实现 8% 的经济增长。据有关部门测算，按照中央规划，2009~2010 年两年投资 11800 亿元用于扩大内需，2009 年投资规模约为 9080 亿元，新增 4875 亿元，这一政策可拉动 2009 年经济增速提高 1.9 个百分点。此外，实施增值税转型和减免行政事业性收费，也降低了企业的投资和生产成本，对刺激企业投资有一定的作用。2009 年提高农产品收购价格，相当于增加农民收入 1000 亿元，提高城镇低收入居民收入、离退休人员工资、优抚对象优抚标准和中小学教师绩效工资等约 2000 亿元；居民收入增加可带动消费增加 2200 亿元左右，使今年经济增速提高 0.7 个百分点。如果不采取扩大中央政府投资规模、增值税转型、降低行政性收费、提高居民收入等"一揽子"经济政策，2009 年我国经济增长可能仅为 5% 左右。采取了上述措施后，可拉动全年经济增长 2.6 个百分点以上，能够使 2009 年经济增速达到 8% 左右。②

此外，政府在稳定外需方面也采取了一系列的政策措施。这些措施在缓解外需锐减对我国经济增长的负面影响方面起了重要的积极作用。这一点在 2009 年 6 月进出口降幅收窄方面已经开始表现出来。海关总署 7 月 10 日发布的数据显示，6 月份，我国进出口总值 1825.7 亿美元，比去年同期下降 17.7%，环比增长 11.2%。其中出口 954.4 亿美元，同比下降 21.4%，环比增长 7.5%；进口 871.6 亿美元，同比下降 13.2%，环比增长 15.6%。海关统计显示，6 月份当月进出口、出口、进口同比降幅比今年前 5 个月累计同比降幅分别减少 7 个百分点、0.5 个百分点和 14.8 个百分点。③

需要指出，人们在谈到政府的刺激经济政策时，往往只是（或主要是）注意其中的扩大需求方面，而不（或很少）注意其中的增加供给方面。但在实际上，近年来政府刺激经济的政策，不只是包括扩大内需，

① 新华网 2008 年 12 月 10 日。
② 转引自新华网 2009 年 6 月 9 日。
③ 新华网 2009 年 7 月 13 日。

而且包括增加供给。如果说，政府提出的 4 万亿投资是扩大需求的，那么，振兴十大产业规划是增加供给的。

而且，就我国当前的情况来看，与扩大需求相联系的但又是相区别的增加供给，确实在实现当前经济增长中起了重要作用。诸如：第一，多年来政府推行一系列的惠农政策，促进了农业的发展。2009 年夏粮产量达到 12335 万吨，比上年增产 2.2%，[①] 实现了新中国建立后第一次连续 6 年增产。第二，我国新型工业化道路的一个最重要特点，就是它在越来越大的程度上与现代化相结合。这种结合除了主要表现为用现代技术改造传统产业以外，就是高技术产业本身的高速增长。2008 年，我国生物制药增长高达 30.65%，比 2007 年同期增速高 8 个百分点；医疗器械同比增长 31.43%，比 2007 年同期增速高 7.28 个百分点。[②] 2009 年上半年，医药制造业同比增长 12.7%，化学药品增长 10.2%，通信交换设备增长 11.5%，电子计算机整机制造 13.4%。[③] 第三，近几年来，在改革的推动下，文化产业也获得了迅速发展。安徽省统计局的统计数字显示，安徽全省文化产业增加值 2008 年高达 260 亿元，连续第四年保持 30% 以上增幅，首次超过了同期汽车工业增加值，成为安徽新的"领跑"产业。第四，随着不断趋于完善的区域经济政策的提出和实施，区域经济获得了加速发展。1999 年提出和实施西部大开发战略以来，加快了西部地区经济的发展。西部地区国内生产总值由 1998 年的 14647.38 亿元增加到了 2008 年的 58256.58 亿元，年均增长率 11.42%，高于全国年均水平。[④] 2003 年，中央确定东北老工业基地振兴的重大战略决策，也有效拉动该区域经济的高速增长。2004~2007 年，东北地区 GDP 年平均增速为 13.08%，高于全国平均水平。[⑤] 第五，2000 年下半期，经济发达国家在经济全球化过程中掀起了制造业在世界范围内的大转移。我国在 1980 年代以后，承接了其中的部分转移，促进我国迅速成为制造业大国。新世纪初，经济发达国家在经济全球化进一步发展的形势下，又一次掀起了服务业的大

---

① 国家统计局网 2009 年 7 月 16 日。
② 《经济参考报》2009 年 7 月 8 日第 3 版。
③ 新华网 2009 年 7 月 16 日。
④ 《中国经济时报》2009 年 7 月 17 日第 3 版。
⑤ 《经济参考报》2009 年 7 月 2 日第 2 版。

转移。而且，新世纪以来，服务业外包的增长速度是很快的，并已达到了很大的市场规模。据报道，2006~2009 年，仅是 IT 产业服务外包的年均增速就超过了 6%；其中市场规模也达到了 4322 亿美元。[①] 我国现在不仅是人力资源大国，而且是人力资本大国，又具有要素成本低的优势，因而具有承接这个大转移的众多有利条件。而这一点已经开始成为促进我国经济发展的一个重要因素。第六，这里还要着重提到：作为供给方的社会劳动生产率在经济增长率的极重要作用。1979~2008 年，我国社会劳动生产率年均增速高达 7.5%，比 1953~1978 年的 3.2% 要高出 4.3 个百分点。[②] 在当前我国经济增速的下行阶段，在一定意义上说，提高社会劳动生产率在增加供给，促进经济发展方面的作用更大。在这个阶段，由于市场竞争加剧，迫使企业加速技术创新，实行固定资本更新，以提高劳动生产率和市场竞争力。正因为这样，马克思说过：资本主义市场经济条件下的经济危机总是大规模投资的起点。[③] 从一般意义上，马克思讲的这个道理，对社会主义市场经济也是适用的。上述若干重要因素表明：当前增加供给在实现经济增长方面也具有重要作用。

诚然，当前在我国经济中居于主导地位的工业的许多部门的产能是过剩的。这样，调节供给似乎不那么重要，甚至是可有可无的。其实不然。一般说来，社会主义市场经济是配置社会生产资源的方式。就其中的政府宏观调控来说，就包括调节社会总需求和社会总供给的关系。调节供给是其中的题中应有之义。最近有的学者颇有见地地将我国当前的产能过剩区分为长期性、周期性和结构性三种类型。[④] 显然，在社会主义市场经济条件下，对这种产能过剩的复杂情况，尽管主要也是通过市场调节来解决。但也离不开政府的宏观调控。还需指出，需求和供给是一个矛盾的统一体，二者互为条件、相互依存、相互促进。适量的供给及其结构优化，不仅是需求赖以实现的条件，而且是创造新的需求，增加新的需求的重要因素。所以，无论从哪一方面说，那种片面强调需求，忽视供给的观点，都是难以成立的。

---

① 《经济参考报》2009 年 7 月 10 日第 7 版。
② 《中国统计年鉴》（有关各年），中国统计出版社。
③ 《马克思恩格斯全集》第 24 卷，人民出版社 1972 年版，第 207 页。
④ 详见《中国经济时报》2009 年 7 月 13 日第 1 版。

显然，上述那种观点源自凯恩斯主义。实际上，有的学者就明白无误地说，当前政府刺激经济的政策，就是实行凯恩斯主义。这里不拟全面评价这种观点。但有一点很清楚，按照这种观点的逻辑，在论到当前政府刺激经济的政策时，只需提到刺激需求就够了，无须论及刺激供给的方面。应该肯定，从总体上说来，凯恩斯主义为在资本主义基本经济制度的框架内实现由自由放任的古典市场经济体制到国家干预的现代市场经济体制的转变，奠定了宏观经济理论的基础，并大大促进了资本主义制度下经济社会的发展。但仅就政府的宏观调控来说，它只侧重调控社会需求，忽视调控供给，不能不说是一个重要缺陷。

但上述那种观点并不符合马克思的理论。诚然，马克思没有也不可能论及社会主义市场经济条件下的政府宏观经济调控。但他提出的社会资本再生产理论，为我们正确认识这个问题提供了指针。马克思曾经高度重视资本主义市场经济条件下需求对经济增长的决定作用。他曾经形象地说过："商品价值从商品体跳到金体上，……是商品的惊险的跳跃。"[①]这当然是从微观经济的角度提出问题的。从商品是整个资本主义经济的细胞这个相互关系的意义上说，显然对宏观经济也是适用的。但更重要的是：马克思还从宏观经济的视野完整地从需求和供给相统一的角度论证了需求和供给这两方面对经济增长的制约作用。其完整体现就是马克思关于社会资本再生产理论。马克思在这方面的最大贡献，就是提出了以下两个基本原理：一是把社会总产品的价值分为 $c + v + m$，即价值构成的原理；二是把社会总产品分为生产资料和消费资料，即物质构成的原理。马克思据此提出了一个最基本的社会扩大再生产公式：$I(v + m) > II c$。这个公式反映了社会化大生产条件下扩大再生产必须遵循的一个普遍规律。这个规律不仅揭示了第一部类和第二部类各自必须以价值和物质相统一的形态相互满足对方的需求，而且揭示了二者必须提供相应的供给。在这里，既不存在与供给相隔离的，由需求单独决定经济增长的社会扩大再生产规律，也不存在与需求相隔离的，由供给单独决定经济增长的扩大再生产的规律。由此做出的结论就是：无论是在资本主义现代市场经济条件下，或者是计划经济条件下，乃至社会主义市场经济条件下，

①《马克思恩格斯全集》第23卷，人民出版社1972年版，第124页。

宏观经济调控都必须包括需求和供给这两个方面。当然，二者在宏观经济调控中的地位和作用是有区别的。一般说来，在市场经济条件下，需求调控居于更重要的地位；而在计划经济条件下，供给调控则居于更重要的地位。在这方面，陈云提出的"四大平衡"的理论（即财政收支、银行信贷的平衡，物资供应与生产建设需要的平衡，人民购买力提高与消费品供应的平衡，以及基本建设规模与财力物力的平衡），① 可以看做是马克思主义关于扩大再生产理论在计划经济条件下的创造性运用。这个理论深刻揭示了计划经济体制下供给和需求统一决定经济增长的规律。尽管这个理论带有浓厚的计划经济体制的色彩，突出了供给调控在计划经济体制下宏观经济调控的重要作用。但也揭示了需求在这方面的重要作用。至于在社会主义市场经济条件下，尽管需求调控具有更重要的作用，供给调控也是一个不容忽视的重要方面。

可见，在论到政府当前刺激经济增长的政策时，只讲其中的刺激需求方面，不讲其中的刺激供给的方面；只讲需求的作用，不讲供给的作用，在事实上和理论上都是站不住的。

总之，正是由于 2009 年我国处于这一轮经济周期的波谷阶段，再加上实施有效的刺激需求和供给的政策，实现经济增长保八是满有希望的。这一点，已经在今年上半年经济发展的事实中较为明显地表现出来。

2009 年一季度经济增速为 6.1%，上半年为 7.1%。可以设想三季度为8%左右，四季度为 9%。这样，全年就可以达到 8%左右。如果从环比看待 2009 年第一、二季度的经济增速，还可以更清楚地看到这一点。这年一季度经济增速为 6.1%，比上年四季度下降 0.7 个百分点；二季度为7.9%，比上季度上升 1.8 个百分点。基于这个速度推算，2009 年经济增速实现保八就更有希望。如果对这方面的需求因素和供给因素做些分析，也有助于确信这一点。2009 年上半年，最终消费对经济增长贡献率为53.4%，拉动经济增长 3.8 个百分点，投资分别为 87.6%和 6.2 个百分点，净出口分别为-41%和-2.9 个百分点。② 这个数据表明：近年来，以增加投资为主的扩大内需的政策已经初显成效，而且有望保持下去。就供给方

① 《陈云文选》第 3 卷，人民出版社 1995 年版，第 52~54 页。
② 新华网 2009 年 7 月 16 日。

面看，2008 年经济增速由上年 13%（最终核实数字）下降到 9%（初步核实数字）。其中，第一、二、三产业增速分别由 3.7% 上升到 5.5%，由 14.7% 下降到 9.3%，由 13.5% 下降到 9.5%。可见，2008 年经济增速下降只是由于第二、三产业增速下降引起的。2009 年第一季度经济增速由 2008 年第四季度的 6.8% 下降到 6.1%。其中，第一、二、三产业增速分别由 2008 年第四季度的 7.2% 下降到 3.5%，由 6.1% 下降到 5.3%，7.4% 未变。可见，如果不说第一产业由季节性因素而导致的增速下降，那么，这个季度经济增速下降，完全是由第二产业增速下降引起的。但在这方面有两点值得注意：一是与农业相比较，第二、三产业均具有可能迅速上升的特点。二是今明两年扩大投资的重点又恰恰在基础工业和基础设施方面。这表明今年第三、四季度和明年经济增速继续回升的可能性是很大的。事实上，这一点在 2009 年上半年也已有了明显的表现。这期间第一、二、三产业增加值分别增长了 3.8%、6.6% 和 8.3%。如果再从全局上和根本上看，我国在 21 世纪初叶面临的以经济持续快速发展为重要特征的战略机遇期，并没有因为这次国际金融危机和经济危机而有根本的改变，那就更有利于树立这种信心。这个战略机遇期之所以没有根本改变，是由于决定它主要因素并没有根本改变。这些因素虽然会受到国际环境的重大影响，但主要是根植于国内的（已见前述）。还要提到：①以增加 4 万亿投资和振兴十大产业规划为主要内容的扩大内需政策还会进一步贯彻。②伴随 2009 年上半年出现的明显的恢复性的经济增长，各类市场经济主体振兴经济的信心进一步增强。③当前世界金融危机和经济危机虽未见底，但总的看来，它对我国经济冲击强度会趋弱。随着我国出口多元化战略和走出去战略的进一步实施，也会在某些种程度上弥补世界金融危机和经济危机给我国经济增长带来的负面影响。所有这些都是 2009 年乃至 2010 年实现经济增长保八的有利因素。

但也须指出：既定的宏观经济政策，不仅需要随着情况的变化不断进行完善，而且在执行过程中需要在坚持既定方向的前提下不断进行微调。事实上，这种情况在计划经济体制下的宏观经济调控中就发生过。改革以来更是多次发生过。这就说明它不是偶然发生的情况，而是带有规律性的现象。事情很清楚，在一定时限，由于宏观经济过程中的矛盾暴露得不充分，也由于主观认识上的局限性，特别是由于难以预测的

（其至是不可预测的）原有因素的变化和新的因素的出现，既定的宏观经济政策的完善及其执行中的微调，就不仅是难以避免的（甚至是不可避免的），而且，这一点还是实施既定的宏观经济政策，并加强其实施效果的必经环节和重要因素。就当前情况来说，在 4 万亿投资计划的推动下，今年上半年信贷方面出现了空前未有的超大规模和超高速增长。6 月末，金融机构各项人民币贷款余额高达 37.7 万亿元，比年初增加 7.4 万亿元，同比多增加 4.9 万亿元。① 但当前经济增速还趋于恢复过程中，实体经济吸收不了这么多的资金。于是就涌向虚拟经济。这是近来资产价格迅速上升的一个最重要因素。就股市来说，经过近年来的调整，原有泡沫挤得差不多了。最近股市价格上扬，就其反映实体经济回升这一方面来说，是正常因素的作用。但就其由流动性过剩导致价格上扬来说，是非正常因素的作用，意味着股市泡沫又在增长。就楼市价格上升来说，虽然也包含着正常因素，但它没有像股市价格那样得到有效调整，原来就存在较多泡沫。最近楼市价格上升，就意味着泡沫的进一步增大。但无论是股市泡沫，还是楼市泡沫，其本身都是经济不稳定因素。这说明需要在信贷方面做出微调。央行迅速对此做出了反映，今年 7 月初恢复一年期央票发行，其发行量为 500 亿元。这就发出了一个明白无误的信号：在信贷方面已经开始进行了微调。当然，这并不意味适度宽松的货币政策有变化。但这一点也进一步说明：既定的宏观经济政策的不断完善及其执行过程中的微调，是实行这项政策并提高其实施效果的一个必经环节和重要因素，从而是促进经济持续稳定发展的一个重要条件。

二、"稳八"是 2010 年及其以后的长期目标

这里所说的"稳八"，有两重含义。一方面，要在 2009 年经济增长实现 8% 之后，2010 年继续保持这个速度，不使其大幅下降。另一方面，要在 2010 年及其以后的一段较长的时间内，继续稳住经济增长 8% 的态势，使其不致迅速攀升，导致经济过热。当然，在 2009~2010 年期间，经济

---

① 国家统计局网 2009 年 7 月 16 日。

过热还不致成为现实危险。任何事物的发展，都有一个由量变到质变的过程。因此，从 2010 年开始，就要稳住经济增长 8% 的态势。第一方面的问题，我们在前面的分析实际上已经说明了。现在需要说明的是第二方面的问题。

　　这里涉及到两种含义上的潜在经济增长率及其量的规定。依据我国情况，潜在经济增长率似乎可以定义为在不引发或加剧失业与通胀的条件下，各种生产要素潜能可以充分发挥能够达到的生产率。测定这种潜在经济增长率的简便方法，就是依据较长时期的年均经济增长率。我国改革后 1979~2008 年年均增长率为 9.8%。这样，现阶段潜在经济增长率大致为 10%。我们在前面的分析，就是这个意义上的潜在经济增长率。这个指标具有重要作用。但它也有重大缺陷，没有涵盖资源节约和环境保护。而在我国现阶段，节约资源和保护环境是实现经济社会可持续发展的极重要问题。显然，上述定义并不符合国际上先进的可持续发展的理念，特别是不符合科学发展观。

　　因此，必须而且可以设想第二种潜在经济增长率及其量的规定。这个定义似乎可以设想为：在不引发或加剧失业和通胀以及维护资源和环境的条件下，各种生产要素潜能可以得到充分发挥能够达到的经济增长率。这个定义的最大优点就在于它有利于维护资源和环境。但这样一来，潜在经济增长率就必然降低。据有的学者估算，这种潜在经济增长率比第一种潜在经济增长率大约要低两个百分点，即一个较长时期内年均经济增长率约为 8%。

　　需强调指出，按照第二种潜在经济增长率行事，是符合我国国情的，是体现科学发展观要求的，是真正能够实现经济社会的长期可持续发展的。我国的一个基本国情是：总体说来，人均占有的自然资源少。如果不说改革以后党的发展经济路线的根本转变，[①] 而仅仅从实践结果方面看，那么似乎可以这样说：新中国成立后的 60 年，尽管前 30 年与后 30 年在

---

　　① 1978 年党的十一届三中全会重新确立了实事求是的马克思主义思想路线。此后不久，1981 年党中央和国务院就明确发展经济的新路子，并不断地得到了完善。特别是 2003 年以后提出的科学发展观，是党的发展经济路线趋于完善的一个新的极重要里程碑。但我们这里的分析以及后面有关地方的分析，都不是从发展经济路线的根本转变这个方面着眼的。

经济发展成就方面有重大差别,[①] 但在某种共同意义上说，在不同程度上都是依靠过多地消耗资源和损害环境为代价的，以致到了日益逼近难以为继的地步。诚然，在 1996 年我国提出可持续发展战略以后，特别是 2003 年，提出科学发展观以后，我国在合理利用资源和保护环境方面已经取得了重要进展。但当前在这方面的问题仍然是很严重的。2008 年 1 月，美国耶鲁大学环境法律和政策研究中心首次正式发布了《环境表现指标》。该中心对世界 149 个国家和地区的环保状况进行了排名。其中，瑞士居第 1 位，为 95.3 分；中国名列第 120 位，为 60.3 分。[②] 另据有的学者测算，2008 年，中国二氧化碳的排放总量为 70 亿吨，约占世界排放总量 280.2 亿吨的 1/4。可以设想，在可持续发展观念普遍深入世界各国人心的形势下，这将会在舆论方面形成一种倒逼机制，促使甚至迫使中国加强资源节约和环境保护工作。

还需进一步指出，新中国成立后的 60 年，在某种共同意义上说，走的不仅是一条高增长、高消耗、高污染的路子，而且是一条高增长、高投资、低消费、低保障、频过热（即频繁地发生经济过热）的路子。这样，按照第二种意义上的潜在经济增长率行事，就能以降低经济增速作为切入口，降低投资率，提高消费率和社会保障水平，缓解经济失衡和经济过热，实现经济、政治和社会稳定。

这样，按照第二种意义上的潜在经济增长率行事，不仅有利于从资源节约和环境保护意义上实现经济社会可持续发展，而且有利于从降低经济周期波动强度和频率以及实现社会政治稳定意义上实现经济社会的可持续发展。

上述分析不仅是基于我国国情和历史发展状况，而且是基于对党和政府有关文件的理解。实际上，在党的十一届三中全会以后不久，在 1981 年，党中央和国务院基于以往"左"的错误经验的总结，明确提出"要切实改变长期以来在'左'的思想指导下的一套老的做法，真正从我国实际情况出发，走出一条速度比较实在，经济效益比较好，人民可以

---

① 详见拙著：《中国经济发展 30 年（1998~2008）》第二章，中国社会科学出版社 2008 年版。
② 转引自新华网 2008 年 2 月 1 日。

得到更多实惠的新路子。"① 自此以后，在党和政府的经济规划或计划中，再也看不到年经济增速超过8%以上的指标。无论是按照党的十二大提出的在20世纪最后20年实现经济总量翻两番的目标，或者是按照党的十六大提出的在21世纪头20年实现经济总量翻两番的目标，年均经济增速都只需要7.2%。就改革以来年度计划来看，只有少数年份国务院在政府工作报告中将这年的经济增速定为8%。② 可见，如果以这些规划或计划为参照系数，把现实经济增长率定为8%，并不算低。当然，这些规划或计划都是留有余地的。即使考虑到这个因素，把现实经济增长率定为8%，仍不算低。

上述分析还基于长期持续稳定发展我国经济的迫切需要。改革以来，计划经济体制下原有的投资膨胀机制逐步有了某些改革，但并没有根本消除。而且逐步形成了具有转轨时期特点的投资膨胀机制。这个投资膨胀机制的体系，主要是由占主导地位的地方政府、垄断行业和高利润企业组成的。③ 由于各项改革（包括财税体制改革、垄断行业改革、要素价格改革、土地供应制度改革和干部制度改革等）没有到位，这种机制不仅没有得到削弱，甚至在某些方面还有所强化。近年来，政府推出的4万亿投资计划，就是强化这种机制的因素之一。毫无疑问，在面临2008年经济增速大滑的形势下，推出4万亿投资计划，是绝对必要的。④ 但像任何事物一样，都有两重性。其负面影响之一，就是强化了地方政府内涵的投资膨胀机制。近年来，在全国各地相当普遍地存在着一种争项目、争投资的情况。经济发达地区把这一点视作增强本地区经济实力的手段；而经济欠发达地区则把这一点看做是赶超经济发达地区的绝好时机，猛上项目、猛增投资。这样，只要市场一回暖，经济增速就会迅速反弹，过不了多久，又要陷于新一轮经济过热。

下面两种情况可以为这一点提供有力的佐证。第一，最近有一位地方政府官员在接受媒体采访时明确表示，相信再过三五年，中国又有一波十年二十年的高速增长。按照他自己的说法，这里讲的经济高速增长

---

① 《中国经济年鉴》（1982），经济管理杂志社，第Ⅱ-9页。
② 《中国经济年鉴》（1993），经济管理出版社，第35页。
③ 详见拙文：《当前亟须控制固定投资的过快增长》，《经济学动态》2006年第6期。
④ 详见拙文：《宏观调控效果初显，经济回升基础未稳》，《中国经济时报》2009年4月28日第12版。

就是 2000 年以来的年均经济增速 10%以上的迅速增长。如果他的预言真的实现，那就意味着三五年以后，我国又要步入新一轮的经济过热。新中国成立以后，经济周期发展的历史表明：年经济增速超过了潜在经济增长率的上限，就趋于经济偏热；超过了两个百分点即为经济过热。[①] 这样，如果在三五年以后中国经济增速又要达到 10%以上，那么，不仅按照上述的第二种意义上的潜在经济增长率（8%）来衡量，经济是过热的，即使按照第一种意义上的潜在经济增长率（10%）来衡量，经济也是偏热和过热的。第二，当前我国经济学术界关于经济复苏这个概念的争论也折射出与上一点相类似的问题。当前我国经济学界广泛流行着当前我国经济正在实现复苏的提法。这里不拟评述经济复苏提法的科学性，只就这里讨论的问题做一点分析。如果这个提法是指的要把 2008 年第四季度经济增速只有 6.8%（或者 2009 年第一季度经济增速只有 6.1%）的低水平恢复到潜在经济增长率限内的正常水平，那是可以说得过去的。但实际上，持这种提法的人，无论他们是运用马克思主义经济学关于资本主义经济周期阶段划分（即分为危机、萧条、复苏和高涨四个阶段），或者是套用现代西方经济学关于经济周期阶段划分（即分为谷底、复苏、高峰、衰退四个阶段），他们都很清楚复苏阶段的后续阶段就是高涨或高峰阶段。而对他们来说，这个高涨阶段的经济增速又不可能是 2008 年的 9%，也不可能是 2009 年的 8%（预计数），而只能是 10%以上。因为只有这样理解，才符合他们提出的经济复苏的本意。也唯有如此，对他们来说，复苏和高涨阶段的划分才是有意义的。如果复苏阶段和高涨阶段的经济增速都是 8%或 9%，那这两个阶段的划分就毫无意义了。可见，对持有经济复苏提法的许多人（不是所有人）来说，实际上都是有意无意地追求 10%以上的经济高增长。以上两个佐证进一步说明：把潜在经济增长率下调两个百分点（即由 10%下调 8%），就可以把现实经济增长率定在一个合理的速度上，并可以提前发出经济过热的预警信号。这些都有利于防止经济过热，实现经济的稳定持续发展。

如果以上分析是合适的，那么就现阶段来说，所谓实现经济的长期持续稳定发展，就是要在一个较长时期内把年经济增长速度稳定在 8%上

[①] 详见拙著：《中国经济发展 30 年（1998~2008）》第二章，中国社会科学出版社 2008 年版，第 38~82 页。

下的限度内。这可能是 2010 年及其以后在经济增长方面的长期目标。

当然，这绝不是说可以改变社会主义市场经济固有的，由上行阶段和下行阶段构成的经济周期运行的客观规律。而是说要把经济周期波动中心向下移至 8%。这就有利于降低经济周期波动的幅度和频率，有利于实现经济的长期持续稳定发展。

但当前实现经济长期持续发展的根本路子还在于深化各项改革，建立和健全社会主义市场经济体制，进一步发挥这种体制在优化社会生产资源配置方面的作用。而实现经济的长期持续稳定发展，正是从时间维度上优化社会生产资源配置的一个重要方面。显然，经济周期波动强度大，频率高，是社会生产资源配置劣化的表现。不仅如此，深入改革还可以为调整经济结构和转变经济发展方式提供有效的体制保障。这些也都是实现经济长期持续稳定发展的极重要因素。

当前深化经济改革，是一项极为复杂而又十分艰难的工程。其突出表现就是要坚持不懈地克服有关部门、地区和企业的利益的顽强阻力。因为改革的实质就是各类社会群体利益的调整。相对改革初期来说，这一点在当前表现得尤为尖锐。为此，需要进一步提高党的执政能力，以改变发展经济路线的根本转变与实践结果之间存在的巨大反差。这个反差凸显了提高执政能力在当前的极端重要性和紧迫性。因此，需要按照党的十六届四中全会《关于加强党的执政能力建设的决定》和党的十七大关于"继续加强党的执政能力建设"的部署，着实地推进这方面的建设。

中国工业化道路 *

第一节 导言

一、工业化概念

在论述工业化道路之前，有必要简要分析一下工业化概念。这不仅因为对工业化概念的分析是对工业化道路的分析的逻辑前提，而且因为我国当前学界有的论著对这个概念的阐述是不清楚的，或者是不全面的。

作者认为，从比较完整的意义上说，工业化概念包括三个相互联系而又相互区别的内容。

第一，从作为区分经济时代的主要标志的劳动手段①来看，人类社会已经和正在经历三个时代。一是以手工工具作为主要劳动手段的时代。二是以大机器工业作为主要劳动手段的时代。三是以知识经济为基础形成的现代工具作为主要劳动手段第二时代。

第二，就农业、工业和服务业在社会生产中占主要地位的变化情况来看，人类社会也经历和正在经历三个时代。一是作为物质生产的农业在社会生产中占主要地位的时代。二是作为物质生产的工业占主要地位

---

* 汪海波、刘立峰合著，原载《中国经济发展与中国模式（1949~2009）》，社会科学文献出版社 2009 年版。

① 马克思说过："各种经济时代的区别，不在于生产什么，而在于怎样生产，用什么劳动资料生产。劳动资料不仅是人类劳动力发展的测量器，而且是劳动借以进行的社会关系的指示器。"（《马克思恩格斯全集》第 23 卷，人民出版社 1972 年版，第 204 页）

时代。三是作为物质生产的服务业占主要地位的时代。

第三，就作为生产关系和生产力的统一的农业经济、工业经济和服务业经济在社会经济中占主要地位的变化情况来看，人类社会也已经和正在经历三个时代。一是农业经济在社会经济中占主要地位的时代。二是工业经济在社会经济中占主要地位的时代。三是服务业经济在社会经济中占主要地位的时代。

从上述三方面观察，工业化都是由第一个时代转变为第二个时代的过程。这里需要说明两点：一是之所以做上述说明，就是因为我国当前学界的一些论著在论到工业化概念时，其含义是不清的，或是不全面的。其中，有些论著并没有明确区分上述三种既有联系又有区别的工业化含义；有些论著只是注重工业化道路的第一重含义，而忽视第二、三种含义，而更多的则只是着重第一、二重含义而忽视第三种含义。二是本文在论述工业化道路时，是包括了以上三重含义的。

二、工业化道路概念

在实行计划经济时期，在我国广为流行的苏联政治经济学教科书中在论到工业化道路时说过这样两种观点；或者从工业化的产业结构着眼，把资本主义工业化的道路归结为优先发展轻工业，把社会主义工业化的道路归结为优先发展重工业；或者是从工业化的资金来源着眼，把资本主义工业化的道路归结为除了剥削本国劳动人民以外，就是掠夺殖民地和通过战争索取战争赔款等；把社会主义工业化的道路归结为依靠社会主义国家内部积累。这些观点无疑都有一定的道理。但似乎并不完全符合工业化（包括资本主义国家、社会主义国家和"二战"以后新兴国家的工业化）的历史事实，在理论上也有许多值得推敲之处。

但并不能把这一点归结为仅仅是概念之争。它涉及到全面总结整个工业化的历史，涉及到全面建立工业化理论，特别是涉及到正确认识1978年以来主要是2003年党的十六大以来提出并不断完善的新型工业化道路的理论及其实践。因此，比较完整地探索和阐述工业化道路概念问题，就不仅是一个单纯的理论问题，而且直接涉及到当前我国正在进行的新型工业化的实践。

显然，研究这个问题的出发点不是已有的教科书，而是包括资本主义国家和社会主义国家以及"二战"以后新兴工业化国家在内的工业化的历史和实践。这是辩证唯物论的基本要求。这里还要提到：关于工业化的历史，国内外（主要是国外，其中有些重要著作已经出版了中译本）已经出版了大量的著作。其中，有些著作对工业化道路问题已经做了很有价值的描述性（当然也有一定的分析）阐述或分析性阐述（当然也有一定的描述）。这些著作对我们研究工业化道路问题，颇有值得借鉴的意义。本文吸收了其中适合我国情况的有益成分。但限于篇幅，本文并没有具体注明其出处。

按照唯物论的认识论，人类认识世界事物的规律总是从特殊到一般，再由一般到特殊。[①] 据此，我们从资本主义国家、社会主义国家以及战后新兴工业化国家的整个工业化的具体历史和实践中可以抽象出来工业化道路的一般内容。这些内容包括以下一些最重要的方面。

第一，就产业结构看，这首先就是优先发展轻工业，还是优先发展重工业。这是所有国家实现工业化首先遇到的最重要最基本的问题。但同时需要指出，即使就产业结构来看，工业化道路问题也不只是包括这一点。就所有国家的整个工业化过程来看，它还包括正确处理劳动密集型产业、资金密集型产业和技术密集型产业之间的关系，传统产业和新兴产业之间的关系，乃至实体经济和虚拟经济之间的关系。

第二，就生产要素投入看。任何社会生产都离不开生产要素的投入。工业化的实现亦复如此。但在这方面，相对以往的社会生产来说，工业化却呈现出一系列的特点。重要的有：一是工业化的实现是与商品经济（包括资本主义条件下的商品经济和社会主义条件下的商品经济）在社会经济中逐步取得主要地位密切相关的。这样，工业化过程中的要素投入除了采取物质形态以外，还采取货币的资金形态。需要说明的是：在这里，工业化的特点，不只在于投入要素实现了由物质形态向货币的资金形态的转变，而且资金形态在各项要素投入中取得了支配地位。显然，一切要素的投入却需要依靠资金的购买。二是工业化的实现是与近代科学技术在社会生产中的广泛运用紧密相联的。这样，科学技术就作为最重要的生产要素在工业化中发挥越来越大的作用。以致马克思在依据对资本主义工业化经验的总结，把科学技术称作生产力。三是在工业化条

———————

① 参见《毛泽东选集》，人民出版社 1991 年版，第 309~310 页。

件下，企业劳动者的构成发生了重要的质的变化。即除了体力劳动者以外，出现了在生产方面起越来越重要作用的脑力劳动者，主要包括工程技术人员和企业经营管理人员。整体说来，无论是资本主义条件下的工业化，还是社会主义条件下的工业化，都是通过上述各种生产要素的变化、发展和提高来实现的。

第三，就工业增长方式看。一般说来，与科学技术发展程度和企业管理水平提高等因素相联系，各种经济类型国家的工业化，都长短不一地经历了由粗放增长方式到集约增长方式的过程。但相对说来，在推进粗放增长方式向集约增长方式的转变方面，市场经济体制比计划经济体制的作用要大得多。因而前者经历这个转变的时间比后者也要短得多。

与工业增长方式不同相联系，各种经济类型国家的工业化也都经历过低效益的数量扩张模式和高效益的质量提高模式。基于上述相同的原因，在不同的经济体制下，其经历的时间也有长短的差别。

第四，就企业组织和产业组织看。伴随大机器工业的产生和发展，在人类历史上产生了一种全新的作为社会生产基本单位的组织——企业；而且这种企业组织本身也经历了一个由单个企业为主、合伙企业到公司制企业的发展过程。伴随工业化的发展，生产的集中度也提高。但需要着重指出：这种企业组织和产业组织的产生和发展，又反过来成为推动工业化的强有力杠杆，以至于成为工业化道路的重要组成部分。

第五，就工业与农业以及城市与乡村的关系看。各种经济类型的国家在工业化过程中都程度不同地、时间长短不一地经历了由农业哺育工业到工业反哺农业的过程，以及由城乡差别逐步扩大到要城乡差别逐步缩小的过程。

第六，就市场结构看。由于各国国情和政策选择的差异，在工业化的过程中，有些国家实行内向型经济，有些实行外向型经济。这是就一般意义上说，是一种理论抽象。在实际经济生活中，无论是哪个国家，其产品销售都包括内需和外需两个部分，区别只是在于二者的比重不同。但这种内向选择或外向选择也成为推动工业化发展的一个很重要因素。与此相联系，战后一些国家分别和先后实行过出口导向和进口替代战略。这些战略也成为这些国家工业化道路的重要构成因素。

第七，就物资消耗和环境污染与治理看。由于科学技术和管理等客观因素的限制，从某种共同意义上说，无论是资本主义条件下的工业化或者是社会主义条件下的工业化，在一定时限、一定程度和一定范围内都经历过由主要依靠物资消耗增加到主要依靠科学技术提高的过程，由环境污染到环境治理的过程。在这个限度内可以说，这是工业化的一条共同道路。当然，在社会生产力发展水平等相关因素相等的条件下，社会主义制度在这方面比资本主义制度可以有更大的作为。这里且以环境治理为例，对此做出进一步的分析。

在党的十一届三中全会以前那些"左"的路线占主要地位、唯心主义盛行、形而上学猖獗的年代，流行着一种观点，认为资本主义制度下走的是一条"先污染、后治理"的道路，在社会主义制度下，可以不走这条路。那时流行这种观点并不奇怪。但在改革以后有的媒体登载文章又在宣传这种类似观点，这就值得注意、值得商榷了。

实际上，这种观点暗含着四个错误。一是把"先污染、后治理"仅仅归结为资本主义社会特有现象。但在实际上，从我国社会主义初级阶段已有的情况来看，尽管政府在治理环境上下了很大的工夫，并且取得了显著的成效，但环境污染也达到了很严重的程度。二是把"污染、治理"看做一次性过程。实际上，无论在资本主义社会，或者社会主义社会，在工业化和现代化的过程中，都要经历多次"污染、治理"、"再污染、再治理"的过程。因为，在工业化和现代化过程中，不断地有新污染源出现，而对每一种污染源的认识以及它的解决办法的提出和消除污染条件的创造（如需要一定的资金和技术等），都需要经历一个过程。三是把"先污染、后治理"过程发生的原因，仅仅归结为一定的社会制度，这是不全面的。实际上，这个过程的发生除了一定的社会制度这个重要因素以外，还有认识过程、技术发展水平和资金供应能力等客观条件的限制。此外，政府政策选择在这方面也能发生很大的正面影响或负面影响。1958 年开始实施的"大跃进"这种"左"的路线就曾严重破坏了我国的生态环境。四是再进一步具体说，即使就制度根源而言，把"先污染、后治理"过程发生的原因，仅仅归结为资本主义制度，也是片面的。就我国社会主义初级阶段的具体情况而言，无论是国有企业和集体企业，或者是非公有制企业，都可以成为污染环境的制度根源。特别是建立在社会主义市场经济的过程中，由于各种特有矛盾的作用，尤其是地方保护主义在破坏环境方面的作用是很大的。农村某些集体企业和非公有制企业在满足生存需要的沉重压力下造成的环境污染也绝不可低估。

以上的分析并不否定社会主义政府在治理环境方面可以有更大的作为。实际上，社会主义制度可以凭借其本身的优越性，借鉴经济发达国家的经验，并发挥后发效应，可以在这方面发挥重大的作用。

以上的分析也不否定社会主义政府在治理环境方面具有更大的责任。实际上，"二战"后，现代的市场经济（即有国家干预的市场经济）在全世界普遍发展，其原因是多方面的，其中的一个因素就是治理环境的需要。现在，经济发达国家在这方面发挥的作用越来越大。社会主义国家更需要这样做，而且在同等条件（包括资金和技术等）下应该做得更好。就我国当前的情况来看，政府的一项重要的紧迫任务，就是通过改革（主要是环境治理费用的改革）和强有力的经济法律和行政手段，把由企业生产造成的外部性（包括环境污染）降低到最低限度，并把这种外部性，转化为内部性（把治理环境的费用转化为企业的生产成本）。

以上分析更不否定社会主义初级阶段各种所有制企业在治理环境方面应该承担的责任。市场经济的重要特征就是法制经济，政府固然需要依法行政，企业也要依法（包括环境保护法）经营。

以上的分析是就总体情况而言的。它并不否定许多项目在条件允许的情况下完全可以而且必须做到先治理、后投产。

以上的分析是就我国社会主义初级阶段的情况而言的。至于在将来随着社会主义制度的大大完善和社会生产力的高度发展，能否避免"污染、治理"、"再污染、再治理"这个客观过程的制约，那就留待以后的社会实践来证明吧！

但是，提出这个问题来讨论，有利于全面认识环境污染的原因，有利于认识治理环境任务的艰巨性和长期性。

第八，就经济体制看。一般说来，作为社会生产资源配置方式的经济体制，在一定条件下，可以是推动工业化的最重要因素。资本主义条件下古典的自由放任的市场经济体制曾经是推动工业化的主要因素。但1930年资本主义经济大危机的爆发，突出显示这种体制的弊病，因而需要实现向现代的有国家干预的市场经济体制的转变。1933年，美国总统罗斯福实行的新政，从实践上宣告了从古典的市场经济到现代的市场经济体制的转变。1936 年，英国著名经济学家凯恩斯发表《就业、利息和货币通论》从理性上揭示了这种体制的转变。这种体制虽然不能从根本上解决资本主义制度的基本矛盾，但却在资本主义制度的范围内大大提高了它所能容纳的社会生产力的高度，从而成为推动经济社会发展的主要力量。就我国的情况来说，计划经济体制在它建立后的一段时间内，也曾经成为推动工业化的主要因素。但伴随社会生产力发展，它成为工业化的桎梏，因而必须实现向社会主义条件下市场经济的转变。而这种转变又成为继续推动工业化的主要力量。总之，从一定意义上说，经济体制及其改革，是工业化赖以实现的主要依托，从而成为工业化道路的基本组成因素。

以上八点就是抽象了各种社会经济制度的本质区别而仅从一般意义上来说的工业化道路概念的主要内容。但由于篇幅的限制，本文在下面论述中国工业化道路时，不可能全面分析上述全部内容，而只能涉及其中的一些最重要方面。

三、中国工业化道路

我国大机器工业在 1860 年代就开始出现。但直到 1949 年新中国成立时，其进展甚微。在抗日战争以前（这是旧中国民族工业发展水平最高的年代），中国大机器工业产值只占工农业总产值的 10%左右，农业和手工业的产值却占到 90%上下。[①]按照英国著名经济史学家安格斯·麦迪森的计算，1933 年工业（包括现代制造业、矿业和电力业）增加值为 1130 百万元人民币（当年价格），仅占国内生产总值的 3.8%。[②]这个历史表明：在半殖民地半封建中国是不可能实现工业化的。据此，在论述中国工业化道路时，是可以将这段历史舍象的。

这样，本文只是论述新中国成立以后的工业化道路。作者将这条工业化道路时分为两个历史阶段。一是计划经济体制时期实行的传统工业化道路。这是指的苏联和中国先后走过的工业化道路。就新中国来说，其时限就是从 1949 年到 1978 年。二是以建立社会主义市场经济体制为目标的经济体制改革时期实行的新型工业化道路。其时限是从 1979 年至

---

① 详见拙著：《中国工业经济问题研究》，云南人民出版社 1984 年版，第 17~20 页。
② ［英］安格斯·麦迪森著，伍晓鹰、马德斌译：《中国经济的长期表现（公元 960~2030 年）》，上海人民出版社 2008 年版，第 167 页。

2009 年。当然，这条工业化道路是在改革以后逐步形成和实施的。而且直到现在，这条道路建立还在进一步完善和实施过程中，预计要到 2020年才能基本实现（详见后述）。

此外，还要提到：本文所说的中国的工业化道路，其范围只包括中国大陆，不包括香港特别行政区、澳门特别行政区和台湾地区。

本文就是按照上述的工业化、工业化道路和中国工业化道路的内含及其所囊括的范围进行论述的。

第二节　中国的传统工业化道路

优先发展重工业在传统工业化中具有特殊重要的地位和作用，在这方面的其他特点在不同程度上都是与这一点相联系的。据此，本节第一、二、三部分均是论述优先发展重工业。只是在第四方面才集中论述传统的中国工业化道路的其他内容。第五点对中国的传统工业化道路做一小结。

一、传统工业化道路的提出和实施

1949 年 9 月，由中国人民政治协商会议第一次全体会议通过的，并在新中国成立初期起临时宪法作用的《中国人民政治协商会议共同纲领》就明确提出："中华人民共和国必须……发展新民主主义的人民经济，稳步地变农业国为工业国。""应以有计划有步骤地恢复和发展重工业为重点……以创立国家工业化的基础。"[①] 可见，早在国民经济恢复时期（1949.10~1952），我国提出的工业化道路就是重点发展重工业，即优先发展重工业。[②] 这是中国的传统工业化道路的最重要最基本的特点，当然，还有其他众多与此相关的特点（详见后述）。

在上述政策指导下，国民经济恢复时期重工业以较高速度得到了优先发展。1949~1952 年，重工业产值和轻工业产值年均增速分别为 48.5%和 29.0%，二者占工业总产值的比重分别由 26.6%上升到 35.6%，由

---

① 中国人民大学编：《中国人民政治协商会议文件选集》，1952 年，第 37~47 页。

② 毛泽东在论到这一点时说过："重工业是我国建设的重点。必须优先发展生产资料的生产，这是已经定了的。"《毛泽东选集》第 5 卷，人民出版社 1977 年版，第 268 页）可见，从"重点"和"优先"的相互联系的意义上，将二者通用是能够成立的。

73.4%下降到64.4%。①可见，即使在国民经济恢复时期，优先发展重工业就已经迈出了重要步伐。

"一五"时期（1953~1957年）进一步提出和实施了优先发展重工业。按照"一五"计划的规定，其首要的基本任务就是集中主要力量进行以苏联帮助我国设计的156个建设单位为中心的，由限额以上的694个建设单位组成的工业建设，建立我国的社会主义工业化的初步基础。其中，实际施工的为150项。在这150个项目中，由能源工业、原材料工业和机器制造业（包括军用机器制造工业和民用机器制造工业）组成的重工业就占了147项，而轻工业只有3项，二者分别占总额的98%和2%。②可见，优先发展重工业，是"一五"时期的基本任务。

在"大跃进"时期（1958~1960年），在"左"的盲目追求高速度的社会主义建设总路线指引下，提出了"以钢为纲"的方针，把优先发展重工业推到一个极端。由此造成了经济的严重失衡。于是在1961~1965年被迫进行了经济调整。但在"三五"时期（1966~1970年）和"四五"时期（1971~1975年），由于对当时国际形势做了过于严重的估计，提出了积极备战，准备打仗的指导思想，做出了关于加快"三线"建设的战略决策。于是，"三线"建设就成为这两个五年计划建设的重点。这期间的生产和建设都转向了以备战为中心，以"三线"建设为重点的轨道。这同时意味着这期间继续坚持了优先发展重工业的战略。因为就"三线"建设项目来说，主要也就是钢铁工业、煤炭工业、电力工业和机械工业（包括军用、民用两个方面）以及相关的交通运输业。在"文化大革命"结束后的两年（1977~1978年），由于继续推行了盲目追求经济高速增长的"左"的路线，又掀起了一次以快速大量引进国外先进技术设备为特征的"洋跃进"。其发展重点仍然是燃料、动力、钢铁、有色金属、化工和相关的交通运输设施。于是，优先发展重工业的这条道路，就一直延续到1978年。

这样，在1953~1978年，轻工业产值和重工业产值年均增速分别为9.3%和13.8%；二者占工业总产值的比重分别由64.4%下降到43.1%，由

①《中国统计年鉴》（有关各年），中国统计出版社。
② 详见拙著：《中华人民共和国工业经济史》（1949.10~1998），山西经济出版社1999年版，第215~216页。

35.6%上升到65.1%。① 这段历史表明：中国在长达26年的时间内，走过了高速优先发展重工业的道路。

可见，如果仅就这方面来说，我国传统的工业化道路的一个根本性特点，并不只是一般意义上的优先发展重工业，而是在特殊意义上的长期地、片面地、高速地优先发展重工业。

二、优先发展重工业的客观必然性

第一，历史经验的科学总结和现实情况的迫切需要。中国在1840年以后的近百年的时间里，屡次遭受了帝国主义列强的侵略和压迫。这在中华民族历史上是一段极为屈辱的悲惨历史。造成这一点的原因，主要是封建的和半封建、半殖民地的腐朽社会经济制度。但就社会生产的物质基础来说，主要是由于工业生产落后以及与此相联系的军事工业生产落后。而且，在新中国建立时，尽管已经形成了强大的社会主义阵营，但仍然面临着帝国主义的严重侵略威胁。事实上，1950年美国就打着联合国的旗号，裹挟十多个国家，发动了侵朝战争，并把军事斗争矛头直接向新生的中国人民政权。这样，我国的民族独立和国家主权又遭到了严重的挑战。

可见，历史经验和现实情况都表明：中国要从根本上改变以往的屈辱历史，捍卫新生的人民政权，实现中华民族的复兴，除了主要实现新民主主义革命和社会主义革命以外，在社会物质基础方面就是要坚定不移地——一以贯之地加速推行工业化；舍此并无他途。为此，就要优先发展重工业以及与此相关的军事工业。如果再走资本主义国家曾经走过的先发展轻工业再发展重工业的老路就要经历很长的时间，② 就不能迅速改变屈辱历史，也不能在新中国建立以后有效地捍卫国家的独立和主权。

第二，工业化过程中推进技术进步的客观需要。一般说来，工业化过程就是将手工工具为主的生产转变为大机器工业为主的过程。而我国工业化起步很晚，有必要（原因已见前述）也有可能在这个过程中加快

①《中国统计年鉴》（有关各年），中国统计出版社。
② 这里需要说明两点：第一，在实现这条工业化道路方面，英国最早也最典型。英国大约是在18世纪中叶到19世纪中叶实现工业化的，用了近百年的时间。第二，这条工业化道路是就英法德美这些主要资本主义国家的情况来说的。但作为后来实现工业化的日本来说，在这方面就有特点。适应日本发动侵略战争的需要，日本在发展轻工业的同时，较早地把发展与军事工业相关的重工业，提到了工业化的日程。

技术进步的进程。这种可能性的一个重要方面，就是新中国成立初期有已经基本实现了工业化的苏联的援助（包括资金、技术设备和工程人员的支持等方面）。而工业化过程中的技术进步，就意味着主要提供生产资料的重工业的优先发展。关于这一点，列宁说过："马克思的扩大再生产公式并未注意技术进步。显而易见，如果把这种变化（指技术进步——引者）纳入公式中，那一定是生产资料比消费品增长得更快。"他还进一步指出："即使没有马克思在《资本论》第二卷中所做的研究，根据不变资本比可变资本增长得更快的趋势的规律，也能得出上面的结论，因为所谓生产资料增长最快，不过是把这个规律运用于社会总生产时的另一种说法而已。"[1] 作者也曾与周叔莲同志合作把与技术进步相联系的劳动生产率提高的因素纳入马克思扩大再生产的公式。在做了这样的研究之后得出结论："生产资料的优先增长，是在技术进步条件下实现扩大再生产的客观要求。随着技术进步和劳动生产率的提高，必然使得同一活劳动量同越来越大的劳动手段相结合，必然使得同一活劳动量加工的劳动对象量越来越大；因而必然使得社会生产的技术构成（即生产资料量与使用它们的活劳动量的比例）不断提高，必然使得社会生产基金的有机构成（即生产资料的补偿基金与劳动报酬基金的比例）不断地提高。这样，就必然要求生产资料的优先增长。同时，联系到扩大的再生产的公式来看，$I(v+m) > IIc$ 既是技术不变条件下扩大再生产的基本前提，也是技术进步条件下扩大再生产前提。$I(v+m) > IIc$ 这个公式本身并不一定就意味着生产资料生产的优先增长。但是，要使得这个基本前提条件不断地当做技术进步条件下扩大再生产的结果被保持下来，并不断地成为扩大再生产的新的出发点，从而使得扩大再生产能够不断地进行，这就要求生产资料的优先增长。否则，在技术不断进步的情况下，$I(v+m) = IIc$，甚至 $I(v+m) < IIc$ 的情况都可能出现。如果是这样，就会没有追加的生产资料，就会使扩大再生产成为不可能。"[2]

第三，以俄为师基本国策的题中应有之义。毛泽东在总结中国整个革命（包括旧民主主义革命和新民主主义革命）的基本经验以后，在新

---

[1]《列宁全集》第 1 卷，人民出版社 1963 年版，第 69~71 页。
[2] 详见拙著：《社会主义经济问题初探》，湖南人民出版社 1981 年版，第 319~320 页。

中国建立前夕，在作为建国纲领的《论人民民主专政》中明确提出："走俄国人的路——这就是结论。"又说："他们（指苏联共产党人——引者）已经建设起来了一个伟大的光辉灿烂的社会主义国家。苏联共产党就是我们的最好的先生，我们必须向他们学习。"[①] 诚然，这里虽然没有明确提出要走苏联优先发展重工业的道路，但从上述的《中国人民政治协商会议共同纲领》的有关规定中，可以明确看出包括了这一点。优先发展重工业，最先是列宁在俄国十月社会主义革命胜利以后提出的。但由于他于1924年就逝世了，并没有来得及将这条道路付诸实践。这个实践是由斯大林来完成的，并且取得了伟大成就！其突出表现就是：正是由于推行了这条道路，才为赢得反法西斯战争奠定了物质基础。1940年，苏联生产资料工业在工业总产值中的比重，由1913年的33.3%上升到60%以上，机器制造业在工业总产值中的比重由6%上升到30%。[②] 完全可以设想，如果没有建立这个强大的物质基础，苏联在"二战"中就很难粉碎德国希特勒法西斯的军事机器，苏联的社会主义制度也就很难保得住。显然，优先发展重工业这样一条具有极其重要意义并已取得巨大成就的工业化道路，在当时的国际形势下，中国人是不可能不走的。

第四，计划经济体制为优先发展重工业提供了体制保证。新中国成立初期就建立了计划经济体制。到1956年生产资料私有制的社会主义改造基本实现时，计划经济体制就基本上建立起来。正是这种以行政指令为主要特征的计划经济为优先发展重工业创造了各种条件，特别是通过工农业产品的不等价交换以及压低轻工业品价格和工资，为优先发展重工业提供了巨额资金来源。

第五，人口大国也是推行优先发展重工业的一个重要有利条件。1949年，中国人口就达到了5.49亿人，1978年增加到9.63亿人。这就能够说明：尽管当时中国社会生产力发展水平很低，每个劳动力能够提供的资金很有限，但全部劳动力提供的资金总额仍然很大。

第六，半殖民地半封建中国轻重工业发展的极端不平衡性。旧中国工业化不仅从一般意义上遵循了资本主义工业化首先发展轻工业的规律，

①《毛泽东选集》第4卷，人民出版社1991年版，第1471~1481页。

② 苏联科学院经济研究所编：《政治经济学教科书》，人民出版社1955年版，第374页。

而且特殊地由于帝国主义在经济上垄断地位，竭力阻挠并扼杀对实现民族独立具有特殊重要作用的重工业。这样，旧中国轻重工业比例关系就显得特别畸形。据统计，直到 1949 年，主要生产资料的重工业只占工业总产值的 26.4%，主要生产消费资料的轻工业占 73.6%。而在民族工业的总产值中，重工业产值只占 18.5%，轻工业占 81.5%。[①] 这一点会在一定期限内为优先发展重工业留下较大的空间。

可见，我国优先发展重工业，不仅具有极端重要性，而且具有众多有利条件，因而具有客观必然性，但经济改革以来，有人依据资本主义国家工业化的经验，根本否定我国优先发展重工业的道路。这显然是照搬国外经验，忽视中国国情，根本违反辩证唯物论。毛泽东曾经引证并肯定列宁讲过的话："马克思主义最本质的东西，马克思主义的活的灵魂，就在于具体地分析具体的情况。"[②]

三、优先发展重工业的重大成就

1953~1978 年，我国在优先发展重工业的带动下，在经济发展方面取得了重大成就。

第一，工业和经济的高速增长。1953~1978 年，国内生产总值和第一、二、三产业增加值的年均增速分别达到 6.14%、2.07%、11.1% 和 5.40%。在第二产业中，工业和建筑业的增加值的年均增速分别达到 11.50% 和 7.20%。在工业总产值中，轻工业和重工业产值年均增速分别达到了 9.3% 和 13.8%。工业和经济的这种高速增长，不仅是半殖民地半封建的中国无法比拟的，也是许多工业化国家所不及的。

第二，工业和经济结构的重大变化。1952~1978 年，第一、二、三产业增加值占国内生产总值的比重，分别由 51.0% 下降到 28.2%，由 20.8% 上升到 47.9%，由 28.2% 下降到 23.9%。在第二产业中，工业和建筑业增加值的比重分别由 17.6% 上升到 44.1%，由 3.2% 上升到 3.8%。

在工业内部的部门结构中，在这期间除了重工业和轻工业的比例关系发生了重大变化以外，在重工业内部和轻工业内部的比例关系也发生了显著变化。在重工业中，采掘工业、原材料工业和制造业的产值占重

---

① 详见拙著：《新中国工业经济史（1949.10~1957）》，经济管理出版社 1994 年版，第 59 页。
②《毛泽东选集》第 1 卷，人民出版社 1991 年版，第 312 页。

工业产值的比重分别由 1952 年的 15.3%下降到 1978 年 12.0%，由 42.8%下降到 35.5%，由 41.9%上升到 52.5%。在轻工业中，以农产品为原料的轻工业和以非农产品为原料的轻工业产值占轻工业产值的比例，分别由 1952 年的 87.5%下降到 68.4%，由 12.5%上升到 31.6%。在这期间，能源工业产值占工业总产值的比重也由 4.4%上升到 12.3%。

工业的技术结构取得了重大进展。新中国成立初期，我国工业的技术水平大约落后于经济发达国家近百年。但在苏联援助下，"一五"计划完成时，我国工业的一些最重要部门的技术水平已经提高到 1940 年代末的水平。其后又有进一步提高。这里需要着重指出：尽管这期间我国工业的主体还是技术水平不高的传统工业，但在某些方面也进入了世界的前列。其突出表现是：在核技术、火箭技术和空间技术方面连续取得了突破性进展。继 1964 年 10 月成功地发射了第一颗原子弹之后，1966 年10 月又成功地完成了导弹核武器试验；1967 年 6 月又成功地进行了第一颗氢弹爆炸试验；1970 年 9 月第一颗人造卫星"东方红"一号发射成功；1971 年第一枚洲际火箭飞行试验基本成功，第一艘核舰潜艇也安全下水。

工业的地区布局有了显著改善。沿海地区和内地的工业产值占工业总产值的比重分别由 1952 年的 70.84%下降到 1978 年的 63.32%，由29.16%上升到 36.68%。半殖民地半封建中国留下的工业地区布局极不平衡的状况有了较大改变。

第三，社会生产的物质技术基础大大加强。比如，在国民经济中居于主体地位的国有单位，每个职工使用的固定资产原值由 1952 年的2100.7 元增长到 1978 年的 9689.3 元，平均每万职工中的专业技术人员由103.8 人增加到 214.5 人。

第四，居民生活水平有了较大改善，1978 年，全体居民消费水平由1952 年的 91 元增加到 184 元，其中，农村居民由 65 元增加到 138 元，城镇居民由 154 元增加到 405 元。按可比价格计算，这期间三者年均增速分别为 2.3%、1.8%和 3.0%。

第五，我国工业在国际中的地位大大提升。比如，钢产量由 1949 年的 26 位上升到 1978 年的第 5 位，煤由第 9 位上升到第 5 位，原油由 27

位上升到第 8 位，发电量由第 25 位上升到第 7 位。[1]

第六，概括起来说，在这期间，我国已经初步建立了独立的、比较完整的工业体系和国民经济体系。就中国情况来说，大体上可以认为我国工业化已经进入了初期阶段（详见后述）。

需要指出，那种根本否定改革前优先发展重工业的观点的片面性，就在于根本忽视了上述的工业化的重大成就。

四、长期片面高速优先发展重工业的严重后果

如前所述，我国曾经走过的优先发展重工业道路，并不是一般意义上的优先发展重工业，而是特殊意义上的长期片面高速优先发展重工业。走这条道路，尽管已经取得了重大成就，但同时也产生了严重后果。

第一，重工业的长期高速增长，必然导致经济总量的严重失衡。其具体表现就是许多年份经济过热。经济冷热反映的是社会总需求和社会总供求的关系。其冷热程度就是社会总需求小于或大于经济总供给的程度。在这方面，衡量经济冷热唯一的无可替代的指标，就是现实经济增长率小于或大于潜在经济增长率的差距。就我国的具体情况来看，潜在经济增长率就是在不引发通胀和促进就业的条件下，各种生产要素能够得到充分发挥所能达到的生产率。计算潜在经济生产率的一个较为简单而又可靠的办法，就是较长时期的年均经济增长率。按不变的价格计算，1953~1978 年，我国国内生产总值年均增长率为 6.14%。作者依据我国的经验数据，将现实的经济增长率超过潜在两个百分点的年份认定为经济过热年份。据此计算，1953~1978 年的 26 年中，经济过热年份就有 6 年，即 1953 年（经济增速为 15.6%）、1956 年（15.0%）、1958 年（21.3%）、1959 年（8.8%）、1970 年（19.4%）和 1978 年（11.7%）。[2] 这些数据表明：这期间经济总量失衡的情况是很严重的。

第二，重工业的长期片面高速增长，必然导致经济比例关系的严重失衡。按照马克思的扩大再生产理论，经济中最基本的比例关系就是积

---

[1] 以上数据资料来源：《中国统计年鉴》（有关各年）和《中国工业经济统计年鉴》（有关各年），中国统计出版社。

[2] 资料来源：《中国统计年鉴》（有关各年），中国统计出版社。说明：1963 年、1964 年、1965 年、1966 年 1969 年和 1975 年这 6 年的经济增速也都超过了潜在经济增长率两个百分点。但由于这 6 年的前一年或前两年的经济增速都较低，甚至为负数，带有恢复性质，故未列入经济过热年份。

累基金与消费基金的比例关系，以及生产资料生产与消费资料生产的比例关系。按照现实具体情况，前者可以具体化为投资率和消费率，后者可以具体化为第一、二、三产业之间的比例关系。而在 1952~1978 年，最终消费率由 78.9% 大幅下降到 62.1%，投资率由 22.2% 大幅上升到 38.2%。在这期间，第一产业增加值占国内生产总值的比重下降得过大，由 51.0% 下降到 28.2%，第二产业的比重上升得过快，由 20.8% 上升到 47.9%，第三产业的比重则是很不正常地也由 28.2% 下降到 23.9%。其中，第二产业比重的上升，则主要是工业比重的上升。在这期间，工业增加值占国内生产总值的比重，由 17.6% 急剧上升到 44.1%。

第三，经济总量和经济结构的严重失衡，必然导致经济周期的强烈波动。作者依据我国的历史经验，把经济周期中的波峰年份与波谷年份的落差在 5 个百分点以内的称作轻波周期，把落差在 10 个百分点的称作中波周期，把落实超过 10 个百分点的称作强波周期，把落差超过 20 个百分点的称作超强波周期。这样，1953 年以后，就经历了 4 次波动。①作为波峰年 1953 年（经济增速为 15.6%）与作为波谷年 1954 年（经济增速为 4.2%）的落差为 11.2 个百分点，是一次强波周期。②1956 年（经济增速为 15.0%）与 1957 年（经济增速为 5.1%）的落差为 9.9 个百分点，近乎强波周期。③1958 年（经济增速为 21.3%）与 1961 年（经济增速为 -27.3%）的落差为 48.6 个百分点，是一次超强波周期。④1970 年（经济增速为 19.4%）与 1976 年（经济增速为 -1.6%）的落差为 21 个百分点，又是一次超强波周期。这样，在这期间就经历了两次强波周期和两次超强波周期。

第四，长期片面高速发展重工业，极易导致粗放经济增长方式的普遍化（即便低水平重复建设的普遍发展）和凝固化（即粗放经济增长方式向集约增长方式的转变过程很慢）。这就意味着经济增长主要是依靠生产要素投入的增长，而不是技术的进步。按现价计算，1953~1978 年，国内生产总值年均增长 6.7%，而作为各项生产要素货币表现形态的全社会固定投资年均增长率达到 17.4%，二者之间为 1：2.6。这突出地反映了这期间的经济增长，主要就是依靠生产要素的投入。

第五，由于多次发生经济周期的强烈波动和粗放经济增长方式的普遍化和凝固化，必然导致经济效益低下。这里还需要着重指出，新中国成立以后的一个长时期内，由于过于强调政治的意义，忽视了经济效益的提高。特别是在"大跃进"和"文化大革命"中先后提出了"政治挂帅"口号，并把提高企业利润当做"修正主义"来批判。这也是导致这期间经济效益低下的极重要的政治因素。按现价计算，1953~1978 年，投资效果系数仅为 0.30，比后续的 1979~2008 年的投资效果系数要低 0.13 个百分点。按可比价格计算，1953~1978 年，社会劳动生产率年均增速仅为 3.15%，比后续的 1979~2008 年社会劳动生产率年均增速要低 4.31 个百分点。[①]据英国安格斯·麦迪森计算，1952~1978 年，中国全要素生产率为 -1.37%，比美国要低 2.65 个百分点，比日本要低 4.69 个百分点，比韩国要低 2.85 个百分点。[②]可见，无论是与中国改革后这个历史阶段比较，或者与同期的经济发达国家和新兴工业化国家比较，1953~1978 年中国经济效益都是很低的。

第六，粗放的经济增长方式长期的普遍化和凝固化，必然造成环境的严重污染和生态的严重破坏。因为，在这种情况下，经济增长主要是依靠自然资源的过度消耗。1953~1978 年，按可比价格计算，国内生产总值年均增长 6.14%，而作为主要能源的原煤产量年均增长竟是高达 12.7%。还要指出，在这期间生产和建设中盛行大搞群众运动，也是自然资源和环境受到严重破坏的一个重要因素，特别是 1958 年大炼钢铁的群众运动，是新中国成立以后对自然资源和环境的一次极为严重的破坏！

第七，长期片面高速优先发展重工业，主要是依托农业在很低的生产水平下提供的积累实现的。这就必然会造成城乡差别的扩大。其中表现是：1953~1978 年，城镇居民平均消费由 154 元增加到 405 元，而农村居民仅由 65 元增加到 138 元；二者年均增速分别为 3.0% 和 1.8%。可见，尽管这期间城镇居民的平均消费水平的年均增速也不高，但比农村居民还是要高得多。显然，这是很不利于城乡关系的协调发展的。

第八，长期片面高速优先发展重工业，是以计划经济体制以及与此相联系的城乡的社会经济二元体制为依托的。这些情况必然造成极不正

---

① 以上数据资料来源：《中国统计年鉴》（有关各年）和《中国工业经济统计年鉴》（有关各年），中国统计出版社。

② ［英］安格斯·麦迪森著，伍晓鹰、马德斌译：《中国经济的长期表现（公元 960~2030 年）》，上海人民出版社 2008 年版，第 167 页。

常的城市化严重滞后于工业化。1952~1978年，农业和工业的增加值占国内生产的比重分别由51.0%下降到28.2%，由17.6%上升到44.1%。但在这期间，农村和城镇就业的劳动力占全国从业人员的比重只是分别由83.5%下降到73.8%，由16.5%上升到26.2%；乡村人口和城镇人口占全国人口的比重只是分别由87.5%下降到82.1%，由12.5%上升到17.9%。

第九，长期片面高速优先发展重工业，归根结底，是靠压低人民消费水平实现的。1953~1978年，全国居民消费水平由91元增加到184元，年均增速仅为2.3%。这个增速只及同期年均经济增速（6.34%）和年均社会劳动率增速（3.15%）的37.5%和73.0%。[①]

第十，长期片面高速优先发展重工业，使得我国社会经济发展水平（不是指的社会经济制度）与经济发达国家的差距，又进一步拉大了。本来经过经济恢复时期和"一五"时期生产建设的发展，我国社会经济发展水平与经济发达国家的差距已经趋于缩小。但在1958~1976年期间，这种差距又扩大了。其主要原因是"大跃进"和"文化大革命"的破坏。但同长期片面高速优先发展重工业，也有重要的联系。

五、小结：传统的中国工业化道路的主要内容

依据前面的分析，可以对我国传统的工业化道路的主要内容做一个简要概括：①最重要最基本的特征，就是优先发展重工业。实现这一点，有其客观必然性，并且取得了重要成就。集中起来说，就是初步建立了独立的比较完整的工业体系和国民经济体系。②长期的、片面的、高速度的优先发展重工业，是经过经济周期的强烈波动、粗放经济增长方式的长期普遍化和凝固化、降低经济效益、过度消耗自然资源、与严重污染自然环境、恶化城乡关系和降低人民生活水平等途径实现的。③从根本上说，这条优先发展重工业道路又是以建立和强化计划经济体制为依托的。以上各点就是传统的中国工业化道路的主要内容和特征。

---

① 以上数据资料来源：《中国统计年鉴》（有关各年）和《中国工业经济统计年鉴》（有关各年），中国统计出版社；国家统计局网2009年2月26日。

第三节　中国的新型工业化道路

一、中国新型工业化道路的形成过程及其主要内容

我国新型工业化道路的形成经历了一个很长的过程。它的实施更是如此。在 1978 年底召开了党的十一届三中全会提出了改革开放的方针以后，这条道路就发端了。在这个形成过程中，具有里程碑意义的发展阶段可以大致表述如下。

1981 年，党中央、国务院依据改革以前实现工业化经验教训的总结，明确提出："要切实改变长期以来在'左'的思想指导下的一套老的做法，真正从我国实际情况出发，走出一条速度比较实在、经济效益比较好、人民可以得到更多实惠的新路子。"① 这是针对以前在"左"的路线指导下形成的盲目追求不切实际的高速度、经济效益比较差、人民得到实惠不多的传统的包括工业化道路在内的发展经济的路子提出的，可以看做是包括新型工业化道路在内的发展经济的新路子的开端。1982 年，党的十二大重申了这一指导思想："从一九八一年到本世纪末的二十年，我国经济建设总的奋斗目标是，在不断提高经济效益的前提下，力争使全国工农业总产值翻两番。实现了这个目标……要使人民的物质文化生活可以达到小康水平。"②

"——1987 年，党的十三大进一步强调：'必须坚定不移地贯彻执行注重效益、提高质量、协调发展、稳定发展的战略。……归根结底，就是要从粗放经营为主逐步转上集约经营为主的轨道。'③ 这里明确提出了实现经济增长方式的转变问题。

"——1992 年，党的十四大强调'调整和优化产业结构，高度重视农业，加快发展基础工业、基础设施和第三产业。'④

"——1997 年，党的十五大重申了要'真正走出一条速度较快、效益

---

① 《中国经济年鉴》(1981 年)，经济管理杂志社，第 II-8~9 页。
② 《中国共产党第十二次全国代表大会文件汇编》，人民出版社 1982 年版，第 15 页。
③ 《中国共产党第十三次全国代表大会文件汇编》，人民出版社 1987 年版，第 15~16 页。
④ 《中国共产党第十四次全国代表大会文件汇编》，人民出版社 1992 年版，第 27 页。

较好、整体素质不断提高的经济协调发展的路子。'并明确提出了'实施科教兴国战略和可持续发展战略。'①

"——2002 年，党的十六大明确而又完整地提出，要走新型工业化道路。坚持以信息化带动工业化，以工业化促信息化，走出一条科技含量高、经济效益好、资源消耗低、环境污染少、人力资源优势得到充分发挥的新型工业化路子。'②

"——党的十七大又进一步明确提出和阐述了科学发展观。'科学发展观，第一要义是发展，核心是以人为本，基本要求是全面协调可持续，根本方法是统筹兼顾。'③需要指出，科学发展观是包括发展工业在内的整个经济发展的根本指导思想。"

依据 1978 年以来的党的历史文件的分析，似乎可以对新型工业化道路的要点做以下的概括：以人为本；经济增长速度实在；经济结构优化；科技含量高；经济效益好；资源消耗低；环境污染少；人力资源优势得到充分发挥；各种经济社会关系（包括投资与消费关系、内需与外需关系、城乡关系、地区关系以及经济与社会关系）以及人与自然关系的协调发展。所有这些都是以科学发展观为统领的，以建立社会主义市场经济体制为依托的。

二、提出新型工业化道路的客观依据

第一，实行传统工业化道路的经验教训的科学总结。如前所述，我国过去实行的传统工业化道路尽管也取得了重大成就，但也造成了严重后果，经验教训深刻。可以毫不夸张地说，新型工业化道路主要内容，都是针对以往在这方面的教训。

尽管过去也讲社会主义生产的目的是为了提高人民的物质文化生活水平，但在实际上由于长期片面高速发展重工业，导致严重存在重生产、轻生活的错误倾向。以致 1953~1978 年居民平均消费水平的年均增速显著低于社会劳动生产率的年均增速，更是大大低于年均经济增速。这种情况是与以人为本的思想大相径庭的。如前所述，长期片面高速发展重

---

①《中国共产党第十五次全国代表大会文件汇编》，人民出版社 1997 年版，第 20~21、28 页。
②《中国共产党第十六次全国代表大会文件汇编》，人民出版社 2002 年版，第 21 页。
③《中国共产党第十七次全国代表大会文件汇编》，人民出版社 2007 年版，第 14 页。

工业，导致经济总量和经济结构严重失衡，从而造成经济周期的强烈波动；导致粗放经济增长方式的普遍化和凝固化；造成经济效益低下，环境严重污染和生态严重破坏，城乡关系和区域关系不协调等。显然，新型工业化道路在以人为本思想指导下提出的各个要点，都是针对传统工业化道路的这些弊病的。

第二，反映了工业化共同规律的客观要求。毫无疑问，我国的社会经济制度根本区别于资本主义的社会经济制度。但这并不妨碍从经济发达国家和新兴国家的工业化实践中，抽象出工业化共同的客观规律。这并不是混淆两种社会经济制度的本质区别，而是遵循了辩证唯物论的基本要求。按照这种要求，我们可以从资本主义国家的工业化实践中总结出工业化的共同规律（即一般内容）。这一点，我们在本文第一节已经做过详细分析，这里不再重复。但需指出：从一般意义和最重要方面来说，我国提出的新型工业化道路，正是反映了工业化共同规律的要求。

第三，反映了我国实现工业化的迫切需要。如前所述，直到改革开放以前，我国还只进入了工业化的初级阶段。要实现工业化还有很长的路要走。但推行传统工业化道路造成的严重后果（详见前述），使得我国继续推行工业化处于难以为继的地步。在这种情况下，如果不逐步开辟新型工业化道路，我国工业化是很难顺利实现的。所以，我国新型工业化道路的提出和逐步形成，并不单纯是人们意志的产物，从根本上来说，是我们继续实现工业化的迫切需要。

第四，反映了知识经济时代的特征。当代是以信息化为主导的知识经济时代。在这种时代，我国就不能再走经济发达国家曾经走过的先工业化、后现代化的老路，可以而且必须将二者结合起来。正是适应这一时代特征的要求，我国在新型工业化道路中提出了"坚持以信息化带动工业化，以工业化促信息化"的要求。

这个要求不仅正确反映了知识经济时代的特征，而且大力推进了信息化与工业化的融合。当今世界，信息化是一个在农业、工业、服务业和科学技术等社会生产和社会生活各个方面应用现代信息技术，加速现代化的过程。信息技术在国民经济各个领域的普遍应用，极大地提高了劳动生产率，降低了资源消耗，减少了环境污染，已经成为社会生产力和人类文明进步的新的强大动力。信息技术及其产业正在成为国际经济竞争的制高点。而且信息化又为加速推进工业化提供了极有利条件。因此，大力推进信息化，以信息化带动工业化，是中国发挥后发优势，实现生产力跨越式发展、加速工业化和现代化的十分重要的契机。但是信息化是工业化发展到一定阶段的产物。信息基础设施的建设，信息技术的研究和开发，信息产业的发展，都是以工业化为基础的。工业化为信息化提供物质基础，对信息化发展提出了应用需求。因此，离开了信息化的工业化，不是当代工业化，先工业化后信息化的道路，在当代并不可取。但是，离开了工业化的信息化，将缺乏必要的物质基础，片面发展信息化的道路也行不通。只有坚持以信息化带动工业化，以工业化促进信息化，使信息化与工业化逐步融为一体，才能真正有效加快工业化、现代化的进程。

第五，反映了 20 世纪下半期以来形成的先进发展理念。主要以生态经济、低碳经济为主要内容的可持续发展的理念。

三、推行新型工业化道路的重要进展

1979 年以后，我国逐步提出和实施了新型工业化道路，并开始取得重要进展，成为推动我国经济发展的重要因素。当然，这期间经济发展的成就有多方面因素的作用。[①] 特别是作为经济发展根本动力的改革开放的极重要作用。但同推行新型工业化道路也有重要联系。我们在下面就从这种联系意义上论述实施新型工业化道路所取得的成就。

第一，工业和经济的增速继续提升。1979~2009 年，国内生产总值年均增长速度为 9.8%，比 1953~1978 年的年均经济增速提高了 3.7 个百分点；第一、二、三产业增加值年均增速分别为 4.6%、11.3%和 10.7%，分别比 1953~1978 年年均增速提高了 2.6 个百分点、-0.2 个百分点和 5.4 个百分点；在第二产业中，工业和建筑业增加值年均增速分别为 11.5%和 9.9%，分别比 1953~1978 年年均增速提高了 0.0 个百分点和 2.7 个百分点。在工业总产值中，1979~2008 年，轻工业和重工业年均增速分别为 16.1%和 15.9%，分别比 1953~1978 年提高了 6.8 个百分点和 2.1 个百分点。

第二，包括工业在内的产业结构趋于协调和优化。第一、二、三产业增加值在国内生产总值中的比重分别由 1978 年的 28.2%下降到 2009 年

---

① 详见拙著：《中国经济发展 30 年（1978~2008）》，中国社会科学出版社 2008 年版，第 82~99 页。

的 10.6%，由 47.9% 下降到 46.8%，由 23.9% 上升到 42.6%。尽管在这些产业结构中还不同程度地存在失衡状况，但总的说来，是符合工业化趋势的，而且相对 1978 年以前的情况来说，是有改善的。而且，工业的技术结构也有很大的变化。总的说来，工业的生产技术水平与世界先进水平的差距已经由 1978 年的 20 年以上缩短到当前的 10 年左右。其中，石油开采、钢铁和发电设备等重型机械制造、电子通信设备制造和数控机床制造等行业的大型企业的生产技术水平正在接近世界先进水平，航天工业的生产技术水平已经居于世界前列。

第三，经济周期实现了由超强波周期到轻波周期的转变。1978~2009年，已经和正在经济周期共有 5 次。作为波峰年 1978 年经济增速（11.7%）与作为波谷年 1981 年经济增速（5.2%）的落差为 6.5 个百分点，1984 年经济增速（15.2%）与 1986 年经济增速（8.8%）落差为 6.4 个百分点，1987 年经济增速（11.6%）与 1990 年经济增速（3.8%）落差为 7.8 个百分点，1992 年经济增速（14.2%）与 1999 年经济增速（7.6%）落差为 6.6 个百分点。按照前述的标准，这 4 次经济周期都是中波周期。2007 年经济增速高达 13.0%。预计这轮经济周期的波谷年是 2009 年。其经济增速是 8.7%。如果这个预计是准确的，那么这轮经济周期波峰年和波谷年的落差为 4.3 个百分点左右。这样，就是一次轻波周期。

第四，粗放经济增长方式以较快的速度实现向集约增长方式转变。如前所述，按现价计算，1953~1978 年，国内生产总值年均增速为 6.7%，而全社会固定资产投资年均增速为 17.4%。这样，二者增速对比关系为 1∶25.9。但 1979~2008 年，仍按现价计算，前者年均增速为 15.8%，后者为 20.2%，二者对比关系为 1∶1.36。按可比价格计算，每亿元工业增加值消耗的标准煤由 1978 年的 24.8 万吨下降到 4.54 万吨，下降了 81.7%。这些数据集中地突出地反映了 1978 年以来经济增长在很大程度上依靠投入的生产要素的节约。

第五，经济效益有了较大提高。按现价计算，1979~2008 年，全社会固定资产投资效果系数为 0.43，比 1953~1978 年投资效果系数提高了 0.13 个百分点。按可比价格计算，社会劳动生产率年均增速为 7.46%，比

1953~1978年年均增速提高了4.31个百分点。[①] 据安格斯·麦迪森计算，1978~2003年，我国全要素生产率为2.95，比1953~1978年提高了4.32个百分点，比同期美国、日本和韩国分别高出2.26个百分点、2.59个百分点和2.02个百分点。[②]

第六，城乡关系已经开始迈向协调发展的道路。新中国成立以后长期实行农业哺育工业的战略。再加上实行城乡二元社会经济体制，致使城乡差别越拉越大。但在20世纪末，开始提出并实施工业反哺农业的战略，再加上有关经济改革的推行，当前虽然没有遏制城乡差别扩大的走势，但其扩大的速度趋缓。

第七，地区关系也开始迈上了协调发展的道路。新中国成立以后在发展地区经济方面长期推行非均衡战略。1950年代建设重点放在内地。1960年中期到1970年中期建设重点放在"三线"。这种非均衡战略由于其本身的局限性，再加上其他多种政治和经济因素的作用，它不可能从根本上解决地区之间经济协调发展问题。1970年代末期直到1990年代，经济发展的重点转移到东南沿海等经济发达地区。从总体上说，这对加速发展整个国民经济是必要的。但却进一步拉大了经济发达的东部地区与经济欠发达的西部地区、东北等老工业基地和中部地区的差距。但从20世纪末先后提出了西部大开发、中部地区崛起、振兴东北老工业基地和东部地区率先实现现代化，从而形成了总体地区协调发展战略，并已付诸实施，虽然还没有来得及从根本上扭转地区之间经济差别拉大的趋势，但拉大的速度也已趋于减缓。2006~2008年，东部地区生产总值占国内生产总值的比重由55.6%下降到54.3%，中部由18.7%上升到19.3%，西部由17.0%上升到17.8%，东北三省由8.5%上升到8.6%。

第八，城镇化率有了很大的提高。1978~2009年，乡村人口和城镇人口占全国人口比重分别由82.1%下降到54.3%，由17.9%上升到45.7%。

第九，居民消费水平和收入水平显著提高。1978年全体居民消费水平由1952年的91元增加到184元；按可比价格计算，年均增速为2.3%。

---

① 以上数据资料来源：《中国统计年鉴》（有关各年）和《中国工业经济年鉴》（有关各年），中国统计出版社；国家统计局网2009年2月26日。

② ［英］安格斯·麦迪森著，伍晓鹰、马德斌译：《中国经济的长期表现（公元960~2030年）》，上海人民出版社2008年版，第66~67页。

但 2008 年，全体居民消费水平由 1978 年的 184 元提高到 8184 元；按可比价格计算，年均增速为 7.6%，比 1953~1978 年年均增速提高了 2.3 倍。

第十，在治理受到严重污染的环境方面已经开始收到成效。2006~2009 年，全国单位 GDP 能耗下降了 14.38%，化学需氧量排放下降了 9.66%，二氧化硫排放下降了 13.14%。

第十一，实现了由农业大国到工业大国，由人口大国到经济大国的转变。根据有关研究单位按当年价格计算，1978 年，中国工业增加值和国内生产总值居世界第 10 位。到 2009 年，作为工业主体的制造业上升到世界第 2 位。国内生产总值 2008 年以后就上升到第 3 位。[1] 但同时需要指出：当前我国还不是工业强国和经济强国。

第十二，总结起来说，1978~2009 年，我国在实现新型工业化道路方面取得的重要进展可以归结为：由 1978 年的工业化初期阶段进入到工业化中期阶段。但有项研究对这一点做了进一步具体研究。这项研究选择人均 GDP、第一、二、三产业产值比、制造业增加值占比、人口城市化率、第一产业就业占比为基本指标，并主要参照钱纳里等划分方法，将工业化过程分为前工业化时期、工业化初期、工业化中期、工业化后期以及后工业化时期五个大的阶段，而工业化初期、中期和后期又分别为前半阶段和后半阶段，再结合相关理论研究和国际经验估计确定了工业化不同阶段的标志值。在此基础上构造一个工业化水平综合指数。如果一个国家工业化综合指数为 0，则表示该国家处于前工业化阶段，综合指数值大于 0 小于 33 则表示处于工业化初期，综合指数值大于等于 33 小于 66 则表示处于工业化中期，综合指数值大于等于 66 小于等于 99 则表示处于工业化后期，综合指数值大于等于 100 则表示处于后工业化阶段。在工业化初期、中期和后期三个阶段，如果综合指数未超过该阶段的中间值，则表示处于相应阶段的前半期阶段，而综合指数超过该阶段中间值，则表示处于相应阶段的后半阶段。根据这种方法计算，我国 1978 年工业化水平综合指数仅为 6.6，处于工业初期的前半阶段，1995 年工业化水平综合指数达到 18，刚刚步入工业化初期的后半阶段，2002 年工业化

[1]《中国工业发展报告》(2008)，经济管理出版社 2009 年版，第 8、33~34 页；《中国统计年鉴》(有关各年) 中国统计出版社；国家统计局网 2009 年 2 月 26 日。

水平综合指数为 33，进入工业化中期阶段。2005 年，中国的工业化水平综合指数达到 50，已经进入工业化中期的后半阶段。[①]

四、继续推行新型工业化道路的可行性和艰巨性

尽管我国在推行新型工业化道路方面，已经取得了重要进展，但在这方面仍然面临着严重的任务。但从 20 世纪 70 年代末至 21 世纪上半期，我国经济发展面临着一个历史上很难得的长期持续快速发展的战略机遇期。这个战略机遇期并不是由临时的偶然因素形成的，而是由长期的基本因素决定的。主要是：①经济全球化条件下的改革开放效应。②知识经济时代的科技进步效应。③工业化中期的阶段效应。④人口大国、工业大国和经济大国效应。⑤中国仍然可以在一个长时间内巩固社会政治稳定局面。⑥中国还可以赢得一个长期的国际和平环境。诚然，2007 年第三季度由美国次贷危机引发的世界性的金融危机和经济危机已经并正在对我国经济发展形成巨大冲击。但它并没有也不可能从根本上改变上述的基本因素，因而也不会从根本上改变我国经济长期持续快速发展的基本面。这个基本面就是保障我国继续推行新型工业化道路的主要条件。继续走这条道路也就具有良好的可行性。有关研究也表明："十五"期间（2001~2005）我国工业化水平综合指数的年均增长速度 4~5，再经过 10~13 年的加速工业化进程，到 2015~2018 年，我国工业化水平的综合指数将达到 100，中国工业化将基本实现。[②] 这样，就可以实现党的十六大提出的在 21 世纪头 21 年，基本实现工业化的伟大目标。[③]

但同时也必须清醒看到：继续推行新型工业化道路，任务是十分艰巨的。问题在于：

第一，经济总量严重失衡以及由此引起的经济过热的状况，比 1953~1978 年虽有改善，但并没有根本改变。在 1979~2008 年的 30 年间，经济过热的年份就有 6 年。即 1984 年（经济增速为 15.2%）、1985 年（3.5%）、1992 年（14.2%）、1993 年（14.0%）、1994 年（13.1%）和 2007

[①] 详见《中国工业发展报告》（2008），经济管理出版社 2009 年版，第 22~23 页。
[②]《中国工业发展报告》（2008），经济管理出版社 2009 年版，第 22 页。
[③]《中国共产党第十六次全国代表大会文件汇编》，人民出版社 2002 年版，第 20 页。

年（13.0%），都超过潜在经济增长率两个百分点，①都是经济过热年份。

第二，经济结构失衡的改善状况也远没有到位。在这方面大体上有四种情况：

1. 结构已有改善，但还没有达到协调的地步。比如，这期间第一、二、三产业的关系就是这种情况。三者之间的比例关系已有改进，但农业基础薄弱和第三产业发展滞后的情况并未根本改变。

2. 在 1979~2008 年的前一段时间内，比例关系趋于改善，后一段时间又发生逆转。工业中的轻重工业的比例就是如此。在 1979~1998 年间，轻工业产值在工业总产值中的比重由 1978 年的-43.1%上升到 49.3%，重工业比重由 56.9%下降到 50.7%。这种变化大体上可以看做是对 1953~1978 年重重轻轻偏向的纠正，是轻重工业比例趋于协调的表现。但在 1999~2008 年间，轻工业产值在工业总产值的比重又由 1998 年的 49.3%下降到 28.6%，重工业比重由 50.7%上升到 71.4%。可以认为，在这段时间内，由于重工业发展速度过快，轻工业发展速度过慢，又造成了二者的比例关系的某种不协调。而且，这期间，重工业发展又成为这一轮经济周期上升阶段有些年份经济偏热（2006 年经济增速为 11.1%）和经济过热（2007 年经济增速为 13.0%）的重要因素。

这方面有两种观点值得提出商榷。一种观点认为，在我国进入重化工业阶段以后，重工业以较快的速度发展是必需的，重工业比重上升是正常的。这种观点有其合理性。在这个阶段，伴随消费结构的升级（由吃穿用到住行）、支柱产业（住房和汽车业等）的发展以及基础设施的发展，重工业发展速度可以而且必须快一些。但任何问题都有一个作为质和量的统一的度。这里的问题恰恰不是重工业发展速度可以而且必须快一些，而是发展速度过快。这种过快导致经济偏热甚至过热，就是最好的证明。还有一种观点认为，在现代条件下，我国根本没有必要再走资本主义工业化曾经走过重化工业阶段的老路。如果这种观点指的是在现

① 这里需要说明：第一，如前所述，较长时期的年均经济增长率，可视为这个时期的潜在经济增长率。1979~2008 年年均经济增长率为 9.78%，所以 10.0%可视为这期间潜在经济增长率。第二，如前所述，现实经济增长率超过潜在经济增长率两个百分点，即为经济过热。第三，作者在以往论著中，依据国家统计局初步数字，2007 年经济增长率为 11.9%，认定这年是经济偏热或接近过热的边缘。现在依据该局的最终核实数字，2007 年经济增速为 13.0%，即为经济过热。

代条件下我国没有必要再走资本主义工业化过程中重化工业阶段的那高能耗、高物耗、高污染的老路，无疑是正确的。但如果指的我国工业化可以不经过重化工业阶段，那就完全脱离了中国作为发展中国社会主义经济大国的基本国情。

3. 有的经济比例关系不仅没有改善，而且进一步恶化。改革以来，投资率的继续上升和消费率的继续下降，就属此例。1978~2007年，投资率由38.2%进一步上升到42.3%，消费率由62.1%进一步下降到48.8%。

4. 新产生了一些失衡的比例关系。内需和外需比例关系的失衡就是如此。2005~2007年这3年，货物和服务净出口占支出国内生产总值比重分别高达5.5%、75%和8.9%。这是新中国成立以后从来没有发生过的内需和外需失衡状况。形成这种失衡状况，有国内国际多种因素的作用。但主要是由国内经济失衡首先是投资与消费关系失衡造成的。

第三，与上述经济总量失衡和经济结构失衡的状况相联系，经济周期虽然实现了由超强波周期到中波周期，再到轻波周期的转变，但经济周期波动仍然多次发生，频率仍然很高。数据已见前述。

第四，粗放经济增长方式虽然加快了向集约增长方式转变的步伐，但这方面的情况并没发生根本转变。特别是粗放经济方式普遍化（即低水平的重复建设的扩张）在某些领域甚至有所发展。

第五，经济效益虽有较大提高，但经济效益较低的面貌也没根本改观。

第六，城乡关系不协调状况虽然从21世纪以来，开始趋向协调，但从大体上说，改革以来，这种不协调状况有了进一步发展。其集中表现是改革以来城乡居民平均消费水平之间的差距进一步拉大了。1952年，农村居民和城镇居民的平均消费水平分别为65元和154元，二者之比为1：2.37；1978年，二者分别为138元和405元，二者之比为1：2.93；2008年，二者分别为3756元和13526元，二者之比为1：3.0。

第七，地区经济发展不协调状况，虽然从20世纪末开始趋向协调发展，但从总体上说，改革以来这种不协调状况也有进一步发展。其最主要的表现就是：我国各地区的工业化水平差异扩大。2005年，我国东部地区综合指数为78，整体进入工业化后期；东北地区工业化综合指数为45，处于工业化中期；中部地区和西部地区的工业化综合指数分别为30和25，整体处于工业化初期。就省级地区看，有上海、北京、天津、广东、浙江、江苏 6 个省市已经达到工业化后期阶段，其中上海、北京已经率先实现了工业化，进入后工业化社会，而西藏还处于前工业化阶段（详见附表）。

附表　2005 年我国 4 大经济地区和 31 个省市工业化阶段的划分①

阶段		四大经济地区	31 省市区
后工业化阶段（五）			上海（100）、北京（100）
工业化后期（四）	后半阶段		天津（96）、广东（83）
	前半阶段	东部（78）	浙江（79）、江苏（78）
工业化中期（三）	后半阶段	全国（50）	山东（66）、辽宁（63）、福建（56）
	前半阶段	东北（45）	山西（45）、吉林（39）、内蒙古（39）、河北（38）、湖北（38）、黑龙江（37）、宁夏（34）、重庆（34）
工业化初期（二）	后半阶段	中部（30）西部（25）	陕西（30）、青海（30）、湖南（28）、河南（28）、新疆（26）、云南（21）、甘肃（21）、江西（26）、安徽（26）、四川（25）、海南（17）
	前半阶段		广西（17）、贵州（13）
前工业化阶段（一）			西藏（0）

第八，城市化水平虽然有显著提高，但仍然滞后。我国在前面列举的数据已经表明：直到 2009 年，城镇人口占全国人口的比重仍然低于第二、三产业增加值在国内生产总值的比重。而第二、三产业主要集中在城市中。

第九，相对当代经济发达国家来说，我国自主创新能力很弱。这是我国继续推行新型工业化道路面临的最大挑战。国际经验表明：自主创新能力是最核心的竞争力。而我国当前正是在这方面处于劣势。据统计，2005 年，我国大中型工业企业的研究开发经费占工业增加值的比重仅为 2.6%，而美国为 8.3%（2000 年），德国为 7.4%（2000 年），日本为 8.6%（1998 年）。与此相联系，当前我国技术对外依存度在 50% 以上，而美国和日本都在 5% 以下。当前我国的科技创新能力在全世界 49 个国家中居第 28 位，不仅低于经济发达国家，而且低于巴西和印度等新兴工业化国家，处于中等偏下的水平。② 这样，经济发达国家就可以凭借他们拥有的

---

① 资料来源：陈佳贵、黄群慧、钟宏武、王延中等：《中国工业化进程报告——1995~2005 年中国省域工业化水平评价与研究》，社会科学文献出版社 2007 年版，第 24 页。说明：括号中的数字为相应的工业化综合指数。

② 详见拙著：《中国经济发展 30 年（1978~2008）》，中国社会科学出版社 2008 年版，第 143 页。

先进的科技优势、强大的自主创新能力以及与之相联系的在生产链和销售链中的高端地位，在同我国的经贸联系中获取大得惊人的垄断利润和超额利润，而我国由于在这方面处于劣势，还不得不接受当前经济发达的"文明剥削"。据报道，2005年，我国出口一件衬衣的平均利润只有30~40美分；出口8亿件衬衣的价格才能抵得上一架380空客飞机。

第十，尽管改革以来人民生活水平有了显著提高，但人民并没有充分享受到经济发展的成果。只要把我们前面列举的经济增速与全体居民平均消费水平做一下对比，就可以清楚看出：后者的增速大约要比前者低两个多百分点。

第十一，从20世纪末以来，在治理环境污染方面已经取得进展。但当前环境污染问题仍然很严重。依据世界银行2007年《中国环境污染损失》报告的资料，室外空气和水污染给中国经济造成的损失总和相当于GDP的5.8%。

上述种种情况表明：继续推行新型工业化道路，尽管具有充分的多种有利条件，但同时又是一项十分艰巨的任务。

五、继续推行新型工业化道路的战略

(一) 继续推行新型工业化道路的战略的基础理念：科学发展观

这个基础理念在这方面具有极端重要性。因为新型工业化道路就是在这个基础理念指导下形成的，是这个基础理念结合工业化实际的产物。据此，拟在这里做深入的分析。

1. 科学发展观形成的条件。综观经济理论发展的历史，任何一个重大理论的提出，都有它赖以形成的经济思想来源，经济发展的历史经验以及现实经济发展环境的需要等方面的条件。科学发展观这一重大理论的提出亦复如此。

(1) 继承了马克思主义。把经济发展作为无产阶级夺取政权以后的首要任务，是马克思主义一以贯之的一个基本观点。马克思恩格斯在1948年发表的《共产党宣言》中早已指出：在无产阶级夺取政权以后，要剥夺全部资本，"并且尽可能快地增加生产力的总量。"[1] 列宁在十月革命以后不久也曾指出：无产阶级在取得政权以后，应当解决双重的任务。一是

---

[1]《马克思恩格斯选集》第1卷，人民出版社1972年版，第272页。

领导被剥削劳动群众粉碎资产阶级的反抗；二是组织社会主义的大生产。列宁强调第二个任务比第一个任务"更困难"，也"更重要"。因为归根结底，"只有用社会主义大生产代替资本主义生产和小资产阶级生产，才能是战胜资产阶级所必需的力量的最大泉源，才能是这种胜利牢不可破的唯一保证。"① 这是第一。第二，可以毫不夸张地说：马克思主义从它产生的第一天起，就把人的全面发展作为共产主义社会发展生产的根本目的。恩格斯在 1847 年撰写的、作为《共产党宣言》初稿的《共产主义原理》中写道：在共产主义社会，"把生产发展到能够满足全体成员需要的规模"，"使社会全体成员的才能得到全面的发展。"② 第三，马克思对共产主义社会的节约劳动时间规律和按比例发展规律做过这样的表述："如果共同生产已成为前提，时间的规定当然仍有重要意义。社会为生产小麦、牲畜等等所需要的时间越少，它所赢得的从事其他生产、物质的或精神的生产的时间就越多，正像单个人的情况一样，社会发展、社会享用和社会活动的全面性，都取决于时间的节省。一切节约归根到底都是时间的节约。正像单个人必须正确地分配自己的时间，才能以适当的比例获得知识或满足对他的活动所提出的各种要求，社会必须合理地分配自己的时间，才能实现符合社会全部需要的生产。因此，时间的节约，以及劳动时间在不同生产部门之间有计划的分配，在共同生产的基础上仍然是首要的经济规律。这甚至在更加高得多的程度上成为规律。"③ 可见，恩格斯在这里既论证了节约劳动时间规律，又论述了按比例发展规律。但是如果现在据此来论证计划经济体制存在的必要性，那就十分不妥。这不仅违反了马克思主义的方法论，也根本脱离了中国社会主义初级阶段的实际。据此来说明按比例发展规律，从而说明要求社会生产各部门需要协调发展，则是完全可以的。这既符合原意，也符合马克思主义方法论，更符合中国社会主义初级阶段的实际。以上三点说明：科学发展观具有多么深远的思想渊源。

科学发展观，不仅继承了马克思主义的发展，还继承了中国化的马克思主义。毛泽东在新民主主义革命即将在全国取得胜利的 1949 年 3 月

---

①《列宁全选》第 4 卷，人民出版社 1972 年版，第 12~13 页。
②《马克思恩格斯选集》第 1 卷，人民出版社 1972 年版，第 223~224 页。
③《马克思恩格斯选集》第 46 卷，人民出版社 1972 年版，第 120 页。

曾经着重提出："从接管城市的第一天起，就要把生产建设作为中心任务，城市的其他工作都是为这个中心工作服务的。"① 在这个时期，他还强调："新民主主义国民经济的指导方针，必须紧紧地伴随着发展生产、繁荣经济、公私兼顾、劳资两利这个总目标。一切离开这个总目标的方针、政策、办法，都是错误的。"② 在这里，既指出了发展生产、繁荣经济的重要性，又指出了公私兼顾、劳资两利的重要性。在体现了毛泽东思想的《中国人民政治协商会议共同纲领》中，这些思想又得到了进一步的发展。《共同纲领》规定："中华人民共和国经济建设的根本方针，是以公私兼顾、劳资两利、城乡互助、内外交流的政策，达到发展生产、繁荣经济之目的。"③

到了社会主义革命时期，毛泽东在其名著《论十大关系》和《关于正确处理人民内部矛盾的问题》中全面地分析了"为把我国建设成为一个强大的社会主义国家"的经济、政治、社会以及国内和国外的关系，并明确提出了"统筹兼顾、适当安排"的方针，④ 在这些方面做了种种探索。

诚然，无论是在新民主主义革命，或者社会主义革命时期，毛泽东的上述思想都带有时代的特点，都有特定的内涵，并有某种局限性（比如没有摆脱计划经济体制的框框），而且由于各种因素的作用，其中有些思想并没有得到完全实现。但从方法论的角度看，这些思想对形成科学发展观无疑是起了指导作用。

邓小平依据"大跃进"和"文化大革命"两次"左"的错误的教训，深刻地指出："社会主义的首要任务是发展生产力，逐步提高人民的物质和文化生活水平，从 1958 年到 1978 年这二十年的经验告诉我们：贫穷不是社会主义，社会主义要消灭贫穷。不发展生产力，不提高人民的生活水平，不能说是符合社会主义要求的。"他强调："中国还有个台湾问题要解决。中国最终要统一。能否真正顺利地实现大陆和台湾的统一，一要看香港实行'一国两制'的结果，二要看我们经济能不能真正发展。中国解决所有问题的关键是要靠自己的发展。"他还发出过铿锵有力、震

----

① 《毛泽东选集》第 4 卷，人民出版社 1991 年版，第 1428 页。
② 《毛泽东选集》第 3 卷，人民出版社 1991 年版，第 1256 页。
③ 中国人民大学编：《中国人民政治协商会议文件选集》，1952 年版。
④ 详见《毛泽东选集》第 5 卷，人民出版社 1977 年版，第 267~288，363~402 页。

撼人心的名言：“发展才是硬道理。”①

还要指出，在发展问题上，邓小平还提出了许多极重要的指导思想。诸如，在速度和比例、效益的关系问题上，他提出：“我国的经济发展，总要力争隔几年上一个台阶。当然，不是鼓励不切实际的高速度，还是要扎扎实实，讲求效益，稳步协调地发展。”“现在，我们国内条件具备，国际环境有利，再加上发挥社会主义制度能够集中力量办大事的优势，在今后的现代化建设长过程中，出现若干个发展速度比较快、效益比较好的阶段，是必要的，也是能够办到的。”在经济发展与科学、教育的关系上，他提出：“经济发展得快一点，必须依靠科技和教育。”“科学技术是第一生产力。”②“教育是一个民族最根本的事业。”③

但在发展问题上，从根本上和整体上来说，还在于：在党的十一届三中全会以后，以邓小平为核心的第二代中央领导集体制定了“一个中心、两个基本点”的党在社会主义初级阶段的基本路线，提出了社会主义现代化建设三步走的战略目标，开辟了中国特色的社会主义道路，为中国特色的社会主义理论体系奠定了最重要的基础。

可见，处于改革开放时代，并作为改革开放总设计师的邓小平理论，对形成科学发展观起了极重要的指导作用。

继第一代和第二代党的中央领导集体之后，以江泽民为核心的第三代党的中央领导集体在形成科学发展观方面作出了更为直接的贡献。摘其要者有：进一步提出了把发展作为党抓政兴国的第一要务，要坚持用发展解决前进中的问题，要建立完善的社会主义市场体制，要实施科教兴国战略、可持续发展战略和西部大开发战略，要坚持依法治国和以德治国相结合，要坚持不断推进社会主义的物质文明、政治文明和精神文明建设，以促进社会的全面进步和人的全面发展等。总之，是坚持并发展了党在社会主义初级阶段的基本理论、基本路线、基本纲领和基本经验，进一步拓展了建设中国特色的社会主义道路和中国特色的社会主义理论体系。

（2）借鉴了国外的适合我国情况的有益经验，如果把第二次世界大战

---

① 《邓小平文选》第 3 卷，人民出版社 1993 年版，第 116、265、377 页。

② 《邓小平文选》第 3 卷，人民出版社 1993 年版，第 274、375、377 页。

③ 中央财经领导小组办公室编：《邓小平经济理论》（摘编），第 258 页，中国经济出版社 1997 年版。

前后经济发达国家的经济发展情况做一下对比，就可以清楚看到这期间发生的重大变化。主要是：在经济周期方面，实现了由战前多次发生的强波周期到战后向轻波周期的转变；在提高剥削率方面，实现了由战前先后相继发生的以提高绝对剩余价值率为主和以提高相对剩余价值率为主，到战后的这两种剩余价值率的双双下降；在城乡关系方面，实现了由战前的城乡对立到战后的城乡差别的逐步消灭，甚至在一定范围内发生了"逆城市化"；在社会保障方面实现了由战前很薄弱的基础到战后的相当完善社会保障体系的建立；在环境方面，由战前的严重破坏到战后的逐步恢复；在科技教育方面，继续发展在这方面的优势，支撑了其在经济方面的优势。这些重大变化就导致了经济发达国家在战后实现了长达 60 多年的经济持续发展。

这些变化并不是偶然的，主要是由下列条件决定的。一是"二战"前长期进行的剧烈的阶级斗争，已经发生了极重要深远影响。这些影响除了战后在欧亚两洲出现了一大批社会主义国家以及帝国主义殖民体系瓦解以外，就是迫使经济发达国家在资本主义基本经济、政治制度的范围内，有限度地放松剥削和发展民主。二是经济发达国家普遍实行了在维护资本主义基本经济制度的前提下的经济体制的变革，实现了由古典的自由放任的市场经济到现代的有国家干预的市场经济的转变。这是资本主义经济条件下经济周期发生重大变化和经济获得持续发展的主要原因。三是"二战"后多次发生的新的科技革命，极大地推动了社会生产力的发展。这样，在"蛋糕"做大的条件下，为经济发达国家在某种限度下放松剥削、发展社会保障和环境保护事业提供了极重要的物质基础，先进的信息技术也是推动资产阶级民主的一个重要手段。总之，上述重大变化是战后资本主义物质文明、政治文明和精神文明发展的结果。

因此，这些变化绝不意味着资本主义的基本经济、政治制度及其本质有什么根本变化，不过是这些制度和本质在新的历史条件下的一种特殊表现。

上面讲的只是战后国际经验的一个方面，与此同时存在的还有另一个方面。"二战"后在帝国主义殖民体系瓦解的基础上，在亚洲、拉丁美洲和非洲产生了一大批新型工业化国家。其中，有的国家在经济高速增长过程中，注意了各项社会事业的发展，社会都比较稳定，经济持续发展。而有的国家在经济高速增长过程中，贫富差别急剧扩大，导致政治、经济危机的发生，引起经济的停滞和倒退。

毫无疑问，我国基本的经济、政治制度，不论是与经济发达国家，或者是与新型工业化国家都是有本质区别的。但在发展现代市场经济和推进工业化、现代化等方面，又程度不同地存在某些共同点。因而这两类国家的经验和教训对我国都是有警示和启示作用的。事实上，这些经验和教训对科学发展观的形成也起了有益的作用。

（3）吸收了我国优秀历史文化传统中的精华。在我国历史优秀文化中，以人为本或类似以人为本的思想屡见不鲜。诸如"民惟邦本，本固邦宁"；"天地之间，莫贵于人"等等，古已有之。

这里的问题是：按照唯物论的观点，任何思想都不是凭空产生的，都是有其根源的。那么，这种反映人民（主要是劳动人民）利益的思想为什么在古代社会（包括奴隶社会和封建社会）产生呢？按照作者的理解，最重要的原因有两个：一是物质资料的生产和再生产是人类社会存在和发展的基础；二是人的本身的生产和再生产又是物质资料生产和再生产主要要素。而这两点都是主要依靠人民（主要是劳动人民）。以人为本的思想正是这些客观情况在古代优秀思想家头脑中的反映。

但这些思想家是在脱离具体的社会经济条件的情况下提出以人为本的思想的，他们看不到（也不可能看到）与体现人类社会共同利益①的以人为本思想同时存在的还有阶级利益和体现阶级利益的思想。按照辩证法的观点，这种共同利益和阶级利益是一个矛盾统一体，既有矛盾的一面，又有统一的一面。而且在矛盾两方面中，阶级利益是矛盾的主要方面，处于支配的地位。这样，在阶级社会中，以人为本的思想就不可能得到广泛的社会认同。不要说统治阶级不会认同这一点，就是在劳动人民中由于受到统治阶级思想的影响也很难被广泛认同。至于在阶级社会中以人为本思想的实施，从根本上和整体上说，是不可能的。当然，任何事情都不是绝对的。在特定情况下（比如在中国封建社会中，有贤明君主主政）也可能在一定的领域、时间和程度上实施。

---

① 从古至今，人类社会的共同利益主要表现为：物质资料的生产、人口的生产、抗御自然灾害和治理环境等。

这样，以人为本的思想不仅在古代社会的经济发展中也起过一定的积极作用，并且成为作为科学发展观核心的以人为本的思想的重要来源。

当然，科学发展观以人为本的思想与中国古代社会朴素的以人为本思想相比，发生了根本性的变化。一是科学发展观以人为本的思想，是建立在历史唯物主义的基础上。历史唯物主义正确地阐述了人民群众是历史的主要创造者，是推动社会发展的决定性力量。二是在社会主义初级阶段，不仅社会的共同利益，而且与社会主义基本经济、政治制度相联系的根本利益，都要求实现以人为本，从根本上和整体上说来，二者是统一的。三是在这个阶段，以人为本的思想是作为科学发展观核心的，是作为执政党的中国共产党的基本发展理念，是能够比较完全和充分实施的。

（4）反映新中国成立以后社会主义建设的经验、社会主义初级阶段的客观实际和现阶段经济社会发展的迫切需要。从根本上说来，科学发展观的提出，全面地反映了新中国成立以后社会主义建设的经验、社会主义初级阶段的客观实际和现阶段经济社会发展的迫切需要。

科学发展观是新中国成立以后社会主义建设经验的全面、整体、高度的概括。这样，我们只要把科学发展观涵盖的内容与建国以后经济社会发展的实际做一下对比，就不难看出：什么时候我国经济社会发展状况比较符合科学发展观的要求，其发展就比较顺利，成就也比较大；反之，就会遭受严重挫折，成就也比较小。

关于科学发展观真切地反映了社会主义初级阶段的客观实际和现阶段经济发展的迫切需要，党的十七大做了很深刻的分析。"科学发展观，是立足社会主义初级阶段基本国情，总结我国发展实践，借鉴国外发展经验，适应新的发展要求提出来的。进入新世纪新阶段，我国发展呈现一系列新的阶段性特征，主要是：经济实力显著增强，同时生产力水平总体上还不高，自主创新能力还不强，长期形成的结构性矛盾和粗放型增长方式尚未根本变化；社会主义市场经济体制初步建立，同时影响发展的体制机制障碍依然存在，改革攻坚面临深层次矛盾和问题；人民生活总体上达到小康水平，同时收入分配差距拉大趋势还未根本扭转，城乡贫困人口和低收入人口还有相当数量，统筹兼顾各方面利益难度加大；协调发展取得显著成绩，同时农业基础薄弱、农村发展滞后的局面尚未改变，缩小城乡、区域发展差距和促进经济社会协调发展任务艰巨；社会民主政治不断发展，依法治国方略扎实贯彻，同时社会主义民主法制建设与扩大人民民主和经济社会发展的要求还不完全适应，政治体制改革需要继续深化；社会主义文化更加繁荣，同时人民精神文化需求日趋旺盛，人们思想活动的独立性、选择性、多变性、差异性明显增强，对发展社会主义先进文化提出了更高要求；社会活力显著增强，同时社会结构、社会组织形式、社会利益格局发生深刻变化，社会建设和管理面临诸多新课题；对外开放日益扩大，同时面临的国际竞争日趋激烈，发达国家在经济科技上占优势的压力长期存在，可以预见和难以预见的风险增多，统筹国内发展和对外开放要求更高。

"这些情况说明，经过新中国成立以来特别是改革开放以来的不懈努力，我国取得了举世瞩目的发展成就，从生产力到生产关系、从经济基础到上层建筑都发生了意义深远的重大变化，但我国仍处于并将长期处于社会主义初级阶段的基本国情没有变，人民日益增长的物质文化需要同落后的社会生产之间的矛盾这一社会主要矛盾没有变。当前我国发展的阶段性特征，是社会主义初级阶段基本国情在新世纪新阶段的具体表现。"① 这里所说的两个"没有变"，正是科学发展观赖以提出的客观基础，同时也说明了正是中国现阶段经济社会发展的迫切需要。

2. 科学发展观的内涵及其伟大意义。关于科学发展观的内涵，2005年11月召开的党的十六届五中全会首次明确提出，并做过阐述。党的十七大对此做了更精辟的概括和阐述。

"科学发展观，第一要义是发展，核心是以人为本，基本要求是全面协调可持续，根本方法是统筹兼顾。

——必须坚持把发展作为党执政兴国的第一要务。发展，对于全面建设小康社会、加快推进社会主义现代化，具有决定性意义。要牢牢扭住经济建设这个中心，坚持聚精会神搞建设、一心一意谋发展，不断解放和发展社会生产力。更好实施科教兴国战略、人才强国战略、可持续发展战略，着力把握发展规律、创新发展理念、转变发展方式、破解发展难题，提高发展质量和效益，实现又好又快发展，为发展中国特色社

---

①《中国共产党第十七次全国代表大会文件汇编》，人民出版社 2007 年版，第 13~14 页。

会主义打下坚实基础。努力实现以人为本、全面协调可持续的科学发展，实现各方面事业有机统一、社会成员团结和睦的和谐发展，实现既通过维护世界和平发展自己，又通过自身发展维护世界的和平发展。

——必须坚持以人为本。全心全意为人民服务是党的根本宗旨，党的一切奋斗和工作都是为了造福人民。要始终把实现好、维护好、发展好最广大人民的根本利益作为党和国家一切工作的出发点和落脚点，尊重人民主体地位，发挥人民首创精神，保障人民各项利益，走共同富裕道路，促进人的全面发展，做到发展为了人民、发展依靠人民、发展成果由人民共享。

——必须坚持全面协调可持续发展。要按照中国特色社会主义事业总体布局，全面推进经济建设、政治建设、文化建设、社会建设，促进现代化建设各个环节、各个方面相协调，促进生产关系与生产力、上层建筑与经济基础相协调。坚持生产发展、生活富裕、生态良好的文明发展道路，建设资源节约型、环境友好型社会，实现速度和结构质量效益相统一，经济发展与人口资源环境相协调，使人民在良好生态环境中生产生活，实现经济社会永续发展。

——必须坚持统筹兼顾。要正确认识和妥善处理中国特色社会主义事业中的重大关系，统筹城乡发展、区域发展、经济社会发展、人与自然和谐发展、国内发展和对外开放，统筹中央和地方关系，统筹个人利益和集体利益、局部利益和整体利益、当前利益和长远利益，充分调动各方面积极性。统筹国内国际两个大局，树立世界眼光，加强战略思维，善于从国际形势发展变化中把握发展机遇、应对风险挑战，营造良好国际环境。既要总揽全局、统筹规划，又要抓住牵动全局的主要工作、事关群众利益的突出问题，着力推进、重点突破。"①

科学发展观的伟大意义，主要包括两个方面：一是在理论方面，概括地说，"是马克思主义关于发展的世界观和方法论的集中体现。"②按照作者的认识，这个命题包括三层意思：①说它是马克思主义关于发展的世界观的集中体现，就在于它集中体现了作为唯物论的基本要求的实事

①《中国共产党第十七次全国代表大会文件汇编》，人民出版社 2007 年版，第 14~16 页。
②《中国共产党第十七次全国代表大会文件汇编》，人民出版社 2007 年版，第 12 页。

求是，具体说来，就是反映了中国社会主义初级阶段的这个基本国情；②说它是马克思主义关于发展的方法论的集中体现，在于它集中地反映了作为辩证法的主要内容之一的主要矛盾，具体说来，就是反映了中国社会主义初级阶段的主要矛盾，即人民物质文化需要同落后的社会生产之间的矛盾；③说它是马克思主义关于发展的集中体现，在于它概括地回答了为什么发展，为谁发展，怎样发展，如何分配发展成果这样一些有关全局的问题。二是在实践方面，科学发展观是我国社会主义初级阶段关于经济社会发展的根本指导思想，是各项经济社会发展战略的基础理论和总纲。所以，科学发展观是马克思主义（包括中国化马克思主义）关于发展理论一个历史性的重大发展。这里需要着重指出的是：科学发展观也是中国推行新型工业化道路的根本指导思想，是实现这条道路的各项战略的总纲。

（二）继续推行新型工业化道路的战略的主要内容

这个战略的主要内容似乎可以归结为一个轴心和九个轮子。一个轴心，即提高自主创新能力。九个轮子，即转变经济发展方式，调整产业结构，调整投资和消费的关系，调整第一、二、三产业的关系，统筹城乡发展，统筹区域发展，统筹经济社会发展，统筹人与自然和谐发展，以及统筹内需和外需关系。其中，一个轴心是我国推行新型工业化道路的核心战略；九个轮子是推行新型工业化道路的战略体系的主要组成部分。这些问题涉及的方面很宽，这里只分别就推行这些战略需要采取的主要措施做些提要式的阐述。

关于提高自主创新能力。为此，需要在深化整个经济体制改革的同时，深化科技体制改革，构建体制基础；需要推进科教兴国、教育优先战略，夯实理论基础和培养人才队伍；营造自主创新的生态环境，包括建立和完善自主创新能力提高所需要的市场、财政、金融、法律、激励和道德规范等方面的体系；构建自主创新的技术基础，包括大力开发高新技术，支持开发重大产业技术，以及制定重要技术标准等。

关于转变经济发展方式。当前在这方面最重要的就是优化社会生产要素投入结构，逐步实现由主要依靠物质资源和劳动的投入，向主要依靠科技进步、提高劳动者素质和管理创新的转变。

关于调整产业结构。为此，要大力推进工业化与信息化的融合，着力发展装备制造业和高技术产业，加快发展现代服务业，以及加强基础产业和基础设施建设；还要正确处理发展传统产业和高技术产业、资金技术密集型产业和劳动密集型产业，以及实体经济与虚拟经济的关系。

关于调整投资和消费关系。为此，需要提高对当前投资率过高，消费率过低这个问题严重性的认识，提高投资和消费这个预期指标在宏观经济调控中的战略地位及其科学性，建立实现这个指标的保证体系。

关于调整第一、二、三产业的关系。这个问题本来也属于上述产业结构调整的范畴，但因其具有特殊重要性，故单独提出进行分析。在这方面，除了上述的作为第二产业主体的工业内部的结构调整以外，就是要加强农业，夯实这个国民经济的基础。还要针对第三产业严重滞后的情况，优先发展第三产业。为此，需要从速度和比重两方面合理设置优先发展第三产业的目标；需要为第三产业的优先发展创造有利的宏观经济环境；需要加大对第三产业的投入，并加快提高其劳动生产率；要优化第三产业的内部结构和布局；要加快提高城镇化率；要从根本上把改革开放推进到以加快第三产业改革开放为重要特征的阶段。

关于统筹城乡发展。为此，当前我国需要大力贯彻统筹城乡经济社会发展战略；积极推进城镇化；全面深化农村经济体制，进一步塑造农村市场主体；着力推进农业和农村经济结构的战略调整；加强政府对农业和农村经济的保护和支持力度；在全面繁荣农村经济和提高农业生产率基础上，大幅提高农民的收入水平。

关于统筹区域经济发展。为了实现区域经济协调发展的任务，需要完善社会主义市场经济体制，构建并实施完整的四大区域的战略布局，按照功能区构建区域发展格局，把发展功能区与生态功能区紧密结合起来，完善相关法律法规，强化管理机构和营造文化氛围等。

关于统筹人与自然的和谐发展。为此，需要提高环境保护在国家的经济社会发展中的战略地位；在全社会树立生态文明的观念；根本转变经济发展方式；按照社会主义市场经济的要求，在继续推进经济改革的同时，充分发挥政府在治理环境中的主导作用。

关于统筹经济社会发展。为了改变当前我国社会事业发展严重滞后于经济发展的状况，首先需要改变社会事业改革严重滞后于经济改革的状况，需要加大这方面的投入；需要提高发展社会事业在整个社会经济发展中的战略地位；需要提高全民对发展社会事业重要性的认识。

关于统筹内需和外需的关系。当前，最重要的就是：一方面，作为社会主义的经济大国必须坚持以内需为主、积极扩大内需的基本方略，以确保经济社会的稳定发展和国家的主权独立，并为扩大外需创造有利条件。另一方面，在经济全球化和知识经济时代，在推行经济改革条件下，又必须坚持对外开放的基本国策，积极拓展外需，使其为增强综合国力和发展内需服务，以促进经济的持续稳定快速发展。

尽管我国在继续推行新型工业化方面面临着严重困难，任务十分艰巨。但在中国特色社会主义理论的指引下，并按照科学发展观的要求行事，这个任务一定能够实现，对此应该充满信心！

主要参考文献

1.《马克思恩格斯全集》第 24 卷，人民出版社 1972 年版。

2.《列宁全集》第 1 卷，人民出版社 1958 年版。

3.《毛泽东选集》，人民出版社 1991 年版。

4.《邓小平文选》，人民出版社 1993 年版。

5.《江泽民文选》，人民出版社 2006 年版。

6. 中国共产党第七次至第十七次全国代表大会文件，人民出版社。

7. 第一届至第十一届全国人民代表大会文件，人民出版社。

8.《中国统计年鉴》（1981~2009），中国统计出版社。

9.《中国经济年鉴》（1981~2009），经济管理杂志社、经济管理出版社、中国经济年鉴社。

10.《中国工业通鉴——中国工业五十年》（第 20 卷），中国经济出版社。

11.《中国工业发展报告》（2001~2009），经济管理出版社。

12. 汪海波主编：《新中国工业经济史》，经济管理出版社 1986 年版。

13. 汪海波著：《中华人民共和国工业经济史（1949~1998）》，山西经济出版社 1999 年版。

14. 汪海波著：《中国现代产业经济史（1949~2004）》，山西经济出版社 2006 年版。

15. 汪海波著：《中国经济发展 30 年（1978~2008）》，中国社会科学出版社 2008 年版。

16. ［英］安格斯·麦迪森著，伍晓鹰、马德斌译：《中国经济的长期表现（公元 960~2030 年）》，上海人民出版社 2008 年版。

再论我国现阶段经济增长目标[*]

　　我在《论我国现阶段经济增长目标："保八"与"稳八"》一文中[①] 提出：2009 年"保八"任务可以实现，"稳八"是 2010 年及其以后的长期目标。在国家统计局公布了 2009 年前三个季度经济增长的数据之后，看来，2009 年实现经济增长 8%已成定局，甚至可能达到 8.5%。[②] 这样，尽管 2010 年仍要关注"保八"的任务（因为国内外还有众多不确定因素），但"稳八"的任务必然凸显出来。在这种情况下似有必要对"稳八"做出进一步说明。

一、理论依据

　　提出稳八，在理论上最重要的依据，就是我国现阶段潜在经济增长率。这种经济增长率可以有两种界定。一是在不引发和加剧通胀的条件下，各种生产要素潜能得到充分发挥所能达到的经济增长率。二是在不引发通胀和维护环境的条件下，各种生产要素潜能充分发挥所能达到的生产率。显然，前一种界定不符合国际先进的可持续发展的理念，特别是不符合科学发展观。这样，这种界定尽管在过去有其存在的合理性，

---

　　* 本文原载《国家行政学院学报》2009 年第 6 期。
　　① 见《经济学动态》2009 年第 9 期。
　　② 作者曾预测 2009 年经济增速可以达到 8.6%以上。详见拙文：《对当前宏观经济运行特征的分析》，《国家行政学院学报》2009 年第 1 期，第 36 页。

起过积极作用，但现在已经过时。而后一种界定则比较符合国际先进发展理论和科学发展观，是较为科学的一种潜在经济增长率。

无论采取哪种潜在经济增长率的界定，都有一个采取何种方法加以确定的问题。其中，一个较为简单而且较为可靠的方法，就是采用较长时期的年均经济增长率。我国改革以前，1953~1978年年均经济增长率为6.1%；改革以后，1979~2008年为9.8%；1953~2008年为8.1%。[①] 这就发生了一个问题：究竟是以6.1%或9.8%，还是以8.1%作为潜在经济增长率。这三个时段都可以算得上较长时期。但相对说来，1953~2008年是最长的。潜在经济增长率是经济增长中的规律。从长期看，它从根本上制约着现实经济增长率。按照列宁的说法，"规律是现象中巩固的（保存着的）东西。"[②] 这样，规律除了具有不以人们意志为转移的客观性这个本质属性和普遍性、重复性的特点以外，还具有长期性特点。据此可以认为，以1953~2008年这个更长时期的年均经济增长率作为我国现阶段潜在经济增长率（即8%），比以1979~2008年年均经济增长率（即10%），是更为相宜的。

但这样说，丝毫不是否定对我国这样一个处于社会主义初级阶段的发展中的大国来说，经济增长速度是经济发展中的一个最重要问题，是体现社会主义制度优越性的一个最重要方面，是新中国成立以来取得一切成就的一个最重要基础。但像任何事物一样，都有一个作为质与量统一的度。超越了这个度，就会在取得巨大成就的同时，带来种种严重问题（如经济严重失衡和环境严重污染）。

这样说，更不否定改革以来我国经济发展面临着从未有过的良好战略机遇期。但经济增长速度并不只是由这一点决定的，它还要其他因素的制约（如资源和环境制约）。

这样说，也不否定社会主义市场经济固有的由经济上升阶段和下行阶段构成的经济周期波动的客观规律。只是主张要把这个波动中心由年均增长10%下移至8%。当然，既然有波动，就会有波动的上限和下限。其上限似可定为9%，下限定为7%。并据此作为宏观经济调控在经济增

---

①《新中国60年》，中国统计出版社2009年版，第613页。
②《列宁全集》第38卷，人民出版社1963年版，第158页。

长方面的目标。

需要说明：笔者也曾主张采取第一种潜在经济增长率的定义，并将其具体界定为10%。随着认识的深化，笔者改变了看法，认为宜采用第二种潜在经济增长率的定义，并将其界定为8%。

二、历史依据

提出"稳八"，其最重要的历史依据就是：尽管新中国成立以后60年来（特别是改革开放以后的30年来）我国经济发展已经取得了举世瞩目的辉煌成就，但从总结经验，以进一步推进社会主义现代化建设的宏伟目标这个视角来看，也有一个值得重视的经济增长过快的问题。其突出表现就是由这种经济增速长期、反复过快造成了经济、社会和自然等方面的严重失衡。

第一，经济中基本比例关系的失衡。马克思曾经揭示了社会化大生产条件下社会扩大再生产的基本规律，即积累和消费比例关系的协调、生产资料生产与消费资料生产比例关系的协调以及社会总需求与社会总供给比例关系的协调。在以社会化大生产作为物质基础的社会条件下，要实现社会扩大再生产，就必须遵循这些基本规律的要求；否则，就是不可能的。[1] 依据我国现阶段的实际情况，可以将这三种基本比例关系具体化为以下四种。即投资与消费的比例关系，第一、二、三产业的比例关系，社会总需求与社会总供给的比例关系，以及内需和外需的比例关系。

新中国成立以后的历史经验表明：

1. 投资与消费失衡经济增速长期过快，会使得这些比例关系失衡。在我国社会主义初级阶段，尽管科技进步在经济增长中的作用越来越大，但经济增长主要还只能是依靠增加投资（当然还要增加劳动力）。这样，在经济总量已定的情况下，经济增速过快必然导致投资率过高，消费率过低。事实上，改革以前，由于经济增速过快，我国投资率就由1952年的22.2%上升到1978年的38.2%，消费率由78.9%下降到62.1%。改革以

---

① 参见《马克思恩格斯全集》第24卷第21章，人民出版社1973年版。

后，到 2008 年投资率进一步上升到 43.5%，消费率下降到 48.6%。[①] 2009 年，为应对国际金融危机和经济危机导致的外需锐减的局面，推出了以 4 万亿元投资为重要内容的刺激经济的"一揽子"计划。这对实现 2009 年的保八任务来说，是绝对必需的。但这样一来，又把已经很高的投资率进一步推高，并把已经很低的消费率进一步降低。2009 年前三季度全社会固定资产投资同比实际增长了 33.4%，增速比上年同期加快 6.4 个百分点；而社会商品零售总额同比实际增长了 15.1%，增速比上年同期加快 2.8 个百分点。[②] 这样，2009 年投资率继续上升和消费率继续下降已成定局。这是这轮经济周期的下行阶段的一个重要特点。在以往许多经济周期下行阶段，投资率是下降的，消费率是上升的。这一轮经济周期，不仅在其上升阶段投资率是上升的，消费率是下降的；在其下行阶段亦复如此。至少到 2009 年为止是这样的。但这个新特征又恰恰表明：投资和消费的失衡状况在进一步加剧。诚然，就当代世界各国的情况来看，其投资率也都经历了一个上升的过程。但其上升的时间比我国要短得多，投资上升达到的高度比我国也要低得多。依据钱纳里等学者的研究，1950~1970 年期间，101 个国家平均投资率由 13.6% 上升到 23.4%，消费率由 89.8% 下降到 76.5%。依据世界银行发展指数数据库的资料，1970~2002 年期间世界各国平均投资率由 25.6% 下降到 19.9%，消费率由 74.2% 上升到 79.6%。可见，从世界各国总的发展趋势看，投资率经历了先升后降的过程，而消费率则经历了先降后升的过程。这并不是偶然发生的现象，而主要是由社会生产力的发展以及与此相联系的产业结构、消费结构和储蓄率等因素的变化决定的。[③] 我国在这方面的情况则大不相同。我国投资率上升和消费率下降时期先后经历了 57 年，比世界各国的平均数要多 37 年；我国最高投资率比世界各国平均的最高投资率也要高出 16.6 个百分点，最低消费率则要低出 25.2 个百分点。以上分析舍弃了世界各国和我国投资率、消费率的曲折变化过程，也舍弃了世界各国之间及其与我国的国情差别。但这个过大差距确实说明：我国投资率是长期偏高的，消费率则是长期偏低的。

---

① 《新中国 60 年》，中国统计出版社 2009 年版，第 115 页。

② 国家统计局网 2009 年 10 月 22 日。

③ 详见拙著：《中国经济发展 30 年（1978~2008）》，中国社会科学出版社 2008 年版，第 150~152 页。

2. 使第一、二、三产业的比例关系失衡。在我国工业化阶段，极易发生，而且已经发生了工业的长期过快增长。在社会生产资源已定的条件下，这种情况必然挤占发展第一、三产业所必需的资源，必然导致第一、三产业发展滞后。事实正是这样。我国第一产业增加值占国内生产总值的比重由 1952 年 51.0%下降到 1978 年 28.2%，再下降到 2009 年前三季度的 10.3%；第二产业（主要是工业）的比重由 20.8%上升到 47.9%，再上升到 48.9%；第三产业的比重由 28.2%下降到 23.9%，再上升到 40.8%。[①] 在工业化阶段，农业比重的下降和工业比重的上升，是合乎规律的现象。这里的问题是：农业比重下降过多，工业比重上升过多。1992 年发生经济过热以后，农产品及其加工品价格上涨在居民消费价格上涨中的占比在 60%以上。在 2007 年经济过热时又发生了类似的现象。这突出地反映了农业发展滞后于工业的发展。1952~1978 年，第三产业增加值在国内生产总值的比重还发生了极不正常的下降。1978~2009 年前三季度，其比重虽有大幅上升，但并没有根本改变其发展滞后的状况。为了说明这一点，同国外的情况做一下对比也有必要。按当年汇价计算，2007 年我国人均国内生产总值约为 2500 美元，高于低收入国家，与中下等收入国家大体相当，低于上中等收入国家，更远远低于高收入国家。但 2007 年我国第三产业增加值占国内生产总值的比重为 40.4%，比 2003 年低收入国家还低 8.4 个百分点，比中下等收入国家低 11.6 个百分点，比上中等收入国家低 18.6 个百分点，比高收入国家低 30.6 个百分点。[②]

3. 使社会总供给与总需求失衡。经济增速过快，必然导致社会总需求（主要是投资需求）的膨胀。而在既定的生产条件下，社会总供给是有限的。这就必然导致社会总需求超过社会总供给。衡量这一点的唯一的无可代替的总体指标，是潜在经济增长率与现实经济增长率的差距。这个差距也是衡量经济冷热的唯一的无可代替的总体指标。如前所述，我国现阶段经济增长率以界定为 8%为宜。但新中国成立后许多年份经济增速都超过了这个界限，以致发生了 9 次经济过热和 9 次经济周期波动。其中，改革前有 5 次，这 5 次波峰年是 1953 年、1956 年、1958 年、1970

---

① 《新中国 60 年》，中国统计出版社 2009 年版，第 612 页；国家统计局网 2009 年 10 月 22 日。
② 详见拙著：《中国经济发展 30 年（1978~2008）》，中国社会科学出版社 2008 年版，第 164 页。

年和 1978 年，其经济增速分别为 15.6%、15.0%、21.3%、19.4% 和 11.3%。改革后有 4 次，这 4 次波峰年是 1984 年、1988 年、1992 年和 2007 年，其经济增速分别为 15.2%、11.6%、14.2% 和 13.0%。可见，无论是对改革前的 5 次或者对改革后的 4 次来说，这些年份都是经济过热年份。

4. 使内需和外需失衡。这一点也是这一轮经济周期上升阶段出现的新现象。2004~2007 年，货物和服务净出口占支出法国内生产总值的比重依次分别为 2.5%、5.5%、7.5% 和 8.9%；对经济增长贡献率依次分别为 6.0%、24.1%、19.3% 和 19.7%。[①] 对一个发展中的社会主义大国来说，这个比重显然太大了，是内需和外需失衡的突出表现。诚然，这种现象是由多种因素造成的。就国外来说，同美元是世界的主要储备货币以及美国民众的低储蓄率，就有很大的关系。就国内来说，同 2001 年我国加入世界贸易组织和 5 年过渡期结束，扩大开放的国策，以及加工贸易在对外贸易中占有很大比重等因素也都是有联系的。但最重要的因素还是在 2004~2007 年连续 4 年以 10% 以上的速度上升，以致国内市场容纳不了这些社会供给，于是有越来越多的部分供给涌向国际市场。从这方面来说，内需和外需的失衡归根结底是由国内的社会供给和社会总需求的失衡引起的。

第二，经济增速过快不仅会引起和加剧上述四种基本比例关系的失衡，而且是加剧城乡关系失衡、地区关系失衡、经济社会关系失衡以及人与自然关系失衡的一个重要因素。如前所述，在我国工业化阶段，经济的过快增长主要是工业的过快增长。而工业发展主要在城市，重点在经济发达地区。这样，工业的过快发展，势必挤占了乡村和经济欠发达地区的经济发展的资源，同时也挤占发展科教文卫和社会保障等社会事业的资源。而对环境来说，工业的过快发展，就不只是挤占了改善环境所需要的资源，而且是破坏环境的最主要因素。这里仅从作为我国主要的能源和污染源的原煤产量增长为例。1949~1978 年，原煤产量由 0.32 亿吨增长到 6.18 亿吨，增长 18.31 倍，年均增长 10.4%。1979~2008 年，原煤产量又由 6.18 亿吨增长到 27.88 亿吨，增长 3.51 倍，年均增长 4.3%。[②] 乍

---

①《新中国 60 年》，中国统计出版社 2009 年版，第 614~615 页。
②《新中国 60 年》，中国统计出版社 2009 年版，第 643 页。

一看来，后 30 年，原煤产量年均增速下降了一倍多，似乎环境污染减轻了。但在 1949 年、1978 年和 2008 年这三个时点上，每个百分点包含的煤产量相差甚远。即 1978 年为 1949 年 19.31 倍，2008 年又为 1978 年增长 4.51 倍，2009 年为 1949 年的 87.12 倍。所以，就原煤总量对环境污染来说，就绝不是减轻了，而是大大加重了。实际上在环境污染方面，几乎接近了极限。诚然，在 20 世纪 90 年代下半期以来，我国在协调城乡关系、地区关系、经济社会关系以及人与自然关系方面提出并实施了一系列的重大战略，这些方面的失衡状况开始有所改变。比如，依据国家发改委的资料，2006~2008 年单位国内生产总值能耗依次分别降低了 1.79%、4.04%、4.59%，2009 年预计可实现降耗 5%左右，2010 年有望实现 4%~5%。这样，"十一五"规划规定的"十一五"期间单位国内生产总值能耗降低 20%的约束性指标有望实现。这意味着节约标准煤 6.2 亿吨，减少二氧化碳排放 15 亿吨。[①] 但需着重指出，这些方面的失衡状况，远没有根本改变。在环境污染方面尤为如此。

还需进一步指出，经济长期反复过快增长还会造成旨在实现产业结构优化和升级的产业结构调整的严重障碍。经济过快增长必然造成经济失衡。由这种过快增长导致的经济过热又为过多的低水平重复建设和粗放经济增长方式营造了有利的市场环境。这些本身就是产业结构劣化的表现。如果经济增速继续过快，那么社会生产资源就不可能由增速过快的生产部门转移到增长过慢的生产部门，而且也不能形成有利于市场竞争的环境，过多的低水平重复建设和粗放的经济增长方式就难以改变。这样，产业结构调整难以实现。而且，即使是在经济过热以后，进行有力的调整，大体上实现了经济的平衡。如果不能在下一轮经济周期的上升阶段，采取有力的宏观经济调整措施，制止经济过热局面的出现，那么经济又会出现严重失衡，过多的低水平重复建设和粗放的经济增长又会泛滥。这些就是新中国成立后反复出现的某种程度上的粗放经济增长方式凝固化、过多的低水平重复建设普遍化以及产业结构低度化的最重要因素。当然，这一点是由多方面的因素（特别是经济体制）造成的。但从速度与结构的关系这个视角来看，经济增速长期反复过快增长都是

---

① 《中国经济时报》2009 年 10 月 28 日第 1 版。

最重要的原因。这一点，实际上已经为新中国成立后经济史反复证明了。这突出表现在轻重工业的对比关系的变化上。从总的趋势看，新中国成立以后经济的过快增长，都是同重工业的过快增长相联系的。这样，经济过快增长导致经济失衡，并成为结构调整的严重阻滞因素，在轻重工业比例关系的变化上就表现得尤为明显。与新中国成立后9次经济过热相联系，这些变化也有9次。但最突出的有以下6次。1958年发生经济过热，轻重工业产值的对比关系由1957年的55：45，下降到1960年的33.4：66.6。经过1961~1965年的经济调整，这个对比关系上升为51.6：48.4。1978年的经济偏热和过热，又使这种对比关系下降为43.1：56.9。经过1979~1981年的调整，这种对比关系又上升为51.5：48.5。1992~1994年的经济过热，又使这种对比关系下降为46.3：53.7。2004~2007年的经济过热，进一步使这种对比关系下降为29.5：70.5。[①]诚然，这种变化也是由多种因素引起的。其中包括：在工业化过程中在某种限度内轻工业产值比重下降和重工业产值比重上升这样是合乎规律的现象。但这些变化确实可以证明：经济的长期反复过快增长，是阻滞产业结构调整、产业结构优化和升级的一个最重要因素。这就可以从一个重要方面说明：为什么从1978年底党的十一届三中全会（特别是1979年4月党中央提出调整、改革、整顿、提高的方针）开始，直到"六五"、"七五"、"八五"、"九五"、"十五"、"十一五"计划都把结构调整放在越来越重要的位置，但迄今为止，尽管产业经济调整已经取得进展（其中某些时期和某些方面还取得了重要进展），但进展状况仍然很不理想。

改革以后，经济的长期反复过快增长，也是阻滞经济改革的一个重要因素。这一点，在作为市场取向改革核心的价格机制改革上，表现得特别突出。就产品价格来说，在这方面，既有经验，也有教训。比如，在1988年发生经济过热以后，经过调整，经济增速大幅下降。由此作为最重要价格指数的居民消费价格也迅速下降。由1988年和1989年的118.8和118.0，下降到1990年和1991年的103.1和103.4。这就为产品价格改革创造了宽松的经济环境，推进了产品价格改革的步伐。于是，政府指令定价在社会商品零售总额、农产品收购总额和生产资料销售总

---

①《中国统计年鉴》（有关各年），中国统计出版社。

额的比重，依次分别由 1990 年的 29.8%下降到 1992 年的 5.9%，由 25.1%
下降到 12.5%，由 44.6%下降到 18.7%。至此，可以认为，我国产品价格
改革已经基本完成。但在 1992 年发生经济过热以后，又不得不在某种程
度上加强行政指令调控手段。于是，价格改革又出现了某种程度的回归。
在 1993~1995 年间，政府指令定价在社会商品零售总额、农副产品收购
总额和生产资料销售总额的比重，又分别由 4.8%上升到 8.8%，由 10.0%
上升到 17.0%，由 13.8%上升到 15.6%。[①] 但并没有改变产品价格主要由市
场调节的格局。然而，此时要素价格改革远没有到位。在 1997 年实现
"软着陆"以后，一直到 2006 年居民消费价格指数都很低（其中 2004 年
为 103.9，这年除外）。这本来是推进要素价格好时机。尽管这期间这方面
改革也取得了一定的进展，但却没有迈出重大步伐，失去了这个良机。
而在 2007 年经济进一步趋热以后，这年居民消费价格指数又上升到
104.8，步入了中度通胀区间。这时推进要素价格遇到了很大困难。需要
说明：上述价格的曲折变化进程，是由多种因素决定的。但在这方面，
经济增速变化是一个决定性因素。所以，经济的长期反复过快，是很不
利于推进包括价格改革在内的经济改革的。

　　但历史经验证明：如果能够正确把握现阶段潜在经济增长率（即
8%），并据此确定宏观经济调控在经济增长方面的目标，采取有力政策措
施加以贯彻，是有可能削弱波峰年份的经济增速，避免经济过热。当然，
政府的宏观经济调控，并不能根本改变经济的周期波动。因为经济周期
波动的根源是经济体制。对改革以前来说，是计划经济体制内含的投资
膨胀机制；对改革以后来说，是以地方政府为主导的投资膨胀机制。[②] 但
是，不仅在计划经济体制下，政府运用指令计划实现宏观经济调控，可
以对经济增速起决定作用。即使在建立社会主义市场经济体制的过程中，
政府的宏观经济调控虽然不能与计划经济体制下的作用相提并论，但在
这方面仍是大有可为的。问题是在改革后的多次经济周期波动中，主要
由于改革不到位以及缺乏经验，这方面的作用并未得到有效的发挥。这
里且以改革以后的几次经济周期波动为例做些说明。1978 年发生经济过

①《中国物价年鉴》（有关各年），中国物价出版社。
② 详见拙文：《当前亟需控制固定投资的过快增长》，《经济学动态》2006 年第 6 期。

热（经济增速为 11.7%）以后，经过调整，到 1981 年经济增速下降到 5.2%，1982 年迅速上升到 9.1%。这已经露出了经济趋热的苗头。尽管 1982 年召开的党的十二大明确规定："六五"期间（1981~1985 年）要坚定不移地继续贯彻调整改革整顿提高的方针。① 但在 1983 年的实际经济工作中贯彻不力，以致 1983 年和 1984 年经济增速迅速上升到 10.9% 和 15.2%，再次发生了经济过热。在这次经济过热以后，经济调整，1985 年经济增速下降到 13.5%。1985 年召开的党的全国代表会议《关于制定"七五"计划建设的说明》明确指出："七五"前两年（1986~1987 年）要解决经济增长速度过快的问题。但也由于实际经济工作中执行不力，以致 1987 年在 1986 年经济增速 8.8% 的基础上进一步上升到 11.6%，又一次发生经济过热。在这次经济过热之后，经过调整，1990 年经济增速下降到 3.8%，但 1991 年又上升到 9.2%，也露出了经济趋热的苗头。但在这种情况下，还提出加快经济发展，以致 1992 年经济增速猛增到 14.2%，又陷入了经济过热。其后，经过调整，1998 年和 1999 年经济增速分别下降到 7.8% 和 7.6%。2000 年、2001 年和 2002 年分别上升到 8.4%、8.3% 和 9.1%。这时又露出了经济趋热的苗头，本应及时调整 1998 年开始实行的积极的财政政策（即扩张的财政政策）。在这以后，虽然在实行积极的财政政策的过程中，在调整重点、力度和节奏等方面已经做出了改进。但财政政策扩张性的方向并没有根本改变。直到 2005 年才宣布将积极的财政政策改变为稳健的财政政策（即中性的财政政策）。这可能是 2004~2007 年经济增速连续 5 年达到和超过 10%，以致又一次发生经济过热的一个重要因素。这 5 年的经济增速分别为 10.0%、10.1%、10.4%、11.6% 和 13.0%。需要指出：在经济周期的上升阶段，连续 5 年达到这个速度在新中国经济史上还没有发生过。诚然，1992~1996 年也连续 5 年达到了这个速度。但那是在经济下行阶段，是实行经济"软着陆"难以避免的。而 2004~2007 年这 5 年的经济趋热，是处于经济上升阶段，是同宏观经济调控没有及时到位有联系的，是有可能避免的。

总起来说，历史经验已经充分证明：经济的长期反复过快增长，已经造成了经济社会等多方面的严重失调，并成为推进结构调整和深化经

---

① 《中国共产党第十二次全国代表大会文件汇编》，人民出版社 1982 年版，第 18 页。

济改革的严重制约因素；而通过改善宏观经济调控，把经济增速稳定在
8%，上下波动不超过 1 个百分点的水平上，是有利于逐步改善这种失衡
状况，并有利于促进结构调整和改革深化。这同时意味着把我国潜在经
济增长率定在 8% 的水平上，比确定在 10% 的水平上，是更为相宜的。

三、现实需要

把 2010 年及其以后长期内的经济增速稳定在 8% 的水平上，不仅是
现阶段潜在经济增长率使然，也不仅是历史经验的启示，而且是经济持
续稳定发展的现实需要。这一点，在上述理论依据和历史经验的分析中
已经涉及。这里再依据现实情况对这一点做进一步分析。

第一，改革以后，虽然计划经济体制下那种投资膨胀机制已有很大
的改变，但以地方政府为主导的投资膨胀机制仍然存在。2009 年推出的
以 4 万亿政府投资（包括中央政府和地方政府的投资）为特征的“一揽
子”刺激经济的计划，对制止经济增速过度下滑，虽绝对必须，但在某
种程度上强化了这种机制。在这个过程中出现的某些国进民退，也强化
了这一点。这正是 2010 年以后可能出现经济重新走向过热的体制根源。

第二，从 20 世纪 70 年代末到 21 世纪上半期，我国面临着前所未见
的良好发展战略机遇期。决定这个机遇期的基本因素是：建立和完善社
会主义经济体制的效应，科技进步效应，工业化中期阶段效应，城镇化
的加快效应，人口大国和经济大国的正面效应，以及社会政治的稳定等。[①]
需要进一步指出：伴随改革深化和经济发展，这些因素在巩固这个机遇
期的作用正在进一步增强。诸如：作为支柱产业的住宅业和汽车业的高
速增长，城镇化加速，区域经济趋于协调发展，文化产业和环保产业凸
显，虚拟经济积极作用逐步增强，等等，均属此例。显然，这些基本因
素以及由它决定的良好发展战略机遇期的本身，并不必然导致经济过热。
但同时必须看到：一方面，这些基本因素在经济周期下行阶段，可以成
为阻滞经济增速下降，并使经济增速能够保持在一个较高水平上的一个

---

① 详见拙著：《中国经济发展 30 年（1978~2008）》，中国社会科学出版社 2008 年版，第 82~93 页。

重要条件。比如，2008 年，我国经济增速下降主要由于经济周期规律的作用，经济处于下行阶段；又遭遇"二战"以后最严重的金融危机和经济危机的冲击。但 2008 年仍然保持了 9%的增速，2009 年预计也在 8%以上。另一方面，这些基本因素在经济周期上升阶段，又是经济增速易于走向过热的一个重要条件。如果仅从这方面来说，在良好的战略机遇期，需要着重防止的是经济过热。

除了上述两个主要点以外，当前我国还存在众多易于推进经济过热的因素。比如，在这轮经济周期下行阶段，我国工业中的许多部门产能过剩的情况进一步加重了。截至 2008 年底，我国粗钢产能达到 6.6 亿吨，粗钢产量达到 5 亿吨，国内消费量 4.53 亿吨，直接出口折合粗钢 6000 万吨，生产能力超过生产量 1.6 亿吨，超过国内消费量 2 亿吨。按照欧美国家将产能利用率明显低于 79%~83%作为产能过剩的标准，我国钢铁行业在 2008 年就已经出现过剩。[①] 在这种情况下，只要市场进一步回暖，经济增速就会迅速上升。又如，近年来，资产价格迅速上升就包含着泡沫。就股市来说，经过近年来实质性调整，原有泡沫挤得差不多了。最近股市价格上扬，就其反映实体经济回升这一方面来说，是正常因素的作用。但就其由流动性过剩导致的价格上扬来说，意味着股市泡沫又在增长。2009 年 11 月创业板在深圳交易所开板，是我国股市发展的一个重要标志，对促进我国科技型企业的发展，无疑具有重要的促进作用。但就其开板初期股票价格暴涨而言，也包含着浓重的泡沫。至于近年来楼市价格的上升，虽也包含着正常因素，但它没有像股市价格那样经过实质性调整，原来就包含着较多的泡沫。其价格的进一步上升，就意味着泡沫进一步增大。在我国虚拟经济已经达到相当大的规模的条件下，股市泡沫本身就是经济不稳定的因素，而且是促进实体经济趋热的一个因素。作为支柱产业的住宅业价格中的泡沫也有类似的作用。

上述情况表明：把经济增速稳定在 8%的水平上，是实现我国经济持续稳定发展的现实需要。其现实意义还不仅限于这一点，同时还是实现经济结构调整和深化经济改革的现实需要。历史经验已经证明：由于经济的长期过快发展，不仅造成了经济结构的严重失衡，而且成为结构调

---

① 《中国经济时报》2009 年 10 月 27 日第 12 版。

整和深化改革的严重阻滞因素。诚然，经济结构调整和深化改革又是实现经济稳定持续发展的根本之道。就经济结构调整来说，经济过热是由社会总需求大大超过总供给造成的；而这个超过又恰恰是由经济结构失衡引起的。在这方面投资和消费失衡的作用表现得尤为明显。就改革来说，社会主义市场经济体制是我国现阶段优化资源配置的最佳方式。这种最佳不仅表现在一定时点的空间维度上经济社会等各种关系的协调发展，而且表现在不断延续的时间维度上经济的持续稳定发展。需要指出，有的论著在论社会主义市场经济是最佳的资源配置方式时，往往只注意前一方面，而忽略了后一方面。这是值得商榷的。诚然，后一方面是由前一方面引申出来的。但它仍然具有相对独立的意义。正因为经济结构调整和深化经济改革，是治理经济过热、实现经济持续稳定发展的根本之道，在 2009 年实现"保八"已成定局之后，2010 年经济工作的重点就需要转移到调整经济结构和深化经济改革上来。但如果因此而忽视"稳八"的任务，那也是值得斟酌的。因为防止经济过热、实现经济稳定持续发展，正是调整结构和深化改革的必要前提。这一点是被我国经济发展反复证明了的一条不容置疑的客观真理。

总结起来说，从理论分析、历史经验和现实需要这三方面来说，把我国现阶段潜在经济增长率定在 8%，从而把宏观经济调控在经济增长方面的目标也确定为 8%，比确定在 10%，是更相宜的。

在这方面，目前我国学界的认识很不一致。比如，最近有的学者明确提出：现在中国经济潜在生产能力高，国内生产总值的增速今后有望达到 11% 以上。而且，在他看来，这方面并不存在什么问题。类似的主张在当前我国学界大有人在。当然，作为自由的学术探讨，这一点本身不仅无可非议，而且有益。因为真理总是越辩越明的。从根本上说来，任何真理都需要经过实践检验。而我们在前面所做的历史经验分析，证明这种观点很难成立。更重要的问题还在于：如果真的按这种观点行事，那么在 2010 年以后，2004~2007 年的经济趋热，又将在我国重演。历史经验值得注意！

中国化马克思主义的伟大胜利 *
——新中国 60 年经济发展的辉煌成就

一、60 年经济发展过程简述

为了说明本文的主题，先对 60 年经济发展过程作一简述。

在人类社会发展的历史上，60 年是一个很短暂的时间。在这 60 年经济发展过程中，由于基本经济制度、经济体制和经济发展战略等因素的变化，呈现出明显的阶段性特征。这就提出了一个历史分期的标准问题。

这一点正是分析历史过程的基本前提。就当前我国学界来说，这个问题似乎并没得到很好解决。就已有的一些情况来看，有的著作仅以年限为界作为历史分期的标准。这当然也是历史分期的一种方法。但并没有用必要的明确的文字标题勾画出各该时期的经济发展特征，显然过于简单。还有著作仅依据历史重大事件为序安排篇章的先后顺序。这至少可以认为没有明确划分历史分期。而且，许多重大事件在时间上又是有交叉的。又有著作仅以经济体制的变化情况作为历史分期的标准。这一点固然是重要标准，但并不是全部标准，有以偏概全之嫌。

实际上，从总体上说来，经济发展包括两个方面：一是基本经济制度（即生产资料所有制）或经济体制（即作为基本经济制度的表现形式，

* 本文原载《中国经济年鉴》(2009)，中国经济年鉴社。

或作为社会生产资源的配置方式）的变化过程；二是生产力的发展过程。从根本上说，基本经济制度（或经济体制）是由社会生产力的发展状况决定的。但后者对前者也有巨大反作用。在既定的情况下，后者还是前者主要的推动力量或阻碍力量。从这方面来说，可以设想：用基本经济制度（或经济体制）是变化状况作为区分经济发展时期的首要标准，并以正标题表示；以生产力的变化状况作为区分的第二标准，并以副标题表示。这是从总体上说的，并不否定在个别特殊时期可以用政治因素作为副标题。还要说明：按照上述的首要标准来划分历史时期与按照第二位标准划分历史时期是有差异的。即在某些时期，按照前者分期一个历史时期只是一个阶段，而按后者分期一个时期可以有几个发展阶段。基于这个分析，我们将这 60 年分为 4 个时期和 10 个阶段。即其中有两个时期分别只包括 1 个阶段，有两个时期分别包括 4 个发展阶段。

　　具体说来，就是：第一，新民主主义社会的经济——经济恢复时期的经济（1949 年 10 月~1952 年）；第二，从新民主主义社会到社会主义社会的过渡时期的经济——社会主义工业化初步基础建立时期的经济（1953~1957 年）；第三，实行计划经济体制时期的经济①——"大跃进"阶段的经济（1958~1960 年）；第四，实行计划经济体制时期的经济②——经济调整阶段的经济（1961~1965 年）；第五，实行计划经济体制时期的经济③——"文化大革命"阶段的经济（1966~1976 年 9 月）；第六，实行计划经济体制时期的经济④——经济恢复与"洋跃进"阶段的经济（1976 年 10 月~1978 年）；第七，市场取向改革起步阶段的经济——以实现经济总量翻两番、人民生活达到小康水平为战略目标的社会主义建设新时期的经济①（1979~1984 年）；第八，市场取向改革全面展开阶段的经济——以实现经济总量翻两番、人民生活达到小康水平为战略目标的社会主义建设新时期的经济②（1985~1992 年）；第九，市场取向改革制度初步建立阶段的经济——以实现经济总量（或人均国民生产总值）翻两番、人民生活达到小康水平为战略目标的社会主义建设新时期的经济③（1993~2000 年）；第十，市场取向改革制度完善阶段的经济——以全面建设小康社会为战略目标的社会主义建设新时期的经济④（2001~2009年）。①

---

① 按照原来的预计，要到 2020 年才能实现全面建设小康社会的战略目标。本文的分析只到 2009 年。

二、60 年经济发展的辉煌成就

这里说的新中国 60 年经济发展的辉煌成就，都是与半殖民地半封建旧中国 100 年（从 19 世纪 40 年代到 1949 年）经济发展情况相比较而言的。在国庆 60 周年到来的时候，回顾其伟大成就，对于振奋民族精神，鼓舞人民斗志，坚定走中国特色社会主义道路的信心，推进社会主义现代化建设三步走战略目标的实现，完成中华民族复兴的伟业，都是十分必要的。

（一）根本改变了旧中国经济长期停滞甚至倒退的状态，从总的趋势看，实现了经济长期持续稳定高速和效益趋于提高的发展

据英国著名经济史学家安格斯·麦迪森计算，1820~1952 年，中国国内生产总值由 2286 亿国际元增长到 3059 亿国际元，年均增长率为0.22%，而印度、日本、欧洲、美国和全世界年均增长率分别为 0.56%、1.34%、1.71%、3.76%和 1.64%；中国人均国内生产总值不仅没有上升，反而下降了 0.10%，而印度、日本、欧洲、美国和全世界年均增长率分别为 0.13%、0.95%、1.05%、1.61%和 0.93%。[①]

新中国成立后，根本上改变了这种经济发展极为缓慢的状态。尽管新中国成立后的经济发展也发生过曲折，甚至严重曲折，但从总的发展趋势看，实现了经济的长期持续稳定高速和效益趋于提高的发展。为省篇幅，这里不拟按上述 10 个阶段描述这个过程，而只是按上述 4 个时期进行描述。

在新民主主义社会时期（1949 年 10 月~1952），国民收入年均增速为19.3%，比"一五"时期年均增速 8.9%要高出 10.4 个百分点。[②]诚然，这两个时期有众多不可比因素。就其有利于经济恢复时期来说，主要是基

[①]　[英]安格斯·麦迪森著，伍晓鹰、马德斌译：《中国经济的长期表现（公元 960~2030 年）》，上海人民出版社 2008 年版，第 36~37 页。说明：1952 年是新中国国民经济恢复时期的终结年。这年经济发展的部分指标虽然超过了抗日战争以前的最高水平，但总体上也就是恢复到了这个水平。下面在有关地方用的 1952 年的数字，也是在这个意义上用的，不一一说明。

[②]《伟大的十年》，人民出版社 1959 年版，第 18、87、188 页；《国民收入统计资料汇编（1949~1985）》，中国统计出版社 1987 年版，第 50 页。说明：因资料限制，这里都是用的国民收入，而不是国内生产总值。

数低和恢复因素等；不利方面主要是在经济、政治和军事等方面都面临着极为严重的形势和困难。这些困难是后续各个时期无法比拟的。据此可以认为，这个时期是新中国成立后经济发展的最好时期之一。

在从新民主主义社会到社会主义社会的过渡时期（1953~1957年），国内生产总值年均增速为9.2%，这个数据远远高于1958~1978年的相关数据（详见后述）。它表明"一五"时期也是我国经济发展的较好时期。

在实际计划经济体制的时期（1958~1978年），[①] 国内生产总值年均增速仅为5.4%。这项数据均是这里叙述的4个时期中最低的，是经济发展的最差时期。

在实行以建立社会主义市场经济为目标的经济体制改革时期（1979~2008年），[②] 国内生产总值年均增速为9.8%。如果不说具有恢复因素的经济恢复时期，那么这个时期的经济增速是最高的；尽管这个时期数据的基数比以往各个时期都大大提高了。因此，可以认为这个时期是我国经济发展的最好时期。

概括起来说，1953~2008年，在长达56年的时间内，我国国内生产总值年均增速达到8.1%。[③] 这不仅是中国经济发展史上旷古未闻的伟大业绩，也是当今世界经济史上绝无仅有的奇迹！据国外有的学者计算，1950年代以来，有11个国家和地区在长达25年的时间内，年均经济增速达到或超过了7%。这固然也是很高的经济增速。但仍然不及新中国已有的经济增速。而且我国经济的高速增长还将持续一个时期。

但上面的分析只是说明了经济的长期持续高速发展，还没有说明稳定发展。这种稳定发展集中表现在各个经济周期波动强度趋弱的变化上。为此，需要简要分析新中国成立后经济周期的历史发展。

第一周期。"一五"计划时期开始时，计划经济体制虽然没有完全建立起来，但在国民经济中已占了主导地位。而这种经济体制内含着投资膨胀的机制。于是，作为经济增速第一推动力的投资急剧膨胀，因而

---

① 我国计划经济体制是在1950~1956年形成的。这里说的实行计划经济时期，是指计划经济体制完全确立并得到进一步强化的时期。

② 社会主义市场经济体制的完善预计要到2020年。但本文分析只到2009年，其中很多数据还只到2008年。

③ 以上1953~2008年数据来源：《中国统计年鉴》（有关各年），《中国统计摘要》（2009），中国统计出版社。

1953 年经济增速达到了 15.6%，成为新中国成立以后第一个经济周期的波峰年。但是，主要由投资带动的经济增速的急剧上升，必然遇到投资品以及作为基础产业的农业产品的供给的强烈制约，在客观上迫使经济增速急促下降。而且，这时政府也主动运用行政命令手段对投资进行了调整。于是，1954 年经济增速下降到 4.2%。这次周期波动幅度达到 11.4 个百分点，是一次强波周期。①

第二周期。1956 年，计划经济体制的阵地得到了进一步扩大。由于毛泽东"左"的思想的开始发展，从 1955 年下半年起先后发动了对社会主义改造和建设速度方面的所谓"右倾"思想的批判。于是 1956 年经济增速又猛增到 15%，成为第二周期的波峰年。由于周恩来和陈云等领导人的努力，1957 年及时进行了调整，使得这年增速下降到了 5.1%，才没有酿成 1958 年"大跃进"那样的大灾难。这次周期经济增速波动幅度达到了 9.9 个百分点，又是一次近乎强波周期。

第三周期。1958 年，我国计划经济体制得到进一步强化。特别是由于毛泽东在经济建设方面急于求成、片面追求经济增长速度的"左"的路线占了上风。于是，1958 年经济增长跃进到 21.3%，成为第三周期的波峰年。在 1959 年上半年虽然进行了一定程度的调整，由于毛泽东"左"的阶级斗争理论的发展，1959 年夏季庐山会议后，在全国范围内掀起了批判"右倾机会主义"运动，把"大跃进"延伸到 1960 年。致使 1961 年经济负增长 27.3%。与 1958 年增速相比，落差达到 48.6 个百分点。这样，不仅成为新中国成立后第一个超强波周期，而且第一次形成了由危机阶段构成的经济周期。这是一次由经济因素和政治因素作用叠加而形成的周期。

第四周期。由于传统体制和战略的作用，1970 年经济增速又迅速上升为 19.4%，是第四个波峰年。其后，由于"文化大革命"的破坏，1976 年竟然负增长 1.6%，落差为 21 个百分点，成为第二个超强波周期和第二次由经济危机阶段构成的经济周期。这是一次政治性的经济周期。

第五周期。也是由于传统体制和战略的作用，1978 年经济增速又上

---

① 作者依据我国经济周期波动的具体情况，将波峰年与波谷年经济增速的落差在 5 个百分点以下的设定为轻波周期，5~10 个百分点的为中波周期，10 个百分点以上的为强波周期，20 个百分点以上的为超强波周期。

升到 17.7%，成为第五个波峰年，史称"洋跃进"。由于陈云和李先念等领导人的努力，及时进行调整，到 1981 年，经济增速下降到 5.2%，落差为 12.5 个百分点，也是一次强波周期。

第六周期。由于传统体制和战略的作用，以及转轨时期的特殊矛盾（如新旧体制并存引发的问题），1984 年经济增速又上升到 15.2%，成为第六个波峰年。接着进行调整，到 1986 年经济下降到 8.8%。当时国务院主要领导人曾经提出实行"软着陆"，由于传统体制和战略的强大惯性作用，也由于错误地对 1986 年的经济形势做了乐观的估计，于是 1987 年又一次陷于经济过热。这个周期的波峰年与波谷年的落差为 6.4 个百分点，是中国经济第一次进入中波周期。

第七周期。1987 年是第七个波峰年，经济增速达到 11.6%。接着进行调整，由于力度过大，形成了"硬着陆"，致使 1990 年经济增速下降为 3.8%，接近衰退。这个周期的落差为 7.8 个百分点，也是中波周期。

第八周期。1992 年经济增速上升到 14.2%，是第八个波峰年。由于宏观调控得当，到 1996 年，增速下降到 10.0%，达到我国现阶段潜在经济增速区间的上限，[①] 实现了"软着陆"。到作为这个经济周期低谷年的 1999 年，经济增速下降到 7.6%。这样，其落差为 6.6 个百分点，也是一个中波周期。

第九周期。2007 年经济增速又上升到 13.0%，成为第九个经济周期的波峰年。由于 2004~2007 年连续 4 年经济增速超过了 10%，导致经济严重失衡。再加上 2007 年第三季度由美国爆发的次贷危机引发的世界金融危机和经济危机，导致我国外需锐减。于是，2008 年经济增速骤降到 9.0%（初步核算数字），[②] 并有继续大滑的势头。由于宏观调控及时而又得力，预计 2009 年的经济增速可以稳定在 8.0% 左右。而且这轮经济周期的

---

① 依据我国现阶段的情况，潜在经济增长率可以定为在既定的技术和资源条件下，在就业率适度增长和不引发加速通货膨胀的情况下，各个生产要素得到充分发挥可能达到的可持续的经济增长率。计算这种增长率可以采取简便而又较为可靠的办法，就是运用长时间的年均增长率。我国改革开始以后的 1979~2008 年的年均增长率为 9.8%。这可以看做是潜在增长率。它有一个合理的增长区间，其下限可以定为 7%~8%，中限可以定为 8%~9%，上限可以定为 9%~10%，合理的增长区间为 7.0%~10.0%。这个 9.8% 的经济增长率，很大程度上是以过度消耗资源和损害环境为代价的。据有的学者测算，考虑这个因素，潜在经济增长率以定为 8% 为宜。

② 上述 1953~2008 年数据来源：《国内生产总值核算历史资料（1952~2004）》，《中国统计年鉴》（2005~2008)，《中国统计摘要》（2009)，中国统计出版社。

波谷年的经济增速，预计也就是8.0%左右。如果是这样，这轮经济周期波峰年和波谷年的落差，就将是5个百分点左右，接近经济中波周期的下限边缘或轻波周期的上限边缘。

所以，从总的发展趋势看，新中国成立后经济周期经历了由强波周期→超强波周期→强波周期→中波周期→接近轻波周期的变化，经济是趋于稳定发展的。

从总的发展趋势看，新中国成立以后经济效益是趋于提高的。恢复时期基建投资效果系数年均为3.72%，社会劳动生产率年均增速为14.0%（按国民收入计算）。这当然也带有恢复性质。"一五"时期固定资产投资系数年均为0.55，社会劳动生产率年均增速为5.0%。而1958~1978年这两项数据只有0.24和2.8%（按国内生产总值计算）。但在1979~2008年这两项数据又分别上升到0.43和7.5%。①

还需说明：我们在上面分4个时期简要分析了新中国经济发展的进程。这不仅是从史实出发的，而且是针对国内外学界近年来流行的一种观点提出的。这种观点在论述改革开放30年经济发展成就时，都是从总体上将改革前后30年的经济发展的情况做对比的。这种分析有一定的事实依据。因为从总的方面说来，改革开放后30年经济发展成就，确实远远超过以前的30年。而且为了突显前者的成就，这样做也是有积极意义的。但对其中有些人来说，这种分析方法实际上暗含着一个值得商榷的前提。即有意无意地把改革开放前的30年的三个阶段（即实行新民主主义社会的1949~1952年，从新民主主义社会到社会主义社会的过渡时期的1953~1957年和实行计划经济体制的1958~1978年）在发展经济方面的作用等量齐观了。这不仅与经济发展的历史事实是不符的（已见前述），而且在理论上把上述三个阶段的基本经济制度（或经济体制）在经济发展中的作用等同起来，也是难以站得住的（详见后述）。在论述新中国60年经济发展成就时澄清这一点，是有必要的。这无论是对于正确认识历史，适当评价新民主主义社会经济制度、从新民主主义社会到社会主义社会过渡时期的制度和计划经济体制的历史作用，坚持社会主义初

① 资料来源：《国民收入统计资料汇编（1949~1985）》，《中国固定资产投资统计年鉴》（1950~1995），《中国统计年鉴》（有关各年），中国统计出版社。

级阶段的基本经济制度和市场取向改革乃至整个中国特色的社会主义道路，都是有益的。

（二）根本改变了旧中国落后的农业国面貌，实现了由农业大国向工业大国的转变，大大加速了工业化的进程，并在越来越大的程度上实现了同现代化的结合

旧中国的工业发展极为缓慢，始终没有改变落后农业国的面貌。按照麦迪森的计算，1890 年工业在国内生产总值中的占比为 8.1%，到 1952 年也只有 8.3%。[①] 而 1952 年恢复到的工业发展水平，大体上也就是旧中国所达到的最高水平。可见，在长达 60 年的时间内（1890~1949 年），工业在国内生产总值中的占比只提高了 0.2 个百分点。这表明旧中国落后农业国的状态，并没有多少变化。

就生产力的发展历史来看，人类社会已经和正在经历先后相继的三个发展阶段。即以农业生产为主的阶段以工业生产为主的阶段和以服务业生产为主的阶段。但对近代中国来说，实现工业化，把农业国变成为工业国，就不只是一般意义上的社会经济发展进程的需要，而且具有特殊重要的政治意义和经济意义。中国近代以来的百年史，是受尽趋于加剧的西方列强侵略和压迫的历史，是受尽屈辱的历史。其主要社会根源是腐朽的封建的和半封建半殖民地的社会经济制度。就物质生产基础来说，是由于西方列强已经实现了工业化，而中国还是一个农业国。正是依据这个经验的总结，毛泽东在论到党在民主革命阶段的任务时，明确提出："在新民主主义的政治条件获得之后，中国人民及其政府必须采取切实的步骤，在若干年内逐步地建立重工业和轻工业，使中国由农业国变为工业国。"并强调"没有工业，便没有巩固的国防，便没有人民的福利，便没有国家的富强。"[②] 在新中国成立初期，在作为临时宪法的《中国人民政治协商会议共同纲领》中又再次提出了"稳步地变农业国为工业国"[③] 的历史任务。在生产资料私有制的社会主义改造基本完成以后，1956 年 9 月召开的党的"八大"进一步提出："党和全国人民的当前的主要任务，就是集中力量来

---

① ［英］安格斯·麦迪森著，伍晓鹰、马德斌译：《中国经济的长期表现（公元 960~2030 年）》，上海人民出版社 2008 年版，第 56 页。

②《毛泽东选集》第 3 卷，人民出版社 1991 年版，第 1080~1081 页。

③ 中国人民大学编：《中国人民政治协商会议文件选集》，1952 年，第 37 页。

解决这个矛盾，把我国尽快地从落后的农业国变为先进的工业国。"① 显然，在当时条件下，推进工业化，不仅是捍卫国家主权和提高人民生活的最重要的物质基础，而且是巩固新生的社会主义制度的最重要的物质基础。这样，实现工业化，就成为近代中国的一项伟大的历史使命。因而，在推进工业化方面取得的进展，就成为新中国成立以后经济发展成就的一个最重要方面。

新中国成立以来，特别是改革开放后，我国工业化已经取得了伟大的成就，迈出了具有决定意义的步伐。为了说明这一点，这里用量化指标从整体上刻画出我国工业化已经进入到中后期阶段。在这方面，有一项研究做了具体分析。这项研究选择人均 GDP、第一、二、三产业产值占比、制造业增加值占比、人口城市化率、第一产业就业占比为基本指标，并主要参照钱纳里等划分方法，将工业化过程分为前工业化时期、工业化时期、工业化中期、工业化后期以及后工业化时期五个大的阶段，而工业化初期、中期和后期又分为前半阶段和后半阶段，再结合相关理论研究和国际经验估计确定了工业化不同阶段的标志值。在此基础上构造一个工业化水平综合指数。如果一个国家工业化综合指数为 0，则表示该国家处于前工业化阶段，综合指数值大于 0 小于 33 则表示处于工业化初期，综合指数值大于等于 33 小于 66 则表示处于工业化中期，综合指数值大于等于 66 小于等于 99 则表示处于工业化后期，综合指数值大于等于 100 则表示处于后工业化阶段。在工业化初期、中期和后期三个阶段，如果综合指数未超过该阶段的中间值，则表示处于相应阶段的前半期阶段，而综合指数超过该阶段中间值，则表示处于相应阶段的后半阶段。根据这种方法计算，我国 1978 年工业化水平综合指数仅为 6.6，处于工业初期的前半阶段；1995 年工业化水平综合指数达到 18，刚刚步入工业化初期的后半阶段；2002 年工业化水平综合指数为 33，进入工业化中期阶段；2005 年中国的工业化水平综合指数达到 50，已经进入工业化中期的后半阶段。"十五"期间（2001~2005）我国工业化水平综合指数的年均增长速度 4~5，再经过 10~13 年的加速工业化进程，到 2015~2018 年，我国工业

---

① 《中国共产党第八次全国代表大会文件汇编》，人民出版社 1956 年版，第 80 页。

化水平的综合指数将达到 100，中国工业化将基本实现。[①] 这样，就可以实现党的十六大提出的在 21 世纪头 20 年，基本实现工业化的伟大目标。[②]

由于工业化进程的大大加速，我国已经实现了由农业大国到工业大国的转变。在 1949 年、1978 年和 2000 年这三个时点上，作为主要原材料的钢产量居世界的位次，依次由世界第 7 位上升到第 5 位，再上升到第 1 位。此后一直居第 1 位。1949 年，作为主要能源的煤、原油和电居世界位次分别为第 7 位、第 6 位和第 6 位，1978 年分别为第 3 位、第 8 位和第 6 位。1990 年以后，煤一直居第 1 位，原油上升到第 5 位或第 6 位；2000 年以后，发电量一直居第 2 位。[③] 2004 年，制造业在世界制造业中的占比上升到 9.06%，居世界第 3 位。2007 年这一占比又上升到 14%，与日本并列世界第 2 位。整个工业增加值在世界工业的占比，由 1978 年的 2.3% 上升到 2004 年的 8.16%，居世界位次由第 10 位上升到第 3 位。[④]

需要进一步指出，我国当前工业化进程不仅已经进入到中后期阶段，而且由于它是处于知识经济的时代，在更大的程度上实现了同现代化的结合。这种结合不仅主要表现为现代技术与传统产业的融合，而且突出表现为高技术产业的迅速发展。据统计，1995~2007 年，我国高技术产业增加值由 1081 亿元增加到 11621 亿元，占工业增加值的比重由 4.3% 上升到 10.8%。[⑤] 可见，新中国成立以来，特别是改革开放以来，不仅大大加速了工业化进程，有望提前实现工业化的伟大使命，而且可以通过跨越式发展，加速现代化进程，更有望提前实现现代化的伟大使命。

（三）根本改变了旧中国在世界经济格局中的经济小国地位，实现了向经济大国的转变，在实现中华民族伟大复兴的历史使命方面迈出了决定性的步伐

中国在历史上曾经是经济大国。按照麦迪森的计算，1820 年，中国在世界生产总值中的占比为 32.9%，日本为 3.0%，欧洲为 26.6%，美国为

---

① 详见《中国工业发展报告》(2008)，经济管理出版社，第 22~23 页。

② 《中国共产党第十六次全国代表大会文件汇编》，人民出版社 2002 年版，第 20 页。

③ 《中国统计年鉴》(有关各年)，中国统计出版社。

④ 《中国工业发展报告》(2008)，经济管理出版社 2009 年版，第 8、33、34 页；国家统计局网 2008 年 11 月 6 日。

⑤ 《中国统计年鉴》(2008)，中国统计出版社，第 37 页；《中国高技术产业年鉴》(2008)，中国统计出版社，第 3 页。

1.8%。中国在世界生产总值中的占比遥遥领先其他国家，居第1位。到1952年，中国在世界生产总值中的占比急剧大幅下降到了5.2%；而日本为3.4%，欧洲为29.3%，美国为27.5%。这样，中国就由经济大国沦为经济小国。这一点，既是中国近代以来屡受西方列强野蛮侵略在生产力方面的原因，又是西方列强百年残酷掠夺中国造成的严重恶果。于是，实现中华民族的伟大复兴就成为中国在近代以来面临的另一项伟大历史使命。

在这种历史背景下，作为伟大的民主革命先行者的孙中山，首先喊出了"振兴中华"这个震撼人心的响亮口号，并开创了具有完全意义的近代民族民主革命。他所领导的辛亥革命，推翻了统治中国几千年的封建君主专制制度，在实现中华民族伟大复兴的历史使命方面开了先河。但他没有也不可能实现这个使命。

实现这个使命就历史地落在中国共产党的肩上。她所领导的、先后相继实现的民主革命和社会主义革命为实现这个使命奠定了政治、经济制度的基础。1978年以后，她领导的以建立社会主义市场经济体制为目标的经济改革又为实现这项使命开辟了一条宽广的道路。她所创立的中国特色的社会主义道路为实现这个使命指明了方向。她领导的长达60年的生产建设（特别是近30年的生产建设）为实现这个使命奠定了坚实的物质基础。

这里有一个衡量这个使命实现的标准问题。由于时代的变化，这个标准显然不是要回到1820年中国在世界经济中的占比。在这方面可以设想以我国社会主义现代化建设和改革开放总设计师邓小平提出的社会主义现代化三步走的战略目标的实现作为主要标准。1987年党的十三大依据邓小平理论提出："党的十一届三中全会以后，我国经济建设的战略部署大体分三步走。第一步，实现国民生产总值翻一番，解决人民的温饱问题。这个任务已经基本实现。第二步，到本世纪末，使国民生产总值再增长一倍，人民生活达到小康水平。第三步，到下个世纪中叶，人均国民生产总值达到中等发达国家水平，人民生活比较富裕，基本实现现代化。"① 完全可以预想，在第三步战略目标实现时，中国就不仅只是人口大国，也不仅只是经济大国，而是名副其实的经济强国。所以，以第三

①《中国共产党第十三次全国代表大会文件汇编》，人民出版社1987年版，第14~15页。

步战略目标的实现作为实现中华民族伟大复兴的主要标准是合适的。需要说明的是：这里所说的社会主义现代化建设，不只是物质文明的建设，而且包括政治文明、精神文明、社会文明和生态文明的建设。

如果这个设想是合适的，那么可以毫不夸张地说，当前在实现这个使命方面已经取得了巨大成就，取得了决定性进展。在实现社会主义现代化建设三步走方面，我国 20 世纪最后 20 年已经成功地实现了第一、二步战略目标。在 21 世纪的上半期将实现第三步战略目标。21 世纪初在这方面已经取得了重要成就。这一点，主要表现在当前正在成功实现作为第三步战略目标的重要阶段方面（即在 21 世纪头 20 年建设全面小康社会）已经取得了重要进展。据有关单位测算，2008 年我国全面建设小康社会指数为 74.6%，比 2000 年提高了 15.3 个百分点，平均每年增加 1.9 个百分点。依此发展速度，到 2020 年完全可以实现全面建设小康社会的战略目标。其中，2008 年经济发展指标为 67.9，比 2000 年提高了 17.6 个百分点；社会和谐指数为 76.1，提高了 18.6 个百分点；生活质量指数为 79.9，提高了 21.6 个百分点；文化教育指数为 67.3，提高了 11.8 个百分点；资源环境指数为 74.0，提高了 8.4 个百分点。[①]

与实现社会主义现代化三步走的战略目标取得重要进展相联系，我国已经实现了由解放前的经济小国到经济大国的根本转变。其主要表现是：第一，2008 年中国经济总量居世界的位次，已由 1978 年的第 10 位、2005 年的第 4 位上升到第 3 位。这年国内生产总值达到了 306670 亿元（初步核算数字）。按这年人民币兑美元的中间价为 1 美元兑 6.9451 元人民币计算，为 43292.3 亿美元。已经超过德国。仅低于美国和日本，居世界第 3 位。当然，这里有人民币升值的因素（2008 年人民币兑美元汇率升值 6.9%）。但主要是由于这年中国经济增速（为 9.0%）[②] 远远超过德国。

第二，中国还是科技大国和教育大国；不仅是人力资源大国，而且是人力资本大国。2008 年，我国科技人力资源总量已达到 4200 万人，研究开发人员总量 190 万人，分别居世界第 1 位和第 2 位。到 2007 年为止，中国受过高等教育的人数已经超过 7000 万人。2008 年，各类高等学校的

---

① 详见国家统计局网 2009 年 9 月 10 日。
② 国家统计局网 2009 年 2 月 26 日；《中国统计摘要》(2009)，中国统计出版社，第 173 页。

毕业生又达到805.8万人。①

第三，中国在对外经济关系方面也呈现出经济大国的面貌。①我国进出口贸易额，2008年由1978年的206.4亿美元增长到25615.3亿美元；居世界位次，1978年为第27位，2004年以后一直居世界第3位。②我国实际利用外资总额由1979~1980年的181.87亿美元增长到2008年的952.5亿美元，多年来居世界前列。③我国的外汇储备由1978年的1.67亿美元增长到2008年的19460.3亿美元，居世界位次由第16位上升到第1位。④1978~2006年，我国经济对世界经济的贡献率（即我国国内生产总值增量占世界生产总值增量的比重）由2.3%上升到14.5%，仅次于美国居世界第2位。②

在这里也需说明：上述的中国经济大国地位的确立，是从总体上说的。这就意味着：一方面中国在有些领域（比如第三产业的某些领域）还没有成为经济大国；另一方面中国在某些领域已经不只是经济大国，还是经济强国。其突出表现，就是继人造卫星上天、航天飞船发射成功之后，2007年又实现了"嫦娥一号探月工程"，2008年又完成神舟七号载人航天飞行。这是中国航天事业发展史上的新的里程碑。它表明中国在这个高科技领域已经成为世界强国。

这些巨大成就表明：在实现中华民族伟大复兴这个历史使命方面已经迈出了决定性步伐。

（四）根本改变了旧中国人民生活的绝对贫困的面貌，使人民物质文化生活得到了全面提升

在旧中国经历的百年中，广大人民生活是处于绝对贫困的状态。麦迪森提供的资料表明：1882~1952年，中国人均国内生产总值由600国际元（按1990年不变价算）下降到538国际元。③据此可以判断，从总的趋势看，在旧中国，除了少数的统治阶级以外，广大人民生活水平是处于绝对的下降状态。至于由西方列强发动的多次侵华战争期间，人民生活更是陷于饥寒交迫、水深火热的悲惨境地。这种情况表明，在旧中国连

---

① 《中国统计摘要》（2009），第193页；新华网2009年9月18日；《经济日报》2007年12月24日第3版。
② 国家统计局网2008年11月17日；《中国统计摘要》（2009），中国统计出版社，第171、173、179页。
③ ［英］安格斯·麦迪森著，伍晓鹰、马德斌译：《中国经济的长期表现（公元960~2030年）》，上海人民出版社2008年版，第36页。

作为人权最基本内容的生存权都没有保证。就抗日战争期间来说，重庆在 1937~1945 年间，除了 1938 年和 1939 年工人实际工资有所上升以外，其余 6 年都是下降的，而且下降的幅度越来越大，以致 1945 年的工人实际工资比 1937 年下降了 72.2%。[①]

但在新中国成立后的 60 年，人民的物质文化水平逐步得到了全面提升。

第一，居民消费水平显著提高。这是居民消费水平提高的总体体现。据调查，抗日战争前的 1936 年，全国职工（包括家属）的平均消费水平为 140 元左右（按 1957 年价格计算），1952 年则增加到 189.5 元。1950~1952 年，全国职工平均工资年均增速为 19.4%；农民收入年均增速约为9.2%。1953~2007 年，全体居民、农村居民和城镇居民年均消费水平分别由 91 元增加到 7081 元，由 72 元增加到 3265 元，由 188 元增加到 11855 元；三者年均增速分别为 5.0%、3.9% 和 4.8%。当然，这期间三者在各个阶段的年均增速是有很大差别的。1953~1957 年三者年均增速分别为4.5%、3.2% 和 5.7%，1958~1978 年三者分别为 1.7%、1.4% 和 2.4%（其中，1958~1960 年三者分别为 -4.1%、-7.5% 和 -4.8%，1961~1965 年三者分别为 4.3%、6.3% 和 4.9%，1966~1976 年三者分别为 2.1%、1.7% 和3.2%，1977~1978 年三者分别为 2.7%、2.0% 和 3.5%），1979~2007 年三者年均增速分别为 7.5%、5.9% 和 6.3%。[②] 可见，尽管这期间各个阶段居民平均消费水平年均增速有很大差别，其中 1958~1969 年的年均增速甚至为负数，但总的说来，居民年均消费水平还是有了长期持续稳定的显著提高。

第二，贫困人口大幅下降。对原来处于贫困状况的人们来说，这个指标尤其能够突出反映其生活的提高状况。新中国成立以来，特别是改革以来，这方面取得了突破性进展。1978~2008 年，我国农村贫困人口标准由 100 元提高到 1196 元，贫困人口由 25000 万人下降到 4007 万人，贫

---

① 详见拙著：《中国积累和消费问题研究》，广东人民出版社 1986 年版，第 20~21 页。

② 《伟大的十年》，人民出版社 1959 年版；《国内生产总值核算历史资料（1992~2004）》，《中国统计年鉴》（有关各年），《中国统计摘要》（2009），中国统计出版社；国家统计局网 2008 年 10 月 31 日。

困发生率由 30.7% 下降到 4.2%。[1]

第三，恩格尔系数（即食品消费支出占家庭消费支出的比重）大幅下降。一般说来，这是消费水平提高的一个重要指标。对我国这样一个消费水平较低的国家来说，这个指标在反映人民生活提高方面的意义就更大。这种情况也是在改革以来表现得尤为突出。1978~2008 年，农村居民家庭的恩格尔系数由 67.7% 下降到 43.7%，城镇居民家庭由 57.5% 下降到 37.9%。[2]

第四，住宅和汽车等耐用消费品显著增加。改革以来，消费结构升级越来越快。这是能够突出反映居民消费水平迅速大幅提高的一个重要指标。我国在 1980 年代成为引导人们生活提高的时尚消费品是百元级的自行车、缝纫机和收音机；到了 1990 年代就上升到千元级电视、电冰箱、洗衣机和空调；到新世纪初又上升到万元级的汽车和住宅。解放前，我国城镇人均住宅建筑面积约为 0.5 平方米。1952 年增加到 4.5 平方米，1978 年增加到 6.7 平方米，2007 年增长到 28.0 平方米。1978~2008 年农村人均住房面积由 8.1 平方米增加到 32.4 平方米。2008 年，全国城镇居民家庭平均每百户家用汽车达到 8.8 辆。[3]

第五，现代通讯工具的广泛运用，是居民生活走向现代化的重要方面。到 2008 年，城镇居民家庭平均每百户拥有家用计算机、普通电话和移动电话分别达到 59.3 台、82 部和 172 部；农村也分别达到了 5.9 台、67 部和 96 部。[4] 当前我国电话用户和网民数均居世界第 1 位。

第六，各级各类学校毕业生人数的增长，是人民文化生活提高的最重要标志。解放前，高等学校、普通中学、中等职业学校和普通小学的毕业生，最高年份曾经分别达到 2.5 万人、32.6 万人、7.3 万人和 463.3 万人；1949 年分别下降到 2.1 万人、7.2 万人、28.0 万人和 238.7 万人；1978 年分别增长到 16.5 万人、2375.3 万人、7.9 万人和 2287.9 万人；2008 年分别达到 511.9 万人、2699.0 万人、216.7 万人和 1865.0 万人。

---

[1]《中国统计摘要》(2009) 中国统计出版社，第 111 页。说明：贫困发生率指低于贫困线的人口占总人数的比重。

[2]《中国统计摘要》(2009)，中国统计出版社，第 110 页。

[3]《中国统计摘要》(2009)，中国统计出版社，第 108、114 页；《中国建设报》2008 年 3 月 14 日第 1 版。

[4]《中国统计摘要》(2009)，中国统计出版社，第 108、114、120 页。

2008 年分别比解放前最高年增长了 203.76 倍、81.79 倍、28.68 倍和 3.03 倍；分别比 1949 年增长了 242.76 倍、373.86 倍、26.74 倍和 6.81 倍。1978~2008 年，研究生毕业生数由 9 人增长到 44825 人，学成回国留学人员由 248 人增长到 69300 人；分别增长了 38312.89 倍和 278.44 倍。[①]

　　第七，国内旅游的蓬勃发展，是人民物质文化生活提高的复合载体，是改革以来人民生活提高的一个新的突出表现。1994~2008 年，国内旅游由 5.24 亿人次增加到 17.12 亿人次，其中城镇居民由 2.05 亿人次增加到 7.03 亿人次，农村居民由 3.19 亿人次增加到 10.09 亿人次；三者分别增长了 2.27 倍、2.42 倍和 2.16 倍。在这期间，人均旅游花费由 195.3 元增长到 511.0 元，其中，城镇居民由 414.7 元增长到 849.4 元，农村居民由 54.9 元增长到 275.3 元；三者分别增长了 1.61 倍、1.05 倍和 4.01 倍。[②]

　　第八，闲暇时间大幅增加，是人民物质文化生活的一个重要条件。改革以来，我国开始实行由改革前每周单休日改为双休日。后来又实行"五一"节、国庆节和春节三个长假（每节放假三天）。从 2008 年 1 月 1 日起，又调整和增加了假日。即取消了前两个长假，但增加了富有历史文化内涵的清明节、端午节和中秋节（每节一天假日）。这样，我国法定节假日和周末休息日再加上职工带薪年休假，一年中平均休假时间就超过了全年的 1/3 的时间。[③]

　　第九，社会保障事业的发展，既是人民生活提高的一个重要内容，又是提高居民即期消费的重要条件。在旧中国人民生活处于绝对贫困的状态，谈不上建立社会保障制度。新中国成立以后，就在不断扩展的国有单位建立包括医疗、养老和工伤保险在内的社会保障制度。但那时社会保险存在层次单一、范围狭窄、项目不全、社会化程度低和功能弱等缺陷。改革以后，特别是 1990 年代末期以来，我国社会保障事业有了较快的发展。当前，我国的社会保障制度框架基本形成。在城镇，包括养老、医疗、失业、工伤和生育保险在内的社会保障制度基本建立，最低生活保障制度全面实施；在农村，最低生活保障制度正在全面推开，养老保险制度正在积极探索，新型合作医疗改革试点在加快推进。社会保

①《伟大的十年》，人民出版社 1959 年版，第 172 页；《中国统计摘要》(2009)，中国统计出版社，第 186 页。
②《中国统计摘要》(2009)，中国统计出版社，第 182 页。
③ 详见《经济日报》2007 年 12 月 17 日第 2 版。

险覆盖范围逐步扩大，筹资渠道逐步拓宽，基金支撑能力逐步增强，享受社会保障待遇的人数迅速增加。到 2008 年末，全国城镇基本养老保险、基本医疗保险、失业保险、工伤保险和生育保险参保人数分别达到 21891 万人、31822 万人、12400 万人、13787 万人和 9254 万人，还有 2334 万城市居民和 4291 万农民享受最低生活保障，社会保险基金总收入达到 13696 亿元。①

第十，环境保护事业的发展，是提高人民生活质量的一项重要内容。但新中国成立以来，我国经济的高速增长在很大程度上是以自然资源的过度消耗和环境破坏为代价的。这样，环境状况总体趋于恶化，直到现在也没有得到根本遏制。但近几年来，情况有所好转。2008 年全国部分环境质量指标明显改善，地表水中高锰酸盐指数年平均浓度为 5.7 毫克/升，第一次达到Ⅲ类水质标准，比上一年下降了 12.3 个百分点，比 2005 年下降了 20.8 个百分点；城市空气中二氧化硫年平均浓度为 0.048 毫克/立方米，达到了国家环境空气质量二级标准，比上一年下降了 7.7 个百分点，比 2005 年下降了 15.8 个百分点。2008 年在污染减排方面也取得重要进展。全国新增城市污水处理能力 1149 万吨/日，新增燃煤脱硫机组装机容量 9712 万千瓦，关停小火电 1669 万千瓦；化学需氧量和二氧化硫排放量比 2007 年分别下降 4.42% 和 5.95%，比 2005 年分别下降 6.61% 和 8.95%。②

第十一，人口预期寿命的增长，是人民物质文化生活提高的一个综合指标。据典型调查，抗日战争胜利以前，全国人口平均寿命只有 35 岁。1978~2006 年，我国人口预期寿命由 68 岁提高到 72.4 岁。③

总之，新中国成立以后，特别是改革开放以来，我国人民物质文化水平得到了前所未有的、迅速的、全面的提升。当然，在一个长时期内我国还处于社会主义初级阶段，还是发展中国家，与当代经济发达国家相比较，总体上说来，我国人民的生活水平还是比较低的。如果看不到或者没有充分看到新中国成立以后（特别是改革以来）人民生活发生的翻天变化，也是不正确的。

---

① 国家统计局网 2008 年 2 月 26 日；《中国统计摘要》(2009)，中国统计出版社，第 108 页。
② 国家环境保护部网 2009 年 6 月 5 日。
③ 《光明日报》2008 年 1 月 8 日第 5 版。

在回顾新中国 60 年伟大成就的同时，还必须清楚看到当前我国经济发展中存在众多突出问题。正如党的十七大所总结的，突出的是：经济增长的资源环境代价过大；城乡、区域、经济社会发展仍然不平衡；农业稳定发展和农民持续增收难度加大；劳动就业、社会保障、收入分配、教育卫生、居民住房、安全生产、司法和社会治安等方面关系群众切身利益的问题仍然较多，部分低收入群众生活比较困难；思想道德建设有待加强；党的执政能力同新形势新任务不完全适应，对改革发展稳定一些重大实际问题的调查研究不够深入；一些基层党组织软弱涣散；少数党员干部作风不正，形式主义、官僚主义问题比较突出，奢侈浪费、消极腐败现象仍然比较严重。我们要高度重视这些问题，继续认真加以解决。[①] 时间过去了近两年，各方面的工作都有进展。但问题并没根本解决。还需提到：由于多年投资和消费的严重失衡，导致内需和外需的严重失衡（当然，在这方面还有众多国际因素）。这样，由美国次贷危机引发的国际金融危机和经济危机，导致外需锐减，使我国经济发展遭到巨大冲击。在党中央、国务院及时有力的宏观经济政策的指导下，2009 年实现"保八"的任务，是很有希望的。但这方面的工作仍很艰巨。至于在实现结构调整、经济发展方式转变、环境保护、改善民生和深化改革等方面的任务则更为艰巨。

三、中国化的马克思主义的伟大胜利

新中国 60 年经济发展的辉煌成就，是在中国化的马克思主义指导下取得的，是中国化的马克思主义的伟大胜利。

20 世纪 20 年代以来，马克思主义的中国化经历了两个大的历史阶段。正如党的十五大所指出的"马克思列宁主义同中国实际相结合有两次历史性飞跃，产生了两大理论成果。第一次飞跃的理论成果是被实践证明了的关于中国革命和建设的正确的理论原则和经验总结，它的主要创立者是毛泽东，我们党把它称为毛泽东思想。第二次飞跃的理论成果是建设有

[①]《中国共产党第十七次全国代表大会文件汇编》，人民出版社 2007 年版，第 5~6 页。

中国特色社会主义理论，它的主要创立者是邓小平，我们党把它称为邓小平理论。这两大理论成果都是党和人民实践经验和集体智慧的结晶。"①

第一个阶段是毛泽东思想的形成，特别是其中新民主主义论的形成。马克思列宁主义为中国民主革命的胜利提供了指南。但中国民主革命道路如何走，不能也不可能从马克思列宁的著作中找到现成的答案。这个任务必须和只能由中国共产党来完成。毛泽东的《中国革命和中国共产党》和《新民主主义论》等著作的问世，标志着新民主主义论的形成。新民主主义论正确地回答了中国民主革命的道路问题。

新民主主义论包括新民主主义革命论和新民主主义社会论两个方面。②

新民主主义革命论就是"无产阶级领导的，人民大众的，反对帝国主义、封建主义和官僚资本主义的革命。"③正是在这个党在中国民主革命的历史阶段的总路线指导下，中国民主革命取得了胜利，建立了人民民主专政，为新民主主义社会的经济发展创造了基本的政治前提。

新民主主义论的社会论包括新民主主义的政治、经济和文化三个方面。④仅就经济来说，就是"没收封建阶级的土地归农民所有，没收蒋介石、宋子文、孔祥熙、陈立夫为首的垄断资本归新民主主义的国家所有，保护民主工商业。"⑤正是由新民主主义社会推行的三大经济纲领，成为经济高速发展的主要动力。以工业为例。1949~1952年，工业总产值由140.2亿元增长到了343.3亿元。其中，国有工业由36.8亿元增长到142.6亿元，私营工业由68.3亿元增长到105.2亿元，个体手工业由32.2亿元增长到70.6亿元，公私合营工业由2.2亿元增长到13.7亿元，合作社工业由0.7亿元增长到11.2亿元。在1949~1952年工业总产值增长的203.1亿元中，国有工业、私营工业和个体手工业的增量分别占了52.1%、18.2%和18.9%，三者合计占了89.2%。这些数据表明：这期间，工业的高速增长主要是由国有工业、私营工业和个体手工业推动的。

可见，在毛泽东思想中，他所创立的新民主主义论居于极重要的地

① 《中国共产党第十五次全国代表大会文件汇编》，人民出版社1999年版，第9页。
② 详见拙文：《新民主主义论研究——纪念毛泽东诞辰100周年》，《经济研究》1993年第12期。
③ 《毛泽东选集》第4卷，人民出版社1991年版，第1316~1317页。
④ 详见《毛泽东选集》第3卷，人民出版社1991年版，第672~678、694~696页。
⑤ 《毛泽东选集》第4卷，人民出版社1991年版，第1253页。

位，是极具理论意义和实践意义的思想，是极具光彩的思想。

但是，非常可惜，中国新民主主义社会经历的时间只有 3 年多一点，不仅比中国经济社会发展的客观需要的时间要短得多，而且比毛泽东原来预计的 15 年 ① 也要短得多。这并不是偶然发生的，而是有多方面的原因。一是中国要实行新民主主义社会，是明确的。因为这是经过长达 20 多年革命经验的总结和两次反对右倾机会主义特别是 3 次反对"左"倾机会主义的教训而形成的。但这个新民主主义社会究竟需要多长则不是很明确。按照唯物论的认识论，对一个复杂社会问题的正确认识，往往需要经过实践—认识—再实践—再认识循环往复，需要经过正反经验的比较，才能形成。而在解决新民主主义社会需要多长时间的问题上，恰恰缺乏这一点。二是急于向社会主义过渡的"左"的思想。就当时的情况来说，还不构成"左"的路线。三是加速发展经济的需求，也促使决策层这样做。四是新中国建立以后，广大劳动群众在政治上、经济上都翻了身。经济恢复时期在发展经济方面取得了巨大成就，劳动人民获得了巨大实惠。这些都促使他们向往社会主义的热情空前高涨。这种来自基层群众的革命激情，对决策层不可能没有影响。五是以俄为师，走俄国人的路，是新中国建立初期的基本国策。遵循列宁提出的过渡时期的理论，行苏联的过渡时期的实践，就是以俄为师的题中应有之义。如果中国长期实行新民主主义社会，则是同苏联过渡时期的理论和实践大相径庭。在新中国成立初期的国际形势下，必须实行一边倒的外交政策。这一点也会促使中国提早结束新民主主义社会。

但是，毛泽东提早结束新民主主义社会，就使得他提出的新民主主义社会在发展中国经济中的作用远没有得到充分的发挥，使得新民主主义社会在中国经济发展史中没有赢得它应有的地位。

与此同时，1952 年以后，毛泽东就提出了党的过渡时期的总路线。即"是要在十年到十五年或者更多一些时间内，基本上完成国家工业化和对农业、手工业、资本主义工商业的社会主义改造。"② 在这方面值得着重提出的是：毛泽东依据实践的总结，在中国的社会主义改造问题上有

---

① 参见薄一波：《若干重大决策与事件的回顾》上卷，中共中央党校出版社 1991 年版，第 47 页。

② 《毛泽东选集》第 5 卷，人民出版社 1977 年版，第 81 页。

一系列的创造，特别是在社会主义改造步骤上创造了一系列在推进改造的同时，又有利于生产发展的过渡形式。比如，对个体农业的社会主义改造的过渡形式上有：具有社会主义因素的互助组→半社会主义的初级合作社→社会主义的高级合作社。对个体手工业的社会主义改造的过渡形式有：手工业生产小组→手工业供销合作社→手工业生产合作社。对资本主义工商业的社会主义改造的过渡形式有：初级的加工订货→高级的公私合营。在公私合营方面，又是由个别企业的公私合营到全行业的公私合营。这些可以看做是在从新民主主义社会到社会主义社会的过渡时期毛泽东思想的一个重要发展，并对社会生产起了积极的促进作用。我们在前面列举的1953~1957年经济发展的数字，可以从整体上说明这一点。现在我们再分别列出农业、手工业和资本主义工商业的发展数字，进一步说明这一点。"一五"时期农业增加值年均增速达到了3.8%。[1] 1957年手工业总产值（包括个体手工业和合作化手工业）由1952年的73.12亿元增长到133.6亿元；劳动生产率由992.9元/人，增长到2047.6元/人。在这期间，私营工业和公私合营的工业总产值由119.0亿元增长到206.7亿元，劳动生产率由5164.9元/人增长到8576.8元/人。[2] 所以，如果说中国农业社会主义改造道路基本上是照搬苏联的，是教条主义的，[3] 那么，中国农业合作化步骤却是独创的，是具有中国特色的，是中国化的马克思主义。

也非常可惜，原来预定的用10年到15年甚至更长时间来逐步实行的这个社会主义道路，就其决定性的进展而言，仅仅用了3年（1953~1955年）的时间。这主要也是由于急于向社会主义过渡的"左"的思想和赶超的经济发展战略使然。其结果，不仅使得这条具有中国特色社会主义改造道路在促使经济发展中的重要作用远没有得到充分的发挥，而且使得社会主义改造存在诸多遗留问题，并对尔后的经济发展产生了深远的消极作用。

---

① 《中国统计年鉴》（有关各年），中国统计出版社。

② 详见拙著：《中国现代产业经济史（1949.10~2004）》，山西经济出版社2006年版，第100、111页。

③ 毛泽东说过："苏联走过的这一条道路，正是我们的榜样。"（《毛泽东选集》第5卷，人民出版社1977年版，第184页）还要说明：苏联不存在对个体手工业和资本主义工商业的社会主义改造问题，故只就农业的社会主义改造问题做对比。

但总体说来，在 1956 年以前，作为党的指导思想的毛泽东思想对中国经济社会发展，起过重要的积极作用。当然，在这以后，毛泽东思想仍是中国化马克思主义和党的指导思想的重要组成部分。

以上分析的是毛泽东思想在变革基本经济制度方面的作用，还没有涉及到计划经济体制问题。这种体制基本上是照搬苏联的。① 这种体制在新中国成立初期也曾起过重要积极作用，后来变得越来越不适合生产力的发展，成为生产力的桎梏。诚然，在 1958 年和 1970 年曾两次对计划经济体制做过改进，但并没有也不可能解决问题。② 所以，对待苏联的计划经济体制，毛泽东采取的基本上是教条主义态度，并对经济发展造成了严重后果。现在要进一步着重指出，在 1957 年以后，毛泽东的一些"左"的思想，进一步发展成为"左"的路线。主要是：一是，在经济增长方面，就是以社会主义建设总路线为代表的盲目片面追求经济的高速增长。这条总路线导致了 1958 年"大跃进"。在所有制方面，盲目追求"一大二公"。1958 年人民公社化运动就是其突出表现。这两个运动给我国经济发展造成了极严重损失。二是，他在 1957 年就否定了党的"八大"关于社会主义主要矛盾的正确提法（即"人民对于经济文化迅速发展的需要同当前经济文化不能满足人民需要的状况之间的矛盾"③），提出"无产阶级和资产阶级的矛盾，社会主义道路和资本主义道路的矛盾，毫无疑问，这是当前我国社会的主要矛盾。"④ 由此这就完全背离了以经济建设为中心的正确轨道，走上了"以阶级斗争为纲"的"左"的错误道路。后来，他又把这一理论推到一个极端，形成了被称之为无产阶级专政下继续革命的理论。正是这个理论导致了长达十年的"文化大革命"。这个"革命"把中国经济推到濒临崩溃的边缘，并危及人民民主专政的稳定。上述情况表明：社会实践强烈要求根本改变毛泽东的"左"的理论和路线，强烈要求适合中国社会主义初级阶段 ⑤ 要求的中国特色的社会主义理论的

---

① 邓小平在论到这一点时说过："过去我们照搬别国的模式。"（《邓小平文选》第 3 卷，人民出版社 1993 年版，第 237 页）

② 以上历史发展过程，详见拙著：《中国现代产业经济史（1949.10~2004）》，山西经济出版社 2006 年版。

③《中国共产党第八次全国代表大会文件汇编》，人民出版社 1956 年版，第 80 页。

④《毛泽东选集》第 5 卷，人民出版社 1977 年版，第 475 页。

⑤ 说明：当时还没有明确提出这个概念，但在中国 1956 年基本上完成社会主义改造以后，实际上已经进入社会主义初级阶段。

诞生。

正是在上述历史背景下，在党的十一届三中全会以后，作为社会主义现代化建设和改革开放总设计师的邓小平，提出了中国特色的社会主义理论。这标志着中国化的马克思主义发展到第二个阶段。

党的十五大对邓小平创立的中国特色社会主义理论形成的历史条件及其主要内容做了科学的概括。"总起来说，邓小平理论形成了新的建设有中国特色社会主义理论的科学体系。它是在和平与发展成为时代主题的历史条件下，在我国改革开放和现代化建设的实践中，在总结我国社会主义胜利和挫折的历史经验并借鉴其他社会主义国家兴衰成败历史经验的基础上，逐步形成和发展起来的。它第一次比较系统地初步回答了中国社会主义的发展道路、发展阶段、根本任务、发展动力、外部条件、政治保证、战略步骤、党的领导和依靠力量以及祖国统一等一系列基本问题，指导我们党制定了在社会主义初级阶段的基本路线。它是贯通哲学、政治经济学、科学社会主义等领域，涵盖经济、政治、科技、教育、文化、民族、军事、外交、统一战线、党的建设等方面比较完备的科学体系，又是需要从各方面进一步丰富发展的科学体系。"① 党的十七大进一步指出："中国特色社会主义理论体系，就是包括邓小平理论，'三个代表'重要思想以及科学发展观等重大战略思想在内的科学理论体系。这个理论体系，坚持和发展了马克思列宁主义、毛泽东思想，凝结了几代中国共产党人带领人民不懈探索实践的智慧和心血，是马克思主义中国化最新成果，是党最可宝贵的政治和精神财富，是全国各族人民团结奋斗的共同思想基础。中国特色社会主义体系是不断发展的开放的理论体系。"②

我们在前面叙述的改革开放以后经济发展的辉煌成就，就是在邓小平开创的，并在尔后得到不断发展的中国特色社会主义理论指导下取得的。同时需要着重指出：当前我国面临的种种经济社会问题说明：马克思主义中国化还是一个长期的、不断的、艰苦探索的过程。

我们从马克思主义中国化两大历史阶段和两大理论成果中，可以得到的最重要最基本的启示是：

---

① 《中国共产党第十五次全国代表大会文件汇编》，人民出版社 1993 年版，第 12 页。
② 《中国共产党第十七次全国代表大会文件汇编》，人民出版社 2007 年版，第 11 页。

第一，必须坚持实事求是这个根本原则。这是唯物主义的精髓。毛泽东之所以能够创立科学的新民主主义论，从根本上来说，就在于他正确地把握了半殖民地半封建中国社会这个基本特点和最大实际。在这个基本基础上就产生了一条无产阶级领导的，人民大众的，反对帝国主义、封建主义和官僚资本主义的党在民主革命阶段的总路线。与之相反的右的特别的"左"的机会主义，其根本错误就在于无视这个基本特点。邓小平之所以能够创立科学的中国特色社会主义理论，从根本上说，也在于他正确把握了中国社会主义初级阶段这个基本特点和最大实际。在这个基础上，形成了"一个中心、两个基本点"的党在社会主义初级阶段的基本路线。而在此前发生的"左"的错误，也在于忽略了这个基本特点。

第二，必须准确把握社会发展各个阶段的主要矛盾。这是辩证法的核心。毛泽东创立的新民主主义论，就是建筑在对半殖民地半封建社会的主要矛盾的科学分析的基础之上。按照毛泽东自己的说法，"帝国主义和中华民族的矛盾，封建主义和人民大众的矛盾，这些就是近代中国社会的主要矛盾。""伟大的近代和现代的中国革命，是在这些基本矛盾的基本之上发生和发展起来的。"[1] 显然，毛泽东提出的新民主主义革命的总路线，就是直接由此引出的结论。而机会主义者从根本上忽视了这一点。邓小平创立的中国特色社会主义理论，也是建筑在对中国社会主义初级阶段主要矛盾的正确把握上。他在这方面的伟大贡献在于：在毛泽东否定了党的"八大"关于主要矛盾的正确提法，并以自己的错误的主要矛盾理论取代之后（详见前述），他勇敢地否定了毛泽东的错误提法，恢复了党的八大的正确提法。按照他自己的说法，"我们的生产力发展水平很低，远远不能满足人民和国家的需要，这就是我们目前时期的主要矛盾，解决这个主要矛盾就是我们的中心任务。"[2] 这就把党在社会主义初级阶段的基本路线建筑在这个科学分析的基础之上。

第三，必须坚持生产力标准。这是历史唯物论的根本。按照毛泽东的说法，"新民主主义的革命任务，除了取消帝国主义的特权以外，在国内，就是要消灭地主阶级和官僚资产阶级（大资产阶级）的剥削和压迫，

---

① 《毛泽东选集》第 2 卷，人民出版社 1991 年版，第 631 页。
② 《邓小平文选》第 2 卷，人民出版社 1993 年版，第 182 页。

改变买办的、封建的生产关系，解放被束缚的生产力，"又说，"由于中国经济的落后性……资本主义经济，即使革命在全国胜利以后，在一个长时期内，还是必须允许它们存在；并且按照国民经济的分工，还需要它们中一切有益于国民经济的部分有一个发展；它们在国民经济中，还是不可缺少的一部分。"① 这样，毛泽东就把他创立的包括新民主主义革命论和新民主主义社会论在内的新民主主义论都深深根植于历史唯物论这个颠扑不破的真理的基础上。邓小平提出的中国特色社会主义亦复如此。他遵循马克思主义的基本原理，依据对中国 1957 年以后犯的"左"的错误的总结，把发展社会生产力在社会主义经济中的地位，提高到了一个空前未有的高度。他反复指出："社会主义的本质，是解放生产力，消灭剥削，消灭两极分化，最终达到共同富裕。""社会主义的任务很多，但根本一条就是发展生产力。"特别是在经济体制改革方面，他反复强调："要发展生产力，经济体制改革是必由之路。""我是主张改革的，不改革就没有出路，旧的那一套经过几十年的实践证明是不成功的。过去我们搬用别国的模式，结果阻碍了生产力的发展，在思想上导致僵化，妨碍人民和基层积极性的发挥。我们还有其他错误，例如'大跃进'和'文化大革命'，这不是搬用别国模式的问题。可以说，从 1957 年开始我们的主要错误是'左'，'文化大革命'是极'左'。中国社会从 1958~1978 年 20 年间，实际上处于停滞和徘徊的状态，国家的经济和人民的生活没有得到多大的发展和提高。这种情况不改革行吗？所以，从 1978 年我们党的十一届三中全会开始，确定了我们的根本政治路线，把建设四个现代化，努力发展社会生产力，作为压倒一切的中心任务。在这个基础上制定了一系列新的方针政策，包括经济体制改革、政治体制改革和相应的其他各个领域的改革。开放是对世界所有国家开放，对各种类型的国家开放。"他还提出：对改革的是非，"判断的标准，应该主要看是否有利于发展社会主义的生产力，是否有利于增强社会主义国家的综合国力，是否有利于提高人民的生活水平"。② 邓小平的这些分析，对于冲破"左"的僵化思想的束缚，确立以建立社会主义市场经济体制为目标的改革起

①《毛泽东选集》第 4 卷，人民出版社 1991 年版，第 1254~1255 页。
②《邓小平文选》第 3 卷，人民出版社 1991 年版，第 137、138、237、372、373 页。

了至关重要的作用。依据这些分析，可以毫不夸张地说，邓小平是最彻底的历史唯物论者。需要进一步指出：马克思主义关于生产力决定生产关系的原理。其原本含义是指的生产力决定基本经济制度。邓小平把这个原理创造性地运用到生产力决定作为基本经济制度的表现形式的经济体制上来。这是对历史唯物论的一个重要发展。[①]

第四，必须坚持经济基础与上层建筑的统一。生产力与生产关系的矛盾统一和经济基础与上层建筑的矛盾统一，是历史唯物论的两个不可分割的基本方面。毛泽东创立的新民主主义论不仅是坚持前一个统一的典范，而且是坚持后一个统一的典范。毛泽东认为，"新民主主义的政治，就是这种新民主主义经济的集中的表现"。他依据新民主主义经济的分析，提出新民主主义的政治"所要建立的中华人民共和国，只能是在无产阶级领导下的一切反帝反封建的人民联合专政的民主共和国，这就是新民主主义的共和国。"他还认为，"新文化，则是在观念形态上反映新政治和新经济的东西，是替新政治新经济服务的。"这样，"所谓新民主主义的文化，就是无产阶级领导的人民大众的反帝反封建的文化。"[②]但毛泽东在1957年提出的"左"的我国社会的主要矛盾，其理论上的错误根源之一，就在于他割裂了社会主义条件下经济与政治的关系。事情很清楚，既然已经基本完成了生产资料私人所有制的社会主义改造，社会主义公有制已经基本建立起来，无产阶级和资产阶级的矛盾怎么还是社会的主要矛盾呢？邓小平开创的中国特色社会主义理论，也是坚持经济基础与上层建筑统一的典范。正如党的十五大所概括的，"建设有中国特色社会主义的经济、政治、文化的基本目标和基本政策，有机统一、不可分割，构成党在社会主义初级阶段的基本纲领。这个纲领，是邓小平理论的重要内容，是党的基本路线在经济、政治、文化等方面的展开，是这些年来最主要经验的总结。"[③]

将以上四点启示概括起来，就是要坚持马克思主义的普遍原理与中国的具体实践相结合。这个命题包括两重含义。就过程的意义上说，这个结合就是马克思主义中国化的过程。就结果的意义上说，这个结合就

① 详见拙著：《中国经济发展30年（1978~2008）》，中国社会科学出版社2008年版，第398~401页。
② 《毛泽东选集》第2卷，人民出版社1991年版，第675、679、694、698页。
③ 《中国共产党第十五次全国代表大会文件汇编》，人民出版社1997年版，第20页。

是中国化的马克思主义。还需说明：这里之所以要论述这四点启示，不仅在于要进一步说明中国化的马克思主义是深深根植于马克思主义基本原理的，是真正的马克思主义，而且是针对当前我国学界存在的种种与此相悖的问题而提出的。

明年不会有明显通胀，最多3%左右 *

　　温总理表示，我国现在还没有出现通货膨胀，但政府已经开始关注到一些通胀预期的迹象。对此，中国社会科学院荣誉学部委员，社科院研究生院原副院长汪海波认为，明显的通胀不会成为 2010 年的现实危险，但要积极应对。

　　"根据建国 60 年来的经验，我把通胀分为三个等级，物价上涨 1%~5% 是低速通胀，5%~10% 是中速通胀，10% 以上算是高速通胀。我所说的没有明显的通胀，是在 1%~5% 的区间里。"汪海波介绍，根据国家统计局数据，11 月份 CPI 同比上涨 0.6%，这是从今年 2 月以来，第一次由负转正。但是从 1 月到 11 月整体来看，CPI 同比是下降了 0.9%。而去年 1 月到 11 月上涨了 6.3%。"所以今年最终能做到正增长就不错了。明年物价上涨的空间也是很小的，因为基数是很低的。"

　　而从供求而言，汪海波表示，我国粮食产量连续 6 年超过 1 万亿斤以上，这是新中国成立以来所没有的。他认为，不管是 1992 年经济过热后的上涨，还是 2008 年的物价上涨中，农产品的价格上涨都占到了 60%~70%。农产品丰收，就使明年物价上涨有限。而工业方面，我国能过剩的情况很严重。

　　"我年初预测今年积极增长 8.5%，现在估计明年有所增加，但也就 9% 左右。"汪海波说，从历史经验来看，我们的经济增长还是在我们潜在

　　* 2009 年 12 月 28 日搜狐网记者采访录，中国新闻网 2009 年 12 月 28 日转载。说明：2011 年 1 月 20 日，国家统计局公布的数据是：2010 年居民消费价格同比上涨 3.3%。

经济增长率之内，总需求与总供给相对平衡，不会引发通胀。"物价的上涨，除了需求拉动它，成本推动它，还有一个因素作用会降低它，那就是社会劳动生产率的提高。"汪海波表示，我国自"十一五"以来，劳动生产率提高很快。2006年到2008年期间，社会劳动生产率每年都提高10%左右，这是物价上涨的对冲因素。

"明显的通胀不会成为2010年的现实危险，但并不等于说不需要关注通胀的危险，这个问题还是需要重视的。"汪海波介绍，应对通胀的对策，第一就是千方百计地要把明年的经济增长速度稳定在2009年的水平上，就是要稳定在8%或者比8%还要高一点的水平上。"如果我们的经济增长速度不过高，那么社会总需求就不会太大，物价也不可能大幅增长，一定在3%以内。"第二是明年会着重调整经济结构，解决了这个问题就从总体上控制了经济增长速度，控制了经济增长速度也就控制了通胀。"明年还有一个重要的事情就是要加快经济增长方式的转变，经济增长方式的转变就意味着社会劳动生产率的提高，这是对冲物价上涨的一个最重要的因素。"汪海波表示，第三是信贷规模要注意适当控制，今年有一段时间信贷规模扩大，后来央行迅速采取了措施，抑制了信贷规模的扩大，第四是要防止大规模热钱的涌入。因为现在人民币升值压力过大，而中国的利息又很高，这个汇率差和利率差，就使得外国资本往中国跑。大规模外资的流入，势必增加央行的货币发行量，容易导致通货膨胀。

三论我国现阶段经济增长目标[*]

——从 2010 年《政府工作报告》说起

　　温家宝总理在《政府工作报告》中论到今年经济社会发展的主要预测目标时提出：增长 8% 左右。[①]

　　笔者在有关论文中已经指出："保八"与"稳八"是我国现阶段经济增长目标，[②]并从理论依据、历史经验和现实需要三方面做过论证。[③]这里再就这个问题做进一步分析。

一、把经济增长率确定为 8% 左右，是一个科学的规定

　　这里所说的科学规定的含义，就是它反映了客观规律（或本质，下同）的要求。这个客观规律就是我国现阶段潜在经济增长率。客观规律除了具有不以人们意志为转移的基本属性以外，还具有稳定性、长期性的特点。而潜在经济增长率就是由一定阶段上基本因素决定的经济增长率，正好具有上述客观规律的属性和特点。

　　任何事物的本质都是通过现象表现出来的。作为本质的潜在经济增长率也是通过现实经济增长率这个现象形态表现出来的。它类似于马克思主义经济学所说的价值与价格的关系：价值是价格的本质，价格是价

　　* 本文原载《中国经济报告》2010 年第 2 期。
　　① 新华网 2010 年 3 月 5 日。
　　② 详见拙文：《略论我国现阶段经济增长目标——"保八"与"稳八"》，《经济学动态》2009 年第 9 期。
　　③ 详见拙文：《再论我国现阶段经济增长目标》，《国家行政学院学报》2009 年第 6 期。

值的表现形态。商品价格是经常波动的。但从长时间看，它是围绕一个中心上下波动的。这个中心就是价值。这是经济学原理和实践已经证明了的真理，毋庸赘言。潜在经济增长率与现实经济增长率的关系亦复如此。现实经济增长率是经常变化的。但从长时间来看，它也是围绕一个中心波动的。这个中心就是潜在经济增长率。问题在于：现实经济增长率与潜在经济增长率的差距是衡量社会总需求与社会总供给的差距唯一的无可代替的总体指标。如果现实经济增长率长期高于潜在经济增长率，那就意味着社会总供给无力承受总需求的压力，必然迫使现实经济增长率向潜在经济增长率回归。在这种情况下，即使经济主体要保持高的现实经济增长率也不能做到。这正是它的客观性所在。反之，如果现实经济增长率长期低于潜在经济增长率，那么经济主体的利益又会驱使现实经济增长率向具有客观可能性的潜在经济增长率回归。这一点，看起来很不好理解。但实际上是已经为新中国成立60年来经济实践反复证明的一个客观真理。这里要说明：从本来的意义上说，现实经济增长率是现实的社会总供给的增长率，而不是社会总需求的增长率。但现实经济增长率是由现实的社会总需求拉动的结果。这里正是这种相互联系的意义上，把现实经济增长率称做社会总需求。

显然，现实经济增长率借以围绕波动的中心，不是短时期可以看出的，而是必须经过较长的时期。从这方面来说，这个中心就是长时期的年均经济增长率。就新中国成立后的经济发展情况来看，这个时期年均经济增长率可以分三个阶段来考察：一是1953~1978年，其年均经济增长率为6.1%；二是1979~2009年，其年均经济增长率为9.8%；三是1953~2009年，其年均经济增长率为8.1%。[①]这样，相对说来，把我国现阶段经济增长率的量界限确定为8%左右，更符合作为经济规律的稳定性、长期性的特点，因而更为相宜。不仅如此，它还更符合潜在经济增长率的质的规定。就我国情况来看，从质的规定来说，可以有两种规定。一是在既定的社会生产技术条件下，在改善通胀和失业的前提下，各种生产要素生产潜能可以得到充分发挥可能达到的经济增长率。这个界定没有纳入资源节约和环境保护因素，有些不妥。二是在既定的社会生产

①《新中国六十年统计资料汇编》，中国统计出版社2010年版；国家统计局网2010年2月25日。

技术条件下，在改善资源节约、环境保护、通胀和失业的前提下，各种生产要素潜能可以得到充分发挥所能达到的潜在经济增长率。显然，这个界定比较全面。还需指出，尽管改革以来年均经济增长率达到了9.8%，但在很大程度上是以过多消耗资源和牺牲环境为代价的。从这方面说把潜在经济增长率界定为8%，也是更为相宜的。

但无论是把潜在经济增长率界定为10%或8%，二者都有波动的上限和下限。前者波动的上限和下限似可定为10%~11%和9%~10%，后者似可定为8%~9%和7%~8%。

这样，大体说来，无论采取上述哪一种潜在经济增长率的质的界定和量的界定，把2010年经济增长率的预期目标定为8%左右，大体上都可以认为是一种科学的规定。相对说来，这个预期目标更符合潜在经济增长率的第二种界定。

二、这个科学规定的实现，将会遇到严重困难

既然把经济增速定为8%，是科学的规定，那就可以顺利实现。但这里又说将会遇到严重困难。这似乎是一个悖论。其实不然。一般说来，客观规律的实现过程都会遇到阻滞因素。因此，客观规律都不是一帆风顺实现的，它只能作为一种客观趋势存在的。就我们这里讨论的作为客观经济规律的潜在经济增长率来说，也是如此。实际上，新中国成立60年来的实践已充分地证明了这一点。新中国成立后，我国经济多次发生周期波动，其主要根源是在经济战略和经济体制方面。就其直接的原因来说，就是现实经济增长率大幅超过潜在经济增长率，以致经济的高速增长成为不可持续的。

就改革前来说，这种偏离主要是由传统的盲目追求经济高速增长的战略和支撑这种战略的传统计划经济体制造成的。改革以来，这种情况已有很大的改变。但问题并没有根本解决。而且，由于新的因素的出现，其中有些重要方面甚至还加剧了。

在经济发展战略方面，1981年党中央、国务院依据对改革前经验教训的正确总结，明确指出："要切实改变长期以来在'左'的思想指导下

的一套老的做法，真正从我国实际情况出发，走出一条速度比较实在、经济效益比较好、人民可以得到更多实惠的新路子。"① 这可以看做是经济战略发生根本转变的重要标志。而且，自此以后，在中央政府层面再也看不到改革前存在的那种经济增长高指标。新世纪初提出的科学发展观更是在完整意义上完成了这种转变。

这绝不是说，传统经济战略对实际经济工作就没有影响了。这里且不可低估传统战略影响。当前正像我们经常可以看到传统计划经济体制的思维和实践一样，也经常可以看到传统战略的思维和实践。但更重要的还是：当前在国内外存在一系列推动追求经济高速增长的因素。在国际方面，在 20 世纪 90 年代初苏联解体以后，原来存在以苏联为首的"华约"与以美国为首的"北约"集团军事对峙的冷战局面已经根本改变。于是，国家之间的经济竞争凸显起来。特别是资本主义经济发达国家与社会主义国家之间的经济竞争更是如此。还有新兴国家（如印度、巴西和俄罗斯等国）之间的经济竞争也趋于加剧。所有这些竞争的一个重要方面，就是追求经济高增长。在这里还有一个重要因素值得提及。尽管从 20 世纪初下半期以来，可持续发展的科学理念在全世界迅速普及，但 GDP 和人均 GDP 仍然是衡量国家经济实力的一个最重要指标。这样，包括我国在内的各国政府在经济增长速度问题上都面临着强大压力。当然，由于各国国情不同，各国政府承受的压力，显然是不同的。追求的速度也是有差异的。

国内在这方面也存在众多这类因素。比如，在计划经济体制下，尽管长期存在数以亿计的庞大潜在失业大军，但人们似乎并不觉得这是很大的经济政治问题。不仅如此，20 世纪 60 年代初发生的大规模的知识青年下乡这种逆城市化运动，还被冠以"革命"行动。但在经济改革业已取得重大进展和以人为本的科学发展理念日益深入人心的条件下，就业就以一个极其尖锐的经济政治问题摆在政府面前。而政府解决这个问题的一个重要途径就是提高经济增长率。

诚然，提高经济增长率并不必然导致现实经济增长率大大超过潜在经济增长率。但在实际的复杂经济工作中，要使得二者经常达到大体接

---

① 《中国经济年鉴》（1981），经济管理出版社，第 II-9 页。

近的趋势，是很困难的。这里且不说在社会主义初级阶段，必然和已经形成了多元的经济利益主体，从而必然有不同的政治诉求，必然对决策发生作用。即使就认识论而言，由于主观认识与客观实际存在的差异，也难以完全做到这一点。所以，那种实际上存在的把社会主义初级阶段的经济主体都看成是完全理性的人的假定，在理论上和实际上都是难以成立的。

以上是从经济战略方面说的。就经济体制而言，经过改革，原来计划经济体制内含的以财务软约束为特征的、由中央政府和地方政府以及国有企业构成的投资膨胀机制已有很大的改变。大体说来，在中央政府和改革已经基本到位的国有或国有控股企业，这种投资膨胀机制已经在很大程度上被削弱了，或者基本不存在了。但在地方政府层面，在政府职能转变和财税体制改革还没到位，特别是在民主监督还不强的情况下，原有的投资膨胀机制不仅基本上保留下来，而且由于一些新的因素的出现，投资膨胀机制还进一步强化了。这些因素主要包括：

第一，伴随改革进展，地方政府管理经济的权限大大扩大了。对这种扩大需要分清三种情况：①改革以前我们实行的是高度集中的计划经济体制。这主要表现为企业是国家行政机关附属物，而不是独立的市场主体。但也表现为中央管理经济权限过大，地方管理经济权限过小。就这方面来说，适当扩大地方经济管理权限，虽然还只是行政性分权，但也还是必要的、合理的。②伴随政府职能向公共服务型政府的逐步转变，地方政府在实现基本公共服务均等化方面承担着越来越大的责任。这是适合经济改革要求的，十分必要，完全合理。③在政资、政企、政事还没有分开的条件下，扩大地方政府的经济管理权限，实际上也就扩大了地方政府直接管理经济的权限，是同经济改革要求背道而驰的。就这三种情况与地方政府的投资膨胀机制的关系而言，第三种情况是强化了调整膨胀机制，第一、二种情况在客观上也成为这方面的一个因素。

第二，与第一点相联系，地方政府实际拥有的国有资产大大增长，它原来实际拥有国有资产在经济增长中的作用也大大提升。这一点在当前特别突出表现在地方政府实际拥有的国有土地资产上。不仅如此，当前许多地方政府还通过低价征用农村的集体土地，再经过高价拍卖，在很大程度上获得了农村集体土地的收益权。这样，在当前我国工业化、城市化快速过程中，土地资产在经济生活中的作用大大增长条件下，这一点就成为地方政府加速本地经济发展的强有力杠杆。

第三，在干部选拔、任命和考核等方面存在的一系列问题也在这方面起了重要作用。仅就干部考核而言，在事实上就存在着唯 GDP 是论的错误倾向。这无疑是推动地方政府盲目追求经济高增长的最有力的动力。

第四，最重要的就是改革以来，地方政府越来越成为市场竞争的主要角色。这是改革以来出现的新情况。计划经济体制是天然排斥竞争的。因而当时在地方政府之间也没有竞争可言。而竞争却是市场经济的本质特征。这样，伴随经济改革的进展，地方政府逐渐成为市场主体，竞争必然在它们之间开展起来。而且地方政府以其拥有的强大经济实力，成为最强有力的市场主体。在这方面，一般的公有或私有企业是无法比拟的。地方政府成为市场竞争主力，同改革前后实行的区域经济战略的变化也有重要的联系。改革以前，我国实行地区经济均衡发展战略。这有当时的客观需要，也起过重要积极作用。但它不仅不能解决地区之间的均衡发展问题，而且成为阻碍全国经济发展的一个重要因素。改革以后，我国实行的是非均衡的地区经济发展战略。这是一个加速经济增长的重要因素。但也扩大了地区之间的经济差距。诚然，从 20 世纪末开始，我国逐步实行了西部大开发、振兴东北老工业基地、促进中部崛起、鼓励东部率先发展的地区经济协调发展的总体战略。但这个战略实施的时间不长，没有也不可能改变当前地区经济发展的差别过大的情况，而且差别扩大的趋势还没有得到有效的遏制。这样，这种区域经济发展的现状就形成了两方面的结果：一方面，它会进一步推动经济发达地区继续开足马力；另一方面又会激发欠发达地区急起直追。所以，地区之间的竞争，是强化地方政府投资膨胀机制的最重要因素。当然，同时也是推动地方经济和全国经济发展的最重要动力。

正因为上述科学规定实行起来会遇到严重困难，因而很难实施。就 2010 年情况尤为如此。已公布的 2009 年经济增速为 8.7%。这是初步核算数字，预计最终核实数字会超过它。其根据有二：①2007 年和 2008 年的初步核实数字分别为 11.6% 和 9.0%，最后核实数字分别为 13.0% 和 9.6%。②从各省市自治区已经公布的数据来看，大部分地区的经济增速都超过了 8.7%。可见，即使就初步核实数字来看，尽管 2009 年经济增速比 2008 年下降了 0.9 个百分点，但仍比 8%高出 0.7 个百分点。如果就将来的最终核实数字看，可能还要高得更多。这里的关键问题还在于：2010 年是开始转入这一轮经济周期的上升阶段，还是继续处于下行阶段，抑或处于低谷的徘徊阶段（这里预计 2009 年是低谷年）。如果是后两种情况，那就困难不大。但就 2010 年的经济增长条件来看，似乎是前一种情况，而不大可能是后两种情况。在供给方面，无论是货币资本、人力资本或物质资本，今年都优于去年。在需求方面，继续在积极的财政政策和适度宽松的货币政策推动下，无论是投资需求或消费需求都会趋旺。在外需方面，尽管还有不确定因素，但总的说来，世界经济趋于复杂已成定局，外需也会增长。实际上，今年 1~2 月的统计数据已经开始证明了这一点。2010 年 1~2 月，规模以上工业增加值同比增长 20.7%，城镇固定资产投资同比增长 14.0%，社会消费零售总额同比增长 17.9%；分别比上年同期加快 16.9、0.1 和 2.7 个百分点。1~2 月进出口总值同比增长 44.8%。[1] 所以，今年通过加强和改善宏观经济调控，能够把经济增速控制在 10%左右，就是很大的成效！

这绝不是说，把今年经济增长的预期目标定为 8%是"明知故犯"，是一种毫无意义的事。实际上，六年来（2005~2010 年）政府都把经济增长预期目标定为 8%左右；尽管五年都没有达到，但仍然坚持这样做。我体会，这绝不是随意的，而是有深刻用意的。就科学的意义上说，它大体上反映了作为经济规律的潜在经济增长率的要求。就实践意义上说，温总理已经说得很清楚，这主要是"强调好字当头，引导各方面把工作重点放到转变经济发展方式调整经济结构上来。"[2]

三、采取有效措施，积极推动这个科学规定的逐步实现

乍一看来，这个提法似乎同作为客观规律的潜在经济增长率的要求是矛盾的，又是一个悖论。其实不然，客观规律的实现通常通过两种形式实现的。一种是在人们认识了它并且采取有效措施为它的实现开辟道

---

[1] 国家统计局网 2010 年 3 月 11 日；新华网 2010 年 3 月 11 日。
[2] 新华网 2010 年 3 月 5 日。

路的条件下实现的。这是客观规律通过自觉行动的实现形式。或者说，是人们自觉运用客观规律的形式。一种是在人们没有认识它，或者虽然认识它但并不采取有效措施使其实现，甚至逆着客观规律要求而行动。这时客观规律的作用虽然会受到阻滞，但仍然会不依人们意志而发生作用。这是客观规律违背人们意志而强制实现的形式。这一点似乎很费解。但在新中国经济发展过程中，在我们现实经济生活中，却是到处可见的。这里举两个例子做些说明。1953 年和 1956 年我国发生过经济增速过高的情况。但经过周恩来总理和陈云副总理等领导人的努力，分别在 1954 年和 1957 年进行了调整。这是"一五"时期经济得以持续快速高效发展的一个极重要因素。这个时期国内生产总值年均增速达到了 9.2%。要着重指出：这些调整正是依据陈云提出的"建设规模要和国力相适应"①的原则行事的。而这个原则又正是反映了计划经济条件下社会扩大再生产客观规律的要求。这是自觉运用客观规律取得良好效果的典型事例。而1958 年以后则发生了截然相反的情况。作为"左"的路线产物的 1958 年"大跃进"，其严重后果，在当年下半年已经显露，并有所觉察，于 1959 年上半年开始着手调整。但在 1959 年夏季庐山会议以后，又一次掀起了"大跃进"高潮，并一直延续到 1960 年。由此造成了以经济负增长为特征的经济危机。1960~1962 年这三年经济增速依次分别为–0.3%、–27.3% 和–5.6%。于是，被迫于 1961~1965 年进行了调整。这样，1958~1965 年年均增速就下降到 4.1%，比"一五"时期下降了 5.1 个百分点。②这是人们违背经济规律要求、经济规律强制实现，并由此造成严重后果的典型事例。

　　这些典型事例表明：必须自觉顺应客观规律要求，采取积极措施促其实现。就我们这里讨论的问题来说，就是要采取措施，促使现实经济增长率趋近于潜在经济增长率。在这方面，最重要的是要加快经济改革的步伐。社会主义市场经济体制，其优化社会生产资源的作用不仅表现在空间维度上，即在年度内社会生产资源向各个部门、地区和企业的配置的优化，而且表现在时间维度上，即社会生产资源向前后相继的各个

---

① 《陈云文选》第 3 卷，人民出版社 1955 年，第 48 页。
② 《新中国六十年统计资料汇编》，中国统计出版社 2010 年版，第 12 页。

年份的配置优化。而各个年份之间经济增速的相对平稳的增长就是这种优化配置的最重要方面。这当然不是说要消除市场经济固有的年份之间的正常的经济波动，而是说要把这个波动限定在合理的范围内。这是从一般意义上说的。

具体说来，就是要推进治理地方政府的投资膨胀机制的改革。如前所述，当前盲目追求经济的高速增长主要源于这种机制。在这方面，当前最重要的有以下几点：①进一步推进政资、政企、政事分开，削弱地方政府拥有的经济实力。②进一步推行政管体制改革，削弱地方用行政手段直接干预经济的权力。③进一步推进财税体制改革，改变当前地方政府事权与财权不相匹配的状况，同时完善财政转移支付制度。还要在全社会范围内加大基本公共服务均等化的建设，加快包括养老、医疗、失业、工伤和社会福利等在内的社会保障体系的建设。这样，就可以大大减轻地方政府在提供各种公共服务（包括就业、教育和医疗等）的压力。④要着力推进干部的选拔、任命和考核制度的改革，要以科学发展观统领这项改革，改变当前事实上存在的唯 GDP 是论的错误倾向。这就可以大大削弱地方政府盲目追求经济高增长的动力。如果做到了这些，就可以从削弱地方政府的经济实力、经济管理权力、经济压力和经济动力四个方面削弱其投资膨胀机制。

但经济改革在抑制经济过快方面的作用，远不限于在治理地方政府的投资膨胀机制方面，还包括多方面的内容。比如，调整经济结构是当前抑制经济增速过快的一个重要因素。因为在我国当前情况下，调整经济结构的一项最基本内容就是要逐步降低投资率，提高消费率。这样，经济增速就会降下来。这项经济结构调整直接依赖于收入分配的改革。多年来，我国经济结构调整步伐之所以缓慢，其根源就在于这方面改革进展缓慢。再如，转变经济发展方式在抑制经济增速过快方面也有重要作用。显然，在经济发展方式转变的步伐加快的情况下，那些过多的低水平的重复建设和重复生产就会被淘汰掉，经济增速也会降下来。经济发展方式的转变，也是直接依赖于平等、有序、统一、充分展开的市场竞争，即有赖于改革的深化。我国多年来经济发展方式转变缓慢，缺乏这种市场环境，是一个十分重要的原因。再如，进行科学发展观的教育，如果不是搞形式主义，而是扎实进行，无疑也是抑制经济过快增长的重要条件。经济过快增长的根源是以地方政府为主的投资膨胀机制。其本质是地方的局部经济利益。因此，解决这个问题的根本途径是调整这种经济利益关系的经济改革；否则，就是根本不可能的。总之，在抑制盲目追求经济高速增长方面，尽管调整经济结构，转变经济发展方式和进行科学发展观的教育，都有不容忽视的重要作用，但根本途径还是深化经济改革，特别是治理地方政府投资膨胀机制的改革。

对当前经济形势的分析*
——写在 2010 年一季度经济数据公布之后

一、已经稳步地走出新一轮经济周期下行阶段的低谷，开始迈入了上行阶段

2007 年的经济增速高达 13.0%，是一个波峰年。如果以波峰年作为考察经济周期的起点，那么 2007 年则是这一轮经济周期的起点。其后的 2008 年和 2009 年经济增速分别下降到 9.6%和 8.7%，① 则是这一轮经济周期的下行阶段。至于 2009 年是否是这一轮经济周期的波谷年，则取决于 2010 年的经济增长状况（详见后述）。2010 年第一季度经济增长率迅速攀升到 11.9%。但这并不是全年的经济增长率。这样，2010 年全年经济增长前景就有四种可能性。一是经济增速大幅低于 8.7%。这样，2010 年就是这一轮经济周期下行阶段的继续，或者是低谷年。二是经济在 8.7%上下小幅徘徊，则仍是低谷阶段。三是经济增速上升到 9%~10%，则是上升阶段。四是经济增速上升到 11%以上，则是经济趋于偏热或过热。那么，究竟是哪一种可能性会成为现实性呢？

从现实经济情况来看：第一种前景几乎不存在，第二种前景的几率也极小，第三种前景几率最大，第四种前景的风险也存在。

---

* 本文原载《中国经济时报》2010 年 5 月 5 日。
① 《中国统计年鉴》(2009)，中国统计出版社；国家统计局网 2010 年 2 月 25 日，第 40 页。

　　这里所说的现实经济条件主要包括四方面：

　　第一，我国现阶段潜在经济增长率的决定作用。依据我国情况，这个增长率似可定义为在不引发和加剧通胀、失业和保护环境的条件下，各种生产要素的潜能可以得到充分发挥所能达到的生产率。确定这种增长率的一个简便而又较为可靠的方法，就是计算长时期的年均经济增长率。我国 1953~2009 年和 1979~2009 年这两个时段的年均经济增长率分别为 8.1% 和 9.8%。这两个阶段的经济增长率似都可以看做是潜在经济增长率。潜在经济增长率是经济增长的本质或客观规律。而客观规律以其固有的不以人们意念为转移的客观存在的本质属性，具有稳定性、长期性和普遍性的特点。从这方面来说，尽管也可以 10% 的年经济增长率作为潜在经济增长率，但还是以 8% 作为潜在经济增长率更为相宜。如果再考虑到以往的经济增长在很大程度上是以过多消耗资源和损害环境为代价的，则更需要这样。相对于现实经济增长率这个现象形态来说，作为经济增长规律的潜在增长率对它具有决定作用。经验证明：现实经济增长率尽管经常变动，但它的波动总是围绕一个中心进行的。这个中心就是潜在经济增长率。所以，这个增长率是经济增长方面的一个基础性范畴。

　　我国这一轮经济周期的实际也已开始证明了这一点。2007 年我国现实经济增长率在经历了连续三年（2004~2006 年经济增长都在 10% 以上）高增长的基础上，又上升到 13%，远远超过了潜在经济增长率。在潜在经济增长率这个规律的支配下，经济增速必然趋于下行。再加上 2007 年下半年美国发生次贷危机，到 2008 年已经演变成"二战"以后最严重的金融危机和经济危机。在我国外贸依存度很高的情况下，这场危机对我国经济增长的冲击是严重的。但我国 2008 年和 2009 年仍然赢得了 9.6%（最终核实数字）和 8.7%（初步核实数字）的经济增速。需要强调指出：在这方面起基础作用的因素就是潜在经济增长率。但在论及近两年的经济增长时，如果很少提及或者没有充分估计这个因素的作用就值得斟酌。实际上，这个因素的基础性作用是其他因素的作用（包括宏观经济调控和外需因素）所不能比拟的。可以设想，如果没有这个基础性因素的作用（即如果潜在经济增长率没有上述的那样高，而是很低），那么 2008 年和 2009 年的经济增速是不可能达到上述的那样高度的。我们也正是依据这个同样的道理，以这个基本因素的作用为依据，预测 2010 年经济增速将有可能达到 10%左右，从而迈入经济上升阶段。当然，仅仅依据这一点，还不能得出这个结论。因为潜在经济增长率在多大程度上变成现实的经济增长率，则决定于一系列现实条件。这些主要条件我们在下述的第二、三、四点进行分析。

第二，宏观经济调控的巨大推动作用。宏观经济调控是社会主义条件下市场经济的重要组成部分。一般说来，这种调控在熨平经济周期波动，促进经济增长方面具有重要的作用。在我国具体情况下，这种作用尤为重要。在这一轮经济周期的运行中，其作用更为明显。2008 年以来，我国先后相继推出的以 4 万亿元投资和振兴十大产业规划为重点的刺激经济的"一揽子"计划，分别从需求和供给两方面迅速有效地改变了 2008 年经济增速的逐季大幅下滑的局面（这年四个季度的经济增速分别依次为 10.6%、10.1%、9.0%和 6.8%），推动了 2009 年经济增速的逐季大幅回升（这年四个季度的经济增速依次为 6.1%、7.9%、8.9%和 10.7%），使得这两年经济增速仍然达到 9.6%和 8.7%。这个"一揽子"计划现在正在实施的过程中，还会继续推动我国经济的增长。

第三，对外贸易增长的重要促进作用。由于世界金融、经济危机的巨大冲击，2009 年世界经济出现了"二战"以后第一次负增长。依据国际货币经济组织的资料，这年世界经济增速为-0.8%。而 2010 年的经济增长，国际经济机构则普遍看好，认为会出现恢复性增长。今年 4 月 21 日国际货币经济组织公布的半年度《世界经济展望》报告提出：预计今年世界经济将增长 4.2%。其中发达经济体将增长 2.3%；在新兴和发展中经济体中，新兴亚洲处于领先地位，将增长 6.3%。在这种国际经济形势推动下，我国进出口贸易有望出现而且正在出现恢复性增长。2009 年我国进出口贸易总额同比下降了 13.9%，2010 年第一季度同比上升了 44.1%，[①]全年有望保持两位数的增长。这种增长会成为推动我国今年经济回升的一个重要因素。

这里需要指出：如果因为在当前世界经济恢复性增长中还存在某些不确定因素，就怀疑甚至否定今年世界经济会出现恢复性增长，从而对

---

① 国家统计局网 2010 年 4 月 15 日。

我国对外贸形势做出不恰当的估计，也值得商榷。这些因素经常被提及，首先是经济发达国家的失业率普遍居高不下。这确实是拖累这些国家经济复苏的一个重要因素。但这一点是这些国家在复苏过程中一时难以避免的一个阶段性问题。还有一个被提及的问题，就是希腊等国的主权债务危机。这是一个局部问题。所以，这两个问题都不致影响世界经济全局恢复性增长的总趋势。决定这一点的主要因素在于："二战"以后，在国家有干预的现代市场经济普遍发展的条件下，再加上经济全球化和信息化的大发展，经济发达国家乃至许多新兴工业化国家，在抵御和治理经济危机方面的能力不是削弱了，而是大大加强了。这一点，在当前作为最大的发达经济体的美国表现得尤为明显。美国是这次严重的世界金融危机和经济危机的发源地。这进一步清楚表明：只要资本主义制度存在，资本主义基本矛盾就会存在，经济危机就不可避免。这是确定无疑的。这虽然是问题的基本方面，也只是一方面。另一方面，它在延长经济周期，降低危机破坏程度，加快经济复苏等方面，仍有很强的能力。当前美国在经济复苏方面仍然存在着重重矛盾。但美国政府在刺激经济复苏所采取的重大措施是值得注意的。诸如针对导致金融、经济危机的问题，提出在虚拟经济领域去杠杆化，推行金融改革，加强金融监管；在实体经济领域去空心化，提出再工业化，重振现代制造业，特别是加强现代科学技术的发展，继续巩固它在国际上的领先地位。可以认为，这些重大举措虽然不能根本解决资本主义的基本矛盾，但却是稳步推进复苏的有效办法。还要提到，使美国经济得不到持续发展的低储备率、高消费率的模式也正在开始发生积极变化。这些就使美国有可能成为经济发达国家率先走出危机、提前复苏的领头军。以致国际货币基金组织在上述报告中预测，今年美国经济增长 3.1%，欧元区增长 1.0%，日本增长 1.9%。还明确提出：在最先进经济体中，美国比欧洲和日本迎来更好的开端。

第四，今年一季度经济增长的数据表明：作为市场经济微观基础的各种经济类型和各种规模的企业已经增强了进一步提升经济增速的基础。这突出表现在以下几方面：①今年一季度规模以上的工业企业增加值同比增加了 19.6%。小型工业企业和私营工业企业分别增长了 23.5%和 22.8%，分别比规模以上的工业企业的增速高出 3.9 个和 3.2 个百分点。

②今年1~2月，全国规模以上工业企业利润同比增长了119.7%。与此相联系，企业投资能力大幅上升。今年一季度，全社会固定资产投资增长了25.6%。其中，国有或国有控股企业增长了21.1%，而民间企业投资增长了30.4%，后者比前者要高出9.3个百分点。在今年一季度城镇投资到位资金中，利用外资和自筹资金分别增长33.6%和25.6%，①大大高于国内贷款。这表明各种经济类型企业的自我积累能力显著增强。特别是民间投资强劲增长，改变了原来存在的显著滞后于国有企业的状况。③今年一季度，全国制造业采购经理指数高达55.1%，大大高于临界点（50%以上）；企业景气指数高达132.9，企业家信心指数高达133.5，均居于高位区间。这表明企业经营状况显著改善，经营积极性大大提高。

此外，今年5月1日在上海开幕的世博会，也是促进经济增长的一个因素。当然，不是主要因素。还要提到：今年春云南等地遭受的严重旱灾和4月14日青海玉树发生的7.1级大地震，对我国经济增长也会产生一定的负面影响。但不致影响经济增长的大局。

依据以上分析，我们就有理由做出结论：在正常发展的情况下，2010年就会告别这一轮经济周期的低谷年，稳步迈入上升阶段。那种以各种不确定因素为由，对这一点持怀疑或信心不足的态度，值得斟酌。

那为什么又存在发生经济偏热和过热的风险呢？这是因为在我国经济发展的良好战略机遇期内，其经济发展有一个重要特征，就是存在多个新的经济增长点。就当前的情况来看，住宅业、汽车业和文化产业就是这方面的突出例证。但这只是经济易于趋于偏热和过热的一个因素。其主要根源还是没有得到根本改革的、以地方政府为主的投资膨胀机制。据已经公布的资料，当前不少省市的投资动辄以万亿元计算，高的甚至达到12万亿元，这两个数字是地方政府投资膨胀机制作用的突出表现。所以，如果关注那些实际并不存在的第二次探底的可能性，而忽视走向偏热和过热的现实危险性，对我国经济平稳较快发展将是很不利的。

---

① 国家统计局网2010年4月15日、20日。

二、新一轮经济周期的积极变化

现在以上述分析为依据，进一步阐述这一轮经济周期已经发生的积极变化。其突出表现有二：

第一，改变了以往经济周期下行阶段经济增速大幅下滑的态势，使得下行阶段经济减速大大趋缓。这里仍以波峰年作为考察经济周期的起点。这样，新中国成立后就经历了完整的八个周期，第九个周期还只是经历了下降阶段，正在开始迈入上升阶段。这九个周期的波峰年依次是1953年、1956年、1958年、1970年、1978年、1984年、1987年、1992年和2007年。第一个周期下降年份为一年，降幅为11.4个百分点；第二个周期下降年份也是一年，降幅为9.9个百分点；第三个周期下降年份为三年，年均降幅为16.2个百分点；第四个周期下降年份为七年，年均降幅为3.5个百分点（这七年中年经济增速有曲折变化。这里将这个变化舍象了）；第五个周期下降年份为二年，年均降幅为3.4个百分点；第六个周期下降年份为三年，年均降幅为2.3个百分点；第七个周期下降年份为三年，年均降幅为2.6个百分点；第八个周期下降年份为七年，年均降幅为0.9个百分点；第九个周期下降年份为两年，年均降幅为2.1个百分点。可见，第九个周期下降阶段经济增速的降幅仅高于第八个周期的下降阶段，但都显著低于前七个周期的下降阶段。这里当然有众多不可比的因素，但大体可以看出第九个周期下降阶段年均降幅是大大降低了。

第二，实现了向轻波周期的转变。这里所说的轻波周期就是波谷年和波峰年经济增速的落差在五个百分点以下。第一个周期波峰年和波谷年的经济增速落差为11.4个百分点，是一个强波周期（即落差在10个百分点以上）；第二个周期的落差为9.9个百分点，近乎一次强波周期；第三个周期的落差为48.6个百分点，是一次超强波周期（即落差超过20个百分点）；第四个经济周期的落差为21个百分点，也是超强波周期；第五个经济周期的落差为6.5个百分点，是一次中波周期（即落差在10个百分点以下）；第六个周期的落差为6.4个百分点，也是中波周期；第七个周期的落差为7.8个百分点，又是中波周期；第八个周期的落差为6.6

个百分点，也是中波周期；唯独第九个周期的落差为 4.3 个百分点，是新中国成立以后首次出现的轻波周期。

这当然不是偶然发生的现象。从根本上说是由决定我国现阶段经济增长的一系列条件决定的。主要包括：经济全球化条件下改革开放效应，知识经济时代科技进步效应，工业化中后期的阶段效应，城镇化加快效应，以及人口大国和经济大国的效应。总体说来，这些都是推动我国经济持续平稳较快增长的主要因素。分阶段说来，在经济周期的上升阶段，这些因素会推动经济快速而又相对平稳的增长，而不致出现以往多次发生的急剧大幅上升情况。下列数据可以清楚说明这一点。在以往八个经济周期的上升阶段，其年增速（对第一、二周期而言）或年均增速分别依次为 6.8 个百分点，16.2 个百分点，6.5 个百分点，6.7 个百分点，3.3个百分点，2.8 个百分点，5.2 个百分点，0.7 个百分点。而在下降阶段，这些因素又成为阻滞经济增速下降，使其保持平稳下降的态势，并把下降阶段的低谷年份的增速提高到一个较高水平。如前所述，第九个经济周期下降阶段的年均增速下降仅为 2.1 个百分点，而且作为低谷年 2010年经济增速仍然高达 8.7%。比以往八次经济周期中低谷年份增速最低的1961 年（其增速为–27.3%）要高出 36 个百分点，比低谷年份增速最高的1999 年（其增速为 7.6%）也高出 1.1 个百分点。①

三、当前众多经济矛盾的加深

本文前两部分都是分析今年一季度经济数据传递出的积极信号。现在分析其中显示的众多经济矛盾的加深。

长期以来，我国投资与消费的关系，第一、二、三产业的关系，轻重工业的关系，以及人与自然关系（其突出表现是能耗过高，环境污染加重）等方面都是失衡的。但一季度的经济数据表明：这些方面的失衡状态，不是缓解，而是加剧。

第一，一季度，全社会固定资产投资同比增长了 25.6%，社会消费品

---

① 《新中国六十年统计资料汇编》，中国统计出版社 2010 年版，第 11 页；国家统计局网 2010 年 2月 25 日、4 月 15 日。

零售总额同比仅增长了 17.9%。前者和后者是投资和消费的最主要的组成部分。据此可以认为投资与消费的失衡状况进一步加剧了。这种加剧是同收入初次分配中多年来存在的政府和企业收入增长过快、居民收入增长过慢直接相联系的。一季度，国家财政收入同比增长 34%；1~2 月规模以上工业企业利润同比增长 119.7%；一季度城镇居民人均可支配收入同比增长 9.8%，农村居民人均现金收入同比增长 11.8%。

第二，一季度，第一、二、三产业增加值的增速分别为 3.8%、14.5% 和 10.2%。这些数据表明：原来发展滞后的第一、三产业和原来超前发展的第二产业（主要是工业）的失衡状况进一步加剧了。

第三，一季度，重工业增加值增长了 22.1%，而轻工业仅增长了 14.1%。在我国工业化中后期阶段，重工业增长可以而且必须快一些。但一季度后者增速仅及前者的 2/3，表明二者失衡状况进一步加剧了。

第四，一季度，工业用电量同比增长了 28%，其中重工业用电量增长了 31%，轻工业仅增长了 14%。[①] 这表明：高能耗行业加速扩张。其结果必然带来环境污染的加重。

这种情况同样不是偶然的现象。历史经验反复证明：在我国经济增长方式还没有实现根本转变的条件下，经济增长主要靠投入，特别是投资。这就必然带来投资和消费关系的失衡。而投资又主要是投入工业，特别是重工业。更何况这轮经济周期由下行阶段转入上行阶段，4 万亿投资计划起了特殊重要的作用。诚然，在这次投资中，与民生相关的投资占了很大的比重。但主要还是与生产和生活相关的基础设施和基础产业的投资。这样，上述各种经济失衡的状况，就是不可避免的了。

诚然，上面列举的数据，还只是今年一季度的数据，而不是全年的数据。但在体制和政策基本框架大体相同的条件下，全年情况大体也就是这样。

---

① 国家统计局网 2010 年 4 月 15 日；《经济参考报》2010 年 4 月 21 日第 3 版。

四、结论

如前所述，当前我国经济增长已经稳步地迈入了这一轮经济周期的上升阶段，但也面临着趋于经济偏热甚至过热的风险。因此，2008 年以来，为应对经济周期下行和国际金融危机和经济危机而采取的扩张性的宏观经济政策，需要择机逐步退出，以保证经济的持续平稳发展。

在这方面，从上一轮经济周期以来创造了丰富的有益经验。1997 年，我国经济增长还处于经济周期的下行阶段。1997 年 7 月亚洲发生的金融危机，到 1998 年夏天，对我国经济冲击明显暴露出来。于是，党中央、国务院果断决定：将 1993 年以来实行的紧缩的财政货币政策转变为扩张的财政货币政策。这就阻止了 1998 年和 1999 年经济增速的过度下滑（这两年经济增速分别为 7.8% 和 7.6%），并促进了 1999~2002 年的经济回暖（这三年经济增速依次为 8.4%、8.3% 和 9.1%）。但问题发生在经济连续两年发生偏热（2003 年和 2004 年经济增速分别达到 10.0% 和 10.1%）[1] 以后，直到 2005 年才将积极的财政政策转变为稳健的财政货币政策。这是 2005~2007 年经济继续趋于偏热和过热的一个因素。但在 2008 年，面临经济周期下行和国际金融、经济危机的双重打击的严峻形势下，又果断地将宏观政策转变为扩张性政策。这对于促进这一轮经济周期由下行阶段步入上升阶段，起了极重要作用。这些经验表明：适时适度地调整宏观经济政策，对于保持经济的持续平稳较快发展，具有十分重要的意义。

但是，由于制约经济增长的因素是经常变化的，而且，无论是其作用的充分显示，或者人们对它的全面认识都要经历一个过程。因此，在转变宏观经济政策的调控方向时，必须留有余地，以免陷入被动。不仅如此，还需要保持宏观经济政策的连续性。这一点，在由扩张的宏观经济政策向紧缩的宏观经济政策转变时，显得尤为重要。这样做，有助于减少诸如由此带来的半拉子工程等方面的损失，也有助于降低银行信贷风险。

---

① 《中国统计年鉴》(2009)，中国统计出版社，第 40 页。

　　就当前的情况来说，要实现由扩张的宏观经济政策向紧缩的宏观经济政策的转变，首先要解决认识问题。现在有一种流行的说法，当前国内外还存在众多不确定因素，似乎还没到实现宏观经济政策转变的时机。但如前所述，这些不确定因素不足以改变已经迈入这一轮经济周期上升阶段的总趋势。还需进一步指出，在很多情况下，这些不确定因素议论的背后，实际上隐藏着某些部门利益特别是地区利益。因此，要把宏观经济政策调控方向的转变真正落到实处，主要就是要克服某些部门利益特别是地方利益的阻力，以促进经济的持续平稳较快发展。当然，要实现这种发展，仅仅靠调整宏观经济指出的方向远远不够，根本途径还是积极推进经济改革，加快转变经济发展方式和调整经济结构的步伐。

试论潜在经济增长率 *

乍一看来，潜在经济增长率是一个早已解决的宏观经济管理的理论问题。但就我国当前学术界和宏观经济管理实践来看，还是一个没有真正解决但又亟须解决的重要问题，似有讨论的必要。这里讲点粗浅想法，以就教于学术界的同仁。

一、潜在经济增长率范畴的提出

就笔者看到的文献看，马克思并未提出潜在经济增长率这个经济范畴。当然，在那个时代条件下，也不可能提出这个范畴。但马克思提出的认识论和生产力论为我们认识这个问题提供了方法和理论。

潜在经济增长率这个范畴的提出，是与古典的自由放任的市场经济向现代的有国家干预的市场经济的转变这个时代相联系的。这个时代呼唤凯恩斯宏观经济学的产生。按照凯恩斯的宏观经济学，总需求等于总供给，是国民经济均衡运行的条件。在这个基础上，哈罗德提出了相互联系的，但又相互区别的三种经济增长率。一是自然增长率，即由人口增长与技术进步所允许达到的长期的最大增长率。二是实际增长率，即本期产量或收入的增长量与上期的产量或收入之比。三是均衡增长率（又称有保证的增长率），即总需求和总供给相等条件下的增长率。后来，

* 本文原载《国家行政学院学报》2010 年第 5 期。

萨缪尔森对自然增长率做了更为明确地概括，将其称之为"潜在的国民生产总值增长率。"并将其增长的源泉归结为"投入（资本、劳动、土地）的增长和技术或效率的改进"。[①]斯蒂格利茨对此又做了更精练的说明，把潜在国内生产总值定义为"经济中所有资源得到充分利用时国内生产总值可以达到的数值"。[②]显然，现代西方经济学者关于潜在经济增长率的理论，具有科学内容，值得依据我国具体情况加以运用。但也存在明显缺陷，即未考虑资源和环境因素（详见后述）。

二、对流行的潜在经济增长率定义的商榷意见

我国学术界曾经流行过这样一种观点：在一定时期内，在不引发或加剧通胀或失业的条件下，各种生产要素潜能得到充分发挥所能达到的生产率。需要说明，笔者也曾经引用过这个观点，现在看来不妥。

这个定义包括了西方经济学者关于潜在经济增长率的科学内容，即各种生产要素潜能得到充分发挥所能达到的生产率。但这个定义比西方经济学者关于潜在经济增长率定义存在更为明显的缺陷。一方面，它偏离了西方经济学的正确内涵。其表现有二：一是加入了不引发通胀为前提的内容。在西方经济学那里，只是以生产要素潜能得到充分发挥为前提的。这是正确的，因为这是作为总供给范畴的潜在经济增长率的题中应有之义。实际上，潜在经济增长率就是潜在的总供给的增长率。而在这个概念中，不仅是以生产要素潜能的充分发挥为前提，而且是以不引发通货膨胀为前提。这就越出了总供给范围，包括了总供给和总需求两方面。因为从本质的和根本的意义上说，通货膨胀都是由于社会总需求超过总供给引起的。要不引发通货膨胀则必须实现社会总需求和社会总供给的平衡。但这样一来，潜在经济增长率的原意就被改变了，变成了潜在经济增长率与均衡增长率的混合物。二是加入了以不加剧失业为前提。这是多余的。实际上，各项生产要素潜能的充分发挥就包含了这项

---

① 保罗·A. 萨缪尔森、威廉·D. 诺德豪斯：《经济学》，中国发展出版社 1992 年版，第 303、1343 页。
② 斯蒂格利茨：《经济学》（下册），中国人民大学出版社 1997 年版，第 424 页。

内容。另一方面，它又沿袭了西方经济学关于潜在经济增长率定义的缺陷，即忽略了资源和环境因素。如果说，在资源和环境问题还不严重的条件下，这种观点的缺陷还不明显的话，那么，这个问题在当前世界范畴内变得很严重的情况下，这个缺陷就显得很突出了。当然，资源和环境问题早在农业社会就已经开始发生了。当然，那时还是发生在局部范围的事。随着资本主义工业化的发展，资源过度消耗和环境污染问题就在工业化国家普遍展现出来。"二战"以后，随着帝国主义殖民地体系的瓦解和众多新兴工业化国家的出现，这个问题又在世界范围内凸显出来，成为妨碍经济社会可持续发展的一个极为严重的问题。以致1972年联合国第一次在瑞典召开了人类环境会议，通过了《联合国人类环境宣言》，呼吁各国政府和人民为维护和改善人类环境而共同努力。1992年联合国又在巴西召开了环境与发展大会，通过了《里约热内卢环境和发展宣言》，第一次把可持续发展理念由理论推向实践。在这种时代条件下，在论到潜在经济增长率时，在供给要素方面不提资源和环境因素，显然是一个更为严重的缺陷。就我国当前情况来说，则更是这样。新中国成立以后，特别是改革开放以后，我国在实现社会主义现代化建设和民族伟大复兴方面已经迈出了决定性步伐，正在改变世界经济格局，赢得了世人的青睐。但在资源过度消耗和环境污染方面都付出了沉重代价。在这方面，我国已经历了两次大的破坏。一是在改革前30年发生的。其中，尤以1958~1960年"大跃进"和60年代中期到70年代中期的"三线建设"最为突出。二是改革后30年发生的。其中，尤以80年代乡镇工业的遍地开花和新世纪以来重化工业超高速增长最为明显。这样，当前我国已经成为资源和环境问题最严重的国家之一。这种状况同社会主义经济大国的地位很不相称，亟须改变。诚然，从20世纪90年代下半期开始，我国就已经把可持续发展列为重要的经济社会发展战略，并相继采取了一系列重大政策措施，取得了一定进展。但在实践方面，资源过度消耗和环境严重污染方面并没有从根本上得到遏制。在这种形势下，我国在资源和环境方面就面临着双重任务：在今后的经济增长中，不仅要严格遵循可持续发展的理念，恪守节约资源和保护环境的原则，而且要补偿过去长时期资源过度消耗和环境严重污染的欠债。还需指出，这个定义忽略资源和环境，也并不符合马克思主义关于社会生产一般的理论。马克思提出："一切财富的源泉——土地和工人。"这里说的土地可以理解为整个自然资源，工人可以理解全部劳动力。恩格斯还以希腊等地居民因砍完森林造成的严重后果为例，深刻地说明了人类生存和社会生产对自然环境的密切依存关系。①

据此，笔者认为，我国现阶段潜在经济增长率似乎可以定义为：在一定时期内，在既定的社会生产技术条件下，在适度开发利用资源和保护改善环境的前提下，各种生产要素潜能得到充分发挥所能达到的生产率。

如果这个定义是正确的，那么测算潜在经济增长率的经济计量模型就要做相应的调整。按照前述的西方经济学者关于潜在经济增长率的定义，其测算潜在经济增长率的经济计量模型为：潜在经济增长率=资本和劳动等要素投入对经济增长的贡献率+由技术进步等因素导致的效率提高对经济增长的贡献率。而按照笔者修正后的潜在经济增长率的定义，测算潜在经济增长率的经济计量模型则应为：潜在经济增长率=资本和劳动等要素投入对经济增长的贡献率+由技术进步等因素导致效率提高对经济增长的贡献率–由适度开发利用资源和保护改善环境对经济增长缩减率。当然，这个调整对测算现实经济增长率也是适用的。

三、对流行的潜在经济增长率的商榷意见

近来有多位学者发表这样的观点：中国在今后 10 年、20 年甚至 30 年仍然能够实现经济高增长。而他们所说的高增长，其量的界定就是年均增长 9% 以上，甚至接近 10%。在我国"十二五"规划正在制定之际，这是一个很值得关注的理论动向。无论从理论意义或者实践意义上说，这种观点都值得商榷。

这些学者讲的是中国今后长时期经济增长率。所以，把它理解为中国今后的潜在经济增长率，是符合原意的。我们就从这个视角讨论这种观点。

显然，可以想象，这些学者并不是随意拍脑袋提出这个观点的，而

① 详见《马克思恩格斯全集》第 23 卷，人民出版社 1972 年版，第 553 页;《马克思恩格斯选集》第 3 卷，人民出版社 1973 年版，第517~518 页。

是经过多方面论证的。其依据可能有以下三个主要方面：

第一，我国历史经验。因为 1979~2009 年我国年均经济增长率就达到 9.9%。但能否由这个历史经验做出结论说，中国在今后 10 年乃至 30 年仍然可以实现 9% 以上乃至 10% 的年均经济增长率。看来，在这方面仍有众多问题需要研究。应该肯定，以长期的历史经验数据为依据来测算潜在经济增长率，从方法论上说是无可置疑的。现实经济增长率是经济增长中的现象形态，而潜在经济增长率是经济增长中的本质（或规律）。按照马克思主义关于本质（或规律）特征的分析，它具有长期性、稳定性的特征。而潜在经济增长率正是具有这样的特点。正如萨缪尔森所说，"潜在产出增长是相当平稳的"。"从比较长期的观点来看，推动经济在几十年内增长的因素，是潜在的产出和总供给。"[①] 但就新中国成立后历史经验数据来看，也面临着三种选择。1953~1978 年，我国年均经济增长率为 6.1%，1979~2009 年为 9.9%，1953~2009 年为 8.1%。[②] 这三个时限都是比较长的时期。相对说来，以 1953~2009 年年均经济增长率 8.1% 为依据，把我国今后一个时期潜在经济增长率定为 8% 左右，更符合作为经济本质（或规律）所具有的稳定性和长期性的特点。因而更为相宜。不仅如此，这样确定还更符合作为潜在经济增长率的质的规定。如前所述，潜在经济增长率应定义为：在一定时期，在既定的社会生产技术条件下，在适度开发利用资源和保护环境的前提下，各种生产要素潜能充分发挥所能达到的生产率。这样，在我国当前资源过度消耗和环境严重污染的情况下，不以 1979~2009 年年均经济增速 9.9%，而以 1953~2009 年的 8.1%，无疑是更为相宜的。

但这里的问题是：这样确定今后一个时期的潜在经济增长率，是否时限太长了。诚然，就这里涉及到 60 年和 30 年相比较，时限是长了。如果纵观中国几千年的经济增长，放眼世界范围内的经济增长，就是另一番景象。按照麦迪森的计算，在 1700~1820 年长达 1200 年的时间内，中国年均增速仅为 0.85%，在 1820~1952 年长达 1332 年的时间，主要由于逐步沦为半殖民地半封建社会，年均增速还下降到 0.22%。在这两个时段

① 保罗·A. 萨缪尔森、威廉·D. 诺德豪斯：《经济学》，中国发展出版社 1992 年版，第 301、303 页。

② 《新中国六十年统计资料汇编》，中国统计出版社 2010 年版，第 12 页；国家统计局网 2010 年 7 月 2 日；《中国统计摘要》（2010），中国统计出版社，第 24 页。

内，世界年均增速分别为 0.52% 和 1.64%。^①需要说明：列举这些数据的目的，仅仅在于以过去 60 年的年均增速作为预计今后一个时期潜在经济增长率的时限不能算长。当然，无论是以 30 年的历史经验数据为依据，或是以 60 年的历史经验数据，都不能充分说明今后一个时期潜在经济增长率。因为尽管历史具有继承性，今天中国是过去中国的历史发展，明天中国是今天中国的历史发展，但明天中国毕竟不同于今天中国。因此，要充分说明今后一个时期中国潜在经济增长率，还必须分析这个时期的供给要素，这一点留待下面展开。

第二，理论依据。就作者看到的有关文章，持有今后几十年经济增速仍可达到 9% 以上乃至 10% 的观点的学者，提出的理论依据主要有以下几点：曾经支撑中国经济过去 30 年高速增长的要素（包括劳动力和资本投入等）在未来 30 年仍然存在。再有，就是城市化的加速推进和区域经济的加速发展等。

从一般意义上说，可以认为这些理论依据都是正确的。而且用它来说明今后 30 年年均经济增速仍能达到 1953~2009 年年均增速 8% 也是可以的。但要用它来说明今后仍能维持过去 30 年的 10% 的增速，就很难说服人了。问题在于：这些作者片面强调了加速今后 30 年经济增长的因素，完全忽略了降低今后 30 年经济增速因素，而且忽略了后一类因素的作用会超过前一类因素的作用。这样，今后 30 年年均增速由过去 30 年的 10% 下降到 8% 就是难以避免的了。具体说来就是：今后确实存在加速经济增长的因素。诸如城镇化和区域经济的加速发展等。但同时也存在众多降低今后 30 年经济增速是因素。举其要者有：

1. 如前所述，当前我国资源过度消耗和环境污染已经达到了很严重的地步，几乎接近极限。在既定的社会生产技术条件下，降低资源消耗和减轻环境污染的最有效的办法就是降低经济增速。因为在这种条件下，二者呈现一种很强的正相关的关系。当然，在这方面科技进步等因素也能起很大的作用。但就我国当前的情况来看，这些因素的作用远不如降低经济增速的作用。在这个限度内，可以说降低经济增速是改变资源过

---

① ［英］安格斯·麦迪森著，伍晓鹰、马德斌译：《中国经济的长期表现（公元 960~2030 年）》，上海人民出版社 2008 年版，第 37 页。

度消耗和环境严重污染的最重要办法。

2. 当前我国经济存在严重失衡，已是公认的事实。就我们这里讨论的问题来说，值得提及的有两个重要方面。一是投资和消费关系的严重失衡。在 1952 年、1978 年和 2009 年这 3 个时点上，我国投资率由 22.2%上升到 38.2%，再上升到 47.5%。2010 年上半年我国全社会固定资产投资增速虽有回落，但仍达到 25.0%，比全社会消费品零售总额增速还要高出6.8 个百分点。[①] 而前者和后者分别是投资和消费的最主要组成部分。据此可以判断：2010 年，我国投资率仍然保持了上升态势。这样，投资率就在我国历史上达到了空前未有的高度，在世界上也是绝无仅有的。所以，在今后我国经济正常发展的情况下，投资率的逐步下降必将成为一种客观趋势。但问题还在于：投资效益下降局面在短期内也还难有大的改变。据计算，我国投资效益系数，1953~1957 年为 0.55，1958~1978 年为0.24，1979~1984 年为 0.47，1985~1992 年为 0.53，1993~2000 年为0.43，2001~2008 年为 0.28。可见，无论从新中国成立后 60 年看，或改革后 30 年看，我国投资效益系数都经历了一个先扬后抑的过程。这个下降过程在短期内还难望有大的改变。二是重工业和轻工业的严重失衡。本来，改革前轻重工业严重失衡状况，在改革后的一个长时期内逐步得到了缓解。但在新世纪初以来，由于重化工业的超高速增长，这种失衡状况又趋于加剧了。下列数据可以清楚地显示这一点。据计算，1953~1978年，轻重工业年均增速分别为 9.3% 和 13.8%。二者失衡状况趋于加剧。但在 1979~1984 年、1985~1992 年和 1993~2000 年这三段时限内，二者增速分别依次为 12.3% 和 7.3%、16.0% 和 15.4%、18.3% 和 17.1%，二者失衡状况趋于缓解。但在 2001~2007 年，二者增速分别为 16.8% 和 23.2%，二者失衡状况又趋于加剧。这种失衡状况本身就表明重化工业超高速增长，是不可持续的。更何况这些年重化工业的超高速增长，正是资源过度消耗和环境严重污染的主要根源。这更说明是不可持续的。现在需要进一步指出：高投资和重化工业的超高速增长，正是推动我国经济高速增长的两个主要动力。这两方面情况的改变，必将抑制我国经济的增速。

---

① 《新中国六十年统计资料汇编》，中国统计出版社 2010 年版，第 12 页；国家统计局网 2010 年 2 月 25 日、7 月 15 日；《中国统计摘要》(2010)，中国统计出版社，第 36 页。

3. 我国现阶段市场经济体制的特点是政府主导型的市场经济。这种体制在动员社会资源，推动经济高速增长方面具有特殊巨大的作用。但也极易导致经济的过快增长。当前这一点尤为明显地表现在以地方政府为主的投资膨胀机制的作用上。但是伴随经济政治改革的深化，政资政企政事分开，行政管理体制、财税体制和干部制度改革的进展，以及民主政治监督的增强，这种投资膨胀机制的作用，有望得到逐步削弱。这样，政府虽然仍是推动经济增长不可代替的重要力量，但当前追求经济过高增长的倾向，预期可以得到遏制。

4. 经济总量和经济增速这两方面的现有基数都会在不同程度上制约今后的经济增速。一般说来，在其他条件相等的情况下，经济总量和经济增速两个基数越大，制约经济增速提高的作用越大，经济增速下降的机率也越大；反之亦然。诚然，这两种基数是有联系的，又是有区别的。如果在论到基数对经济增速的制约作用时，只提前一方面，而不提后一方面，那就不能认为是全面的。而当前我国经济增速方面又恰恰遇到了这两方面的制约。按不变价格计算，2009 年我国经济总量是 1978 年的 18.6 倍，年均经济增长率高达 9.9%。[①] 如果将这一点与前述三个因素联系起来看，那么，我国潜在经济增长率下降就是很明显的。还要提到：在经济总量达到一定规模以后，经济增速趋于下降，是一个世界范围内带有规律性的现象。据麦迪森计算，在 1913~1950 年、1950~1973 年和 1973~998 年这三个时期，欧美日国家的年均经济增速分别依次为 1.19%、4.81%和 2.11%，2.84%、3.93%和 2.99%，2.21%、9.29%和 2.97%。[②] 显然，这些国家各个时期经济增速的变化，是由多种复杂因素决定的，基数并不是主要因素。但从中可以看到：基数在这方面也有一定的作用。很清楚，中国今后的经济增速变化，也会受到基数的影响。

第三，经济计量模型的依据。在对历史经验数据和理论依据做了分析以后，对经济计量模型方面的依据的分析，就比较容易了。这个经济计量模型包括的经济变量有四个：资本投入对经济增长的贡献率；劳动力投入对经济增长的贡献率；科技进步等因素导致效率提高对经济增长

---

① 《中国统计摘要》(2010)，中国统计出版社，第 24 页。
② 麦迪森：《世界经济千年史》，北京大学出版社 2003 年版，第 260 页。

的贡献率；资源和环境对经济增长率的影响。下面分别就这四个经济变量对经济增长的作用做具体分析。

1. 如前所述，在正常情况下，今后一个时期我国投资率是趋于下降的，投资效率下降趋势也难以有大的改变。这样，大致可以确定：在今后一个时期内，投资对经济增长贡献率与过去 30 年相比较，将是下降的趋势。

2. 劳动投入在这方面的作用将呈现一种复杂的情况。一方面，如果要说路易斯转折点已经到来或即将到来，那是一种过于乐观的估计。但是，改革初期那种劳动力供给大大超过需求的状况已经有了很大改变，并正在继续加快发生改变。而且，劳动力价格逐步上升也已成了客观趋势。另一方面，我国已经普及了九年制的义务教育，高中教育也有很大发展，甚至高等教育也已经达到了大众化阶段。这样，人力资本在经济增长中的作用就会逐步上升。这样，前一方面因素对经济增长率提升将发生负面作用，后一方面因素则会发生正面作用；正负相抵以后，仍然可以认为劳动力投入对今后一个时期经济增长率提升将会发生积极作用。

3. 科技进步等因素造成的效率提高。这一点，在今后一个时期内，无疑仍然是提高经济增长率的积极因素。当前我国科技进步因素对经济增长率仍然远远低于经济发达国家，仍有很大的增长潜力。但也要考虑到：以往 30 年，我国科技因素在这方面贡献率的增速是很快的。作为基数之一的速度对其尔后的增速是有制约的。所以，对科技进步对提高我国经济增长率的作用也不宜估计过高。

4. 为了补偿以往几十年资源过度消耗和环境严重污染，也为了节约资源和保护环境，资源和环境对今后经济增长肯定会起负面作用。它不仅不能提高经济增长率，还会降低经济增长率。据有的学者估算，资源和环境因素会降低今后经济增长率 1~2 个百分点。但是，那些持有今后我国经济增速仍能达到 10% 的学者在论到这一点时，却只字不提资源和环境问题。这是令人十分奇怪的事！综合以上对四个经济变量的分析，我们可以得到这样的结论：今后一个时期内我国年均经济增速将会下降到 8%；如果以经济计量模型来证明仍然可以达到 10%，似乎也是缺乏根据的。

事实上，我国不仅已有学者明确提出我国今后潜在经济增长率是下降的，而且把资源和环境因素纳入了经济计量模型进行了测算。其结论是：我国潜在经济增长率将由以往 30 年的 10.5%，下降到 2010~1015 年的 9.5%、2016~2020 年的 7.3% 和 2020~2030 年的 5.8%。这个计算结果是否完全准确还可以研究。当然，任何经济计量模型都是抽象的，它只能涵盖若干个主要经济变量，不可能包括实际经济中的全部因素；各个变量所依据的样本数据也很难做到全部掌握；特别是其中某些权重的设置更是难免带有某种程度的随意性。因此，我们对这个测算结果也不能提出完全准确的要求。但是这个测算结果所揭示的我国今后潜在经济增长率的下降趋势，却是可以认同的。

需要提到，笔者也曾指出：中国在 21 世纪初一个相当长的时期内仍然面临着千载难逢的经济可以得到快速平稳持续发展的战略机遇期。并把它归结为：经济全球化条件下改革开放效应，知识经济时代科技进步效应，工业化中期阶段效应（其中包括城镇化加速效应），积累了适应现代市场经济发展要求的、全过程的宏观经济调控效应，人口大国和经济大国的效应，仍然可以赢得一个较长时期的稳定的社会政治局面和国际和平环境。[①] 现在需要进一步指出：以往 30 年经济增速 9.9% 是高速增长；今后 30 年经济增长 8%，仍然是高速增长。这无论是同中国的历史比较，还是与当代各国比较，都是可以这样说的。

还要说明：以上说的都是潜在经济增长率，即总供给的潜在增长率，并未涉及到总需求因素。如果把总需求因素也列入考察的视线，如果以地方政府为主的投资膨胀机制得不到有效抑制，甚至进一步强化，如果宏观经济调控也显得无力，甚至在某些方面还有意无意地适应或推动这种膨胀，那么，在今后若干年内经济增速达到 10% 甚至 10% 以上，也是完全可能的。如果真是这样，那么，中国资源和环境就要进入第三个 30 年的大破坏。这就不是原本意义上的中华民族的伟大复兴，而是给中华民族子孙后代造成巨大灾难。这是一个值得严肃思考的问题！

---

① 详见拙著：《论中国经济社会的持续快速全面发展（2001~2020）》，经济管理出版社 2006 年版，第 82~83 页。

四、讨论的意义

概括说来，潜在经济增长率是宏观经济调控在总量调控方面的主要依据。因此，正确确定潜在经济增长率对实现正确的宏观经济调控具有至关重要的意义。在社会主义市场经济条件下，社会总需求和总供给以及二者的增长率也并不总是一致的，二者的不一致是经济增长的常态。但当二者的差别扩大到一定限度时就会导致经济过热，造成经济的周期波动。因此，在社会主义市场经济条件下，宏观经济调控的一个最重要任务，就是要促进经济总量的供需平衡，熨平经济周期的波动，实现经济的平稳发展。这样，如果仅就调控经济总量来说，社会总需求和社会总供给的差距，就成为衡量经济热冷的唯一的无可代替的总体指标。因此，就是宏观经济调控赖以确定调控方向（紧缩或扩张）力度（紧缩或扩张强度）和节奏（紧缩和扩张的步伐）的主要依据。

但如前所述，潜在经济增长率是潜在的总供给增长率。而现实经济增长率就其直接的意义上说，是现实的总供给增长率。它是总需求拉动的结果。从这种相互关系的意义上，也可以把现实经济增长率看做是总需求的增长率。关于这一点萨缪尔森有过这样的说明："经济周期主要是由总需求变动引起的。"但在上述相互联系意义上，他又说："经济周期的产生是因为潜在的与实际的 GNP 之间的缺口扩大或收缩。"① 诚然，在资本主义市场经济条件下，经济周期发生的根本原因，是资本主义的基本矛盾。在我国当前的社会主义市场经济条件下，经济周期发生的主要原因，是以地方政府为主的投资膨胀机制。但就经济周期发生的直接原因来说，萨缪尔森的上述说法，无疑是正确的。而且从一般意义上，对我国现阶段也是适用的。依据这些分析，我们又可以进一步说，潜在经济增长率与现实经济增长率的差距是衡量社会总供给与总需求唯一的无可替代的总体指标。潜在经济增长率也就成为宏观经济调控在总量调控的主要依据。

---

① 保罗·A. 萨缪尔森、威廉·D. 诺德豪斯：《经济学》，中国发展出版社 1992 年版，第 305、307 页。

现在需要进一步指出：潜在经济增长率是经济增长中的本质（或规律），而现实经济增长率是现象形态。如前所述，像一切规律和现象一样，前者具有稳定性、长期性的特点，而后者则是经常变化的、不稳定的。历史经验也反复证明：前者是决定后者的，后者在经济周期的各个阶段是围绕前者这个中心波动的。正因为这样，潜在经济增长率不仅应该成为制订中长期规划在确定经济总量增长方面的主要依据，而且应该成为制订年度计划在这方面的主要依据，还应该成为调整中长期规划、计划年度乃至季度计划的主要依据。

但就我国当前现实情况来看，似乎并没有在宏观经济调控中把它放到应有的地位。比如，当前观察宏观经济总量增长是否冷热的通行做法，就是依据国家统计局提供的现实经济增长率和居民消费价格指数。诚然，这样做，是有其根据的，而且是国际的通行做法。但也有值得斟酌之处。如前所述，衡量经济冷热唯一的无可替代的总体指标是现实经济增长率与潜在经济增长率的差距。这样，如果孤立地就现实经济增长率增速本身来观察，虽然可以在很大程度上看到经济的冷热，但还不是准确的。比如，在同一国家的不同发展时期，其潜在经济增长率是有高低差别的。这样，一定的现实经济增长率在一个时期可以表示经济过热，而在另一个时期则可以表示经济过冷。甚至在一个经济周期不同发展阶段，也存在某种类似的情况。即一定的现实经济增长率在经济周期的上升阶段，可以表示经济过热；而在经济周期的低谷阶段，则可以表示经济增速向潜在经济增长率的正常回归。

至于以居民消费价格来考察经济冷热，其值得斟酌之处就更多。在这方面，居民消费价格指数与国内生产总值平减指数还是有区别的。在社会劳动生产率不发生变化的条件下，在国内生产总值平减指数单纯由社会总供给和总需求的不平衡引起的条件下，这个指数也可代替潜在经济增长率与现实经济增长率的差异，成为衡量冷热的总体指标。而居民消费价格指数尽管也是最重要的价格指数，但不像国内生产总值平减指数那样，涵盖了经济总量价格的变化，并不具有国内生产总值平减指数那样的功能。更何况居民消费价格指数的变化，除了受到社会总需求和总供给的决定以外，也要受到社会劳动生产率升降的影响。

可见，以潜在经济增长率为依据制定中长期规划和年度计划，并以潜在经济增长率与现实经济增长率的差距来观察经济冷热，进行宏观经济调控，是实现宏观经济调控科学化的一个重要方面。

但要做到这一点，需要一个重要条件，即比较准确测算潜在经济增长率。在这方面，潜在经济增长率与现实经济增长率的确定方法是不同的。现实经济增长率是经济增长率的现象，因而只要国家统计局提供的相关统计资料是真实的，现实经济增长率是容易观察到的。而潜在经济增长率中是经济增长中的本质，需要经过对长期的统计资料的分析或经济计量模型才能大体测算得到。

当然，要有效地实现宏观经济管理，仅仅依据正确确定潜在经济增长率是远远不够的。

第一，在我国现阶段宏观经济调控体系中，尽管规划居于龙头的地位，就规划的执行来说，或者抑制经济过冷或过热来说，财政政策或货币政策则具有更大的作用。所以，要有效地实现宏观经济管理，就必须实现规划和财政政策、货币政策的协调。协调得好，就事半功倍；协调得不好，就事倍功半。这一点，已为改革后的经验教训反复证明了。

第二，要有效地实现宏观经济调控，还必须有它赖以实行的微观基础。这个微观基础就是独立自主、自负盈亏并能平等竞争的市场主体。但在我国政资、政企、政事还没有完全分开和国有经济（特别是其中的垄断企业）占的比重过大的条件下，并不完全具备这种微观基础。这样，就存在着以地方政府为主的（就各级政府来说）和以国有垄断企业为主的（就各种经济类型的企业来说）投资膨胀机制。这样，在我国经济增长过程中就存在中央政府的经济增长规划与这些投资膨胀机制的博弈关系。实践已经表明：在这个博弈中，实际的赢家往往不是中央政府的规划，而是这个投资膨胀机制。这一点在近六年来（2005~2010年）表现得尤为突出。这六年，中央政府制定的经济增长预期目标都是8%。但在2005~2007年这三年，经济增速分别达到了11.3%、12.7%和14.2%，经济发生过热；2008~2009年在国际金融危机的严重冲击下，经济增速仍然分别达到了9.6%和9.1%（初步核算数字）；[①] 2010年在国际经济复苏局面还不稳定的条件下，预计我国经济增速将会达到10.0%左右。如果宏观经济

---

① 《中国统计摘要》（2010），中国统计出版社，第23页；国家统计局网2010年7月15日。

调控得不到有效地加强，2005~2007 年经济过热的局面又将重复出现。诚然，这六年的经济增长，特别是后三年的经济增长，是在险恶的国际经济条件下取得的，是一个来之不易的、重大的并为世人青睐的成就。但它同时表明：在我国经济增长中，在很大程度上起支配作用的是投资膨胀机制。所以，要有效地进行宏观经济调控，必须同深化经济改革结合起来。特别是要着力推进政府行政管理体制的改革以及国有垄断经济的调整和改革。

第三，近来有多位学者提出，我国在今后 10 年、20 年乃至 30 年仍能实现 9%以上甚至 10%的增长，彰显了一个事实。即要实行有效的宏观经济调控，还需要有正确的舆论引导。诚然，作为自由学术讨论，对此无可非议。但同时又必须清醒看到：这种观点对人们是有影响的。那么，哪些人最喜欢这种观点呢？要了解这一点，只要回顾一下新世纪以来在经济过热环境中哪些特殊人群获得了特殊利益，就可以看得清楚。显然，经济的过快增长，必然造成经济的大幅波动、资源的过度消耗以及环境的严重污染，似乎难以得到人们的广泛认同。但有三类人群却可以从经济过快增长中获得巨大利益。即追求政绩的某些政府官员、垄断企业的某些高层管理人员以及既不主张经济倒退又不主张继续推进改革以维持改革现状的人群。因为借助经济过热环境，第一类人可以大肆推进政绩工程，第二类人可以获得更多的垄断利润和与之相联系的高薪，第三类人则可以巩固和扩大"寻租"和贪污腐败的机遇和空间。而这三类人群对政府决策的执行，是有重大影响的。所以，当前按照学术民主的原则，通过自由学术讨论，以实现正确的舆论导向，很有必要。因为真理总是越辩越明的。

我国投资和消费比例关系的演变
及其问题和对策 *

当前我国投资和消费比例关系的严重失衡，是阻碍经济持续稳定快速发展，影响社会政治稳定和维系国家经济安全的一个基本问题。本文拟对新中国成立以来投资率和消费率的演变过程做些简要的历史考察，从中总结出某些带有规律性的结论，提出一些对策思考。

一、新中国投资和消费比例关系的演变

以基本经济制度或经济体制的变革作为历史分期的第一位标准，以社会生产力发展状况作为第二位标准，似可将新中国成立后 61 年投资和消费比例关系的演变过程，分为以下四个时期。

（一）新民主主义社会的投资和消费比例关系——经济恢复时期的投资和消费比例关系（1949 年 10 月~1952 年）

为了说明这个时期投资和消费比例关系的特点，先有必要简要分析半殖民地半封建中国投资和消费比例关系。鉴于 1931~1936 年是旧中国经济发展比较好的年份，同时考虑到我国已故著名经济史学家巫宝三在这方面提供了旧中国绝无仅有的较为完整的资料，这里就以这个时期说明旧中国投资和消费比例关系的特征。按照巫宝三提供的资料计算，

* 本文原载《中国延安干部学院学报》2010 年第 6 期。

1931~1936 年消费率（消费占国民收入的比重）和投资率（投资占国民收入的比重）分别依次为 104.1%和-4.1%，97.5%和 2.5%，102.0%和-2.0%，109.1%和-9.1%，101.8%和-1.8%，94.0%和 6.0%。这些数据表明：

第一，旧中国投资率奇低。在这六年最高年份只有 6.0%，最低年份甚至达到-4.1%；投资率只有两年是正数，有四年为负数。这明显地反映了在帝国主义、封建主义、官僚资本主义的剥削和压迫下，旧中国社会生产力的水平低下。这六年所能支配的国民收入分配依次为 23212 百万元、23597 百万元、20044 百万元、18399 百万元、21293 百万元和 26908 百万元。[①] 可见，在这六年中，增长年份只有四年，下降年份有两年。其中，1935 年虽比 1934 年增长，但仍远低于 1932 年。英国著名经济史学家麦迪森提供的资料也佐证了这一点。按照他的测算，1931~1936 年旧中国国内生产总值分别依次为 280393 百万国际元、289304 百万国际元、289304 百万国际元、264091 百万国际元、285403 百万国际元和 303433 百万国际元。这表明：这六年也只有四年是增长的，其中，1935 年虽比 1934 年下降。可见，尽管巫宝三与麦迪森的计算口径（前者为国民收入，后者为国内生产总值）和单位（前者为国民党政府发行的纸币，后者为国际元，即相当于按购买力平价计算的货币）有差别，但这些数据所揭示的旧中国社会生产低下的特征是一致的。在这种条件下，每年能够提供的投资量必然很小，甚至为负数。如果再考虑到人口的增长以及与此相关的人均国内生产总值的变化情况，那更是这样了。1931~1936 年，人均国内生产总值分别依次为 569 国际元、583 国际元、579 国际元、525 国际元、565 国际元和 579 国际元。[②] 可见，这六年人均国内生产总值与国内生产总值增长状况基本是一致的，即也是四年增长，两年下降。但这六年前者的年均增速只有 0.8%。仅及前者 1.5%的一半。这就进一步制约了投资率的增长。投资率的这种状况，从作为促进经济增长基本因素的投资方面突出地反映了旧中国许多年份社会生产的停滞和下降。因为投资的负增长不仅意味着社会扩大再生产无法实现，而且意味着社会简单再生产都处于萎缩状态。

---

① 巫宝三主编：《中国国民所得（1933 年）》上册，中华书局 1997 年版，第 20 页。

② ［英］安格斯·麦迪森著，伍晓鹰、马德斌译：《中国经济的长期表现（公元 960~2030 年）》，上海人民出版社 2008 年版，第 168 页。

第二，消费率奇低。在这六年中，消费率最高年份竟然达到109.1%，最低年份也高达94.0%；超过100%的年份竟然多达四年，高于90%以上的也有两年。消费率这种状况意味着旧中国许多年份社会生产提供的国民收入连维持社会消费都不够，还需要部分地依靠消耗原有的国民收入存量。在存在阶级剥削和压迫的条件下，消费率这种状况还突出反映了旧中国许多年份广大劳动人民生活水平处于下降的绝对贫困状态。比如，1930~1933年上海工人的实际工资上升了15%；但1934~1937年又下降了30%以上。所以，旧中国低投资率、高消费率，与当代经济最发达的美国低储蓄率、高消费率，是有天壤之别的两回事。

新中国成立后的1949年10月~1953年，是新民主主义社会的时期，[①]同时也是国民经济恢复时期。在这个时期，在短短的三年内，在迅速恢复国民经济的同时，也使得投资和消费关系发生了根本性的变化。这种变化表现为两个方面。一是由旧中国的积累和消费关系作为阶级对抗关系，转变为整体利益和局部利益，长远利益和当前利益的关系；二是在人民消费水平显著提高和消费率保持很高水平的同时，投资率有了大幅上升。1950~1952年，作为投资的最主要组成部分基本建设投资，分别为11.34亿元、23.46亿元和43.56亿元；1952年比1950年增长了1.98倍。这当然是恢复性的增长，但其增速是很高的。这意味着投资率有了大幅上升。事实上，到1952年，投资率已经上升到了22.2%。这是一方面。另一方面，生活水平有了显著提高。据调查，按1957年物价计算，1936年，全国每一职工家庭平均消费额为140元左右，1952年上升到189元，提高了35%。据统计，1949~1952年，职工平均工资提高了70%左右，农民收入大约提高了30%；1952年消费率高达78.9%。[②]

决定投资和消费比例关系这种新格局根本因素是：

第一，新民主主义社会国民收入的持续高速增长，为上述新格局奠定了物质基础。1947~1952年，国民收入分别依次为358亿元、427亿元、497亿元和589亿元；1952年比1949年增长了69.8%。这个时期国民收入提高的主要因素是：①这个时期实行了新民主主义三大纲领：没收处

---

① 相见拙文：《"新民主主义论"研究——纪念毛泽东诞辰100周年》，《经济研究》1993年第12期。

② 《中国固定资产投资统计年鉴》（1950~1995），中国统计出版社1996年版，第71页；《新中国六十年统计资料汇编》，中国统计出版社2010年版，第13页；《伟大的十年》，人民出版社1959年版，第188页。

于旧中国经济垄断地位的官僚资本，建立了社会主义国有经济；实行土地改革，保护和发展个体农民经济，保护并有限制地发展民族资本主义工商业。还实行了四面八方政策：公私兼顾、劳资两利、城乡互助、内外交流。这些纲领和政策充分调动了各类经济主体发展经济的积极性。② 这个时期还建立了以行政指令为主要特征的计划经济体制的雏形，对国有经济实行行政指令计划；同时又运行价格杠杆，调节个体农民和手工业以及资本主义工商业的生产，较好地发挥了适合新民主主义经济特点的、计划和市场相结合的调节机制在优化资源配置方面的作用。③尽管这个时期面临着多次政治运动和抗美援朝战争的环境，但仍然坚持和贯彻了以恢复和发展生产为中心的方针。④从这个时期国力有限、百废待兴的具体情况出发，实行了以经济恢复为主、有重点地进行建设的方针。在作为建设重点的工业建设方面，其投资也是投向恢复改造项目、重工业部门和东北地区。而且工业生产的恢复和发展，也是主要依靠发挥现有企业的生产潜力。⑤在帝国主义国家对我国实行经济封锁的条件下，充分地发展了同苏联和东欧各国的对外经济贸易关系，在一定范围内有效地利用了两种市场和两种资源。这些主要因素不仅有力地促进了经济增长，而且显著地提高了经济效益。比如，1951~1952 年，投资效益系数（即当年新增国民收入除以当年基本建设投资）依次分别高达 6.01 和 2.11。又如，1949 年和 1952 年，社会劳动生产率（即当年国民收入总额除以当年社会劳动者总数）分别为 198 元和 284 元，提高了 43.4%。① 这些数据反映的经济效益水平是比较高的。当然，它也带有经济恢复时期的特点。这样，这个时期的国民收入就有了持续高速增长，成为上述投资和消费比例关系的新格局的源泉。

第二，新民主主义社会经济形态的建立，为上述新格局提供了制度基础。在旧中国的农村，农民得到的只是农业收入的小部分，大部分收入都归地主占有了。而且，以积累为源泉的扩大再生产，并不是封建经济的特征。简单再生产才是它的特征。诚然，扩大再生产是资本主义经济的特征。但在旧中国，帝国主义资本和官僚资本依靠其垄断地位可以

---

① 《伟大的十年》，人民出版社 1959 年版，第 46 页；《中国统计年鉴》（1986），中国统计出版社，第 52、124 页。

获得高额垄断利润，其积累动力远低于资本主义国家。而且在帝国主义经济和官僚资本主义经济中，剩余价值率又远远高于资本主义国家。这样，工人工资水平是很低的。至于在国民经济中占的比重不大的民族资本主义经济，由于受到帝国主义、封建主义和官僚资本主义的压迫，利润率并不高，但剩余价值率却很高，工人工资也很低。这就是旧中国低投资率、高消费率的制度基础。但在新民主主义社会，这个制度基础被摧毁了，代之而起的是新民主主义经济制度。在个体农民经济中，除了上交一部分农业税外，大部分收入都归农民所有。在国有经济中，利润和工资分别归国家和工人所有。在民族资本主义经济中，利润虽然已受限制，但仍有钱可赚，工人工资也有保障。这些就是上述投资和消费关系比例关系新格局的制度基础。下列数据可以清楚表明这一点。比如，在 1952 年 130 亿元的积累中，国有经济占了 72.9%，农村个体经济和集体经济占了 11.5%，城镇资本主义经济和个体经济占了 7.7%，居民个人占了 1.6%。需要说明：国有经济占的比重大，其原因：一是因为它在国民收入中占的比重大。1952 年，这一比重为 19.1%。二是因为它在经济和技术等方面的先进性，积累能力强。三是因为来自各种所有制经济的国家税收占国民收入的比重也大。1952 年这一比重为 16.6%。而且在财政支出中，投资占的比重也很大。1952 年仅基本建设投资和增拨企业活动资金就占了当年财政税收的 66.8%。[①] 但上述数字同时表明：国有经济以外的其他所有制经济对投资的贡献也很大。

　　第三，新民主主义社会财政政策和货币政策的适时调整，为上述新格局提供了重要保证。在计划经济体制下，国家计划在调控经济中居于主导地位，财政政策和货币政策是实行国家计划的工具。财政政策和货币政策在这方面也有重要作用。在新民主主义社会，财政政策和货币政策所做的即时调整，不仅在恢复国民经济方面起了十分重要的作用，而且在形成上述新格局方面的作用也很明显。1949 年，全国解放战争正在进行，国家财政收入的增长跟不上财政支出（主要是军费支出）的增长。在这种客观形势下，不得不实行以巨额财政赤字为特征的扩张政策。与

---

①《国民收入统计资料汇编（1949~1985）》，中国统计出版社 1987 年版，第 29~30 页；《新中国六十年统计资料汇编》，中国统计出版社 2010 年版，第 19~20 页。

此相联系，在货币政策方面也实行以货币超经济发行为特征的扩张政策。这样，就保证了全国解放战争的伟大胜利。但同时又带来了全国物价的大幅上升。如以 1949 年 12 月全国大中城市主要商品价格指数为 100，到1950 年 3 月大幅上升到 206.3。于是，在 1950 年全国解放战争已经取得基本胜利的形势下，在财政政策和货币政策方面，就转而开始采用紧缩政策，财政赤字和货币的超经济发行已有很大改变。1951~1952 年基于财政经济情况的逐步好转，财政支出和货币政策又逐步转向中性政策。这样，1950 年财政赤字就下降到 5.88 亿元，仅占财政支出的 8.6%；1951~1952 年还出现了财政盈余，分别为 2.89 亿元和 1.87 亿元。与此相联系，货币发行也趋于适应经济增长的需要。到 1952 年，当年以货币形式表现的社会商品购买力为 302.5 亿元，而当年零售商品货源达到了 324.9 亿元，后者超过前者 22.4 亿元。这样，物价就趋于下降。1951 年商品零售价格指数虽比 1950 年大幅下降，但还上升了 12.2%；而 1952 年比 1951 年下降了 0.4%。[①] 显然，这种财政政策和货币政策是促进经济迅速恢复和发展的重要因素，因而既有利于提高投资率，又有利于把消费率保持在一个较高的水平上，使得人民生活有了显著的提高。

以上的分析，是从新民主主义社会与半殖民地半封建社会做纵向比较这个视角着眼的。如果把中国新民主主义社会与世界各国做横向比较，那么似乎可以说这个时期的投资率是偏高的，消费率是偏低的（详见后述）。这个时期中国的高投资率，并不是偶然发生的现象。主要是由于建立了具有强大动员社会生产资源力量的高度集中的计划经济体制雏形，并且适应了经济恢复为主、有重点地进行建设的客观需要。而且这个时期的人民生活水平有了显著的提高。从这些基本方面来说，尽管这个时期投资率偏高，但大体说来，还是适合这个时期的具体情况的，是能承受的，也是必须的。

（二）从新民主主义社会到社会主义社会的过渡时期的投资和消费的比例关系——建立社会主义工业化初步基础时期的投资和消费的比例关系（1953~1957 年）

总的说来，这个时期投资与消费的比例关系变化的特点，是比较稳

---

① 资料来源：《新中国六十年统计资料汇编》，中国统计出版社 2010 年版，第 18、23 页。

定。1953~1957 年，消费率和投资率分别依次为 77.2%和 23.7%、74.5%和
25.8%、77.3%和 23.7%、74.7%和 24.9%、74.1%和 25.4%；这五年年均消
费率和投资率分别为 75.6%和 24.7%。这些数据表明：①在这五年间，消
费率和投资率波幅很小。前者是在 74.1%~77.3%之间波动的，后者是在
23.7%~25.8%之间波动的。②这五年年均消费率只比 1952 年降低了 3. 3
个百分点，年均投资率只提高了 2.5 个百分点。但要说明，这期间消费率
下降和投资率的上升，是在消费和投资高速增长、消费也有明显提高的
情况下实现的。1952~1957 年，全社会固定资产投资由 114.5 亿元增长到
189 亿元，年均增速为 34.7%；全国居民平均消费水平由 80 元增长到 108
元，年均增速为 4.5%。[①]

决定这个特点的主要因素是：

第一，这期间经济获得了持续高速增长，经济效益也有了持续提高。
这就为这期间投资和消费关系协调发展提供了物质基础。其原因是：

1. 总的说来，这期间比较顺利地实现了对个体农业和手工业以及资
本主义工商业的社会主义改造，建立了社会主义制度。而且，这期间在
整个国民经济范围内建立了计划经济体制。这就为这期间经济发展奠定
了基本经济制度和经济体制的基础。

2. 这期间较好地处理了各种经济关系，为经济的持续高速发展，创
造了根本条件。主要是：①不断克服急躁冒进情绪，使生产建设规模和
速度与国力相适应。这期间在周恩来总理和陈云副总理的主持下，在
1953 年特别是 1956 年成功地进行了反冒进，避免了 1958 年那样的"大
跃进"，使得经济获得了持续高速发展。②把基本建设放在首位的同时，
注意充分发挥现有企业的生产潜力。③在重点发展重工业的同时，注意
发展轻工业和农业。④贯彻厉行节约方针，在实现经济高速增长的同时，
注意提高经济效益。⑤重视从苏联和东欧国家引进设备、技术、人才、
资金和管理经验，在充分利用国内资源的同时，尽可能利用国外资源。
⑥巩固稳定的政治局面，为经济的持续快速发展，创造了良好社会环境。
以上两点不仅推动了这期间经济的持续快速增长，而且大幅提高了社会

---

① 《新中国六十年统计资料汇编》，中国统计出版社 2010 年版，第 13~15 页。需要说明，这里投资率和消
费率之和不等于 100%，是因为还有净出口的因素。以下均同。

经济效益。这期间国内生产总值年均增速为 9.2%，年均全社会固定投资效益系数（即新增国内生产总值除以固定资产投资）高达 0.55，社会劳动生产率年均增长 5.0%，成为新中国成立以后经济增速和经济效益最好的时期之一。这样，一方面为适度提高投资率提供了较大的空间，另一方面又为在显著提高消费水平的同时适度降低消费率留下了余地。如前所述，这期间投资率有了一定的提高，消费率有了一定的下降，而消费水平却有了显著的提高。

第二，总的看来，这期间较好地贯彻了陈云提出的调控宏观经济的原则。即财政收支和银行信贷必须平衡，生产物资供需必须平衡，人民购买力提高必须同能够供应的消费物资相适应以及基本建设规模和财力物力之间的平衡。这样，就为提高以货币形态表现的投资和消费的实现提供了物质保证，而不致引起物价上涨。事实也正是这样的。在这期间，职工生活价格指数年均只上升了 1.8%，处于低度通胀区间。[①] 需要说明：这期间物价处于平稳状态，是同以财政收支和银行信贷的平衡为特征的中性财政货币政策是有直接联系的。1953~1957 年，财政赤字共计为 29.45 亿元，只占这期间财政支出总额的 1320.53 亿元的 2.2%。这期间流通中的现金由 1952 年的 27.5 亿元，增加到 1957 年的 52.8 亿元，增加了 25.3 亿元。增加额仅为这期间增加的国内生产总值 390.3 亿元的 6.4%。[②]

以上分析是从这期间的主要方面来说的。但也要指出这期间投资率在某种程度上是偏高的，消费率在某种程度上是偏低的。比如，这期间，年均经济增速为 9.2%，而全国居民平均消费水平年均增速只有 4.5%。[③] 诚然，为了实现这期间建立社会主义工业化初步基础的伟大历史任务，消费水平增速必须低于经济增速。但二者增速的差距似乎大了一些。这还是从国内做纵向比较来说的。如果做国际比较，那更是可以说这期间的积累率是偏高了（详见后述）。

---

① 笔者依据我国历史经验数据，把居民消费价格上升 3% 左右称为低度通胀，5%~10% 称作中度通胀，10% 以上称作高度通胀。

②《新中国六十年统计资料汇编》，中国统计出版社 2010 年版，第 9、19、24、65 页。

③《新中国六十年统计资料汇编》，中国统计出版社 2010 年版，第 12、14 页。

（三）计划经济体制强化时期的投资和消费的比例关系——"大跃进"阶段、经济调整阶段、"文化大革命"阶段和"洋跃进"阶段的投资和消费的比例关系（1958~1978 年）

与"一五"时期相比较，这个时期投资和消费比例关系的变化特点是：①这个时期经济周期的波峰年份与波谷年份之间的投资率与消费率波动幅度很大。其突出例证是：在 1958 年开始的一轮经济周期中，作为波峰年份的 1959 年，其投资率高达 42.8%，作为波谷年份的 1962 年只有 15.1%，二者相差 27.7 个百分点；消费率最低年份 1959 年只有 56.6%，最高年份 1962 年达到 83.7%，二者相差 27.1 个百分点。②这个时期投资率大幅提升，消费率大幅下降。年均投资率高达 30.6%，比"一五"时期要高出 5.9 个百分点；年均消费率只有 68.9%，比"一五"时期要低 6.7 个百分点。[①]

决定这个特征的主要因素是：

第一，盲目追求经济高速增长的经济战略。本来速度问题是社会主义建设中的一个重要问题。但脱离中国实际情况盲目追求高速度就使得事情走向了反面。①其突出例证就是 1958 年开始的"大跃进"。这年经济增速高达 21.3%，比 1957 年上升了 16.2 个百分点。②这个时期盲目追求经济高速增长主要就是盲目追求工业（特别是重工业）的高速增长。1958 年工业增长了 53.4%，其中，重工业增长了 78.8%，二者分别比 1957 年上升了 42 个百分点和 60.4 个百分点。③在这个时期，粗放的经济增长方式不仅不可能有多大变化，甚至进一步强化了。在上述三个条件下，盲目追求经济（主要是重工业）的高速增长，必然要求大幅提高投资。而且在经济总量一时不可能有很大增长的情况下，投资的大幅提高，就意味着投资率的大幅上升和消费率的大幅下降。

第二，1958 年以后，计划经济体制得到了进一步强化。在各种经济情况已经发生重大变化的条件下，这种强化的经济体制，就从原来的促进经济发展的因素，逐步演变成了阻碍社会生产力发展的桎梏。[②]其突出表现就是这种体制成为盲目追求经济高速增长的经济战略的体制基础。

① 《新中国六十年统计资料汇编》，中国统计出版社 2010 年版，第 13 页。
② 详见拙著：《中国现代产业经济史》，山西经济出版社 2006 年版，第 203~204 页。

主要是：①在这种体制下，国家拥有大部分社会生产资源，而且可以采取行政命令手段迅速动员这些资源。在这种体制下，各级政府官员和公有企业领导人实际拥有这些资源使用权，而对资源使用后果并不承担经济责任，存在一种财务软约束。在这种体制下，其重要的运行机制是下级政府官员对上级政府官员以及企业领导人对政府官员的行政责任。这样，在追求经济高速增长的战略目标的支配下，经济增速也就成为考核政府官员和企业领导人的政绩的主要指标。所有这些就构成了强大的投资膨胀机制，成为盲目追求经济高速增长的主要动力。②在这种体制下，财政政策、货币政策、物价政策和收入分配政策也成为推行盲目追求经济高速增长的政策重要工具。比如，在1958~1960年三年"大跃进"期间，年均基本建设投资高达295.39亿元。与此相联系，这三年年均财政支出高达529.07亿元，年均财政赤字高达49.39亿元。这三个数据分别比"一五"期间年均基本建设投资高出194.1亿元，比年均财政支出高出264.96亿元，比年均财政赤字高出43.5亿元。这些数据表明：扩张的财政政策推动成为"大跃进"的重要政策工具。但由于这期间指令性价格占主要地位，存在抑制型通胀。因而货币政策特别是价格政策在这方面的作用并不明显。这三年流通中的现金年均增长14.36亿元，比"一五"期间年均数只高出9.31亿元。价格政策则更是这样。这三年职工生活价格指数年均上升了0.3%，甚至比"一五"期间年均数下降了1.5个百分点。但收入分配政策在这方面的作用则很明显。这三年全社会固定资产投资依次分别为348.8亿元、460.0亿元和520.7亿元，年均增长率为43.2%，比"一五"期间高出8.51个百分点；居民平均消费水平依次分别为111元、104元和111元，年均增长率为-4.1%，比"一五"期间要低8.6个百分点。可见，这种高投资、低消费的分配政策，在推动盲目追求经济高速增长方面起了极重要的作用。

我们在上面着重分析了由于传统经济战略和经济体制的作用，导致了1958~1960年"大跃进"期间高投资率低消费率的状况。但这绝不是说这种状况只是存在于这个期间。实际上，也正是由于这个战略和体制的作用，导致了1958~1978年发生了以经济增速大上和随之必然到来的大下为特征的三次周期波动。很显然，在计划经济体制下，经济（主要是重工业）增速大上，必然遇到社会产品供给的制约，主要是农产品和轻工业产品的制约。于是经济增速被迫大下。而在经济增长大上年份（即经济过热年份①）投资率必然大升，消费率必然大降。1958~1960年经济过热年份在这方面的情况已见前述。其后的1970年和1978年这两个过热年份也发生了类似情况。1970年经济增速高达19.4%，于是投资率上升到33.8%，消费率下降到66.1%。1978年经济增速高达11.7%，投资率又上升38.2%，消费率下降到62.1%。②

第三，传统的经济战略和经济体制的作用，必然导致年均经济增速和经济效益的下降。1958~1978年，年均经济增速为5.4%，比"一五"时期年均经济增速下降了3.8个百分点；年均社会劳动生产率增速和年均社会固定资产投资效益系数分别为2.8%和0.24，分别比"一五"时期下降了2.2个百分点和0.31个百分点。而相对经济增速和经济效益较高的年份来说，经济增速和经济效益较低的年份，增长的经济总量为增加投资总量，而又不提高投资率的空间要小得多。从这个意义上说，由高投资率导致的经济增速和经济效益的下降，反过来又成为不利于投资率提高，并极易导致和加剧高投资率一个重要因素。

（四）建立和完善社会主义市场经济时期的投资和消费的比例关系——实现社会主义现代化建设三步走战略目标时期的投资和消费的比例关系（1979~2009年）③

与1958~1978年相比较，这个时期投资和消费的比例关系的变化，呈现出以下特点：①投资率上升到前所未有的高度，消费率则降到前所未有的低度。1979~2009年，年均投资率为37.9%，年均消费率为60.1%，二者分别比1958~1978年高7.3个百分点和低8.8个百分点。这个时期投资率最低年份1982年为31.9%，最高年份2009年上升到47.5%。前者比1958~1978年期间投资率最高年份1959年还要高4.7个百分点，后者比投资率最低年份1962年高16.8%。这个期间消费率最高年份1981年也只有67.1%，最低年份2008年还只有48.4%。前者比1958~1978年期间消费率

---

① 笔者依据我国历史经验数据，把现实经济增长率超过潜在经济增长率（在现阶段约为8%）两个百分点，认为经济过热年份。

②《新中国六十年统计资料汇编》，中国统计出版社2010年版，第11、13页。

③ 按照党的十六大部署，建立完善的社会主义市场经济体制，要到2020年。按照邓小平理论，最终实现社会主义现代化建设三步走的战略目标，要到21世纪中叶。本文的分析只到2009年。

最高年份 1962 年低 16.6 个百分点，后者比消费率最低年份 1959 年低 7.8 个百分点。②投资率和消费率在这个期间年度之间以及经济周期波峰年与波谷年之间的波动幅度比较小，相对平稳。1958~1978 年期间，投资率年均上升 0.61 个百分点，消费率年均下降 0.57 个百分点。而在 1978~2009 年期间，前者仅为 0.30 个百分点，后者也只有 0.43 个百分点。投资率和消费率这种相对平稳的状态，在这两个时期经济周期的波峰年份与波谷年份的变化上表现得尤为明显。比如，作为波峰年份的 1959 年，其投资率和消费率分别为 42.8% 和 56.6%。但到了作为波谷年的 1962 年，二者分别变为 15.1% 和 83.7%；前者下降了 27.7 个百分点，后者上升了 27.1 个百分点。峰年的 1992 年，二者分别为 36.6% 和 62.4%。而到了作为波谷年的 1999 年，二者分别变为 36.2% 和 61.2%；前者只下降了 0.4 个百分点，后者也下降了 1.2 个百分点。①③投资率的上升和消费率的下降是在消费水平同时大幅上升的条件下实现的。1958~1978 年，全社会固定资产投资和全国居民平均消费水平年均增速分别为 13.2% 和 1.7%，二者之比为（以后者为 1，下同）7.8:1.0。而在 1979~2009 年，前者和后者年均增速分别为 20.3% 和 7.1%，二者之比为 2.9:1.0。可见，1979~2009 年投资和消费年均增速分别比 1958~1978 年高出 7.1 个百分点和 5.4 个百分点，二者之间的差距也缩小了 4.9 个百分点。②

形成这些特点的主要原因：从 20 世纪 80 年代以来，我国将在一个相当长的时期内面临着空前未有的良好的经济发展的战略机遇期。相对以往各个时期来说，这个战略机遇期的主要特点是：经济可以得到持续稳定高速和比较有效益的发展。决定这一点的主要因素是：①经济全球化条件下改革开放效应。②知识经济时代科技进步效应。③工业化中期阶段效应（其中包括城镇化加速效应）。④积累了适应我国社会主义市场经济要求的、经济周期发展全过程的宏观经济调控效应。⑤中国作为人口大国和经济大国的效应。⑥我国仍然可以赢得一个较长时期的稳定的社

---

① 1992 年净出口占国内生产总值的比重仅为 1.0%，而到 1999 年上升到 2.6%，故有投资率和消费率双双下降的局面。

② 《新中国六十年统计资料汇编》，第 13~15 页；《中国统计摘要》(2010)，中国统计出版社 2010 年版，第 34~38 页。

会政治局面和世界和平环境。①

这些因素作用的结果是：①经济的长期持续高速发展。1979~2009年，我国年均经济增速高达 9.9%；在基数大大增加的情况下，比 1953~1957 年的 9.2%还要高出 0.7 个百分点；比 1958~1978 年的 5.4%高出 4.5个百分点。②经济的长期稳定发展，这一点突出表现在：经济周期实现了由超强波周期到轻波周期的转变。如果以波峰年作为经济周期的起点，那么新中国成立以来，我国已经经历了九次经济周期。1953 年经济增速高达 15.6%，是第一个波峰年，1954 年迅速下降到 4.2%，是第一个波谷年；波谷年与波峰年经济增速的落差是 11.4 个百分点，是一次强波周期。1956 年经济增速猛增到 15.0%是第二个波峰年；1957 年下降到 5.1%，是第二个波谷年；经济增速的落差为 9.9 个百分点，是一次近乎强波周期。1958 年经济增速跃进到 21.3%，是第三个波峰年；1961 年经济竟然负增长 27.3%，是第三个波谷年；经济增速的落差高达 48.6 个百分点，是一次超强波周期。1970 年经济增速迅速上升到 19.4%，是第四个波峰年；1976 年负增长 1.6%，是第四个波谷年；经济增速落差为 21 个百分点，也是一次超强波周期。1978 年经济增速上升到 11.7%，是第五个波峰年；1981 年下降到 5.2%，是第五个波谷年；经济增速的落差为 6.5 个百分点，是一次中波周期。1984 年经济增速又上升到 15.2%，是第六个波峰年；1986 年下降到 8.8%，是第六个波谷年；经济增速的落差为 6.4 个百分点，又是一次中波周期。1987 年经济增速又上升到 11.6%，是第七个波峰年；1990 年下降到 3.8%，是第七个波谷年；经济增速的落差为 7.8 个百分点，也是一次中波周期。1992 年经济增速上升到 14.2%，是第八个波峰年；1999 年下降到 7.6%，是第八个波谷年；经济增速的落差为 6.6 个百分点，又是一次中波周期。2007 年经济增速上升到 14.2%，是第九个波峰年；2009 年下降到 9.1%，是第九个波谷年；经济增速的落差为 5.1 个百分点，近乎一次轻波周期。③经济实现了比较有效益的发展。仅就社会劳动生产率的年均增速来看，1979~2009 年为 7.5%，比 1953~1957 年高出 2.5 个

---

① 详见拙著：《论中国经济社会的持续快速全面发展（2001~2020）》，经济管理出版社 2006 年版，第 83~84 页。

百分点，比 1958~1978 年高出 4.7 个百分点。[①] 另据有的学者测算，在改革以后 30 年的经济增长中，全要素生产率对经济增长的贡献率高达 30%，远远超过了改革以前的 30 年。

经济的长期持续高速、稳定和比较有效益的发展，就会使得改革以来年均增长的经济总量达到改革以前所不能达到的、望尘莫及的巨大规模。按不变价格粗略计算，1953~1978 年，年均增长的经济总量为 123.0 亿元；而 1979~2009 年，高达 2189.5 亿元。[②] 后者为前者的 17.8 倍。这一点，正是改革以来在实现高投资率的同时，又能使得消费得到明显增长的源泉。当然，形成高投资的主要根源，还是以地方政府为主的调整膨胀机制（详见后述）。

二、当前投资和消费比例关系方面存在的问题及其对策的思考

（一）当前我国投资和消费比例关系方面存在的问题

综上所述可知，1979~2009 年，我国年均消费率比 1952 年消费率低 18.8 个百分点，比 1953~1957 年消费率低 15.5 个百分点，甚至比 1958~1978 年消费率也要低 8.8 个百分点。与此相对应，1979~2009 年我国年均投资率，比 1952 年高出 15.7 个百分点，比 1953~1957 年年均投资率高出 13.2 个百分点，甚至比 1958~1978 年年均投资率还高出 7.3 个百分点。这些数据表明：这期间我国年均消费率呈现逐期降低的趋势，而年均投资率则呈现逐期提高的趋势。但问题不仅限于这一点，问题还在于：这期间我国年均消费率下降的百分点还呈现逐期加大的趋势；而年均投资率下降的百分点也呈现逐期加大的趋势。1953~1957 年，我国年均消费率比 1952 年下降 3.3 个百分点；1958~1978 年年均消费率比 1953~1957 年下降

①《新中国六十年统计资料汇编》，第 7、11 页；《中国统计摘要》(2010)，中国统计出版社 2010 年版，第 23、44 页。说明：第一，笔者依据我国历史经验数据，将波谷年与波峰年经济增速的落差 5 个百分点以下称做轻波周期，将 5~10 个百分点称做中波周期，将 10 个百分点以上称做强波周期，将 20 个百分点以上称做超强波周期。第二，笔者预计 2010 年经济增速将超过 2009 年，为 10% 左右，故将 2009 年称做第九个经济周期的波谷年。

②《新中国六十年统计资料汇编》，第 9、12 页；《中国统计摘要》(2010)，中国统计出版社 2010 年版，第 20、22 页；国家统计局网 2010 年 7 月 2 日。

6.7 个百分点；1979~2009 年年均消费率比 1958~1978 年还下降 8.8 个百分点。与此相对应，1953~1957 年我国年均投资率比 1952 年上升 2.5 个百分点，1958~1978 年比 1953~1957 年又上升 5.9 个百分点，1979~2009 年比 1958~1978 年还上升了 7.3 个百分点。① 据此，可以认为，当前我国消费率已经跌入低谷，而投资则步入巅峰，二者的失衡状态已经达到了十分严重的地步！

如果再做一点国际比较，还可以更清楚地看到这方面的严峻形势。诚然，世界各国的具体情况千差万别，不可能有一个统一的合适的消费率和投资率。但按照毛泽东的精辟说法，"矛盾的普遍性和矛盾的特殊性的关系，就是矛盾的共性和个性的关系。其共性是矛盾存在于一切过程中，并贯穿于一切过程的始终……所以它是共性，是绝对性。然而这种共性，即包含于一切个性之中，无个性即无共性……一切个性都是有条件地暂时地存在的，所以是相对的。这一共性个性、绝对相对的道理，是关于事物矛盾的问题的精髓，不懂得它，就等于抛弃了辩证法"。② 从这方面说，做国际比较，具有重要意义。

依据钱纳里等人的研究，1950~1970 年期间，包括高中低收入国家在内的 101 个国家平均投资率由 13.6% 上升到 23.4%，平均消费率由 89.8% 下降到 76.5%。依据世界银行数据库的资料，在 1970~2002 年期间，世界各国平均投资率由 25.6% 下降到 19.9%；平均消费率由 74.2% 上升到 79.6%。2009 年，世界各国平均投资率为 21.0%。可见，我国当前投资率，在上述四个时点上（即 1950 年、1970 年、2002 年和 2009 年），都大大超过了世界各国平均投资率。其中，2009 年我国投资率比世界各国投资率还要高出 26.5 个百分点。

所以，无论是纵向的历史比较，还是横向的国际比较，都可以说明：当前我国投资率正步入巅峰，消费率跌入低谷，亟须调整。

（二）当前调整投资和消费比例关系的重大意义

当前调整投资和消费比例关系，其重大意义主要有以下几个重要方面：

第一，是实现经济持续稳定发展的根本前提。按照马克思关于社会

---

① 《新中国六十年统计资料汇编》，中国统计出版社 2010 年版，第 9、12 页；《中国统计摘要》（2010），中国统计出版社 2010 年版，第 20、22 页；国家统计局网 2010 年 7 月 2 日。

② 《毛泽东选集》第 1 卷，人民出版社 1991 年版，第 319~320 页。

扩大再生产的一般理论，生产资料生产部门和消费资料生产部门相互在价值构成和物质构成上满足对方的需求（概括起来说，也就是社会总产品需要在价值形态上和物质形态上适应社会总需求），是社会扩大再生产持续进行的根本条件。诚然，投资和消费的失衡，是社会总需求内部结构的失衡，但它同时又必然导致社会总供给和社会总需求的失衡。而按照凯恩斯的宏观经济学，社会总需求＝社会总供给，是经济稳定增长的条件。还需指出，马克思关于资本主义生产无限扩大的趋势和劳动者有购买力的需求相对缩小的矛盾，是资本主义生产过剩的经济危机的直接原因。从一般意义上说，这个道理对我国社会主义市场经济也是适用的。实际上，以上各点是我国改革以后经济实践反复证明了的不容置疑的客观真理。这里需要提到，在 2007 年下半年由美国次贷危机引发的国际金融危机和金融危机以后，2008 年以来，我国及时采取了以 4 万亿投资为重点的刺激经济的计划，由此赢得了 2008 年和 2009 年的 9.6% 和 9.1% 的经济增长。[1] 在国际环境环境险恶的条件下，能够获得这样的经济高增长，实属来之不易的重大成就，并因此获得了世人的青睐。如果把这个原本是短期刺激经济的政策搞成了中期政策，把注意力过于侧重经济的增速，而对投资和消费比例关系的调整没有给予足够的注意，那么，我国经济持续的高速增长，就是难以做到的。

第二，是调整产业结构的一个重要动因。诚然，调整投资和消费的比例关系，与调整第一、二、三产业比例关系是互为条件的。在社会主义市场经济条件下，货币资本也是资本运动的起点和动力。从这方面来说，调整货币形态上的投资和消费的比例关系，具有更重要的意义。所以，如果只是片面强调调整第一、二、三产业的比例关系，而不是把调整第一、二、三产业比例关系与调整投资和消费比例关系紧密结合起来，那就会收效不大；反之就可以发挥相互促进的良好作用。

第三，是促进经济增长方式转变的一个重要因素。投资和消费比例关系失衡与经济增长方式粗放是一对孪生兄弟。这绝不是一种偶然的巧合，而是有必然的联系。事情很清楚：如果投资比例过大，就会使得投资品市场需求旺盛，并在一定程度上带动消费品市场的扩容。在这种市

---

①《中国统计摘要》（2010），中国统计出版社，第 22 页；国家统计局网 2010 年 7 月 12 日。

场需求过旺的条件下，即使过多低水平重复生产的产品，企业也不愁卖不出去。这样，企业就缺乏改进生产技术的市场环境和动力。这是我国经济增长方式转变缓慢的一个重要原因。所以，即使把转变经济增长方式的口号叫得再响，如果不在调整和消费比例关系上切实地下工夫，那么，这个口号在很大程度上就会成为一句空话。

第四，是转变贸易增长方式、提高国际竞争力和降低外贸依存度的一个重要抓手。①改革以来，我国在出口方面已经实现了由初级产品为主到以工业制成品为主的转变。这是一个重大成就。但当前在工业制成品出口方面，高技术产品占的比重小，拥有核心技术和自主品牌的产品也很少；在整个出口方面，服务贸易占的比重也不大。因而竞争力不强。改变这种情况，是当前转变贸易增长方式的两个最重要内容。实现这种转变的一个重要条件，就是要调整投资和消费的比例关系，以促进企业的技术进步，提高竞争力。②改革以来，我国已经根本改变了改革前存在的、那种由主客观原因形成的封闭半封闭经济的状态。这也是一个重要的历史成就。但在新世纪以来，又存在外贸依存度过高的问题。其中，2004~2007 年外贸依存度依次分别高达 59.9%、63.2%、65.2% 和 62.7%;与此相联系，货物和服务净出口对经济增长的贡献率依次分别高达 6.0%、23.1%、16.1% 和 18.1%。①显然，对一个社会主义的大国来说，这样高的依存度和贡献率，包含着巨大的经济风险和经济安全问题，很不相宜。诚然，这种情况是由国际和国内多方面原因形成的。就国际方面来说，主要由于美元作为世界货币的霸权地位，以及与此相联系的凭此推行外贸赤字造成的。此外，与美国的低储蓄率、高消费率也有重要的联系。就国内方面来说，则主要是由于高投资率和低消费率形成的产品相对过剩。正是由于这一点才推动了外贸大幅增长。这个内因是主要原因。可见，当前调整投资和消费的比例关系，是降低对外贸易依存度的最重要手段。

第五，是提高经济效益的一个根本条件。经济效益包括宏观方面社会生产资源的配置效益和微观方面的企业生产要素的运营效益。这两种效益是互相制约，互相促进的，但前者是后者的前提。而且，投资和消

---

① 资料来源:《中国统计摘要》(2010)，中国统计出版社 2010 年版，第 36、66 页。

费的比例关系以及第一、二、三产业的比例关系又是决定宏观经济效益的两个主要因素，前者对后者也具有更重要制约作用。这样，合理调整投资和消费的比例关系，就成为提高经济效益的一项根本内容。就我国当前投资率过高的具体情况来说，降低投资率在这方面还具有更加特殊重要的作用。

第六，是降低能耗物耗、减少环境污染和改善生态环境的一个重要途径。改革以来，我国在发展经济方面取得了举世瞩目的伟大成就。但在资源和环境方面也付出了沉重的代价，以致成为当前世界上资源消耗最多和环境污染最严重的国家之一，成为我国经济社会可持续发展的最大瓶颈。诚然，新世纪以来我国在节约资源和治理环境方面已经取得了重要进展。按照我国"十一五"规划确定的目标，到 2010 年，单位国内生产总值能耗降低 20%左右，主要污染物的排放量降低 10%。到 2009 年底，单位国内生产总值能耗下降了 14.38%，化学需氧量（COD）和二氧化硫（SO_2）的排放量分别下降了 9.66%和 13.14%。[①]但是，能耗物耗过大和环境污染严重的情况远没有根本改变。这样，节能减排和治理污染仍然是当前的一个极其重要的任务。诚然，实现这个任务，可以有多种途径。诸如推进技术进步，发展循环经济，推行森林碳汇（即森林系统减少大气中二氧化碳浓度的过程、活动和机制）等。在我国投资率和经济增速过高的条件下，通过降低投资率，进而降低经济增速，也不失为一个重要途径。而且，在既定的经济技术条件下，这还是一个很有效的途径。

第七，为深化经济改革创造宽松的宏观经济环境。改革以来的经验证明：在由投资率过高导致的经济过热的环境下，作为改革基本内容之一的产品价格和生产要素价格改革就很难推进，甚至发生某种程度的倒退（即政府指令价格在全部价格中的比重又回升）。而且，在经济过热以后，又往往出现经济过冷。而在经济趋冷的情况下，又需要实行扩张性的宏观经济政策。在我国政府主导型的市场经济和国有经济占的比重还过大的条件下，在推行这项扩张性的宏观经济政策的过程中，往往伴有国有经济投资的大幅增长。这样，不仅投资体制改革和国有经济战略性调整难以继续推进，甚至在一定程度上使计划投资体制的复归和国有经

---

① 转引自新华网 2010 年 9 月 14 日。

济比重的回升。因此，调整投资和消费的比例关系，使经济平稳发展，是深化经济改革所必须的宏观经济环境。

第八，是进一步提高人民生活的基本源泉。诚然，改革以来，我国人民生活已经有了显著的改善。但整个说来，当前我们人民生活还不高，特别是还存在大量的贫困人口。2009 年单是全国农村贫困人口就有 3597 万人（每人每年按 1196 元标准计算）。所以，提高人民生活水平还是当前一个很迫切的任务。而在经济总量、政府消费率和净出口率已定的条件下，提高居民消费率与提高人民生活水平是一种很强的正相关关系。在当前我国投资率过高的情况下，在提高消费率方面存在很大的空间。比如，可以设想，在上述各种条件不变的情况下，如果 2009 年居民消费率不是已有的 35.6%，而是 37.6%（即提高两个百分点），那么，全国居民每人就可以增加 511.7 元，比这年全国居民实际消费水平 9142 元，提高 5.6%。[①] 可见，在我国投资率过高和经济总量很大的情况下，通过降低投资率，提高消费率，对于提高居民消费水平，具有很重要的意义。

第九，是巩固社会政治稳定的基础性工程。一般说来，提高居民收入水平，是实现社会政治稳定的必要条件。而我国当前的情况，不仅是居民收入水平不高，而且收入水平差别过大。当前影响我国社会政治稳定的最重要的因素，除了部分的政府官员和国企高管人员越演越烈的贪污腐败以外，就是收入差别过大。依据世界银行的报告，20 世纪 80 年代，我国基尼系数为 0.21~0.27；从 2000 年开始就超过了国际公认的 0.4 警戒线；2007 年又上升到 0.48；目前约为 0.5。[②] 必须清楚地看到，当前我国各种社会矛盾的激化已经达到了空前未有的程度。而这种情况在很多场合和不同程度上都是同收入差别过大相联系的。通过调整投资和消费的比例关系，在提高居民收入的过程中，着重向低收入阶层倾斜，以逐步缩小居民收入差别，并大力扩大作为社会政治稳定的中坚力量的中等收入阶层，以缓和社会矛盾，促进社会政治稳定。

第十，集中起来说，当前调整投资和消费的比例关系的重大意义，就是贯彻党的十七大着重提出和阐述的科学发展观以及坚持扩大内需特

---

① 资料来源：《中国统计摘要》（2010），中国统计出版社，第 34、36、38、39 页。
②《中国经济时报》2010 年 9 月 13 日。

别是消费需求的方针①的一项根本措施，是关系发展、改革和稳定的一个全局性问题。

（三）调整投资和消费比例关系的对策思考

投资和消费比例关系是国民经济全局中的一个根本性问题。它的调整也会涉及众多方面。②本文只拟依据当前情况提及其中两个关键问题。

第一，要下决心把年度经济增长率逐步稳定在当前潜在经济增长率的水平上（即8%左右）。之所以提出这一点，首先是因为它是调整投资和消费比例关系的前提。事实上，我国当前存在的高投资率，正是由经济高增长推动的。

在这里之所以提出这一点，还因为近来在我国学界有这样一种观点在传播。即中国在今后10年、20年甚至30年仍然能够实现经济高增长。而这里所说的高增长，其量的界定就是年均增长9%以上，甚至接近10%。无论从理论意义或者实践意义上说，这种观点都值得商榷。

这种观点讲的是中国今后长时期经济增长率。所以，把它理解为中国今后的潜在经济增长率，是符合愿意的。我们就从这个视角讨论这种观点。

这种观点的依据可能有以下三个主要方面：

1. 我国历史经验。因为1979~2009年我国年均经济增长率就达到9.9%。但能否由这个历史经验做出结论说，中国在今后10年乃至30年仍然可以实现9%以上乃至10%的年均经济增长率。看来，在这方面仍有众多问题需要研究。应该肯定，以长期的历史经验数据为依据来测算潜在经济增长率，从方法论上说是无可置疑的。现实经济增长率是经济增长中的现象形态，而潜在经济增长率是经济增长中的本质（或规律，下同）。按照马克思主义关于本质特征的分析，它具有长期性、稳定性的特征。而潜在经济增长率正是具有这样的特点。正如萨缪尔森所说，"潜在产出增长是相当平稳的。""从比较长期的观点来看，推动经济在几十年内增长的因素，是潜在的产出和总供给。"③但就新中国建国后历史经验数据来看，也面临着三种选择。1953~1978年，我国年均经济增长率为

---

① 《中国共产党第十七次代表大会文件汇编》，人民出版社2007年版，第14、22页。
② 详见拙著：《汪海波经济文选》，中国时代出版社2009年版，第43~48页。
③ 保罗·A.萨缪尔森、威廉·D.诺德豪斯：《经济学》，中国发展出版社1992年版，第301、303页。

6.1%，1979~2009 年为 9.9%，1953~2009 年为 8.1%。[①] 这三个时限都是比较长的时期。相对说来，以 1953~2009 年年均经济增长率 8.1% 为依据，把我国今后一个时期潜在经济增长率定为 8% 左右，更符合作为经济本质所具有的稳定性和长期性的特点。因而更为相宜。不仅如此，这样确定还更符合作为潜在经济增长率的质的规定。就我国当前的情况来看，潜在经济增长率应定义为：在一定时期，在既定的社会生产技术条件下，在适度开发利用资源和保护环境的前提下，各种生产要素潜能充分发挥所能达到的生产率。这样，在我国当前资源过度消耗和环境严重污染的情况下，不以 1979~2009 年年均经济增速 9.9%，而以 1953~2009 年的 8.1%，无疑是更为相宜的。当然，无论是以 30 年的历史经验数据为依据，或是以 60 年的历史经验数据为依据，都不能充分说明今后一个时期潜在经济增长率。因为尽管历史具有继承性，今天中国是过去中国的历史发展，明天中国是今天中国的历史发展，但明天中国毕竟不同于今天中国。因此，要充分说明今后一个时期中国潜在经济增长率，还必须分析今后这个时期的供给要素，这一点留待下面展开。

2. 理论依据。就作者看到的有关文章，持有今后几十年经济增速仍可达到 9% 以上乃至 10% 的观点的学者，提出的理论依据主要有以下几点：曾经支撑中国经济过去 30 年高速增长的要素（包括劳动力和资本投入等）在未来 30 年仍然存在。再有，就是城市化的加速推进和区域经济的加速发展等。

从一般意义上说，可以认为这些理论依据都是正确的。而且用它来说明今后 30 年年均经济增速仍能达到 1953~2009 年年均增速 8% 也是可以的。但要用它来说明今后仍能维持过去 30 年的 10% 的增速，就很难说服人了。问题在于：这些作者片面强调了加速今后 30 年经济增长的因素，完全忽略了降低今后 30 年经济增速因素，而且忽略了后一类因素的作用会超过前一类因素的作用。这样，今后 30 年年均增速由过去 30 年的 10% 下降到 8% 就是难以避免的了。具体说来就是：今后确实存在加速经济增长的因素。诸如城镇化和区域经济的加速发展等。但同时也存在

---

① 资料来源：《新中国六十年统计资料汇编》，第 12 页；《中国统计摘要》(2010)，中国统计出版社 2010 年版，第 24 页；国家统计局网 2010 年 7 月 2 日。

众多降低今后 30 年经济增速是因素。举其要者有：

（1）当前我国资源过度消耗和环境污染已经达到了很严重的地步，几乎接近极限。在既定的社会生产技术条件下，降低资源消耗和减轻环境污染的最有效的办法就是降低经济增速。因为在这种条件下，二者呈现一种很强的正相关的关系。当然，在这方面科技进步等因素也能起很大的作用。但就我国当前的情况来看，这些因素的作用远不如降低经济增速的作用。在这个限度内，可以说降低经济增速是改变资源过度消耗和环境严重污染的最重要办法。

（2）当前我国经济存在严重失衡，已是公认的事实。就我们这里讨论的问题来说，值得提及的有两个重要方面。①我国投资和消费比例关系已经严重失衡。所以，在今后我国经济正常发展的情况下，投资率的逐步下降必将成为一种客观趋势。问题还在于：投资效益下降局面在短期内也还难有大的改变。据计算，我国投资效益系数，1953~1957 年为 0.55，1958~1978 年为 0.24，1979~1984 年为 0.47，1985~1992 年为 0.53，1993~2000 年为 0.43，2001~2008 年为 0.28。可见，无论从建国后 60 年看，或改革后 30 年看，我国投资效益系数都经历了一个先扬后抑的过程。这个下降过程在短期内还难望有大的改变。②重工业和轻工业的严重失衡。本来，改革前轻重工业严重失衡状况，在改革后的一个长时期内逐步得到了缓解。但在新世纪初以来，由于重化工业的超高速增长，这种失衡状况又趋于加剧了。下列数据可以清楚地显示这一点。据计算，1953~1978 年，轻重工业年均增速分别为 9.3% 和 13.8%。二者失衡状况趋于加剧。但在 1979~1984 年、1985~1992 年和 1993~2000 年这三段时限内，二者增速分别依次为 12.3% 和 7.3%、16.0% 和 15.4%、18.3% 和 17.1%，二者失衡状况趋于缓解。但在 2001~2007 年，二者增速分别为 16.8% 和 23.2%，二者失衡状况又趋于加剧。这种失衡状况本身就表明重化工业超高速增长，是不可持续的。更何况这些年重化工业的超高速增长，正是资源过度消耗和环境严重污染的主要根源。这更说明是不可持续的。现在需要进一步指出：高投资和重化工业的超高速增长，正是推动我国经济高速增长的两个主要动力。这两方面情况的改变，必将抑制我国经济的增速。

（3）我国现阶段市场经济体制的特点是政府主导型的市场经济。这种体制在动员社会资源，推动经济高速增长方面具有特殊巨大的作用。但也极易导致经济的过快增长。当前这一点尤为明显地表现在以地方政府为主的投资膨胀机制的作用上。但是伴随经济政治改革的深化，政资政企政事分开，行政管理体制、财税体制和干部制度改革的进展，以及民主政治监督的增强，这种投资膨胀机制的作用，有望得到逐步削弱。这样，政府虽然仍是推动经济增长不可代替的重要力量，但当前追求经济过高增长的倾向，预期可以得到遏制。

（4）经济总量和经济增速这两方面的现有基数都会在不同程度上制约今后的经济增速。一般说来，在其他条件相等的情况下，经济总量和经济增速两个基数越大，制约经济增速提高的作用越大，经济增速下降的机率也越大；反之亦然。诚然，这两种基数是有联系的，又是有区别的。如果在论到基数对经济增速的制约作用时，只提前一方面，而不提后一方面，那就不能认为是全面的。而当前我国经济增速方面又恰恰遇到了这两方面的制约。按不变价格计算，2009 年我国经济总量是 1978 年的 18.6 倍，年均经济增长率高达 9.9%。① 如果将这一点与前述三个因素联系起来看，那么我国潜在经济增长率下降就是很明显的。

3. 经济计量模型的依据。在对历史经验数据和理论依据做了分析以后，对经济计量模型方面的依据的分析，就比较容易了。这个经济计量模型包括的经济变量有四个：资本投入对经济增长的贡献率；劳动力投入对经济增长的贡献率；科技进步等因素导致效率提高对经济增长的贡献率；资源和环境对经济增长率的影响。下面分别就这四个经济变量对经济增长的作用做具体分析。

（1）在正常情况下，今后一个时期我国投资率是趋于下降的，投资效率下降趋势也难以有大的改变。这样，大致可以确定：在今后一个时期内，投资对经济增长贡献率与过去 30 年相比较，将是下降的趋势。

（2）劳动投入在这方面的作用将呈现一种复杂的情况。一方面，如果要说路易斯转折点已经到来或即将到来，那是一种过于乐观的估计。但是，改革初期那种劳动力供给大大超过需求的状况已经有了很大改变，并正在继续加快发生改变。而且，劳动力价格逐步上升也已成了客观趋

①《中国统计摘要》（2010），中国统计出版社，第 24 页；国家统计局网 2010 年 7 月 2 日。

势。另一方面，我国已经普及了九年制的义务教育，高中教育也有很大发展，甚至高等教育也已经达到了大众化阶段。这样，人力资本在经济增长中的作用就会逐步上升。这样，前一方面因素对经济增长率提升将发生负面作用，后一方面因素则会发生正面作用；正负相抵以后，仍然可以认为劳动力投入对今后一个时期经济增长率提升将会发生积极作用。

(3)科技进步等因素造成的效率提高。这一点，在今后一个时期内，无疑仍然是提高经济增长率的积极因素。当前我国科技进步因素对经济增长率仍然远远低于经济发达国家，仍有很大的增长潜力。但也要考虑到：以往30年，我国科技因素在这方面贡献率的增速是很快的。作为基数之一的速度对尔后的增速是有制约的。所以，对科技进步对提高我国经济增长率的作用也不宜估计过高。

(4)为了补偿以往几十年资源过度消耗和环境严重污染，也为了节约资源和保护环境，资源和环境对今后经济增长肯定会起负面作用。它不仅不能提高经济增长率，还会降低经济增长率。据有的学者估算，资源和环境因素会降低今后经济增长率1~2个百分点。但是，那些持有今后我国经济增速仍能达到10%的学者在论到这一点时，却只字不提资源和环境问题。这是令人十分奇怪的事！综合以上对四个经济变量的分析，我们可以得到这样的结论：今后一个时期内我国年均经济增速将会下降到8%；如果以经济计量模型来证明仍然可以达到10%，似乎也是缺乏根据的。

事实上，我国不仅已有学者明确提出我国今后潜在经济增长率是下降的，而且把资源和环境因素纳入经济计量模型进行了测算。其结论是：我国潜在经济增长率将由以往30年的10.5%，下降到2010~2015年的9.5%、2016~2020年的7.3%和2020~2030年的5.8%。这个计算结果是否完全准确还可以研究。当然，任何经济计量模型都是抽象的，它只能涵盖若干个主要经济变量，不可能包括实际经济中的全部因素；各个变量所依据的样本数据也很难做到全面；特别是其中某些权重的设置更是难免带有某种程度的随意性。因此，我们对这个测算结果也不能提出完全准确的要求。但是这个测算结果所揭示的我国今后潜在经济增长率的下降趋势，却是可以认同的。

需要提到，笔者也在前面指出：中国在21世纪初一个相当长的时期内仍然面临着千载难逢的经济可以得到快速平稳持续发展的战略机遇期。

现在需要进一步指出：以往 30 年经济增速 9.9%是高速增长；今后，30年经济增长 8%，仍然是高速增长。这无论是同中国的历史比较，还是与当代各国比较，都是可以这样说的。

还要说明：以上都是说的潜在经济增长率，即总供给的潜在增长率，并未涉及到总需求因素。如果把总需求因素也列入考察的视线，如果以地方政府为主的投资膨胀机制得不到有效抑制，甚至进一步强化，如果宏观经济调控也显得无力，甚至在某些方面还有意无意地适应或推动这种膨胀，那么在今后若干年内经济增速达到 10%甚至 10%以上，也是完全可能的。如果真是这样，那么中国资源和环境又要受到一次大破坏。这就不是原本意义上的中华民族的伟大复兴，而是给中华民族子孙后代造成巨大灾难。这是一个值得严肃思考的问题！

上述分析表明：为了调整和消费的比例关系，把经济增长率稳定在潜在经济增长率的水平，不仅是必要的，而且是可能的。

我们在上面强调了降低经济增速要在降低投资率方面的重要作用。但并不否定调整产业结构和转变经济增长方式在这方面的重要作用。问题还在于：如果经济增速降不下来，产业结构调整和经济增长方式转变本身很难取得大的成效。

第二，要下决心在治理以地方政府为主的投资膨胀机制上取得切实成效。如果说，高增长是高投资的主要动力，那么这个投资膨胀机制又正是高增长的根本动力。所以，降低投资率的关键，不仅在于降低经济增速，而且在于改革这个投资膨胀机制。

诚然，经过改革，原来计划经济体制内含的以财务软约束为特征的、主要由中央政府和地方政府以及国有企业构成的投资膨胀机制已有很大的改变。大体说来，在中央政府和改革已经基本到位的国有或国有控股企业，这种投资膨胀机制已经在很大程度上被削弱了。但在地方政府层面，在政府职能转变和财税体制改革还没到位，特别是在民主监督还不强的情况下，原有的投资膨胀机制不仅基本上保留下来，而且由于一些新的因素的出现，投资膨胀机制还进一步强化了。这些因素主要包括：

1. 伴随改革进展，地方政府管理经济的权限大大扩大了。对这种扩大需要分清三种情况：①改革以前我们实行的是高度集中的计划经济体制。这主要表现为企业是国家行政机关附属物，而不是独立的市场主体。

但也表现为中央管理经济权限过大，地方管理经济权限过小。就这方面来说，适当扩大地方经济管理权限，虽然还只是行政性分权，但也还是必要的、合理的。②伴随政府职能向公共服务型政府的逐步转变，地方政府在实现基本公共服务均等化方面承担着越来越大的责任。这是适合经济改革要求的，十分必要，完全合理。③在政资、政企、政事还没有分开的条件下，扩大地方政府的经济管理权限，实际上也就扩大了地方政府直接管理经济的权限，是同经济改革要求背道而驰的。就这三种情况与地方政府的投资膨胀机制的关系而言，第三种情况是强化了投资膨胀机制，第一二种情况在客观上也成为这方面的一个因素。

2. 与第一点相联系，地方政府实际拥有的国有资产大大增长，它原来实际拥有国有资产在经济增长中的作用也大大提升。这一点在当前特别突出表现在地方政府实际拥有的国有土地资产上。不仅如此，当前许多地方政府还通过低价征用农村的集体土地，再经过高价拍卖，在很大程度上获得了农村集体土地的收益权。这样，在当前我国工业化、城市化快速过程中，土地资产在经济生活中的作用大大增长条件下，这一点就成为地方政府加速本地经济发展的强有力杠杆。

3. 在干部选拔、任命和考核等方面存在的一系列问题也在这方面起了重要作用。仅就干部考核而言，在事实上就存在着唯GDP是论的错误倾向。这无疑是推动地方政府盲目追求经济高增长的最有力的动力。

4. 最重要的就是改革以来，地方政府越来越成为市场竞争的主要角色。这是改革以来出现的新情况。计划经济体制是天然排斥竞争的。因而当时在地方政府之间也没有竞争可言。而竞争却是市场经济的本质特征。这样，伴随经济改革的进展，地方政府逐渐成为市场主体，竞争必然在它们之间开展起来。而且地方政府以其拥有的强大经济实力，成为最强有力的市场主体。在这方面，一般的公有和私有企业是无法比拟的。地方政府成为市场竞争主力，同改革前后实行的区域经济战略的变化也有重要的联系。改革以前，我国实行地区经济均衡发展战略。这有当时的客观需要，也起过重要积极作用。但它不仅不能解决地区之间的均衡发展问题，而且成为阻碍全国经济发展的一个重要因素。改革以后，我国实行的是非均衡的地区经济发展战略。这是一个加速经济增长的重要因素。但也扩大了地区之间的经济差距。诚然，从20世纪末开始，我国逐步实行了西部大开发、振兴东北老工业基地、促进中部崛起、鼓励东部率先发展的地区经济协调发展的总体战略。但这个战略实施的时间不长，没有也不可能改变当前地区经济发展的差别过大的情况，而且差别扩大的趋势还没有得到有效的遏制。这样，这种区域经济发展的现状就形成了两方面的结果：一方面，它会进一步推动经济发达地区继续开足马力；另一方面又会激发欠发达地区急起直追。所以，地区之间的竞争，是强化地方政府投资膨胀机制的最重要因素。当然，同时也是推动地方经济和全国经济发展的最重要动力。正是这个投资膨胀机制推动了经济高增长，进而推动了高投资。

当前，推进地方政府的投资膨胀机制的改革，最重要有以下几点：①进一步推进政资、政企、政事分开，削弱地方政府拥有的经济实力。②进一步推行政管体制改革，削弱地方用行政手段直接干预经济的权力。③进一步推进财税体制改革，改变当前地方政府事权与财权不相匹配的状况，同时完善财政转移支付制度。还要在全社会范围内加大基本公共服务均等化的建设，加快包括养老、医疗、失业、工伤和社会福利等在内的社会保障体系的建设。这样，就可以大大减轻地方政府在提供各种公共服务（包括就业、教育和医疗等）的压力。④要着力推进干部的选拔、任命和考核制度的改革，要以科学发展观统领这项改革，改变当前事实上存在的唯 GDP 是论的错误倾向。这就可以大大削弱地方政府盲目追求经济高增长的动力。如果做到了这些，就可以从削弱地方政府的经济实力、经济管理权力、经济压力和经济动力四个方面削弱其投资膨胀机制。

我们在前面只是论述了地方政府的投资膨胀。这虽然是问题的主要方面，但并不是投资膨胀的全部内容。当前在这方面还有一项重要内容，就是各种所有制企业（主要是国有垄断企业）的投资膨胀机制。要降低投资率，也需要通过经济和立法手段加强这方面投资膨胀机制的治理。主要是加强对国有垄断企业投资膨胀机制的治理。

我们在前面讲的治理地方政府为主的投资膨胀机制，是当前深化经济改革的一次最重要内容。但经济改革在降低投资率。提高消费率方面的作用并不只是限于这一点。当前推进收入分配方面的改革，也是一项很重要内容。这主要就是要在初次分配中降低企业主收入的比重和提高劳动报酬的比重，在再次分配中要降低政府消费率和提高居民消费率。

关于我国产业结构演进过程、现状、成因和对策的思考 *

　　产业结构调整是我国当前经济发展中的一个最重要问题。

　　对新中国产业结构演进过程作历史的考察，并从中总结出某些带有规律性的结论，提出对策思考，具有重要现实意义。但产业结构涉及的问题很广泛，本文只考察其中一个基本方面，即第一二三次产业的增加值在国内生产总值中的比重。

一、新中国产业结构的演进过程及其现状

　　以基本经济制度或经济体制的变革作为历史分期的第一位标准，以社会生产力发展作为第二位标准，似可将新中国成立后 60 年产业结构演进的过程，分为以下四个时期。

　　（一）新民主主义社会的产业结构——经济恢复时期的产业结构（1949 年 10 月~1952 年）

　　为了说明这个时期产业结构的演进过程，先有必要简要叙述半殖民地半封建中国的产业结构。从 1886 年起，中国近代工业就开始发展，直到 1949 年新中国成立，经历了近百年时间，工业化进程以及与之相联系的产业结构的变化进程甚为缓慢。按照英国著名经济史学家安格斯·麦迪

---

* 本文原载《中国经济年鉴》（2010），中国经济年鉴社。

森的计算，1890 年中国第一二三次产业在国内生产总值的比重依次分别为 68.5%、9.8%（其中工业和建筑业依次分别为 8.1% 和 1.7%）和 21.7%。到 1952 年三者依次分别为 59.7%、10.0%（其中工业和建筑业依次分别为 8.3% 和 1.7%）和 30.3%。[①] 需要说明：新中国建立后的 1952 年（即国民经济恢复结束时）经济发展水平虽然部分地超过了解放前的水平，但大体上也就是解放前水平。从这方面说，大体上可以把上述 1952 年的产业结构看做是解放前的产业结构。这就表明：在长达 60 年（1890~1949 年）的时间，中国产业结构变化是很小的。我国已故著名经济史学家巫宝三在这方面的研究成果，也可证明这一点。按照他的计算，1933 年（这是解放前经济发展水平最高的年份之一）中国第一二三次产业在经济总量中的比重，依次分别为 61.0%、11.4%（其中工业为 10.3%，建筑业为 1.1%）和 27.6%。[②] 上述两位经济史学家的计算，结果上虽有差别，但大体相同，都反映了旧中国产业结构变化的缓慢进程。

这种情况并不是偶然的现象，从根本上说，是由于半殖民地半封建社会的经济制度决定的。就农业来说，由于受到封建主义（还要加上帝国主义和官僚资本主义）的剥削和压迫，农业劳动生产率很低。这就从根本上决定了农业能够为工业化提供的劳动力、原料、市场和资金都很有限。就工业来说，帝国主义和官僚资本主义垄断了中国的经济命脉，凭此可以攫取高额垄断利润，不仅根本缺乏致力推进工业化的动力，而且竭力阻止中国工业的发展。这些都成为中国工业化的桎梏。要着重提到：1840 年以后，列强多次发动的对华侵略战争，不仅严重破坏了中国经济，而且通过战争赔款掠夺了中国工业化所必须的巨额资金。还需进一步指出，在工业化的起步阶段，第三产业的发展，也有赖于作为国民经济基础农业的发展，工业化和由工业化带动的城市化，以及人均收入水平和消费水平的提高。所有这些因素的作用都受到了旧中国社会经济制度的极大束缚。因而第三产业的发展也像第一二产业一样，基本上都处于停滞的状态。所以，整体说来，产业结构变化缓慢，主要是由旧中国的社会经济制度造成的。

---

　① [英] 安格斯·麦迪森著，伍晓鹰、马德斌译：《中国经济的长期表现（公元 960~2030 年）》，上海人民出版社 2008 年版，第 56 页。

　② 巫宝三主编：《中国国民所得》上，中华书局 1947 年版，第 12 页。

　　新中国成立后的国民经济恢复时期，在极端困难条件下，在短短 3 年间，在迅速恢复国民经济的同时，也使得产业结构发生了显著的优化。1949~1952 年，第一产业、第二产业和作为第三产业重要组成部分的运输业和商业占国民收入总额的比重依次分别由 68.4% 下降到 57.7%，由 12.9% 上升到 23.1%（其中工业由 12.6% 上升到 19.5%，建筑业由 0.3% 上升到 3.6%），运输业和商业由 18.7% 上升到 19.2%（其中运输业由 3.3% 上升到 4.3%，商业由 15.4% 下降到 14.9%）。[①] 从整体上说来，这个产业结构的变化，是符合工业化过程中产业结构变化规律要求的，是产业结构优化的集中体现。因为它在一定程度上改变了旧中国以工业落后为主要特征的产业结构失衡状态；而且工业在全部产业中技术都是比较先进的。

　　这种情况是由多种因素决定的。主要是：

　　第一，实行了新民主主义三大纲领：没收处于旧中国经济垄断地位的官僚资本，建立了社会主义国有经济；实行土地改革，保护和发展个体农民经济；保护并有限制地发展民族资本主义工商业。还实行了四面八方政策：公私兼顾，劳资两利，城乡互助，内外交流。这些纲领和政策充分地调动了各类经济主体发展经济的积极性。

　　第二，建立了以行政指令为主要特征的计划经济体制的雏形，对国有企业逐步行政指令计划；同时，又运用价格杠杆，调节个体的农民和手工业以及私人资本主义工商业的生产，较好地发挥了适合经济恢复时期特点的、计划和市场相结合的调节机制在优化资源配置方面的作用。

　　第三，尽管经济恢复时期面临着多次政治运动和抗美援朝战争的环境，但仍然坚持了以恢复和发展生产为中心的方针。

　　第四，从经济恢复时期国力有限、百业待兴的具体情况出发，实行了以经济恢复为主，有重点地进行建设的方针。在作为建设重点的工业建设方面，其投资也是重点投向恢复和改造项目、重工业部门和东北地区。而且工业生产的恢复和发展，也是主要依靠发挥现有企业的生产潜力。

　　第五，在帝国主义国家对我国实行经济封锁的条件下，充分地发展了同原社会主义国家苏联和东欧各国的对外经济贸易关系，在一定范围

　　［①］《中国统计年鉴》（1986），中国统计出版社，第 55 页。说明：由于缺乏 1949~1951 年的国内生产总值资料，故在此使用国民收入资料。

内有效地利用了两种资源和两种市场。

第六，在生产迅速恢复和发展的基础上，人民生活也得到了显著改善。1949~1952 年，全国职工平均工资提高了 70%左右，农民收入一般提高了 30%以上。1952 年全国居民、农村居民和城镇居民的消费水平依次分别达到 80 元、65 元和 154 元。[①]

所有这些因素都从不同方面和不同程度上推动了这期间第一、二、三产业的持续高速而又大体平衡地恢复和发展。1950~1952 年每年国民收入增速依次分别为 19.0%、16.7%和 22.3%。其中，农业分别依次为17.1%、10.1%和 15.2%，工业为 33.3%、40.0%和 31.0%，建筑业为400.0%、80.0%和 123.3%，运输业为 16.7%、28.6%和 38.9%，商业为9.1%、16.7%和 25.7%。在这三年中，国民收入年均增速为 19.3%。其中农业、工业、建筑业、运输业和商业分别为 14.1%、34.7%、220.0%、27.0%和 17.0%。[②] 这些数据清楚表明：这期间作为国民经济基础的第一产业得到了迅速恢复和发展，带动了第二产业的迅速恢复和发展；第二产业的迅速恢复和发展，带动了城市的发展，城市的发展以及人民生活的改善又带动了第三产业的迅速恢复和发展。这些就是经济恢复时期产业结构优化的主要机理和运行轨迹。当然，这只是从第一、二、三产业相互关联的视角说的。总体说来，这期间第一、二、三产业发展，主要还是上述 6 项因素综合作用的结果。

但还需说明：乍一看来，上述数据似乎表明：在这期间第一产业是严重滞后于工业的发展的。在这方面有两个重要情况值得注意：一是旧中国农业比重大，工业比重小，前者增长的基数大，后者小；二是旧中国工业落后，是经济失衡的表现。经济恢复时期工业增速较快，是经济向平衡发展的表现。所以，大体上说，经济恢复时期产业结构是趋于优化的。

（二）从新民主主义社会到社会主义社会的过渡时期的产业结构——建立社会主义现代化初步基础时期的产业结构（1953~1957 年）

"一五"期间，在建立社会主义工业化初步基础（这是"一五"时期

---

① 《伟大的十年》，人民出版社 1959 年版，第 187~188 页。

② 资料来源：《中国统计年鉴》（1986），中国统计出版社，第 54 页；《新中国六十年统计资料汇编》，中国统计出版社 2010 年版，第 14 页。

的中心任务）的同时，进一步推进了产业结构的优化。这期间，第一产业增加值占国内生产总值的比重由 1952 年的 51.0%下降到 1957 年的40.6%，第二产业由 20.9%上升到 29.6%（其中工业由 17.6%上升到25.3%，建筑业由 3.2%上升到 4.3%），第三产业由 28.2%上升到 29.8%。[①]产业结构的这种演进是符合工业化一般规律要求的。即在工业化的过程中，第一产业在经济总量中的比重趋于下降，第二产业趋于上升，第三产业也趋于上升。当然，从主要方面来说，这种演进是符合由我国国情决定的"一五"时期建立社会主义工业化初步基础的客观要求。

决定这一点的主要因素：

第一，成功地实现了对个体的农业和手工业以及资本主义工商业的社会主义改造，为经济发展提供了根本动力。尽管改造的目标模式基本上是照搬苏联的，改造后期还存在过急过快的毛病，但在改造的步骤和方式等方面都有适合中国国情的独创，并针对改造后期出现的问题及时采取了一系列的补救措施，从而保证了在改造过程中仍然实现了农业、工业和商业的一定的增长。

第二，伴随社会主义改造的决定性胜利，计划经济体制也全面建立起来，进一步发挥了这种体制在优化资源配置方面的作用。诚然，这种体制在优化资源配置方面在"一五"前期（1953~1955 年）和"一五"后期（1956~1957 年）的作用是有区别的。就前期来说，个体经济、私人资本主义经济仍然占有很大的比重。所以，这时实行的仍是计划调节和市场调节相结合。只是在"一五"后期，计划经济才占了主要地位。在"一五"时期不仅宏观经济政策大体正确，而且党风、廉政建设好，官僚主义少，因而行政指令的运行效率也是很高的。而且，相对后续时期来说，商品经济并不发展。因而计划经济体制在束缚企业积极性方面的消极作用在宏观上也要受到一定限制。所有这些都使得"一五"时期计划经济体制在优化社会生产资源的配置方面发挥了较好的作用。

第三，"一五"后期的社会主义改造虽然采取了运动方式，但总的说来，社会主义改造是围绕生产中心进行的。1957 年虽然也受到反右派政治运动的冲击，但就整个"一五"时期来说，时间不长，影响不大。这

①《新中国六十年统计资料汇编》，中国统计出版社 2010 年版，第 10 页。

就使得各次产业获得了持续发展的必要条件。

第四，"一五"时期是以建立社会主义工业化基础为中心的。但在实现这个中心任务中，实现了一系列有利于各次产业协调发展的政策。最重要的有：①不断克服急躁冒进倾向，使生产建设规模和速度与国力相适应，使各项产业获得了持续高速增长。②在重点发展重工业的同时，注意发展轻工业和第一、三产业。③重视从苏联和东欧国家引进设备、技术、人才、资金和管理经验，在可能的范围内充分利用了国外资源。④在重点建设重工业的同时，注意改善人民的生活。1957年全国居民、农村居民和城镇居民的消费水平依次分别由1952年80元上升到108元，由65元上升到82元，由154元上升到222元；三者年均增速依次分别为4.5%、3.2%和5.7%。[①]

所有这些因素都从不同方面和在不同程度上促进了产业结构的优化。

但需说明：以上结论只是从"一五"时期大部分年份和总体说的，并不否认在这方面存在的问题。实际上1953年和1956年这两年第一二产业的增速依次分别为1.9%和35.8%（其中工业为35.7%，建筑业为36.4%）、4.7%和34.5%（其中工业为28.6%，建筑业为70.0%）。这些数据表明：这两年第二产业发展过快；第一产业发展严重滞后。这里所说的第二产业发展过快，主要是指重工业发展过快。因为这两年轻工业增速并不过快。这两年轻重工业产值增速分别依次为26.7%和36.9%，19.7%和39.7%。而且，第二产业中建筑业的发展过快也是由于主要为重工业发展服务而导致的。这两年重工业发展过快，第一产业发展滞后，主要是由于急于求成的思想，正在形成的城乡二元体制和工农业产品价格剪刀差等因素的综合作用形成的。其结果使得产业结构发生了明显的失衡。1953年第一产业增加值占国内生产总值由上半年的51.0%下降到46.3%，第二产业由20.9%上升到23.4%（其中工业由17.6%上升到19.8%，建筑业由3.2%上升到3.5%）。1956年第一产业增加值占国内生产总值的比重由上年46.6%下降到43.5%，第二产业由24.4%上升到27.3%（其中工业由21.0%上升到21.8%，建筑业由3.4%上升到5.4%）。[②] 由于工业（主要

---

①《新中国六十年统计资料汇编》，中国统计出版社2010年版，第14页。
②《新中国六十年统计资料汇编》，中国统计出版社2010年版，第10页。

是重工业）发展过快，农业滞后，这种发展必然遇到农产品供给的制约。于是在 1954~1955 年和 1957 年分别及时对工业的增速做了调整，产业结构失衡状况又趋于改善。但即使这样，也没能改变"一五"时期产业结构在某种程度上的失衡状况。当然，总体说来，还是协调的。所以，从"一五"时期大部分年份和总体情况来看，产业结构是趋于优化的。

（三）计划经济体制进一步强化时期的产业结构——"大跃进"、经济调整、"文化大革命"和"洋跃进"阶段的产业结构（1958~1978 年）

如前所述，伴随我国生产资料私有制的社会主义改进的完成，计划经济体制就全面建立起来。在 1958~1978 年间，曾经进行过两次以行政性分权（即主要是中央政府向地方政府下放经济管理权力）为特征的经济体制的变动。但其结果不仅没有从根本上触动这种以行政指令为主要手段的计划经济体制，还使它得到了进一步强化。故称这个时期为计划经济体制进一步强化时期。但从生产发展状况或政治因素作为区分标准，又可以将这个时期分为以下四个阶段："大跃进"（1958~1960 年）、"经济调整"（1961~1965 年）、"文化大革命"（1966~1976 年）和"洋跃进"（1977~1978 年）。

这个时期产业结构虽然经历了曲折变化过程，但总的说来，趋于严重失衡的。

从 1958 年开始的连续三年的"大跃进"，造成了产业结构的严重失衡。1960 年，第一产业占国内生产总值的比重由 1957 年的 40.6% 猛降到 23.6%，第二产业由 29.6% 猛升到 44.5%（其中工业由 25.3% 上升到 39.0%，建筑业由 4.3% 上升到 5.5%），第三产业由 29.8% 上升到 31.9%。这些数据表明：农业发展严重滞后；工业发展过快；建筑业和第三产业的比重上升也没到位。总之，产业结构也处于严重失衡状态。

但从 1961 年开始，进行了 5 年经济调整。到 1965 年，第一、二、三产业占经济总量的比重，又依次分别转变为 38.7%、35.1%（其中工业为 31.8，建筑业为 3.2%）和 26.7%。至此，可以认为，上述的那种产业经济严重失衡状态已有很大改变，产业结构大体趋于协调。

但在 1966~1978 年间，经历了长达十年的"文化大革命"的破坏，又经历了 1970 年和 1978 年两次经济过热，[①] 使得这期间产业结构发生过两次严重失衡，且又得不到及时有效调整。以致到 1978 年第一产业占经济总量的比重由 1965 年 38.7%下降到 28.2%，第二产业由 35.1%上升到 47.9%（其中工业由 31.8%上升到 44.1%，建筑业由 3.2%上升到 3.8%），第三产业由 26.7%进一步下降 23.9%。[②] 这种情况表明：产业结构失衡已经发展到全面极端的严重状态。说全面不仅第一产业滞后于工业的发展，而且第三产业和建筑业也都滞后于工业的发展。说极端不仅第一产业滞后于工业发展状况已经达到顶端，而且第三产业比重也发生了极不正常的下降。

这种失衡状态主要是由下列因素多年形成的：

第一，在 1958~1978 年间（其中，经济调整时期除外，下同）我国计划经济体制已经强化到了顶点。在社会生产力和其他相关条件已经发生变化的条件下，特别是宏观经济政策受到"左"的路线支配下，这种体制在劣化社会生产资源配置（包括在第一、二、三产业之间的配置，下同）的作用也就发展到了顶点，成为经济失衡最基本的体制根源。

第二，在一定条件（包括技术进步条件下的社会扩大再生产和优先发展重工业的程度、时限等）下，优先发展重工业是优化社会生产资源配置的一个重要战略。但在这期间，这项关于经济全局的战略却被盲目地、片面地、长期地延续下来，使它本来具有的正面积极作用走向了反面，成为经济严重失衡的最重要的战略根源。

第三，在长达十年"文化大革命"中，政治运动取代生产成为中心。这种状况不仅使得各个产业失去了持续发展所必要的宏观环境，而且成

---

① 这里需做两点说明：第一，作者依据我国历史经验数据，将经济周期的波峰年经济增速超过潜在经济增长率两个百分点左右，称做经济过热。这里涉及衡量经济过热的标准。所谓经济过热就是社会总需求大大超过社会总供给。衡量社会总需求大于或小于社会总供给的差距，其唯一的无可替代的总体指标就是现实经济增长率与潜在经济增长率的差距。这又涉及潜在经济增长率的定义及其量的界定。依据我国现阶段的情况，潜在经济增长率可以定义为在既定的技术和资源条件下，在就业率适度增长和不引发加速通货膨胀的情况下，各个生产要素得到充分发挥可能达到的可持续的经济增长率。计算这种增长率将可以采取简便而又较为可靠的办法，就是运用长时间的年均增长率。1953~1978 年，我国年均经济增长率为 6.1%，1979~2009 年为 9.8%，1953~2009 年为 8.1%。无论是按照上述第一个数据或第二个数据、第三个数据为标准计算，都可以将 1970 年（这年经济增速为 19.4%）和 1978 年（这年经济增速为 11.7%）认定为经济过热。第二，1978 年的经济过热是与大规模从国外引进技术设备相联系的，史称"洋跃进"。

②《新中国六十年统计资料汇编》，中国统计出版社 2010 年版，第 10 页。

为治理产业结构失衡的极大障碍。1971 年，周恩来总理在主持中央工作时实行的以治理"三突破"①为特征的经济失衡时，迟迟不能推开；1975 年邓小平副总理在主持中央工作时进行的经济整顿，在迅速取得成效后又发生了夭折，就是这方面的两个典型事例。当然，这里的治理和整顿不只涉及各个产业结构的调整，而是包括更广泛的内容。

第四，这期间城乡二元社会经济体制不仅被长期凝固化，而且进一步强化。

第五，城市化出现了停滞甚至倒退的局面。1950~1952 年，我国城镇人口占全国人口的比重，年均增长 0.63 个百分点；1953~1957 年年均增长 0.58 个百分点；1958~1978 年年均增长 0.12 个百分点。其中，1978 年城镇人口占全国人口的比重比 1965 年还下降了 0.1 个百分点。

第六，这期间主要由于国际因素，部分地区也由于实行闭关锁国政策，致使对外关系没有得到应有发展，从而没能利用国际资源。

第七，按照传统理论，只有农业、工业、建筑业、交通运输业和商业是物质生产部门，创造价值；其他服务业是非物质生产部门，不创造价值。因而严重存在重物质生产部门、轻非物质生产的政策取向。

第八，这期间，在人民生活改善方面也处于停滞甚至下降的状态。1978 年全国居民、农村居民和城镇居民的消费水平依次分别由 1957 年的 108 元上升到 184 元，由 82 元上升到 138 元，由 222 元上升到 405 元；三者年均增速依次分别为 1.7%、1.4% 和 2.4%。其中，1958~1960 年三者年均增速依次分别为 -4.1%、-7.5% 和 -4.8%。②所有这些因素都从不同方面和不同程度上使得这期间产业结构趋于严重失衡。当然，这是就这期间总的趋向说的，并不否定其间 1961~1965 年产业结构趋于改善的情况。

（四）从计划经济体制到社会主义市场经济体制转变时期的产业结构——实现社会主义现代化建设三步走战略目标时期的产业结构（1979~2009 年)③

1978 年发生了经济过热。这年经济增速达到了 11.7%。于是，从

---

① 即 1971 年全国职工人数达到 5318 万人，突破 5000 万人；工资总额达到 302 亿元，突破 300 亿元；粮食销量达到 427.5 亿公斤，突破 400 亿公斤。

②《新中国六十年统计资料汇编》，中国统计出版社 2010 年版，第 6、14 页。

③ 按照党的十六大的部署，建立的完善的社会主义市场经济体制，要到 2020 年。按照邓小平理论，最终实现社会主义现代化建设三步走的战略目标，要到 21 世纪中叶。但本文的分析只到 2009 年。

1979年开始对经济进行了调整。这次调整使得原来产业结构严重失衡的情况有了显著改善。1981年，第一产业增加值占国内生产总值的比重由1978年的28.2%大幅上升到31.9%，第二产业由47.9%下降到46.1%（其中工业由44.1%下降到41.9%，建筑业由3.8%上升到4.2%），第三产业由23.9%下降到22.0%。这些数据表明：作为原来产业结构失衡最重要方面的农业和工业的失衡状况已有明显改观，但在另一个重要方面，即第三产业与工业的失衡状况却有一定程度的加剧。

1984年又发生了经济过热。这年经济增速高达15.2%。于是从1985年开始，又对经济实行调整。但这次调整对改善产业结构有进展的一面，也有加剧的一面。1986年，第一产业增加值占国内生产总值的比重由1984年的32.1%下降到27.2%，第二产业由43.1%上升到43.7%（其中工业由38.7%下降到38.6%，建筑业由4.4%上升到5.1%），第三产业由24.8%上升到29.1%。这表明：农业滞后于工业的状况有进一步加剧。只是建筑业特别是第三产业滞后于工业的状况有了改善。但乍一看来，农业滞后似乎是建筑业和第三产业的比重上升造成的。但在实际上，建筑业和第三产业的比重上升是恢复性的，而工业比重在以往比重过高的基础上，仍然保持了高的比重，才是农业滞后的原因。

1988年再次发生经济过热。这年经济增速在1987年高达11.7%的基础上又达到11.3%。于是，又对经济进行调整。经过这次调整，1988年那种产业结构严重失衡状态已有很大改善。1990年第一产业占国内生产总值的比重由1988年的25.7%上升到27.1%，第二产业由43.8%下降到41.3%（其中工业由38.4%下降到36.7%，建筑业由5.4%下降到4.6%），第三产业由30.5%上升到31.6%。

1992~1994年连续三年经济过热。这三年经济增速依次分别为14.2%、14.0%和13.1%。于是1993年又开始对经济进行调整。在调整经济增速方面，这次调整很成功，到1997年实现了软着陆。这年经济增速由1992年的14.2%下降到9.3%，处于潜在经济增长率的上限区间。但在产业结构调整方面则效果不佳。1997年第一产业占国内生产总值的比重由1992年的21.8%进一步下降到18.3%，第二产业由43.4%进一步上升到47.5%（其中工业由38.2%上升到41.7%，建筑业由5.3%上升到5.9%），第三产业由 34.8%下降到 34.2%。① 在这里，农业比重大幅下降和工业比重的显著上升，是前者严重滞后于后者的表现，第三产业比重下降也是发展滞后的表现。

2006~2007 年，连续两年又发生了经济过热。这两年经济增速分别达到 11.6%和 13.0%。从 2008 年又开始对经济进行调整。这次调整面临着国内外复杂多变的严峻形势。主要是：国内经济周期由连续 8 年（2000~2007 年）的上行阶段进入下降阶段，而且来势甚猛。2007 年第二季度的经济增速高达 13.8%，但到 2009 年第一季度猛降到 6.1%。还有 2008 年 5 月 12 日四川汶川特大地震的严重自然灾害。国外又有 2007 年第三季度美国爆发的次贷危机演变成为战后的最严重国际金融危机。在我国外需很大的条件下，这也是很大的冲击。2007 年货物和服务净出口对我国经济增长的贡献率高达 19.7%。这些严重冲击的叠加效应，使得我国经济调整面临着新世纪以来极大困难。由于宏观经济政策转变及时而又有力，终于有效地防止了经济增速的大滑。2008~2009 年经济增速缓慢地下降到 9.6%和 8.7%。仍处于我国现阶段经济增长率的上限区间。这确实是来之不易的伟大成就！并因此而赢得了举世的美誉。不仅如此，在产业结构调整方面也取得了重要进展。2009 年第一产业增加值占经济总量的比重由 2007 年的 11.1%下降到 10.6%，第二产业由 48.5%下降到 46.8%，第三产业由 40.4%上升到 42.6%。② 在这里，第二产业比重下降和第三产业比重上升，显然是优化的表现。这是不言而喻的。问题是如何看待第一产业比重的下降？一般说来，在工业化过程中，农业比重下降是合乎规律的现象。在我国农业发展严重滞后的具体情况下，却不能把这两年农业比重下降看做是产业结构优化的表现。但也不能把它看做产业结构失衡加剧的表现。事实上，这两年第一产业占经济总量的比重平均每年下降 0.35 个百分点，而 1978~2007 年年均下降 0.59 个百分点。从这种相比较的意义上似乎可以说农业滞后于工业的状况在趋于缓解。当然，也没有根本解决。

在对 1958~1978 年和 1979~2009 年的产业结构的变化过程做了分析

① 以上数据资料来源均见《新中国六十年统计资料汇编》，中国统计出版社 2010 年版，第 10~11 页。
② 国家统计局网 2009 年 12 月 25 日，2010 年 2 月 25 日。

之后，我们可以将这两个时期在这方面的情况做一对比。在前一时期，第一产业占经济总量的比重，年均下降 0.59 个百分点，第二产业（主是工业）年均上升 0.89 个百分点，第三产业年均下降 0.2 个百分点。而在后一时期，第一产业比重年均下降 0.56 个百分点，第二产业（只是工业）年均下降 0.35 个百分点，第三产业年均上升 0.6 个百分点。诚然，在上述两个时段有众多不可比的因素。比如，第一、二、三产业各自变化的基数是不同的。但上述数据确实无可辩驳地证明：前一个时期存在产业结构全面极端的严重失衡状态；后一个时期农业滞后和工业超前的状态在逐步趋弱，而第三产业则由前一时期极不正常的大幅下降转变为正常的大幅上升。

同时需要着重指出，当前我国产业结构失衡问题并没真正解决。其主要根据有二：

第一，就农业来说，新世纪以来提出并推行科学发展观以来，党和政府在解决"三农"问题方面采取空前未有的一系列重要举措，并取得了巨大成就！比如，作为农业主要产品的粮食产量，2007~2009 年连续三年超过 50000 万吨，2009 年达到 53080 万吨，改变了 1999~2007 年连续九年产量低于 1998 年产量（这年粮食产量为 51229.5 万吨）的局面。[①] 但当前粮食供需仍是一种紧张的平衡。作为粮食稳产基础的体制、机制和技术、物质等方面的问题都没有根本解决。因而，作为最重要战略物资的粮食产量不稳的问题也就没有从根本上解决。当前农民居民收入远远低于城镇居民收入，也突出反映农业发展的滞后。其主要的直接原因，除了城市化滞后以外，就是农业发展滞后，农业劳动生产率很低。

第二，就第三产业来说，在许多工业的产能和产品过剩问题突出存在的同时，经济社会亟须的第三产业（包括为生活服务和为生产服务的第三产业，特别是就业容量大和为高技术产业服务的第三产业）又没有得到应有的发展。为了说明这里的问题，做点国际比较是必要的。按照毛泽东说法，作为矛盾的普遍性的"这种共性，即包含于一切个性之中，无个性即无共性。"[②] 所以，尽管国外经验有其特殊性，也包含共性。就其

---

① 《新中国六十年统计资料汇编》，中国统计出版社 2010 年版；国家统计局网 2009 年 2 月 25 日，第 37 页。
② 《毛泽东选集》第 1 卷，人民出版社 1991 年版，第 319~320 页。

共性来说，就有借鉴意义。根据世界银行的资料，2003 年低收入国家第三产业增加值占国内生产总值的比重为 49%，下中等收入国家为 52%，上中等国家为 59%，高收入国家为 71%。我国已经步入下中等收入国家的行列，但我国 2009 年第三产业增加值占国内生产总值的比重不仅远远低于高收入国家和上中等收入国家，而且大大低于下中等收入和低收入国家。这就突出反映了我国第三产业发展的滞后。

所以，总起来似乎可以说，改革以来，改革前存在的那种产业结构全面极端的严重失衡状态已有显著转变，但就现状来说，产业结构失衡问题并没有真正解决。

二、产业结构现状的形成原因

第一，1978~2000 年，我国已初步建立了社会主义市场经济体制的基本框架。

21 世纪以来，这种体制正在趋于进一步完善。从总体上说，这种体制以其特有的优化社会生产资源的巨大作用，已经和正在成为推动包括第一、二、三产业在内的整个经济迅速而又趋向协调的发展，成为这方面的根本动力。这只是问题的一方面。

另一方面，这种经济改革以其固有的不平衡性对各次产业发展的推动作用是不等的。这样，经济改革就在推动整个产业持续快速发展的同时，给各次产业增速带来了差异。纵观我国经济改革史，我们可以发现两种规律性现象：一是就三次产业来说，那个产业改革快，其增速也快；反之亦然。1979~2009 年，第二产业（特别是工业）改革进展比第一、三产业都大。需要着重指出：在这方面，城乡二元经济体制改革从开始一直到现在，都是滞后的。作为第三产业的最重要组成部分的垄断行业（如交通、通讯和金融等）和社会事业（包括科教文卫等）的改革，在一个很长的时间内也是滞后的，只是在新世纪以来才加快了改革步伐。与这种改革进展不平衡相联系，尽管第二产业的基数比第一、三产业大得多，但其增速却比第一、三产业快得多。这期间，第二产业年均增速为 11.3%，而第一、三产业分别只有 4.6% 和 10.7%。二是就各个产业本身来看，也是那个阶段改革进展快，其增速也快；反之也如此。这一点尤为明显地表现在第一产业方面。1979~1984 年，农村普遍实行了以家庭承包经营为基础的，并与集体化经营相结合的双层经营体制，改革进展快，增速也快。这期间农业年均增速高达 7.3%。但在此后的一个时间内，农村改革相对滞后，增速下降。1985~2000 年，农业年均增速下降到 3.8%。新世纪以来，深化农村经济改革的步伐大大加快。其主要表现是：在完善农业经营体制的同时，实现了农村税费改革；深化了农产品流通体制改革。主要是在作为最主要农产品的粮食方面实现了市场主体自主流通、市场定价的流通体制；实现了农村金融的改革和创新。主要是初步形成了国有（或国家控股的）金融为主导的、多种所有制金融并存、政策性金融、商业性金融和合作性金融并存以及大中小金融组织并存的框架。于是 2001~2009 年农业年均增速又上升到 4.2%。[①] 可见，这两种规律性现象表明：在市场取向改革没有整体（包括第一、二、三产业）基本到位的情况下，它就会在很大程度上影响到各次产业的协调发展。

　　对外开放是以建立社会主义市场经济体制为目标的经济改革在对外经济领域的延伸。从总体上说，对外开放是推动包括第一、二、三产业在内的经济发展的重要动力。但直到目前为止，对外开放对第一、二、三产业发展的推动作用也有差异。对外开放主要包括两个领域：一是对外贸易。在这方面，出口的主要是工业品。二是引进外资，而外商的投资领域大部分也是在第二产业。新世纪以来，服务业的出口和第一、三产业的外商投资都在强劲增长，但没有也不可能很快改变以第二产业为主的情况。这样，前者就从需求方面拉动第二产业的较快发展，而后者又从供给方面推动第二产业的较快发展。

　　以上是就改革开放在形成产业结构现状方面引起作用所做的分析。

　　第二，再从经济发展战略方面分析这一点。

　　1. 改革前传统经济发展战略的主要特点，是盲目追求经济的高速增长（主要是工业高速增长，特别是重工业高速增长），由此必然导致产业结构严重失衡。改革以后，1981 年党中央、国务院提出："要切实改变长

---

①《新中国六十年统计资料汇编》，中国统计出版社 2010 年版，第 11 页；国家统计局网，2009 年 1 月 25 日、2010 年 2 月 25 日。

期以来在'左'的思想指导下的一套老的做法，真正从我国实际情况出发，走出一条速度比较实在，经济效益比较好，人民可以得到更多实惠的新路子。"① 这标志着政策上已经发生了重大转变。党的十七大进一步系统完整提出和阐述的科学发展观，在完整根本的意义上标志着这种转变。这样，改革以来，在中央政府层面的实践方面再看不到改革以前有过的那种高增长指标。但在地方政府的实践方面，一直到现在还不能说已经完成了这种转变。根本的问题在于：改革以前存在过由各级政府（包括中央政府和地方政府）和国有企业组成的投资膨胀机制。改革以后，这种投资膨胀机制只是在中央政府层面和改革已经到位的国有（或国有控股）企业发生了改变。而以地方政府为主的投资膨胀机制并没有发生根本转变。② 多年来，地方政府盲目地追求政绩工程，就是这方面最典型最突出的表现。

对地方政府来说，追求政绩的最有效的手段，就是加快发展第二产业。在一定的社会生产资源的条件下，第二产业的过快发展，必然挤占发展第一、三产业的资源，从而阻碍第一、三产业的发展。所以，这种做法本身就会阻碍第二产业与第一、三产业之间协调发展，甚至加剧它们之间的失衡。问题还在于：这种盲目追求第二产业速度的实践，还会使一系列战略在实践上偏离正确的轨道，从而阻碍第二产业与第一、三产业协调，甚至加剧其间的失衡（详见下述）。

2. 改革以来，我国工业发展在越来越大的程度上依靠科技进步，粗放的经济方式并没有根本改变。当前经济增长主要还是依靠增加投入，特别是物资的投入。而这些物资主要是第二产业提供的产品。这就必然推动工业高速增长。而且，工业高速增长，市场需求旺，产品容易销售，企业就缺乏改进技术的市场压力。这样，原来存在粗放经济增长方式就缺乏向集约方式转变的动力。于是，就在很大程度上形成了粗放增长方式的凝固化。这种凝固使得工业发展继续主要依靠投入物力，从而继续推动工业的高速增长。

3. 工业增长主要依靠投入，这同时意味着主要依靠投资。这就必然

① 《中国经济年鉴》（1982），经济管理杂志社，第 II-8~9 页。

② 详见拙文：《当前亟须控制固定资产投资的过快增长——兼论地方投资膨胀机制的治理》，《经济学动态》2006 年第 10 期。

导致投资率的提高和消费率的下降。但投资主要是要转化为第二产业提供的产品，而消费则较多地转化为第一、三产业提供的产品和服务。这样，改革以来投资与消费关系的长期失衡，又成为阻碍第二产业与第一、三产业协调发展，甚至加剧它们之间失衡的重要因素。

4. 改革以前乃至改革以后的相当长的时期内，我国实行的都是农业哺育工业战略。这种战略显然是有利于工业的发展而不利于农业的发展。在新世纪初提出工业反哺农业的方针以后，国家财政用于支持"三农"的支出，已经达到了空前未有的巨大规模。这也正是新世纪以来，农业呈现良好发展态势的重要因素。但即使在这期间落实这项战略方面仍没有完全到位。如果仅就来自农村的税收与国家财政用于农村的支出相比，那就有充分根据说，工业反哺农业战略已经得到了完满的贯彻。如果考虑到多年来地方政府由征收农村集体土地而获得的巨额收入，以及农民工工资远远低于城镇职工工资（二者都是没有根本改革的社会经济体制形成的）。这样两种情况，那就远不能说工业反哺农业的战略，已经得到了有效的贯彻。这样，即使在新世纪以来，这种情况也是不利于农业而有利于工业发展。

5. 在区域经济发展战略方面，总的说来，改革以前实行的是均衡战略。这是由多项客观和主观因素决定的。历史已经证明：这项战略不仅不能解决地区之间的均衡发展问题，而且成为阻碍全国经济发展的一个重要因素。改革以后，依据邓小平先后提出的先富、先富带后富、逐步实现共同富裕以及"两个大局"的战略思想，[①] 从 20 世纪 70 年代到 90 年代末，在地区经济发展方面，实行的都是非均衡战略，主要是优先发展东部沿海经济发达地区。实践已经证明：这是一项正确的战略，是推动这期间我国经济持续高速发展的一个重要因素。任何事物都有二重性。尽管这项战略的积极作用是主要的，但也有负面作用。其中，一个方面，就是加剧了第一、二产业之间的不平衡发展。显然，东部经济发达地区主要是工业的集中地区，而西部地区则是主要农业的集中地区。所以，优先发展东部经济发达地区，就意味着加速发展工业。但需指出，这在客观上是不可避免的。诚然，从 20 世纪 90 年代末以来，先后提出了推进

---

① 详见《邓小平文选》第 2 卷，第 152 页；第 3 卷，第 277~278、373~374 页。

西部大开发，全面振兴东北等老工业基地，大力促进中部崛起，积极支持东部率先发展的总体地区经济协调发展战略。但这个战略实施的时间不长，它在协调地区经济发展和各次产业发展方面的作用，还不可能充分显示出来。

6. 改革以来，由于实行了对外开放战略，总体说来有效利用了两种资源和两种市场，从供给和需要两个方面推动了这期间我国经济的持续高速发展。但在国内外多种因素作用下，2005~2007 年却发生了内需和外需的失衡。国内因素主要是投资率过高，消费率过低，从而形成内需不足。于是，由工业提供的过多产品涌向国外市场。国外因素主要是战后形成的不合理的经济秩序，其中包括美元成为国际主要储备货币。这三年货物和服务净出口对经济增长贡献率依次分别达到 24.1%、19.3% 和 19.7%。[①] 而这方面出口主要又是工业品。这就成为加剧工业和农业失衡的一个重要因素。

总之，上述各项战略在实施过程中存在的问题在不同程度上阻碍了各次产业的协调发展，甚至加剧了它们之间的失衡。

第三，改革以来，我国在宏观经济管理改革方面取得了决定性进展，并在宏观经济管理本身方面积累了丰富的成功经验，从而成为推动我国经济持续高速发展的一个重要因素。[②] 但在这方面也存在众多不足。其中，产业结构调整力度不足，就是一个重要方面。这一点，从改革以来发生的五次经济过热的过程，可以看得很清楚。五次经济过热的根本原因在于经济体制改革没有到位。经济过热就是社会总需求大大超过总供给，这显然是同宏观调控不力有联系。还要提到，经济总量失衡的背后，是经济结构的失衡。当然，这里讲的经济结构失衡，首先是投资和消费关系的失衡。但产业结构失衡也是其中的一个重要方面。而产业结构失衡更是同宏观经济调控不到位有关联的。需要进一步指出，在五次经济过热以后，进行了五次经济调整。就经济总量来说，五次调整都是到位的，即波谷年经济增速都下降到现阶段潜在经济增长率的限度内。但就产业结构来说，在这五次调整中，只有 1979 年开始的那次调整，只有第一产

①《中国统计年鉴》（2009），中国统计出版社，第 57 页。
②详见拙文：《关于改革开放以来宏观经济调控经验的若干思考——纪念改革开放 30 周年》，《经济学动态》2008 年第 12 期。

业发展滞后有显著改善，而且这种改善主要还是由于改革首先从农村突破相联系的，其余四次都没有调整到位。第三产业滞后的情况虽有改善，但力度也不够。所有这些都表明：改革以后产业结构失衡状况未见显著改善，同宏观经济调控力度不够是有联系的。当然，根本原因还在经济改革没有到位。

第四，改革以来，产业结构失衡也有认识上的原因。改革以来，对工业重要性的认识并未减弱。对工业增长方式方面的认识上，实际上在很大程度上还停留在改革前粗放经营方式上。其结果不仅导致了过多的重复建设和重复生产，而且浪费了资源，污染了环境。

但是，就改革以来的长过程来看，对发展第一、三产业重视程度则不到位。就第一产业来说，改革以后，总结了改革前片面重视工业忽视农业，从而导致产业结构严重失衡的教训，大大提高了对农业重要性的认识。但就改革后的长期实践来看，这方面的认识并未到位。这一点，在作为主要农产品的粮食产量反复长期大幅波动上表现得特别突出。1979 年我国粮食产量迅速提高到 33211.5 万吨。1980~1981 年粮食产量却低于 1979 年。1982~1984 年粮食产量是持续上升的，1984 年达到 40730.5 万吨。但 1985~1988 年粮食产量却低于 1984 年。直到 1989 年，粮食产量才达到 40754.9 万吨，略微超过了 1984 年的水平。1990 年粮食产量进一步上升到 44624.3 万吨。但 1991~1992 年粮食产量又都低于 1990 年。直到 1993 年才达到 45648.8 万吨，超过 1990 年。1994 年粮食产量又下降了。1995~1996 年粮食产量是上升的，1996 年达到 50453.5 万吨。但 1997 年粮食产量又下降了。1998 年粮食产量上升到 51229.5 万吨，超过了 1996 年。此后九年粮食产量都未达到 1998 年的水平。直到 2008 年粮食产量才达到 52870.9 万吨，超过 1998 年。2009 年粮食产量继续上升到 53080.0 万吨。[1] 在形成这种波动方面，有客观因素（如自然灾害），也有合理因素（如利用国际市场的粮食资源）。但对社会主义大国来说，这种波动在很大程度上反映了对农业基础地位重要性的认识并没到位。诚然，新世纪以来，在提出了科学发展观以后，这方面的认识已发生了根本转变。其贯彻落实还需经历一个过程。

―――――――――――

[1]《新中国六十年统计资料汇编》，中国统计出版社 2010 年版，第 37 页；国家统计局网 2010 年 2 月 25 日。

就对第三产业的重要性来说，改革以来，否定了第三产业是非生产部门的传统理论，大大促进了第三产业的发展。但在这方面的认识也并未到位。这一点，在高端服务业和低端服务业两方面都是如此。在高端服务业方面，只有把我国在这方面的情况与同是作为新兴国家的印度做一下对比就可以看得很清楚。尽管两国国情不同，但印度在信息服务业方面远远领先于我国的事实，总之表明我国在这方面的认识还有待提高。在低端服务业方面，伴随人民生活的提高，人口老龄化的发展以及住宅商品化改革的决定性进展和作为支柱产业建筑业的迅速发展，诸如社区和家政服务业等低端服务业已经具有发展成为巨大产业的现实性。尽管这方面已有很大的发展，但仍有巨大的发展空间。

可见，对第一、三产业重要性认识不到位，也是这些产业发展滞后的一个重要因素。

第五，我国产业结构的现状，也反映出我国工业阶段性的特点。这主要包括以下三个方面：一是我国现阶段处于工业化中期阶段。一般说来，在技术进步条件下实现社会扩大再生产，都需要生产资料的优先增长。而在工业化中期阶段，与人均收入提高相联系，人们对住宅和家用汽车的需求大大增长。这就推动住宅业和汽车业上升为支柱产业，并获得迅速发展。与此相联系，人们对生活的基础设施（如交通设施）的需求也大大增长。所有这些都会推动重化工业的优先发展。但这期间重化工业的优先发展与20世纪50年代及其以后的重工业的优先发展有重大区别。后者是以计划经济体制为依据的；尽管起过重要积极作用，但造成了严重后果；因而是不可持续的。而前者是以市场经济主体的要求为依托的；是经济协调发展的客观要求；因而是可持续的。二是我国现阶段工业化虽已处于中期阶段，但还要承担其在初期阶段的"补课"任务。改革以前和改革以后的一个长时期农村经济远远滞后于城市经济的发展，这种滞后的一个重要方面，就是农村生产和生活两方面的基础设施都很落后。这在很大程度上是工业化初期阶段留下的"欠债"。这个"欠债"也要由工业化中期阶段来完成，势必要求重化工业的加速发展。三是我国工业化中期阶段还承担着"超前"任务。我国现阶段工业化是在知识经济时代实行的。因而在越来越大的程度上要求实现工业化与现代化的融合。这些都是提高工业发展速度的重要因素。

但需说明：这里提出第五点，旨在说明当前我国工业遥遥领先于第一、三产业的发展，其中包含着合理因素，并不否定第一、三产业严重滞后于工业发展的事实，也不否定前述的形成这种滞后局面的四点原因。

三、进一步调整产业结构的若干设想

我国当前尽管还面临着严重的产业结构失衡状态，但在国内和国际两个方面都面临着良好的机遇。

在国内，我国至少还有 20 年的良好的经济发展时机。[①] 这个战略机遇期不仅使得我国经济仍然可以在一个较长时期内赢得平稳较快发展，而且为我国产业结构调整在体制、机制和物质资本、人力资本以及政策和经验等方面，提供了 2007 年由美国次贷危机爆发的这场战后最严重的金融危机和经济危机，对我国经济发展形成了巨大的冲击。但相对说来，这次危机给我国经济发展提供的机遇要大于冲击。这里所说的"相对"有两重含义：一是就冲击与机遇相比较而言；二是与经济发展所受到的冲击和机遇相比较而言。

国际经验表明：每次大的经济危机都要催生新的科技革命，加快产业结构调整，并加剧世界各国之间经济的不平衡的发展。仅就美国这个世界最大经济体而言，在这次危机之后，在虚拟经济领域去杠杆化的同时，在实体经济方面去"空心化"，提出"再工业化"，重新振兴现代制造业，在高科技领域继续巩固和加强其领先地位，抢占新的战略产业的制高点；长期存在的低储蓄率、高消费率的消费模式正式发生变化。就这些因素对我国产业结构的调整而言，其积极影响突出表现为：使我国制造业（这是我国工业的主体）产品出口遇到更大限制，从这方面遏制我国工业的过快增长，推动我国产业结构的调整。这次危机使美国经济受到重创，陷于负增长，而我国经济增速虽有下降，但仍保持高增长态势。美国作为世界主要储备货币的霸主地位也受到严重冲击。而人民币的国际地位显著上升。这表明：我国的大国经济地位在进一步上升，向

①　详见拙著：《中国经济发展 30 年（1978~2008）》，中国社会科学出版社 2009 年版，第 82~93 页。

经济强国迈进步伐也在加快。它意味着我国在利用两种市场、两种资源方面拥有更有利的条件，从而促进包括产业结构调整在内的经济发展。

地区需要抓紧国内外的有利时机，大步推进产业结构调整。

调整第一、二、三产业增加值在国内生产总值中的比重，需要遵循党的十七大提出的要求："由主要依靠第二产业带动向依靠第一、二、三产业协同带动转变。"①

为此需要依据历史经验和当前情况合理设置第一、二、三产业的增速以及与之相联系的三者在国内生产总值中的比重的目标值。在这方面，2008~2009 年我国经济发展的经验值得重视。这两年第一、二、三产业的增速分别依次为 5.5% 和 4.2%，9.3% 和 9.5%，9.5% 和 8.9%。这样，第一产业比重由 2007 年的 11.3% 下降到 2009 年的 10.6%，年均下降 0.35 个百分点，第二产业由 48.6% 下降到 46.8%，年均下降 0.9 个百分点，第三产业由 40.1% 上升到 42.6%，年均上升 1.25 个百分点。② 显然，这个结构变化方向是朝着解决产业结构失衡前进的。依据这个经验，并考虑到工业化发展规律的要求，特别是当前产业结构失衡还没有根本解决的情况，可以设想：在"十二五"期间，在经济增速控制在 9% 左右的前提下，第一产业年均增速争取达到 5.5% 左右，第二产业控制着 9.0% 左右，第三产业达到 9.5% 左右。这样，这期间第一产业比重仍有望大体稳定在 10% 左右，第二产业比重现阶段 40% 以上，第三产业比重上升到 45%~50%。

为了实现这个目标，需要采取以下主要措施：

第一，要深化经济改革，特别是要加快第一、三产业改革的步伐。就第一产业来说，除了继续全面深化农村各项经济改革以外，还要着力推进城乡二元经济社会体制改革，实行基本公共服务在城乡之间的均等化，加快城镇化和农业对外开放的步伐。就第二产业来说，除了要继续建立健全现代企业制度，加强国有资产监管，发展多种所有制经济和继续扩大开放以外，就是要积极推进资源性产品价格改革和实行环境污染补偿制度，以遏制工业（特别是其中的高能耗、高物耗、高污染工业）的发展；还要积极推进统一、有序、平等竞争充分发展的市场改革，以

①《中国共产党第十七次全国代表大会文件汇编》，人民出版社 2007 年版，第 22 页。
②《中国统计年鉴》(2009)，中国统计出版社，第 38、40 页；国家统计局网 2010 年 2 月 25 日。

淘汰和遏制过多的低水平的重复建设和重复生产。特别是要积极治理地方政府为主的投资膨胀机制，以遏制工业的过快增长。就第三产业来说，要加快垄断行业和事业单位的改革步伐，并扩大这些领域的对外开放。

为此，当前既要看到我国渐进性改革优越性这一主要方面，又要着重看到这种渐进性改革的严重局限性。这种局限性的一个重要方面，就是当前第一、三产业改革滞后于第二产业以及由此对经济发展造成的不良后果；既要看到当前加快第一、三产业改革的有利条件（诸如在这方面已经形成了更多的社会共识，并拥有更有利的物质技术基础等），但又要看到在这方面已经形成了阻碍改革深化的新因素。即除了改革初期就有的维护计划经济体制的势力以外，又产生了阻碍改革新的利益群体（诸如治理地方投资膨胀机制，就会遇到地方局部利益的阻碍，改革行业垄断就会遇到行业局部利益的阻碍）。而且，前者主要是由认识差异引起的，而后者则主要是利益差别引起的。从这方面来说，后者比前者更难克服。因而必须采取强有力的立法手段和行政手段；否则，改革就很难推得开，以致陷入停滞状态。

第二，要把经济发展的目标进一步转到以人为本的轨道上来。改革以前存在过重产出轻消费的倾向。改革后，这方面的情况已有很大的变化。但并没有转变到位。1953~1957 年，国内生产总值增速与居民平均消费水平增速之比为 2.04：1.00，1958~1978 年为 3.18：1，1979~2008 年为 1.29：1.00。[①] 可见，改革以来，二者对比关系有了显著改善。为了改变当前消费增长严重滞后于生产增长的情况，可以设想在"十二五"期间，使二者增速之比逐步趋于 1：1。这样，与人民物质文化生活更为紧密的第一、三产业就有可能实现较快增长，而工业的过快增长也就会受到遏制。

第三，要加快由粗放经济增长方式向集约增长方式以及由高碳经济向低碳经济转变的步伐。改革以来，仍在很大程度上延续了以粗放经济增长方式和高碳经济为特征的传统工业化道路。

实现经济增长方式的转变，由主要依靠投入物质资源转向主要依靠科技进步和劳动者素质提高，显然会从削减物质需求方面遏制工业的过快增长，同时又会带动作为第三产业最重要组成部分的科技和教育的发

---

① 资料来源：《新中国六十年统计资料汇编》，中国统计出版社 2010 年版，第 11、14 页。

展，并会加速以人多地少为特征的农业的发展。

就生产而言，低碳经济是以低物耗、低排放、低污染为特征的经济。这种经济是以集约经济增长方式的发展为前提的。但它又是工业化现代化发展的一个新的更新阶段。如果说，实现经济增长方式的转变在经济发达国家已经基本完成，那么，实现低碳经济则破题不久。2003 年英国提出低碳经济的理念，但它以强有生命力迅速获得许多国家的认同，有些国家已就此进行规划和立法。在我国，低碳经济也是方兴未艾。我国在发展再生产能源、循环经济和节能减排等方面已经取得了显著成效，再制造业也已经起步。[①] 实践证明：低碳经济在节约资源、改善环境等方面的意义，远远超过经济增长方式的转变。

但低碳经济的含义及其意义并不局限于生产方面，已延伸到生活消费方面。这一点在美国的那种高碳消费的国家显得尤为突出。

低碳经济也不仅限于碳的排放方面，还延伸到碳的吸收方面。如果仅仅从能源的生产消费来说，近代工业化过程可以简单地归结为将长期埋藏在地下的矿石化能源开发出来，用于生产以后，再将作为最重要污染源的二氧化碳加以排放的过程。但人工造林又可以将排放出的二氧化碳加以吸收。我国在这方面已经取得了重要进展。多年来我国人工造林速度居于世界第一位。当前人工造林面也居于世界第一位。实践证明：推行人工造林，是低碳经济的一个重要方面。

可见，实现高碳经济向低碳经济的转变，不仅在改变当前产业结构严重失衡方面，而且在改善已经受到严重污染的环境方面，都有特殊重要的意义。

第四，把工业反哺农业的方针进一步落到实处。就这个方针的实质含义来说，就是要把工业创造的一部分收入，主要通过财政再分配用于发展农业经济提高农民生活。鉴于当前农业严重滞后于工业的情况，还可设想以国有企业（特别是其中的垄断行业）的一部分利润用于农村生产和生活的基础设施，以及社会保障事业。这一点在国有资本预算单列的情况下是有可能做到的。

第五，加强和改善宏观经济调控。既要注重对需求（宏观经济总量）

① 详见《中国经济时报》2010 年 3 月 15 日。

的调控，又要注重对供给（产业结构）的调控。按照马克思主义关于社会扩大再生产的一般理论，这两方面调控是互为条件的，是实现经济持续发展的必要条件。就我国改革以来的历史经验来看，尽管发生的五次经济过热，表明对需求调控的不足，但相对来说，其效果还是好于对供给的调控。这也是改革以来我国产业结构严重失衡并无明显转变的一个重要原因。就当前来说，2009 年经济增速也从 2007 年 13.0%下降到8.7%，即下降到现阶段潜在经济增长率的区间。在这种形势下，宏观经济调控面临两方面任务。一方面要注重对需求的调控，千方百计地把经济增长率稳定在潜在经济增长率的限内，[①] 防止经济增速的迅速反弹，发生经济过热，并使经济结构（包括产业结构）失衡加剧。另一方面，更要注意抓紧经济增速下行的有利时机，大步推进产业结构调整，从根本上防止由结构失衡再次导致经济过热。

---

① 详见拙文：《再论现阶段经济增长性长期目标》，《国家行政学院学报》2009 年第 6 期。

对"国进民退"问题之我见 *

近年来，我国学术界就国有经济的改革问题进行了热烈讨论。其中，"国进民退"是讨论得最热烈的一个问题，也是最重要的问题。本文仅就这个问题讲些想法，以就教于经济学界的同仁。

在这方面，首先要澄清有的学者提出的"国进民退"是一个伪命题。[①]按照唯物论的要求，"国进民退"是不是假命题，唯一的标准就看它是不是反映客观实际。反映客观实际，就是真命题；反之，就是假命题。

诚然，在社会主义的初级阶段，从战略上说，在正常情况下，是不存在"国进民退"问题的。这一点，党的十七大做了更为明确的规定："坚持和完善公有制为主体、多种所有制经济共同发展的基本经济制度，毫不动摇地巩固和发展公有制经济，毫不动摇地鼓励、支持、引导非公有制经济发展，坚持平等保护物权，形成各种所有制经济平等竞争、相互促进新格局。"[②]

但是，在全局性、长期性的战略问题上不存在"国进民退"问题，不等于在一定时限内和局部性问题上不发生"国进民退"。而且，上述"两个毫不动摇"是社会主义初级阶段一个相当长的时期总的指导方针。由此决定的总的发展趋势，像任何事物的发展趋势一样，都不是直线的，而是曲线的。所以，在某种特定因素的作用下，它发生某种曲折，出现

---

* 本文原载《经济学动态》2011 年第 1 期。

① 卫兴华、张福军：《当前"国进民退"之说不能成立——评"国进民退"之争》，《马克思主义研究》2010 年第 3 期。

②《中国共产党十七次全国代表大会文件汇编》，人民出版社 2007 年版，第 25 页。

局部性的"国进民退"，并不是什么难以理解的事；相反，如果是直线发展，倒是奇怪的事。可见，即使只从理论上说，提出"国进民退"是一个假命题，也是难以站住脚的。当然，这里的根本依据在于：局部性的"国进民退"真切地反映了近年来我国经济发展的客观现实。在这次国际金融危机爆发以后，我国先后提出了以4万亿投资和振兴十大产业计划为主要内容的刺激经济的一揽子计划。正是这个计划的实施，使得我国经济运行在面临国内经济周期下行（这是主要的）和国际金融危机的双重打压下，仍然在2008~2010年连续三年赢得了经济高增长（其中2008年经济增速为9.6%，2009年为9.1%，2010年预计为9%~10%），而且实现了新中国建国后第一个轻波周期。[①] 这确实是来之极为不易、获得世界青睐的伟大成就。这样持续高增长的宏观经济环境，对包括国有经济和民营经济[②]的整个国民经济发展都是有利的。但是，这只是共性，是问题的一个方面。另一个方面还有差异性。显然，国有经济与政府在历史上就是天然结合在一起的，直到现在政资和政企也并没有真正完全分开。对国有垄断企业来说尤其是这样，因为这些垄断企业在很多情况下都是自然性垄断（或经济性垄断）与行政性垄断结合在一起的。而且，政府在推行一揽子计划的过程中，虽然也部分地运用了市场手段，但更多的还是传统的行政手段。至于地方政府在追求政绩的驱使下，对实力雄厚的国有企业更是情有独钟。这样，国有企业就成为一揽子计划的主要受益者。所以，如果只看到共性，而看不到这种差异性，就会忽略一揽子计划在"国进民退"方面所起的消极作用。还要看到：金融机构的"嫌贫爱富"，把天量信贷（2009年达到9.6万亿元）主要都投到了国有企业；在市场准入和产业政策等方面，实际上也存在对民营经济的歧视政策。这一切就使得原来国有经济和民营经济之间存在的不平等的市场

[①] 作者依据我国经济周期发展的历史经验数据，把波谷年与波峰年经济增速的落差在20个百分点以上的，称作超强波周期，10个百分点以上的称作强波周期，5个百分点以上的称作中波周期，5个百分点以下的称作轻波周期。如果以2007年为波峰年（其增速为14.2%），2009年为波谷年（其增速为9.1%），其落差为5.1个百分点，是一次近乎轻波周期。说明：2007年增速是最终核实数字，而2009年增速是为初步核实数字。依据以往多年经验，最终核实数字都大于初步核实数字。所以，这一次经济周期波峰年和波谷年的落差，很可能小于5个百分点。

[②] 说明：广义的民营经济是非国有经济的通称，狭义的民营经济是指私营经济。但私营经济是民营经济的主体。所以，从这种主体意义上说，民营经济和私营经济是可以通用的。

竞争环境急剧强化了，局部性的"国进民退"也就不可避免发生了。但这不只是单纯的逻辑推论，而是现实的反映。这一点突出表现在：国有经济和民营经济在 2008~2009 年全国城镇固定资产投资中比重的变化上。2008 年，在全国城镇固定资产投资总额中，国有控股和私人控股经济所占比重分别为 43.02% 和 40.46%，前者与后者比重之比为 1∶0.94，到 2009 年，前者与后者比重分别为 44.64% 和 41.36%，前者与后者比重之比为 1∶0.92。[①] 可见，在这两年中，尽管前者和后者的比重都上升了，但由于前者的增速超过了后者，后者相对于前者的比重下降了。显然，这一点是实施一揽子计划及上述各项有关因素共同作用的结果。需要指出，这个数据一方面表明了上述"两个毫不动摇"的总趋势并没有改变，另一方面又确实表明了在局部领域内和一定程度上发生"国进民退"的情况。

对于"国进民退"某些案例（如山西煤炭业和山东钢铁业的兼并以及"地王"等）也必须做全面的分析。总体说来，[②] 这些事件发生的原因，部分的是社会主义市场条件下市场竞争的结果，部分的是做大做强国有企业的需要。就这些方面来说，可以认为是社会主义市场经济发展中的正常现象。但这只是问题的一个方面，还必须看到另一个方面。这些事件是在上述各项因素导致的国有经济与民营经济不平等的市场竞争进一步加剧的这个大背景下发生的，它不可能不受到这个大背景的影响。因而在事实上很难说这些事件都是社会主义市场经济条件下市场竞争的产物，宁可说它们在不同程度上深深地打上了不公平竞争的烙印。从后一方面说，可以是"国进民退"的典型条件。

总之，从局部的意义上，"国进民退"不是假命题，而是客观现实的反映。

现在需要进一步讨论的问题：这些客观存在的"国进民退"，是有利于巩固社会主义公有制的主体地位，还是会动摇社会主义公有制的地位呢？在这方面，也存在两种完全对立的意见。

---

①《中国统计年鉴》（2009、2010），中国统计出版社。

② 限于篇幅，本文不对"国进民退"的各个案例逐个进行分析，只是从总体上做些说明。这当然不否定各个案例存在的差别。

有的学者提出，经过 30 年改革之后，非公有制经济，尤其是私营经济得到长足发展，而公有制经济发展缓慢，比重下降，公有经济的主体地位岌岌可危。这时，提高公有制经济比重，是合理的，必要的，攻击"国进民退"是毫无道理的。依照这种观点，当前"国进民退"是巩固公有制的主体地位的迫切需要，反对"国进民退"就是主张发展资本主义。①

这种观点无论在理论上或实践上都值得商榷。这个问题实际上就是实现国有经济战略性调整（这里不是指这个调整的全部内容，仅指其中包括的要压缩国有经济在国民经济总重中的比重和提高民营经济的比重），是否已经走过了头？是否早应停止？为了说明这一点，需要分析以下相互联系的三个问题。

第一个问题，应以什么标准来衡量。按照历史唯物论，这个衡量标准只能是适应社会生产力发展的需要。在这方面，只能有一个标准，而不能有第二个标准。关于这一点，马克思在对其创立的历史唯物论作经典表述时已经说得十分清楚。他在讲述了历史唯物论的基本内容之后，强调指出："无论哪一个社会形态，在它们所能容纳的全部生产力发挥出来以前，是绝不会灭亡的；而新的更高的生产关系，在它存在的物质条件在旧社会的胎胞里成熟以前，是绝不会出现的"。② 马克思这里揭示的是各个社会经济形态更替所必须遵循的客观规律。显然，对我国社会主义初级阶段生产关系的变革也是适用的。列宁在论到从资本主义到社会主义的过渡时期，社会主义经济战胜资本主义经济的根本条件时，曾经指出：劳动生产率归根结底是保证新社会制度胜利最主要，最重要的东西。"资本主义可以被彻底战胜，而且一定会被彻底战胜，因为社会主义能够造成新的更高得多的劳动生产率"。③ 列宁的这个论断对我们这里讨论的问题，具有直接的指导作用。诚然，这都是历史唯物论的基本常识。但在这里之所以要提到它，就是上述那种主张"国进民退"的观点，其根本性的错误恰恰在于忽略这个基本观点。这一点，我们在下面还要做具体分析。

我们在上面强调生产力标准是唯一的根本标准，并不否定在我国社

① 周新成：《毫不动摇地坚持公有制为主体，多种所有制经济共同发展——兼评"国进民退"，"国退民进"的争论》，《当代经济研究》2010 年第 4 期。
② 详见《马克思恩格斯选集》第 2 卷，人民出版社 1972 年版，第 83 页。
③ 《列宁全集》第 4 卷，人民出版社 1972 年版。

会主义初级阶段坚持社会主义公有制占主体地位的极端重要性。原因在于：坚持这种主体地位，不仅是坚持社会主义制度所必需，而且是在这个阶段发展社会生产力的根本动力和主要途径。所以，强调生产力唯一标准和坚持这种主体地位在根本上是一致的。但坚持这种主体地位，并不意味它和生产力标准可以相提并论，更不意味着它可以取代生产力标准。坚持生产力标准，是坚持历史唯物论的绝对必要，因为放弃了这一点，就从根本上放弃了历史唯物论；同时也是发展社会生产力和巩固社会主义经济制度所绝对必要的。我国历史经验已经证明：这是一条不容置疑的客观真理。1949~1952 年，由于实行了毛泽东创立的适合当时社会生产力发展需要的新民主主义社会的经济纲领，极大地推动了社会生产力的发展。在极端困难的条件下，用短短三年时间就恢复了遭到长期战争严重破坏的国民经济，并壮大了国有经济。但非常可惜，1952 年就结束了新民主主义社会，远远没有充分发挥新民主主义经济在发展中国社会生产力方面的作用。1958 年掀起了"一大二公"的人民公社化运动，完全违背了社会生产力发展的需要，使我国社会生产力和社会主义事业都遭到严重破坏。

我们在上面只是分析了应以生产力这个唯一的标准，来衡量压缩国有经济比重和提高民营经济比重是否走过了头的问题。这是一个根本的理论前提，固然是十分重要的。但仅是分析到这一点，又是远远不够的。因为这个一般的标准，并没有也不可能具体说明为什么当前还要继续压缩国有经济在国民经济中比重和提高私营经济在国有经济中的比重。要说明这一点，还要分析当前我国社会生产力发展的具体情况。

有统计数据说明：从 20 世纪末以来，国有经济本身的效益是有显著提高的，但当前还没有改变国有经济的经济效益低于民营经济的状况。而经济效益是反映生产力发展的一个综合指标。所以，这种情况表明：当前我国社会生产力的发展状况还没有提出扩大国有经济比重和降低民营经济的比重的要求，这是其一。其二，劳动力是最重要的生产力要素。所以，一般说来，扩大就业就是解放和发展生产力。就我国当前的具体情况而言，扩大就业不只是一个特殊的十分重要的发展生产力的问题，还是一个极为重要的关系社会稳定的政治问题。而扩大就业在一个相当长的时期内，民营经济有着国有经济所不可能代替的极为重要的作用。

仅就 1998~2009 年的情况来看，这期间城乡就业人员从 21616 万人增加到 31120 万人，增长了 43.9%。其中，国有单位就业人员从 9058 万人减少到 6420 万人，减少了 29.2%；而私营经济中的就业人员由 937 万人增加到 5544 万人，增长了 4.7 倍。[①]完全可以想见，改革以来，如果不是在坚持社会主义公有制为主体的前提下，大力发展包括私营经济在内的民营经济，仅是就业问题就会严重威胁到社会稳定，从而危及社会主义制度的巩固。还要看到，这一点也是促进这期间我们经济高速增长的一个重要因素，从而为巩固社会主义制度提供了物质基础。

可见，我国当前生产力的发展，不仅没有提出扩大国有经济比重，降低民营经济的比重的要求，而是相反，要求继续压缩国有经济的比重和提高民营经济的比重。

现在，我们从上述的历史唯物论的基本原理和我国具体情况出发来分析第二个问题，即在我国社会主义初级阶段国有经济和民营经济的彼此消长必须经历以下两个历史阶段。第一个阶段，是在坚持社会主义公有制为主体的前提下发展民营经济。在这阶段，国有经济在国民经济总量的比重会下降，民营经济比重会上升。第二个阶段，国有经济的比重逐步上升，民营经济的比重逐步下降，前者逐步取代后者。第一个阶段的必然性和必要性，我们在前面已经做过分析。现在需要分析的是第二个阶段的必然性和必要性。显然，国有经济在物质资本和人力资本等方面都拥有强大优势。其经济效益较低，主要是由于其比重大，结构和企业组织形式不合理，特别是体制落后。这样，随着国有经济的战略性调整，国有企业的战略性改组和国有经济改革的逐步到位，其经济效益必将逐步提高，接近乃至超过民营经济。这样，适应社会生产力发展的需要，可以逐步由第一个阶段进入第二个阶段。

在这里需要着重强调两点：①这是一个很长的历史过程。②这个过程只能依靠国有经济的更高的劳动生产力率在社会主义市场经济的平等竞争中逐步实现。如果企图以行政命令和政治动员的办法来实现，那不仅违反我国宪法，行不通，即使行通了，也是暂时的，将来又要走回头路。在这方面，我国已经有过惨痛的教训。在 20 世纪 50 年代中期消灭了

---

①《中国统计年鉴》（2002、2010），中国统计出版社。

资本主义，到 70 年代末实行改革开放以后，又来发展资本主义经济。这里需要重温一下刘少奇在这方面的告诫。早在新中国建立前夕的 1948年，刘少奇在说到新民主主义社会时期资本主义工商业的政策时，就明确指出：解决社会主义经济和资本主义经济的矛盾，要通过"经济竞争"来解决。过早消灭资本主义政策是要不得的，如果过早消灭了，"消灭了以后还要把他请来的"。① 这既体现了历史唯物主义的精神，又适应了经济发展的要求。但后来由于各种原因，连他自己都没有坚持这一点，非常可惜。他提出的资本主义消灭过早了，消灭了以后还要请回来却不幸言中了。在当前争论"国进民退"时，牢记刘少奇的告诫和汲取上述的历史教训，十分重要。

　　现在我们讨论第三个问题，在上述的第一阶段，国有经济在国民经济总量中的比重还要下降，民营经济比重还要上升。那么，在这个阶段国有经济以占多大为宜，这是十分复杂的难以确定的问题。但还是可以探索解决的。

　　在这方面，首先遇到的问题是以什么指标来衡量这个比重？理想的指标是国有经济的总资产。从比较完整的意义上说，这个总资产应该包括国有经营性资产和资源性资产。但当前就是国有的经营性总资产都缺乏系统的统计资料。至于资源性资产的统计工作还没有起步，社会总资产更是遥不可及。所以，较为简单可行的办法，是采用国有经济的生产总值这个指标。

　　有的学者借鉴国际经验提出：当前经济发达国家的国有经济生产总值占国内生产总值的比重，一般为 7%~15%，其中有些国家在国有经济发展高峰时期也高达 20%；多数不发达国家在 12% 以上，其中有些国家高达 40% 左右。因此，参照国际上国有经济的发展规模和我国当前工业化的发展阶段，我国国有经济生产总值占国内生产总值的比重为 17%~32%是合理的。② 这种看法有一定的道理。

　　但相对说来，不如依据我国已有历史经验的总结作出判断更为切合实际。在这方面值得着重提出的有三个阶段的历史经验。第一阶段是

① 转引自薄一波：《若干重大决策与事件的回顾》上卷，中共中央党校出版社 1991 年版，第 48~49 页。
② 戚聿东、张航燕：《改革开放以来我国国有经济改革和结构的演变》，《当代财经》2009 年第 2 期。

1949~1952 年的新民主主义社会的时期。这个时期还没有国有经济生产总值占国内生产总值的统计资料。但根据相关资料可以大致估算出这个比重。1952 年第一二三产量占国内生产总值的比重分别为 51.0%，20.9%，28.2%。其中，第一产业中绝大部分为民营经济（主要是个体农民经济，还有一部分合作社经济），国有农场只占很小部分；第二产业中约有一半为国有经济，其余为资本主义经济和国家资本主义经济；第三产业中，国有经济、资本主义经济、个体经济、合作社会经济和国家资本主义经济各占一部分。这样，大体算来，在新民主主义社会的时期，国有经济生产总值占国内生产总值的比重，在其最高年份 1952 年，大约也只占到 20%左右。这个时期的历史经验值得高度重视，根据是这个时期经济得到了高速发展。这样说，也符合生产力标准。当然，这个时期经济的高速发展，是有多方面的原因。而国有经济的高速增长及其比重适当，显然是一个极重要因素。第二阶段是 1958~1978 年计划经济体制进一步强化的时期。这个时期第一产业占国有生产总值的比重是在 23.6%~40.6%之间波动的，第二产业的比重是在 31.1%~47.9%之间波动的，第三产业比重是在 21.9%~31.9%之间波动的。在这期间，第一产业中绝大部分为集体经济，第二、三产业几乎全部为国有经济和准国有经济（即合作经济）。这样，国有经济的比重是在 60%~80%之间波动的。这个时期经济增速的下降有多种原因。但国有经济比重过大显然就是一个最重要的原因。所以，这个时期在这方面的教训值得汲取。第三阶段是 1979~2010 年的改革开放时期。这个时期国有经济比重大幅下降，民营经济大幅上升。当前国有经济比重的确切统计还没有见到。但据有的学者估计，这个比重约为 1/3。对这个数据需做两方面的分析。一方面，这个数据表明：这个时期国有经济比重下降，是经济高速增长的重要原因；另一方面，我们在前面的分析已经证明这个比重仍然过高，显然不能适应社会生产力发展的需要。所以，国有经济比重的下降并没有到位，仍有下降空间。总结以上历史经验的分析，可以认为，我国现阶段国有经济的比重，以下降到 20%左右为宜。

　　这样说，是否偏离了公有制的主体地位呢？可以肯定地说并没有。关于这一点，党的十五大已经做了十分清楚的说明："公有制的主体地位主要体现在：公有资产在社会总资产占优势；国有经济控制国民经济命脉，对经济发展起主导作用。"① 可见，通过国有经济的战略调整，把国有经济比重压缩到适应社会生产力的水平，并把国有经济向有关国家安全和国民经济命脉的领域集中，再通过国有企业的战略性调整和建立现代企业制度，把国有企业做大做强。这样，不仅不会削弱公有制的主体地位和国有经济的主导作用，反而会加强这种地位和作用。

经过上面的分析，我们可以得到这样的结论：那种认为经过了多年的经济改革，导致公有制比重下降，从而使得公有制的主体地位岌岌可危的观点，在理论上和事实上都是站不住的。

按照社会主义市场经济的理论，对这种观点是很难理解的，甚至简直可以认为是耸人听闻的天方夜谭！但就传统的计划经济的观点看，却是完全合乎逻辑的。原因在于：在计划经济体制下和社会主义市场经济体制下，民营经济的地位是有原则区别的。在计划经济体制下，民营经济只是处于补充地位，就其具体内容来说，主要是集体农民家庭副业，个体经济极少，资本主义经济绝种。在社会主义市场经济体制下，民营经济则是社会主义市场经济的重要组成部分，而且私营经济还占了民营经济的主体地位。这样，如果按照传统的计划经济体制的观点来观察由改革开放导致的国有经济和民营经济的比重消长变化，就会做出结论说，国有经济已经陷入岌岌可危的境地。这就是问题的本质所在。

但需说明：我们在上面强调了国有经济的战略性调整，并不否定在社会主义市场经济条件下由市场平等竞争导致的国有资本和民营资本相互存在的有进有退的正常现象。当前有的学者以这一点来掩盖和否定由一揽子经济刺激计划、银行的天量信贷以及实际存在的各项歧视性政策导致的、非正常的有进有退现象。这显然是把这两种正常现象和不正常现象混同起来了。

我们在上面强调了推进国有经济战略性调整的重要性，并不否定在这过程中发生的种种严重的国有资产流失问题。但这并不是这项战略本身的问题，而是实施中的问题。而且与这项战略所取得的巨大成就相比，这是次要的方面。现在有的学者以这个次要方面来否定作为主要方面的成就，也是很不妥的。

---

① 《中国共产党第十五次全国代表大会文件汇编》，人民出版社 1997 年版，第 21 页。

　　我在上面批评了那种认为国有经济战略性调整导致社会主义公有制主体地位岌岌可危的观点，也并不否定当前我国社会主义公有制主体地位确实遇到了前所未有的严重挑战。但这种挑战并不是来自国有经济的战略性调整，而是来自于趋于严重的两极分化以及部分政府官员和部分国有企业高层管理人员的贪污腐败、严重的就业问题和各项社会事业严重滞后于人民的需求。这些问题的发生部分的是由于渐进式改革的负面影响。渐进式的改革在保证经济改革顺利推进和经济稳定发展等方面起了极重要的作用。但也有负面作用。渐进式改革方式使得各项改革不能及时到位。这就易于诱发上述各种问题。当然，这些问题的发生同改革中的众多失误也有很大关系。但集中起来可以说，这些问题是与我国现阶段的特点有联系的。这个特点有两方面：一是良好的发展机遇期，二是社会矛盾的多发期。当前我国经济社会发展呈现两个重要特点：一是经济发展取得了举世瞩目的伟大成就，二是某些社会矛盾的爆发也世所罕见。这种世所罕见的矛盾，总体看来，似乎可以归结为封建主义余毒和资本主义弊病的叠加，计划经济体制余病和市场经济体制弊病的叠加。这两种叠加也是世所罕见的。也许可以用后一种世所罕见来说明前一种世所罕见。

　　还要着重指出，当前学界发生的"国进民退"的争论，多数学者都是从完善社会主义经济体制立场出发的。但也有个别学者乘这个争论之机，再次宣传他一贯主张的私有化的观点。这位学者也是反对"国进民退"的。但他与多数反对"国进民退"的学者不同，他们是为了推进国有经济战略性调整，以完善社会主义市场经济体制。而这位学者反对"国进民退"，是为实现私有化。按照他的概括说法，叫做"人间正道是私有化"。而实现私有化与推进国有经济的战略性调整是两个有本质区别的概念。前者是走资本主义道路的，后者是为了完善社会主义市场经济体制，终极说来，是为了巩固和发展社会主义公有制。这里有必要对这位学者论证私有化的主要依据做出分析。这个主要依据就是：改革以来，直到目前国有经济的经济效益都是低于民营经济。① 事实确实如此。但据此得出需要继续推进国有经济改革（包括推进国有经济战略性调整、国

---

① 详见曹思源：《"国进民退"不是好现象》，《成都大学学报》2010 年第 2 期。

有企业战略性改组、建立现代企业制度和健全国有资产监管制度）是正确的。这一点我们在前面已经做过详细分析。但据此得出私有化结论，就是根本错误的。主要原因在于：一是，当前国有经济涵盖了国家安全和国民经济命脉的领域，它不仅是发展经济的主要支柱，而且是巩固政权和加强国防力量的主要基础。所以，如果搞私有化，就必然瓦解国有经济。这样，整个经济（包括民营经济）发展就会失去赖以支撑的主要力量，作为经济发展主要保障的政权和国防也失去赖以巩固的基础。二是，如果搞私有化，只会进一步加重当前我国存在的两极分化。其结果必然导致政权不稳定，整个经济（包括民营经济）的发展就失去了必需的稳定的环境。这一点，不只是逻辑推论，而是由拉丁美洲和亚洲的一些陷入中等收入陷阱的国家的教训反复证明了的一条客观真理。所以，这种私有化理论是违反科学的，是不可取的。三是，社会主义公有制所能容纳的生产力水平肯定会大大高于资本主义私有制。当前国有经济效益低，只是在国有经济改革还未到位的情况下发生的。随着国有经济改革逐步到位，这种情况就会逐步改变，以至国有经济的效益超过私有经济。所以，用当前国有经济的效益低于私营经济这种暂时性现实来论证具有长期性的战略问题（即以私营经济代替国有经济），不仅违反事实，而且违反形式逻辑。

试析国有经济改革和发展的现状及其基本特点 *

正确认识国有经济改革和发展的现状及其基本特点，是继续推进国有经济改革和发展的重要前提，因而具有重要现实意义。

一、国有经济改革和发展的现状

（一）新中国成立后国有经济的发展及其弊病和改革方向

为了说明国有经济改革和发展现状，先有必要对新中国成立后国有经济的发展及其弊病和改革方向做些简要的分析。

在半殖民地半封建的中国，帝国主义经济、封建主义经济和官僚资本主义经济是阻碍社会生产力发展的生产关系。据此，中国共产党在新中国建立后的新民主主义社会（1949 年 10 月~1952 年）全面推行了新民主主义革命的"三大经济纲领"。即："没收封建阶级的土地归农民所有，没收蒋介石、宋子文、孔祥熙、陈立夫的垄断资本归新民主主义的国家所有，保护民族工商业"。① 新中国成立以后，主要通过没收官僚资本主义，建立了社会主义国有经济，掌握了国民经济命脉，成为国民经济的主导力量。据统计，1949 年，社会主义国有工业的产值占到了全国工业总产值的 26.0%。其后，经过发展，到 1952 年又上升到 41.5%。这期间

---

* 本文原载《中国延安干部学院学报》2011 年第 2 期。
① 《毛泽东选集》第 4 卷，人民出版社 1991 年版，第 1253 页。

在贯彻三大经济纲领方面存在某些方面的缺陷，特别是新民主主义的社会结束过早。但总起来说，三大经济纲领的贯彻，大大地推动了国民经济的恢复和发展。1950~1952 年，我国社会总产值年均增长 22.9%，工业总产值年均增长 34.8%，社会主义国有工业产值年均增长 57.4%；后者分别为前二者的 2.5 倍和 1.7 倍。可见，国有经济是推动这期间经济恢复和发展的最主要的因素。

为了解决社会主义经济与私人资本主义经济和个体经济之间的矛盾，以促进社会生产力的发展，从 1953 年开始实行党在过渡时期的总路线，对私人资本主义经济和个体经济实行社会主义改造。这个改造于 1956 年就取得了基本胜利。1957 年，社会主义和基本上是社会主义的工业产值占工业总产值的比重达到 99.1%，其中国有工业的比重上升为 53.7%。[①] 这个改造在速度过快、时间过短和改造面过宽等方面也存在明显缺陷，但总的来说也促进了社会生产力的发展。1953~1957 年，我国社会总产值年均增长 11.3%，工业总产值年均增长 18.0%，主要由国有工业构成的社会主义工业产值年均增长 22.1%，后者分别为前二者的 1.9 倍和 1.2 倍。可见，国有经济仍然是推动这期间经济发展的最重要因素。

就我国国情来看，计划经济体制在新民主主义社会和从新民主主义社会到社会主义社会的过渡时期，是推动社会生产发展的积极因素。上面列举的数据已经清楚地证明了这一点。这是同当时各种经济条件相联系的。在这些条件下，这个体制的优点得到了比较充分的发挥，其局限性得到了比较有效的控制。[②] 但随着各种经济条件的变化，计划经济体制的固有弊病趋于严重。特别是在 1958~1978 年间，这种体制虽然进行了两次改进（1958 年和 1970 年各一次），但都归于失败。其结果，这种体制的弊病不仅没有得到改进，而且进一步强化。其突出表现就是 1978 年国有工业产值占全国工业总产值的比重由 1957 年的 53.7% 大幅上升到 77.6%。[③] 这样，这种体制就越来越成为阻碍社会生产力的消极因素。1958~1978 年，我国国内生产总值年均增长只有 5.4%，比 1953~1957 年

---

① 《伟大的十年》，人民出版社 1959 年版；《中国统计年鉴》(1984)，中国统计出版社 1984 年版。说明：限于资料，这里用的是产值指标，不是增加值指标。以下同此。

② 详见拙著：《中国现代产业经济史（1949~2009）》，山西经济出版社 2010 年版，第 105~107 页。

③ 《中国工业经济统计年鉴》（有关各年），中国统计出版社。

均增长 9.2%下降了 3.8 个百分点；国有工业产值年均增速为 12.0%，比 1953~1957 年年均增速 22.1%下降了 12.1 个百分点。[①]

这期间计划经济体制的弊病，在作为这种体制的主要支柱（国有经济）和主要微观基础（国有企业）方面突出地反映出来。1958~1978 年，社会总产值、工业总产值和主要由国有工业组成的社会主义工业产值的年均增长分别为 7.9%、11.3%和 9.6%，三者分别比 1953~1957 年年均增长下降了 3.4 个百分点、6.7 个百分点和 12.5 个百分点。[②] 这些数据表明，传统的国有经济已成为阻碍经济的最主要因素。

这期间，计划经济体制下国有经济的主要弊病在于：

第一，在经济总量方面，国有经济占的比重过大。

第二，在产业结构方面，一是国有经济涵盖的面过宽，在第二、三产业方面，国有经济占主要地位，并部分包括了第一产业；二是国有经济地区布局很不平衡，而且地区产业结构趋同严重；三是在企业结构方面，国有经济包括了第二、三产业绝大部分中小企业，产业集中度很低。总之，国有经济在包括产业结构、地区结构和企业组织结构等方面存在着严重缺陷。

第三，在企业的性质和组织形式方面，企业不过是国有经济这个大工厂的一个车间，并不是自主经营，自负盈亏的真正意义上的企业；[③] 企业不仅"大而全"、"小而全"，而且办社会，不仅是经济组织，而且是社会组织。

第四，在国家对企业的管理方面，是政企不分。企业供产销、人财物和收入分配等一切生产经营活动均听命于国家的行政指令计划的安排，并由国家统负盈亏。企业不过是算盘珠。正是这些弊病导致了这期间国有工业产值增速大幅下降。也正是这事例清楚地显示了计划经济体制和传统的国有经济体制已经完成了自己的历史使命，极需改革。如果不进行根本性的改革，不仅会继续阻碍社会生产力的发展，而且不利于国有经济主导地位的巩固，乃至危及整个社会主义制度的生存。

[①]《新中国六十年统计资料汇编》，中国统计出版社 2010 年版，第 32 页；《中国工业经济统计年鉴》（2008），中国统计出版社，第 20 页。

[②]《中国统计年鉴》（1986）；《中国工业经济统计年鉴》（有关各年），中国统计出版社。

[③] 说明：这里用的"企业"一词只是在借用意义上用的。

依据上述国有经济弊病的分析，可以合乎逻辑地做出以下结论：传统的国有经济改革必须包括以下主要内容：

第一，要对国有经济进行战略性调整。这个调整主要包括：大幅度压缩国有经济在经济总量中的比重，调整国有经济的产业结构布局、地区布局和企业组织布局，提高产业集中度。

第二，要对国有企业改组，根本改变"大而全、小而全"和重复生产，并进行重组，做大做强国有企业。

第三，要对国有企业进行公司制和股份制改造，建立现代企业制度。企业内部的人事、劳动和工资制度要进行相应的改革，还要分离企业办社会。

第四，要建立与社会主义市场经济和现代企业制度相适应的国有资产管理制度。显然，国有经济改革的这四方面，并不是孤立的，而是一个有机联系的整体。如果以建立现代企业制度为中心，国有经济调整和国有企业改组就是它的根本前提，而建立国有资产管理制度则是它的根本保证。

上述四个方面国有经济改革的内容，是叙述 32 年来国有经济改革和发展的逻辑前提。我们现在就以此为起点，分析国有经济改革和发展的成就及其存在的问题。

(二) 国有经济改革的巨大成就

主要由于认识的偏差（即对马克思主义和苏联经验采取了教条主义态度）和缺乏经验以及改革各个组成部分的矛盾的充分表露经历了先后不一的过程，部分地由于维护旧体制群体的阻挠以及旧体制的运行惯性，对国有经济改革内容的认识和实践也经历了有先有后的过程。从党的文献看，作为经济改革目标的社会主义经济体制，是在邓小平谈话的推动下，在 1992 年召开以党的十四大明确确定的；作为国有企业改革目标的现代企业制度，是在 1993 年召开的党的十四届三中全会明确系统提出的；对国有企业实行战略性调整，是在 1997 年召开的党的十五大提出的；对国有经济布局实行战略性调整，是在 1999 年召开的党的十五届五中全会提出的；作为反映社会主义市场经济和现代企业制度要求的国有资产管理体制，是在 2002 年召开的党的十六大明确提出的。至于上述各项规定的实施更是一个先后有别的长期过程。

现在以上述国有经济改革的内容为标尺，叙述改革后 32 年来国有经济改革和发展的主要成就。

第一，国有经济的战略性调整取得重大进展。

1. 适应社会主义市场经济条件下多种所有制经济发展的需要，国有经济在国民经济总量的比重大幅下降。[①]

在经济总量方面，2009 年国有和国有控股经济的生产总值大约下降到国民生产总值的 1/3，而国有和国有控股经济以外的广义民营经济大约上升到 2/3。在经济增量方面，前者下降到 20%~30%，后者大约上升到 70%~80%。[②]这一点，是与改革后国有经济投资在全社会固定资产投资中的比重下降直接相联系的。1980~2009 年，国有经济投资总额由 745.9 亿元上升到 66050.0 亿元，但它占全社会固定资产投资总额的比重由 81.8% 下降到 29.3%。[③]

在作为国有经济最主要组成部分的工业经济方面，1978~2009 年，国有和国有控股的工业总产值由 3289.18 亿元增长到 136630.0 亿元，但它占工业总产值的比重由 77.63% 下降到 24.91%。这一点是直接由国有工业资产在全社会工业资产总额中的比重下降，以及国有工业企业和就业人数的减少决定的。1978~2009 年，国有和国有控股的工业资产由 3193.4 亿元增长到 206873.9 亿元，但它占全社会工业资产的比重由 91.8% 下降到 43.9%；工业企业由 83700 个减少到 20528 个，占全社会工业企业总数的比重由 24.0% 下降到 4.8%；企业就业人数由 3041 万人减少到 1739.4 万人，占全社会工业企业就业人数的比重由 67.9% 下降到 20.8%。[④]

2. 适应社会主义市场经济条件和发挥国有经济主导作用的需要，国有资本逐步向关系国家安全和国民经济命脉的重要行业和关键领域集中。2008 年，中央企业 82.8% 的资产集中在石油石化、电力、国防、通信、运输、矿业、冶金、机械行业，承担着我国几乎全部的原油、天然气和

① 说明：压缩国有经济在整个经济中的比重，是国有经济改革的一个重要方面。这一点，党的十五大已明确提出。党的十五届四中全会还对这一点做了系统的说明。

②《中国工业发展报告》(2009)，经济管理出版社，第 603 页。

③《中国固定资产投资统计年鉴》(1950~1995)，第 16 页；《中国统计摘要》(2010)，中国统计出版社，第 55~56 页。

④《建国三十年国民经济统计提要》，第 308~310 页；《中国工业经济统计年鉴》(2008)，第 16~19 页；《中国统计摘要》(2010)，第 135 页。

乙烯生产，提供了全部的基础电信服务和大部分增值服务，发电量约占全国的 55%，民航运输总周转量占全国的 82%，水运货物的周转量占全国的 89%，汽车产量占全国的 48%，生产的高附加值钢材约占全国的 60%，生产的水电设备占全国的 70%，火电设备占 75%。在国民经济重要行业和关键领域的中央企业户数占全部中央企业的 25%，资产总额占 75%，实现利润占到 80%。2008 年，国有经济基础性行业的资产为 80974.3 亿元，占国有经济资产总额的 61.42。[①] 这一点也是直接同国有经济投资逐步向这些行业和领域集中相联系的。有研究资料表明：电力、煤气和水以及运输通信等行业的投资占全部国有经济投资的比重，由 1982 年的 17.12%上升到 2008 年的 38.14%。

第二，国有企业的战略性改组取得显著成效。从 20 世纪以来，国有企业在"抓大放小"，改变"大而全"和"小而全"，以及分离企业办社会等方面都在不同程度上取得了重要进展。在放小方面，多年来，通过改组、联合、兼并、租赁、承包经营、股份合作和出售等多种形式，基本上实现了国有小企业的改制。到 2008 年，改革面达到 90%以上；国有小企业还余下 46758 户和 15231 亿元资产；户数虽占国有企业户数的 88.40%，但仅占国有资产总量的 13.9%。乍一看来，淘汰国有小企业，似乎削弱了国有经济的实力，其实不然，而是增强了国有经济实力。国家淘汰的小企业不仅是规模小，而且效益低，经营困难和持续发展强力弱的企业，据统计，在 2008 年减少的 6489 户国有企业中，微利（利润不足 10 万元）和亏损企业 3537 户，占总数的 54.5%，资不抵债企业 1185 户，占 18.3%。在抓大方面，通过重组和上市等途径，大大增强了大型企业的实力。国务院国资委的中央企业在重组方面的成效尤为显著。2003 年国资委成立时，这类企业有 196 家。到 2010 年 10 月就减少到 122 家。这样，到 2008 年，大型国有一级企业（集团）户数和资产分别为 1744 户和 109195.2 亿元；户数仅占国有企业总户数的 3.3%，但资产占到国有资产总数的 82.8%。这样，国有企业户均资产规模大大增长。1978 年国有企业的户均资产为 0.04 亿元，到 2009 年增长到 10.08 亿元。即使考虑到资

---

① 参见《中国国有资产监督管理年鉴》（2009），中国经济出版社 2009 年版，第 22、709 页。说明：本文说的国有企业资产一般只包括国有工商企业资产，不包括国有金融企业资产。

产价格的上升因素，改革以来国有工业企业户均资产规模的增长也是惊人的。国有企业主辅分离、辅业改制工作也开始取得了明显的成效。到2008年底，全国共有1365家国有大中型企业实施主辅分离。辅业改制涉及单位10745个，分流安置富余人员263.8万人，其中改制企业安置富余人员193万人。①

第三，现代企业制度基本框架初步建立，并逐步趋向完善。

1. 国有企业公司制股份制的改造和股权多元化已有很大发展。2008年，在52859户国有一级企业（集团）中，实现公司制和股份制改造的企业达到45905户，改制面达到86.8%。其中，国有控股企业为13154户，占企业总数的24.9%。到2008年底，中央企业控股的境内上市公司235家，占境内上市公司1682家的13.73%；股本总额为4797.69亿股，占境内上市公司股本总额24305.71亿股的19.74%。同时，中央企业控股的香港上市公司为71家（红筹股30家，H股41家），占香港上市公司1279家的5.56%；股本总额为2822.93亿股，占香港上市股本总额31391.52亿股的9%。②

2. 公司法人治理结构初步建立，并趋向完善。在20世纪末和21世纪初，在初步建立公司法人治理结构的基础上，近年来又在进一步完善。主要有：董事会制度的试点已经展开。试点的基本框架制度，是建立健全外部董事为主要内容的董事会。其要点是：①决策组织（董事会）与执行组织（经理层）的分离。②实现国资委对国有企业管理方式的转变。即在规范的董事会建立后，国资委可将代行对经理层的选任和薪酬规定等职权移交董事会。③实现董事会的集体决策和科学决策。到2008年底，17家试点企业的外部董事都超过了董事会成员的半数。其中，三家企业的董事长由外部董事担任。④坚持和完善了1998年创立的符合我国国情的有效的外派监事会制度。

3. 企业的部门劳动、人事和收入分配制度的改革，取得了重要进展，

---

①《建国三十年国民经济统计提要》，第308~310页；《中国工业经济统计年鉴》（2008），第16~19页；《中国统计摘要》（2010），中国统计出版社，第135页；《中国国有资产监督管理年鉴》（2009），经济出版社2009年版，第709页；《中国经济时报》，2010年10月18日。说明：这里说的国有一级企业（集团）指的是国务院国资委监督的企业、79个中央部门（单位）和36个省（自治区、直辖市）直接投资的非金融国有及国有控股企业（集团）。

②《中国国有资产监督管理年鉴》（2009），经济出版社，第55~56、709页。

其中某些方面取得了决策性进展。在劳动用工制度方面，伴随市场取向经济改革的进展，已经基本上实现了市场化。人事制度（包括董事会和经理会制度）改革的进展情况已经前述。收入分配制度改革包括两项内容：①建立健全市场机制调节，企业自主分配，出资人依法调控，社会有效监督的收入分配体系。②建立健全以"三个指导，两项立法，一个监督"为重点的企业工资收入分配宏观调控体系。"三个指导"即指导企业工资收入分配的三项制度，包括工资指导线制度、劳动力市场工资指导价位制度和人工成本预测预警制度。"两项立法"即企业工资系统保障立法和工资支付法。"一个监督"即政府对企业执行国家关于工资收入分配的法律、法规和政策执行情况进行监管，并依法对企业违规行为进行惩处。③对企业职工推行以岗位工资为主基本工资制度。即实施竞争上岗，以岗定薪、岗定薪实，岗位工资参照劳动力市场价位确定；工资收入主要由其岗位和劳动实绩决定。④对企业经营者推行其收入与责任、业绩和风险的岗位绩效工资制度，并试行多种激励形式相结合、长短期激励相结合的制度。如试行年薪制和股权激励等。当前这些方面的改革已在不同程度上取得了重要进展。

　　第四，建立健全国有资产管理体制。改革以来，我国国有资产管理体制改革取得了一定的进展。但直到20世纪末，适应社会主义市场经济要求的国有资产管理体制的基本框架还未建立，国有资产管理体制性障碍还没有从根本上得到解决。国有资产存在的资产质量不够高、运营效率低、产权转让不尽规范、资产流失损失等问题，这其中一个根本原因就是国有资产管理体制改革滞后。突出表现为出资人没有真正到位和对国有资产多头管理。一方面，政府的公共管理职能与出资人职能没有分开，在内设机构和分工上既行使公共管理职能，又行使国有资产出资人职能。另一方面，监管国有资产的职能实际上分散在若干部门，权利、义务和职责不统一，管资产和管人、管事相脱节。这就使得职责不清、权责脱节的现象屡屡出现。为从根本上解决上述问题，2002年党的十六大决定，国家要制定法律法规，建立中央政府和地方政府分别代表国家履行出资人职责，享有所有者权益，权利、义务和责任相统一，管资产和管人、管事相结合的国有资产管理体制。党的十六届二中全会明确了国有资产监管机构的性质、职能、监管范围和与企业的关系等一系列重要问题。党的十六届三中全会进一步强调，要坚持政府的公共管理职能与国有资产出资人职能分开，国有资产监管机构对国家授权监管的国有资本履行出资人职责，并提出要建立国有资本经营预算制度和企业经营业绩考核体系，积极探索国有资产监管和经营的有效形式，完善授权经营制度。依据党的十六大和党的十六届二中三中全会的精神，2003 年 5 月国务院建立了国有资产监督管理委员会（简称国资委）。这是第一次在中央政府层面上真正做到了政府的公共管理职能与出资人职能分离，实现管资产与管人、管事有机结合，表明代表国家股东的出资人机构已经到位。国资委成立后，已经和正在采取以下措施来构筑新的国有资产管理的基本框架。

1. 制定和完善国有资产监督管理的法律法规体系。为此，国资委成立以后，就配合国务院法制办着手起草《企业国有资产监督管理暂行条例》（以下简称《条例》）。该《条例》于 2003 年 6 月由国务院公布实施。为了使《条例》得到有效实施，需要制定相配套的法规。到 2008 年国资委制定了配套的 21 个规章和 115 个规范文件。各地国资委制定了 1800 个地方规章和规范文件。[①] 特别是 2008 年 10 月 18 日全国人大常委会通过了《中华人民共和国企业国有资产法》（以下简称《企业国有资产法》）。至此，以《企业国有资产法》为龙头，以《条例》为基础，以中央和地方国资委制定的规章和规范性文件为具体内容的企业国有资产监督法规体系就基本形成。

2. 切实做到出资人层层到位。为此，一是要建立健全权责明确、管理规范、上下协调、精干高效的中央和省、市（地）国有资产监管机构，在政府层面实现出资人到位。为此，2003 年国资委建立以后，即着手组建省、市（地）级国有资产监管机构。到 2005 年，这项工作已经基本完成。二是要规范公司制、股份制改造，规范法人治理结构，理顺母子公司体制，把国有资产保值增值责任制落到基层企业。为此，2003 年 12 月，国务院办公厅转发了国资委《关于规范国有企业改制工作的意见》，为国有企业改制重申或制定了以下规则：方案报批、清产核资、财务审计、资产评估、交易管理、定价管理、转让价款管理、依法保护责权人

---

①《中国国有资产监督管理年鉴》（2009），中国经济出版社，第 29 页。

利益、维护职工合法权益以及规范管理基层收购。三是继续探索和完善国有资产的授权经营。授权经营是国有资产出资人将由其行使的部分权力授予其所出资企业中具备条件的国有独资企业、国有独资公司行使。被授权企业对其全资、控股、参股企业中国家投资形成的国有资产依法进行经营、管理和监督，并承担企业国有资产保值增值责任。被授权企业要基本建立现代化企业制度，并有健全的内部管理制度。被授权经营的企业可以是从事生产经营的大公司大企业集团，也可以是国有资产控股公司、国有资产经营公司、国有资产投资公司和金融资产管理公司等。至此，国有资产监督的组织体系也大体形成。

3. 建立一套科学的国有资产经营责任制度。主要包括以下两方面：一是建立国有资本经营预算制度。国有资本经营预算是国有资产监管机构依据政府授权，以国有资产出资人身份依法取得国有资本经营收入、安排国有资产经营支出的专门预算，是政府预算的重要组成部分。收入主要包括国有资本经营收入、国有资产出售收入、公共财政预算转入收入、政府性基金收入及其他收入，支出主要包括投资性支出、各项补贴支出及其他支出。实行国有资本经营预算是国有资产监管机构履行国有资产出资人职责的重要方式，是对国有资本管理和运营进行评价考核的重要方面。编制国有资本经营预算要遵循收支平衡、量入为出的原则，并实现中央政府和地方政府国有资产监管机构分级编制、保值增值的原则。二是建立企业经营业绩考核体系。企业经营业绩考核体系是国有资产监管机构依法对出资企业经营业绩进行考核的一系列指标所构成的综合体系，是年度考核与任期考核相结合、结果考核与过程评价相统一、考核与奖惩紧密挂钩的新的考核体系。这是从总体上考核国有资产经营效率，实行国有资产经营目标管理，以及落实国有资产经营责任制度的重要手段。与经营业绩考核体系相配套，要建立企业绩效评价体系。企业绩效评价体系是根据企业年度经营结果，以投入产出分析为核心，对企业绩效进行评价的一整套办法。还要建立符合社会主义市场经济要求的国有企业领导人员选拔任用和激励约束机制，建立有别于国家机关干部的企业领导人员选聘制度，逐步实现内部竞聘上岗、社会公开招聘、人才市场选聘等多种形式的经营者市场化配置，实行经营业绩与报酬挂钩。为此，国资委 2003 年 11 月公布了《中央企业负责人经营业绩考核暂行办法》，并已付诸实行。到 2008 年，中央企业先后分 7 批向国内外公开招聘了 103 名中央企业高级经营管理者，通过市场化方式选用的各级经营管理人才约占总数的 30%。[①] 国资委还正在建立健全国有资产流失的责任追究制度。

4. 继续推进国有企业监事会的工作。改革以来，在这方面已经取得一定进展。建立监事会制度，向国家重点企业派出监事会，是党中央、国务院从体制上加强国有资产监督的一项重要决策。为适应国有资产管理体系改革的需要，监事会由国务院派出调整为国资委派出，并继续推进国有企业监事会工作。在监事会派出行使上，对中央企业中的国有独资企业、国有独资公司继续实行外派监事会制度；国有参股、国有控股企业中关系国计民生和国家安全的，经国务院批准，也应继续实行外派监事会制度；其他国有控股公司和参股公司，依照国家股权比例，由国资委派出监事，进入监事会。还进一步完善监事会制度，加强对国企的财务、审计监督和纪检监察，建立健全国有资产产权交易监督管理制度。

依据上述四方面的分析，并把当前国有经济改革的成就与改革前传统国有经济的弊病做一番对比，就可以清楚看到：适应社会主义市场要求的国有经济的基本框架已经初步确立，正在趋向完善。

（三）改革后国有经济发展的巨大成就

改革以来，国有经济的战略性调整国有企业的战略性改组和现代企业制度的建立，以及国有资产管理制度的建立，有力地推动了国有经济的发展。诚然，改革以来国有经济在经济总重中的比重，国有企业在企业总数中的比重，以及国有企业就业人数在就业总数中的比重，都大大下降了。这一点，我们在前面以国有工业为例做了说明。由改革推动的这些比重下降，非但没有阻碍国有经济的发展，反而恰恰成为促进国有经济发展的重要因素。

改革以来国有经济的发展成就，主要表现为以下几方面：

第一，国有经济的增速大大提升。1979~2007 年，国有工业产值年均增速为 19.6%，比 1958~1978 年均增速 12.0% 上升了 7.6 个百分点。[②] 国有

---

① 国资委网，2009 年 9 月 26 日。

② 《中国工业经济统计年鉴》（各年），中国统计出版社。说明：1979~1996 年为国有工业产值，1997~2007 年为国有和国有控股工业产值。

经济增速的上升，更重要的还表现在国有资产增速的提升上。1953~1957年，国有资产年均增速为16.8%，1958~1978年为10.7%；1979~2002年为12.6%。可见，改革以来国有资产年均增速，只是比1953~1957年平均增速底，但高于1958~1978年的年均增速。但需指出，1953~1957年国有资产年均增速比1978~2002年增速高存在两个有利因素：一是我国经济的社会主义改造正是在这期间取得基本胜利的，大量的私人资本主义工商业的资产并入了国有经济。二是基数低。在1952年、1957年、1978年和2002年这四个时点上，国有资产总量分别为370.2亿元、804.5亿元、6849.0亿元、118299.2亿元。[①] 可见，1978年国有资产总量为1952年的8.5倍。所以总体来说，改革以来国有资产的增速是很高的。

　　第二，国有企业资产总规模和国有企业资产户均规模快速扩大。国有企业资产总额由2003年17.9万亿元增加到2008年的42.5万亿元，年均增速为18.9%，国有企业户均资产规模扩大的数据，已见前述。

　　第三，国有大企业在有关国家安全和国民经济命脉的基础设施和基础产业中的地位显著提升。2008年，资产总额排在前100名的国有大企业集团主要分布在基础产业和基础设施方面；其资产总额达到23.5万亿元，占国有企业资产总额的54.5%；其实现经营收入13.2万亿元，占国有企业营业收入总额的57.8%；其上缴税金1.5万亿元，占国有企业上缴税金总额的71.5%；其就业人员1496.5万人，占国有企业就业人数的40.8%；其科技投入1684.1亿元，占国有企业科技投入总额的45%。[②]

　　第四，国有企业自主创新能力大大提高。其典范就是继载人航天飞船试飞成功和"嫦娥一号"奔月成功之后，2010年"嫦娥二号"奔月又获得了成功。2010年我国高速铁路运营里程已经达到7000多公里，时速最高达到380公里，均跃居世界第一位，也突出地反映了我国国有企业自主创新能力的强速提高。

　　第五，国有企业经济效益显著改善。从20世纪末开始全面加强了国有经济改革的力度（包括国有经济的战略性调整，国有企业的战略性改

　　[①] 《新中国50年财政统计》，经济科学出版社2000年版；《财政统计》（2001~2003）。说明：第一，这里说的国有资产包括国有经营性资产（包括工业、商业和金融业等的国有资产）和非经营性资产。第二，在2003年以后，没有这样的国有资产统计数据出版。

　　[②] 《中国国有资产监督管理年鉴》（2009），中国经济出版社，第51~53页。

组，建立现代企业制度和建立国有资产管理制度），国有经济效益就获得了显著的改善。

1998~2009 年，国有和国有控股工业企业总资产贡献率由 6.51%上升到 11.29%，资产负债率由 64.26%下降到 60.30%，流动资产周转次数（次/年），由 0.93 次上升到 2.05 次，工业成本费用利润率由 1.61%上升到 6.73%，产品销售率由 97.41%上升到 98.58%。[①] 2010 年 1~10 月全国国有及国有控股企业经济效益继续上升。

1. 1~10 月，国有企业累计实现营业总收入 245678.6 亿元，同比增长 33.9%。

2. 国有企业累计实现利润 16263.4 亿元，同比增长 44.8%。

3. 国有企业已交税费 20634.3 亿元，同比增长 22.8%。

4. 销售利润为 6.6%，比去年同期上升 0.5 个百分点，成本费用利润率为 7.1%，比去年同期上升 0.6 个百分点，净资产利润率为 8.6%，比去年同期上升 1.7 个百分点。

5. 平均总资产周转 0.5 次，比去年同期加快 0.1 次。

第六，控制社会资本的能力大大增强。2003~2008 年，中央企业通过发行股票筹资金额呈上升态势。2003 年筹资资金 253 亿元，2004 年上升到 642 亿元，2005 年上升到 768 亿元，2006 年上升到 1339 亿元，2007 年上升到 3263 亿元，2008 年因国际金融危机影响下降到 878 亿元，六年总计筹备资金 7143 亿元。[②]

第七，国有大企业不仅在中国经济中的经济实力大大增强，而且在世界经济中的经济实力也显著上升。2010 年，中国企业 500 强企业居前十位的依次为：中国石化、国家电网、中石油、中国移动、工商银行、建设银行、人寿保险、中国铁建、中国中铁和农业银行全部为大型国有企业。而且，根据 2010 年中国企业 500 强与世界企业 500 强、美国企业 500 强的比较，中国企业 500 强与世界企业 500 强、美国企业 500 强的规模差距继续缩小，经营绩效保持领先。具体来说就是：

1. 在世界企业 500 强中的比例进一步升高。2010 年，世界企业 500

①《中国统计年鉴》（1999、2010），中国统计出版社。

②《中国国有资产监督管理年鉴》（2009），中国经济出版社，第 56 页。

强中共有 54 家中国公司入围，其中内地公司 43 家，台湾地区公司 8 家，香港地区公司 3 家。其中内地公司创下入榜数量的最大增幅，比上年增加 9 家。新入榜的企业中，除华为唯一的高科技民营企业以外，其余为国有大企业。这样，我国入围企业的数量和营业收入占世界企业 500 强的份额分别达到 8.6% 和 8.08%，比上年提高 1.8 和 1.84 个百分点；中国入围企业的利润在世界 500 强中所占份额比上年提高 1 个百分点，高达 12.40%。

2. 相对于世界和美国企业 500 强的规模继续提升。2010 年，世界企业 500 强的营业收入为 230851 亿美元，较上年度下降了 6.6%；美国 500 强企业营业收入为 97634 亿美元，比上年下降了 8.7%；中国企业 500 强的营业收入总额折成美元为 40458 亿美元（美元兑换人民币的汇率为 1：6.8311），相当于世界企业 500 强的 17.53%，比上年继续缩小 2.62 个百分点差距；相当于美国企业 500 强的 41.4%，又比上年缩小 7 个百分点差距。这样，与 2002 年中国企业 500 强营业收入只相当于世界企业 500 强的 5.3% 和只相当于美国企业 500 强的 10.0% 相比，2010 年中国企业 500 强相对于世界和美国企业 500 强的规模有了大幅度的提升。

3. 经营绩效好于世界和美国企业 500 强。2010 年中国企业 500 强平均收入利润率、资产利润率、净资产利润率均超过世界和美国企业 500 强。2010 年美国企业 500 强平均收入利润率为 4.00%，平均资产利润率为 1.36%，平均净资产收益率为 7.79%；世界企业 500 强平均收入利润率为 4.16%，平均资产收益率为 0.94%，平均净资产收益率为 8.16%；而中国企业 500 强平均收入利润率为 5.44%，平均资产利润率为 1.65%，平均净资产收益率为 9.40%。[①]

可见，国有经济的改革，重新焕发了国有经济的活力，解放了国有经济的生产力。这样，国有经济对国民经济的控制力，不但没有削弱，而且得到了加强；国有经济的主导地位不仅没有动摇而且得到了巩固。当然，决定这一点的，不只是由于国有经济本身的改革，而是由于整个经济体制的改革，特别是由于实行了社会主义初级阶段的基本经济制度和对外开放。

---

① 转引自新华网 2010 年 9 月 4 日。

（四）当前国有经济改革和发展面临的问题

第一，就实现国有经济战略性调整方面来说。

1. 国有经济占国民经济的比重还是过大。这一点在自然垄断行业和某些竞争行业表现得尤为明显。我们在前面列举的有关数据已经说明了这一点。

2. 国有经济分布的面太宽。2008 年，在国民经济的 95 个大类中，国有经济涉足 94 个，分布面高达 98.9%。

3. 在部门结构方面，有关国家经济安全和经济命脉的产业显得不足，而一般竞争性的产业显得过多。2008 年，国有一级企业中，基础性产业（一般都是有关国家经济安全和国民经济命脉的行业）的国有企业、从业人员和国有资产总量分别为 15507 户、2024.4 万人和 80974.3 亿元，分别占国有企业总额的 29.3%、从业人员总数的 55.2% 和国有资产总量的 61.4%，而一般生产加工商品服务业等国有企业为 37301 户、从业人员为 1645 万人、国有资产总量为 50712.7 亿元，分别占国有企业总数的 70.7%、从业人员总数的 44.8% 和国有资产总量的 38.6%。显然，前者比重过小，后者比重过大。

4. 在地区分布方面，2008 年，在国有一级企业中，东部沿海地区的企业、从业人员和国有资产分别为 24602 户、2377.4 万人和 105798.9 亿元，分别占国有企业总数的 46.5%、从业人员总数的 64.7% 和国有资产总额的 80.3%；中部内陆地区的企业、从业人员和国有资产分别为 141.42 户、739 万人和 11801.4 亿元，分别占国有企业总数的 26.7%、从业人员的 21.1% 和国有资产的 8.9%；西部边远地区的国有企业、从业人员和国有资产分别为 14096 户、552 万人和 13657.3 亿元，占国有企业总数的 26.7%、就业人员总数的 15.2% 和国有资产总量的 10.3%。可见，尽管从 20 世纪末以来，先后相继推行的西部大开发，振兴东北地区等老工业基地，促进中部崛起和鼓励东部率先实现现代化的区域经济协调发展总体战略以来，原来存在的国有经济在东中西地区分布不均衡状态有一定程度的改变，但这种不均衡状态仍很明显。

第二，在国有企业的战略性改组方面。

1. 2008 年，在国有一级企业中国有大中型企业的户数、就业人员和国有资产分别为 6101 户、3326.5 万人和 115697.7 亿元，分别占国有企业总数的 11.5%、就业人员总数的 90.6%和国有资产总额的 88.4%；国有小型企业户数、就业人员和国有资产分别为 46758 户、345.8 万人和 15231 亿元，分别占国有企业总户数的 88.5%、从业人员的 9.4%和国有资产总额的 11.6%。可见，尽管改革以来，小型企业比重已经大大下降，但仍然显得过大。

2. 国有企业产均规模仍然过小。2008 年，国有一级企业为 52859 户，国有资产总量为 131828.7 亿元，户均规模仅为 2.5 亿元。

第三，在建立现代企业制度方面。

1. 公司制和股份制改造的面不大，特别是国有独资公司比重过大。2008 年，在国有一级企业中，国有独资企业公司的户数、从业人员和国有资产分别为 32751 户、2429.3 万人和 99612.1 亿元，分别占国有企业总数的 61.9%、从业人员总数的 66.1%和国有资产总额的 75.6%。国有独资公司比重过大的情况在垄断行业尤为突出。

2. 公司法人治理结构方面需要健全之处很多。诸如企业外部董事制度的建立，企业高层经营管理人员的选聘和监事会的完善等。

3. 分离企业办社会的工作也没完成。到 2008 年底，仅中央企业办社会的机构还有 2316 个，涉及职工人数达 15.6 万人，当年支付企业办社会的经费补助高达 129.1 亿元。[①] 在建立健全国有资产管理体制方面，也存在很多需要完善的方面。

总之，尽管 1978 年以来国有经济改革取得巨大成就，但也面临着急需继续推进的众多问题。

与这种状况相联系，国有经济发展方面也存在明显不足。诸如产业集中度较低，自主创新能力较弱，经济效益较差。就经济效益来说，1998 年和 2009 年这两年体现国有工业企业经济效益的五项指标已见前述。这两年全部国有和规模以上的非国有工业企业总资产贡献率分别为 7.12%和 13.44%，资产负债率分别为 63.74%和 57.88%，流动资产周转次数分别为 1.41 次和 2.43 次，工业成本费用利润率分别为 2.35%和 6.91%，产品销售率分别为 96.52%和 97.78%。[②] 上述数据表明：1998~2009 年，国

①《中国国有资产监督管理年鉴》（2009），中国经济出版社，第 55、709 页。
②《中国统计年鉴》（1999、2010），中国统计出版社。

有和国有控股工业企业与全部国有和规模以上的非国有企业在总资产贡献率方面的差距由前者小于后者 8.6%扩大到 16.0%，资产负债率的差距由前者大于后者的 0.8%扩大到 4.1%，流动资产周转次数由前者小于后者的 34.1%缩小到 15.7%，工业成本费用利润率由前者小于后者 31.5%缩小到 2.3%，产品销售率由前者大于后者的 0.9%扩大到 1.0%。可见，尽管在这两年中前者与后者在经济效益方面的差异有变化，但总体说来，并没有改变前者经济效益低于后者的状况。这同时意味着国有和国有控股工业企业的经济效益低于非国有工业企业经济效益的状况没有改变。就整体而言，在人力资本、技术装备和规模经济等方面，国有经济是拥有明显优势的，其经济效益应高于非国有经济。但实际上不但不高，反而更低。其中根源就在于国有经济改革没有到位，国有经济的活力还没有充分发挥出来，国有经济的生产力还没有得到完全解放。当然，问题也不仅在于国有经济改革没有到位，其他方面的体制改革也没有到位。比如，就国有经济自主创新能力较弱来说，就同科技体制改革没有到位有很大关系。据报道，近年来，我国科技经费投入以每年 20%左右的速度增长，年投入额达到 4600 多亿元，每年取得的科技成果有 3 万多项。但科技成果转化率和产业化率"两底"的局面仍然没有显著改观。目前，我国的科技成果转化率在 25%左右，真正实现产业化的不足 5%，与发达国家 80%的转化率差距甚远。[①] 显然，科技体制改革不到位，是国有企业创新能力较弱的一个极重要的因素。而自主创新能力不强，不仅关系国有经济的发展及其主导作用的发挥，也不仅是影响国家经济竞争力和经济实力，而且是影响人民生活改善的一个重要因素。比如一部手机全部生产都是在中国。但是，手机利润的 60%被那些拥有知识产权的转包商拿走了，还有一部分被加工装配的企业拿走了。有人算了一下，中国的企业从手机生产的利润总额中只能拿到 5%，95%都跑到外国人口袋里去了。[②] 当然，当前影响我国人民生活提高的最主要因素还是投资率过高，消费率过低。上述例证表明：提高自主创新能力，就可以大大扩展降低投资率、提高消费率的空间。

---

①《瞭望》新闻周刊 2010 年第 43 期。
②《北京日报》2010 年 10 月 25 日。

二、当前国有经济改革和发展的基本特点

现在我们依据上述的分析，对当前国有经济改革和发展的基本特点做出概括。

对这种特点可以从多个视觉做出概括。这里只是从其阶段性方面做出概括。这种概括里有基础性和总体性，即从其他视角做出的概括，都是从这种概括派生的，是这种概括在各方面的具体表现。在这方面，有点类似于社会主义初级阶段这个基础性和总体性的概括。它也是有多方面的特点。这些特点不过是社会主义初级阶段这一基本特点派生的，是它的具体表现。

从国有经济整体改革意义上说，我国国有经济改革已经越过了它的第一个阶段和第二个阶段，正在步入第三个阶段。纵观国有经济改革的历史，似可分为以下三个阶段。

第一，1978~2003 年是国有经济改革的各个基本构件的先后有别的起步阶段。其中，1978~2000 年，作为国有经济微观基础的国有企业改革，先后经历了扩大企业经营自主权、实行承包经营制和建立现代企业制度基本框架。这期间，进行了国有经济的调整和国有企业的改组，但并没有成为国有经济改革的重点。事实上，作为国有经济改革重要组成部分的国有企业战略性改组和经济布局战略性调整，是在 1997 年和 1999 年提出，并作为重点付诸实施。至于作为国有经济改革重要内容的国有资产管理体制，在这期间的进展更为迟缓。诚然，1997 年召开的党的十五大曾经提出要建立有效的国有资产管理、监督和营运机制。深圳、上海等地在改革国有资产管理体制方面还进行了有益的试验，创造了一些有益经验。但它并没有成为这期间国有经济改革的重点。而且，就全国国有资产监管机构设置来说，还发生了一些曲折。1988 年 1 月，国务院决定建立国家国有资产管理局，把国有资产的产权管理职能从政府的社会管理职能和一般经济管理职能中分离出来，由该局统一归口管理。这可以看做我国国有资产管理制度改革的开端。但在 1998 年国务院又将独立的国有资产管理局并入财政部。这固然是出于精简庞大政府机构的需要。

但就其实现国家社会经济管理职能与国有资产管理职能合一的回归来说，是国有资产管理体制改革的一种倒退。直到 2003 年，在党的十六大精神的指导下，又重新建立了国家国有资产监督管理委员会。国资委成立后，进行了卓有成效的工作。这可以看做我国国有资产管理制度改革正式起步的重要标志。[①]

第二，2003~2010 年，国有经济整体改革进入了全面展开阶段。其主要标志是：国有经济的战略性调整和国有企业的战略性改组取得重大进展；现代企业制度已初步建立并趋向完善；国有资产监管制度已经初步建立并趋向健全。因此，这个全面展开阶段也可以称之为适应社会主义市场经济要求的国有经济的基本框架已经初步建成的阶段。

大体说来，国有经济改革已经基本上走完了以上两个阶段。

第三，从 2011 年开始，国有经济改革将步入攻坚阶段。所谓攻坚有两重含义。

1. 整体的国有经济改革的任务仍很艰巨。这一点，在国有经济的战略性调整、国有企业的战略性改组、建立现代企业制度和国有经济管理体制四方面，都是如此。我们在前面列举的这四方面的数据和事例，已经反映了这四方面改革已经取得的巨大成就，也表明了这方面还面临着艰巨的任务。在国有资产管理体制改革方面，还要提到：最近有的学者提出，"按照党的十五大界定，国有资产管理体制包括国有资产的管理、运营和监督三大部分。深化国有资产管理体制的一个重点，是把全面履行国家出资人职责的三个不同领域，分别由不同机构承担。建立起权责分明、有制衡关系的国有资产管理、运营、监督体制和有效的委托代理关系。概括地讲，进一步改革国有资产管理体制，就是要通过国有资产的管理、运营、监督体制和机制，在政府层面实现政资分开，进而实现政企分开；通过设立国家投资控股公司建立有效的国有产权委托代理体制，在国有资本运营层面实现所有权与经营权分离；国有资本投资或持股的企业自主经营、自负盈亏，是独立的法人实体和市场主体；国投公司以实现政府意志和提高国有资本效率为目标，有序调整国有资本投向，

---

① 详见拙文：《国有企业改革与国有资产监管的理论和实践》，载周绍朋、丁德章主编：《国有企业改革与国有资产监管》，国家行政学院出版社 2005 年版，第 3~59 页。

并接受监督。最终使国家从拥有和管理国有企业，转变为持有和运作国有资本。"① 如果按照这个改革思路提出的要求来衡量，那么深化国有资产管理体制改革的任务还更艰巨。

2. 继续深化国有经济整体改革（包括上述四方面改革），将面临着前所未有的巨大而又顽强的阻力。在我国社会主义市场经济已有很大发展的条件下，已经形成了利益主体多元化的格局（主要包括部门利益、地区利益、企业利益和居民利益等）。而深化国有经济改革的本质是进一步调整各类主体利益关系。从实施方面说，改革措施又很难（甚至不可能）找到兼顾各类主体利益的平衡点。这样，国有经济改革的深化，必然会同这类主体或那类主体利益发生矛盾。这是其一。其二，更为严重的是，在长达32年的改革进程中，已经形成了趋于强大的既得利益群体。就作为国有经济改革的阻力来说，主要就是国有垄断企业的部分高层经营管理人员。他们凭着垄断地位，获取高额垄断利润，进而获取高薪。这种经济利益就从根本上决定了他们要反对国有垄断企业的改革。还有，就是那些惯于以权谋私的政府官员（特别是其中的贪污腐败分子），他们的经济利益也决定了他们对旨在实现政企分离、政资分离的国有经济改革持反对态度。这些人都是在位有权的，可以采取各种办法（包括很隐蔽的办法）反对改革。这就大大加大了推进改革的难度。其三，尽管改革以来我国社会主义市场民主和法治已有很大的发展，但在这方面仍然存在诸多不足。如民众参与度低，民主监督，社会监督和新闻监督的力量都较弱。这样，在由深化国有经济改革导致中央政府与有关利益方面博弈中，往往形成中央政府某种孤军作战的局面，以致改革措施难以真正有效贯彻，以致久拖不决。

也正是实现了攻坚，使得我国有可能按照党的十六大提出的要求，在21世纪头20年建立完善社会主义市场经济体制。在这个意义上，这个攻坚阶段也可以称做深化国有经济整体改革，建立完善国有经济体制的阶段。

现在我们再从发展阶段这个视角来概括当前国有经济发展的基本特点。如前所述，改革以来，国有经济已有很大发展。但与计划经济体制

① 陈清泰：《国资产管理体制——最重要的一步还没有迈出》，《经济参考报》2010年11月5日。

向社会主义市场经济体制的过渡相适应，当前仍处于由粗放经济增长方式向集约增长方式转变的过程中。概括起来，这就是当前国有经济发展的基础性和整体性特点。但随着国有经济体制改革的深化和国有经济体制的完善，以及整个经济体制改革的深化和整个社会主义市场经济体制的完善，国有经济必将实现由粗放经济增长方式到集约增长方式的转变。这必将成为未来10年国有经济发展的基础性和总体性特点。因为在我国具体情况下，国家调控下的市场经济，是现阶段最有效的资源配置方式。这种体制的建成，就会导致经济增长方式的根本转变。对这一点，是完全可以预期的。

还需说明，我们在上面对当前国有经济改革和发展的基本特点的分析，是从社会主义市场经济和经济增长方式转变的客观规律提出问题的。因此，这是一种客观可能性，是最大的可能性。但任何规律的作用，都只能是作为一种客观的发展趋势而存在的。因为与这种客观规律同时存在的，有各种阻碍因素。一般说来，这种阻碍因素不能根本改变客观规律作用的方向。它会延迟客观规律作用实现的进程。基于上述阻碍国有经济改革深化因素的分析，我国面临的建立完善的国有经济体制和实现经济增长方式转变的任务，也存在类似的情况。这样，如果阻碍国有经济改革和经济增长方式转变的因素不能得到及时有效的化解，那么建立完善的国有经济体制和实现经济增长方式转变的进程就会被拖延。这也是一种可能性。还有第三种更坏的可能性。即如果不加快以发展社会主义民主和加强社会主义法制为重点的政治体制改革的步伐，当前日趋严重的两极分化长期得不到有效制止，那么，已经初步实现的社会主义公有制为主体、多种所有制共同发展的社会主义初级阶段的基本经济制度，就有可能逐步演变成以官僚垄断资本与私人垄断资本相结合的垄断占主要地位的资本主义经济。如果真是这样，那么，以建立完善的国有经济体制为目标的深化国有经济改革就会发生夭折，经济增长方式的转变也会变得遥遥无期。当然，从当前总体的政治和经济形势看，这种可能性还没构成现实的危险。但必须看到这样可能性；否则，将是很危险的。

必须坚持"唯生产力论"*

——对《论社会主义生产力标准和价值标准的统一》一文的商榷意见

一、 讨论的问题和分析的步骤

《论社会主义生产力标准和价值标准的统一》一文(以下简称该文)首先提出:"评价一种社会经济制度先进或落后,评价一个政党或执政者的理论、方针与政策措施的是非得失,究竟以什么作为判断的标准?"该文的回答是:"在社会主义以前的社会制度中,生产力标准和价值标准难以从整体上内在统一,因而重在从生产力标准评价,辅之以价值标准。""与以往的社会经济制度不同,社会主义能够也应当将两条标准从总体上内在地统一起来。社会主义既重视生产力标准也重视价值标准。社会主义的得失成败,既要用生产力标准去判断,又要以价值标准去判断。"① 该文还提出:"我们所讲的价值标准,是马克思主义的价值标准,一般地说主要是指劳动者的社会地位和权利状况,有无阶级剥削与欺压或其轻重状况,劳动条件和生活状况,社会公平与正义状况,对劳动者的人文关怀和劳动者自身的发展等。"

---

* 本文是作者 2011 年 3 月写的一篇文章。

① 《论社会主义生产力标准和价值标准的统一》,《经济学动态》2010 年第 10 期。以下对该文的引证,不再一一注明。

为了分析本文讨论的问题，首先需要说明两点。第一，按照笔者的理解，该文所说的"社会经济制度"，指的是生产关系。而生产关系是一个不以人们意志为转移的客观存在，属于经济基础的范畴。但该文提到的"政党或执政者的理论、方针与政策措施"涉及经济、政治、文化和社会等方面，是人们主观意志的产物，属于意识形态的范畴。即使这些理论、方针和政策措施都是正确的，那也只能说明其内容是客观的，其形式仍然是主观的。总的说来，它是属于意识形态的范畴。显然，用统一的标准来评价这样两个在内涵和外延上都有原则差别的对象，且不说在理论上和事实上是否站得住，即使仅就形式逻辑上来说，也是不严格的。正是基于这样的考虑，本文在下面只讨论该文对"社会经济制度"的评价，而不讨论该文对"政党或执政者的理论、方针与政策措施"的评价。后一种讨论，需要另文进行论述。第二，作为一个学者，在这方面提出自己对"价值标准"的认识，从自由的学术讨论来说，是无可非议的。当然，对这个认识的正确与否，仍然可以讨论。但是，该文在"价值标准"前面冠以"马克思主义"，就需要经过严格的马克思主义（包括中国化马克思主义，下同）有关文献的考证。或者在马克思主义方法论的指导下，从理论和事实两方面进行充分论证。但通观全文，该文并未做这两方面的工作。需要更加注意的是：笔者经过对马克思主义有关文献的考察，并未发现马克思主义经典作家在这方面有"价值标准"的提法，更没有发现有关"价值标准"具体内容的分析。仅从党的文献来看，直到2002年召开的党的十六大，才出现了"树立正确的世界观、人生观和价值观"[①]的提法。2007年召开的党的十七大进一步提出了"建设社会主义核心价值体系，增强社会主义意识形态的吸引力和凝聚力"。[②]但无论是党的十六大还是党的十七大，都没有"价值标准"的提法，更没有对"价值标准"内容的具体分析。诚然，价值观、价值体系和价值标准都是有联系的概念，但又是有区别的概念。这样，可以认为，该文无根据地在"价值标准"前面冠以"马克思主义"，至少是不严谨的。也是基于这样的考虑，笔者在后面分析的是该文提出的"价值标准"，而不

①《中国共产党第十六次全国代表大会文件汇编》，人民出版社2002年版，第39页。
②《中国共产党第十七次全国代表大会文件汇编》，人民出版社2007年版，第33页。

是"马克思主义的价值标准"。

为了说清这里讨论的问题，笔者拟分以下三个步骤展开分析。第一步：一般说来，对社会经济制度先进或者落后的评价，除了生产力标准以外，是否还有一个价值标准。第二步：对社会主义制度以前的社会主义经济制度的评价，除了主要是生产力标准以外，是否还要辅之以价值标准。第三步：对社会主义制度的评价是否应是生产力标准与价值标准的统一。这是该文的主要内容，也是笔者在本文中讨论的重点。

二、 一般说来，对社会经济制度的评价，除了生产力标准以外，是否还应有价值标准

该文的主要内容是论述"对社会主义制度的评价是生产力标准与价值标准的统一"。但在事实上是关系到作为马克思主义历史唯物论的基本内容的唯生产力论（即生产力决定生产关系的理论），是否对包括社会主义社会在内的一切社会都适用（或完全适用）的问题。故有必要先从这一点开始分析。

为了说明这一点，有必要详细引证马克思主义关于这个问题的论述。尽管对熟悉马克思主义的学者来说，这些论述都是马克思主义的基本常识，但为了还马克思主义的本来面目，澄清这里的问题，这样做仍然是完全必要的。

马克思在对他创立的历史唯物主义基本原理做经典表述时说过："我所得到的、并且一经得到就用于指导我的研究工作的总的结果，可以简要地表述如下：人们在自己生活的社会生产中发生一定的、必然的、不以他们的意志为转移的关系，即同他们的物质生产力的一定发展阶段相适合的生产关系。这些生产关系的总和构成社会的经济结构，即有法律的和政治的上层建筑竖立其上并有一定的社会意识形态与之相适应的现实基础。物质生活的生产方式制约着整个社会生活、政治生活和精神生活的过程。不是人们的意识决定人们的存在，相反，是人们的社会存在决定人们的意识。社会的物质生产力发展到一定阶段，便同它们一直在其中活动的现存生产关系或财产关系（这只是生产关系的法律用语）

发生矛盾。于是这些关系便由生产力的发展形式变成生产力的桎梏。那时社会革命的时代就到来了。随着经济基础的变更，全部庞大的上层建筑也或慢或快地发生变革。在考察这些变革时，必须时刻把下面两者区别开来：一种是生产的经济条件方面所发生的物质的、可以用自然科学的精确性指明的变革，一种是人们借以意识到这个冲突并力求把它克服的那些法律的、政治的、宗教的、艺术的或哲学的，简言之，意识形态的形式。我们判断一个人不能以他对自己的看法为根据，同样，我们判断这样一个变革时代也不能以它的意识为根据；相反，这个意识必须从物质生活的矛盾中，从社会生产力和生产关系之间的现存冲突中去解释。无论哪一个社会形态，在它们所能容纳的全部生产力发挥出来以前，是决不会灭亡的；而新的更高的生产关系，在它存在的物质条件在旧社会的胞胎里成熟以前，是决不会出现的。"① 可见，生产力决定生产关系以及经济基础决定上层建筑，是历史唯物主义的基本内容。其中，生产力决定生产关系是最基本的内容。这就是曾经被许多马克思主义学者所概括的"唯生产力论"。

正是这个"唯生产力论"，为科学的社会学奠定了牢固的、不可动摇的理论基石。关于这一点，列宁做过精辟地说明。他指出，历史唯物主义"之所以第一次使科学的社会学的出现成为可能，还由于只有把社会关系归结于生产关系，把生产关系归结于生产力的高度，才能有可靠的根据把社会形态的发展看做自然历史过程。不言而喻，没有这种观点，也就不会有社会科学。"②

也正是这个"唯生产力论"把历史唯物主义同一切历史唯心主义（包括空想社会主义）从根本原则上区别开来。列宁说过："以往的历史理论，至多是考察了人们历史活动的思想动机，而没有考究产生这些动机的原因，没有摸到社会关系体系发展的客观规律性，没有看出物质生产发展程度是这种关系的根源。""马克思主义则是指出了对各种社会经济形态的产生、发展和衰落过程进行全面而周密的研究的途径，因为它考察了一切矛盾趋向的总和，并把这些趋向归结为可以确切判明的社会

---

① 《马克思恩格斯选集》第 2 卷，人民出版社 1992 年版，第 82~83 页。
② 详见《列宁全集》第 1 卷，人民出版社 1963 年版，第 119~121 页。

各阶级的生活和生产条件，排除了人们选择某一'主导'思想或解释这个思想时所抱的主观主义和武断态度，揭示了物质生产力的状况是所有一切思想和各种趋向的根源。"①

　　还是基于这个"唯生产力论"在科学的社会学中的极其重要的地位，马克思主义经典作家还郑重地告诫后人："一般唯物主义认为客观真实的存在（物质）不依赖人类的意识、感觉、经验等等。历史唯物主义认为社会存在不依赖于人类的社会意识。在这两种场合下，意识都不过是存在的反映，至多也只是存在的近似正确的（恰当的、十分确切的）反映。在这个由一整块钢铁铸成的马克思主义哲学中，决不可去掉任何一个基本前提、任何一个重要部分，不然就会离开客观真理，就会落入资产阶级反动谬论的怀抱。"② 当然，这个论述包括整个辩证唯物论和历史唯物论。但就历史唯物论来说，其中最基本的内容，就是"唯生产力论"。

　　根据上述马克思主义的经典论述，可以得出以下结论：社会生产力是决定社会生产关系唯一的无可替代的根本因素（这是问题的前提）。因而评价社会经济制度先进或落后的唯一的无可替代的根本标准，只能是适合社会生产力的性质和发展要求（这是问题的结论）。笔者在这里把这一点称作"一元论"（即只有一种决定因素，从而只有一种评价标准）。笔者认为，在这方面不能有"二元论"（即有两种决定因素，从而有两种评价标准），也不能有"三元论"（即有三种决定因素，从而有三种评价标准）。

　　现在再依据上述分析来讨论该文的观点。如前所述，该文也是主张以生产力标准来衡量社会经济制度的先进或落后的。但同时又提出了一个价值标准。这个价值标准，可以从两重意义上理解。第一，一般说来，可以从总体上把价值标准理解为意识形态。如果可以这样理解，那么衡量社会经济制度的先进或落后就有两重标准：生产力标准和意识形态标准。第二，就该文提出的价值标准的内容来看，实际上包含了两方面：一是包括经济基础方面，如该文提到的"有无阶级剥削与欺压或其轻重状况，劳动条件和生活状况"。二是包括上层建筑方面，如该文提到的

①《列宁选集》第2卷，人民出版社1972年版，第586页。
②《列宁选集》第2卷，人民出版社1972年版，第332~333页。

"社会公平与正义状况"。如果可以这样理解，那么评价社会经济制度的先进与落后的标准就有生产力、生产关系和作为上层建筑重要内容的意识形态这样三重标准。需要着重指出，二重标准是以二重决定因素为前提的；三重标准是以三重决定因素为前提的。前者可以称为二元论，后者为三元论。这是其一。其二，该文提出，"在社会主义以前的社会经济制度中，生产力标准和价值标准难以从整体上内在统一，因而重在生产力标准评价，辅之以价值标准。""与以往的社会经济制度不同，社会主义能够也应当将两条标准从总体上内在地统一起来。"正是这个论述清楚表明，该文实际上认为评价社会经济制度先进或落后的标准一般就是生产力价值和价值标准；只是在社会主义以前的社会经济制度，这两种标准"难以从整体上内在统一，因而重在生产力标准，辅之以价值标准；而在社会主义经济中，能够也应当将两条标准从总体上统一起来。社会主义既重视生产力标准也重视价值标准"。其三，在明确了以上两点以后，就可以清楚看到：无论二元论或者三元论，都完全违反了生产力决定生产关系、经济基础决定上层建筑这一历史唯物主义基本原理。

还需要进一步指出，在二元论中，该文实际上认为社会意识形态也是决定社会经济制度的，从而同社会生产力相提并论，成为评价社会经济制度的标准。但这样一来，该文就面临着无法摆脱的两难境地：一是如果认为意识形态归根结底是由社会生产力决定的社会经济制度决定的，那么，有生产力标准就足够了，意识形态这项标准就是多余的。二是如果认为社会意识形态不由社会生产力决定的社会经济制度决定的，那就必然陷入历史唯心主义。在三元论中，就其中的生产关系决定生产关系来说，也面临同样的困境。一是如果认为生产关系是由生产力决定的，那么有生产力这项标准也就足够了，生产关系这项标准就是多余的。二是如果认为生产关系不是由生产力决定的，那也必然会陷入历史唯心主义。这里还没有提到生产关系决定生产关系，即自己决定自己的明显的悖理性。

但需说明：我们在这里强调了生产力对生产关系的决定作用，以及经济基础对上层建筑的决定作用，并不否定生产关系对生产力的反作用，也不否定上层建筑对经济基础的反作用。但这里所说的决定作用和反作用是两个有原则区别的概念，是不能等量齐观的。正是这种决定作用使得生产力成为衡量社会经济制度的标准，而这种反作用却不能使得上层建筑成为衡量社会经济制度的标准。混淆这种决定作用和反作用的区别，也许正是该文观点错误在理论上的根源之一。

三、 对社会主义以前的社会经济制度的评价，"重在生产力标准，辅之以价值标准"的说法能否成立？

该文在论到评价奴隶制度、封建制度和资本主义制度这三种都以私有制为基础的社会经济制度时，都是坚持以生产力为主的标准，但同时主张辅之以价值标准。该文对这一点分别做出以下的论述：对奴隶社会来说，不像原始社会那样，"将战俘简单地杀掉"。"而现在可将战俘作为奴隶，不再杀掉，既保存了生产力，也比杀掉更人道一些。"对封建社会来说，"比起奴隶主与奴隶的关系来，人身依附关系的束缚宽松一些了。封建农民可以有自己的有限的独立的经济活动和经济生活了。"对资本主义社会来说，"奴隶制度和封建制度都存在劳动者对主人的人身依附关系，资本主义的雇佣劳动者，摆脱了人身依附关系。"

可见，该文在这里所做的分析，也就是上述的一般观点的具体化，也就是笔者在前面分析的"二元论"或"三元论"。

但在这里要着重提到两点：一是该文论述的评价这三种社会经济制度的价值标准，主要也就是马克思主义经典作家多次指出的这三种社会经济制度本身的重要特征。这就意味着生产关系决定生产关系，从而更明显反映了自己决定自己的悖论。二是该文在这里明确使用了"人道"的概念。这更明显地表现了"人道"这一类的意识形态决定经济基础的悖论。但用"人道"这一点意识形态来评价社会经济制度，正是马克思主义经典作家反复批判过的错误观点。

比如，就对奴隶社会经济制度的评价来说，恩格斯就多次说过："用一般性的词句痛骂奴隶制和其他类似的现象，对这些可耻的现象发泄高尚的义愤，这是最容易不过的做法。可惜，这样做仅仅说出了一件众所周知的事情，这就是：这种古代的制度已经不再适合我们目前的情况和由这种情况所决定的我们的感情。""如果我们对这些问题深入地研究一下，那我们就一定会说——尽管听起来是多么矛盾和离奇——在当时的条件下，采用奴隶制是一个巨大的进步。人类是从野兽开始的，因此，为了摆脱野蛮状态，他们必须使用野蛮的、几乎是野兽般的手段，这毕竟是事实。""甚至对奴隶来说，这也是一种进步，因为成为大批奴隶来源的战俘以前被杀掉，而在更早的时候甚至被吃掉，现在至少能保全生命了。"① 恩格斯的这个分析表明：第一，奴隶制度的产生是由当时社会生产力决定的。因而评价这种制度的标准也只能是社会生产力，而不是当代情况决定的感情。第二，即使就感情来说，也只是由当时历史条件决定的奴隶感情，而不是当代情况决定的当代人感情。前者是当时社会存在决定社会意识的历史唯物论的运用，后者则是脱离当时社会存在的一种历史唯心论的表现。笔者认为，正是由于这一点，恩格斯才说，"甚至对奴隶来说，这也是一种进步。"

再如，就空想社会主义对资本主义经济制度的批判来说，列宁说过：应该记住恩格斯的名言"'在经济学的形式上是错误的东西。'恩格斯的这个深刻原理是针对空想社会主义说的：这种社会主义在经济学的形式上是'错误的'。这种社会主义所以是'错误的'，因为它认为从交换规律的观点来看，剩余价值是不公平的。"但在实际上"由交换规律产生剩余价值是完全'自然的'，完全'公平的'。"② 但是，关于这一点，恩格斯还说过："当一种生产方式处在自身发展的上升阶段的时候，甚至在和生产方式相适应的分配方式里吃了亏的那些人也会热烈欢迎这种生产方式。大工业兴起时期的英国工人就是如此。不仅如此，当这种生产方式对于社会还是正常的时候，满意于这种分配的情绪，总的说来，也会占支配的地位；那时即使发出了抗议，也只是从统治阶级自身中发出来（圣西门、傅立叶、欧文），而在被剥削的群众中恰恰得不到任何响应。""这种诉诸道德和法的做法，在科学上丝毫不能把我们推向前进；道义上的愤怒，无论多么入情入理，经济科学总不能把它看做证据，而只能看做象征。相反地，经济科学的任务在于：证明现在开始显露出来的社会弊病是现存生产方式的必然结果，同时也是这一生产方式快要瓦解的标志，

---

① 《马克思恩格斯选集》第 3 卷，人民出版社 1972 年版，第 220~221 页。
② 《列宁全集》第 18 卷，人民出版社 1963 年版，第 352 页。

并且在正在瓦解的经济形式内部发现未来的、能够消除这些弊病的、新的生产组织和交换组织的因素。"①马克思主义经典作家这个分析同样表明：第一，资本主义社会经济制度的产生，是由社会生产力决定的，因而评价它的唯一标准也只能是社会生产力。空想社会主义在历史上尽管起过进步作用，但他用脱离社会经济条件的抽象的"公平"和"道德"来评价这种制度则是不正确的。第二，在资本主义的上升时期，即使工人情感对这种制度也是热烈欢迎的。从这方面来说，脱离当时社会经济条件的"公平"和"道义"对工人也是不适用的。

总之，用意识形态来评价社会经济制度，从来都是历史唯心主义，从来都是违反历史唯物主义的。诚然，该文在这里只是认为价值标准处于评价这三种社会经济制度的外辅助地位。但这并没有摆脱意识形态决定经济基础的历史唯心主义的基本框架。

还需指出：该文在这里提出的观点，不仅是违反了历史唯物主义的基本原理，也不仅是马克思主义经典作家早就批判过的错误观点，而且必然使自己陷入逻辑的混乱状态。作者在论述这个问题时，引证了恩格斯的上述的某些论述。但如前所述，恩格斯的这个论述是彻底的历史唯物主义，是唯生产力论，同该文的二元论或三元论是有根本区别的。既然该文同意恩格斯的唯生产力论，怎么又提出二元论和三元论呢？这实在是令人奇怪的难以理解的事。

四、 对社会主义制度的评价，是否应是生产力标准和价值标准的统一？

如前所述，该文提出："社会主义能够也应当将两条标准从总体上内在统一起来。社会主义既重视生产力标准，也重视价值标准。"但依据我们在前面做过的分析，可以认为，正是在这里才完整地反映了该文的二元论或三元论。当然，仅仅从总体上指出这一点，还不足以说明这里的问题。为此，还必须进一步分析该文在这方面提出的理论依据和历史经

①《马克思恩格斯选集》第3卷，人民出版社1972年版，第188~189页。

验依据。

该文提出："马列主义的创始人一再强调这两条标准的统一性。马克思说：'在未来的新社会制度中，社会生产力的发展将如此迅速……生产将从所有人的富裕为目的。'列宁既强调社会主义要创造出比资本主义更高的劳动生产率，又指出通过发展生产力使所有的劳动者过最美好最幸福的生活。……邓小平讲社会主义的本质：'解放生产力，发展生产力'，这是讲生产力标准；'消灭剥削，消除两极分化，最终达到共同富裕'，这是社会主义价值标准。"可见，如果是如实地看待马克思主义经典作家的这些论述，那么，我们固然可以确实看到生产力标准。因为正是由于社会生产力是决定社会主义生产关系的唯一的根本因素，因而社会主义经济制度必须"解放生产力，发展生产力"；否则，就违反了生产力决定生产关系规律的要求。因而社会生产力成为衡量社会主义经济制度的唯一的根本标准。余下的我们就只能看到"共同富裕"。而这一点正是社会主义经济制度的最重要的本质。但它并不能成为决定自己的因素，因而不能成为衡量自己好坏的标准。所以，这并不能成为该文提出的价值标准的依据，更不能成为该文把价值标准与生产力标准统一地作为评价社会主义经济制度的标准。可见，该文所说的"马列主义的创始人一再强调这两条标准的统一，"似乎可以认为纯系子虚乌有。

在该文提出的理论依据中，最需要认真讨论的是邓小平下述观点。邓小平说过："改革开放迈不开步子，不敢闯，说来说去就是怕资本主义的东西多了，走了资本主义道路。要害是姓'资'还是姓'社'的问题。判断的标准，应该主要看是否有利于发展社会主义生产力，是否有利于增强社会主义国家的综合国力，是否有利于提高人民的生活水平。"[①]毫无疑问，邓小平的这个分析是完全正确的。但像该文那样据此论证其基本观点，就值得斟酌。这里要分清两个层次的决定以及由此决定的两个层次的标准。一个无可争议的事实是：邓小平这里说的是判断中国经济改革的性质是资本主义还是社会主义的标准。那么，中国经济改革的本质是什么呢？对于这一点，邓小平说过："改革是社会主义制度的自我完善，在一定范围内也发生了某种程度的革命性变革。"又说："社会主义

---

① 《邓小平文选》第3卷，人民出版社1993年版，第372页。

基本制度确立以后，还要从根本上改变束缚生产力发展的经济体制，建立起充满生机和活力的经济体制，促进生产力的发展，这是改革。"① 可见，改革的性质就是社会主义制度的自我完善。这包含两层含义：一是就基本经济制度来说，尽管也会发生部分的变革，但从主体的意义上说仍然是社会主义经济制度，即在坚持社会主义公有制为主体的条件下，发展多种所有制形式。二是根本改革作为社会主义经济制度实现形式的经济体制。从直接关联的意义上说，这种经济体制是由社会主义经济制度决定的。因而可以说以社会主义经济制度作为评价这种经济体制的标准。而社会主义经济制度的本质特点之一，就是实现共同富裕。因而也可以说以共同富裕作为评价这种经济体制的标准。但这是一个较浅层次的决定和评价标准。在这方面还有一个较深层次的决定和评价标准，即社会主义经济制度也是由社会生产力决定的。因而生产力标准仍然是评价社会主义经济制度唯一的根本标准。该文把共同富裕这一类价值标准与生产力标准相提并论作为评价社会主义经济制度的标准，显然是把这样两个层次的决定和两个层次的标准混同起来了。还需进一步指出，即使就浅显层次的决定和标准来说，把共同富裕这一类价值标准与生产力标准相提并论，也是主次不分的。因为即使就对经济体制的决定和评价来说，虽然直接是由经济制度决定的，但终极说来，仍然是由生产力决定的。在这方面，生产力仍然是根本的评价标准。关于这一点，邓小平多次说过，"改革是解放和发展生产力的必由之路。"正是在这个根本意义上，邓小平又说改革的性质"也是为了扫除发展社会生产力的障碍"。②

现在我们再来讨论该文在这方面提出的历史经验依据。该文提出，"面对新中国经过 60 多年来发展所经历的成败得失，对其经验教训进行总结，应当考虑除强调生产力标准以外，还应重视价值标准，应将生产力标准和价值标准统一起来。"

限于篇幅，笔者不拟详细地逐一地分析该文所描述和总结的历史过程，只是从总体上简要地做些分析。概括说来，新中国经济发展经历了四个时期。

---

① 《邓小平文选》第 3 卷，人民出版社 1993 年版，第 141~370 页。
② 《邓小平文选》第 3 卷，人民出版社 1993 年版，第 135、138 页。

（1）新民主主义社会的时期（1949年10月~1952年）。总的说来，这个时期实行了新民主主义经济纲领，适应了生产力决定生产关系规律的要求，从而成为建国后经济发展的最好的时期之一。1950~1952年，国民收入年均增长19.4%，职工平均工资年均增长约为19%，农民收入年均增长约为9.2%。[①] 这些当然都带有恢复性质。

（2）从新民主主义社会向社会主义社会过渡的时期（1953~1957年）。这个时期在经济上的社会主义改造方面虽然存在较多问题，但大体上还是适合社会生产力的发展要求。因而也成为建国后经济发展的较好时期。1953~1957年，国内生产总值年均增长9.2%，全国居民平均消费水平年均提高4.5%。[②]

（3）计划经济体制的强化时期（1958~1978年）。其中1958年开始的"大跃进"阶段，在生产资料所有制方面，在农村掀起了人民公社运动，在城市广泛推进手工业合作社的升级，从根本上否定城乡的集体所有制；在收入分配方面，大搞平均主义，根本否定按劳分配原则。这种"左"的错误一方面反映了当时决策者根本违反了生产力决定生产关系的规律的要求；另一方面也反映了当时决策者误认为社会主义生产关系的优越性，可以脱离社会生产力的要求，孤立地从改革生产关系本身就可以得到发挥。其突出表现就是认为大规模人民公社就比小规模农业生产合作社优越，全民所有制就比集体所有制优越。因而实际上认为生产关系的优越性可以由其本身决定的。在这期间还发生了长达十年的"文化大革命"。"文化大革命"的根本指导思想是被称之为无产阶级专政下继续革命的理论。这个理论的主要观点就是：无产阶级文化大革命是无产阶级反对资产阶级的一场政治大革命。这个理论有两个基点：一是把这场政治大革命建筑在由他虚构的无产阶级和资产阶级的矛盾是从资本主义到社会主义的整个过渡时期的主要矛盾的基础上，根本背离了党的八大关于国内主要矛盾的提法。[③] 二是实际上认为这场政治大革命可以由主观意识决定。这两点都是典型的历史唯心主义，都从根本否定了生产关系和

---

① 《伟大的十年》，人民出版社1959年版。
② 《新中国六十年统计资料汇编》，中国统计出版社2010年版。
③ 详见《中国共产党第八次全国代表大会文件》，人民出版社1956年版，第80页。

生产力这个最基本矛盾在对政治革命和意识形态革命的决定作用。

主要由于"大跃进"和"文化大革命"的错误，这期间我国经济发展遭受了严重挫折。1958~1978 年，我国国内生产总值年均增长只有 5.4%，居民平均消费水平年均提高只有 1.7%。[①]

（4）由计划经济体制向社会主义市场经济体制转变时期（1979~2011 年）。[②] 在这个时期，由于实行和正在实行社会主义初级阶段的基本经济制度以及与之相应的社会主义市场经济体制，大大地推动了社会生产力的发展，成为建国以后经济发展的最好时期。1979~2011 年，我国国内生产总值年均增速高达 9.9%。1979~2009 年，全国居民平均消费水平年均增速高达 7.7%。2010 年，全国农村居民人均纯收入比上年实际增长 10.9%，城镇居民人均可支配收入比上年实际增长 7.8%。[③]

可见，纵观建国以来 60 多年的历史，要使得我国经济获得高速发展，从指导思想来说，就是要坚持和发展马克思主义。仅就坚持历史唯物主义来说，最基本的就是要坚持生产力决定生产关系的原理，因而也就是要坚持生产力标准。要坚决防止 1958 年"大跃进"中发生的那种脱离社会生产力发展要求，仅就生产关系本身改革来发挥社会主义优越性的错误想法和做法，也要坚决防止"文化大革命"中发生的那种脱离社会生产力发展要求，单独进行政治革命和意识形态革命就可以决定社会发展的错误想法和做法。这同时也就意味着该文提出的二元论或三元论在建国后的历史中找不到任何根据。

诚然，当前我国社会经济中存在众多严重问题，处于社会矛盾多发期。诸如贫富差别和两极分化加剧，部分政府官员和国企高管腐败漫延，就业形势严峻，各项社会事业发展严重滞后，资源消耗过大，环境污染严重等。这些问题的发生，也有多方面的原因。诸如渐进式改革负面作用的积累（当然，其积极作用是主要的）。但从总体上和根本上来说，可以将其归结为封建主义余毒和资本主义弊病的叠加以及计划经济体制余毒和市场经济体制消极作用的叠加。当然，改革和发展中的某些决策失

---

① 《新中国六十年统计资料汇编》，中国统计出版社 2010 年版。
② 这个时期预计要到 2020 年才能基本完成，但本文的分析只到 2011 年版。
③ 《中国统计年鉴》（2010），中国统计出版社；国家统计局网，2011 年 2 月 28 日。

误和某些正确决策的执行不力，也是这方面的重要原因。比如，改革以来的某些年份，还是在某程度上沿袭了改革前存在的盲目追求经济的高速增长，忽视人民生活的改善和各项社会事业的发展，就是这方面的突出例证。但如果以生产力标准来衡量，这些问题都是在不同程度上阻碍社会生产力发展的。由此做出的结论就是必须继续切实推进包括经济、政治、文化和社会领域在内的改革，特别是要加强以发展社会主义民主和健全社会主义法治为主要内容的政治体制改革，以促进社会生产力的发展。但这些问题的发生，同该文提出的与生产力标准相并列、相统一的价值标准是毫无关系的。因为如前所述，这个价值标准在事实上和理论上都是站不住的。

但在最后还要着重指出，笔者与该文的争论，并不单纯是重要的理论问题，而且还是重要的实践问题。这一点突出反映在对待当前国有经济战略调整问题上。该文提出：不搞单一的公有制，毫不动摇地鼓励、支持和引导非公有制经济的发展已成为现实，无论理论和实践已不存在搞单一的公有制经济问题。而不搞私有化，坚持和毫不动摇地发展公有制为主体，并未成为现实。偏离邓小平理论和中央改革与发展指导思想的私有化思潮，一直在流行和发展着，并影响到经济社会实践。对该文的这段话可否这样理解：第一，改革以来，"公有制为主体，并未成为现实"。这意味着国有经济战略性调整已经走过了头，已经影响到公有制的主体地位。但在事实上，改革以来以社会主义公有制为主体、以国有经济为主导、包括私营经济在内的多种所有制共同发展的格局已经初步形成。尽管在这方面，还需要巩固、发展和完善，但公有制为主体的地位并未动摇。诚然，改革以来，私有化思潮一直在流行着，改革实践中发生的种种严重侵吞国有资产的行为也一直存在着。但前者在媒体中不占主体地位，后者也不是改革实践中的主流。在这两方面占主流地位的是党的十五大开始确定的，并在尔后不断完善的国有经济的战略调整，以及在这个战略指导下国有经济调整实践。所以，该文提出的"公有制为主体，并未成为现实"，是缺乏事实根据的。第二，改革以来，发展包括私营经济在内的非公有制经济"已成为现实，无论理论和实践已不存在搞单一的公有制经济问题"。这就意味着发展私有经济在理论和实践上都不存在问题。但在事实上，尽管党的十五大已在这方面规定了正确战略，并不断地趋于完善，但在具体政策上需要进一步明确的地方还很多，在实践上需要进一步解决的问题就更多。这就能够解释为什么国务院继2005 年发布《关于鼓励支持和引导个体私营等非公有制经济发展的若干意见》后，2010 年又发布《关于鼓励和引导民间投资健康发展的若干意见》。显然，这是针对当前发展非公有制经济（主要是私营经济）在政策上和实践上存在的问题而提出的。但如果认为在政策上和实践上均不存在问题，那就会令人感到：国务院这样做，是在无病呻吟。这显然是不符合事实的。

　　现在的问题是：为什么该文会陷入与客观事实相矛盾的境地呢？其理论上的根源就在该文提出的与生产力标准相并列的价值标准。如前所述，这个价值标准包含着生产关系决定生产关系，从而生产关系自己衡量自己的内容。尽管该文提出要把生产力标准与价值标准统一起来。但在事实上二者是矛盾的，不可能统一起来。这一点，在我们这里讨论的问题上表现得十分明显。按照社会生产力发展的要求（即按生产力标准），当前需要坚定不移地继续贯彻实行国有经济的战略性调整。① 但按该文提出的价值标准，实行这个战略已经走过了头，需要改变。从这里我们可以清楚看到：该文提出的价值标准，并不是什么理论上的新贡献，而是在很大程度上承袭了 1958 年"大跃进"期间广泛流行的那种观点，即脱离社会生产力的发展要求，企图孤立地通过变革生产关系以发挥社会主义优越性，并促进社会生产力的发展。当然，二者是有区别的。但就其脱离社会生产力的要求，孤立地就生产关系论生产关系这一点来说，则是相同的。这就再次表明：该文提出的与生产力标准相并列、相统一的价值标准，是脱离社会实践的。

---

① 这一点笔者在《关于"国进民退"问题之我见》一文（载《经济学动态》2011 年第 1 期）中做过详细分析，这里不再重复。

附　录

一、作者简历

汪海波原名汪期涛，笔名汪涛。

1930 年 9 月 24 日出生于安徽省宣城县龙坑汪村的一个地主家庭。

1936~1944 年上半年在宣城县龙坛坑和榨门口读私塾和小学。

1944 年下半年~1947 年上半年在宣城县立初中毕业。

1947 年下半年~1950 年上半年先在安徽省宣城中学读高一、芜湖中学读高二、后在皖南区宣城中学高中毕业。

1950 年下半年~1953 年上半年先在南京大学经济系读大一、大二，后在复旦大学经济系毕业。

1953 年下半年~1956 年上半年在中国人民大学经济系研究生毕业。

1956 年 8 月~1958 年 12 月在中国人民大学政治经济学教研室任助教。

1958 年 12 月~1975 年 12 月在中国科技大学政治经济教研组先后任助教、讲师和组长。

1975 年 12 月~1981 年 1 月在人民出版社经济编辑室做编辑工作。

1981 年 1 月~1995 年 9 月在中国社会科学院工业经济研究所工作。

其间：1981 年任副研究员，1985 年任研究员。

1982 年任硕士生导师，1985 年任博士生导师。

1981 年任工业经济理论和发展史室主任。

1985 年 7 月任所党组成员。

1985 年 10 月任所学术委员会副主任。

1984 年任中国工业经济学会常务理事、副秘书长。

1984 年 9 月任经济管理出版社副社长、副总编辑和《中国经济年鉴》副总编辑。

1986 年 7 月任经济管理出版社社长和总编辑。

1987 年 4 月任《经济管理》主编。

1988 年 11 月任《中国经济年鉴》总编辑。

1987 年 8 月~1991 年 11 月任中国社会科学院研究生院副院长。

其间还任：院学术委员会副主任。

院学位委员会主任。

院学报主编。

1987 年、1989 年、1991 年任中国社会科学院直属学科片学术委员会委员。

1995 年 10 月在工业经济研究所退休。

2006 年 8 月被选为中国社会科学院首届荣誉学部委员。

1995 年 10 月至今，继续任《中国经济年鉴》总编辑，并任国家行政学院经济学教研部教授、教学顾问。

二、作者主要著作目录

（一）专著和文集

汪海波、周叔莲、吴敬琏：《驳"按劳分配是产生资本主义的经济基础"的谬论》，广东人民出版社 1978 年。

吴敬琏、周叔莲、汪海波：《驳"四人帮"对社会主义工资制度的诬蔑》，广东人民出版社 1978 年。

汪海波：《略论社会主义直接生产中的生产关系》，山西人民出版社 1979 年。

周叔莲、吴敬琏、汪海波：《利润范畴和社会主义的企业管理》，人民出版社 1979 年。

汪海波：《脑力劳动和体力劳动问题研究》，广东人民出版社 1980 年。

汪海波：《中国社会主义经济问题探索》，湖南人民出版社 1981 年。

汪海波参与撰写：《中国经济结构问题研究》（马洪、孙尚清主编），人民出版社 1981 年。

周叔莲、吴敬琏、汪海波：《社会主义经济建设和马克思主义政治经济学》，中国社会科学出版社 1982 年。

汪海波：《中国工业经济问题研究》，云南人民出版社1984年。

汪海波参与撰写和编纂：《论经济结构对策》（孙尚清主编），中国社会科学出版社1984年。

周叔莲、汪海波：《论孙冶方"最小—最大"理论》，中国社会科学出版社1985年。

汪海波：《中国积累和消费问题研究》，广东人民出版社1986年。

汪海波：《略论国有企业是相对独立的商品生产者》，重庆出版社1986年。

汪海波参与撰写和编纂：《论社会主义商品经济》（马洪主编），中国社会科学出版社1987年。

汪海波：《社会主义商品经济问题研究》，经济管理出版社1988年。

汪海波：《工业经济效益问题探索》，经济管理出版社1990年。

汪海波：中国著名经济学家文丛《汪海波选集》，山西经济出版社1990年。

汪海波：《发展的效益型与改革的市场型》，经济管理出版社1993年。

汪海波：《论市场取向的经济改革》，经济日报出版社1996年。

汪海波参与撰写：《2000年的中国经济》（孙尚清主编），中国发展出版社1996年。

汪海波：《中华人民共和国工业经济史》，山西经济出版社1998年。

汪海波：《论中国经济的持续快速发展》，经济管理出版社2000年。

汪海波参与撰写：《宏观经济调控政策研究》，桂世镛、周绍朋主编，经济管理出版社2000年。

汪海波：《我国"九五"、"十五"宏观经济分析》，经济管理出版社2002年。

汪海波参与撰写和编纂：《社会主义市场经济概论》（全国干部学习读本），全国干部培训教材编审指导委员会组织编写，刘国光、桂世镛主编，人民出版社2002年。

汪海波参与撰写：《国有企业改革与国有资产监管》，周绍朋、丁德章主编，国家行政学院出版社2005年。

汪海波：《中国现代产业经济史（1949.10~2004）》（第一版），山西经济出版社2006年。

汪海波：《论中国经济社会的持续快速全面发展（2001~2020)》，经济管理出版社 2006 年。

汪海波：中国社会科学院学者文选《汪海波集》，中国社会科学出版社 2007 年。

汪海波：中国社会科学院文库《中国经济发展 30 年》，中国社会科学出版社 2008 年。

汪海波：中国著名经济学家文丛《汪海波经济文选》，中国时代经济出版社 2009 年。

汪海波、刘立峰：《中国现代产业经济史（1949.10~2009)》（第二版），山西经济出版社 2010 年。

（二）主编

汪海波主编并参与撰写：《新中国工业经济史》（一卷本），经济管理出版社 1986 年、1987 年和 2007 年各印一次。

汪海波副主编并参与撰写：《中国工业经济管理（上、下)》，马洪主编，经济管理出版社 1986 年。

汪海波主编之一并参与撰写：《经济体制改革理论与实践研讨会论文集》，中国经济出版社 1987 年。

汪海波编者之一并参与撰写：《中国的宏观经济管理》，经济管理出版社 1988 年。

汪海波主编：《工业经济学》，在中央电视台经济频道授课的讲稿，1989 年内部出版。

汪海波主编：《中国国民经济各部门经济效益研究》，经济管理出版社 1990 年。

汪海波主编之一：《中国工业经济效益问题研究》（上、下)，中国社会科学出版社 1990 年。

汪海波主编之一：《企业承包经营》，北京出版社 1990 年。

汪海波主编并参与撰写：《中国经济效益问题研究》，经济管理出版社 1991 年。

汪海波主编之一并参与撰写：《企业转换经营机制的系列讲座》，在中央电视台经济频道授课的讲稿，经济管理出版社 1992 年。

汪海波主编之一并参与撰写：《九十年代中国经济的改革与发展》，经济管理出版社 1992 年。

汪海波主编之一并参与撰写:《建立和发展中国的市场经济》,经济管理出版社 1995 年。

汪海波副主编并参与撰写:《中国工业五十年——新中国工业通鉴》(二十卷)(国家经贸委主编),中国经济出版社 2000 年。

汪海波主编并参与撰写:《新中国工业经济史》(四卷本),经济管理出版社 1994~2001 年。

汪海波主编之一并参与撰写:《中国转轨时期的政府经济职能》,国家行政学院出版社 2005 年。

(三) 论文

汪海波、胡文龙:《透视"报纸商品论"的实质》,《新闻与出版》1957 年 8 月 10 日。

汪海波、陈俊欧等:《在城市街道建立人民公社的若干问题》,《教学与研究》1958 年第 11 期。

汪海波、盛皿:《试论城市街道居民生产服务合作社的分配问题》,《学术月刊》1958 年第 12 期。

汪海波、周斌 (周叔莲笔名):《第二次国内革命战争时期马克思主义与反马克思主义在土地问题上的斗争》,《经济研究》1960 年第 2 期。

汪海波、朝红 (周叔莲笔名):《人民公社实现在农业技术改造中的伟大作用》,《学术月刊》1960 年第 3 期。

汪海波、周斌 (周叔莲笔名):《列宁论农业问题——纪念列宁诞辰九十周年》,《大公报》1960 年 4 月 21 日。

汪嘉周 (汪海波、周叔莲笔名):《我国农业的高速发展,是毛泽东思想的伟大胜利》,《大公报》1960 年 7 月 12 日。

汪海波、周斌 (周叔莲笔名):《论我国农业的高速度发展》,《学术月刊》1960 年第 9 期。

汪涛 (汪海波笔名):《论"三包一奖"制度》,《东风》1961 年第 1 期。

实学 (周叔莲、汪海波笔名):《关于扩大再生产公式的初步探讨》,《光明日报》1961 年 12 月 4 日。

汪涛、粟联 (汪海波、周叔莲笔名):《关于社会主义级差地租产生原因的探讨》,《经济研究》1962 年第 2 期。

汪嘉周（汪海波、周叔莲笔名）:《现阶段我国农村人民公社级差地租的分配问题》,《江汉学刊》1962 年第 2 期。

实学（周叔莲、汪海波笔名）:《如何在扩大再生产公式中反映劳动生产率提高的影响》,载《江汉学报》1962 年第 4 期。

实学（汪海波、周叔莲笔名）:《关于社会主义级差地租的若干问题》,载《中国经济问题》1962 年第 5 期。

周叔莲、汪海波:《试论影响农业扩大再生产的若干因素》,载《中国经济问题》1963 年第 12 期。

周莲波（周叔莲、吴敬琏、汪海波笔名）:《工业发展速度问题是一个尖锐的政治问题——斥"四人帮"攻击〈条例〉的谬论》,《中国经济问题》1977 年第 4 期。

吴敬琏、周叔莲、汪海波:《论社会主义工资及其具体形式》,《光明日报》1977 年 12 月 5、7 日。

汪海波:《必须坚持合理的规章制度——批判"四人帮"破坏社会主义规章制度的谬论》,《新湘评论》1977 年第 12 期。

汪海波、周叔莲、吴敬琏:《按劳分配不是产生资产阶级的经济基础》,《经济研究》1978 年第 1 期。

汪海波:《坚持政治挂帅和物质鼓励相结合》,《人民日报》1978 年 2 月 22 日。

周叔莲、汪海波:《社会主义商品生产不容诋毁》,《文史哲》1978 年第 2 期。

汪海波:《科学技术人员和工程技术人员也是生产劳动者》,《社会科学战线》1978 年第 3 期。

景周（汪海波、周叔莲笔名）:《一本宣扬"四人帮"谬论的坏书》,《北京日报》1978 年 5 月 25 日。

汪海波:《社会主义生产过程中人与人之间的关系是阶级对抗关系吗?》,《经济研究》1978 年第 6 期。

吴敬琏、周叔莲、汪海波:《建立和改进企业基金的提成制度》,《人民日报》1978 年 9 月 2 日。

吴敬琏、周叔莲、汪海波:《利润范畴和社会主义企业管理》,《经济研究》1978 年第 9 期。

周叔莲、吴敬琏、汪海波：《充分发挥企业主动性》，《人民日报》1978年12月31日。

汪海波、吴敬琏、周叔莲：《必须把劳动者的一部分收入和企业的经营状况结合起来》，《经济研究》1978年第12期。

汪海波、周叔莲：《企业在社会主义经济中的地位和作用》，《北方论丛》1979年第1期。

汪海波：《企业生产管理人员也是生产劳动者》，《财经问题研究》1979年第1期。

汪海波、孙连成：《必须保障集体农民的物质利益和民主权力》，《学术月刊》1979年第3期。

汪海波：《加强思想政治工作，把精神鼓励和物质鼓励结合起来》，《财贸战线》1979年5月11日。

周淑莲、吴敬琏、汪海波：《价值规律和社会主义企业的自动调节》，《经济研究》（社会主义经济中价值规律问题讨论专辑）1979年第6期。

周淑莲、吴敬琏、汪海波：《再论价值规律和社会主义企业的自动调节》，《经济研究》1979年第9期。

汪海波：《必须兼顾积累和消费》，《学术月刊》1980年第1期。

汪海波：《略论社会主义制度下脑力劳动和体力劳动分工的发展过程》，《北方论丛》1980年第1期。

汪海波：《思想政治工作在提高劳动积极性方面的作用》，《工人日报》1980年3月13日。

汪海波、吴敬琏、周叔莲：《知识分子在现代化生产中的作用》，《经济研究》1980年第4期。

汪海波：《需要开展"教育是一个生产部门"的理论》，《教育研究》1980年第4期。

汪海波参与撰写：《发挥地方的经济优势，建立合理的工业结构》，《光明日报》1980年5月10日。

汪海波：《教育部门是一个重要的生产部门》，《教育研究》1980年第5期。

吴敬琏、汪海波：《在调整中正确发挥优势》，《人民日报》1980年11月6日。

汪海波：《关于社会主义国家所有制企业生产目的的探讨》，《经济研究》1980 年第 12 期。

汪海波：《略论现阶段农村中某些封建经济残余》，《中国经济问题》1981 年第 1 期。

汪海波：《对我国积累和消费比例关系严重失调的分析》，《群众论丛》1981 年第 1 期。

汪海波：《关于我国积累和消费比例关系的初步分析》，《浙江学刊》1981 年第 1 期。

汪海波：《关于社会主义集体所有制企业生产目的的探讨》，《求索》1981 年第 2 期。

汪海波、吴敬琏、周叔莲：《实现社会主义生产目的的症结何在》，《社会科学辑刊》1981 年第 2 期。

汪海波：《进一步调整国民经济的几个重要环节》，《中国经济问题》1983 年第 4 期。

汪海波：《关于企业利润留成若干理论问题的初步探索》，《财贸经济》1981 年第 4 期。

周叔莲、吴敬琏、汪海波：《关于社会主义全民所有制经济的若干问题》，《求索》1981 年第 4 期。

汪海波：《关于国有企业自负盈亏的若干问题》，《财经问题研究》1981 年第 4 期。

汪海波：《经济管理体制改革讨论评述》，《人民日报》1981 年 5 月 29 日。

汪海波：《关于社会主义竞争的若干理论问题》，《北方论丛》1981 年第 6 期。

汪海波：《试论我国工业经济组织的合理化》，《经济问题》1981 年第 10 期。

吴家骏、汪海波：《1980 年中国工业》，《中国经济年鉴》1981 年版。

汪海波：《关于提高经济效益的若干问题》，《求索》1982 年第 3 期。

汪海波：《关于社会主义工业现代化的若干问题》，《江西社会科学》1982 年第 4 期。

汪海波：《从我国社会主义工业的产生发展过程看社会主义生产关系

的优越性》,《财经问题研究》1982 年第 4 期。

汪海波:《我国社会主义消费模式的特点及其决定因素》,《经济研究》1982 年第 5 期。

汪海波:《略论社会主义的经济效益》,《云南社会科学》1982 年第 5 期。

汪海波:《社会主义国家所有制的客观必然性》,《社会科学辑刊》1982 年第 5 期。

汪海波:《我国社会主义消费模式的特点》,《光明日报》1982 年 6 月 22 日。

汪海波:《略论党的思想政治工作的必要性》,《江西社会科学》1983 年第 1 期。

汪海波:《一个具有强大活力的联合企业》,《经济管理》1983 年第 3 期。

汪海波、郭今(周叔莲笔名):《引进先进技术是加快实现现代化的一项伟大战略决策》,《中国经济问题》1983 年第 4 期。

汪海波:《略论半殖民地半封建中国积累和消费在量的方面的若干特征》,《江西社会科学》1983 年第 4 期。

汪海波:《略论社会主义国有经济中多层次积累》,《财经问题研究》1983 年第 4 期。

汪海波:《经济体制改革性质刍议》,《经济管理》1983 年第 9 期。

汪海波:《试论家庭承包责任制条件下家庭积累的性质》,《经济研究》1983 年第 10 期。

汪海波:《建设有中国特色的社会主义工业管理讨论评述》,《人民日报》1983 年 11 月 25 日。

汪海波:《试论国家积累和地方积累》,《求索》1984 年第 1 期。

汪海波:《控制积累基金和消费基金的规模》,《湖南经济研究》1984 年第 1 期。

汪海波:《社会主义国家所有制包含计划经济的必然性》,《中国经济问题》1984 年第 2 期。

汪海波:《新中国工业经济史研究的若干问题》,《江西社会科学》1984 年第 2 期。

汪海波:《论工业经济学和工业经济管理学的研究对象》,《中山大学学报》(哲学社会科学版) 1984 年第 3 期。

汪海波：《我国经济改革中的一项大政策》，《求索》1984 年第 4 期。

汪海波：《孙冶方"最小—最大"理论与社会主义建设》，《财经科学》1984 年第 5 期。

汪海波：《借鉴国际经验，探索我国本世纪内积累和消费的比例关系》，《财经问题研究》1984 年第 5 期。

汪海波：《对本世纪最后二十年积累和消费比例关系的探讨》，《云南社会科学》1984 年第 7 期。

汪海波：《国民经济恢复时期恢复和发展工业的主要成就和经验》，《中国工业经济学报》1985 年第 1 期。

汪海波：《香港工业的一个基本特征：产出出口主导和投入进口主导的结合》，《港澳研究》1985 年第 1 期。

汪海波：《社会主义商品经济理论的新发展》，《求索》1985 年第 1 期。

汪海波：《建立社会主义工业化初步基础的主要原则》，《中国工业经济学报》1985 年第 3 期。

汪海波：《评述几种否定国家企业是相对独立商品生产者的观点》，《中国经济问题》1985 年第 3 期。

汪海波：《社会主义商品经济的一个理论支柱》，《财经科学》（四川财经学院学报）1985 年第 3 期。

汪海波：《香港工业的基本特征》，《财经问题研究》1985 年第 3 期。

汪海波：《日本经济管理体制的特征》，《经济问题探索》1985 年第 5 期。

汪海波：《中国新民主主义革命时期根据地和解放区的国营工业》，《江西社会科学》1985 年第 6 期。

汪海波：《增强企业活力的理论前提》，《城市改革理论研究》1985 年第 6 期。

汪海波、周叔莲：《一定要控制固定资产投资规模》，《技术经济与管理研究》1985 年第 6 期。

汪海波：《关于"六五"时期提高经济效益的若干问题》，《中国工业经济学报》1986 年第 1 期。

汪海波、周叔莲：《论控制固定资产投资规模的机制》，《求索》1986 年第 1 期。

周叔莲、汪海波：《论固定资产重点转向技术改造》，《财经科学》1986

年第 1 期。

汪海波参与撰写：《对"十五"时期建设和改革问题的回顾与思考》，《中国社会科学》1986 年第 2 期。

周叔莲、汪海波：《坚定地走社会主义建设新路子》，《经营与管理》1986 年第 2 期。

汪海波：《工业经济学教材体系中存在的问题和改进意见》，《中国工业经济学报》1986 年第 4 期。

汪海波：《对住宅商品化原因的探讨》，《江西社会科学》1986 年第 5 期。

汪海波：《"经济体制改革理论与实践研讨会"闭幕词》，《中国工业经济研究》1987 年第 1 期。

汪海波：《关于社会主义商品经济原因、性质的几点思索》，《中国工业经济研究》1987 年第 1 期。

汪海波：《略论社会主义制度下的基础价格——兼评"双渠价格"》，《江苏经济探索》1987 年第 2 期。

汪海波：《关于社会主义制度下产品价格的若干问题》，《社会科学学刊》1987 年第 2~3 期。

汪海波：《试析剩余产品基金的分配（上、下）》，《中国工业经济研究》1987 年第 4、5 期。

汪海波：《论国有企业劳动报酬基金改革的目标模式》，《浙江学刊》1987 年第 6 期。

汪海波：《关于劳动报酬基金消费增长的若干问题》，《江西社会科学》1987 年第 6 期。

汪海波：《关于当前经济学研究的若干问题》，《江海学刊》1987 年第 7 期。

汪海波：《试论生产资料补偿基金的分配》，《财经问题研究》1987 年第 8 期。

汪海波：《历史经验的启示》，《人民日报》1987 年 10 月 12 日。

汪海波：《关于提高经济效益的若干问题》，《中国工业经济研究》1988 年第 2 期。

汪海波：《企业家与企业的经营效益》，《社会科学学刊》1988 年第 2 期。

汪海波：《加快建立和培育社会主义市场体系》，《经济管理》1988 年第

3 期。

　　汪海波:《提高劳动生产率应该成为轻工业产品出口的立足点》,《轻工业经济》1988 年第 5 期。

　　汪海波:《关于"进一步解放思想,进一步解放生产力"的思考》,《经济管理》1988 年第 6 期。

　　汪海波:《论社会主义劳动纪律的基本格局》,《经济管理》1988 年第 8 期。

　　汪海波:《关于我国现阶段产业后备军的若干问题》,《中国工业经济研究》1989 年第 1 期。

　　汪海波:《〈资本论〉研究要为社会主义商品经济研究服务》,《中国社会科学院研究生院学报》1989 年第 1 期。

　　汪海波:《对我国工业经济效益历史和现状的分析 (上、下)》,《中国工业经济研究》1989 年第 4、5 期。

　　汪海波:《当前我国城镇失业率刍议》,《经济管理》1989 年第 5 期。

　　汪海波:《论全要素生产率》,《经济管理》1989 年第 8 期。

　　汪海波:《中国工业 40 年:成就和经验》,《经济管理》1989 年第 10 期。

　　汪海波:《牢固树立持续稳定协调发展经济的思想》,《中国社会科学院研究生院学报》1990 年第 1 期。

　　汪海波:《深化经济体制改革的方向问题——兼评经济私有化观点》,《经济管理》1990 年第 2 期。

　　汪海波、刘立峰:《认清企业经营环境,增强企业应变能力》,《中国工业经济研究》1990 年第 4 期。

　　汪海波、刘立峰:《论加强国有资产管理》,《中国社会科学院研究生院学报》1990 年第 4 期。

　　汪海波、刘世锦:《试析我国经济效益的现状及其变动特征》,《江西社会科学》1990 年第 6 期。

　　汪海波:《提高经济效益的若干对策》,《经济管理》1990 年第 7 期。

　　汪海波:《论经济的适度增长》,《经济管理》1990 年第 9 期。

　　汪海波:《关于开发高附加值产品的若干问题》,《轻工业经济》1990 年第 10 期。

　　汪海波:《积极推进企业技术改造》,《经济管理》1991 年第 1 期。

汪海波：《"软着陆"后中国经济走势：持续快速健康发展》，《财经科学》1991年第1期。

汪海波、刘世锦：《对形成我国经济效益变动特征若干原因的分析》，《江西社会科学》1991年第2期。

汪海波、刘世锦：《速度、结构与效益——对1979年以来我国经济变动特征若干原因的分析》，《中国工业经济研究》1991年第3期。

汪海波：《对中国大陆九十年代适度增长率的预测和分析》，《经济学家》1991年第3期。

汪海波：《经济适度增长，是实现经济持续、稳定、协调发展的重要途径》，《企业家报》1991年4月15日。

汪海波：《关于计划与市场关系的几点思考》，《社会科学学刊》1991年第4期。

汪海波：《90年代深化经济体制改革若干问题的探讨》，《经济研究》1991年第6期。

汪海波：《关于计划与市场关系的几点思考》，《中国社会科学院研究生院学报》1991年第6期。

汪海波、刘立峰：《评增强企业活力的几种不同思路》，《经济管理》1991年第9期。

汪海波：《论真想还是假想提高经济效益的若干标志》，《财贸经济》1991年第11期。

汪海波：《九十年代中国工业的发展》，载《九十年代中国经济发展与改革探索》，经济管理出版社1991年版。

汪海波：《我国工业经济效益的现状及其提高的途径》，载《我的经济观》，江苏人民出版社1991年版。

汪海波：《当前经济效益下降已经到了十分严重的程度》，《经济参考报》1992年1月19日。

汪海波：《经济效益：怎样才能使你冲出低谷》，《经济师》1992年第2期。

汪海波：《进一步解放思想，是加快改革开放步伐的先导》，《改革》1992年第3期。

汪海波：《试论计划调节与市场调节的有机结合——兼评"计划调节

为主论"》,《求索》1992 年第 4 期。

汪海波、刘立峰:《对我国产业结构变动的分析和预测》,《中国工业经济研究》1992 年第 5 期。

汪海波:《论进一步解放思想》,《经济管理》1992 年第 5 期。

汪海波:《再论进一步解放思想》,《经济管理》1992 年第 6 期。

汪海波:《社会主义市场经济刍议》,《经济管理》1992 年第 8 期。

汪海波:《计划体制改革的历史回顾与前瞻》,《计划经济研究》1992 年第 8、9 期。

汪海波:《实现速度的效益的统一,是当前最重要的问题》,《经济管理》1992 年第 10 期。

汪海波:《当前要强调提高速度与增进效益相统一》,《中国工业经济研究》1992 年第 10 期。

汪海波:《论社会主义市场经济》,《中国工业经济研究》1992 年第 12 期。

汪海波:《历史的选择——再论社会主义市场经济》,《经济管理》1993 年第 1 期。

汪海波:《划时代的发展——三论社会主义市场经济》,《经济管理》1993 年第 2 期。

汪海波、刘立峰:《企业体制改革与企业行为合理化的历史考察——兼论加速对国有企业实行股份制改造的必要性》,《华东化工学院学报》(社会科学版) 1993 年第 2 期。

汪海波:《关于我国现阶段国有经济比重问题——兼论国有经济主导作用的历史发展》,《中国社会科学院研究生院学报》1993 年第 3 期。

汪海波、刘立峰:《从两种企业行为看推行股份制的必要性》,《经济管理》1993 年第 6 期。

汪海波:《从当前经济效益的变化特征看深化市场取向改革的紧迫性》,《社会科学辑刊》1993 年第 6 期。

汪海波:《对当前工业经济效益变化特征的分析》,《经济管理》1993 年第 8 期。

汪海波:《关于社会主义初级阶段的若干问题》,《江西社会科学》1993 年第 9 期。

汪海波：《"新民主主义论"研究——纪念毛泽东诞辰100周年》，《经济研究》1993年第12期。

本刊编辑部（汪海波写）：《夺取经济发展与经济改革的新胜利》，《经济管理》1994年第1期。

汪海波：《关于新中国工业经济史的分期问题》，《中国社会科学院研究生院学报》1994年第4期。

汪海波：《企业劳动、工资、社会保险制度的改革》，《社会科学辑刊》1994年第4期。

汪海波：《国民经济恢复时期发展工业的基本经验》，《中国社会科学院研究生院学报》1995年第1期。

汪海波：《论企业家在实现企业改制中的作用》，《中国投资与建设》1995年第2期。

汪海波：《如何建立企业家队伍》，《中国投资与建设》1995年第5期。

汪海波：《对陈云关于稳定发展中国经济思想的历史考察——纪念陈云诞辰90周年》，《经济研究》1995年第6期。

汪海波：《学习陈云关于稳定发展中国经济的思想和实践》，《经济改革发展》1995年第6期。

汪海波：《大力开展闲置设备交易》，《经济管理》1995年第9期。

汪海波：《我国经济步入持续快速健康发展轨道——"八五"经济发展的回顾与展望》，《光明日报》1995年10月20日。

汪海波：《对我国基础产业发展滞后的考察》，《中国工业经济》1995年第10期。

汪海波：《基础产业筹资的重要性及其途径》，《经济管理》1995年第12期。

汪海波：《中国经济发展现状及其近期走势》，《经济改革发展》1995年第12期。

汪海波：《中国民族工业发展的历史进程及其基本经验——纪念江南造船厂暨民族工业诞生130周年》，《中国工业发展战略讨论会文集》1995年版。

汪海波：《中国大陆基础产业的发展及其筹资途径》，台湾省中华经济研究院：《"两岸产业分工策略"学术讨论会文集》1995年版。

汪海波：《关于实现经济增长方式转变的若干问题》，《中国工业经济》1996 年第 1 期。

汪海波：《建立和完善企业技术进步机制》，《经济日报》1996 年 2 月 26 日。

汪海波：《更好地发挥国有经济的主导作用》，《中国国情国力》1996 年第 2 期。

汪海波：《实现经济增长方式转变的意义和条件》，《经济界》1996 年第 3 期。

汪海波、王东：《企业技术进步与经济增长方式转变》，《经济管理》1996 年第 5 期。

汪海波：《关于经济增长方式转变的若干问题》，《北京经济瞭望》1996 年第 5 期。

汪海波、王东：《关于国有经济战略性改组的若干问题》，《中国经济体制改革》1997 年第 1 期。

汪海波：《关于经济体制改革的若干问题》，《北京经济瞭望》1997 年第 3 期。

汪海波：《国有企业 H 股香港上市的现状和原因》，《经济管理》1997 年第 4 期。

汪海波：《时代的最强音》，《新视野》1997 年第 5 期。

汪海波：《论邓小平经济体制改革理论的形成》，《中国工业经济》1997 年第 5 期。

周绍朋、王健、汪海波：《软着陆：宏观政策协调的成功》，《经济日报》1998 年 1 月 26 日。

汪海波：《关于社会主义本质的研究》，《中国社会科学院研究生院学报》1998 年第 1 期。

汪海波：《坚定信心，推进国有企业改革》，《中国社会科学院研究生院学报》1998 年第 2 期。

周绍朋、王健、汪海波：《宏观经济政策协调在实现软着陆中的作用》，《经济研究》1998 年第 2 期。

汪海波：《试论社会主义初级阶段非公有制理论的历史性发展》，《中国党政干部论坛》1998 年第 2 期。

汪海波：《社会主义初级阶段所有制理论的历史性发展——学习党的"十五大"报告的一点体会》，《经济界》1998年第2期。

汪海波：《大力发展融资租赁业》，《浙江学刊》1998年第5期。

汪海波：《论经济体制改革》，《中国工业经济》1998年第11期。

汪海波：《跨国联营和收购的良方》，《光明日报》1999年1月22日。

汪海波：《试析1998年宏观经济政策的协调》，《经济界》1999年第3期。

汪海波：《中国市场取向改革的成就》，《首都经贸大学学报》2000年第12期。

汪海波：《中国工业五十年成就》，《中国经济年鉴》（2000年）。

汪海波：《21世纪初中国经济走势：持续快速发展》，《国家行政学院学报》2001年第1期。

汪海波：《建立社会主义市场经济的可行性和艰巨性》，《经济与管理研究》2001年第2期。

汪海波：《社会主义市场经济环境的完善与发展》，《经济学动态》2001年第3期。

汪海波：《21世纪初中国经济稳定持续快速发展》，《学习与探讨》2001年第4期。

汪海波：《我国经济周期波动幅度的巨大变化，是党领导经济走向成熟的一个重要标志——纪念建党80周年》，《经济参考报》2001年6月28日。

汪海波：《"九五"时期中国经济运行轨迹、特征及其意义》，《中国经济年鉴》（2001），中国经济年鉴社。

汪海波：《2001年："十五"计划开局良好的一年》，《中国经济年鉴》（2002），中国经济年鉴社。

汪海波：《论2001~2020年中国经济总量翻两番的可行性》，《国家行政学院学报》2003年第2期。

汪海波：《论政府经济职能的历史发展》，《经济管理干部学院学报》2003年第2期。

汪海波：《论建立现代分配制度》，《经济学家》2003年第6期。

汪海波：《2002年：经济凸显稳步上升的一年》，《中国经济年鉴》

（2003），中国经济年鉴社。

汪海波：《21世纪初中国仍有条件实现持续快速发展》，《香港经济导报》2004年第1期。

汪海波：《论通货紧缩的特征》，《经济学动态》2004年第2期。

汪海波：《论现代分配制度》，《国家行政学院学报》2004年第2期。

汪海波：《中国国有资产监管的实践进程》，《中国经济史研究》2004年第4期。

汪海波：《我国经济运行的总体特征》，《经济日报》2004年11月8日。

汪海波：《论统筹城乡发展》，《中国经济年鉴》（2004），中国经济年鉴社。

汪海波：《论统筹城乡发展——兼及消灭城乡差别的条件》，《中国社会科学院研究生院学报》2005年第1期。

汪海波：《2004年我国经济运行特征和未来趋势》，《国家行政学院学报》2005年第1期。

汪海波：《中国国有企业改革的实践进程》，《中国经济史研究》2005年第3期。

汪海波：《试论新一轮经济周期及其战略机遇期》，《经济学家》2005年第5期。

汪海波：《编制五年计划的若干经验教训》，《中国改革报》2005年8月1日。

汪海波：《产业结构调整是最大的节约》，《经济日报》2005年8月14日。

汪海波：《牢牢把握重要的机遇期》，《经济学动态》2005年第10期。

汪海波：《略论新一轮经济周期的运行特征及其战略含义》，《光明日报》2005年11月1日。

汪海波：《2004年经济运行特征及其发展趋势》，《中国经济年鉴》（2005），中国经济年鉴社。

汪海波：《试论"十五"期间投资率和消费率的运行特征及其变动趋势》，《中国社会科学院研究生院学报》2006年第1期。

汪海波：《新中国十个五年计划的回顾：成就和经验》，《国家行政学院学报》2006年第1期。

汪海波：《略论 2005 年经济运行的总体特征》，《经济与管理研究》2006 年第 1 期。

汪海波：《经济周期的理论与实际——对〈宏观经济周期波动在适度高位平滑化〉的商榷意见》，《中国经济问题》2006 年第 3 期。

汪海波：《深化改革，有效治理投资膨胀》，《中国社会科学院院报》2006 年 5 月 25 日。

汪海波：《当前亟需控制固定资产投资的过快增长——兼论地方政府投资膨胀机制的治理》，《经济学动态》2006 年第 6 期。

汪海波：《重点是抑制地方政府的投资膨胀机制》，《光明日报》2006 年 8 月 21 日。

汪海波：《保持经济平衡，实现科学发展》，《中国社会科学院院报》2006 年 12 月 26 日。

汪海波：《新中国十个五年计划的回顾：成就与经验》，《中国经济年鉴》(2006)，中国经济年鉴社。

汪海波：《"十一五"规划开局良好，重点治理失衡》，《国家行政学院学报》2007 年第 1 期。

汪海波：《对新一轮经济周期上升阶段运行特征的分析》，《中国经济问题》2007 年第 2 期。

汪海波、周民良：《如何促进投资和消费关系的协调》，《新京报》2007 年 3 月 13 日第 2 版。

汪海波：《对我国第三产业发展严重滞后原因的分析》，《经济学动态》2007 年第 4 期。

汪海波：《第三产业的优先发展与改革开放的重点推进》，《中国财经报》2007 年 6 月 7 日。

汪海波：《试论 2003 年以来宏观经济调控的基本经验》，《经济学动态》2007 年第 10 期。

汪海波：《试论第三产业的优化发展》，《中国经济年鉴》(2007)，中国经济年鉴社。

汪海波：《试析价格指数及其与经济冷热的关系》，《中国社会科学院研究生院学报》2008 年第 1 期。

汪海波：《试析当前物价运行的特征》，《国家行政学院学报》2008 年第

1 期。

　　汪海波：《科学发展观形成的条件及其意义》，《中国社会科学院院报》2008 年 5 月 15 日。

　　汪海波：《中国经济发展的伟大成就——一论中国改革开放 30 周年》，《中国经济时报》2008 年 7 月 22 日。

　　汪海波：《改革开放是 30 年经济发展的根本动力——二论中国改革开放 30 周年》，《中国经济时报》2008 年 7 月 24 日。

　　汪海波：《对改革开放指导思想的探索——三论中国改革开放 30 周年》，《中国经济时报》2008 年 7 月 25 日。

　　汪海波：《2008 年经济运行的特征》，《经济学动态》2008 年第 8 期。

　　汪海波：《试析优化生产要素的投入结构》，《中国流通经济》2008 年第 8 期。

　　汪海波：《我国转轨时期的政府经济职能》，《中国经济问题》2008 年第 4 期。

　　汪海波：《关于提高自主创新能力的思考》，《经济管理》2008 年第 15 期。

　　汪海波：《对中国 30 年改革开放的回顾》，《国家行政学院学报》2008 年第 6 期。

　　汪海波：《关于宏观调控经验的若干思考——纪念改革开放 30 周年》，《经济学动态》2008 年第 12 期。

　　汪海波：《中国改革开放 30 年的伟大成就及其根本动力——兼及马克思主义改革观》，《中国经济年鉴》(2008)，中国经济年鉴社。

　　汪海波：《对当前宏观经济形势的分析》，《国家行政学院学报》2009 年第 1 期。

　　汪海波：《2009 年物价或呈"先降后升"态势》，《中国经济时报》2009 年 2 月 24 日。

　　汪海波：《对当前经济形势的几点看法》，《中国经济时报》2009 年 3 月 5 日。

　　汪海波：《宏观调控成效初显，任务艰巨》，《中国经济时报》2009 年 4 月 28 日。

　　汪海波、刘立峰：《中国工业化道路》，《经济研究参考》2009 年 7 月

6 日。

汪海波:《略论我国现阶段经济增长目标——保八与稳八》,《经济学动态》2009 年第 9 期。

汪海波:《再现我国现阶段经济增长目标》,《国家行政学院学报》2009 年第 6 期。

汪海波:《中国马克思主义的伟大胜利——新中国 60 年经济发展的伟大成就》,《中国经济年鉴》(2009),中国经济年鉴社。

汪海波:《明年不会有明显通货膨胀》,《中国新闻网》2009 年 12 月 28 日。

汪海波:《三论我国现阶段经济增长目标——从 2010 年政府工作报告说起》,《中国经济报告》2010 年第 2 期。

汪海波:《宏观调控成效初显,任务艰巨》,《中国经济时报》2009 年 4 月 28 日。

汪海波:《我国产业结构的现状及其成因和对策》,《中国经济时报》2010 年 3 月 29 日。

汪海波:《对当前经济形势的分析》,《中国经济时报》2010 年 5 月 5 日。

汪海波:《对新中国产业结构之史的考察》,《中共党史研究》2010 年 6 月号。

汪海波:《调整产业结构的重大意义》,《领导文萃》2010 年 8 月号。

汪海波:《试论潜在经济增长率》,《国家行政学院学报》2010 年第 5 期。

汪海波:《我国投资与消费比例关系的演变及其问题和对策》,《中国延安干部学院》2010 年第 6 期。

汪海波:《我国产业结构的演变过程及其问题和对策》,《中国经济年鉴》(2010),中国经济年鉴社。

汪海波:《对"国进民退"问题之我见》,《经济学动态》2011 年第 1 期。

汪海波:《试析国有经济改革和发展的现状及其基本特点》,《中国延安干部学院》2011 年第 2 期。

(四) 研究报告

汪海波参与撰写:《2000 年的中国》,马洪主编,中国社会科学出版社 1988 年版。

汪海波主编并参与撰写:《深圳能源集团有限公司"十五"规划》,

《深圳能源》2001 年第 8 期。

　　汪海波、邱靖基、刘立峰：《社会主义市场经济条件下行业管理》，《国家行政学院学报》2002 年第 2、4 期。

　　汪海波：《浙江海正集团有限公司市场战略研究》，载《论中国经济社会的持续快速全面发展》（2001~2020），经济管理出版社 2006 年版。

　　（五）书评

　　汪海波：《一部有现实意义的经济著作——介绍薛暮桥新著〈中国社会主义经济问题研究〉》，《人民日报》1980 年 2 月 21 日。

　　汪海波：《一部系统地批判"四人帮"经济理论的著作——介绍"四人帮"对马克思主义政治经济学的篡改》，《经济研究》1980 年第 8 期。

　　汪海波：《评孙尚清的〈经济与管理〉一书》，《经济研究》1982 年第 10 期。

　　汪海波：《缜密分析香港经济的佳作——读杨奇主编的〈香港概论〉》，《经济日报》1990 年 12 月 30 日。

　　汪海波：《评陈佳贵的〈市场经济与企业经营〉》，《中国工业经济研究》1994 年第 4 期。

　　汪海波：《评李京文主编的〈走向 21 世纪的中国经济〉》，《经济学动态》1995 年第 12 期。

　　汪海波：《战略较量：经济全球化的新思维——评韩康等的新作》，《光明日报》2004 年 5 月 25 日。

　　汪海波：《评陈锦华等新著〈论社会主义与市场经济兼容〉》，《光明日报》2006 年 2 月 9 日。

　　（六）译成英文、日文的著作

　　汪海波：《评中国经济学家薛暮桥著作〈中国社会主义经济研究〉》，《中国社会科学》1980 年第 4 期英文版。

　　汪海波参与撰写：《中国经济改革》，林伟主编，美国宾夕法尼亚大学出版社 1982 年英文版。

　　汪海波：《关于中国国有企业工资制度改革问题》，日本综合研究开发机构编：《现代中国的经济体系》，筑摩书房 1986 年日文版。

　　汪海波：《中国建立独立完整的工业体系》，《北京周报》（英文版）1989 年 10 月 2~8 日。

汪海波：《中国工业：42 年与 109 年比较》，《北京周报》（英文版）1991 年第 39 期。

汪海波：《关于中国提高经济效益问题》，日本综合研究开发机构编：《现代中国经济的展望》，筑摩书房 1993 年日文版。

汪海波：《中国经济发展现状及近期走势》，中国改革发展研究院、日本三井物产贸易经济研究所编：《东亚经济白皮书》，日本能率协会 1996 年日文版。

汪海波：《中国工业结构的调整》，《经济学家》2008 年英文版。

三、作者获得奖项和荣誉

（1）作者参与写作的《2000 年中国》（1984 年由国务院发展研究中心主持的研究报告），1989 年获"国家科技进步一等奖"。

（2）作者参与写作的"论中国经济结构对策"专著（中国社会科学出版社 1984 年版），获"孙冶方经济科学 1984 年度著作奖"。

（3）作者参与写作的《"六五"时期建设与改革问题的回顾与思考》论文（《中国社会科学》1986 年第 7 期），获"孙冶方经济科学 1986 年度论文奖"。

（4）与周叔莲、吴敬琏合写论文"再讨论价值规律与社会主义企业的自动调节"（《经济研究》1979 年第 9 期），1984 年获中国社会科学院颁发的"优秀论文奖"，1988 年又获中国企业家协会颁发的"金三角奖"。

（5）作者撰写的"中国积累与消费问题研究"（广东人民出版社 1986 年版），1989 年获中国社会科学研究生院"首届科研成果一等奖"。

（6）作者任副主编的"中国工业经济管理"（上、下卷，经济管理出版社 1986 年版），1991 年获《光明日报》"社会科学学术著作荣誉奖"。

（7）作者主编并参与撰写的《新中国工业经济史》（经济管理出版社 1986 年版），1993 年获"中国社会科学院 1977~1991 年优秀科研成果奖"。

（8）作者撰写的《日本学者对中国经济改革的建议》，1995 年获中国社会科学院好信息三等奖。

（9）作者撰写的《中华人民共和国工业经济史》（山西经济出版社1999 年版），2003 年获山西省精神文明建设第五届"五个一工程"优秀作品奖，2005 年获中国社会科学院离退休人员优秀科研成果三等奖。

（10）作者撰写的《中国现代产业经济史（1949.10~2004）》，2009 年中国社会科学院离退休人员优秀科学成果二等奖。

(11) 作者撰写的《中国经济发展 30 年 (1978~2008)》(中国社会科学出版社 2008 年版), 2011 年获中国社会科学院退休人员优秀科研成果二等奖。

(12) 1991 年获国务院颁发的"政府特殊津贴证书", 以"表彰为发展我国社会科学事业做出的突出贡献。"

(13) 2006 年被选为中国社会科学院第一届荣誉学部委员。

跋

　　我在大学本科和研究生阶段的全部学费和主要生活费的来源都是由政府提供的助学金。仅此一点就足以说明：我的研究成果首先要归功于人民的培养。

　　1950 年代末至 1960 年代初，我与复旦大学经济系同届毕业同学周叔莲（当时他在中国社会科学院经济研究所工作）进行了良好的合作。1970 年代末至 1980 年代初，我又同周叔莲和吴敬琏（他也是我的老同学）进行了有效合作。这种合作推动了我的研究工作的进展。在本文集出版过程中，经济管理出版社总编辑沈志渔、编辑部主任勇生和副主任申桂萍付出了辛勤劳动。我的夫人刘海英始终支持我的研究工作。刘立峰在资料搜集和数据计算方面给了很大帮助。周燕在文字打印方面做了很多工作。在本文集付梓之时，特向以上各位表示感谢！